KB015603

제2판

마케팅

김종배 · Marketing

法 文 社

제2판 머리말

7년만에 [2판]을 가지고 독자들과 다시 만나니 감회가 새롭다. 지난 7년간 국내외에서는 크고 작은 일(예: 코로나19, 메타버스, 인공지능, 가상화폐, 전쟁 등)이 있었고 그러한 모든 일은 직간접적으로 우리가 사는 세상에 영향을 미쳤다. 현실을 민감히 반영하는 기업 경영 역시 많은 변화를 겪었으며 이에 발맞춰 시중의 경영 서적도 내용이 바뀌었다.

독자들의 시간 절약을 위해 여기서는 [초판]에 비교해 달라진 점만 언급하겠다.

첫째, 분량을 대폭 줄였다. 마케팅을 이해하는데 기본적이고 필수적 내용은 그대로 두었지만 그다지 중요하지 않거나 또는 다른 분야에서 중복적으로 접하는 내용은 제거하였다. 그 결과 [초판]에서 다루었던 시장조사, 신제품 개발, 브랜드, 소매상-도매상-로지스틱스, 광고, 판매촉진, 인적판매, 홍보, 사회적 책임, 서비스 마케팅, B2B 마케팅 등의 챕터들이 아예 제거되거나 또는 대폭 축소되었다.

둘째, 내용을 보강하였다. 이해가 쉽지 않은 부분의 설명을 보충하였고, 새롭게 등장한 이론/기법/사례 등을 추가하였다. 또한 각 장 마다 [요약]을 붙였다. 전반적으로 문장을 읽기 편하게 다듬었고 독자들의 빠른 이해에 도움되는 사진, 그림, 표 등을 삽입하였다.

결과적으로 [초판]에 비해 분량은 줄었지만 내용은 질적으로 향상되었다. 물론 [초판]의 집필 의도와 책의 특성은 변함이 없다. 이의 참조를 위해 [초판 머리말]을 아래에 붙여 두겠다.

책을 집필할 때마다 실감하지만 완성도 높은 책이 단번에 만들어지는 것은 아닌 듯하다. 조각가 손길이 닿을 때마다 작품 완성도가 조금씩 더해지는 것처럼 책도 손길이 닿을수록 조금씩 나아진다. 더 나은 책을 위해 앞으로도 노력하겠다.

2023년 1월
김종배

초판 머리말

삼성전자, 현대기아자동차, 아모레퍼시픽, 네이버, NIKE, Apple, Coca-Cola, Starbucks, Chanel, Louis Vuitton, Netflix, Google, Meta, Haier, Huawei, Sony, Panasonic. 세계적으로 널리 알려진 기업이다. 이들 기업의 성공 비결은 여럿 있겠지만 절대로 빼 놓을 수 없는 것이 바로 이들의 탁월한 마케팅 역량이다.

기업(또는 제품, 브랜드, 점포 등)의 시장 성과에 결정적으로 작용하는 마케팅. 과연 "마케팅이란 무엇인가?"란 의문은 시장에서 성공을 바라는 사람이라면 한번쯤 가져봤을 것이다. 물론 궁금증은 여기서 멈추지 않을 것이다. "마케팅 역량을 키우려면 무엇을 어떻게 해야 하는지, 마케팅 관리 과정은 어떤 흐름으로 하는 것이 좋은지, 마케팅과 다른 기능 분야(연구개발, 생산, 재무, 회계, 인사조직 등)와의 협력 관계는 어떻게 가져갈지, 어떠한 성향의 사람들이 마케팅 업무에 적합한지, 시장 상황별로 어떠한 차별적 마케팅을 전개하는 것이 바람직한지"와 같은 의문을 연이어 가지게 된다.

이 책은 마케팅에 관심을 가진 독자들에게 마케팅의 기본적이고 핵심적 내용을 전달하는데 목적을 두고 있다. 건물을 지을 때 기초 공사가 튼튼하면 이를 토대로 웅장하고 높은 건물을 올릴 수 있다. 학문도 마찬가지다. 기초에 대한 이해가 견고하면 이를 바탕으로 지식의 높고 웅장한 성(城)을 쌓아 올릴 수 있다. 이 책은 그러한 마케팅 토대를 다져주는 역할을 하고자 한다.

책의 특징을 몇 가지 소개하면 다음과 같다.

첫째, 담긴 내용: 마케팅의 핵심 내용을 담고 있다. 책을 집필하다 보면 이것도 중요하고 저것도 빼놓을 없다는 생각에 모든 걸 담으려는 욕심이 생긴다. 이러한 욕심을 부리면 읽기에 조금 버거운 분량이 된다. 많은 음식을 한꺼번에 먹으면 소화하기 힘든 것처럼 방대한 내용을 담으면 정작 중요한 내용을 효율적으로 강조하기 어렵다. 그래서 입문과정에서 알아야 하는 기본 내용만 간추렸다. 뼈대를 확실히 구축하면 추후 복잡한 마케팅 이론 및 사례를 접하더라도 이해가 쉽고 더 나아가 자유롭게 응용할 것이다.

둘째, 전달 방식: 쉽게 이해되도록 표현 및 전달 방식에 주안점을 두었다. 이를 위해 한 번에 쭉 읽히게끔 간결하고 명료한 문장을 사용하였다. 또한 표, 사진, 그림 등을 활용하였다. 때로 한 장의 그림과 도표는 장황한 문장보다 더 많은 정보와 메시지를 강력히 전달한다.

셋째, 풍부한 사례: 마케팅은 실천과학이다. 현장에서 실제 일어나는 내용을 다루기에 이에 대한 사례를 자주 접해야 한다. 모호한 이론적 내용을 접하였을 때, 이와 연관된 직간접 경험을 가지고 있다면 그것이 분명히 와 닿는 경험을 해본 독자들이 다수 있을 것이다. 물론 대다수 젊은 독자들은 그러한 실전 경험이 그리 많지 않을 것이다. 이를 돕기 위해 마케팅 사례를 요소요소에 삽입하였다. 독자들도 책을 읽으면서 책의 내용과 연관되는 자신의 경험, 주변의 마케팅 사례를 스스로 떠올려 보길 권한다. 더 나아가 사례 속의 문제 해결 과정에 대해서도 곰곰이 생각해보길 권한다. 하나의 지식을 이해하고 이를 자기 것으로 완전히 소화하는 데는 적지 않은 시간과 노력이 요구된다. 물론 사람마다 개인차는 있다. 어떤 사람은 한번 보고 내용뿐 아니라 이와 연관된 것까지도 미루어 짐작한다. 그러나 대부분 사람들의 이해 속도와 상상력은 그리 높지 않다. 내용을 여러 번 반복해서 읽거나 연관된 사례를 직접 경험하고 나서야 비로소 이해하는 경우가 많다. 인생은 짧고 공부할 시간은 그리 많지 않다. 이 책은 마케팅을 배우고 익히는데 소요되는 시간을 조금이라도 줄이는데 도움이 되고자 한다.

넷째, 호기심, 상상력, 그리고 문제의식의 자극: 문제에 봉착했을 때 그 해결을 위해 자신의 지식을 자유자재로 활용할 수 있어야 비로소 그 지식의 진정한 주인이 된다. 이를 위해 수동적 학습 보다는 능동적, 창의적 학습 훈련을 평소 해두는 것이 바람직하다. 책의 여기저기에 빈칸 및 여백을 남겨 놓거나 또는 질문을 던짐으로써 독자들의 지적 자극을 꾀하고 있다.

10명의 사람에게는 각기 다른 10가지 고민거리가 있다. 그리고 각각의 고민거리마다 해결 방법도 천차만별이다. 제품/기술/소비자/경쟁사가 다르고 기업의 내적 여건도 상이하기에 기업마다 처한 문제와 이의 해결책은 다른 경우가 많다. A-기업의 성공적 해결책이 B-기업에게는 전혀 작동하지 않는 경우도 허다하다. 사정이 이렇다 보니 '각기 다른 상황마다 발생하는 문제들에 대한 근원적 해결 능력'을 가지려면 단편적 해법, 과거의 특정 해법에 의존하기 보다는 '문제 풀이의 기본 원리'를 깨닫고 있어야 한다. 물론 이러한 능력이 하루 아침에 생기지 않는다. 많이 생각하고 또한 다양한 사례를 직간접으로 접하면서 조금씩 문제 패턴과 해결 원리를 축적해야 그러한 안목이 자라나는 것이다.

좋은 책을 만들고자 노력하였지만 여전히 부족하고 미흡하다. [2판]에서는 좀 더 정돈된 설명, 최신 지식과 이론의 소개, 적절한 사례의 제시, 그리고 창의적 문제 해결방안을 담도록 노력하겠다.

2016년 1월
김종배

⚙️ ⏳ 🔒 차 례

제1부 마케팅 입문(入門)

제2부　시장의 이해: 시장세분화, 표적시장 및 포지셔닝을 위한 사전 준비

제4부　마케팅 믹스: 표적시장에서 포지셔닝의 구체적이고 실질적 전개

발품 팔며 정보와 지식을 찾는 것은 물론 마땅히 해야 할 일이다. 그렇지만 이러한 일에도 요령이 필요하다. 우선 '나의 문제는 무엇인지'를 명확히 알아야 한다. 그리고 이의 해결에 도움이 되는 정보들은 어떠한 것인지를 미리 규명해두어야 한다. 그래야 이를 어디서 누구에게 찾을지를 알고 정작 그러한 지식을 접하게 될 때 기회를 놓치지 않고 습득하게 된다.

- 우리 주변에 흔히 보이는 광고물, 점포, 사람, 제품, 뉴스, 영화 및 드라마 등은 살아있는 '마케팅 보물상자(treasure chest)'이다. 만약 주변의 일상 현상으로부터 유용한 마케팅적 의미를 파악하고 이를 흡인력 있게 빨아들일 안목을 갖췄다면 이제부터 모든 사물과 사건은 유용한 지식의 원천이 된다. 이 책의 궁극적 목적은 독자들의 안목, 즉 마케팅 시각, 이해력, 소화 흡수력을 키우는 데 있다. 마케팅의 기본기를 미리 탄탄하게 구축한 상태라면 새로운 정보와 지식을 자기 것으로 소화하고 더 나아가 새로 획득한 지식을 당면 과제의 해결에 응용하게 될 것이다.

여러분이 향후 기업 및 시장의 현장에서 겪게 될 실제 문제들은 책에서 배우는 내용보다 훨씬 복잡하고 애매모호하고 변화무쌍할 것이다. 업무 현장에서 닥치는 문제들, 예를 들어 조직간 협력 및 갈등, 사람들간 의사소통과 협상, 새로운 시장의 창출, 신기술 대응, 창의적인 경쟁력 확보 등은 책을 통해 배우기는 어렵다. 흔히 마케팅은 과학(science)과 예술(art)의 성격이 함께 있다고 본다. 매일 새롭게 당면하는 문제를 성공적으로 해결하려면 과학적 지식, 현장의 풍부한 경험, 예술적이면서도 창의적 감각, 그리고 융통성 있는 열린 마음이 필요하다.

이제 본격적으로 마케팅(marketing)이란 무엇인지를 살펴보겠다. 이들 내용은 책 전반에 걸쳐서 소개하는 마케팅 관리를 이해하는데 도움이 될 것이다.

Ⅱ 마케팅의 개념

AI 마케팅, 체험 마케팅, 스포츠 마케팅, 정치 마케팅, 향기 마케팅, 컬러 마케팅, 숫자 마케팅, 날씨 마케팅, 음악 마케팅, 명품 마케팅, 스타 마케팅, 모바일 마케팅. 이같이 '마케팅'이란 용어가 여기저기 유행어처럼 붙여지고 있다. 일반인들도 이제 마케팅이란 단어에 꽤나 익숙하다. 그러나 정작 마케팅이란 무엇인지, 그것이 왜 중요한지, 어떻게 해야 마케팅을 잘 할 수 있는지 등에 대해 자신 있게 말하기는 쉽지 않다. 우선 마케팅이 무엇인지에 대해 살펴보겠다.

1. 마케팅의 중요성

경영학에는 여러 분야가 있다. 마케팅, 생산, 재무, 인사조직, 회계, 전략, 경영정보, 국제경영 등이 여기에 해당한다. 그런데 흥미롭게도 유독 마케팅만 우리말로 번역되지 않고 있다. 이는 마케팅에 정확히 대응하는 우리말이 없기 때문이다. 그래서 우선 마케팅이란 단어의 의미 및 뉘앙스를 살펴보겠다.

마케팅(marketing)은 말 그대로 시장(market)에서 비롯된 용어이다. market이란 단어에 ~ing라는 능동적이고 역동적 느낌의 어미가 붙음으로써 '시장을 조성하고 활성화'시킨다는 어감을 가진다. 직관적으로 풀이해보면, 마케팅이란 손님 없이 파리 날리는 정체된 마켓이 아니라 거래(매출)가 활발히 일어나는 역동적 마켓으로 만드는 것을 의미한다. 전쟁의 성패가 전쟁터(battlefield)에서 결정되듯이 기업의 성패는 바로 시장(market)에서 결정된다. 물론 기업이 종사하는 시장 전체가 활성화되는 것은 중요하다. 그렇지만 전체 시장은 활발하지만 '자신만의 시장'은 활성화되지 못한 기업은 퇴출되고 만다([그림 1-1] 참조).

- 시내 번화가에는 많은 카페들이 있다. 이는 그만큼 카페에 대한 많은 수요가 있기 때문이다. 그러나 거기서도 개별 카페들의 영업 성적은 천차만별이다.

따라서 '전체 시장 및 자기 시장과 연관된 기업의 모든 활동'이란 의미의 마케팅은 기업에서 가장 중요한 활동이라 해도 과언은 아닐 것이다.

'시장을 활성화 또는 시장에서 성공하려면 어떻게 해야 하는가?' 기업은 무엇보다도 그 시장의 소비자들이 필요로 하는 것(needs(본원적 욕구), 예: 갈증, 배고픔, 안전, 소속감), 그리고 원하는 것(wants(어떤 특정 제품/브랜드를 향한 구체적 욕망), 예(갈증): 시원한 'HITE' 생맥주, 청량

| 그림 1-1 | 전체 시장과 자신만의 시장에 대한 개념도(화살표는 확장 노력을 의미)

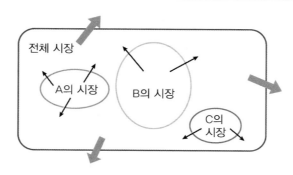

감 있는 '코카콜라,' '스타벅스' 아이스 커피)을 제공할 수 있어야 한다. 물론 소비자를 만족시켰다 해도 그 시장에서의 성공을 장담할 수는 없다. 그 이유는 나와 같은 목적을 가지고 시장에서 유사 활동을 하는 경쟁자들이 다수 존재하기 때문이다. 따라서 '경쟁자보다 더 나은 가치의 제공을 통해 소비자를 좀더 만족시켜야만' 기업은 존속하고 또 성장을 꾀할 수 있다. 어떠한 이유에서건 소비자로부터 외면 받게 된 기업, 경쟁에 뒤쳐진 기업은 결국 문을 닫게 된다. '시장에 제공할만한 제품을 가지고 있다'란 사실만으로 기업의 존속이 가능한 것은 아니다. 경쟁제품이 아닌 '바로 내 제품을 구매하는 소비자', 즉 '자신만의 시장'이 존재해야 한다.

- 학창시절 연극의 3요소는 배우, 무대, 관객이라고 배웠다. 연극에서 배우, 무대가 반드시 필요하다는 데는 쉽게 수긍이 갔지만, 아무 역할도 하지 않고 자리만 지키는 관객이 왜 그리 중요한가에 대해 쉽게 수긍 가지 않았다. 그런데 삶의 연륜이 쌓일수록 관객이란 요소가 연극에 있어서 다른 어떤 요소보다도 중요하다는 생각이 들게 되었다. 관객이 없다면 희곡도 배우도 그리고 무대장치도 아무런 의미가 없기 때문이다. 기업도 마찬가지이다. 기업의 제품을 원하는 소비자가 없다면 존재할 수 없다.

- 낚싯대 자체에만 공을 들인 낚시꾼 보다는 물고기가 좋아할만한 미끼에 더 공을 들인 낚시꾼이 고기를 더 많이 낚는 법이다.

- "사람들을 돕기 위해 시작한 사업은 성공한다. 지금까지 돈을 벌 목적으로 시작한 사업은 하나도 없었다."

  — Richard Branson(Virgin Group CEO)

- "우리가 새 사업에 뛰어드는 방식은 비즈니스 모델을 중시하는 다른 회사와 다르다. 우리는 새 사업을 시작할 때, '이를 통해 이익을 얼마 거둘 수 있다'고 절대로 말하지 않는다. 초기 단계의 논의는 철저히 사용자에게 초점을 맞춘다. 사용자 관점을 제외한 모든 논의는 배제한다."

  — Sukhinder Singh Cassidy(Google 아태지역 총괄 부사장)

- "게임을 개발할 때 뭘 만들어야 할지 보다는 돈을 벌어야겠다는 생각부터 한 적이 있다. 그러나 돈을 벌겠다는 게 목표가 되면 이상하게 돈을 벌 수가 없었다. 오히려 많은 사람들에게 즐거움을 줘야겠다는 생각을 하고 어떻게 하면 즐거움을 줄까만 고민했더니 대박이 터졌다."

  — 정영석, 넥슨 카트라이더 개발 실장('대한민국 Only 1 신시장의 개척자들')

- 임종을 앞둔 앤드류 카네기에게 누군가 "당신은 역사상 가장 유명한 기업가입니다. 당신이 그토록 성공할 수 있었던 비결은 무엇입니까?"라고 물었다. 그러자 카네기는 다음과 같이 대답했다. "상대방의 바구니부터 철철 넘치도록 가득 채우시오. 그러고 나면 돈을 버는 것은 식은 죽 먹기라오."

  — Jeffrey J. Fox('CEO 가 말하는 CEO')

기업이 궁극적으로 추구해야 하는 것은 자신만의 고객을 확보하고 이들에게 혜택을 제공하여 그들과의 관계를 지속적으로 유지하는 것이다. 신규 고객을 꾸준히 창출하고, 한번 고객이 된 소비자를 경쟁사에게 빼앗기지 않고 장기간 거래를 계속할 수 있다면, 기업은 시장이란 냉혹한 경쟁 무대에서 쫓겨나지 않고 계속적으로 활동할 수 있다.

- 매년 '한국 100대 기업의 순위'가 발표된다. 여기 포함된 기업들 중 일부는 꽤 오랜 동안 비교적 안정적으로 순위를 지키고 있지만 그렇지 않은 기업들도 다수 보인다. 1960년대부터 최근까지의 자료를 비교해보면 우리나라 기업들의 부침을 발견할 것이다. 이러한 부침의 원인은 여러 가지 있겠지만 기업의 경영 능력, 특히 마케팅 능력과 밀접히 연관된다.

기업의 제품과 서비스를 기꺼이 사주려는 시장(고객)만 있다면 그 기업은 어떻게든 존속한다. 극단적으로 제품과 서비스의 품질이 형편없고 또 터무니없이 비싸더라도 그것을 사줄 고객만 있다면 그 기업은 비록 욕을 먹더라도 생존하기도 한다. 그러한 예는 생각보다 적지 않다(예: 바캉스 및 단풍 시즌 때의 관광지 바가지 음식점과 숙박업소, 수입규제로 독점적 지위를 누리는 기업 등).

- 사람들은 보다 저렴한 가격으로 우월한 품질 및 기능의 제품을 사고 싶어 한다. 그러한 욕구가 평소 만족스럽게 충족되지 못하고 있다면 언젠가 이를 충족하는 경쟁 기업 또는 신생 기업이 등장하면 바로 이리로 갈아탄다.

경영자는 때로 자신이 시장수요를 언제든 창조할 수 있다는 오만에 빠지기도 한다. 그들은 자사 제품의 매출 부진은 제품의 탁월성을 이해하지 못하는 어리석은 소비자 때문이라고 생각하고 이들을 가르치겠다고 생각도 한다. 물론 이러한 노력의 대부분은 실패로 귀결될 것이다. 이런 점에서 예술가(artist)와 마케팅 관리자(marketer)는 차이가 있다. 예술가는 대중이 자신의 예술을 인정하지 못한다고 나무라면서 자기만의 예술세계를 고집스럽게 추구해도 예술가로 남는다. 운이 좋으면 먼 훗날 훌륭한 예술가로 크게 인정받기도 한다. 그러나 마케팅 관리자는 자신의 제품을 대중이 몰라준다고 투정해서도 안되고 고집스럽게 자기 제품이 최고라고 주장해도 안 된다. '지금 여기의 시장'에서 실패한다면 마케팅 관리자는 즉시 무대 밖으로 쫓겨난다. 그리고 아무도 그의 퇴장을 아쉬워하지 않는다. 기업에게는 유감이겠지만 소비자는 최종 심판관이고 결정권자이다. 고객은 항상 옳다. 마케팅 관리자에게 소비자란 '현실의 벽'은 항상 존재한다. 그래서 현실과 언제나 타협하는 것이 마케팅에서는 일상적이다.

- 1853년 네덜란드에서 태어나 1890년 프랑스의 파리의 작은 방에서 삶을 마친 반 고흐(Van Gogh). 37년의 일생 동안 그린 900여점의 작품 중 생전에 단 한점의 그림만을 판 불운한 화가였다.

- "말(馬)이 어떤 일을 하게 하는 조련사는 위대한 조련사가 아니다. 위대한 조련사는 말이 어떤 일을 하고 싶어 하게 만든다."

  − Monty Roberts(영국 엘리자베스 여왕의 말 조련사)

세상 현실을 무시하고 자기만의 방식을 고집하는 기업, 점포 등이 없는 것은 아니다. 이들이 시장에서 장기간 생존하는 이유는 '현실의 벽'을 강하게 뚫을 수 있는 무언가의 무기가 있기 때문이다.

- 저자가 즐겨 찾는 식당의 주인은 60대 남성인데 웃는 얼굴을 거의 본적이 없을 정도로 무뚝뚝하다. 여느 가게처럼 손님에게 친절하지도 않고 단골에게 먼저 말을 건네는 경우도 드물다. 음식을 팔아주는 손님을 고마워하기보다는 음식을 만들어주는 주인에게 손님들이 고마워해야 한다는 인상까지 준다고 말하는 사람이 있을 정도이다. 그래도 사람들이 끊이지 않는 것은 지리적 편리성, 합리적 가격, 그리고 음식의 맛과 품질에 대한 믿음 때문이다.

- 무라카미 하루키(村上春樹)의 '뉴욕의 재즈클럽'(라오스에 대체 뭐가 있는데요? 문학동네 출간, 2015년)에는 재즈클럽 'Village Vanguard'(1935년부터 동일 장소에서 공연)의 주인 로레인 고든이란 인물이 나온다. 어떤 재즈 뮤지션을 출연시킬지는 그녀가 결정한다. 출연료는 유명하든 아니든 모두 똑같다. 그녀는 이제 팔십대 후반이지만 자신만의 취향이 확고하다. 누구에게도(아마 손님에게도) 양보할 생각이 없다.

시장은 기업에게 총성 없는 전쟁터이다. 냉철하고 이기적이며 언제든 돌변하는 소비자의 평가에 의해 어제까지 잘 나가던 기업이 무대 밖으로 떨어져 나가기도 한다. 무대에서 버티려면 기업의 시장 제공물(market offerings)은 경쟁사보다 우월하게 소비자를 만족시켜야 한다. 이를 위해 기업내부의 경쟁 역량 및 자원을 충분히 갖춰야 한다. 기업의 모든 활동 즉 연구개발, 생산, 자금 흐름, 인력개발 등은 시장을 중심으로(market-oriented) 유기적으로 연결되어야 한다. 즉 마케팅을 잘 하기 위해서는 외부 시장에 대한 이해를 바탕으로 여기에 걸맞은 제공물을 제공하기 위해 기업의 모든 내부 역량을 강화하고 총집결 해야 한다. 결국 기업의 대내외적 활동 모두는 '마케팅을 중심으로 통합 관리'되어야 한다.

2. 마케팅의 개념

이제 학문적 관점에서의 마케팅 개념에 대해 살펴보겠다. 마케팅 개념은 여러 차례 변화를 거쳐 진화되어 왔다. 그렇지만 그 안에는 언제나 '교환', '가치'라는 핵심 개념 또는 키워드가 포함된다.

1) 마케팅='교환의 활성화'

1985년 이전(1948년, 1960년)에는 "마케팅은 생산자로부터 소비자 및 사용자에게로의 제품/서비스 흐름을 관리하는 사업활동의 수행"(The performance of business activities that direct the flow of goods and services from producer to consumer or user.)으로 정의되었다. 즉 기업에서 이미 만들어진 무언가를 판매하고 유통하는 활동을 마케팅으로 보았다. 이러한 개념은 제조 이후에 발생하는 활동, 또는 시장판매 활동으로 마케팅을 제한적으로 보는 것이다([그림 1-2] 참조).

그림 1-2 | 기업 일방적 관점의 마케팅에 대한 협소한 개념

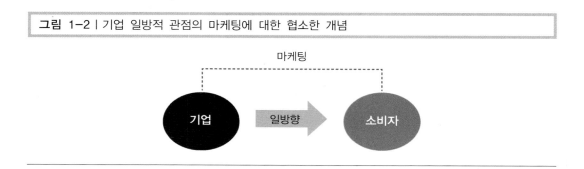

그러나 이러한 협소한 관점은 풍요로운 선택대안들(abundant choices)이 가능한 경제 상황에는 적합하지 않다. 제품이 부족하지 않은 상태, 즉 다양하고 넉넉한 제품들이 있기에 선택 폭이 넓어진 소비자들은 조금이라도 자신의 욕구를 더 만족시켜주는 제품을 선택한다. 이러한 상황에서는 소비자 욕구를 먼저 고려하지 않고 기업이 그저 일방적으로 만들어 제공하는 제품은 소비자에게 선택 받기 어렵다.

이러한 반성과 자각에서 1985년 미국 마케팅 학회(AMA, American Marketing Association)는 '교환(exchange)'을 중심으로 마케팅을 정의하였다. "마케팅이란 개인 및 조직체의 목표를 만족시키는 교환(交換)을 창출하는 아이디어/제품/서비스에 대한 개념착상-가격-촉진-유통의 기획과 실행의 일련의 과정이다"(Marketing is the process of planning and executing the

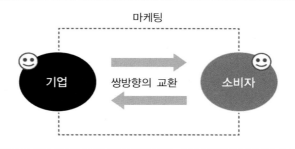

그림 1-3 | 거래 양당사자간의 교환(예: 제품의 제공, 거래대금의 지불)을 중시하는 개념도

conception, pricing, promotion, and distribution of ideas, goods, and services to create exchanges that satisfy individual and organizational objectives. −AMA Board, 1985).

1985년의 마케팅 개념은 교환을 통한 인간의 욕구 충족과 관련된 모든 활동과 연관된다. 이는 또한 기업의 일방적인 관점으로부터 벗어난 것이다. 거래 당사자(기업, 소비자), 즉 쌍방향 모두를 고려하는 '교환'을 중요시한다는 점에서 개념적으로 크게 발전한 것이다([그림 1-3] 참조).

- 전항에서 언급한 바와 같이 마케팅(marketing)은 교환의 증대 노력, 즉 시장(market)을 활성화(~ing) 시키는 것이다. 마케팅의 모든 활동은 교환을 중심으로 해석된다. 예를 들어 가격은 양당사자에게 최선의 교환이 일어나는 특정 금액이 되게끔 결정하고, 유통은 교환이 원활하게 일어나게끔 유통망을 설계하고 관리하는 것이다.

2) 마케팅='가치의 창출, 의사소통 및 전달'

'교환'을 중심으로 하였던 마케팅 개념은 그 후 '가치'를 포함하면서 한층 발전하였다. "마케팅은 고객에게 '가치'를 창출−의사소통−전달하는, 그리고 조직과 이해관계 당사자들에게 이익 되는 방법으로 고객관계를 관리하는 조직 기능이자 일련 과정들의 집합이다" (Marketing is an organizational function and a set of processes for creating, communicating, and delivering value to customers and for managing customer relationships in ways that benefit the organization and its stakeholders. −2004년 8월 미국 마케팅 학회).

이러한 개념에서는 다음 특징들이 확인된다. 첫째, 고객에게 제공하는 가치를 강조하고 이를 중심으로 한 이의 창출/의사소통/전달 활동. 둘째, 기업뿐 아니라 기업의 이해관계자마저도 고려하고, 일회적 거래로 끝날 수도 있는 '교환' 대신에 고객과의 장기적 거래관계를 의미하는 고객 관계의 관리(relationship marketing)를 분명하게 명시([그림 1-4] 참조).

그림 1-4 | 가치의 제공 과정, 관계마케팅에 대한 개념도(가치를 중심으로 한 일련의 교환)

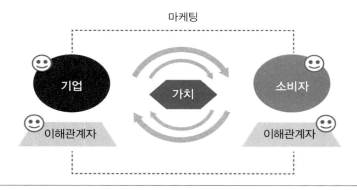

한편 2013년의 마케팅 정의는 다음과 같이 좀 더 간결해졌다: "마케팅이란 소비자, 고객, 파트너, 사회 전체에게 가치 있는 제공물을 창출하고, 커뮤니케이션하고, 전달하고, 교환하기 위한 활동, 제도 및 과정이다"(Marketing is the activity, set of institutions, and processes for creating, communicating, delivering, and exchanging offerings that have value for customers, clients, partners, and society at large. ─Approved July 2013, 미국 마케팅 학회). 이러한 개념 정의에서 알 수 있듯이 마케팅은 시장의 여러 주체(소비자, 중간상, 공급상, 경쟁기업, 일반 대중, 사회 등)를 대상으로 하는 '가치(value)' 중심의 기업의 전방위적 활동이다.

마케팅이란 기업의 통제가능 변수(예: 마케팅 믹스, 조직 관리 등)를 활용하여 시장의 주요 주체들(소비자, 경쟁사, 유통경로 구성원, 공급업자, 사회 등)에 영향을 미치는 활동이다. 이를 통해 기업이 원하는 형태의 [교환(exchange)을 활성화]하고 그러한 '관계'가 오래도록 지속되게끔 [가치(value)의 창출-의사소통-전달]과 관련된 제반 활동을 의미한다. 물론 이러한 마케팅 노력은 기업 내부 및 외부 여건의 변화에 따라 끊임없이 진화 발전해야 한다.

학문적 의미의 마케팅 개념을 지금 당장 이해할 필요는 없다. 지금은 그저 마케팅은 '시장에서의 교환 활성화를 위해 일어나는 모든 가치(value) 활동(창출-의사소통-전달)'이라고 단순히 생각하면 된다. 이 책을 좀 더 읽은 다음에 이 부분을 다시 본다면 그때는 좀 더 많은 것이 쉽게 이해될 것이다.

미래에는 지금과는 다른 새로운 기술이 등장하고, 제도가 바뀔 것이고, 사람의 사고방식(윤리관, 가치관)이 달라질 것이다. 그러면 이러한 변화를 반영하여 마케팅 개념이 새롭게 또다시 정립될 것이다. 어쨌거나 새로운 개념은 기업이 어떠한 방향과 활동에 중점을 두고 마케팅을 수행할 것인지에 대한 전반적 틀을 제시할 것이다.

- "마케팅은 기본적으로 하루가 다르게 분화하고, 성장하는 학문입니다. 1960년대에 통용됐던 마케팅 이론을 결코 오늘날 적용할 수 없습니다."

  — Philip Kotler 교수와의 인터뷰(조선일보, 2007년 8월 11일)

- 모든 것들과의 연결성이 강조되는 4차 산업혁명이 도래하고 있다. 여기서는 전통적인 국가, 지리, 인구, 문화의 경계와 장벽을 뛰어 넘는 디지털 지형에 대한 이해가 필요하다. 즉 4.0시대에는 국경, 민족 등의 물리적 공간을 초월한 디지털 영토가 시장영역이 된다. 따라서 초연결, 초스피드 등이 기본적 개념이 된다. 과거 마케팅의 키워드가 '가치'였다면 지금은 '같이'가 새로운 키워드로 되고 있다. 즉 지금까지는 기업 비전, 미션, 핵심가치, 역량 등과 같은 정신적, 개별기업 차원의 마케팅이 중시되었다면, 이제는 네트워크, 매력, 유대감(친밀감)과 같은 연결성의 마케팅으로 무게중심이 이동하고 있다. 한 가지 예로 신제품 및 신기술 개발과 연관되는 R&D(Research and Development)는 이제 외부 조직과의 협력을 강조하는 C&D(Connect and Development)로 바뀌고 있다.

앞으로도 시대 변화에 따라 마케팅 개념 및 이론은 변화하겠지만, 마케팅의 중심 개념에는 언제나 고객, 경쟁사, 기업, 시장, 가치(창출, 의사소통, 전달), 만족, 경쟁우위, 교환, 관계, 환경, 사회적 책임 등이 담길 것으로 예상된다. 그만큼 이들 핵심 용어는 마케팅에서 중요시되는 내용들이다.

3. 마케팅 활동의 대상

마케팅 활동의 대상으로는 어떤 것들이 있는가? 다시 말해 기업은 무엇을 시장에 내다 팔 수 있는가? 이에 대한 대답은 간단하다. '시장에서 가치를 인정 받을 수 있는 것'은 무엇이든 마케팅 노력의 대상물이 될 수 있다. 대표적으로 제품, 서비스, 이벤트, 사람, 장소, 판권, 정보, 아이디어 등을 예시할 수 있지만 이것 이외에도 다양하게 존재한다.

- 제품: 자동차, 스마트폰, 햄버거, 콜라, BTS의 CD 등
- 서비스: Netflix, 인터넷 강의, 성형외과의 시술, BTS 공연, 신용카드 등
- 이벤트: 대학 입시 박람회, 올림픽, 월드컵, 엑스포 등
- 경험: 귤 수확 체험 농장(제주도), 한옥촌 체험, 우주 여행 등
- 사람과 조직: Celebrity marketing(연예인 기획사, 스포츠 선수 매니저 등)
- 장소: 관광지, 유적지 등
- 판권: 책, 음원, 특허, 캐릭터 등
- 정보: TOEIC 기출문제집, 대학 수능 예상배치표, 주가 예측 정보지 등
- 아이디어: 종교, 점술, 사상 등

시장에서 가치를 인정받을 수 있다면 어떠한 것이라도 마케팅 활동의 대상이 된다.

- 브리트니 스피어스가 과거 삭발을 감행하는 과정에서 잘려나간 머리카락과 먹다 남긴 음료수, 담배 라이터는 우리 돈으로 약 11억원에 거래되었다. 스칼렛 요한슨이 'USA 하베스트'에 기부하기 위해 코를 푼 휴지를 경매에 내놓았는데 콧물과 립스틱 자국이 남아 있는 휴지, 사인이 담긴 비닐 봉투가 약 700만원에 낙찰되었다.

4. 책의 구조

이 책은 6개 파트로 구성된다.

[1부]는 책의 서론에 해당한다. 여기서는 마케팅의 개념, 의사결정, 관리 과정, 주요 참가자, 철학, 마케팅 영역의 확장성 등에 대해 살펴본다. 이를 통해 마케팅이란 과연 무엇인지, 마케팅은 어떠한 관리 흐름을 가지는지, 마케팅에 필요한 역량은 무엇인지, 마케팅을 보는 시각은 어떠한지 등과 같은 기초 내용을 다룬다.

[2부~4부]는 책의 본문에 해당한다. 여기서는 마케팅 관리 과정에 해당하는 내용을 본격적으로 다룬다. 마케팅 관리 과정은 '시장세분화, 표적시장 및 포지셔닝의 결정'이 중심 허리의 역할을 하기에 이를 기준으로 2부~4부로 나누었다.

우선 [2부]에서는 표적시장 및 포지셔닝의 선택을 위한 사전 준비 국면을 다루고 있다. 표적시장 및 포지셔닝의 선택을 위해서는 시장의 이해가 반드시 선행되어야 한다. 즉 소비자, 경쟁사, 시장환경 등과 같은 시장 요소를 이해하여야 한다. 이러한 이해를 토대로 하여 마케팅 전략과 마케팅 믹스는 계획되고 실천된다.

[3부]에서는 시장세분화(S), 표적시장 선정(T), 포지셔닝의 결정(P)을 다룬다. 이들 세가지는 마케팅 관리의 중심 허리가 된다. STP는 [2부]에서 다룬 사전 준비를 바탕으로 이뤄진다. 그리고 이렇게 결정된 STP는 세부 마케팅 활동들[4부]의 기반이 된다.

[4부]에서는 표적시장 및 포지셔닝(STP)을 기반으로 이에 합당한 여러 마케팅 믹스를 구체적으로 기획하고 관리하는 내용으로 구성된다. 시장제공물의 결정(제품, 가격), 가치의 전달(유통), 가치에 대한 의사소통(마케팅 커뮤니케이션)에 대한 내용이 다뤄진다.

[5부]는 마케팅의 응용 및 확장을 다룬다. 여기서는 다양한 마케팅(서비스마케팅, 국제 마케팅, B2B마케팅 등)을 소개한다.

마지막으로 [6부]는 책의 마무리에 해당한다. 여기서는 마케팅 전반을 재조명하는데 우선 마케팅 관리의 상위에 위치하는 마케팅 전략을 살펴보고 있다. 그런 다음 최신의 마케팅 동향, 마케팅의 핵심 내용을 정리하면서 이 책을 마무리하고 있다.

📚 1장의 요약

여기서는 마케팅(marketing)이란 무엇인지를 다루었다. 마케팅(marketing)이란 용어는 시장(market)이란 단어에 ~ing라는 능동적이고 역동적 느낌의 어미를 붙임으로써 '시장을 조성하고 활성화'시킨다는 어감을 가지고 있다. 시장과 관련된 모든 의사결정과 행위는 마케팅 영역에 포함된다.

마케팅의 개념은 세월이 흐름에 따라 여러 차례 진화 발전되어 왔다. 이러한 변화 속에서도 마케팅 개념에는 두가지 핵심 단어(키워드)가 포함되는데 그것은 '교환'과 '가치'이다. 마케팅에서 다루는 모든 내용은 결국 '어떻게 하면 교환을 활성화시킬 것인가', 또는 '가치를 새롭게 또는 더 크게 창출하고 이를 전달할 것인가'와 밀접히 연결된다.

🔊 주요 용어에 대한 정리

벤치마킹(benchmarking): 조직 향상, 경쟁력 제고를 위한 노력의 일환이다. 현재 상태에서 최고라고 인정되는 다른 조직의 제품, 서비스 그리고 작업 과정을 검토하고 이로부터 필요한 내용을 학습하는 것이다. 제품, 서비스, 경영전략, 경영 하부구조 및 작업방식을 기업 자신과 유사한 조직, 경쟁업체, 업계동향, 타업계의 유사부분 등과 비교하고 분석해 그 격차를 파악하고, 파악된 격차를 극복하기 위한 방법을 모색하는 것이다.

- 제록스(Xerox)는 일본에서 생산되는 복사기의 원가와 제록스 자신이 생산하는 복사기의 원가를 분석했다. 이 과정에서 그들은 많은 점을 배우게 되었다. 예를 들어 복사기의 디자인에 걸리는 시간이 일본기업은 미국에 비해 1/4 밖에 안 되며, 부품의 값이 훨씬 저렴하며, 공급자의 수도 훨씬 적다는 것을 깨닫게 된다. 제록스의 경영층은 단순히 복사기의 부품에 대한 방식뿐 아니라 복사기의 디자인, 생산, 주문처리의 모든 면에서 일본 방식이 우월하면 이를 배워야 한다고 강조했다. 이에 따라 제록스는 많은 종업원들을 일본에 파견하여 일본의 작업방식을 배우게 하는 벤치마킹을 실시하였다. 이런 노력의 결과 제록스의 최고 경영층은 경영계획을 작성하는 데도 내부 데이터인 과거의 실적에 의존해 수립하지 말고 타회사의 가장 뛰어난 점을 기준으로 수립하라고 전 부서에 지시했다. 즉, 벤치마킹을 경영전략의 정규 과정으로 채택한 것이다.

  – 이순철(1996), "벤치마킹", 신 경영기법, 매일경제신문사, 308~325쪽

베스트 프랙티스(Best Practice, 업무처리 모범규준): 동시대에 가장 성공적인 기업들의 관련 사례라고 할 수 있다. 기업들은 국내외 기업들의 성공적인 베스트 프랙티스를 찾고 이를

앞 다퉈 도입하여 조직에 적용함으로써 이들과 같이 성공하고자 한다. 그러나 여기서 주의할 점은 외부 조직의 보여지는 껍질만을 모방하고 도입한다고 해서 자기 기업의 내실까지도 바뀔 수 있는 것은 아니란 점이다. 외부 기업에서 성공한 방식은 그 기업만의 맥락과 상황적 여건이 존재하였기에 그러한 방식이 가능한 경우가 대부분이다. 따라서 성공방식의 일부나 겉모습만을 모방하였다고 해서 그것처럼 유사한 성공을 거둘 것이라고 생각해서는 안 된다. IQ 180인 사람의 성공적인 학습방식을 IQ 100인 사람이 무작정 따라한다고 해서 결코 성공할 수 없는 것과 마찬가지의 이치이다.

제2장 마케팅 관리 과정

여기서는 마케팅 관리 과정(marketing management process)에 대해 개괄적으로 살펴보겠다. 즉 마케팅 관리의 전체 골격과 흐름을 소개하고자 한다. 이러한 관리 과정에 대한 내용은 추후 2~4부에 걸쳐서 다시 상세히 설명될 예정이다.

우선 어떠한 의사결정이 마케팅 영역에서 내려지는지 살펴보겠다. 그리고 이들 의사결정과 연관된 마케팅 관리 과정의 흐름을 소개하겠다. 그런 다음 수요의 유형 및 예측을 살펴보고 마지막으로 마케팅 철학의 변천에 대해 설명하겠다.

이를 통해 독자들은 마케팅 관리 과정의 전반적 흐름에 대한 어떤 감(感)을 잡게 될 것이고 향후 본격적으로 다룰 내용에 대해 미리 조감(鳥瞰, bird's-eye view)할 것이다([그림 2-1] 참조).

그림 2-1 | 마케팅 관리 과정에 대한 조감

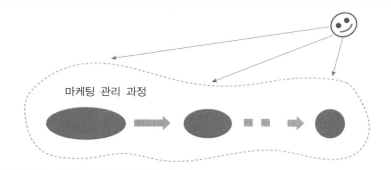

Ⅰ 마케팅 영역의 의사결정

작은 규모의 기업의 경우에는 경영학(예: 생산, 인사조직, 재무, 회계, 경영정보 등) 지식이 부족해도 기업 운영에 그리 큰 어려움은 없을 것이다. 그러나 마케팅만큼은 일인(一人) 기업, 즉 거리에서 붕어빵 장사를 홀로 하더라도 필요하다. 여기서는 마케팅 영역의 주요 의사결정에 대해 살펴보겠다. 설명의 편의를 위해 길거리 노점상을 예로 들겠다.

1. 사례: 길거리 노점상

군대를 제대하고 3학년에 복학한 A는 생활비와 학비의 마련을 위해 그리고 미래 창업의 준비를 위해 자그마한 사업을 시작했다. 사업이라야 별게 아니고 조그만 트럭을 빌려 장사하는 것이다.

우선 "무엇을 팔 것인가?"를 고민하였다. 오뎅, 튀김, 커피, 액세서리 등도 생각했지만 초기 자본이 많이 들지 않고 또한 자신이 잘 만들 수 있는 붕어빵을 팔기로 결정하였다. 장사를 시작하고 처음 몇 주 동안은 친구, 선후배, 일가친척을 닦달하여 매출을 올렸다. 그러나 사업이 본 궤도에 오르려면 자기가 아는 사람에게만 팔아서는 안 된단 사실을 깨달았다. 그래서 붕어빵 업계(?)에서 상당히 성공을 거둔 K-선배를 찾아가 자문을 구했다. K-선배는 다음 사항들을 좀 더 고민하라고 조언하였다.

첫째, "누구에게 붕어빵을 팔 것인가?" 초등학생 대상인지 아니면 대학생, 또는 직장인을 대상으로 하는지. 만약 대학생을 주고객으로 한다면 남학생 또는 여학생 중 누구를 대상으로 할 것인지.

둘째, "어떤 제품을 팔 것인가?" 붕어빵의 사이즈는 작게, 또는 크게 할 것인지. 재료는 어떤 것(단팥, 초콜릿, 순대, 치즈 등)을 위주로 할 것인지. 간식용 아니면 식사대용인지. 저렴한 제품 위주인지 아니면 인삼, 벌꿀이 들어간 고급 제품인지. 붕어빵 포장지는 값싼 이면지로 할 것인지 아니면 제과점 포장지처럼 격조 있게 할 것인지.

셋째, "가격을 얼마로 할 것인가?" 높은 가격으로 또는 저렴한 가격으로 할 것인지. 몇 개 이상을 사면 할인해줄 것인지. 특정 시간대(늦은 밤 또는 새벽시간) 할인해줄 것인지. 음료와 세트 구매를 유도할 것인지.

넷째, "판매 장소는 어디로 할 것인가?" 학교 근처, 아니면 지하철역 근처로 할 것인지. 주변에 식당들이 많은 곳이 좋은지, 아니면 옷 가게 근처가 좋은지. 편하게 앉아서 먹을 공간을 마련할 것인지 아니면 포장판매만 할 것인지.

다섯째, "자신의 붕어빵을 사람들에게 어떻게 알리고 설득할 것인가?" 주변 300미터에 벽보를 붙일 것인지 아니면 학교게시판에 올릴 것인지. 아르바이트 학생을 시켜 가게 주변에서 호객행위를 할 것인지. 주변 친구들에게 입소문 내게 하거나 또는 SNS를 활용할 것인지.

무언가를 시장에서 팔려면 이러한 의사결정을 내려야 한다: 누구에게 무엇을 팔 것인가, 어떤 제품을 제공할 것인가, 가격은 얼마로 할 것인가, 어디서 팔 것인가, 사람들에게 어떻게 알릴 것인가 등. 이러한 결정을 잘하면 매출이 활발히 일어나겠지만 그렇지 못하면 아무도 찾지 않는 붕어빵이 되어 결국 장사를 접어야 할 것이다.

- 위에 언급한 복학생 A의 고민거리, 즉 의사결정들은 '가치를 향상시키고 교환을 활성화'하는 마케팅 개념과 어떻게 구체적으로 연결되는지에 대해 생각해보길 권한다.

이상의 의사결정을 크게 양분해보면, ① 제품과 시장의 선택(product-market selection), ② 선택된 제품-시장에서의 마케팅 믹스(marketing mix)의 결정으로 구분할 수 있다. 다시 말해 즉 ① '무엇을 누구에게 팔 것인지', ② '이를 어떻게 팔 것인지'로 구분된다.

이러한 두 가지 범주의 의사결정은 독립적이기 보다는 서로간 밀접히 엇물려 있다. 예를 들어, 다이어트와 웰빙을 중시하는 여대생을 대상으로 하는 경우에는 값싼 제품보다는 다소 비싸더라도 좋은 재료로 만든 고품질 저칼로리의 붕어빵이 어울릴 것이다. 이 경우 허접한 포장은 물론 바람직하지 않을 것이다.

- 이해를 돕기 위해 복학생 A의 붕어빵 노점상을 중심으로 그가 고민할 거리를 예로 들었다. 이들 내용은 단순하고 상식적으로 보이겠지만, 사실 중요한 마케팅 의사결정 내용들을 포괄적으로 담고 있다. 이러한 의사결정거리는 대기업의 마케팅 담당자가 고민하는 사안들과 유사하다. 자동차, 스마트폰, 아파트, 명품 가방 등을 염두에 두고 이에 대해 생각해보길 권한다.

현재 시장에서의 고객 욕구 및 경쟁사 전략을 파악한다. 그런 다음 기업의 내부 역량에 적합한 고객층(표적고객)과 제품 영역(포지셔닝)을 선택한다(① product-market selection의 의사결정). 그리고 그들이 원하는 '제품'(포장, 디자인, 브랜드)을 제공하고, 이의 존재를 알리며 ('마케팅 커뮤니케이션'), 그들에게 편리한 장소('유통')에서 적절한 '가격'으로 판매한다(② marketing mix의 의사결정).

- 여러분 주변의 음식점, 카페, 또는 빵집 중에서 '잘 되는 곳'과 '그렇지 못한 곳'을 떠올려 보고 위에서 예시한 의사결정 내용들에서 어떠한 차이가 있는지 비교 검토해 보기를 바란다. 예: 성북구 돈암동의 S-대학교 근처에는 카페가 거의 5미터마다 하나씩 있다. 커피를 좋아하고 또한 얘기 나누기를 즐기는 여학생들이 많기에 카페 수요층은 두터운 편이다. 그렇다고 좋은 시장여건에만 기대어 가게 운영을 소홀히 한다면 그 가게는 오래가지 못한다. 학생들의 입맛, 취향, 주머니 사정, 주변 가게의 신메뉴 및 인테리어 등을 예의주시해야 한다. 지금 이 시간에도 그곳의 여러 카페들은 생존과 성장을 위해 보이지 않는 곳에서 많은 노력을 기울이고 있다.

2. 마케팅 믹스란 무엇인가?

위에서 두 가지 범주의 의사결정(①, ②)을 언급하였다. 여기서는 이중 두 번째(②)에 해당하는 마케팅 믹스(marketing mix)에 대해 좀 더 살펴보겠다.

1) 마케팅 믹스의 개념

마케팅 믹스란 기업이 시장에서 마케팅 목표의 달성을 위해 사용하는 마케팅 도구들의 집합을 의미한다. 집을 짓는 목수가 망치, 톱, 대패 등의 도구(tools)를 사용하는 것처럼 마케팅 관리자는 표적 고객들로부터 기업이 원하는 반응을 얻기 위해 마케팅 도구를 사용한다.

마케팅 믹스는 기업의 통제 가능한 마케팅 변수들의 집합인데 흔히 '네 가지의 P(the four Ps, 4Ps)'로 불린다. (1) 제품(Product): 소비자가 제품으로부터 향유하는 제품의 모든 측면을 의미, (2) 가격(Price): 소비자가 제품을 구매하는데 부담하는 비용, 또는 제품을 대리판매하는 도매상/소매상에게 부과하는 가격, (3) 유통경로(Place): 도매상, 소매상, 물적유통 등 기업과 최종소비자를 연결하는 중간상에 대한 정책 및 관리, (4) 촉진(Promotion): 기업이 이해관계자와의 의사소통을 하는 방법의 관리.

기업은 이러한 통제가능한 도구(4Ps)를 사용하여 고객을 만족시키고 경쟁자에 대비되는 경쟁우위를 창출한다. 물론 이들 네 가지 도구가 보편적으로 언급되지만 이에 대한 대안적 분류 체계도 존재한다.

- Kotler와 Keller(2011)는 기존의 전통적 4Ps로는 현대 마케팅의 확장된 방대성, 복잡성, 풍부성을 담는데 한계를 느꼈다. 그래서 새로운 4Ps, 즉 사람(People), 과정(Processes), 프로그램(Programs), 성과(Performance)를 제시하였다. 이 중 프로그램(Programs)은 소비자를 향한 기업의 모든 행위를 포함하는데 기존의 4Ps는 여기에 포함된다. 한편 서비스 마케팅에서는 기존의 4Ps(제품-가격-유통-촉진)에 더해 서비스 마케팅에서 중요시되는 사람(people), 프로세스(process), 물리적 증거(physical evidence)를 추가하여 7Ps를 고려한다.

2) 마케팅 믹스의 관리에서 유념할 사항

마케팅 분야에서는 믹스(mix)란 표현이 유달리 많이 사용된다(예: 마케팅 믹스, 제품 믹스, 촉진 믹스, 매체 믹스 등). 그 이유는 마케팅 목표를 달성하기 위해 여러 마케팅 도구들을 혼합적으로 사용하는 경우가 많기 때문이다. 시장을 활성화하려면 어떤 하나의 단일 요소(예: 제품)만 가지고는 안된다. 여러 요소들(예: 가격, 유통, 촉진 등)의 협조가 동시에 있어야 한다.

- 제품 믹스, 촉진 믹스, 매체 믹스 등은 마케팅 믹스의 하위 수준의 믹스를 의미한다. 예를 들어, 단일 제품 보다는 여러 제품의 구색을 통해 판매하는 경우가 많은데, 이를 지칭하는 제품 믹스 (product mix) 개념이 등장하였다. 한편 마케팅 커뮤니케이션은 하나의 촉진도구만 사용하기 보다는 여러 촉진도구를 동시에 사용하는 경우가 많기에 촉진 믹스(promotion mix), 매체 믹스 (media mix)란 용어가 사용된다.

믹스(mix)는 단일 성분이 아닌 여러 이질적 성분들의 혼합을 의미하기에 단일 성분만 대상으로 할 때와는 다른 성격의 관리가 요구된다.

(1) 서로 다른 요소들간의 조화

여러 유형 또는 이질적 요소들이 함께 존재하기에 이들에 대해서는 유기적이면서도 통합적으로 관리할 필요가 있다. 이러한 조화로운 관리를 할 때 비로소 최선의 마케팅 성과가 나타나기 때문이다. 이와 연관되는 핵심개념으로는 일관성과 보완성, 유기적 엇물림 등이 있다.

- 비빔밥은 믹스를 이해하는데 도움이 된다. 비빔밥은 어느 한 재료만 특출나게 맛있다고 해서 완성되는 음식이 아니다. 모든 재료들이 서로 튀지 않고 조화를 이루어야 결합효과(synergy effects)가 발생하며 그 결과 최고의 맛이 나게 된다. [사진 2-1]은 인천공항의 Louis Vuitton 매장과 일본 도쿄의 긴자에 있는 Swarovski 매장이다. 기업이 추구하는 고급제품의 이미지를 점포 외관에서도 일관성 있게 보여주고 있다. 즉 제품과 유통이 유기적으로 조화롭게 운영된다.

조화로운 관리와 연관하여 살펴볼 내용은 다음과 같다.

첫째, 믹스를 구성하는 요소들간의 엇물림 관계: 요소들은 서로간에 영향을 미치고 또한 연쇄 작용을 일으키기도 한다. 이러한 엇물림에 대한 역동적 관계를 제대로 인식하고 이를 바탕으로 한 통합적 관리를 해야 한다.

둘째, 믹스의 구성 방식: 어떠한 요소들로 믹스를 구성할지, 그리고 이들 각각의 비중(중요도)을 어떻게 할지에 대해 판단해야 한다.

사진 2-1 Louis Vuitton 매장과 Swarovski 매장

셋째, 변화 관리: 여러 요소들간의 구성과 혼합 방식은 시간에 따라 변화해야 한다. 따라서 어떻게 동태적으로 관리해나갈 것인가에 대해 고민해야 한다.

- 신제품 출시 때, 마케팅 믹스의 조화로운 노력은 중요시된다. 수년 전 세계 굴지의 카메라 회사는 신제품을 출시하였는데, 이때 시장에서 실패할지도 모른다는 두려움 때문에 위험을 최소화하기 위하여 초기 시장에 내놓은 제품의 양은 많지 않았고 또한 유통망도 그리 많이 확보하지 않았다. 물론 이는 사전 조사결과가 그리 썩 밝지 않은 데서도 연유하였다. 그러나 시장출시 때 집행한 광고가 의외로 힘을 발휘하였고, 또한 예상 밖으로 제품 평가가 좋았기에 소비자 반응은 매우 뜨거웠다. 그러나 유감스럽게도 소비자들이 매장을 찾았을 때는 제품 물량이 충분하지 못했다. 그래서 뒤늦게 회사는 부랴부랴 생산시설을 확충하고 제품에 필요한 재료의 추가 주문을 요청하였다. 이렇게 서둘렀음에도 불구하고 시장에 충분한 물량이 공급된 시점은 몇 주가 지난 8월 말을 지나서였다. 그런데 이때는 이미 여행 및 휴가 시즌이 지났기에 카메라 수요가 크게 위축된 상태였다. 출시 초기에 제품을 충분히 공급하였더라면, 초기 몇 달간의 엄청난 매출기회를 잡았을 뿐 아니라, 8월 이후 쌓이게 될 재고로 인한 낭패도 겪지 않았을 것이다. 촉진(광고)만이 너무 좋았던 것이 어떤 의미에서는 오히려 화(禍)로 작용한 셈이 되었다.

- "나의 비즈니스 모델은 비틀스이다. 비틀스는 서로의 부정적 기질을 견제하고, 균형을 이루는 네 남자로 구성된다. 이들은 전체가 부분의 합보다 더 컸다. 비즈니스 세계에서도 위대한 성공은 결코 한 사람에 의한 게 아니라 여러 명으로 구성된 팀이 이뤄낸다."

　　　　　　　　　　　　　　　　　　　　　　 － Steve Jobs(애플 창업자, 2003년 미국 CBS 방송의 '60분' 인터뷰)

(2) 믹스 총량의 경쟁력

마케팅 노력의 총량 크기가 중요하다. 이는 소비자에게 제공하는 마케팅 믹스 혜택의 누적된 합계가 다른 경쟁사보다 높을 때 그 기업의 제품이 선택될 확률이 높아지기 때문이다.

모든 요소에서 경쟁사보다 절대적 우위에 있다면 더욱 좋겠지만, 그렇지 않다면 즉 어떤 한두 가지 요소가 열등하다면 다른 요소의 경쟁력을 통해 혜택의 총량을 키우는 것이 좋다.

- 시급하게 약(예: 상처치료제, 소화제 또는 몸살약)이 필요한 경우에는 가까운 곳의 약국에 가서 약을 사게 된다. 이때는 평소 자기가 사용하던 브랜드가 아니더라도, 약값이 비싸더라도, 약사가 불친절하더라도 우리는 그 약을 서슴지 않고 사게 될 것이다. 이는 제품, 가격, 촉진이 미흡하더라도 유통(입지)이 강력하기에 선택되는 사례이다.

(3) 실무 경험의 중요성

성공적인 마케팅 믹스를 위해 이론적 내용의 습득은 필요하다. 동시에 기업 실무자들의 경험에서 나온 지식도 소홀히 해서는 안 된다.

- "우리는 유통의 25% 이상을 뿌린 상태에서야 광고활동을 시작합니다. 그렇게 해야 광고 효과를 볼 수 있기 때문입니다. 만약 그전에 한다면 광고로 오게 되는 고객을 놓치는 경우가 많습니다."

　　　　　　　　　　　　　　　　　　　　　　　　　　　　　　　　　　　－ 국내 모제약회사의 전무

- 기존의 고루한 이미지를 벗고 세련된 패션 이미지를 추구한 T의류회사는 수년 전 소비자 시선을 끌만한 참신하고 임팩트 있는 광고를 통해 세상의 주목을 이끌어냈다. 그러나 이러한 멋진 광고를 뒷받침하기에는 당시의 유통방식(세련되지 않은 점포외관, 재래식 인테리어 등)은 한계가 있었다. 결과적으로 광고 효과는 그만큼 반감되었다.

　　　　　　　　　　　　　　　　　　　　　　　　　　　　　　　　　　　　　－ 업계 실무자와의 인터뷰

- '백세주'라는 전통주로 유명한 국순당은 막걸리로 '제2의 창업'을 이끌고 있다. 2009년 5월 첫 출시 때 한 달간 20만병 팔리는 데 그쳤던 국순당 막걸리는 요즘은 매달 400만병 이상 판매되는 초고속 상승세를 타고 있다. 막걸리 판매량 급증에 대해 국순당은 "사회적으로 막걸리 선호도가 높아진 데다, 회사 차원에서도 사전 준비를 많이 한 게 맞아떨어진 것 같다"고 말했다. (1) 제품전략: 시장 성과는 소비자 편의성을 높인 제품을 내놨기 때문이다. 가령 국순당 생막걸리 유통기한을 다른 생막걸리보다 2배 이상 긴 30일 정도로 만든 것이 대표적이다. 소비자가 생막걸리 병 마개를 딸 때, 뚜껑 부위에서 막걸리가 조금씩 흘러나오는 문제도 개선했다. 막걸리의 발효 속도를 조절, 맛은 유지하면서도 막걸리가 빠르게 부패되거나 불필요한 탄산가스를 발생시키는 것을 막았다. (2) 유통전략: 새로운 판매망 확보를 위해, 지금까지 막걸리의 사각지대였던 국내 항공사와 호텔을 공략, 기내 및 호텔 한식당 공급에도 성공했다. 수도권 골프장 그늘집에도 배치했다. (3) 촉진전략: 생막걸리 인지도가 높아지면서 최근 스위스 다보스포럼에서 열린 '한국의 밤' 행사에서 공식 건배주로 채택되었다.

　　　　　　　　　　　　　　　　　　　　　　　　　　　　　　　　　　－ 참조: 조선일보, 2010년 2월 26일

제4부에서 마케팅 믹스에 대해 자세히 다룰 예정이다. 물론 책에서는 기본적이고 보편적인 내용 위주로 소개하기에 기업들은 자신만의 고유한 제품 특성, 시장 상황에 적합한 마케팅 관리방안을 스스로 개발해야 한다. 즉 자신의 업(業)에 적합한 마케팅 믹스를 구사해야 한다. 언제나 그렇듯이 그것은 자신이 해결해야 할 몫이다.

Ⅱ 마케팅 관리 과정의 흐름

1. 마케팅 관리 과정

마케팅 관리란 담당자(마케터, marketer)가 마케팅을 위해 무슨 일을 어떻게 하느냐에 대한 내용이다. 마케팅 관리 과정(marketing management process)의 흐름을 간략하게 표현하면 다음과 같다([그림 2-2] 참조).

그림 2-2 | 마케팅 관리 과정의 흐름도(일방 흐름뿐 아니라 순환 흐름도 존재한다)

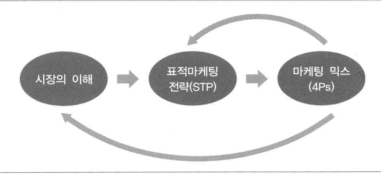

첫째, 시장 상황에 대한 전반적 내용을 파악한다. 여기서는 시장을 구성하는 주요 주체인 소비자, 경쟁사, 유통업자, 공급업자 그리고 거시 환경에 대한 내용이 포함된다. 시장의 상황 분석을 통해 SWOT(기회/위협, 강점/약점)을 정리한다.

둘째, 시장에 대한 이해를 바탕으로 시장세분화(S)를 하고, 그런 다음 기업의 내부 역량에 적합한 고객층(표적 세분시장, T)과 제품 영역(제품 포지셔닝, P)을 선택함으로써 '표적마케팅(target marketing)' 전략을 수립한다(STP).

셋째, STP 결정에 기반하여 이에 어울리는 마케팅 믹스(4Ps) 활동을 전개한다. 시장에의 제공물(제품과 가격)을 결정하고(Shaping market offerings), 이러한 제공물을 어떻게 소비자에게 전달할지(유통)에 대해 살펴보고(Delivering value), 이러한 제공물의 가치를 소비자에게 어떻게 의사소통할지(마케팅 커뮤니케이션)를 검토한다(Communicating value). 또한 이러한 마케팅 활동을 전개해 나가면서 추후 이에 대한 조정과 통제를 지속적으로 한다.

뛰어난 창의성과 통찰력도 중요하지만 여기에 더해 '철저한 분석, 주도 면밀한 전략의 수립 및 실행'이 있을 때 좀 더 성공 확률이 높아진다. 마케팅 관리 과정을 위한 사전 준비 (planning), 추진력 있는 실행(implementing), 그리고 이의 평가와 통제(controlling)는 그래서 중요하다.

- 마케팅 관리란 조직의 마케팅 목표의 달성을 위해 시장분석에 근거하여 (표적시장의 고객을 만족시키는~) 마케팅 전략 및 계획을 수립하고, 이를 실행하고, 통제하는 일련의 활동을 의미한다. 전략 및 계획의 수립(planning)−실행(implementing)−통제(controlling)의 단계를 거친다는 점에서 일반적인 경영 관리 과정(management process)과 유사하다.

2. 마케팅 관리 과정의 속성

마케팅 관리 과정은 다음과 같은 속성을 가지고 있다. 따라서 이러한 속성을 유념해서 이해할 필요가 있다.

1) 과정에 포함되는 모든 단계들 활동의 중요성

마케팅 관리 과정을 성공적으로 수행하려면 과정에 포함된 모든 단계의 활동을 성공적으로 수행하여야 한다. 어떤 하나의 단계, 또는 활동이라도 소홀하면 그로 인해 전체 내용이 부실하게 평가받는다.

- 고객을 만족시키는 과정을 예로 들면 다음과 같다. 고객만족은 예나 지금이나 마케팅에서 강조되고 있다. 그렇지만 기업들은 주로 제품 및 가격의 경쟁력 제고를 통한 고객만족에 치중한다. 그러나 고객만족은 제품 판매가 일어나기 훨씬 이전 단계부터 시작하여, 판매가 일어나는 중간 과정, 그리고 판매 후의 애프터서비스에 이르기까지 기업과 소비자가 접촉하는 모든 과정을 통해 형성된다. 따라서 어떤 한 단면이나 과정만의 관리로는 절대로 고객만족을 담보할 수 없다. 고객의 총괄적 경험의 관리가 그래서 중요하다. 예를 들어, 시설, 음식 맛은 최고급이지만 직원 서비스가 미흡한 (또는 주차시설이 불편한) 레스토랑, 품질과 가격은 만족스럽지만 배달 서비스가 좋지 않거나 AS직원이 불친절한 가전 제품은 결국 고객이 떠날 빌미를 제공하는 것이다.

- 전체 과정에 대한 미흡한 관리의 또 다른 예로는 신용카드 회사의 영업 부서와 연체관리 부서간의 엇박자를 들 수 있다. 즉 영업 부서는 고객이 기억할 수도 없을 만큼 많은 혜택을 제공하지만, 연체관리 부서는 하루만 연체돼도 VIP고객에게마저 전화를 퉁명스럽게 걸어 '오늘까지 입금하지 않으면 당신은 신용불량자가 된다'는 식으로 나온다. 이러한 연체부서의 전화를 받는 순간 우수고객의 충성도는 완전히 망가지게 된다. 따라서 소비자의 총체적 경험의 관리가 중요하다.

2. 시장수요의 예측

- "어떤 바보라도 사과 속의 씨를 셀 줄은 안다. 하지만 한 개의 씨가 몇 개의 사과가 되는지는 하느님밖에 모른다."

  － 로버트 슐러(리더스 다이제스트, 1989년 3월호)

시장수요의 예측은 기업에게 매우 중요한 과업이다. 예상되는 매출 규모에 따라 생산설비, 인적 자원의 충원, 재료 및 공급선 확보, 유통망 규모 등이 결정되기에 이러한 예측의 정확성은 기업의 효율적 운영과 직결된다.

그러나 시장수요의 예측에는 불확실성이 많이 개입되기에 오차가 필연적으로 발생한다. 슈퍼컴퓨터와 수십 명의 전문가들이 있어도 내일의 날씨에 대해서도 적지 않은 오보를 내는데, 하물며 몇 달 또는 몇 년 뒤 매출에 대한 예측 오차는 당연할 것이다. 그럼에도 불구하고 오차를 조금이라도 줄이고자 학계와 실무계는 끊임없이 노력하고 있다. 결국 예측에 대한 제반 기법과 노력은 결국 예측치와 실제치를 근접하게 하는 것과 연관된다.

- '기상청 운동회날 비가 온다'는 말이 있다. 이는 그 정도로 날씨 예보를 정확하게 하기 힘들다는 의미이다. 그런데 실제로 기상청 운동회날에 비가 온 적은 여러 번 있었다고 한다.

  － 참조: 연합뉴스, 1994년 5월 3일

- 시/도교육청은 학교 설립을 인가할 때 개교 3년 후에 예상되는 전교생 수를 기준 삼아 학급 수를 결정하고 건물을 신축한다. 그런데 만약 이러한 예측이 잘못 된다면, 남아도는 교실이 생기거나 또는 학생들로 넘쳐나는 교실이 생기게 된다. 이것은 예산의 막대한 낭비뿐 아니라, 과밀학급의 경우엔 수업분위기 산만 또는 학생들간 다툼의 원인이 되기도 하며 또한 급작스런 증축 공사로 인해 학생 안전에 위협이 될 수도 있다. 물론 교육당국도 할 말은 많다. 아파트 개발계획이 변경되거나 입주 가구에 특이하게 학생수가 많을 경우도 있기에 정확한 예측을 하기는 어려울 수도 있다. 따라서 새로운 도시계획 변경은 신중하게 내릴 필요가 있다.

컴퓨터, AI 기술, Big Data, 예측 모델과 통계 기법 등의 발달로 인해 과거에 비해 예측치와 실제치간의 격차(gap)는 점차 줄어들고 있다. 수요 예측에 대한 구체적 기법의 언급은 이 책의 성격을 벗어나기에 여기서는 이 정도의 설명으로 그치겠다.

Ⅳ 마케팅 철학의 변천

마케팅은 시장의 창출(creation) 또는 활성화(activation)에 연관된 모든 활동이다. 한편 지금부터 살펴볼 마케팅 철학(philosophy)이란 시장의 창출 또는 활성화를 위해 '무엇을 가장 중요시 여길 것인가'에 대한 기본적 생각의 틀이다. 즉 주도적으로 지배하는 생각을 의미한다. 이는 시장에 대한 기업 지향성(company orientation toward the marketplace)의 사고방식과 행동에 영향을 미친다. 예를 들어 생산 지향의 철학은 '생산'이 시장의 활성화에 있어서 가장 중요한 과업으로 간주하는 철학이다. 그래서 마케팅 관리자는 생산에 중점을 둘 때 가장 마케팅을 잘 할 것으로 생각한다. 이에 비해 제품 지향의 철학은 '제품'에 중점을 둘 때 시장이 가장 활성화된다고 생각하고 최고의 제품개발에 역점을 둔다.

그런데 마케팅 철학, 즉 마케팅 관리자가 시장의 창출 또는 활성화에 있어서 가장 중요하다고 여기는 활동은 시대적 상황에 따라 변화하였다. 이같이 마케팅 철학은 당시의 시대적 상황과 밀접히 연관되어 변천되었다. 이를 간략하게 언급하자면, 산업화 초기에는 '생산'을 가장 중요한 마케팅 활동으로 간주하였다. 그러다 이것이 '제품'으로 바뀌었고, 다시 제품 중심의 사고방식은 '판매'로 바뀌었다. 이렇게 판매를 중시 여기는 사고 방식은 이제 '고객'을 최우선으로 하는 것으로 바뀌었다. 그 후 사회적 책임, 윤리, 공유가치창출, 환경, 지속성장 등이 마케팅 철학에 추가적으로 언급되기는 하였지만 여전히 '고객'이 중심에 있다는 사실에는 변함이 없다.

- 유년 시절에는 그저 '건강'하게 잘 자라고 '친구들과 사이 좋게' 지내면 성공적이다. 그런데 중고등학생이 되면 '공부'의 중요성이 높아진다. 그런 다음 대학을 졸업하게 되면 이제 '취업'과 '결혼'이 삶을 지배하게 된다. 더 나아가 자식을 둔 부모가 되면 '자식'이 잘되는 것이 가장 중요해진다. 이와 같이 사람의 삶도 주기별로 가장 중요시되는 활동이 변화하고, 이를 우선 순위로 하여 자신의 대부분의 시간과 자원을 쏟게 된다.

어떤 것이 맞고 틀리다는 차원으로 보기 보다는 그러한 각각의 철학이 적합한 시대적 상황, 시장 여건이 존재한다는 것을 종합적이면서도 융통성 있게 이해하는 것이 중요하다.

- 우리나라의 경우, 1953년 전쟁이 끝나고 모든 것이 궁핍하던 시기에는 사람들은 필요한 물건을 살 수만 있으면 만족하였다. 이 당시 기업이 가장 역점을 두었던 활동은 물건을 값싸게 대량으로 제조하고 이를 유통시키는 것(생산지향성)이다. 이러한 궁핍한 상황이 어느 정도 해결된 1970년대가 되면서 소비자들이 바라는 내용은 변화가 있었다. 보다 튼튼하고 성능이 좋은 제품을 요구

하였다. 따라서 기업은 생산 그 자체보다는 이제 제품개발 및 기술력에 집중하게 되었다(제품지향성). 그러다가 제품의 기술적 수준이 어느 정도 평준화되고, 또한 소비자들이 자기 개성에 맞는 제품을 원하면서 기업은 감성적, 개성적인 면에 치중하게 되었다. 그리고 이러한 개인적 성향이 좀 더 심화됨에 따라 기업은 소비자들이 원하는 제품, 디자인, 브랜드 등에 많은 노력을 집중하게 되었다(마케팅지향성). 이같이 시장과 소비자의 변화에 따라 기업에서 좀 더 집중하는 분야는 달라진다. 향후 전개될 시장과 소비자 흐름을 정확히 예측할 수 있다면 기업은 자신의 역량을 이러한 기본 철학을 중심으로 좀 더 빠르게 변화시킬 것이다.

마케팅 철학은 생산, 제품, 판매, 마케팅, 그리고 사회적 마케팅 철학의 순서로 변천되어 왔다([그림 2-3] 참조). 아래에 각각의 철학에 대해 자세히 살펴보겠다.

그림 2-3 | 마케팅 철학의 변천 과정

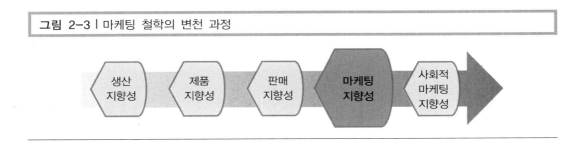

1. 생산지향성(production concept)

생산지향의 시대에는 제품의 수요(demand)가 공급(supply)을 초과한다. 이 상황에서 소비자는 선택의 폭이 좁다. 또한 제품을 원하는 소비자는 많은데 제품은 한참 부족하고 가격은 무척 높은 편이다. 보통 새로운 시장이 형성되는 초기에도 이러한 성격이 있다(참조: 휴대폰, 컴퓨터, 코로나백신이 처음 시장에 등장하던 때를 떠올리면 도움이 될 것이다). 시장 초기의 혁신 제품들의 가격은 무척 높다(예: 초기 휴대폰의 가격은 300만원을 훨씬 상회하였다). 제품 원가는 높고 따라서 가격은 비싸며 그 결과 수요는 제한되기에 시장 성장은 정체된다.

이러한 시장상황에서는 시장의 활성화를 위해서는 '생산'에 초점을 맞추고 이에 지향하는 것이 중요하다(예: 생산성 향상, 제품원가 하락, 유통범위 확대 등). 그렇지만 생산효율성과 원가절감만을 강조하다 보면 경영이 비인간적이 되고 서비스의 질에도 문제가 생길 수 있다.

- 20세기 초반까지만 해도 자동차 가격은 무척 높았기에 돈 많은 부호나 귀족들만이 자동차를 소유할 수 있었다. 이때 Henry Ford는 부품의 표준화, 단순화, 작업의 전문화 등을 통해 낮은 원가로 자동차를 대량생산할 수 있었고 이를 통해 수요를 크게 창출할 수 있었다.

수요가 공급을 초과하는 생산지향의 시대는 일반적으로 구매자보다 판매자가 더 힘이 많은 판매자 시장(seller's market)의 성격을 가진다(참조: 3장).

2. 제품지향성(product concept)

제품의 공급량이 증대되고 유사 제품을 제공하는 경쟁업체들도 많아지게 되면 이제 시장에서 공급은 수요를 초과하게 된다. 동종 제품은 물론이거니와 대체가능한 제품들이 풍성히 등장하였기에 이제부터는 생산이 아니라 제품에 대한 경쟁이 심해진다. 이제부터 소비자들은 가격뿐 아니라 제품의 품질, 성능, 디자인을 비교하면서 선택한다.

이러한 상황에서는 과거와 같은 생산지향만으로는 매출을 올리기 어렵다. 기업들은 소비자들이 최고의 품질, 혁신적 성능을 제공하는 제품을 선호할 것이라고 전제하기에 더 좋은 제품을 생산하고 이를 지속적으로 개선하는데 기업의 모든 마케팅 노력을 집중한다. 이같이 제품지향성을 추구하는 기업의 경영자들은 시장 활성화를 위해 최우선적으로 중점을 두는 것이 바로 '제품'의 향상에 있다.

그런데 이러한 제품중심의 철학은 종종 문제를 발생하기도 한다. 즉 제품의 향상 그 자체만을 추구하다 보면 마케팅 관리자의 시야를 좁게 만들 수 있고 그 결과 마케팅 근시안 (marketing myopia)의 위험성을 초래하기 때문이다.

1) 마케팅 근시안의 위험

마케팅 근시안이란 시장을 좁고 가깝게만 보는 현상이다. 다시 말해 현존하는 제품에만 시야가 미치는 현상이다. 이는 다음에 설명할 'the better-mouse trap fallacy'(더 나은 쥐덫의 오류)을 통해 쉽게 이해될 것이다. 이는 '더 나은 제품은 그 자체만으로도 충분하게 소비자들을 구름처럼 몰리게 하고 이들이 기꺼이 제품을 사게 만들 것이라고 생각하는 오류'이다.

- 'Woolworth mousetrap': 미국에서 쥐덫을 가장 많이 제조, 판매하던 'Woolworth'라는 회사는 종래의 나무로 된 쥐덫을 플라스틱으로 바꾸어 만들었다. 이 새로운 쥐덫은 모양도 좋았고, 쥐도 잘 잡히며 또한 아주 위생적이었다. 값도 종래의 나무제품보다 약간 비싼 정도였다. 기존의 나무로 만든 쥐덫은 잡힌 쥐와 쥐덫을 함께 버려 그 쥐덫은 다시 사용하지 않았다. 그러나 플라스틱 쥐덫은 종래의 나무 쥐덫보다 약간 비싸고 모양도 좋고 위생적이라 어쩐지 한번 쓰고 버리기 아깝다는 생각이 들게 하였다. 이에 따라 소비자에게는 잡힌 쥐만 버리고 쥐덫을 깨끗이 세척하는 즐겁지 않은 일이 생기게 되었다. 그러자 고객들은 점점 이 귀찮은 일을 하지 않으려고 종래의 나무 쥐덫을 선호하게 되었다. 그 결과 새롭고 질적으로 우수한 쥐덫은 팔리지 않게 되었다.

제품 철학 또는 제품지향성의 단점은 현재의 제품으로만 시야를 좁게 만드는데 있다. 즉 시장은 이러한 제품을 앞으로도 계속 사용할 것이란 고착된 생각을 하는 것이다(예를 들어 칠판과 분필, 비디오테이프, 맷돌, 선풍기, 재봉틀, 휴대폰이 앞으로도 계속 사용될 것으로 생각함). 그 결과 전에 없던 새로운 제품 및 기술의 등장을 통해 지금과는 전혀 다른 방향으로 제품이 변할 수 있다는 점을 놓치게 된다. 이러한 잘못은 고객이 제품을 구매하는 근원적 욕구를 보기 보다는, 제품 그 자체만 편협해서 보는 마케팅 근시안(marketing myopia)으로부터 비롯된다.

제품지향성은 다음과 같은 이유들로 시장에서의 성공을 보장하지 않는다: 소비자들이 더 나은 제품을 실제로 원한다고 볼 수 없다; 소비자 기호는 변한다; 더 나은 제품의 존재를 알지 못하면 사지 못한다; 더 나은 제품이라도 가격이 너무 비싸면 외면한다; 제품 개선의 격차가 어느 정도되어야 소비자가 움직일 것인가에 대해 알기 어렵다; 동일 욕구를 더 잘 충족하는 전혀 다른 차원의 제품이 등장할 수 있다(예: 과거의 휴대폰 vs 스마트폰, 선풍기 vs 에어컨, 마차 vs 자동차) 등. 기술이 뛰어난 기업들이 종종 시장에서 고객의 외면을 받는 이유는 '잘 팔릴 수 있는 제품을 만드는 것이 아니라, 자기가 잘 만드는 제품을 만들어서'이다.

- 기존에는 5분이면 만들던 햄버거를 엄청난 제조공정의 혁신을 통해 3분으로 단축하였다는 것은 분명 칭찬받을 만한 것이다. 그러나 소비자들이 그러한 2분 단축에 대해 별 가치를 주지 않는다면 이는 별 의미 없는 노력이 되고 만다. 물론 이것은 표적시장에 따라 달라진다. 직장인/수험생과 같이 시간이 중요한 집단에게는 2분 단축이 제품의 경쟁우위로 작용하겠지만, 초등학생/양로원에서는 별 의미가 없을 것이다.
- 소비자가 제품 개선의 정도(격차)를 인지하기 어려운 예: 기존보다 1.3배 빠른 통신망, 경쟁제품보다 1도 낮은 소주, 화질이 5% 개선된 TV모니터 등.

2) 마케팅 근시안의 극복

소비자들이 어떤 제품을 구매하는 것은 제품 그 자체를 원하기 때문이 아니고, 자신이 갖고 있는 어떤 문제를 해결하려 하기 때문이다. 따라서 현존하는 제품들은 고객의 필요 또는 욕구(needs)를 보다 우월하고 값싸게 충족시키는 새로운 제품에 의해 언제든 대체될 수 있다(예: 주판 → 전자계산기, 삐삐 → 휴대폰 → 스마트폰, 맷돌 → 믹서 등). 그럼에도 불구하고 고객의 기본적 욕구(needs)를 망각한 상태로 현재의 제품만을 바라보는(집착하는) 사고방식이 마케팅 근시안이다. 제품 자체는 고객 문제를 해결해주는 수단에 불과하기에 더 나은 수단이 등장하면 언제든 사라진다. 이러한 사실을 망각하고 그 제품이 영원히 시장에 존속할 것으로 생각하고 그 제품의 테두리 안에만 머무르며 그것을 점진적으로 개선하려 하는 것이 결국 마케팅 근시안이다.

　마케팅 근시안적 사고를 극복하려면, 고객에게 제품을 팔지 말고 해결책(solution)을 제공하여야 한다. 지금 당장엔 성공적인 제품도 욕구 해소를 위한 하나의 임시적 대안에 불과하다. 진정한 의미에서의 신제품 개발 기회 또는 신시장의 개척은 고객의 근원적 욕구(needs)를 보다 잘 이해할 때 가능하다. 지금의 제품에 대한 고정관념에만 붙잡혀 있다가는 더 좋은 기회를 놓치게 된다. 지금 하던 개선 노력, 자기보다 더 나은 경쟁제품의 추격을 잠시 멈추고, 좀 더 시야를 넓게 가질 필요가 있다. 고객이 진정으로 원하는 것은 무엇인지, 시장과 기술은 앞으로 어떻게 변화할 것인지에 대해 많은 고민을 해야 한다. 결국 사업이란 물건을 잘 만드는 것만이 능사가 아니라, 고객을 만족시키는 것이 중요한 것이다.

- 2012년 후지TV에서 방영된 'Priceless'라는 드라마가 있었다. 드라마의 중심 소재는 보온병이었다. 이틀 동안 따뜻한 물의 온도가 전혀 떨어지지 않는 궁극의 보온병의 개발에 성공하고 이를 통해 큰 히트를 친다. 그런 다음 이에 후속되는 신제품은 무엇인가에 대한 질문에 주인공은 삼일 아니 일주일 동안 따뜻한 물을 보관할 수 있는 보온병이라고 대답하는 장면이 나온다. 장인 또는 한 분야만 파고드는 전문가로서는 모범이 될만한 자세이나 일주일 동안 따뜻한 물을 보관하는 보온병(많이 들어가야 2리터 정도의 크기)을 사려는 고객들이 얼마나 될지에 대해서는 의문이다. 그 정도의 물의 양이면 하루나 이틀이면 다 소비될 것이고 자주 신선한 물로 갈아주는 것을 더 선호할 수도 있기 때문이다.

- "우리 인간은 누구나 눈앞에 시선을 빼앗기기 쉽다."

  － Julius Caesar(로마 공화국의 정치가)

- "나는 보기 위해 눈을 감는다."

  － Paul Gauguin(프랑스 탈인상주의 화가)

- 어떤 선물을 받았을 때 기쁜가? 아마도 자신이 간절히 원하던 것을 받았을 때 기쁠 것이다. 자신이 원하는 것이 아니라면, 그것이 아무리 비싸고, 예쁘고, 희귀해도 별 의미는 없을 것이다.

　전술한 바와 같이 기업의 마케팅 근시안(myopia, nearsightedness)은 경계해야 할 현상이다. 이와 마찬가지로 가까운 데는 보지 못하고 먼 곳만 보는 마케팅 원시안(hyperopia, farsightedness)도 경계해야 할 현상이다.

3) 필요한 것(needs) vs 원하는 것(wants)

　하나의 욕구(needs)를 충족시켜주는 데는 여러 다양한 욕망(wants)의 대안들, 즉 제품(브랜드)들이 존재한다. 예를 들어 '즐거움'이란 하나의 욕구를 충족하는 데는 다양한 욕망의 대안들(명품가방, 새 옷, 고급 자동차 등)이 존재한다([그림 2-4] 참조).

- From the buyer's perspective, it is benefits, not product features, that the individual or organization desires. For example, the need for a good night's sleep could be satisfied by a sleeping pill(goods), exercise class(service), or meditation(idea).

− Murphy and Enis, (Journal of Marketing, 1986)

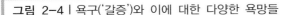

그림 2-4 | 욕구('갈증')와 이에 대한 다양한 욕망들

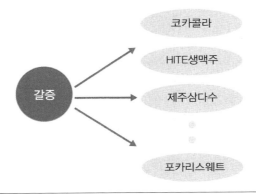

필요한 것(욕구, needs), 원하는 것(욕망, wants)은 인간으로 하여금 무엇인가를 떠올리고 실천하게 만드는 힘이다. 이 둘간의 차이를 인식하는 것은 마케팅을 이해하는데 있어 중요하다.

우선 욕구(needs)는 인간 내적(형질)으로부터 자연스럽게 나오는 것이다. 이에 비해 욕망(wants)은 외부로부터 흘러 들어와 사람을 휘어 감고는 구체적으로 특정한 무언가로 이끈다. 부연설명하면, 욕구는 사람의 본원적 형질이기에 선천적이다. 그래서 흑인, 백인, 황인에 관계없이 모두 동일하게 갈증, 배고픔, 안전, 소속감, 사랑, 존귀감을 필요로 한다. 반면에 욕망은 사회적이고 후천적이다.

- 배고플 때(욕구), 한국인은 따뜻한 밥(욕망), 미국인은 햄버거, 일본인은 우동을 머리 속에 떠올리게 될 것이다. 무더운 여름에 갈증을 느낄 때, 어린 아이들은 코카콜라, 대학생은 시원한 카스 생맥주를 마시고 싶을 것이다. 예전의 아이들은 제기차기, 술래잡기를 놀이로 생각하지만, 요즘 아이들은 게임기를 놀이로 생각할 것이다.

욕구, 즉 소비자의 근원적 문제해결의 욕구가 무엇인지를 이해하는 것은 그래서 중요하다. 지금과는 다른 형태의 제품의 등장(예: 분필/칠판과는 전혀 다른 파워포인트/빔프로젝터, 주판과는 전혀 다른 전자계산기, 마차와는 전혀 다른 자동차 등)은 그러한 근본적 욕구에 대한 이해로부터 비롯된다.

한편 욕구의 차원에서 유사한 만족을 느끼고 있다면 그 다음으로 중요시 되는 요소는 욕망의 차원이다(주의할 점: 순서가 중요하다. 즉 needs의 충족이 먼저이고 그 다음이 wants이다. 즉 needs가 충족된 다음에야 wants의 차별적 혜택을 생각할 여유를 가지게 된다).

- 요즘의 사냥꾼들은 사냥한 고기가 필요(needs)해서가 아니라 단지 재미를 얻기 위해서(wants) 할 뿐이다. 비슷한 현상은 여러 군데서 발견할 수 있다. 추워서 모피코트를 입기보다는 주변에 과시하기 위해 입는다. 배고파서 먹기보다는 감각적 즐거움을 위해 먹는다.

- 2019년 5월 3일, 미국 커피 브랜드 '블루보틀'이 한국에서 정식으로 영업을 개시했다. 개점 당일, 이른 아침부터 수백명이 줄을 섰고, 5시간 이상 기다린 고객도 있었다. 이러한 현상은 '필요'에 의한 소비라기 보다는 '욕망'을 보여주는 것이다. 명품, 디자인, 브랜드, 포장 등 모두는 일정 부분 욕망의 충족과 연관된다.

핵심 기술의 보편화로 기본 품질 및 성능의 차별화가 어렵게 되면, 그 다음에는 (제품 특성이나 편의성과 같은 중심 요소로부터 벗어나~) 소비자 심리를 만족시킬 수 있는 주변 요소로 시장을 공략하게 된다. 제품의 중심 요소는 소비자 욕구(needs, 필요)의 충족과 연관되고, 주변 요소는 욕망(wants)의 충족과 연관된다. 필요나 결핍의 관점이 아니라 소비자의 욕망을 인식하는 것도 역시 중요하다. 마케팅은 더 이상 품질이나 기술의 게임이 아니다. 감성과 상상력의 게임이다.

3. 판매지향성(selling concept)

대다수의 기업들이 제품 향상에 역점을 두면 제품의 품질과 성능은 계속적으로 향상된다. 그러나 그 향상의 수준도 언젠가는 그 한계에 도달하게 된다. 그리고 결국에는 기업간의 제품 차별화의 요소는 적어지게 된다. 따라서 언젠가는 더 이상 제품 개선에만 기업활동을 전념하는 것으로는 시장 활성화가 어렵게 된다.

또한 기업들은 좋은 제품을 가지고 있는 것만으로는 시장이 활성화되는 것도 아니란 자각을 가지게 된다. 이러한 단계에서 기업들은 '이미 만들어진 제품'의 판매 노력에 좀 더 주력해야만 시장이 활성화될 것으로 생각한다.

- "1950년대 비누가 없던 시절에는 공장에서 만들기만 하면 팔리던 시대였다. 그러다가 경쟁사들이 생기면서 공급 물량이 넘치면서 품질 경쟁이 일어났다. 그러나 한편 품질이 아무리 우수해도 영업력이 뒷받침되지 않으면 사장되거나 뒤떨어지게 마련이다. 세상에는 상당히 좋은 물건을 제작하고도 판매방법이 좋지 못해서 성공 못하거나 이와는 반대로 판매방법은 좋았지만 물건이 좋지 못해 모처럼의 노력이 수포로 돌아가는 것을 흔히 볼 수 있다."

  — 애경그룹 장영신 회장, 밀알 심는 마음으로(동아일보사 출간, 1994년).

판매지향성은 소비자들을 그대로 놔두면 제품을 많이 구입하지 않기에, 시장을 활성화하려면 기업은 판매에 중점을 둬야 한다는 철학이다.

판매지향성 개념은 비탐색제품(예: 보험, 백과사전 등)에 특히 적합하다. 물론 이러한 적극적 판매 노력의 필요성은 승용차와 같은 탐색제품에도 있고, 기금모금단체, 정당 등의 비영리단체의 활동에도 필요하다. 또한 기업이 과잉 생산시설, 과잉재고 등이 되었을 경우에도 많이 활용된다.

- IBM의 창시자인 와트슨의 세일즈 능력은 젊은 시절부터 탁월했고, 20대에 이미 NCR의 실력자로 인정받았다. 몇 해 후 그가 쓰러져 가는 회사를 인수했을 때 사람들은 모두 비웃었지만 그는 자신이 있었다. 물건이 있는 한 파는데 만큼은 자신이 있었던 것이다. 결국 회사를 빚더미에서 건져냈고, NCR은 차츰 기틀을 잡기 시작했다. '판매역량' 역시 간과해서는 안될 마케팅의 중요한 역량인 것이다.

그러나 이러한 판매지향성에서 발생되는 중요한 문제점은 시장이 원하는 것을 만들어 파는 것('to make what the market wants')이 아니라, 자신이 만든 것을 잘 파는 데('to sell what they make')에 중점을 둔다는 것이다.

- "판매와 마케팅은 정반대이다. 같은 의미가 아닌 것은 물론, 서로 보완적인 부분조차 없다. 물론 어떤 형태의 판매는 필요하다. 그러나 마케팅의 목표는 판매를 불필요하게 만드는 것이다. 마케팅이 지향하는 것은 고객을 이해하고, 제품과 서비스를 고객에 맞춤으로써 이를 저절로 팔리도록 하는 것이다."

  — Peter Drucker

- 무라카미 하루키가 쓴 에세이에는 '일본에서 제일 큰 소리로 인사하는 주유소'라는 주유소의 광고 간판이 나온다(비밀의 숲, 2007, 문학사상사). 물론 이러한 주유소는 눈길을 끌겠지만 소비자들은 가격, 접근편리성, 브랜드를 보고 선택하지, 아마 큰 소리로 인사하는 것을 기준으로 선택하는 사람은 많지 않을 것이다.

4. 마케팅 지향성(marketing concept)

마케팅 지향성의 기본 생각은 '고객(시장)이 모든 기업 활동의 시발점'이란 점이다. 즉 무엇보다도 먼저 표적고객의 욕구와 필요가 무엇인지를 알아내고, 그런 다음에 소비자에게 만족을 줄 수 있도록 모든 마케팅 활동을 통합, 조정하는 것이다. 이를 통해 경쟁자보다 효율적이면서도 효과적인 방법으로 소비자에게 만족을 전달한다. 앞서 언급된 세 가지 지향성과의 가장 큰 차이점은 고객에 대한 이해를 맨 앞에 둔다는 데 있다.

- 음식을 만드는 사람(기업)과 먹는 사람(소비자)을 비유해서 설명하면 다음과 같다.
  [생산지향성] 음식을 보다 많이, 싸게, 빠르게 만들면 음식은 자연스럽게 잘 팔릴 것으로 생각.
  [제품지향성] 더 나은 품질의 음식을 만들면 사람들이 저절로 찾아 올 것으로 생각.
  [판매지향성] 요리사가 이미 만든 음식을 사람들이 많이 먹게 하려고 음식의 좋은 점을 강조해서 음식을 먹게끔 만드는 것.
  [마케팅 지향성] 먹을 사람에게 먼저 먹고 싶은 것이 무엇인지를 물어본 다음에, 이에 적합한 음식을 만드는 것.
  불고기를 무척 좋아하는 학생일지라도 아침 식사 때, 그리고 점심 급식에서도 불고기가 나왔다면, 저녁 식사 때의 불고기는 반갑지 않을 것이다. 또한 소화가 잘 안되거나 날씨가 더워 시원한 것을 먹고 싶을 때 불고기가 나왔다면 이를 꺼려하게 될 것이다. 이같이 먹는 사람의 제반 상황과 기분을 먼저 파악하여야 그가 제일 기분 좋게 먹을 수 있는 것을 저녁 식사로 내놓을 수 있을 것이다.

소비자 마음 속에 있는 좋은 제품에 대한 이미지를 먼저 찾아내서 친밀하게 다가가야 한다. "우리 제품이 이렇게 우수하니 사라"가 아니라 "여러분들이 원하는 것이 바로 우리 제품 속에 있다"고 일깨워줘야 한다.

- "물고기를 잡으려면 물고기처럼 생각하라."

  — Kevin John Roberts(광고대행사 사치 앤 사치의 CEO)

- 겨울날의 양지와 여름날의 그늘에는, 부르지 않아도 사람들이 스스로 찾아든다(冬日之陽, 夏陽之陰, 不召而民自來).

  — 逸周書

마케팅 철학에서는 '고객'이 모든 마케팅 활동의 초점과 기반이 된다. 기업의 핵심 역량은 경쟁자보다 빨리 소비자 욕구에 맞는 신제품을 지속적으로 출시할 수 있는 능력이다. 이러한 기업의 핵심역량을 갖추기 위해 마케팅 조사 능력이 필수적이다.

한편 마케팅 지향성에서 한 발 더 진보된 개념이 사회적 마케팅 지향성(social marketing concept)이다. 여기서도 물론 고객이 중요시 되지만 여기에 더해 이해관계자의 만족, 행복, 사회적 안녕도 동시에 고려함을 강조한다. 사회적 마케팅에서 기업의 임무는 표적시장의 욕구와 관심사를 결정하는 한편, 동시에 소비자, 사회 복지, 환경, 지속성장 등을 보존 향상하는데 있어서도 경쟁사보다 경쟁력있게 충족시키는데 있다. 기업의 가치 창출은 소비자가 원하는 것 그리고 사회의 문제해결을 균형적으로 지향해야 한다.

- "좋은 기업과 위대한 기업 사이에는 한 가지 차이가 있다. 좋은 기업은 훌륭한 상품과 서비스를 제공한다. 위대한 기업은 훌륭한 상품과 서비스를 제공할 뿐만 아니라, 세상을 더 나은 곳으로 만들기 위해 노력한다."

  ― William Clay Ford, Jr.(포드자동차 CEO)

마케팅 관리에서 당면하는 의사결정의 주제를 크게 양분하면 제품-시장 선택(product-market selection)의 의사결정, 그리고 그렇게 선택된 시장에서의 마케팅 믹스(marketing mix)의 의사결정으로 구분된다. 즉 '무엇을 누구에게 팔 것인지'와 '이를 어떻게 팔 것인지'로 구분된다.

이러한 의사결정의 내용은 마케팅 관리 과정(marketing management process)과 연관된다. 마케팅 관리 과정은 시장에 대한 상황분석, 표적마케팅 전략의 수립(S-T-P), 그리고 마케팅 믹스(4Ps) 등의 순서로 이뤄진다.

마케터(marketer)란 지금 고객과 예상 고객(또는 잠재고객, prospect)으로부터 자신이 원하는 반응을 얻어 내려고 노력하는 주체(예: 개인, 조직, 기업)이다. 마케터는 조직 목적을 달성하기 위하여 수요(예: 크기, 시기, 내용 등)에 영향력을 행사한다. 수요의 상태는 여러 유형이 있는데, 마케터는 그러한 수요의 양태가 나타나게 된 근본 원인을 규명하고 이를 좀 더 바람직한 수요 상태로 바꿀 수 있도록 방안을 마련해야 한다.

마케팅 관리자가 시장을 창출하거나 또는 활성화하는데 있어서 가장 중요시 여기는 활동은 시대적 여건에 따라 달라졌다. 마케팅 철학의 변천은 당시의 시대적 상황과 밀접히 연관된다. 초기에는 '생산'이 중심이었고, 그러다 이것이 '제품'으로 바뀌었으며, 이러한 '제품' 중심은 다시 '판매'로 바뀌었다. 그리고 '판매'는 최종적으로 '고객'을 최우선으로 고려하는 마케팅 지향성으로 바뀌었다. 최근 들어 사회적 책임, 윤리, 공유가치창출, 환경, 지속가능성 등이 중요한 기업 활동으로 추가되기는 하였지만 여전히 '마케팅', 즉 고객과 시장이 중심이라는 사실에는 변함이 없다.

🔊 주요 용어에 대한 정리

기업의 사회적 책임(CSR: Corporate Social Responsibility): 법적 의무나 회사의 이익과는 별개로 행하는 사회적 선행을 의미하는 것으로 회사가 사회적 의무와 이해집단과 관련된 의무를 다하는 활동과 행위를 뜻한다. 마케팅 분야에서는 그동안 기업의 사회적 책임에 대한 연구는 주로 기업의 환경주의, 기부 활동, 대의 마케팅(Cause-Related Marketing) 등의 세부 분야로 나뉘어 연구가 행하여졌다.

이해관계자(stakeholders): 기업 활동으로부터 직간접적으로 영향을 받는 사람 또는 조직들이다. 기업 행동으로 인해 이익을 보거나 손해를 보는(권리를 침해당하거나 손상당하는) 개인이나 집단이다. 기업 이해관계자의 분류는 다음과 같다: 첫째, 이해관계자가 기업 외부에 존재하느냐(외부 이해관계자), 아니면 내부에 존재하느냐(내부 이해관계자)에 따른 분류; 둘째, 환경의 분류체계(과업환경과 일반환경)에 따라 과업환경의 1차적 이해관계자(직접 이해), 2차적 이해관계자(간접 이해)에 따른 분류; 셋째, 이해관계 범주별(소유권, 권리, 이해) 방식 등이 있다. 두 번째 분류방식이 일반적으로 많이 활용되고 있다.

- **1차적 이해관계자**(primary stakeholders): 기업이 사회에 제품이나 서비스를 공급하기 위한 1차적 목적을 수행하는 과정으로부터 직접적 영향을 미치는 상호 연관된 집단이다. 종업원, 주주, 공급업자, 유통업자, 채권자, 고객 등이 해당된다.

- **2차적 이해관계자**(secondary stakeholders): 기업의 기본적 활동이나 의사결정에 직간접적으로 영향을 미치고 기업의 활동이나 의사결정에 의해 영향을 받는 일반 사회의 개인 및 집단이다. 지역사회, 정부, 사회운동단체, 언론매체, 기업지원집단(협회, 연구소 등), 일반공중 등이 해당된다.

제**3**장 ## 마케팅 활동의 주요 참가자와 마케팅 영역의 확장

여기서는 우선 마케팅 활동에 주도적으로 참여하거나 또는 이에 영향을 미치는 주요 주체들을 살펴보겠다. 그런 다음 관계마케팅, 내부마케팅, 통합마케팅, 성과마케팅 등의 개념에 대해 살펴보겠다. 기업의 마케팅의 영향력(/중요성)은 점차 확대되어 왔다. 또한 마케팅 활동에서 고려해야 할 요소들 역시 예전보다 늘어났다. 이러한 관점에서 볼 때 관계마케팅, 내부마케팅, 통합마케팅, 성과마케팅 등에 대한 폭넓은 이해는 현대 마케팅을 이해하는데 중요하다. 마지막으로 '왜 우리는 마케팅을 배워야 하는지, 기업의 올바른 마케팅 실천은 무엇인지, 변하지 않는 마케팅 원칙은 있는지' 등을 살펴보면서 1부를 마무리하겠다.

Ⅰ 마케팅 활동의 주요 참가자

마케팅(marketing)은 시장(market)에서부터 비롯된 용어이다. 그런데 시장에는 수많은 활동 주체들이 존재한다. 우선 기업(company)이 있다. 그 반대쪽에는 기업 활동의 대상이 되는 소비자(consumer)가 있다. 한편 소비자의 유사 욕구를 충족시키려는 나 이외의 다른 기업들, 즉 경쟁사들(competitors)이 존재한다. 이에 더해 기업(및 경쟁사)과 소비자 사이에는 유통경로구성원(intermediary)이 위치하면서 가치의 전달 활동에 개입한다. 또한 기업 활동에 필요한 것들을 제공하는 공급상(suppliers, vendors)이 기업의 후방에 위치한다([그림 3-1] 참조). 이상과 같이 기업, 소비자, 경쟁사, 유통경로구성원, 공급상은 상호 영향을 미치면서 시장에

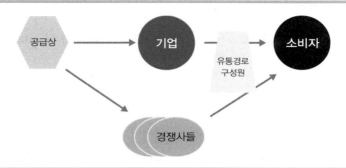

그림 3-1 | 마케팅 활동의 주요 참가자

서의 마케팅 활동의 과정 및 성과를 결정한다. 이들 모든 주체들은 시장 전체의 건전성, 지속성, 발전성에도 영향을 미친다. 마케팅 활동의 주요 참가자들에 대해 이제 좀 더 상세히 살펴보겠다.

1. 기업

기업(company)에는 영리기업뿐 아니라 비영리기관(예: 대학, 군대, 정당, 정부기관, 민간단체 등)도 포함된다. 그리고 조직뿐 아니라 개인도 포함된다. B2B(Business-to-Business), B2C (Business-to-Customer), C2B(Consumer-to-Business), C2C(Consumer-to-Consumer) 용어들은 다양한 거래관계가 존재함을 시사한다.

- 기업을 뜻하는 영어 company의 어원은 이탈리아어 '콤파니아(compagnia)'다. 12세기 피렌체를 비롯한 이탈리아 도시에 등장한 가족회사를 가리키는 말인데, 당시엔 기업이 망하면 출자자 모두는 엄중 처벌을 받고 심한 경우 노예가 되기도 하였다. 그래서 모든 걸 함께 나누고 책임지는 가족적 유대감과 동질성이 중요했다. '콤파니아' 즉 '빵을 나눠 먹다'라는 뜻의 라틴어 합성어 (=Cum(같이)+Panis(나눈다))가 기업이란 단어의 유래가 되었다.

마케팅에서는 고객, 경쟁사에 대한 이해를 중요시 한다. 그렇지만 이에 못지 않게 중요한 것은 마케팅 행위의 주체인 기업 자신에 대한 이해이다. 기업의 내적 여건과 역사는 마케팅 활동의 전제 및 기반이 되며 동시에 제약으로 작용한다.

기업의 내적 여건에는 여러 요소들이 있다. 전략, 사업부 포트폴리오, 자금, 조직형태, 지배구조, 시스템, 리더십, 문화, 생산방식, 원가구조 등이 이에 포함된다. 내적 여건에 적합한 마케팅 활동을 취하려면 기업 자체에 대한 이해가 충분하게 선행되어야 한다.

- "너 자신을 알라(Know thyself)."

— 소크라테스(Socrates)

- 知彼知己 百戰不殆 不知彼而知己 一勝一負 不知彼不知己 每戰必殆 (적을 알고 나를 알면 백번 싸워도 위태로울 것이 없으나, 나를 알고 적을 모르면 승과 패를 각각 주고받을 것이며, 적을 모르는 상황에서 나조차도 모르면 싸움에서 반드시 위태롭다)

— 손자병법의 謀攻篇

- "산 속에 있는 적 1만 명은 잡기 쉬워도 내 마음 속에 있는 적 1명은 정말 잡기 힘들다."

— 왕양명(王陽明, 중국 명나라 철학자)

2. 소비자

소비자(consumer, customer, client: 이들의 의미는 조금씩 다름)란 제품 및 서비스를 사용/구매하거나 또는 이에 영향을 미치는 개인 또는 조직을 의미한다. 소비자가 있어야 기업은 존재할 수 있다. 즉 소비자는 기업이 존재 근거가 된다.

- 환자가 있어야 병원이 존속한다. 지지층이 있어야 정치인 및 정당은 유지된다. 팬이 있어야 연예인은 활동할 수 있다.

자사의 제품과 서비스를 원하는 소비자층을 지속적으로 유지하려면 고객 욕구를 이해하고 여기에 적절히 대응해야 한다. 고객이 필요로 하는 것, 원하는 것, 불편해하는 것 등에 철저히 초점을 맞춰(소비자 지향성, 시장지향성), 제품 및 서비스를 기획하고 이와 연관된 마케팅 믹스를 구성해야 한다. 소비자를 만족시키면 매출과 수익은 자연스럽게 발생하고 결과적으로 기업은 시장에서 존속할 수 있다.

교환의 양 당사자(구매자, 판매자)가 발휘하는 힘의 크기에 따라 시장을 구매자 시장과 판매자 시장으로 분류한다. 구매자 시장(buyer's market)에서는 생산자는 많지만 구매자가 적기에 구매자가 더 많은 힘 또는 협상력을 가지는 데 비해, 판매자 시장(seller's market)에서는 구매자 숫자가 더 많기에 판매자가 더 많은 힘을 가진다([그림 3-2] 참조). 구매자 시장은 구매자는 소수인데 비해 판매자가 다수인 경우이기에 구매자는 좀 더 좋은 조건을 제시하는 판매자를 선택할 힘이 있지만 판매자는 그러한 힘이 없다.

그림 3-2 | 구매자 시장(왼쪽)과 판매자 시장(오른쪽)

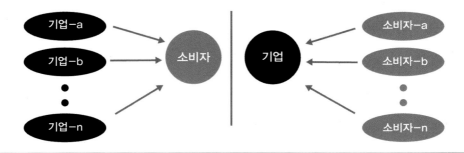

- 국회의원 선거일 이전에는 '유권자의 시장(구매자 시장)'이다. 이는 유권자가 행사할 수 있는 표는 하나인데 비해 이를 얻고자 하는 후보들이 다수이기 때문이다. 즉 유권자의 투표권은 한 장인데(지갑에 있는 돈과 마찬가지), 그 표를 얻고자 하는 후보들이 많기에 이러한 상황에서 유권자는 왕처럼 대접받는다. 그럴지만 이러한 상황은 어디까지나 선거날까지일 뿐이다. 선거가 끝나면 국회의원은 한 명뿐이지만 그 힘을 필요로 하는 주민은 다수이다. 이제 '국회의원의 시장(판매자 시장)'으로 전환된다.

소비자의 구매행동에 대해서는 4, 5장에서 자세히 소개하겠다. 한편 구매과정은 개인의 구매 또는 조직의 구매에 따라 달라진다. 조직의 경우에는 구매센터(buying center) 및 조직 구매자 행동을 이해할 필요가 있다(참조: 21장 B2B 마케팅).

3. 경쟁사

경쟁사(competitors)는 소비자의 유사 욕구를 충족시키려는 나와는 다른 개인 또는 조직 체들이다.

- 코카콜라의 경쟁사는 펩시콜라이고, 파리바게뜨의 경쟁사는 뚜레쥬르이다, 삼성 갤럭시의 경쟁사는 애플 아이폰이다. 물론 이와 같은 직접적 경쟁뿐 아니라, 대체재간의 경쟁도 있다(예: 비행기, 기차, 고속버스, 렌터카 업체간의 경쟁; 김밥, 햄버거, 라면간의 경쟁).

경쟁사는 다음과 같이 제품의 여러 계층 수준에서 파악할 수 있다.

(1) **제품 형태의 경쟁**: 동일 제품범주내에서 다른 형태를 갖고 경쟁한다. 동일 욕구를 충족시키기에 경쟁 관계이다. 동일 제품범주내에 속하고 형태만 다르기에 가장 밀접한

경쟁관계가 된다. 예를 들어, 컵라면(왕뚜껑과 도시락면), 감자칩(막대형태, 사각형태, 자유분방형), 분말형 차와 티백 차, 비타민C 알약과 비타민C 음료, 가루 세탁 세제와 액체 세탁 세제, 유선 마이크와 무선 마이크.

(2) **제품 범주의 경쟁**: 상이한 제품 범주간의 경쟁 관계이다. 비록 제품 범주는 다르지만 유사한 제품속성(혜택)을 보유하기에 동일 욕구의 해결이 가능하다는 점에서 이들간 경쟁관계는 성립한다. 예를 들어, 경비견과 경비IT시스템, 커피음료/커피사탕/커피껌/커피아이스크림, 맥주와 소주, 치약과 자일리톨껌과 가그린, 라면과 짜장면, 주판과 전자계산기, 노트북PC와 데스크탑PC, 유선 전화기와 스마트폰, 칠판과 빔프로젝터, 백화점과 인터넷쇼핑.

(3) **동일한 본원적 혜택을 향한 경쟁**: 유사한 제품속성을 가지고 있지는 않지만 본원적으로 동일 혜택을 제공한다는 점에서 경쟁관계가 성립된다. 예를 들어, 의사소통(전화기, 우편엽서, 이메일, 메타버스), 건강(헬스센터, 다이어트, 영양제, 명상, 수면용품), 휴식(여행, 영화감상, 맛집).

(4) **고객 예산의 경쟁**: 본원적 욕구는 다르지만 지갑 속의 제한된 돈을 서로 차지하려 한다는 점에서 경쟁관계이다. 예를 들어, 데이트 비용(레스토랑, 쇼핑, 놀이공원), 중고생의 용돈(PC방, 디저트카페, 운동용품).

경쟁사를 이해하려면, 누가 나의 경쟁사(현재 및 잠재)인지를 규명하고 그런 다음 경쟁사에 대한 주요 내용을 항목별로 분석해야 한다.

한편 특정 제품에 대한 경쟁제품들은 항상 고정된 것은 아니다. 제품의 진화, 기술 융합 등에 따라 경쟁은 변화한다. 예를 들어, 스마트폰의 진화에 따라 경쟁제품들은 변화하였다. 초기에는 유선전화기, 무전기 등이 경쟁제품이었다. 그런 다음 디지털 융합이 가속화 되면서 MP3플레이어, 디지털카메라, 시계, 수첩, 게임기, 손전등 등이 스마트폰에 들어감에 따라 경쟁 영역은 확장되었다.

4. 유통경로 구성원

대다수 기업들은 자사 제품을 직접적으로 최종 소비자에게 팔지 않는다. 생산업체와 최종 소비자 사이에는 다양한 이름으로 여러 기능을 수행하는 중간상(intermediary)들이 있다. 이러한 중간상은 생산자로부터 상품을 구입하여 소비자에게 팔기도 하며(예: 도매상, 소매상), 상품의 구입은 하지 않지만 살 사람과 팔 사람을 연결시켜 주는 역할을 수행하기도 한다(예:

중개상, 브로커). 물론 중간상만 유통경로 구성원에 해당되는 것은 아니다. 물류, 창고, 금융 역시 상품의 유통과 전달 과정에 도움을 주는 유통경로 구성원이다.

양질의 유통경로를 설계하고 이들과 긴밀한 협조 체계를 구축한다면 기업은 효율적인 마케팅 활동을 수행할 수 있다. 이와 반대로 제품도 우수하고 가격도 저렴하지만 이를 판매 해줄 유통경로를 확보하지 못하였거나 또는 이들로부터 원활한 협조를 이끌어내지 못한다 면 기업의 마케팅 활동은 그만큼 위축된다.

5. 공급상

공급상(suppliers)은 기업의 제반 활동에 필요한 원자재, 부품, 보조용품, 기계 설비 등을 공급하는 판매업체들(vendors)이다.

- 자동차 제조 회사는 타이어, 유리, 오일, 페인트, 철판, 브레이크 등과 같은 부품 및 소재 공급업 자들과 긴밀한 협조를 해야 한다. 스테이크 전문점, 생선 횟집의 경쟁력은 질 좋은 소고기와 생선 의 확보이다.

우수한 공급상의 확보와 이들과의 긴밀한 협조는 경쟁력 있는 제품의 제조와 연결되기 에 소비자를 사이에 두고 경쟁사와 경쟁하듯이 기업은 역량 있는 공급상을 사이에 두고 경 쟁사와 경쟁하게 된다.

- 애플은 신제품의 부품 단가를 낮추면서 판매 가격은 그대로 유지하는 전략을 쓴다. 만약 부품 가 격이 오르면 영업이익에 직접적 타격이 오기 때문에 사전 주문과 대량 구매 등을 통해 부품 가격 을 관리한다. 반면 삼성은 부품 가격인상에 대한 부담이 애플보다는 덜하다. 이는 세계 최대의 스 마트폰 부품 업체들이 삼성그룹 내에 있기 때문이다. 즉 삼성은 메모리, 응용프로세서(AP), 카메 라, 배터리 등을 직접 만들기에 최신 부품의 대량 조달이 안정적으로 가능하다.

  — 참조: 조선일보, 2014년 5월 14일

- 공급망은 거미줄처럼 얽혀 있기에 어떤 한 곳에서의 공급망 붕괴는 엄청난 파급력을 가져온다. 2000년 뉴멕시코의 필립스 반도체 공장에 일어난 화재는 노키아와 에릭슨에게 엇갈린 운명을 가 져다 주었다. 화재가 일어난 즉시 필립스는 이 공장의 반도체부품을 공급받는 노키아, 에릭슨에게 일주일 조업중단의 내용을 통보했다. 그런데 이에 대한 각 회사별 대응책은 달랐다. 노키아는 즉시 사고대응 최고책임자에게 알렸고, 문제부품을 특별관리 목록에 올리고 전세계에 산재한 필립스 공 장의 생산 여력을 모두 노키아로 집중할 것을 강력히 요구했다. 반면에 에릭슨의 담당자는 이를 경미한 사건이라 판단하고 상부에 상황 보고하지 않았다. 결국 에릭슨은 사태가 심각한 지경에 이 르러서야 이를 해결하고자 했지만, 이미 필립스의 생산라인 대부분이 노키아쪽으로 투하되어 에릭

슨의 생산체계에는 큰 타격을 입히게 되었다. 이로 인해 생산 차질을 빚은 에릭슨의 세계시장 점유율은 크게 하락하였고, 결국 이는 휴대전화 단말기 사업의 철수에 영향을 미치게 되었다.

— 참조: 김교태의 경영산책(조선일보, 2015년 7월 30일)

Ⅱ 마케팅 영역의 확장: 여러 유형의 마케팅, 그리고 이들에 대한 총괄적 마케팅

총괄적 마케팅 개념(Holistic marketing concept)은 마케팅과 연관된 모든 공간, 시간, 사람 등의 엇물림을 총괄적으로 모두 고려하는 마케팅 개념이다. 이는 그동안 마케팅 개념이 확장되면서 나타난 여러 마케팅 개념을 포괄하는 것이다([그림 3-3] 참조).

그림 3-3 | 마케팅 영역의 확장

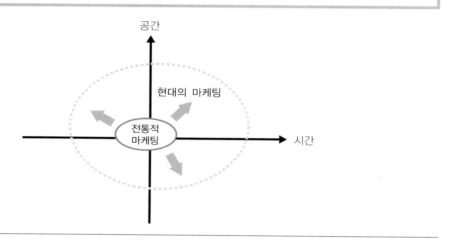

총괄적 마케팅은 크게 네 가지 요소(Relationship marketing, Integrated marketing, Internal marketing, Performance marketing)로 구성된다.

- 마케팅의 발전 역사를 보면, 시간이 흐르면서 새로운 마케팅 용어와 개념들이 등장하는 것을 알 수 있다. 이러한 용어들은 기술, 경제, 사회가 진보함에 따라 새롭게 등장하기도 하며(예: 모바일 마케팅, AI마케팅 등) 또는 어떤 의미를 강조하고자 할 때도 등장한다(예: 관계 마케팅, 내부 마케팅). 물론 전통적인 마케팅의 개념에도 이러한 내용들이 어렴풋이 담겨있기는 하다. 그렇지만 이렇게 새롭게 등장한 용어들은 새로운 시대를 반영하고 또한 어떤 특정 주제와 인식을 강조하거나

새로운 관점을 부각시키는 역할도 한다. 이러한 새로운 용어들이 지속적으로 나타나면서 기존의 마케팅 개념은 좀 더 탄탄해지고 사고의 폭이 확장되었다. 그리고 이러한 개념들에 대한 이해를 기반으로 하여 기업의 마케팅 활동은 좀 더 폭 넓은 시각을 가지게 되었다.

관계마케팅, 내부마케팅, 통합마케팅, 성과마케팅 등은 지난 세월 새롭게 등장한 용어들이다. 여기서는 이들 개념에 대해 살펴보겠다. 전체적으로 좋은 마케팅을 하려면 이러한 다양한 마케팅 개념들을 포용하는 총괄 마케팅적 개념(Holistic marketing concept)을 가져야 한다. 즉 전체론적 관점(holistic view)에서 모든 마케팅을 조망하고 관리해야 한다.

1. 관계마케팅: 외부고객(및 파트너)과의 관계에 대한 관리

최근의 마케팅 관리에서 특히 강조되는 사항은 '고객과의 관계'에 대한 내용이다. 2004년의 마케팅 개념 정의("마케팅은~~~ 조직과 이해관계 당사자들에게 이익 되는 방법으로 '고객관계를 관리'하는~~.")에도 반영되었다.

관계마케팅(relationship marketing)은 고객과의 관계를 창출하고, 유지하고, 제고시키는 것으로 흔히 정의된다. 관계마케팅이 부각된 이유로는 다음을 들 수 있다. 첫째, 경쟁의 심화와 품질의 표준화로 인해 제품이나 서비스 자체만을 가지고 경쟁 우위를 차지하기 힘들게 되었다. 둘째, 데이터베이스 기술의 발전을 통해 방대한 고객을 상대하는 기업들도 (고객 수가 적은 기업들에 못지않게) 자사 고객들에 대한 상세한 내용을 알게 되었다.

관계마케팅은 고객의 만족, 충성도를 높이기 위해 고객, 특히 기존 고객의 욕구를 중심으로 기업활동을 전개하는 고객지향적 철학이며 실천방안이다. '친구는 거래로 하는 것이 아니라 관계로 해야 한다'는 사회적 규범은 기업과 소비자와의 거래관계에도 해당한다. 즉 일회적 이해타산적인 거래가 아니라, 장기적 관계를 중시하는 노력을 기울일 때 비로소 고객은 기업과 오랜 거래관계를 지속하게 된다. 여기에는 근시안적 태도를 버리고 보다 장기적인 안목을 가져야 한다는 지혜가 반영되어 있다.

- 연못의 물을 말린 다음에 물고기를 잡으면 결코 잡지 못하는 일이 없지만 그 이듬해에 다시는 물고기가 없을 것이고, 숲을 불태워 사냥하면 짐승을 못 잡는 일은 없지만 그 다음 해에는 또다시 짐승을 보지 못할 것이다.

  — 정관정요(貞觀政要)

- "I like pigs. Dogs look up to us. Cats look down on us. Pigs treat us as equals."

  — Winston Churchill

- "장사는 이문을 남기는 것이 아니라 사람을 남기는 것이다. 상업이란 이익을 추구하는 것이 아니라 의를 추구하는 것이다. 소인은 장사를 통해 이윤을 남기지만 대인은 무역을 통해 사람을 남긴다."

  — 최인호의 소설 [상도]에 나오는 거상 임상옥의 말

- "인간의 상대는 돈이 아니라 인간이다."

  — Alexander Pushkin(Russian writer)

- "어떤 거래가 이루어지자면 양측이 모두 얻는 것이 있어야 한다. 그것은 이기느냐 지느냐의 싸움이 아니라 합의점을 찾는 노력이어야 한다. 사업은 일회성 거래가 아니라 장기적 관계의 구축에 역점을 두어야 한다."

  — John Harvey-Jones

- '만남은 인연이지만, 관계는 노력'이란 말이 있다. 마케팅 세계에서도 이러한 말은 통한다. 즉 최초에 발생하는 고객과의 교환은 어떤 인연과 우연으로 발생할 수 있지만, 그러한 관계가 장기간 지속되기 위해서는 '이를 관리하려는 특별한 노력'이 요구된다.

기존 고객에 대한 고객 지향적 활동이 중요한 이유는 다음과 같다. 첫째, 신규고객을 새롭게 확보하는 것도 중요하지만 이에 못지않게 기존 고객을 유지하는 것은 안정적인 수익 기반과 시장 점유율의 유지에 결정적으로 중요하다. 둘째, 신규 고객을 끌어들이는데 들어가는 비용은 기존 고객의 유지비용보다 다섯 배 정도 소요된다.

- Heide and John(1988)은 고객의 판매자에 대한 의존성이 언제 증가하는지를 밝히고 있다. 첫째, 고객이 판매자로부터 얻는 성과가 중요하고 가치가 있을 때, 둘째, 현재의 판매자로부터 얻는 성과가 다른 최상의 대안적 판매자로부터 얻는 성과보다 높거나 좋을 때, 셋째, 고객이 마땅히 거래를 할만한 판매자의 수 자체가 적거나 이익을 줄만한 적절한 대안적 판매자의 수가 적을 때이다.

고객과의 지속적 거래관계의 유지는 이제 모든 기업의 주요 관심사가 되었고, 그 결과 관계마케팅은 마케팅의 상위 과제로 자리 잡았다.

2. 내부마케팅: 내부고객(구성원)에 대한 관리

소비자 만족은 기업의 생존과 성장에 있어 매우 중요하다. 그런데 이렇게 만족을 제공하는 과업을 실제로 수행하는 주체는 바로 직원들이다. 만약 직원들이 기업에 불만을 품거나 또는 기업 목표의 달성을 위한 행동에 열성을 보이지 않는다면 고객에게 양질의 제품 및 서비스를 제공하기는 힘들다.

- 직원(즉 내부 고객)을 먼저 배려하고 만족시키는 것이 고객을 만족시키는 선행조건이 된다. 참고로 "적군을 속이려면 우선 아군부터 속여야 한다"란 말이 있다. 이 말을 조금 비틀어 내부마케팅에 맞게 바꾼다면, "외부 고객을 만족시키려면 우선 조직내 직원부터 확실하게 만족시켜야 한다"고 할 수 있다.

　종업원을 내부에 존재하는 고객(internal customer)으로 인식하는 것, 그리고 내부고객을 만족시키지 못하면 외부고객(external customer)을 만족시킬 수 없다는 생각으로부터 비롯된 것이 바로 내부마케팅(internal marketing)이다. 내부마케팅은 조직 구성원을 외부 소비자와 마찬가지로 자신의 고객으로 간주하고 이들에게 고객지향적 사고를 심어주어 더 좋은 성과를 낼 수 있도록 동기부여하는 활동을 총칭한다. 실증연구 결과, 내부고객의 만족은 외부고객의 만족으로 연결되고, 더 나아가 매출증대, 비용감소 등과 같은 재무적 성과에까지 효과적인 것으로 나타났다.

- 고객이 어느 회사에 대해 할 수 있는 최고의 칭찬은 그 회사의 마케팅 담당자에게 다음과 같이 이야기하는 것이다: "나는 당신 회사의 판매원들이 회사를 위해 일하는 것인지, 자기 자신을 위해 일하는 것인지 도무지 알 수 없다."

  ― James Rogers(IBM 마케팅 담당 부사장)

- "모든 일터는 그곳에서 일하는 사람들의 모습을 반영한다."

  ― Beans: Four Principles for Running a Business in Good Times or Bad(Yerkes, L. and Decker, C., 2003)

- 미국 해병대원들은 최하급자가 가장 먼저, 최상급자가 가장 나중에 배식을 받는다고 한다.

- "직원들이 먼저 회사를 사랑하지 않는 이상, 고객이 그 회사를 사랑하는 일은 결코 일어나지 않을 것이다. 직원을 섬기면 직원들도 고객을 섬긴다. 그러면 고객이 궁극적으로 사업을 견인하고 주주들에게 이익을 준다. 이것이 올바른 순서다."

  ― Simon Sinek(British-American author)

- 비용 절감과 운영 효율화를 위해 영업점 통폐합과 '희망퇴직'을 통한 인력 감축을 진행한 △△은행을 두고 내부 직원들과 고객들 모두 불만이 커지고 있다. △△은행은 2016년 근속연수 10년 이상 직원들을 대상으로 희망퇴직 신청을 받아 2017년 1월 직원 약 2,800명을 내보냈다. 또, 영업점 통폐합 과정을 거치면서 2014년 말 기준 1,161개이던 점포 수는 2017년 2월 말 기준 1,064개까지 줄었다. 일하는 직원이 줄고 주변 영업점이 문을 닫으면서 가장 먼저 불편을 느끼는 것은 역시 고객이다. 지점이 줄면서 고객들이 한 지점으로 몰리면서 대기 시간이 늘어났고, 지점방문 거리도 불편해진 것이다. 한편 직원들의 볼멘 소리도 나오고 있다. 영업점 통폐합으로 고객이 일부 지점에 몰리는 상황에서 일할 사람들이 회사를 나갔기 때문에 업무 강도가 지나치게 높아졌다. △△은행 영업점의 한 직원은 "옆 지점이 통합되고 대기 손님이 갈수록 늘어나 밥 먹으러 가

는 것도 눈치가 보인다"며 "잔업 때문에 걸핏하면 밤 10~11시에 퇴근하는 것도 하루 이틀이지 남아있는 직원들만 죽어난다"고 말했다.

— 참조: 조선일보, 2017년 3월 17일

- "나의 경영이념은 '소니와 이해관계에 있는 모든 사람들에게 행복을 선사하는 것'이다. 그중에서 도 특히 직원들의 행복이 나의 최대 관심사이다. 그들은 한 번밖에 없는 인생의 가장 소중한 시기 를 소니에 맡긴 사람들이기 때문에 반드시 행복해져야 한다."

— 盛田昭夫(모리타 아키오, SONY 전 회장)

내부마케팅과 연관되는 노력들은 여러 가지가 있다.

첫째, 종업원을 내부고객(internal customer)으로 여기고, 그들이 담당하는 직무를 내부상 품(internal product)으로 간주함으로써, 이를 통해 조직 목표를 달성한다.

둘째, 내부고객의 욕구와 필요를 충족시킬 수 있는 직무를 제공하는 제반 노력을 기울인 다. 예를 들어, 권한위임(재량권 부여), 동기부여, 내부지원 프로세스, 보상 및 복리후생, 교육 훈련 등을 들 수 있다.

- 역량 있는 사람을 채용하고, 교육시키고, 이들에게 동기부여를 한다. 참고로 동기는 사람들마다 다르다. 따라서 사람들의 동기가 무엇이고 그것은 어떻게 변화하는지에 대해 관심을 가져야 한다. 참조할만한 몇 가지 조사결과는 다음과 같다. ① 응답자(60% 이상): "급여나 제품이 아니라 해당 기업이 사업을 하는 목적이 가장 중요하다"(미국 컨설팅그룹 딜로이트가 29개국의 밀레니얼 세 대(1980~2000년대 초 출생)에게 직장 선택 기준을 물어본 결과). ② 응답자(44%): "높은 연봉 을 받기보다는 인류에 도움이 되는 일을 하고 싶다", ③ 응답자(36%): "근무하는 회사가 사회에 공헌할 때 일할 의욕이 커진다".

-영국 일간지 가디언의 밀레니얼 세대 조사

셋째, 마케팅 관련 업무간의 통합: 마케팅 업무에 해당되는 부서들(예: 판매원 담당 부서, 광고 담당 부서, 고객만족 부서, 제품개발 부서, 시장조사 부서)이 모두 함께 협력하게끔 조성 한다.

넷째, 마케팅 부서와 기업의 다른 기능부서들과의 통합: 기업내부의 다양한 기능부서들 (예: 제조, 회계, 인사, 재무 등)과 마케팅 부서간의 협력관계를 공고히 한다. 또한 기업 전체(마 케팅 부서이든 또는 마케팅 이외의 부서이든 관계없이 모두)는 고객 최우선을 염두에 두고 일한다.

고객욕구를 제대로 이해하고 이에 대해 적절히 대응하는 기업은 경쟁사보다 우월한 마 케팅 성과를 거둘 수 있다. 이와 마찬가지로 내부 구성원들의 욕구를 공감하고 이에 대해 배려하는 기업은 종업원들로부터 열정과 협력을 구할 수 있다. 직원들이 만족하는 회사, 직원과 회사와의 관계가 돈독한 회사에 대해 고객들은 신뢰감을 가지게 된다. 그리고 이러한 회사일수록 역경에 처할 때 서로 합심하여 위기를 극복하는 내성과 강력한 조직문화를 가진다.

　제조업 중심으로부터 서비스 중심으로 산업의 무게 중심이 옮겨가면서 상품이 서비스이며, 서비스가 곧 상품인 시대에는 고객과 직접 대면하는 종업원의 중요성은 날로 증가하고 있다. 그 결과 종업원 모두를 내부고객으로 인식하는 경영마인드가 확산되고 있다. 이는 내부고객이 고객만족을 이끌어 낼 수 있는 중요한 존재이기 때문이다.

　종업원과 외부고객과의 관계는 상호작용 마케팅(interactive marketing), 기업과 외부고객과의 관계는 외부마케팅(external marketing), 기업과 종업원과의 관계는 내부마케팅(internal marketing)으로 지칭되는데, 이러한 마케팅 모두를 균형적이면서도 통합적으로 이끌 때 최적의 마케팅 성과를 거둘 수 있다([그림 3-4] 참조).

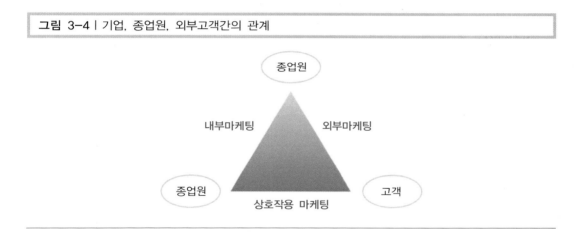

그림 3-4 | 기업, 종업원, 외부고객간의 관계

3. 성과마케팅: 기업 이미지와 목표지향성에 대한 관리
　　(마케팅을 통해 추구하는 성과(/결과물)에 대한 균형성 및 건전성)

　성과마케팅은 추구하는 마케팅 목표의 내용 및 우선순위를 균형적이면서 건전하게 관리하는 것이다. 또한 이들 내용에 대한 대내외적인 공감대 형성을 중요시 한다.

　리듬체조 선수가 되려고 마음먹은 학생은 체중 감량에 노력을 기울일 것이다. 반면에 역도 선수가 되려는 학생은 날씬함 보다는 체력 및 근력 강화에 온갖 힘을 기울일 것이다. 이와 같이 어떤 성과를 추구하는가에 따라 일상적 삶의 모든 모습은 달라진다. 기업도 마찬가지이다. 추구하는 성과에 따라 전략, 자원투자, 조직구조, 인력충원, 기업문화, 행동 방식 등이 달라지고 그에 따라 기업의 속성과 체질은 형성된다. 따라서 마케팅을 통해 추구하는 성과를 적절하게 설정하는 것은 장기적이고 지속가능한 성장을 위해 무엇보다도 중요하다.

첫째, 목표에 대한 포괄적 시야를 가지는 것이 중요하다. 마케팅 활동을 통해 추구하고자 하는 성과에는 여러 유형이 존재한다. 예를 들어, 재무적 성과(예: 시장점유율, 매출액, ROI 등), 비재무적 성과(예: 브랜드 자산, 고객자산, 종업원과의 관계, 사업파트너와의 관계, 무형자산의 축적) 등이 있다. 또한 내부성과만 있는 것은 아니다. 기업 활동은 국가, 경제, 사회, 환경 등에도 영향을 미치기에 기업은 외부 사회에 미치는 성과(예: 환경, 공익, 사회적 책임 등)에 대해서도 고려해야 한다.

마케팅 활동으로부터 비롯되는 제반 결과물(성과)은 기업의 장기 성장에 대한 토대가 되고(예: 재무 및 비재무적 성과), 동시에 사회로부터 받는 기업 평가에도 영향을 미친다. 이와 같이 기업은 단편적으로만 평가되지 않고 다면적으로 평가되기에, 기업 활동의 성과에 대한 포괄적 이해가 중요하다.

둘째, 다양한 목표들간의 우선 순위를 잡아야 한다. 여러 유형의 성과들 중에서 어떤 성과를 우선적으로 추구하는가에 따라 기업의 마케팅 활동 내용은 달라지고 이를 수행하는 조직구성원의 성향도 달라진다. 이는 우선순위에 따라 이와 관련된 모든 행동들이 조정되기 때문이다. 때로 목표들간에는 상충되는 성격도 존재한다. 따라서 어떠한 성과에 우선 순위를 둘 것인지에 대한 초반의 전략적 결정은 중요하다.

이를 위해 목표를 설정하고 그 목표를 이루는 과정까지 사내 구성원, 고객, 관계회사 등이 함께하도록 한다.

- 대학교에서의 성과마케팅: 대학은 추구하는 목표를 균형 있게 관리해야 한다. 해당 대학에 지원하는 학생이 줄어들 경우 재정적 어려움을 겪어 존폐 위기에 놓이기 때문에 재정적 목표를 일차적으로 중시하는 것은 당연하다. 즉 대학의 기본적 생존을 위해 등록금을 적절한 수준으로 책정하고 학교재정을 효율적으로 집행해야 한다. 한편 대학이 얻는 수익도 중요하지만 사회적 인식 또한 고려해야 한다. 대학을 바라보는 대중들 시선이 이전만큼 좋지 않기 때문에 사회적 기여에 대한 교육 성과 또한 중요시해야 한다. 대학이 사회적 책임을 위해 노력한다면 일반 대중은 좋은 시각으로 대학을 바라볼 것이다. 예를 들어 신재생에너지를 활용하여 전기를 생산하는 학교라면 미래 환경도 신경쓰는 사회기여적 대학이라는 생각에 일반 사람들은 좋은 의견을 가질 것이고 재학생들도 자신의 학교 위상에 만족하여 떠나지 않을 것이다.

셋째, 마케터는 기업의 마케팅 활동으로부터 초래되는 제반 성과에 대한 균형 잡힌 관리를 하여야 한다. 특정 성과만의 과도한 추구는 기업의 기형적 성장을 초래할 수 있기 때문이다.

- 2017년 4월 미국 유나이티드항공은 여러 구설수(예: 자사의 승무원을 태우려고 강제로 동양인 승객을 끌어냄)에 올랐다. 이러한 잘못된 종업원들의 행동은 유나이티드 항공이 추구하는 성과의 우선순위로부터 비롯된 점이 없지 않다. 유나이티드 항공은 고객만족보다는 비용 감축에 집중하는 등 실적 중심의 기업문화를 지녔다. 이러한 성과추구에 대한 잘못된 문화가 결국 승객 경시로 이어져 위기를 초래했다.

- 단기 성과에 대한 집착은 장기 성과에 부정적 영향을 미칠 수 있다. 초반 100m 구간에서의 최고 성적을 위해 전체 10km달리기 시합을 망치는 것과 마찬가지이다. 물론 장기적 미래만을 위해 현재의 고통과 희생만을 계속 감수하는 것도 바람직하지 않다. 시간적으로는 단기와 장기, 공간적으로는 내부와 외부에 대한 균형적 고려가 중요시된다.

기업은 자신의 역할 및 그 활동의 성과 및 파급효과를 넓은 맥락에서 거시적/장기적으로 조망하고, 그러한 폭 넓은 시각에서 기업의 마케팅 활동을 관리할 필요가 있다. 마케팅 활동에서 추구할 성과는 어떠한 우선 순위를 가지로 하는 것이 바람직하고, 이러한 성과들 간의 균형적 추구는 어떻게 하는 것이 바람직한가에 대한 중요성의 자각으로부터 비롯된 것이 바로 성과마케팅(performance marketing)이다.

4. 통합마케팅: 다양하고 이질적인 마케팅 활동에 대한 통합적 관리

기업의 마케팅 활동에는 무수한 활동들이 포함된다. 통합마케팅은 바로 이러한 활동들을 일관성과 보완성 있게 통합적으로 관리하는 것을 의미한다. 통합마케팅에 대한 내용은 추후 자세하게 다루므로(18장) 여기서는 이러한 개념 설명만 하고 넘어가겠다.

이상의 내용을 요약하면, 관계마케팅은 기업 외부의 고객 및 사업 파트너와의 관계(relationship)의 중요성을 강조한다. 내부마케팅은 내부구성원(internal customer)과 기능조직들간 통합적 협력의 중요성을 강조한다. 성과마케팅은 마케팅 활동을 통해 추구하고 지향하는 제반 성과물(performance)의 방향성, 이로 인한 여러 활동들간의 엇물림에 대한 인식, 그리고 전체적으로 균형 잡힌 성과의 추구를 중요시한다. 그리고 통합마케팅은 마케팅 활동들을 일관성과 보완성 있게 통합적으로 관리하는 것이다. 이러한 관계마케팅, 내부마케팅, 성과마케팅, 통합마케팅은 서로간에 밀접한 영향을 미치기에, 이러한 내용 모두를 총괄적 관점에서 전체적으로 기획하고 관리하여야 한다(holistic marketing concept).

- 기업이 중요하게 추구하는 성과가 사회적 책임활동이라면(성과마케팅), 그러한 과업에 적합한 자질의 구성원을 고용하고 그에 맞게 훈련과 동기부여를 하여야 한다(내부마케팅). 또한 이러한 성과를 거두는 데 적합하게끔 외부 고객, 사업파트너 등과의 관계를 공익성 있게 관리하여야 한다(관계마케팅). 그리고 이러한 제반 내용을 반영하여 마케팅 믹스를 통합적으로 관리하여야 한다(통합마케팅, integrated marketing).

결국 모든 마케팅 활동은 하나의 통합적이고 전체적 맥락에서 유기적으로 관리되어야 한다(holistic marketing). 만약 이러한 시각을 가지지 못한다면 기업 활동은 전체 맥락을 잃게 된다. 즉 목표의 일관성을 잃거나, 어떤 한 방향으로만 치중되거나, 활동간 조화롭지 못하거나, 또는 각각의 노력이 따로 분산되기에 최대 성과를 거둘 수 없게 된다. 결국 총괄적 마케팅 개념(holistic marketing concept)은 마케팅의 모든 공간, 시간, 주체 등의 엇물림을 총체적으로 고려하는 개념으로서 마케팅 활동과 관련된 외부 고객, 내부 구성원, 마케팅 활동 프로그램, 성과 유형 등을 총괄적으로 관리하는 것이다([그림 3-5] 참조).

> **그림 3-5 | 총괄적 마케팅 개념에 대한 개념도**

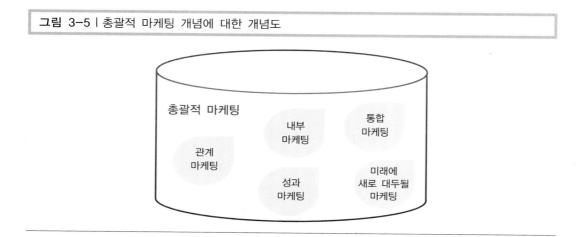

이러한 네 가지 마케팅(외부고객과의 관계, 내부 구성원 사기 앙양, 균형적 성과추구 및 이를 기업내외에 알림, 마케팅 관리프로그램의 통합적 관리 등)에 기반한 확장된 사고방식은 보다 나은 마케팅 활동을 하는데 도움이 된다.

- 멋진 사람이 되려면, 외모, 피부, 몸매도 좋아야 하지만, 신체도 건강해야 한다. 또한 능력, 재산, 직업도 갖추어야 하지만, 인품과 윤리관도 훌륭하여야 한다. 이러한 모든 면들을 통합적으로 관리할 때 멋진 사람이 될 수 있다. 기업도 마찬가지이다. 어떤 한 면만 관리해서는 안되고 전체를 모두 관리해야 한다.

- 오드리 헵번(Audrey Hepburn, 1929년~1993년)은 영국 배우로서 할리우드의 황금시대동안 활동했다. '로마의 휴일(1953),' '티파니에서 아침을(1961)'을 통해 유명해졌으며 특히 '로마의 휴일'을 통해 아카데미 여우주연상을 수상했다. 그녀는 영화와 패션의 아이콘이었지만 동시에 인도주의자였다. 영화계에서 손꼽히는 인간적인 배우인 그녀는 은퇴한 후에는 아들과 함께 아프리카 난민들에게 죽을 때까지 심혈을 기울여 봉사했다.

Ⅲ 마케팅의 문(門)을 활짝 열고 들어가기

지금까지(1장~3장) 마케팅에 대한 기초 내용을 소개하였다. 이러한 내용은 앞으로 전개되는 세부적인 내용을 이해하는데 밑거름이 될 것이다. 이제 본격적으로 마케팅을 다루기에 앞서 좀 더 근본적 질문을 해보겠다: "왜 우리는 마케팅을 배워야 하는가? 기업의 올바른 마케팅 실천은 무엇인가? 변하지 않는 마케팅 원칙은 있는가?"

1. 마케팅은 과연 배워야만 습득할 수 있는가?

기업 현장 및 사례를 살펴보면, 굳이 대학에서 마케팅 강의를 듣거나 또는 마케팅책을 읽지 않고서도 성공적인 마케팅을 수행하는 사람들이 적지 않음을 알 수 있다. 학교에서 배우지 않더라도 마케팅에서 흔히 강조되는 내용들(예: 소비자 만족, 더 나은 가치의 창출, 관계마케팅 등)은 상식적이기에 따로 배울 필요가 없을 정도이다. 더 나아가 기업이 현재 당면하는 문제에 딱 들어맞는 해결책을 책에서 알려주는 경우도 드물다.

- 다음과 같은 참신한 아이디어는 마케팅 교재로부터 나온 것이 아니다. ① 제품 아이디어: 연필 위의 지우개 부착, 아이팟의 혁신적 기능 및 디자인, 코카콜라 병의 디자인, 허니버터칩의 맛, ② 가격 아이디어: 맥도날드 세트 메뉴(묶음가격), ③ 유통 아이디어: 새벽배송, 로켓배송, 웅진 코웨이의 렌탈, ④ 촉진 아이디어: 1990년대 밀키스의 주윤발 모델의 광고, 버거킹의 포켓몬 선물세트, 포켓몬빵의 띠부씰 등.

만약 어떤 기발한 문제해결 방책이 책에 담겨 있다면 이는 이미 경쟁사도 알고 있을 것이기에 이미 혁신적이지도 또한 차별적이지도 않을 것이다.

'마케팅을 배우지 않고도 마케팅은 잘 할 수 있다'는 명제는 잘못된 것은 아니다. 그러나 이렇게 배우지 않고도 잘 하는 능력을 가진 사람은 그리 많지 않다. 그래서 젊은 학생들의 경우에는 냉혹한 실무 현장에 나가기에 앞서 마케팅 배우기를 권하고 싶다. 또한 배움은 평범한 능력을 가진 사람도 일정 수준 이상의 성과를 거두게 하는데 도움이 된다. 마케팅 지식을 많이 가질수록 실패 확률, 시행착오를 체계적으로 줄여줄 것이다.

- 태권도장에서 격투기를 배우지 않고도 싸움을 잘하는 사람들은 많다. 그렇지만 싸움의 전략, 기술, 실전 사례 등을 체계적으로 배운다면 그리고 이를 가르쳐주는 훌륭한 스승과 주변 또래들을 만난다면, 보다 빠른 시간에 보다 체계적으로 실력을 배양할 것이다.

그렇다고 해서 예상되는 모든 마케팅 문제와 난관에 대한 완벽한 해결책을 구비한 다음에 실무에 뛰어들어야 하는 것은 아니다. 시행착오와 실전 경험을 통해 최선의 방법이 발견되기도 한다.

- "완벽한 지도를 가져야 길을 떠날 수 있는 건 아니다. 새로 시작하는 길, 이 길도 나는 거친 약도와 나침반만 가지고 떠난다. 길을 모르면 물으면 될 것이고 길을 잃으면 헤매면 그만이다. 중요한 것은 나의 목적지가 어디인지 늘 잊지 않는 마음이다. 한시도 눈을 떼지 않는 것이다."

  — 한비야(여행가 및 난민구호 활동가)

시장은 전쟁터와 같다. 아무런 대비책 없는 무모한 도전, 여러 번의 시행착오를 통한 여유로운 배움의 시간을 너그럽게 제공하지 않는다. 경영자가 내리는 마케팅 의사결정의 좋고 나쁨은 시장 성과(매출 및 시장점유율과 같은 가시적 성과뿐 아니라, 기업이미지, 소비자태도 등과 같이 눈에 보이지 않는 성과도 포함)에 바로 직결된다. 올바른 의사결정을 적절한 시점에 내리려면, 이에 도움이 되는 마케팅 지식을 충분히 갖출 필요가 있다. 아마추어처럼 한가롭게 시행착오를 겪으면서 정답을 깨닫기를 허락할 정도로 기업에게는 시간과 자원이 넘쳐나지 않고 소비자들 또한 그렇게 너그럽지 않다.

'자신이 △△기업의 마케팅 담당자라면~?'을 염두에 두고 책을 읽기를 권한다. 또한 책에서 제시되는 마케팅 지식들이 현실의 문제 해결에 어떻게 접목될 것인지에 대해서도 곰곰이 생각해보기를 권한다. 이러한 능동적 훈련은 장차 여러 분이 당면할 여러 현실 문제의 해결에 도움이 될 것이다.

- 영화, 드라마, 소설을 볼 때, 그냥 처음부터 끝까지 수동적으로 보지 말고, 중요한 단락 또는 분기점의 순간에 잠시 중단시키고 스스로 생각해보라. 즉 자신만의 스토리 결말 또는 문제해결 방안을 한번 상상해보기를 권한다. 그런 다음 작가는 이를 어떻게 풀었는지를 확인하면서 자신의 방법과 비교해보기를 권한다.

특정 시점 및 상황에서 당면하는 마케팅 문제는 그것만의 고유성, 독특성이 있다. 물론 다른 문제들과 공통되는 특성도 가지고 있다. 문제해결에 대한 보편적 지식을 축적하면, 추후 독특한 문제의 해결 능력도 늘어나게 된다. 책에서는 일반적이고 보편적인 마케팅 문제를 주로 다룬다. 이런 점에서 볼 때, 마케팅 교재를 통해 배우는 지식과 지혜는 실제 당면하는 특수 문제의 해결에 일부 도움이 될 것이다. 한편 마케팅 지식은 책을 통해 배울 수도 있지만, 책에서 모든 해답을 구할 수 있는 것은 아니다. 여전히 현장을 통해서만 얻게 되는 지식도 있다. 따라서 '책을 통한 지식'과 '현장 경험으로부터 얻는 지식', 이 둘 간의 균형이 중요하다.

마케팅 지식을 열심히 습득하기를 바란다. 학습을 통해 마케팅 안목을 키우면 주변의 모든 현상으로부터 의미 있는 지식을 끄집어낼 수 있다. 또한 이렇게 다져진 기초 능력은 향후 어떤 특정 문제에 실제 봉착하게 될 때, 더 나은 의사결정을 내리는 데 도움이 될 것이다. 결론적으로 말하자면, '배우지 않아도 마케팅은 잘할 수 있다.' 그렇지만 '마케팅을 배운다면 마케팅을 보다 효율적이면서 효과적으로 잘할 수 있다'고 할 수 있다. 열심히 공부하기를 권한다!

2. 무엇이 올바른 마케팅인가?

스포츠 경기에서 선수들이 반칙을 하는 이유는 그것이 보다 편하고 쉽기 때문이다. 기업도 마찬가지이다. 정도(正道)를 걷기 보다는 새치기를 하거나 규칙을 어기는 것이 쉽다. 기업이 편하게 이익을 얻는 나쁜 방법들은 무척 다양하다(예: 정부에 로비를 하거나, 저렴하지만 결함있는 재료를 사용하거나, 거짓 광고로 현혹시키거나, 가격부담을 소비자에게 이전하거나, 불공정 담합을 통해 이익을 얻거나 하는 등). 나쁜 방법은 무수하지만, 이에 비해 올바른 방법은 매우 간단하면서도 분명하다. '소비자가 가치 있게 생각하는 것을 저렴하게 높은 품질로 제공하는 것'이다. 그리고 이러한 과정에서 자원을 가장 효율적으로 활용하고, 관련된 집단들과 정당하게 거래하고, 소비자 및 사회가 모두가 혜택을 보게 하는 것이다. 더 많은 가치를 더 저렴한 가격으로 제공하는 기업이 많을수록 그 사회는 살기 좋은 곳이다.

올바른 마케팅이 무엇인가에 대한 판단은 쉽지만 이의 실천은 어렵다. 그렇지만 올바른 마케팅을 꾸준하게 실천하는 기업이 많아질수록 사회는 보다 좋아진다.

3. 마케팅에서 발견되는 불변의 법칙

독자들은 앞으로 이 책을 통해 마케팅의 여러 내용을 접할 것이다. 그러나 아무리 많은 내용이 소개된다 하더라도 마케팅의 핵심은 여전히 그대로이다. 그러한 내용 중 몇 가지를 제시하면 다음과 같다. 이러한 핵심 내용을 기억해두면 마케팅을 이해하는데 도움이 될 것이다.

(1) 마케팅은 첫째, 시장과 고객의 욕구로부터 출발하여, 둘째, 기업의 내/외부 자원들과의 연계를 통해 시장에 내놓을 제공물을 결정하고 이를 생산과 유통으로 연결시켜서, 셋째, 새로운 차원의 고객만족과 감동을 이끌어내고자 하는 것이다.

(2) 마케팅은 '우리가 무엇을 팔고 싶은가?'가 아니라 '고객은 무엇을 사고 싶어 하는가?'를 묻는 것에서부터 시작하여야 한다. 파산 위기에 몰렸던 캐딜락은 '고객이 구입하는 건 운송 수단(승용차)이 아니라, 사회적 지위'란 걸 깨닫기 시작하면서 다시금 살아날 수 있었다. 소비자 욕구를 도외시한 제품을 만드는 기업, 고객 눈높이를 맞추지 못하는 점포 등도 잠시 시장에 버틸 수는 있을 것이다. 그러나 그 생명은 오래가지 못할 것이다.

(3) '소비자가 왕이다,' '시장에 해답이 있다' 등의 구호만으로는 기업이 변하지는 않는다. 마케팅의 핵심을 이해하고 이를 실천하게 될 때, 비로소 기업은 많은 게 달라질 수 있다.

결국 마케팅의 핵심은 시장과 고객의 이해로부터 비롯된다. 따라서 시장과 고객에 대한 이해는 그 어떤 것보다도 우선시된다. 이러한 점은 비단 마케팅에만 국한되는 것은 아니다. 우리가 사는 인간세상의 모든 분야에서 보편적으로 적용되는 하나의 일반법칙이다.

- "건축가들은 확실성과 이성 그리고 규칙을 가지고 있어야 한다. 인간의 요구에 가장 부합하는 재료들을 정확하게 꿰어 맞출 수 있는 사람이 건축가다. 이러한 일을 하는데 도움이 되는 지고한 지식이 건축가에게 요구된다."

  — Leon Battista Alberti(르네상스 시대를 이끌었던 예술가)

앞으로 책의 전개는 앞서 소개한 마케팅 관리 과정의 흐름과 그 궤적을 같이 한다. 마케팅 관리(marketing management)란 고객들에게 보다 높은 가치를 제공하기 위해 제반 마케팅 노력들을 계획하고 실천하는 노력의 흐름이다.

단편적이고 피상적 정보만 갖고 있다면, 상황과 문제가 조금만 달라져도 신축성 있게 대처하지 못한다. 그렇지만 전체를 보는 안목, 깊은 원리를 이해하는 능력, 창의적으로 응용하는 능력을 갖추고 있다면, 상황과 문제가 달라져도 여전히 문제를 해결할 수 있다. 중요한 것은 스스로 생각하고 해결하는 능력을 키우는 것이다. 다양한 문제들을 접하고 또한 해결 방안을 이렇게도 저렇게도 생각하는 훈련을 통해 해결 능력을 쌓아가는 것이다.

마케팅을 잘 하기 위해서는 마케팅 문헌들을 읽는데 태만해서는 안 된다. 물론 마케팅 교재에 있는 내용에만 얽매여도 안 된다. 기본(폼)을 배우되 그 기본에만 경직되게 얽매여서는 결코 안 된다. 실제 현실에서 일어나는 마케팅 세계는 변화무쌍하다. 따라서 기본 지식을 바탕으로 하되 이를 신축성 있고 융통성 있게 적용할 줄 알아야 한다. 이해력, 상상력, 그리고 자신만의 독특한 경험 자산은 큰 무기가 될 것이다. 이 책을 통해 여러 분들이 마케팅에 한발 더 가깝게 다가설 수 있기를 바란다. 마케팅 지식은 우리의 삶을 보다 풍요롭고 지혜롭게 살아가는데 도움될 것이다. 아무쪼록 이러한 배움의 기회를 끝까지 잡아서 삶에 실질적으로 도움되는 마케팅 지식과 지혜를 습득하기를 바란다.

'시작이 반이다'란 말이 있다. 이 말의 의미는 무슨 일이든 처음의 시작이 어렵지, 일단 시작하면 일을 끝까지 마치는 것이 그리 어렵지 않다는 의미이다(예: 뜨거운 욕조에 처음 발을 담그는 것이 어렵지 일단 욕조에 들어가면 오랫동안 머무를 수 있음). 이런 의미에서 여기까지 책을 읽은 독자들은 마케팅을 배우는데 50%는 성공했다. 다소 과장된 수치라고 할 수 있지만 이렇게 말하는 근거는 마케팅을 배우고자 하는 여러 분의 '마음의 문(門)'이 열렸다는 점에 큰 의미를 두기 때문이다(물론 [사진 3-1]처럼 그 다음에 열어야 하는 문은 겹겹이 있다). 마케팅에 첫발을 내디딘 여러 분을 진심으로 환영한다!

하나의 문을 열고 들어가면 그 안에 또 다른 문들이
연속적으로 나타난다.

사진 3-1 창덕궁

3장의 요약

마케팅 활동에 적극적으로 참여하거나 또는 영향을 미치는 중요한 주체로는 기업(company), 소비자(consumer), 경쟁사(competitors), 유통경로구성원(intermediary), 공급상(suppliers, vendors) 등이 있다. 이들 주체들은 상호 밀접한 관련을 맺으면서 기업 마케팅 활동의 성과를 결정할뿐 아니라 시장 전반의 생태계에도 영향을 미친다.

마케팅은 지난 세월 많은 발전을 겪어왔다. 그 결과 마케팅을 보는 사고의 폭과 깊이는 과거에 비해 훨씬 넓어지고 깊어졌다. 관계마케팅, 내부마케팅, 통합마케팅, 성과마케팅의 등장은 마케팅 시야를 확장하는데 기여하였다. '전체적으로 좋은 마케팅'을 하려면 이러한 다양한 마케팅 개념들 모두를 총괄적이면서도 전체론적 관점(holistic view)에서 조망하고 관리해야 한다.

마지막으로 본 장에서는 왜 우리는 마케팅을 배워야 하는지, 기업의 올바른 마케팅 실천은 무엇인지, 변하지 않는 마케팅 원칙은 있는지 등과 같은 질문에 답변을 제시하고 있다. 이러한 내용은 앞으로 여러 분이 마케팅 내용을 이해하는데 뿐 아니라 이에 대한 마음자세를 잡는데 도움이 될 것이다.

제 **2** 부

시장의 이해: 시장세분화,
표적시장 및 포지셔닝을 위한
사전 준비

마케팅(marketing)을 잘 하기 위해 기업은 무엇보다 우선적으로 '시장(market) 그 자체'를 이해하여야 한다.

- 시장의 이해를 위해 기업은 마케팅 조사(marketing research)를 수행한다. 마케팅 조사를 실행하려면 조사란 무엇이고, 조사과정은 어떠한 절차로 이뤄지고, 그리고 조사기법으로는 어떤 것들이 있는지 등을 알아야 한다. 책의 분량을 고려하여 마케팅 조사에 대한 내용은 이 책에서 다루지 않고 있다. 관심 있는 독자들은 마케팅 조사(또는 마케팅 리서치, 연구방법론)에 관련된 책을 읽어보기를 권한다.

시장을 구성하는 주요 주체들(예: 기업, 소비자, 경쟁사, 유통, 공급상 등)에 대한 이해는 무엇보다 필수적이다. 이 중에서도 특히 중요시 되는 주체는 소비자, 경쟁사이다. 2부에서는 소비자(4, 5장), 경쟁사(6장)에 대해 다루겠다. 그리고 시장 전반에 영향을 미치는 환경 요소들(7장)에 대해서도 살펴보겠다.

제4장

소비자에 대한 이해(1): 소비자 행동에의 주요 영향 요인들

시장의 기반이 되고 또한 이를 움직이는 주요 주체는 바로 소비자이다. 4, 5장에서는 소비자와 관련된 다음 주제들을 다룬다: 소비자의 구매결정과정에 영향을 미치는 요소들로는 무엇이 있는가? 구매결정과정은 어떠한 단계로 이뤄지는가? 소비자 이해를 위한 연구들로는 어떠한 것들이 있는가?

- 대부분 경영자들이 '기업은 무엇인가?'란 질문의 답으로 '영리를 추구하는 조직'이라고 할 때, 피터 드러커(Peter Ferdinand Drucker, 1909~2005)는 '영리를 추구한다'는 말이 기업을 정의하는 데 적합하지 않다고 하였다. 그는 기업의 존재 이유는 '고객'이며 목적은 '시장'이라고 주장했다. 이와 같이 기업 경영의 중심에 고객을 두고, 근로자를 비용이 아닌 자산으로 인식시키려 했다는 점이 그가 현대 경영학에 남긴 가장 큰 업적으로 평가되고 있다.

- "국가가 있어야 야구가 있고, 팬이 있어야 선수와 감독도 있다."

  - 2009년 WBC 준우승 이끈 김인식 감독(2008년 11월 25일 코치진을 선임하는 자리에서 대표팀 적극 참가를 독려하며 한 말)

기업이 가야 할 길은 명료하다. 그것은 소비자들이 아직 충족하고 있지 못한 필요와 욕구를 파악하고, 이를 경쟁사보다 먼저 채워주거나 또는 더 나은 방식으로 채워주는 일이다. 이미 시장에 (과잉) 공급되고 있는 제품/서비스와 별로 차별되지 않는 것을 시장에 제공하는 것은 소비자를 위해서도 그리고 기업 자신을 위해서도 바람직하지 않다. 제품/서비스의 혁신 및 차별 역량이 중요하다. '고객이 필요로 하고 원하는 것'에 대한 해답은 소비자가 쥐고 있기에 소비자에 대한 올바른 이해가 선행되어야 한다.

- "필요한 물건을 필요로 하는 사람에게 판다."

  ― 드라마 '미생'

- 영화 'The Social Network'(2010년)에는 다음과 같은 내용이 나온다. 스탠포드 대학 MBA 출신이 와이프한테 속옷 선물을 하고 싶었는데 막상 여성 속옷 매장을 방문하기가 쑥스럽게 느껴졌다. 여기서 떠오른 사업 아이디어가 남성이 여성 속옷 매장에 들어갈 때 변태처럼 느끼지 않게 하는 새로운 점포 개념이었다. 그래서 은행과 주변 지인으로부터 8만불 가량 빌려서 새로운 개념의 가게를 연 것인 바로 'Victoria's Secret'이다. 가게를 개점한 첫해에 50만달러를 벌었고 5년 뒤 회사를 400만 달러에 넘겼다. 이와 같이 소비자에게 필요한 것을 보다 새로우면서도 매력적으로 제공하는 사람(기업)에게 시장은 보상(부와 명예 등)을 한다. 소비자가 필요로 하는게 무엇인지를 파악하기 위해서는 시장을 이해하여야 하고 또한 이의 변화를 민감하게 느껴야 한다.

시장 분석의 주요 이슈 중 하나는 기업의 제품/서비스를 사줄 소비자에 대한 이해이다. 기업의 시장제공물을 사줄 소비자가 없다면 세상에 기업이 존재할 이유는 없기 때문이다. 따라서 마케팅의 요체는 소비자가 무엇을 원하는지 정확히 파악하고, 기업 역량을 이에 조화롭게 대응시키는 것이다. 그러나 소비자 이해의 중요성을 기업들은 잘 알고 있지만 이를 실제로 실천하기란 생각만큼 쉽지 않다. 종군 사진 기자로 유명한 로버트 카파(Robert Capa)는 '만일 당신의 사진이 만족스럽지 않다면 그건 당신이 충분히 가까운 거리에서 찍지 않았기 때문이다'라는 유명한 말을 남겼다. 소비자를 잘 모르겠다면 최대한 그들과의 물리적 거리뿐 아니라 심리적 거리를 보다 가깝게 해야 한다.

- "평생 좋은 제품을 많이 만들었지만, 점유율 면에서 전세계 시장을 장악한 적은 한 번도 없었다. 젊은이들의 삶을 몸소 체험하고 나서야 뒤늦게 성공의 열쇠를 찾았다."

  ― Steve Jobs(애플 창업자)

- "회사가 정말 작고 보잘것없을 때 가장 크게 도약할 수 있다. 회사가 갑자기 커져 이용자가 수백만 명으로 늘어나기 전까지, 소비자를 직접 만나고 그들을 알아갈 수 있는 기회가 있어서다. 그게 회사를 키우는 추진력이 된다."

  ― Brian Chesky(Airbnb의 CEO)

- 도요타는 렉서스의 예상 고객으로 미국의 여피를 생각하였다. 그들의 취향에 맞게 디자인하기 위해 디자인팀을 캘리포니아 뉴포트 비치에서 3개월 동안 생활하게 하였다.

누가 자사 제품을 주로 사용하고, 어떤 때 사용하는지, 그리고 왜 이 제품을 사용하는지(또는 왜 사용하지 않는지) 등을 충분히 알아야 한다. 물론 이들 내용은 사람, 제품, 산업, 환경에 따라 달라진다는 것도 이해하고 예측해야 한다. 소비자에 대한 올바른 이해가 바탕이 된 뒤에야 이에 적합한 마케팅 관리방안을 마련할 수 있다.

- "사부들에게는 아직 화약과 화살이 지급되지 않았다. 흔히 겁에 질린 사부들은 적선이 눈에 띄면, 아득히 먼 적들을 향해 쏘아댔다. 그들은 적을 쏘지 않고 적들로부터 불어오는 바람을 쏘았다. 그것이 그들의 위안이기도 했던 모양이다. 출항하기 적전에 각 선의 군관들에게, 적들이 사정거리 안쪽으로 깊이 들어온 다음에야 화살과 화약을 나누어주도록 일러놓았다."

- 김훈(2001), 칼의 노래, 86쪽

I 소비자 이해의 중요성

소비자의 구매행동 모델을 살펴보기에 앞서 우선 소비자 이해의 중요성을 살펴보겠다.

- "생(生)이란 통계가 아니라 항시 예측 불가능한 것이고, 우리 모두 움직이는 과녁임을 느낀다."

- Jerome Groopman(하버드대 의대 교수 겸 베스트 셀러 작가)

- "여섯 달 동안 사진기 속에 필름을 넣어두었다가도 1시간만에 현상해주는 곳에 필름을 맡기는 것이 사람의 본능이다."

- 리핑 웨어햄(리더스 다이제스트, 1998년 1월호)

- "세상에서 가장 어려운 일은, 사람이 사람의 마음을 얻는 일이란다. 각각의 얼굴만큼 다양한 각양각색의 마음을, 순간에도 수만 가지의 생각이 떠오르는데. 그 바람 같은 마음이 머물게 한다는 건, 정말 어려운거란다."

- 생텍쥐페리의 '어린왕자'

- "우리가 늘 뭔가 갖기를 바라기 때문에 고통은 생겨난다. 사람은 자기가 가진 것에 만족하는 법이 없다."

- 석가모니의 '네 가지 거룩한 진리'로부터

- "대다수의 사람들은 원하는 것을 보여주기 전까지 자신이 무엇을 원하는지 모른다."

- Steve Jobs(애플 창업자)

소비자 마음을 이해하고 이들의 행동을 예측하기란 어렵다. 어떤 때는 가격, 어떤 때는 디자인, 어떤 때는 체면을 중시하는 등 종잡을 수 없다. 그러나 시장에서 살아남으려면 소비자 판단과 결정이 객관적으로 옳고 그르건 간에 관계없이 그들의 선택을 '있는 그대로' 받아들여야 한다.

- "정치인이 언론에 대해 불평하는 것은 뱃사람이 바다에 대해 불평하는 것과 같다."

  — Enoch Powell(영국의 정치가)

　　기업은 좋든 싫든 이러한 변화무쌍한 소비자 마음과 행동을 이해하여야 된다. 소비자의 '본심'에 귀를 기울이고 공감하며 끊임없는 혁신으로 무장한 기업들만이 생존과 성장 대열에 합류할 수 있다.

- 벤츠(Benz) 자동차를 구입한 고객을 생각해보자. 벤츠를 구입한 이유를 묻는 수많은 소비자 조사에서 그는 "품질이 너무 좋아서"라고 답할 것이다. 하지만 그건 그의 본심이 아니다. "나는 사람들 앞에서 뽐내고 싶어!" 벤츠가 만약 이런 소비자들 속마음을 읽지 못한다면, 마케팅에 실패할 수밖에 없다.

  — Philip Kotler(조선일보, "필립 코틀러 교수와의 인터뷰," 2007년 8월 11일)

- 호주의 한 대학은 간호학과 학생들의 간병자세를 개선하기 위해 색다른 방법을 사용한다. 간호학과 1학년 학생들은 인간의 슬픔, 상실감 및 정신적 고통을 제대로 이해하기 위해 에밀리 브론테의 '폭풍의 언덕'이나 재닛 프레임의 '내 식탁의 천사'와 같은 소설을 읽게 되어 있다. 이 프로그램은 간호사들의 전문적 숙련도는 높으나 환자의 마음을 편안하게 해주는 능력은 뒤떨어진다는 연구 결과에 따른 것이다. "훌륭한 간호사가 되려면 복잡한 의료기기를 다룰 줄만 알아서는 안됩니다. 우리는 인간에 초점을 맞춰야 합니다." 이 대학 관계자의 말이다. 이 대학은 학생들의 학습을 위해 교과서나 강의 외에 소설, 시, 음악을 활용할 계획이다.

  — 참조: 리더스다이제스트, 1996년 10월호

　　기업이 만들고 제공하는 제품/서비스를 시장에서 팔려면, 자사 제품/서비스를 구매하는 소비자를 만족(滿足)시켜야 한다. 그런데 소비자를 만족시키려면 먼저 그들은 누구이고, 그들의 욕구가 무엇이고, 그런 욕구가 왜 생겨나고(또는 왜 생겨나지 않고), 언제 생기고, 어떻게 하면 그들 욕구를 가장 잘 충족시킬 수 있는지에 대해 이해하여야 한다. 소비자 심리 및 행동에 대한 연구는 이러한 점에서 볼 때 마케팅에서 중요한 위치를 차지한다.

- "비고객(noncustomer)이 항상 고객들 보다 수가 많은 법이다. 거대 소매점 체인인 월마트는 미국 소비재 시장의 14%를 점유한다. 그것은 결국 시장의 86%는 고객이 아니라는 것을 의미한다. 그 86%를 연구해야 한다."

  — Peter Drucker

- "상대방을 이롭게 해주지 아니하고 자기만을 이롭게 하는 것은, 상대방을 먼저 이롭게 해준 후에 자기를 이롭게 하는 것만큼 이롭지는 못하다."

  — 순자(荀子)

소비자는 구매(또는 거래)라는 결정적 순간을 거쳐서 고객으로 전환된다. 신규 고객을 계속 유입하면서 동시에 기존 고객을 지속적으로 유지하고 발전시키는 것이 바로 소비자 관리의 핵심이다.

- '자사 고객으로 들어오는 문'은 크고 넓어야 하지만, '다른 기업으로 빠져나가는 문'은 좁아야 한다.

Ⅱ 소비자 행동의 통합 모델

소비자 행동은 일반적으로 '개인, 조직 등과 같은 의사결정 단위체가 그들의 욕구 충족을 위하여 내부 요인과 환경 요인의 제약하에서 정보를 처리하는 심리 과정과 의사결정 과정을 거쳐 제품이나 서비스를 획득, 사용, 처분하고 이에 따르는 경험을 통해 나타내 보이는 일련의 정신적, 육체적 행동 과정'으로 정의된다.

소비자 행동 연구자들은 소비자들이 제품을 구매하는 과정을 몇 개의 개별적, 단편적, 독립적, 분리적 행위의 집합 또는 나열로 보지 않는다. 첫째, 구매 과정을 하나의 연속되고 엇물리는 과정으로 보고 있다. 이러한 관점은 소비자의 특정 구매결정(one shot)보다는 구매 과정(process)이란 흐름에 초점을 맞추는 장점이 있다(구매 그 자체만 보는 것이 아니라 그것의 앞뒤 과정을 함께 고려한다. 즉 구매전(前) 행동 → 구매(中) 행동 → 구매후(後) 행동 등으로 구매 및 소비 행동을 포괄적으로 살펴본다). 둘째, 소비자는 이러한 일련의 구매 과정을 거치는 동안에 많은 내적 요인(예: 개인에 내재된 배경, 정보처리 과정), 외적 요인(예: 경제환경, 경쟁사, 기업의 마케팅 활동)에 의해 영향을 받는다([그림 4-1] 참조).

그림 4-1 | 소비자 행동의 통합모델에 대한 개념도

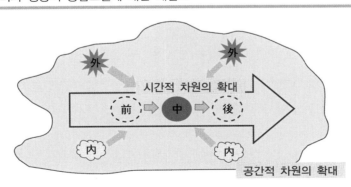

소비자 구매행위에 영향을 미치는 여러 요소들과 그 과정을 하나로 통합하여 살펴보면, 포괄적이면서도 종합적인 소비자 행동모델을 만들 수 있다. 본 장에서는 소비자의 구매과정에 영향을 미치는 여러 요인들에 대해 살펴보겠다. 그런 다음 5장에서는 일련의 시간적 흐름에 따른 구매과정에 대해 살펴보겠다.

Ⅲ 소비자 행동에 영향을 미치는 요인들

　　소비자 행동, 즉 구매결정과정에 영향을 미치는 요인들로는 어떤 것들이 있는지, 그리고 이들 요인에 의해 소비자 구매행동은 어떠한 영향을 받는지를 이해한다면, 이를 기반으로 적절한 마케팅 전략을 취할 수 있다.

　　앞서 살펴본 바와 같이 소비자는 일련의 구매 과정을 거치는 동안에 여러 내적 및 외적 요인으로부터 영향을 받는다. 여기서는 주로 내적 요인(예: 개인에 내재된 배경 및 속성(문화, 준거집단, 나이, 성별 등), 정보처리 및 심리적 과정)에 대해 살펴보겠다. 영향 범주의 크기를 기준으로 묘사하면 다음 [그림 4-2]와 같다.

그림 4-2 | 소비자 구매행동에의 영향 요인들

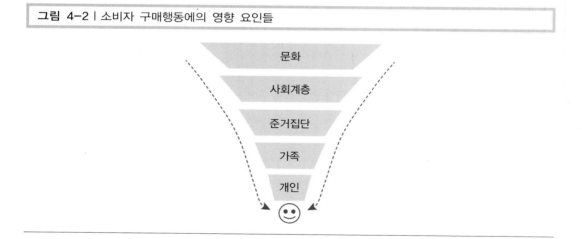

1. 문화적 요인

　　문화적 요인(cultural factors)은 소비자 행동에 포괄적 영향을 미친다. 여기에는 문화, 사회계층 등이 있다.

1) 문화

(1) 문화의 개념과 영향력

문화(culture)란 특정 사회가 지니고 있는 가치관, 태도, 관행 또는 살아가는 방식을 통틀어 일컫는다. 이는 현 사회에 의해 야기됐거나, 또는 사회 대대손손 내려와 구성원의 의사결정에 영향을 미치는 것이다. 이러한 문화는 성격상 절대 어느 한순간에 단절되어 없어지지 않는다. 사람들이 원하든 원치 않든 간에 관계없이 면면히 다음 세대로 세습되는 경향이 있다.

- 어린이들은 대부분의 세상 정보를 부모를 통해 전수 받는다. 그래서 어린이의 신념, 태도는 부모와 비슷하게 된다. 부모의 인종적 편견, 종교적 선호, 선입견 등을 공유하는 경향을 보인다.

문화는 그 사회에 속한 사람들의 생각과 행동을 가장 근본적으로 결정짓는다(예를 들어 어떠한 행동은 해도 되지만 어떠한 행동은 해서는 안된다, 어떠한 것은 좋게 평가되지만 어떠한 것은 배척된다, 어떠한 말은 해도 용납되지만 어떠한 말은 해서는 안된다 등). 인간은 사회적 동물이고, 개인은 집단사회의 구성원이기에 사회가 요구하거나 바라는 규범 그리고 집단이 추구하는 이념을 자연스럽게 따르게 된다.

- 문화에는 가치관, 태도, 관행 등이 포함된다. 여기서 '가치관'이란 무엇이 옳고 그름에 대한 것이다. 예를 들어, '집단 이익을 개인 이익보다 우선시한다', '나이 든 사람을 존중한다', '물질(돈)보다 정신을 소중히 여긴다' 등이 여기에 해당한다. 한편 '관습'(또는 관행)은 어떨 땐 어떻게 행동하는가를 의미한다. 지하철 또는 버스에서 전화 통화를 하는 것이 용인되는 국가도 있지만, 그렇지 않은 국가도 있다. 몽골에서는 누군가의 발을 실수로 밟으면 서로 사과의 표시로 악수하는 관습이 있다고 한다.

- 음악은 클래식이나 지적인 재즈를 선호한다. 자동차는 그다지 눈에 띄지 않는 것이 '코렉트(올바름)'인 듯하다. 양복은 가능한 새것처럼 보이지 않는걸 선호한다. 아무튼 뭐, 여러 가지 규칙이 있다. 처음에는 잘 모르지만 대학 사회 속에서 오래 지내다 보면 점점 그런 미세한 호흡을 받아들이게 된다. 이것은 코렉트이고, 저것은 인코렉트인 것도 대강 알게 된다.
  – 무라카미 하루키('이윽고 슬픈 외국어' 문학사상사, 2013년 번역)

- '3개월 동안 거기서 일하면 이상하지 않게 느껴지는 것, 그것이 조직문화다'란 말이 있다. 처음 접하는 국가, 종족, 종교, 가정에서 만나는 문화도 이러한 성격이 있다. 처음 접하였을 때는 무척 이상하지만 거기서 얼마 동안 지내면 그것이 당연하다고 느껴지는 것이 '문화'이다.

문화적 차이가 눈에 띄게 표출되는 경우도 있지만, 그렇지 않고 분위기상 이를 감지하는 경우도 적지 않다. 자기가 있던 곳과는 다른 어떤 나라, 지역, 대학교, 기업, 가정 등을 방문하면 무언가 색다른 분위기 또는 기운을 감지할 때가 있을 것이다. 이러한 색다른 풍습, 생활, 정서 등은 거기 사는 사람들에게는 너무도 익숙하여 낯설지 않겠지만, 이방인에게 매우 낯설게 다가설 것이다. 학풍, 가풍, 지역색이란 말은 이러한 문화와 불가분 연관된다.

어쨌거나 사람이 살아가면서 후천적 학습을 통해 몸에 밴 문화적 요소들은 당연히 구매 행동, 즉 제품을 선택할 때도 알게 모르게 영향을 미친다. 따라서 경영자는 그 사회의 문화가 현재 어떠한지, 그리고 문화가 소비 행동에 어떠한 영향을 끼치는지를 이해해야 한다.

문화를 포괄적이면서도 입체적으로 이해하려면, 어떤 시공간의 단편적 문화만을 따로 떼어 이해해서는 안 된다. 하나의 문화는 공간적으로 주변 문화들과의 상호작용을 하고 있고, 시간적으로는 과거, 현재, 미래의 문화가 서로 연결되어 변화하는 특성을 가지고 있다. 문화는 시간적, 공간적으로 끊임없이 변화하므로 기업은 그러한 문화의 변화를 예측하고 유연성 있게 대처해야 한다.

한편 하나의 문화는 그 아래에 여러 하위 문화(예: 세대별, 직업별, 지역별 등)가 존재한다. 이러한 하위문화(subculture)는 상위문화로부터 공통적인 영향을 받지만, 동시에 자체만의 고유 특성을 가진다.

- 저자의 대학 시절 여학생들은 대학 졸업과 동시에 또는 졸업후 3~4년내 결혼하는 것을 당연시 여겼다. 그리고 여성은 결혼과 함께 직장을 그만두고 집에서 살림하고, 경제적 책임은 남편이 홀로 지는 것을 당연시 여겼다. 이러한 문화적 풍조를 지금 시대에서 바라보면 매우 낯설게 보일 것이다.

(2) 문화에 대한 몇 가지 이론

국제 마케팅을 계획하는 기업은 나라마다 문화적 차이가 있다는 것을 고려해야 한다. 즉 특정 국가로 진출하고자 할 때는 그 나라의 문화적 특성을 먼저 철저히 이해하여야 한다. 이에 도움되는 몇 가지 이론을 아래에 소개하겠다.

① 문화차원이론(culture dimensions theory)

호프스테드(G. Hofstede)는 여러 나라의 문화를 비교 분석하는 모델을 제시한 대표적 학자이다. 그에 따르면 문화는 '특정한 집단이 다른 집단과 구별될 수 있는 정신의 집단 프로그래밍'이다. 문화의 주요 차원으로 개인주의 vs 집단주의(individualism vs collectivism), 불확실성 회피(uncertainty avoidance), 권력 격차(power distance), 남성성 vs 여성성(masculinity vs femininity) 등의 네 가지 차원을 제시하였다. 이후 후속 연구를 통해 다섯 번째 차원인 장기 지향성(long-term orientation), 여섯 번째 차원인 쾌락추구 vs 절제(indulgence vs self-restraint)를 추가하였다(Hofstede 등, 2010).

- 예를 들어, 개인주의란 사람들이 자기 자신 또는 자신의 직계 가족만을 돌보는 것으로 따라서 조직 구성원 간의 구속력이 느슨한 사회를 말한다. 이에 비해 집단주의는 개인주의와 대조되는 개념으로, 태어날 때부터 집단에 소속되어 있음을 느끼며, 자신이 소속된 집단에 충성하고 그 집단으로부터 보호를 받는 사회를 의미한다. 결과적으로, 집단주의 문화에서 사람들은 서로 밀접하게 연관되어 있다고 여기며, 집단에 의해 부과되는 규범과 의무를 지침으로 삼고 타인과의 관계를 중시하는 경향이 있다. 반면에 개인주의 문화에서는 서로 간 낮은 상호의존도가 특징으로써, 사람들은 사회가 부여하는 규범에 따라 행동하기보다는 자신의 개인적 목표를 추구한다.

② 고배경 문화와 저배경 문화

홀(E. T. Hall)은 배경(context)이란 변수를 기준으로 고배경과 저배경 문화의 구분을 통해 나라간 차이를 밝히는데 많은 공헌을 하였다. 여기서 배경이란 의사소통에 이용되는 여러 상징적 표현들(기호, 말투, 표정, 몸짓, 의상, 장신구 등)을 의미한다. 사람들이 내리는 판단은 배경(context)에 의해 영향을 받는다는 사실은 익히 알려져 있다.

고배경 문화(High-context culture)는 의사소통을 하거나 또는 상대방을 이해하고자 할 때 주변 상황, 처지, 분위기, 비언어적 단서 등의 배경을 중시하는 문화이다. 여러 정보들이 배경에 이미 높은 수준으로 스며들어가 있기에(즉 '고배경'), 굳이 말이나 글로 명확히 표현하지 않더라도 전후 맥락이나 정황을 통해 은연중 의미 전달이 가능하기 때문이다. 이런 문화권에서는 집단 지향적 성격이 강하고 인간관계가 중시되기에 책임과 신뢰는 중요한 가치로 작용한다. 그래서 법률적인 계약서, 성문화된 문서보다 때로는 당사자간의 말과 구두 약속이 보다 확실한 보증서 역할을 하기도 한다. 즉 고배경 문화권에 속하는 국가에서 은행 대출을 하는 경우, 형식적인 재무 자료보다 대출을 신청하는 당사자가 어떤 사람이고 기업인가 하는게 중요시 된다.

이에 비해 저배경 문화(Low-context culture)는 배경 속에 내재된 정보 및 단서가 낮은 수준이기에 고배경 문화와 같은 암시적 의사 전달에 의존하기 어렵다. 그래서 명백한 의사 표현과 상세한 문서 작성이 요구된다. 세부 사항별 구속력을 가지는 계약서, 성문화된 서류를 작성하는 경우가 많고 이러한 분명한 자료들이 개인과 조직의 책임과 신뢰를 담보한다. 고배경 문화에는 우리나라를 비롯해 중국, 일본, 아랍권의 국가들이 해당한다. 반면에 저배경 문화에는 미국, 독일, 스위스, 스웨덴 등이 해당하는 것으로 알려져 있다.

(3) 문화적 차이에 대한 흥미로운 사실들

비교문화 경영학자인 트롬페나스(Fons Trompenaars)의 가치관 조사의 결과는 다음과 같다. "친한 친구가 차를 몰고 가다가 과속을 하여 보행자를 다치게 하였다. 증인은 나뿐이다.

만약 내가 친구의 과속 사실을 사실대로 이야기하면 친구는 큰 벌을 받지만, 반대로 친구의 과속을 숨기면, 친구는 가벼운 처벌을 받는다." 이러한 상황에서 진실을 얘기하고자 하는 비율은 나라마다 달랐다(캐나다 96%, 미국 95%, 영국 90%, 프랑스 68%, 일본 67%, 스페인 65%, 중국 48%, 러시아 42%).

- 일본은 우리나라 보다 꽃에 대한 수요가 큰 편이다. 꽃 시장의 규모가 크고 활성화된 이유는 우리와 상이한 그들 문화와도 연관된다. 하나의 예로, 우리나라에선 집안에 경사가 생기면 가족들이 모여서 소주와 삼겹살을 먹지만, 일본은 꽃 또는 화분을 사서 식탁 위에 놓고 식사를 같이한다.

- 경기불황기에 미국은 영화관에 사람이 많이 모이고, 일본은 서점에 사람이 많이 모이지만, 우리나라는 술집에 사람이 많이 모인다고 한다.

- 도로에서의 자동차 문화도 지역마다 다르다. 여러 나라 또는 지역에서 운전을 해본 경험이 있다면, 차간 거리간격, 끼어들기를 허용하는 정도, 경적 울리기 등에서 지역 차이가 있음을 실감할 것이다. 저자의 경우, 미국에서 2년간 운전하면서 들었던 경적의 숫자를 한국에 돌아온 첫 주 만에 거의 다 들은 것 같다. 한편 끼어들기 신호를 넣었을 경우, 옆 차선에서 달리는 차들의 양보하는 반응은 나라마다 편차가 큰 것으로 보인다.

2) 사회계층

소위 상류층이 즐겨 찾는 레스토랑, 호텔, 옷 가게 등은 서민들과는 차이가 있을 것이다. 이와 같이 의식주를 포함한 여러 소비생활은 사회계층과 밀접한 관계가 있다. 사회계층(social class)이란 비슷한 수준의 사회적 지위와 경제력을 가진 사람들의 집합을 의미한다. 여기서 유의할 점은 소득 하나만 가지고 계층을 분류하는 것은 아니란 점이다. 교육, 사회적 지위, 신분, 직급, 직업 등을 포괄적으로 고려한다.

- 미국의 경우 소득수준이 유사함에도 불구하고 사회계층이 높은 집단은 가구 구매 시 주로 엔틱가구를 선호하지만, 사회계층이 낮은 집단은 주로 현대식 가구를 선호한다고 한다.

동일 계층에 속한 사람들은 태도, 가치관, 사고방식, 사용언어, 행동 등에서 많은 공통점이 발견된다.

사회계층에 따른 구매 행동의 차이는 주로 옷, 가구, 레스토랑, 자동차, 여행상품, 주거지, 쇼핑장소 등에서 나타난다. 기업은 자사 제품이 어떤 사회계층을 겨냥하는가에 따라 제품의 디자인, 유통경로, 가격, 광고메시지 등을 달리해야 한다. 또한 계층마다 자주 접하는 커뮤니케이션 매체(media)와 프로그램도 다르므로 표적시장에 적합한 매체와 프로그램을 선택해야 한다.

- 사회계층과 사회계급은 다르다. 사회계급은 과거 조선시대의 양반, 상민, 천민의 계급 구분이다. 현대에도 사회계급은 존속하는데 대표적인 것이 인도의 세습적 계급 제도인 카스트(caste)이다. 카스트는 대체로 4개의 계급으로 분류된다(브라만, 크샤트리아, 바이샤, 수드라). 계급에 따라 결혼, 직업, 식사 등의 일상생활에 엄중한 규제가 있다. 카스트 개혁 운동이 일어났지만, 카스트 동맹은 여전히 인도에서 강력한 정치 및 사회적 세력으로 남아 있고, 여전히 새로운 카스트가 계속 형성되고 있다고 한다.

2. 사회적 요인

사회적 요인(social factors)으로는 준거집단, 가족 등이 있다.

1) 준거집단

- 고려대학교 응원가중에는 "연세대학교는 맥주를 그리고 고려대학교는 막걸리를~"의 내용이 있다. 물론 양교의 모든 학생들이 이렇게 동일한 음주 취향이 있는 것은 아니겠지만, 적어도 연고전 행사 또는 동문 모임에서는 개인적 선호를 잠시 접어두고 소속 집단의 음주패턴을 따를 것이다. 이러한 점은 개인 행동에 준거집단이 영향을 미침을 보여준다.

준거집단(準據集團, reference group)이란 개인의 태도나 행동에 직간접 영향을 미치는 모든 집단을 말한다(참조: 17장 준거적 힘의 기반). 집단에 실제 소속되지 않더라도 그 집단을 따르거나(또는 거부하는) 생각을 가진다면 집단으로부터 영향을 받는다. 예를 들어 가족, 친척, 학과 친구들, 동창회, 직장동료, 같은 아파트 단지 사람들, 교회뿐 아니라, 자신이 선호하거나 갈망(또는 회피하거나 비난)하는 집단 등이 여기에 해당한다.

- 아이스 버킷 챌린지(Ice Bucket Challenge)는 머리에 얼음물을 뒤집어 쓰고 10달러를 기부하든지 또는 그냥 100달러를 미국의 루게릭병 협회(ALS)에 기부하는 방식으로 이루어져있다. 2014년 여름에 시작된 이 운동은 소셜 미디어를 통해 급격히 퍼져나가 하나의 유행이 되었다. 특히 유명인들이 앞장서서 하다 보니 유명인과 같은 집단에 소속되기를 원하는 일반 대중들도 자발적으로 얼음물을 맞으면서 큰 파급력이 생겨났다.

- 사람들 줄이 길게 늘어선 슈퍼마켓 계산대에서 신문이나 잡지에서 잘라온 할인 전단지를 내보이면서 가격할인 받는 것이 처음에는 어색하지만, 동네 인근 주민들이 모두 그렇게 행동하는 걸 자주 보면 어느새 자신도 그리 하게 된다.

준거집단은 앞서 설명한 사회계층보다는 관계가 밀접하기에 구매행동에의 영향력이 더 크다. 개인이 자발적/비자발적으로 자신의 준거집단의 전반적 태도와 행동을 따르다 보면 자연히 제품이나 브랜드의 선택에도 집단의 영향을 받는다.

준거집단의 영향력은 특히 사치품이거나, 소비 상황이 남의 눈에 띄는 성격이 강한 제품 (예: 신용카드, 자동차, 핸드백, 골프채 등)에서 크게 나타난다. 즉 ① 제품유형, ② 소비상황에 따라 준거집단의 영향력 크기는 달라진다.

① 제품유형: 필수품(예: 쌀, 김치, 라면, 치약) 보다는 사치품(예: 해외여행, 요트, 자동차, 별장)일수록 준거집단의 영향력이 크게 작용한다. 여기서의 영향력은 '그러한 제품을 구매하느냐, 또는 하지 않느냐'에 대한 것이다. 필수품은 누구나 생활 유지를 위해 반드시 구매하는 성격이 있기에 준거집단의 영향을 비교적 덜 받는다.

② 소비상황: 사적 사용보다는 공공적 사용일 때 준거집단의 영향력이 더 크다. 이 경우에 준거집단은 '어떤 브랜드를 선택하는가'에 영향을 미친다. 예를 들어, 외출할 때 입는 옷의 브랜드는 집에서만 입는 옷의 브랜드 보다 준거집단의 영향을 받는다. 같은 아파트 단지에서 많이 보이는 유모차는 자신의 유모차 브랜드의 결정에 영향을 미친다. 중고등학생의 스마트폰, 겨울 파카의 브랜드 역시, 또래 집단으로부터 많은 영향을 받는다. 따라서 기업은 준거집단의 영향을 크게 받는 제품이나 브랜드일수록 준거집단을 묘사하는 광고물을 자주 활용한다.

한편 제품수명주기(product life cycle)의 초기 단계에서 새로 등장한 신제품에 대해 잘 모를 때 소비자의 제품 구매는 준거집단 내의 의견선도자(opinion leader)로부터 강한 영향을 받는다. 따라서 기업은 표적고객들이 가지는 준거집단의 특성을 파악할 필요가 있다. 특히 준거집단의 의견선도자를 우선적으로 파악하여 이들을 집중공략한다면 빠른 확산을 달성할 수 있을 것이다.

- 의견선도자(opinion leader)는 특정 주제에 대한 전문성과 영향력을 가지고 있어서 제품의 구매나 선택에 대해 집단의 다른 구성원에게 영향을 미치는 사람을 의미한다. 이들은 제품범주 및 특정 제품에 대해 상대적으로 많은 지식과 경험을 가지고 있고, 관여도 역시 높은 편이다. 의견선도자는 초기수용자 유형에 해당하는 경우가 많지만 반드시 그런 것만은 아니다.

2) 가족

가족(family)은 준거집단 중에서 개인의 구매행위에 가장 큰 영향을 미치는 집단이다. 이러한 가족은 크게 '결혼전 가족'(부모와 함께 하는 생활)과 '결혼후 가족'(배우자를 만나서 자신의 가정을 일구는 생활)으로 대별해볼 수 있다.

가족은 제품구매에서 의사결정 단위가 된다. 따라서 집단적 의사결정에 있어서 가족 구성원들 각각의 구매역할(buying role)에 대한 이해는 가족 대상의 제품의 경우에는 중요하다 (예: 자동차 가격 예산에 대한 결정은 남편이 주로 하지만, 차량 디자인, 칼라, 시트 등은 부인이 주로 결정한다). 가족 구성은 핵가족, 1인 자녀 등의 추세로 예전보다 배우자, 아이의 영향력이 커졌다는 사실도 유념할 필요가 있다.

- 집 구입시 남녀 성향의 차이: 남자에게 제일 중요한 것은 집 크기와 가격, 오직 그것이 중요하다. 그다지 두드러지지 않는 평범한 집을 선호한다. 이에 비해 여자는 우선 주위 환경이 깨끗해야 한다. 안전도 중요하다. 부엌 설비도 체크 대상 우선 순위. 친구들을 불러서 내보일만한 집을 찾는다. 남자 여자는 이렇듯 다르다.

– 참조: 조선일보, 1997년 6월 11일

3. 개인적 요인들

구매의사 결정과정은 개인에 내재된 배경 요소(문화 및 사회적 요인 등)로부터 영향을 받는다. 그리고 이에 더해 소비자 자신의 개인적 특성에 의해서도 영향을 받는다. 유사한 배경 환경에서 살며 동일 마케팅 자극을 받고 있음에도 불구하고 서로 다른 구매행태를 보인다는 사실은 소비자의 개인적 요인(personal factors)에 의한 영향 때문이라고 볼 수 있다.

개인적 요인은 다른 내적 요소에 비해 구매자 자신과 가장 밀접하기에 이로부터 적지 않은 영향을 받는다. 소비자의 개인적 특성 요인으로는 나이, 성별, 직업, 경제적 자원, 생애주기, 가치관, 개성, 라이프 스타일, 종교, 인종 등이 포함된다. 이러한 요인들 중 라이프 스타일, 직업, 개성, 자민족 중심주의 등에 대해 설명하면 다음과 같다.

1) 생활양식

생활양식(라이프 스타일, lifestyle)은 사회 구성원들이 저마다 가지는 자신만의 삶의 방식(인생관, 생활태도, 행동방식 등)이다. 이는 소비자의 문화, 개성, 소비행태 등과 관련된 행동의 집합적 특성으로 어떤 하나의 소비자를 포괄적으로 이해하는 데 많이 이용된다. 라이프스타일은 개인이 문화, 사회계층, 준거집단, 가족 등으로부터 영향을 받아 형성되기도 하지만, 동시에 개인의 내재화된 가치체계와 개성의 파생물로부터 발생되기도 한다.

- 과거에는 성별, 연령, 소득 등으로 소비자를 단순 분류하였지만 가치관, 행동방식 등의 다양화에 따라 이러한 분류로는 복잡한 소비자 진상을 파악할 수 없게 되었다. 그러므로 생활패턴(라이프

스타일)을 구분하려는 시도가 이루어졌다. 즉 라이프 스타일에 관한 연구는 시장의 특성을 기술함에 있어 보편적으로 사용하던 인구통계 특성(성별, 나이, 소득, 학력, 직업 등)이 소비자를 충분히 설명하기에 부족하다는 인식으로부터 대두되었다.

- 라이프 스타일의 개념은 사회학, 심리학으로부터 연구 발전되어 오다가 1960년대 초반 미국마케팅학회에서 Lazer(1963)에 의해 소개되면서 마케팅과 소비자 행동 분야에도 응용되기 시작하였다. 뒤이어 Plummer(1974)는 소비자행동과 마케팅 분야에 라이프 스타일을 적용한 체계적 연구를 하였다. 그는 기존의 마케팅 시장세분화 방식에 비해 라이프 스타일을 이용한 시장세분화가 보다 우수하다는 것을 제시하였다.

- 라이프 스타일은 사회 전체 혹은 일부 계층의 고유하고 특징적인 삶의 형태를 의미한다. 이는 행동을 나타내는 하나의 거대한 복합적 상징으로, 생활영역상의 특이한 패턴이 가치와 부합하여 목적이나 사건의 과정에 체계적으로 작용하는 것이다.

라이프 스타일은 관심, 의견, 활동 등과 같은 생활 방식을 반영한 것으로 어떤 집단이 다른 집단과 구별되는 특징적 생활 방식이라고 정의된다. 개별 소비자 관점에서 이를 다시 설명해본다면, 어느 특정 개인의 생활양식이란 그가 이 세상을 살아가는 방식(스타일)을 말한다. 이것은 보통 그가 어떤 활동을 하고(activities: 자신의 시간을 주로 뭘 하면서 어떻게 보내는지), 어떤 분야에 관심을 가지고(interests: 자신의 삶 및 주위 환경에서 무엇을 중요시 여기거나 관심을 갖는지), 세상사에 어떤 의견을 갖고 있느냐(opinion: 자신 및 주변 세계에 대한 생각, 태도, 관점 등은 어떠한지)로 파악할 수 있다. 따라서 생활양식은 어떤 한 개인의 삶을 종합적으로 표현하는 것이다.

표적고객의 생활양식에 관한 정보는 기업이 고객을 보다 구체적이면서도 풍성하게 이해하는데 도움이 된다. 자사 제품의 구매 고객들에 대한 생활양식의 성향과 추세를 파악한다면 기업은 제품을 포함한 마케팅 믹스를 그러한 고객의 생활양식에 맞게끔 관리할 것이다(예: 전문직 여성의 생활상을 담은 커피 광고, 가족을 소중히 여기는 가장의 모습을 보여주는 신용카드 광고).

라이프 스타일은 방법론적으로 많은 발전 과정을 거치면서 소비자행동의 이해나 시장세분화의 기준으로 빈번히 사용되고 있다. 라이프 스타일에 의한 시장세분화는 기존에 발견 못했던 잠재적 시장 기회의 포착에도 도움이 된다.

- "Ethical and social issues related to health and lifestyle will continue to be prevalent: These will include euthanasia, cloning, genetic manipulation, and biological engineering."
  — Graham Molitor(미래학자)

문화적 가치를 측정하는 대표적 프로그램으로 VALS(Values and Lifestyles)를 들 수 있다. 이것은 Stanford Research Institute(SRI)에서 개발한 것으로 가치(value)와 라이프스타일(lifestyle)의 머리글자를 딴 용어다. VALS는 인구통계 자료나 소비 통계뿐만 아니라 전체적으로 개인을 조명한다는 점에서 상업적 유용성이 인정되고 있다. VALS에 의하면 집단은 다음과 같이 분류된다. (1) **욕구 추동 집단**(need-driven group): ① 생존자(survivors), ② 유지자(sustainers). (2) **외부 지향 집단**(outer-directed group): ① 소속자(belongers), ② 경쟁자(emulators), ③ 성취자(achievers). (3) **내부 지향 집단**(inner-directed group): ① '나는 나' 집단(I-am-me group), ② 경험자(experientials), ③ 사회의식형(societally conscious). (4) **통합 집단**(integrated group): 인구의 2% 정도로 자기실현적 인간에 가깝다. 내부 지향 성격과 외부 지향 성격의 가장 좋은 특징을 함께 갖춘 성숙하고 균형 잡힌 사람들이다. 통합 집단이 VASL집단 중 가장 높은 소득을 가짐에도 불구하고 적은 숫자로 인해 이를 표적시장으로 삼기는 어렵다.

2) 직업

일반적으로 개인의 직업(occupation)에 따라 필요와 욕구는 다르다. 동일 직업군에 속한 사람들간에서는 서로 비슷한 가치관과 생활양식을 가진다.

- 금융기관에서는 특정직업을 대상으로 하는 금융신상품의 개발을 한다(예: 메디칼 종합통장(의사), 대한생명의 교직원 연금(교직원), 군인 적금).

- 윤문식은 "웃기는 일이란 골키퍼를 뚫고 슛 성공시키는 거나 똑같다"며 "관객이 방어할 틈을 주지 않고 계산되지 않은 대사를 순발력 있게 칠 때만 관객이 무너진다"고 했다. 그는 늘 공연 직전에 극단에 "오늘은 어떤 손님들이 왔는가" 물어본다. 애드리브를 위해서다. 보험 영업사원들이 많이 온 날엔 "그래 역시 유비무환은 보험밖에 없는겨" 카드회사 직원들이 단체관람 온 날은 "돈은 없지만 신용카드 있잖아"라는 즉흥대사로 폭소를 터뜨린다.
    − 참조: 조선일보, 마당놀이 공연 2500회 맞는 윤문식과의 인터뷰 중에서, 2003년 12월 11일

3) 개성

사람마다 각기 다른 개성(personality)을 가진다. 여기서 개성이란 어떤 한 개인으로 하여금 환경에 대해 비교적 일관적이면서도 영속적 반응을 하게하는 그 사람의 뚜렷한 심리적 기제를 말한다(예: 활동성, 공격성, 세련됨, 진실성 등). 즉 개성은 개인이 외부환경에 대해 어떻게 반응하는지를 보여주는 심리적 특성이다. 이러한 개성은 비교적 지속적 성격을 띠지만 중요 사건이나 성숙도에 따라 변한다는 등의 몇 가지 속성이 있다. 이러한 개성은 분석이

용이하지 않지만 구매 및 소비행태와 관련 있는 것으로 평가된다. 특히 제품, 브랜드의 선호와 관련이 많은 것으로 알려져 있다(참조: 13장 브랜드 개성).

4) 자민족중심주의

기업이 해외시장에서 직면하는 어려움 중의 하나는 진출국 소비자들이 외국 기업 및 브랜드에 대해서 가지는 차별적 인식과 그에 따른 부정적 태도이다. 이와 관련된 개념이 자민족중심주의이다. 자민족중심주의(consumer ethnocentrism)는 자신의 민족이나 종족 집단이 중요하고 자신의 문화가 다른 집단보다 뛰어나다고 믿는 성향이다. 이러한 관념 때문에 다른 집단을 자신들 특유의 인종, 문화, 언어, 행동, 관습, 종교에 기초해서 판단한다. 자민족중심주의는 소속집단에게는 강한 우월감을 부여하지만, 반면에 문화간 혹은 다른 그룹간의 상호이해를 좌절시킨다.

- 자민족중심주의의 좋은 예가 민족주의(nationalism)이다. 이는 다른 모든 민족에 비해 자신의 민족을 우월하게 생각하고 이 원칙을 중심으로 정치 사회적으로 형성된 일체감을 말한다. 민족주의적 그룹은 대단히 배타적이고, 동일 문화적 경험을 공유하지 않은 사람을 거부한다. 민족주의 운동은 극단의 자민족중심주의를 국가 구축의 바탕으로 사용하는 경향이 있다.

한편 소비자 자민족중심주의는 외국제품의 구매가 적합한지, 나아가 도덕적으로 정당한지에 대한 소비자의 믿음으로 정의된다(Shimp and Sharma, 1987). 소비자 자민족중심주의는 자국제품과 외국제품을 구분하고 민족주의적 이유로 외국제품 구매를 기피하는 경향을 의미하기도 한다. 소비자 자민족중심주의는 자기 나라에 대한 관심과 애정의 결과이지만, 동시에 외국제품의 수입으로 인해 자국이 경제적 이익을 잃게 된다는 불안감 때문에 생기기도 한다. 강한 자민족중심주의 소비자는 외국제품의 구매를 꺼리며 외국제품의 구매행위를 경제적 문제가 아니라 오히려 도덕적 문제로까지 보는 경향이 강하다. 자민족중심주의가 강한 소비자는 외국제품의 구매가 비애국적이며 국내의 일자리 감소를 가져오며 국내경제에 나쁜 영향을 준다고 생각한다. 반면 비자민족중심주의(non-ethnocentric) 소비자들은 제품이 어느 나라 것인가를 불문하고 제품의 객관적 특성을 중심으로 판단한다.

- 소비자 자민족중심주의 성향의 측정방법으로 널리 통용되는 것은 Shimp 와 Sharma(1987)에 의해 개발된 CETSCALE(Consumer Ethnocentrism Tendency Scale)이다. CETSCALE은 미국 소비자의 자민족중심주의 성향을 파악하기 위해 개발된 것으로, 이후 정밀하게 발전되면서 여러 연구를 통해 측정의 유효성이 검증된 방법이다. CETSCALE은 개별국가의 소비자 자민족중심주의 성향 연구뿐 아니라 국가간 소비자 성향의 비교연구에서도 보편적으로 활용되고 있다. 연구결과, 여

성이 남성보다 더 자민족중심적이며, 교육수준이 낮을수록, 그리고 소득 수준이 낮은 소비자일수록 자민족중심주의 성향이 높은 것으로 나타났다. 연령과 자민족중심주의도 많은 연구에서 일관된 결과를 보이는데, 연령이 높을수록 소비자 자민족중심 성향이 높은 것으로 나타났다.

- 에스닉 마케팅: 일부 다국적 기업들은 물리적 국경을 벗어나 다양한 피부와 인종, 민족들을 겨냥한 이른바 '에스닉(ethnic, 인종, 민족)' 마케팅을 시도하고 있다. 이는 다문화 사회에 대한 인식을 전제로 한다. 다양한 소수 인종을 소비행위의 주체자로 인식하고, 그들을 위한 마케팅전략을 구사하는 것이다. 예를 들어 로레알(Loreal)은 에스닉 화장품 판촉에 적극적이다. 로레알은 소비자의 새로운 욕구를 파악하기 위해 시카고에 연구소를 설립하고, 다양한 민족의 피부와 머리카락에 대한 연구를 하고 있다. 특히 에스닉 브랜드인 게메이 메이블린은 '우리 모두를 위한 바로 그 피부'라는 슬로건으로 모든 피부 유형에 맞는 13가지 색깔의 파운데이션을 선보였다. 또한, 전통적으로 백인 모델만을 사용했던 로레알은 흑인 및 유색인종 모델을 사용하는 다민족 지향의 광고를 늘리는 추세이다.

4. 소비자의 주요 심리과정

마케팅 자극이 소비자에게 입력(또는 노출)되면, 이제 소비자는 위에서 살펴본 문화적, 사회적, 개인적 특성과 함께 이제부터 살펴볼 심리과정이 결합해서 특정제품의 구매 결정과정에 영향을 미치게 된다. 소비자 내면에서 이뤄지는 핵심적 심리과정(key psychological processes)으로는 동기유발, 지각, 학습, 기억, 태도 등을 들 수 있다([그림 4-3] 참조). 이들 심리과정은 개인차가 있고, 또한 특정 구매에 영향을 미치는 개인의 내재화된 일반적인 심리현상이기에 이를 영향 요소로 간주하고 있다.

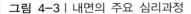

그림 4-3 | 내면의 주요 심리과정

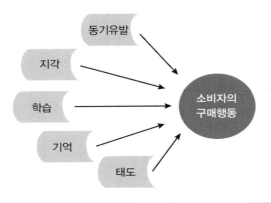

1) 동기유발

동기유발(motivation)이란 어떤 목표를 달성하기 위하여 개인의 에너지가 동원된 상태를 말한다. 이렇게 발생된 에너지가 클수록 목표 달성과 관련된 행동이 일어날 가능성이 크다. 동기유발은 보통 긴장 때문에 발생하는데, 긴장은 해소되지 않은 욕구로 인해 생긴다([그림 4-4] 참조).

그림 4-4 | 동기유발의 개념도(예: 포만감도 시간이 지나면 배고픔 욕구가 발생)

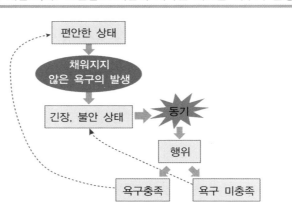

한편 동기는 내재적 동기와 외재적 동기로 구분된다. 내재적 동기는 행동을 유발시키는 에너지 근원이 개인의 내적 요인으로부터 발생하는 것이다(예: 포만감의 시간 경과에 따른 배고픔 발생, 성공에 대한 강한 성취동기를 스스로 가지고 있음). 반면에 외재적 동기는 행동 유발의 근원이 외부 자극으로부터 오는 경우를 말한다(예: TV에서 맛있게 먹는 장면을 시청, 친한 친구가 성공했다는 얘기를 듣고 자신도 성공해야겠다는 마음을 가짐).

마케팅 활동은 이왕이면 동기유발이 높게 된 소비자를 대상으로 집중하는 것이 더 나은 성과를 가져올 것이다. 예를 들어 신형 스마트폰을 출시할 때는 새 것으로의 교체 동기가 높은 집단(예: 기존 폰의 약정이 끝나가는 고객, 오랜 동안 폰을 교체하지 않은 고객, 유행에 민감한 고객 등)을 대상으로 한다면 보다 좋은 성과를 거둘 될 것이다.

일반적으로 동기는 과거보다는 미래 행동을 예측하는데 유용하다. 즉 소비자의 동기를 파악하면 그들이 미래에 어떤 소비 또는 구매행동을 취할 것인가를 예측하기 쉽다.

사람들은 언제 어떠한 욕구를 느끼는지, 특정 시점에 왜 그러한 욕구를 느끼는지 등에 대해 이해할 수 있다면 마케팅 활동은 더욱 효과적으로 수행할 수 있다(예: 자녀 성적표가 나오는 시점에 보내는 학원 광고물).

매슬로우(Maslow)의 욕구 5단계설은 인간의 동기를 이해하는데 도움이 된다. 매슬로우는 인간의 욕구는 다음과 같은 계층적 구조로 이루어지고 있는데, 이러한 욕구는 위계적으로 배열되어 있다고 주장하였다([그림 4-5] 참조). 즉 인간의 행동은 자신의 미충족 요구를 계층적으로 아래에서부터 윗쪽으로 차례대로 충족하는 과정으로 동기유발된다고 보고 있다. 예를 들어, 춥고 배고픈 것이 먼저 해결된 다음에야, 안전에 대한 욕구가 생긴다. 한편 상위 욕구가 충족되면 하위 수준의 욕구에 대해서는 별로 관심을 갖지 않을 것이라고도 하였다 (예: 자아실현을 하고 있다고 느끼면, 춥고 배고픈 것은 참을 수 있음).

① 생리적 욕구(physiological need): 가장 기본적인 생리적 욕구(예: 배고픔, 갈증, 생리적 배출)

② 안전 욕구(safety needs): 육체적, 심리적 안전에 대한 욕구

③ 사회적 욕구(social needs): 대인 관계에 대한 욕구, 정을 주고 받거나 어떤 단체에 소속되기를 원하는 욕구로서 애정 욕구라고도 함

④ 존경 욕구(esteem needs): 타인으로부터 존경을 받고 싶어하는 욕구(높은 신분, 지위, 명예에 대한 욕구)

⑤ 자아실현 욕구(self-actualization needs): 최상위의 욕구, 자신의 이상을 발휘하고자 하는 욕구

그림 4-5 | 욕구의 계층적 구조

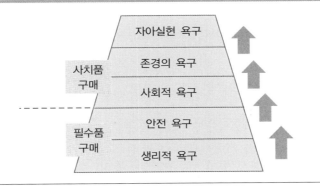

• 누(wildebeest)는 아프리카의 습기 있는 초원에 살며 풀을 찾아 이동한다. 먹이의 98%가 풀이며, 건기에는 새로운 풀을 찾아 1,600㎞가 넘는 거리를 이동한다. 먹이를 찾기 위해(생리 욕구) 때로는 악어로 가득 찬 강을 건너기도 한다(안전 욕구). 즉 생리적 욕구가 안전 욕구보다 우선시 된다.

● 매슬로우에 대한 전문연구자인 미시마 무네노리(三島齊己, 新奈川大學) 교수에 따르면, 자아실현 욕구에 대해서는 매슬로우 자신도 많이 고민하였다고 한다. 이러한 욕구를 증명하기 위해 이를 실현한 사람을 50여명 정도 사례를 찾았는데 여기에는 슈바이처 박사 등이 포함되어 있다. '자아' 란 말이 들어가서 약간의 오해가 있지만, 자아실현 욕구는 본인 자신을 위한 것이라기 보다는 타인 및 보다 나은 세상을 위한 욕구의 실현이라고 보는 것이 적합하다. 예를 들어 톨스토이는 자아실현 욕구를 충족하려는 삶을 살았다. 톨스토이는 당시 귀족들이 꿈꾸는 법관이 되고 싶었지만, 성경을 읽고 나서 삶의 참의미를 찾으려고 정신적 순례의 길(작가의 길)을 택했다. 그리고 많은 재산과 농토를 소유한 삶을 부끄럽게 후회하였다. 말년에는 "좀 더 많은 사람을 사랑하고 싶었는데…"라는 말을 남겼다고 한다.

그러나 다른 심리이론과 마찬가지로 매슬로우 이론은 여러 문제점과 한계점이 있다. 예를 들어, 욕구는 위계적 순서를 반드시 따르는 것은 아니다. 예를 들어, 존경 욕구가 때로는 안전 욕구보다 먼저 일어날 수 있다(명예를 위해 위험한 전투에 앞장 섬). 또는 식음을 전폐하고 예술작품의 완성에 몰두하는 현상 등도 있다.

2) 지각

지각(perception)이란 내적/외적 환경으로부터 오는 자극을 받아들이고 자극의 의미를 도출하는 과정이다. 소비자 행동은 자기 자신과 외부 환경을 어떻게 지각하느냐에 따라 달라진다. 따라서 만일 두 사람이 동일 제품(가치와 가격)을 서로 다르게 지각한다면, 아마도 동일제품에 대해 서로 다른 행동을 취할 것이다. 예를 들어, 새롭게 시장에 나온 소주 한 병의 가격이 삼만원이라면 어떠한 생각이 드는가? 향도 좋고 맛도 뛰어나지만, 가격이 삼만원이라면 너무 비싸단 생각이 들 것이다. 반면에 품질에 비해 적당하거나 또는 저렴하다고 생각하는 사람도 있을 것이다. 가격이 적당하거나 또는 싸다고 지각하는 소비자들에게 삼만원짜리 소주는 잘 팔릴 것이다.

동일 자극에 대해 서로 다르게 지각하는 것은 다음의 세 가지 지각과정, 즉 선택적 주의(selective attention), 선택적 왜곡(selective distortion), 선택적 보유(selective retention) 때문이다.

① 선택적 주의: 자신이 관심 있어 하는 자극에 좀 더 주의를 기울이는 현상을 의미한다. 예를 들어, 넓은 마트에서도 자기 아이의 목소리는 잘 들린다. 자동차를 살 마음이 있을 때는 붐비는 도로에서도 자신이 구매하고자 하는 차종이 눈에 좀 더 잘 들어온다. 입시생 학부모는 대입제도의 변화, 학원가의 유명강사, 대학의 유망학과 등의 내용이 눈에 더 잘 띈다.

- 개그콘서트의 '가족 같은' 코너에서 송영길은 대화를 하던 중, 음식이 조금이라도 연상되는 단어가 나오면 바로 그 음식을 먹고 싶다라고 얘기한다. 한편 '세상에서 제일 예민한 사람들'이란 코너에서 사람들은 자신과 연관된 단어에 매우 민감히 반응한다.

② 선택적 왜곡: 동일 현상도 사람에 따라 자기 마음, 또는 기존 생각에 따라 다르게 해석하는 현상을 의미한다. 일단 주의하여 받아들인 정보를 자신이 미리 갖고 있던 선입견 또는 생각 틀에 맞춰서 해석한다. 이러한 해석 과정에서 본래의 사실과는 다른 왜곡현상이 발생할 수 있다.

- 과일가게 주인에게 사과 5개를 달라고 했더니, 사과박스에 고개를 처박고 한참을 뒤져 봉지에 담아주었다. 만약 평소에 신뢰를 하던 주인이라면, 나를 위해 좋은 것을 고르기 위해 저렇게 노력하고 있구나 하고 해석하지만, 그렇지 않다면 다른 의도로 그리 오랜 시간이 걸렸다고 해석할 것이다. 멀리서 아는 사람들이 나를 보고 웃으면서 걸어온다. 만약 친한 친구들이라면 좋게 해석하겠지만, 그렇지 않은 관계라면 나쁘게 해석할 수도 있다.

③ 선택적 보유: 자신의 생각과 일치되는 내용을 보다 오래도록 기억에 보관하는 현상을 의미한다.

- 사후확신 편향(hindsight bias): 과정에서 일어난 모든 내용을 곧이곧대로 기억하는 것이 아니라, 과정에 따라 나타난 최종 결과의 좋고 나쁨에 따라 그 과정에 대한 내용의 기억이 영향을 받는 현상. 결과가 좋다면 결과를 좋게 이끄는 것과 밀접히 연관된 과정의 내용들이, 결과가 나쁘다면 이와 연관된 과정의 내용들이 선택적으로 더 기억에 남게 되는 것을 의미한다.

3) 학습

학습(learning)이란 경험으로 인한 개인 행동의 변화를 말한다. 'x 카페'는 커피 원두가 신선하다, 'y 카페'는 조용해서 책 읽기가 좋다, 'z 카페'는 의자가 푹신하고 공간배열이 여유롭기에 얘기 나누기 좋다 등과 같은 것은 경험을 통한 학습이다. 이와 같이 사람은 행동을 할 때 무언가를 배우고, 이렇게 학습된 내용은 추후 행동에 영향을 미친다. 우리의 행위는 태어날 때부터 가지고 있는 본능도 있지만 대부분은 후천적으로 배운 것이다.

어떤 자극과 그 자극의 반응간의 직접적 관계를 인식할 때 학습이 이루어졌다고 보는 '자극반응 모델'(stimulus response model)은 학습의 현상을 이해하는데 도움이 된다(참조: 5장).

4) 기억

기억(memory)은 획득한 정보를 시간이 경과한 후에도 필요한 시점에 이용할 수 있도록 머릿속에 저장하는 과정이다. 기억은 사람의 모든 심리 및 행동에 영향을 미친다.

(1) 기억의 유형(구조)

기억은 감각기억(sensory memory), 단기기억(short−term memory, STM) 그리고 장기기억 (long-term memory, LTM)으로 구분된다. 새롭게 들어온 정보는 이러한 순서로 기억이 진행 된다. 즉 기억에는 세 개의 방(구역)이 있는데, 감각기억 → 단기기억 → 장기기억의 방으로 기억 내용이 진행된다. 그러한 진행에서 일부는 탈락되기도 하고 또한 변형되기도 한다.

① 감각기억

모든 외부 자극은 일단은 사람의 감각기관을 통하게 된다. 감각기관은 외부 자극이 가장 먼저 거치는 장소이다. 이러한 자극은 잠시나마 감각기억이란 그릇에 저장 된다. 첫번째 기억의 방인 감각기억은 자극 또는 정보가 감각의 수용기관(청각, 미각, 시각, 후각, 촉각 등)에 최초로 보관되는 기억이다.

자극은 감각의 수용기관을 활성화시키고 잔영이 남기에 소비자는 이를 감각하고 이를 짧게나마 기억한다. 감각기관의 활성화에 의해 형성된 즉각적 인상은 아주 짧은 시간 동안 (0.25~4초) 감각기억 속에 남아있다.

그렇지만 이러한 자극에 대한 정보처리가 추가적으로 일어나지 않는다면 바로 사라지는 기억이다. 물론 아주 소멸되는 것은 아니고 기억 저편 어딘가에 아련히 남아있거나 그것이 들어왔었다는 흔적은 남을 수 있다. 예를 들어 굳이 기억하거나 의식하지 않더라도 조금 전 삼켰던 음식의 맛, 바로 전에 지나쳤던 카페의 향기, 어떤 지역의 냄새, 스쳐지나간 사람이 입은 옷에 대한 것은 무의식적으로 남아있다. 따라서 이에 대한 재인(recognition)을 물으면 이를 기억해내기도 한다.

② 단기기억

감각기억에 대해 특별히 주의를 기울이고 이에 대한 추가적 정보처리를 하게 되면, 이러 한 정보는 이제 단기기억으로 이전한다. 라면 냄비를 가스렌지 위에 올려놓고 불을 당긴 다 음 '5분후쯤 물이 끓을 때 다시 와서 라면을 집어넣어야지' 하는 생각은 단기기억의 예이 다.

단기기억에 대한 특성 몇 가지를 살펴보면 다음과 같다.

첫째, 단기기억은 감각기억에 비해 지속기간이 더 길지만, 일시적으로만 존재한다. 짧은 시간동안 눈 앞에 펼쳐진 그림, 숫자, 또는 사람 이름들을 기억하지만 몇 시간 뒤면 이러한 내용은 깔끔하게 기억에서 사라지기도 한다.

둘째, 단기기억은 제한된 정보처리 용량을 가진다. 프린스턴 대학의 인지심리학자 George A. Miller의 연구결과, 평균적인 사람은 특정 시점에 7±2개의 정보묶음(chunks)만을 동시에 처리할 수 있다고 한다(The magical number 7).

한편 단기기억이 처리할 수 있는 것보다 더 많은 정보를 소비자에게 제공하면 정보과부하(information overload)가 일어난다. 정보과부하(information overload), 즉 단기기억이 처리할 수 있는 것보다 더 많은 정보가 제공되면, 오히려 혼란이 초래되어 의사결정 능력이 현격히 떨어진다.

당면한 문제를 해결하려면, 이와 관련된 정보를 가능한 머릿속에 많이 올려놔야 한다. 내부 및 외부정보들을 끌어모아서 단기기억이란 그릇 위에 올려둔다. 단기기억의 용량이 큰 사람은 이를 좀 더 많이 올려놓는다. 아마도 등장인물이 많고 연결고리가 복잡한 장편소설을 쓰는 작가의 단기기억 용량은 클 것으로 짐작된다.

셋째, 단기기억으로 들어온 자극들 모두가 장기기억으로 이전되는 것은 아니다. 어떤 특별한 조치가 취해진 정보들이 장기기억에 이전될 가능성이 높다(음식물에 코팅처리를 하면 좀 더 오래 보관되는 것처럼~). 중요한 자극이기에 좀더 공들인 정보처리를 한 것 또는 특이한 자극이기에 정보처리능력이 많이 할당된 것 등이 장기기억으로 이전된다. 한편 '시연(rehearsal)'은 장기기억으로의 이전과 연관된다. 시연이란 (마음속으로) 어떤 것을 반복하는 것을 의미한다. 새롭게 받은 정보를 보다 많이 시연할수록 그 정보는 장기기억에 저장될 가능성이 높다.

③ 장기기억

단기기억에서 처리된 제품정보 중 일부는 장기 기억으로 이전되어 저장된다. 장기기억은 단기기억에 비해 무제한 용량을 가지고 있다. 또한 지속시간도 길어서 어떤 것은 한평생 가기도 한다.

장기기억의 창고에 저장된 기억의 편린들은 다시 필요할 때 인출되어 새로운 자극에 대한 정보 처리에 동원된다.

- 장기기억에 저장된 지식의 유형은 절차기억(procedural memory), 서술기억(declarative memory)으로 구분된다. 그리고 서술 기억은 다시 일화기억(episodic memory), 의미기억(semantic memory)으로 구분된다.

어떤 대상 및 자극물(예: 오토바이를 탄 사람, 명품으로 치장한 사람 등)에 대한 개인의 생각과 태도는 그 사람이 그 대상과 관련하여 어떤 의미적 지식들을 간직하는가와 연관된다. 장기기억에 저장된 의미적 지식들은 네트워크 형태로 상호 연결되어 있다(즉, 스키마). 이러한 지식들간의 네트워크는 감자 줄기다발, 이슬 맺힌 거미줄처럼 마디들(nodes: 장기기억에 저장된 의미적 지식, 또는 단편조각 지식들)과 이들을 연결하는 고리(link: 마디와 마디들간의 연결 관계, 참고로 특정 마디가 다른 마디와 관련이 높을수록 연결고리는 짧고 굵다)로 구성된다.

- 하나의 의미적 지식이 활성화될 때, 이와 함께 기억에서 떠오르는 관련된 연상들의 집합을 설명하는 개념이 스키마(schema)이다. 스키마란 어떤 한 대상과 관련된 지식들로 구성되는 네트워크를 의미한다.

한편 동일 시간, 동일 공간, 그리고 동일 경험을 해도 사람마다 이를 받아들이고 또한 저장하는 과정이 다르기에 사람들마다 기억 내용은 다를 수 있다.

- "그대는 내가 아니다. 추억은 다르게 적힌다."

－ 이소라의 '바람이 분다'

(2) 기억의 작동 메커니즘

단기기억과 장기기억의 상호작용은 부호화, 인출의 개념을 통해 설명된다. 부호화(encoding)는 처리된 정보를 장기기억에 오랫동안 저장시키기 위해 단기기억에서 장기기억으로 이전시키는 과정이다. 한편 인출(retrieval)은 단기기억에서 어떤 제품정보를 해석하고 이해하는데 활용하기 위해 장기기억의 창고에서 관련된 기억을 끌어내는 것이다([그림 4-6] 참조).

그림 4-6 | 부호화, 인출의 개념도

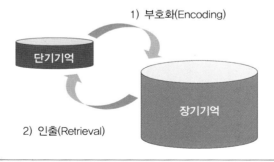

---

① 부호화(Encoding)

부호화란 소비자가 광고에 담긴 제품정보에 대해 자신의 방식대로 의미를 부여하는 것이다. 그렇게 의미 부여된 내용(꼬리표 부착)에 따라 그것은 장기기억 속에서 어떤 자리를 차지하게 된다(새 책이 도서 분류번호를 부여받고 도서관 서가에 자기 자리를 잡는 것처럼~).

단기기억에서 정보의 부호화 방식은 정보의 신속한 이전, 장기기억에서의 정확한 배치(placement: 단기기억으로부터 이전된 정보가 장기기억의 스키마에 연결되는 메커니즘)에 영향을 미친다(서가에 한번 잘못 꼽히면(배치되면) 이를 찾기가 무척 어렵다. 마찬가지로 한번 잘못 입력된 지식은 이를 바로 잡기가 좀처럼 쉽지 않다).

② 인출(Retrieval)

그림 4-7 | '해리포터'에서 기억의 인출을 마법으로 표현한 장면

장기기억에는 무제한 정보들이 영구히 저장되고 있지만, 저장된 정보 중의 극히 일부만이 필요 시점에 인출된다. 광고에서 제시되었던 제품 정보나 상표명이 구매시점에 인출되지

그림 4-8 | 제품포장, 자동판매기에 광고모델을 집어넣은 예

TV광고 모델과 장면을 그대로 부착하여 눈에 띄게 함

못하면 자사 제품의 선택 확률은 낮아진다. 기업은 기억이 원활히 인출되도록 도와주어야 한다. 예를 들어, 포장지 겉면에 TV광고 모델의 얼굴을 집어 넣는 것이 여기에 해당한다 ([그림 4-8] 참조).

(3) 정서와 기억의 관계

"비가 오면 생각나는 그 사람~"이란 노래가 있다. 어떤 특정 기억은 그와 부합되는 어떤 상황이나 감정 상태가 되었을 때 잘 기억된다. 이와 같이 소비자의 정서 상태는 장기 및 단기 기억의 저장과 인출에 영향을 미친다.

기억할 때 우리의 뇌는 어떤 사실뿐 아니라 당시의 감정, 배경(상황) 등도 함께 기억한다. 즉 정보만 기억하는 것이 아니라 그때의 감정, 정서, 맥락도 묶어서 기억에 덩어리로 입력된다. 이렇게 정보와 감정이 밀착되어 기억되기에 정보와 감정을 분리하여 기억하지 않는다. 즉 이 둘은 개별적, 독립적이지 않다. 그 결과 다음과 같이, 즉 어떤 하나가 떠오르면 다른 하나도 연이어 떠올려지는 현상이 있다.

첫째, 어떤 정보를 기억하는 당시의 감정 상태가 추후 그 정보의 기억 가능성에 영향을 미친다. 예를 들어 기억할 때의 감정 상태와 유사한 감정 상태에 추후 빠져들거나 도달하면 예전의 그 일(또는 사건)이 더 잘 기억된다.

- 슬펐을 때 기억된 어떤 일 또는 사건은 나중에 예전처럼 슬픈 감정의 상태일 때 더 잘 생각난다.

둘째, 어떤 사건 또는 일에 대한 기억을 하게 되면 동시에 그때의 감정도 동시에 살아난다.

- 미국 예일 대학교 연구팀이 실험 참가자들을 대상으로 스트레스를 받았던 과거의 특정 사건에 대해서 질문을 하고 뇌를 스캔한 결과, 스트레스와 감정을 통제하고 충동을 조절하는데 관여하는 뇌 부위의 회색 물질이 줄어든 것으로 나타났다.

한편 '기분 상태'와 '정보 속성'간에도 연관이 있는 것으로도 밝혀졌다. 긍정적 기분일 때는 긍정적 정보가, 부정적 기분일 때는 부정적 정보의 연결성이 높았다. 이는 자신의 기분과 일치하는 속성의 정보에 더욱 주목하고 평가하고 또한 기억하는 것을 의미한다. 결국 소비자의 기분 상태는 '기억', '주목', '평가'에 직간접적 영향을 미친다.

- 인적 판매원의 고객 방문, 텔레마케터의 전화 접촉 등은 고객 기분이나 상황이 좋은 시점에 할 때 성공률이 높기에 이를 반영한다. 예를 들어, 금요일 오후, 연휴가 시작되기 전, 월급날 등.

- 수험생(또는 취업준비생)은 여러 과목의 공부를 하는 과정에서 다양한 감정이 오간다. 이때 일관적인 감정 상태를 가지고 공부하는 것이 중요하다. 만약 어떤 것을 슬픈 마음으로 공부한다면 해당 내용을 공부하거나 기억할 때마다 슬픈 감정들이 떠올려져서 그 내용을 볼 때마다 힘들 수 있다.

- 사람의 기분을 즐겁고 가볍게 해주는 유머를 담거나 흥겨운 음악을 담은 광고는 사람의 마음을 긍정적으로 만들기에 제품/브랜드의 긍정적 요소를 더 보게 되고 결과적으로 긍정적 인식의 형성에 도움이 된다.

5) 태도

(1) 태도의 개념 및 특성

소비자의 행동 연구에 있어서 중요시되는 주제 중의 하나가 바로 태도이다. 태도(態度, attitude)란 어떤 사람이 특정 대상(사물, 사람, 조직, 기업, 브랜드, 아이디어, 이슈 등)에 대하여 품고 있는 일반적이고 지속적인 감정(긍정적(+)/부정적(−))을 의미한다. 개인이 품고 있는 이러한 사전(事前) 성향, 즉 태도는 어떤 자극물을 대하는 선택적, 감정적, 선호적 반응의 상태이다.

태도는 다음과 같은 성격을 가지고 있다. 첫째, (태도를 느끼는~) 어떤 대상을 가진다. 둘째, 방향성(+/−, 즉 긍정적 또는 부정적)과 강도(1−2−3−4−5, 즉 태도의 세기)를 가진다. 셋째, 인지적, 정서적, 행동적 요소로 구성된다. 그리고 이들 요소 모두는 지속적인 반응 경향이다. 넷째, 학습된다. 이 중 세번째 언급된 내용은 연구자에 따라 다르게 주장되기도 한다 (태도＝인지＋정서＋행동 vs 태도＝정서).

- 인지, 정서, 행동의 세밀한 개념 구분은 학술적 연구에서는 중요하다. 그렇지만 실무에서 이를 복잡하게 생각하지 않아도 된다. 결국 광고를 하는 이유는 '△△라면에는 신선하고 영양가 많은 재료가 사용되었다'고 믿게 만들고(신념 및 생각의 변화), '△△라면은 좋다'라는 느낌을 증가시키고(정서의 변화: 소비자 기분을 좋게 만드는 광고모델, CM송, 장면 등을 사용), 구매결정 상황에서 '△△라면을 사고 싶다'가 되도록 하는 것이다(행동의 변화: 바겐세일 정보, 마감시간 제시 등을 사용).

(2) 태도와 행동과의 관련성

태도가 소비자 연구에서 중요한 이유는 바로 태도와 행동간 관련성이 있기 때문이다. 태도는 행동에 중요한 영향을 미치므로 현재의 소비자 태도를 알 수 있다면 미래 행동(구매)을 예측할 수 있다. 태도와 행동과의 관련성은 다음 특성이 있다.

첫째, 태도와 행동의 측정 사이에 존재하는 경과 시간: 두 가지 측정 사이에 시간이 많이 경과할수록 태도와 행동간의 상관 관계는 낮다.

둘째, 태도의 기억 용이성: 태도가 기억되기 쉬울수록(환기 수준이 높을수록) 그 사람의 행동에 태도가 미치는 영향은 크다. 일반적으로 직접 경험에 근거해서 형성된 태도들이 보다 잘 기억된다.

태도와 행동의 관련성에 대해서는 아직도 많은 연구가 필요하다. 분명한 것은 이들간 연관성이 있다는 사실이다. 따라서 행동변화를 위해 태도를 타겟으로한 커뮤니케이션은 여전히 유효하다. 기업은 제반 커뮤니케이션 노력을 동원하여 자사 이미지나 제품에 대한 선호도를 높이는 등 소비자 태도를 긍정적으로 만들려고 한다. 또한 현재의 태도가 부정적이라면 이를 변화시키기 위해 끊임없는 노력을 기울인다.

일반적으로 한번 형성된 태도는 쉽게 바뀌지 않는다. 그리고 부정적으로 바뀐 태도를 다시 원상태로 되돌리는 데도 적지 않은 시간과 노력이 소요된다(예: '갑질 횡포'로 세상을 들썩이게 하였던 △△유업, ○○항공('땅콩 회항') 등에 대해 소비자들은 상당기간 부정적 태도를 유지하였다).

이상으로 구매 과정에 영향을 미치는 요소들을 살펴보았다. 전술한 바와 같이 본 장에서는 외부(外部) 영향 요소보다는 소비자와 밀접한 내부(內部) 영향 요소(예: 개인에 내재된 배경 및 속성, 정보처리 및 심리적 과정)를 살펴보았다. 한편 외부 영향 요소로 대표적인 것은 기업 및 경쟁사의 마케팅 활동이다. 또한 거시 및 미시 환경 요인들도 이에 해당한다(7장). 다음 항에 소개하는 시장 상황은 외부 영향 요소 중 하나이다.

5. 시장 상황: 소비자의 생활 습관, 또는 제품사용 환경

흔히들 어떤 특정 시장에서 성공하려면, 해당 시장 상황을 반영한 마케팅이 필요하다고 한다. 여기서 시장 상황이란 다른 시장과 구별되는 시장의 고유 상황 및 여건을 의미한다. 여기에는 고객의 사용여건, 기호와 태도, 경제, 환경, 문화 등이 포괄적으로 포함된다.

우리나라에서는 미세먼지, 그리고 코로나19가 심해짐에 따라 마스크에 대한 수요가 대폭 증가하였다. 또한 어떤 것에 대해 사회적 이슈가 되면 거기에 대응하는 제품 수요가 급변한다(예: 바나나, 소고기 등).

- 온라인쇼핑몰 G마켓에 따르면 몰래 카메라 사건이 터진 이후 카메라탐지기 등 몰카 용품의 판매가 전년대비 333%나 증가했다. 몰카탐지기를 생산하는 업체인 코리아리서치 관계자도 몰카 탐지 용품에 대한 수요가 늘었고 공공장소뿐만 아니라 1인 가구나 일반 가정집의 몰카 탐지 의뢰가 늘어났다고 설명했다.

− 참조: 한국경제, 2019년 3월 15일

- 현대자동차의 쏘나타II와 대우자동차의 시에로의 제동등 밝기가 논란이 된 적이 있다. 제동등이 너무 밝아 뒤차의 안전운전을 방해한다는 지적이 끊이지 않고 있기 때문이다. 그러나 자동차회사들의 입장은 다르다. 현행 〈자동차안전기준에 관한 규칙〉은 제동등 광도를 40~420칸델리 범위에서 정하도록 규정하고 있고, 자사의 자동차제동등 밝기는 모두 이 범위 내라는 것이다. 그러나 교통전문가들은 우리나라처럼 교통체증이 심각해 장시간 근접거리 운행이 불가피한 경우 제동등이 너무 밝으면 뒤따르는 운전자들이 쉽게 피로를 느껴 사고위험이 증가한다고 말하고 있다(참조: 조선일보, "차량 제동燈은 밝을수록 좋다?" 1994년 10월 15일). 얼마전 저자가 직접 경험한 것 중의 하나는 브레이크 등의 점멸이었다. 서울시내의 막히는 도로에서 앞서 가던 차의 브레이크 제동등은 밟을 때마다 불빛이 잠시 동안 강하게 점멸을 반복하는데, 처음에는 브레이크를 밟는 앞차의 유난스런 시그널로 인해 안전 운전에 도움이 되었지만 계속 막히는 길에서는 시야를 매우 피곤하게 하였다.

- 동양매직과 LG전자가 생산, 판매하고 있는 식기세척기는 대표적인 '한국형 가전'으로 꼽힌다. 납작한 접시 세척 위주의 수입품과 달리 한국형 식기세척기는 냄비, 뚝배기, 오목한 밥그릇이나 사발 등 모든 식기를 편리하게 세척할 수 있도록 그릇장착 선반을 'ㄱ'자로 개조했다. 또 한국 특유의 끈적끈적한 쌀밥그릇 세척에 적합하도록 세척의 강도와 방향을 개선, 출시한 지 불과 수년 만에 외산제품을 몰아내고 국내시장을 장악했다. 한편 LG전자의 토스트 전자레인지는 국내 소매용 식빵 크기에 대한 시장조사를 통해 우리나라 실정에 맞는 토스트기 크기를 설정했다.

  ー 참조: 부산일보, "한국형 가전제품 잘 나가네~," 2003년 2월 19일

관광지를 버스 타고 단체 여행한다고 해서 버스에 탄 일행 모두가 동일한 풍경을 주시하지는 않는다. 또한 동일한 차창 밖 경치(자극물)를 보았다 해도 이들이 같은 느낌을 가지는 것은 아니다. 이와 같이 받아들이는 자극물은 사람에 따라 다르고 사람이 처한 입장(예: 배고픈 사람, 화장실 가고 싶은 사람 등)에 따라 다르기에 각자 반응은 다르다. 따라서 소비자 반응을 제대로 예측하기 위해서는 전방위적으로 특정 소비자가 처한 여건 및 소비자의 성향 자체를 이해하여야 한다.

- '파브르 곤충기'는 파브르(Fabre, 1823~1915)가 평생을 온전히 바쳐 관찰한 곤충의 모습과 행동의 기록을 바탕으로 쓰여졌다. 파브르의 나이 55세에 시작해 86세에 마무리했으니 무려 장장 30년의 긴 세월에 걸친 고된 작업의 산물이다. 이 책에선 곤충의 한살이, 습성, 행동, 애환을 관찰해 글로 표현하였다. 파브르를 통해 곤충에 대한 우리의 지식은 한층 높아졌다. 이와 마찬가지고 소비자를 우리가 현재 이만큼이나마 이해하게 된 것도 지난 세월 여러 연구자들의 노력, 시간, 희생이 없었다면 불가능했을 것이다.

📚 4장의 요약

시장을 형성하고 이를 움직이는 가장 중요한 주체는 소비자이다. 소비자의 구매결정과정에 영향을 미치는 요인들로 어떤 것들이 있는지, 그러한 요인들은 소비자 구매행동에 어떠한 영향을 미치는지에 대해 올바로 이해한다면, 이를 기반으로 적절한 마케팅 전략을 취할 수 있다. 여기서는 소비자 행동에 영향을 미치는 제반 요인들(특히 내적 요인)에 대해 살펴보고 있다. 포괄적이고 범주가 큰 요인부터 차례대로 열거하면 다음과 같다: 문화, 사회계층, 준거집단, 가족, 개인적 요인들(예: 직업, 나이, 라이프 스타일 등).

한편 마케팅 자극을 접하면 소비자 내면에서는 여러 심리 기제가 작동한다. 물론 이러한 심리 현상은 제품의 구매 결정과정에 영향을 미친다. 소비자 내면에서 이뤄지는 핵심적 심리과정(key psychological processes)으로는 동기유발, 지각, 학습, 기억, 태도 등이 있다. 이들은 구매에 영향을 미치는 개인의 내재화된 일반적 심리현상이다. 물론 이러한 심리과정은 개인차가 존재한다.

M·A·R·K·E·T·I·N·G

제 5 장

소비자에 대한 이해(2): 구매결정 과정

잠시 과거로 돌아가 제품을 구매했던 당시 경험을 되살려보자. 스마트폰을 예로 든다면, "지금 사용하는 스마트폰을 구입하기까지 어떤 의사결정 과정을 거쳤던지"를 생각해보는 것이다.

- 그전의 스마트폰을 왜 교체하려 하였는지, 새로운 스마트폰 구입을 위해 어디서 누구에게 정보수집을 하였는지, 어떠한 매장들을 둘러보았고 판매원의 어떤 말에 주의가 기울여졌는지, 스마트폰을 구매하면서 비교한 제품들로는 무엇이 있었고 이들을 어떤 기준으로 비교 평가하였는지, 그래서 구입하려고 마음먹은 제품은 어떤 것이었는지, 실제 구매한 제품은 원래 사려고 마음먹었던 사양의 제품 및 브랜드와 달라지지는 않았는지, 구매후 느끼는 감정으로는 어떤 것이 있었는지 등. 이렇게 열거하고 보니, 하나의 제품 구매에 정말 많은 정신적, 행동적 과정이 개재되었음을 실감한다.

앞선 4장에서 소비자 구매행동에 어떤 요소들이 영향을 미치는지를 살펴보았다. 이를 통해 '특정 소비자가 어느 시점에 무엇을 선택하는 것(또는 하지 않는 것)'에는 문화적, 사회적, 개인적, 심리적 요인들이 복잡하게 영향을 미친다는 것을 알 수 있다.

4장의 내용이 소비자 구매행동에 일반적으로 영향을 미치는 요소들을 살펴본 것이라면, 이제 5장에서 다루는 소비자 구매 과정(Consumer Buying Process)은 특정 제품의 구매에 이르기까지 어떠한 과정을 거치는가를 살펴보는 것이다.

소비자의 구매 및 소비 행동은 일련의 과정을 거치는데, 이를 구매의사결정 과정이라 한다. 구매결정 과정은 연구자 또는 연구목적에 따라 상이하게 구분되지만, 여기서는 문제인

그림 5-1 | 5단계의 구매결정 과정

식, 정보탐색, 대안 평가, 선택(구매결정), 구매 후 행동의 다섯 단계로 나누어 살펴보겠다
([그림 5-1] 참조).

구매결정 과정은 항상 동일한 방식과 흐름으로 일어나는 것은 아니다. 제품별, 소비자별,
상황별로 구매결정 과정은 다르다(예: 청량음료를 구매할 때와 자동차를 구매할 때의 과정은 다르
다). 구매하려는 제품에 따라 소비자의 신중함 정도는 달라지기에 정보처리 및 의사결정에
포함되는 내용들이 달라진다. 이를 설명하는 개념이 바로 관여도이다.

- 소비자 구매행동에 영향을 끼치는 여러 요소들(문화적, 사회적, 개인적, 심리적 요인들) 역시 특
  정제품의 구매 과정에 전반에 걸쳐서 영향을 미치지만, 그 내용과 정도는 제품, 소비자 및 구매상
  황에 따라 다르다. 이를 설명하는 개념이 관여도이다.

본 장에서는 우선 관여도를 설명하고, 그런 다음 구매결정 과정의 단계별 내용을 살펴보
겠다.

I 관여도

1. 관여도의 개념

관여도(involvement)란 주어진 상황에서 특정 대상에 대한 '개인적 관련성에 대한 지각
(perceived personal relevance)' 혹은 그 대상의 '개인적 중요성에 대한 지각(perceived personal
importance)'을 의미한다. 특정 대상(제품, 브랜드, 매체, 광고물, 사람, 이슈 등)에 대해 어떤 개
인이 느끼는 자신과 그 대상과의 관련성 또는 중요성이 바로 관여도이다.

그림 5-2 | 관여도에 대한 개념도(짧을수록 관여도가 높다)

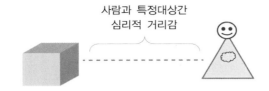

사람과 특정대상간
심리적 거리감

이러한 관여도는 특정 대상에 대해 어느 정도로 반응할지에 대해 영향을 미친다. 다시 말해 구매 과정에서의 신중함, 정성을 들이는 정도 등은 관여도 수준(the level of involvement)에 따라 달라진다. 즉 관여도란 사람(주체)과 대상(객체)과의 심리적 거리감을 의미한다([그림 5-2] 참조).

심리적 거리가 가까울수록(즉, 고관여) 특정 대상에 기울이는 관심의 정도는 높아진다. 심리적 거리가 가깝다는 것은 그만큼 자신에게의 직간접 연관성이 크다는 것을 의미한다. 연관성이 크면 고관여, 적으면 저관여이다. 예를 들어 제품이 자신에게 매우 중요하거나, 자신의 가치관이나 자아이미지와 밀접하다면 제품 관여도는 높아진다. 관여도가 높아질수록 제품 정보의 처리에 보다 많은 인지적 노력을 기울인다.

2. 관여도에 영향을 미치는 요인

소비자가 느끼는 관여도는 여러 선행요인들로부터 영향을 받는다([그림 5-3] 참조). 대표적 요인들 몇 가지를 열거하면 다음과 같다.
(1) **제품**: 일반적으로 가격이 높고, 사회적 가시성이 높고, 제품구매 및 사용에 따른 위험이 높게 수반되는 제품은 관여도가 높다(예: 자동차, 스마트폰, 아파트, 신혼여행지, 골프클럽 등).
(2) **광고(마케팅 자극)**: 소비자의 이성과 감정을 고양시키는 광고물은 관여도를 증가시킨다.
(3) **상황**: 구매 상황은 소비자가 느끼는 관여도에 영향을 미친다. 예를 들어 구매시 주변에 체면을 차릴 사람들이 있다면 이를 의식하기에 좀 더 깊이 생각하게 된다.
(4) **소비자 특성**: 소비자의 성격, 개성, 취향, 체면 민감도, 위험회피성향, 주머니 사정 등은 그의 관여도에 영향을 미친다.

그림 5-3 | 관여도에 영향을 미치는 요인들

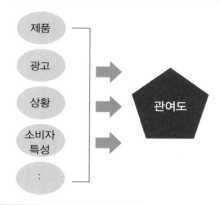

3. 관여도의 구성 요소

관여도 개념은 마케팅 현상을 설명하는 유용한 개념이다. 이러한 개념을 활용하려면 일단 그 크기를 측정하여야 한다. 관여도의 측정 방법은 여러 가지 있는데 이중 한 가지는 관여도의 구성 요소를 구분하고 이를 분석하는 것이다. 흔히 다음 네 가지 구성 요소가 거론된다([그림 5-4] 참조).

그림 5-4 | 관여도의 네 가지 구성 요소

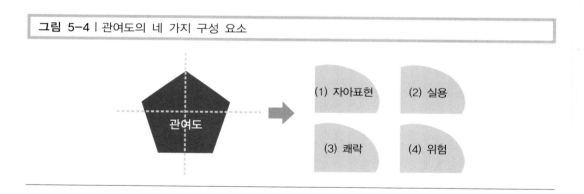

이들 구성 요소별 크기를 각기 측정하면 그 제품의 관여도 크기를 측정할 수 있다.

(1) **자아표현의 중요성**(self-expressive importance): 타인에게 자아 이미지를 표현하는데 중요한 제품/서비스일수록 관여도는 높다. 예를 들어 외출복, 가방, 모자, 머리핀, 염

색약, 자동차 등이 있다.

(2) **실용적 관련성(practical relevance)**: 높은 실용적 혜택을 제공하는 제품/서비스일수록 관여도는 높다. 예를 들어 자동차, 세탁기, 냉장고, 컴퓨터, 스마트폰, 기능성 속옷, 약품, 병원 등이 있다.

(3) **쾌락적 가치의 중요성(hedonic importance)**: 사람들은 삶에서 실용성만 추구하지 않는다. 즐거움, 행복 등의 쾌락을 추구하기도 한다. 쾌락적 가치가 높은 제품/서비스일수록 관여도는 높다. 예를 들어 술, 초콜릿, 자동차, 여행 상품, 콘서트, 게임기 등이 있다.

(4) **구매위험(purchase risk)**: 잘못 선택할 확률이 높거나 또는 잘못 선택에 따른 부정적 결과의 강도가 큰 제품/서비스일수록 소비자 관여도는 높다. 예를 들어 자동차, 아파트, 보험 및 연금 상품, 피임약, 병원 등이 있다.

- 과자 한 봉지를 살 때와 아파트(또는 자동차)를 살 때 소요되는 시간과 노력은 다르다. 이는 과자를 잘못 샀을 때 나에게 미치는 (부정적)영향(예: 정신적 괴로움, 육체적 타격, 금전적 손실 등)과 아파트를 잘못 샀을 때 나에게 미치는 (부정적)영향의 강도가 다르기 때문이다.

이러한 네 가지 차원 모두에서 높은 제품도 있지만(예: 자동차, 집 등), 특정 차원에서만 비교적 높게 형성되는 제품(예: 머리핀, 향수 등은 자아표현의 중요성, 담배와 술은 쾌락적 관련성)도 있다.

4. 관여도의 유형

관여도는 크기, 지속성 등에 따라 분류할 수 있다.

1) 관여도의 크기에 따른 분류: 고관여 vs 저관여

관여도 크기에 따라 마케팅 자극에 대한 정보처리는 다르다.

고관여의 경우에 소비자는 제품을 이해하려는 동기가 강하기에 광고메시지를 보다 깊이 생각하는 경향이 있다. 기업은 가능한 충실하고 자세한 정보를 제공함으로써 깊은 이해를 도와줘야 한다. 반면에 저관여의 경우에는 얕은 수준의 정보처리만 일어난다. 제품은 주로 이미지 광고를 하는데, 이는 광고메시지의 즉각적 이해, 이미지 및 감정적 반응의 형성이 이러한 경우에 보다 효과적이기 때문이다. 따라서 기업은 광고전략을 수립할 때, 우선 표적소비자들의 관여도 크기를 파악하여야 한다.

2) 관여도의 지속성 여부에 따른 분류

① 지속적 관여도(enduring involvement): 어떤 개인이 특정 대상에 대해 지속적으로 높은 관여도를 가지는 것이다. 예를 들어 자동차(핸드백, 외출복, 스마트폰)에 대해 높은 관심을 가지는 사람은 자동차에 대한 신문기사, 광고, 제조 기술, 브랜드, 가격 동향, 모델 등의 정보에 대해 항상 높은 수준의 정보처리를 한다.

② 상황적 관여도(situational involvement): 특정 대상에 대해 일시적으로만 높은 관여도를 가지는 것이다. 빼빼로, 초콜릿에 평소 관심이 없던 사람도 빼빼로 데이, 발렌타인 데이에는 관여도가 잠시 높아진다.

소비자의 제품/서비스에 대한 관여도는 구매 과정과 밀접하므로 기업은 이에 대한 이해를 바탕으로 마케팅 전략 및 관리를 수행할 필요가 있다.

Ⅱ 소비자의 구매 의사결정 과정

여기서는 소비자 구매 과정(Consumer Buying Process)을 단계별로 살펴보겠다. 제품의 모든 구매에서 이러한 단계 모두를 신중하게 거치는 것은 아니다. 즉 관여도에 따라 다르다. 소비자, 제품, 구매 상황에 따라 어떤 단계는 생략되기도 하고 대폭 단축되기도 한다.

1. 문제의 인식(1단계)

• 얼마 전 고속도로를 달리던 K교수의 아반떼에서 엔진 문제를 알리는 경고등이 들어왔다. 장거리 운전을 하던 중이기에 그대로 몰기는 불안하였기에 고속도로를 잠시 빠져 나와 인근 정비업체를 찾았다. 정비사에 따르면 엔진 문제가 있기는 한데, 경고등이 켜지는 원인은 너무도 많기에 이를 쉽게 찾기는 어렵다고 하였다. 10년 가까이 된 노후 차였고 또한 최근 들어 엔진 소리도 많이 났기에 K교수는 차를 바꿀 때가 되었다고 생각하였다.

구매 과정은 소비자가 문제를 인식하는 데서부터 비롯된다. 문제 인식(problem recognition)은 일종의 지각 현상으로서, 바람직한 (또는 원하는) 상태와 현재 상태 사이에서 어떤 불편한 차이를 지각할 때 발생한다([그림 5-5] 참조). 이러한 차이의 발생 원인은, 현재 사용중인 제품에 대해 불만을 느끼거나, 그전에 없던 새로운 욕구가 생기거나, 기존 욕구가 변하거나, 재정 상태가 변하거나, 연관된 다른 상품으로 인한 파급효과 등과 같이, 내부 동기와 외부

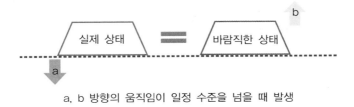

그림 5-5 | 이상적 상태와 현재 상태의 괴리

a, b 방향의 움직임이 일정 수준을 넘을 때 발생

자극에 의해 문제 인식이 유발된다.

이상적 상태와 현재 상태와의 괴리는 구매 과정의 시작 단추를 누르지만, 괴리의 정도가 미약하다면 구매 과정은 발생하지 않거나 또는 지연된다. 어떤 수준 이상의 괴리가 느껴질 때, 비로소 문제의 심각성을 인식하여, 현재 상태를 이상적 상태로 접근시키기 위한 무언가의 움직임이 일어난다.

- 전기담요가 너무 차가우면 온열스위치를 가동시키고, 반대로 너무 뜨거워지면 온열스위치를 끄게 된다. 전기담요의 온기가 바람직한 상태와 조금밖에 차이가 없다면, 온열스위치를 건드리지 않는다.

- "왜 지구 상에 수많은 종류의 음료수가 있는데도 계속해서 '새로운 음료수'들이 생기는 걸까요?" 탁자 앞에 놓인 탄산 음료를 가리키며 그는 말을 이어갔다. "처음 사람들은 갈증을 해결하기 위해 콜라를 마셨고, 그 다음엔 에너지를 얻기 위해 게토레이를 마셨어요. 그러다 이제 또 건강을 위해 비타민 드링크를 마시죠. '사랑 받는' 마케팅은 이처럼 아직까지 충족되지 않은 소비자들의 불만을 끊임없이 찾아내 해소해 주는 겁니다."

  – 필립 코틀러 교수와의 인터뷰(조선일보, 2007년 8월 11일)

문제인식 단계의 마케팅 관리자의 역할은 다음과 같다.

(1) 마케팅 조사를 통해 소비자가 현재 가지고 있는 문제를 알아낸다(identifying unmet needs). 이렇게 파악한 불만족을 토대로 그들이 원하는 신제품을 개발하여 제공한다(예: 스마트폰 배터리가 오래가지 못함에 대한 불편을 획기적으로 개선한 제품 개발).

(2) 문제와 불편함이 현존하고 있지만 소비자들은 이를 의식하지 못하는 경우가 많다. 이때 소비자로 하여금 문제가 있다는 것을 일깨우고, 이러한 문제 해결은 자사제품만이 할 수 있음을 알린다(예: 전기장판의 전자파 위험성을 알리고 이를 해결한 제품을 제시, 노트북 컴퓨터의 소음/뜨거워짐의 불편함을 일깨우고 이를 해결한 제품을 제시. 예: 노란색 바나나 우유의 문제를

제기한 M유업의 흰색 바나나우유).

(3) 소비자가 원하는 상태 자체를 변경시켜, 즉 이상적 상태의 수준을 새롭게 제시함으로써 문제를 인식하게 만든다(예: 최신 성능의 스마트폰은 기존 스마트폰에 대한 만족 상태를 불만족으로 바꾼다, 신기술 TV는 선명함에 대한 이상적 수준 그 자체를 바꾼다. 예: 세탁세제가 필요 없는 세탁기, 산소 발생하고 항균작용 하는 에어컨 등).

- "가난의 고통을 없애는 방법은 두 가지다. 자기 재산을 늘리는 것, 또는 자신의 욕망을 줄이는 것이다. 전자는 우리의 힘으로 해결되지 않지만 후자는 언제나 우리의 마음가짐으로 가능하다."

  — Leo Tolstoy(Russian writer)

2. 정보의 탐색(2단계)

- 자동차의 교체 필요성을 느낀 K교수는 이제 적극적으로 어떠한 차로 바꾸는 게 좋을지에 대해 알아보기 시작하였다. 기존에 주로 현대 또는 기아 자동차를 운행하였기에 현대, 기아 자동차가 바로 머릿속에 떠올랐다. 그렇지만 최근 새로운 성능의 국내외 자동차들이 등장한 것을 알기에 이에 대한 정보도 얻기 위해 인터넷 검색을 하였다. 어느 정도 기본적 지식을 갖추자 최근에 자동차를 구입한 주변 사람들에게 자문도 구하였다.

소비자가 문제를 인식하면, 다음 단계는 이러한 문제 해결에 도움되는 각종 정보(욕구를 충족시켜줄 제품/서비스에 대한 정보)의 수집이다. 흔히 소비자는 어떤 제품이 시중에 있는지 (또는 어떤 제품이 새롭게 나왔는지) 잘 모르는 경우도 있고, 제품 존재를 알더라도 어떠한 제품이 자신에게 적합한지에 대한 정보가 부족한 경우도 많다. 따라서 정보탐색(information search)은 그의 욕구를 충족시킬 수 있는 제품/서비스를 찾는데 집중이 된다.

정보 탐색은 인식된 문제 해결을 위한 대안들을 탐색하는 과정이다. 탐색은 제품, 가격, 점포, 광고, 주변 지인 등을 대상으로 이루어진다. 탐색에 대한 몇 가지 내용을 살펴보면 다음과 같다.

1) 탐색상품과 경험상품의 구분

수집되는 정보의 양과 종류는 제품, 소비자에 따라 다르다. Nelson(1970)은 제품을 크게 두 부류 즉, 탐색상품과 경험상품으로 나누었다.

① 탐색상품: 구매결정을 하기 전에 충분한 정보 수집이 가능한 제품을 말한다. 예를 들어, 볼펜을 구매하기 전에 필기감, 색깔, 가격 등에 대한 충분한 정보를 획득할 수 있다. 또한 스마트폰의 구매 전에 프로세서, 저장공간, 카메라 해상도, 디스플레이(액

정), 가격, 두께, 무게 등의 정보를 거의 획득할 수 있다. 이처럼 볼펜, 자동차, PC, 스마트폰, TV, 온열기, 에어컨 등의 제품은 구매 전에 가격, 성능, 품질 등에 대한 객관적이고 상세한 정보를 파악할 수 있다. 따라서 이를 충분히 검토한 다음에 구매를 결정한다.

② 경험상품: 상품의 효용이 사전 정보만으로는 쉽게 전달되기 어려운 상품이다. 광고정보만 가지고, 또는 포장 정보만 가지고 제품 내용의 파악이 어려운 제품들이 이에 해당한다. 예를 들어 포장지에 담긴 즉석조리식품은 직접 먹어 봐야 정확히 맛을 알 수 있기 때문에 귀 또는 눈으로 받는 정보로는 의사결정이 어렵다. 와인, 여행상품, 연극, 음악회, 학원, 수술 등은 경험상품에 해당한다.

2) 내적탐색과 외적탐색의 구분

정보탐색 활동은 보통 내적탐색과 외적탐색으로 분류된다. 내적탐색은 자신의 기억 속에 저장된 정보 중 의사결정에 도움되는 정보를 자연스럽게 끄집어내는 것이다. 내적탐색의 결과가 만족스러우면 소비자는 구매과정의 다음 단계로 나아가지만, 그렇지 않을 경우 외적탐색을 추가적으로 하게 된다. 외적탐색은 외적 정보원천, 즉 광고, 사용경험 있는 사람, 판매원, 점포, 인터넷 등에서 정보 탐색하는 것이다.

- 소비자가 어떤 경로를 통해 처음에 자사 상표를 알게 되었고, 그 후 자사 상표의 상세한 내용을 어떤 매체를 통해 알게 되고 태도를 형성하였는지 등에 관한 정보는 정보원천별 상대적 중요성을 알려주기에 표적 고객에 대한 효과적 커뮤니케이션 전략을 짜는데 도움이 된다(예: 택시 기사는 주로 라디오 매체, 대중교통을 자주 이용하는 사람들은 모바일 매체).

고려상표군(consideration set)은 구매시 고려하는 후보 대안들의 집합이다. 여기에는 내부 기억으로부터 인출되지 않은 추가적 대안들도 포함된다. 추가로 포함되는 후보 대안들은 의도적 외부탐색이나 환경적 자극을 통한 것으로, 이들은 기존의 환기상표군(evoked set)과 결합된다. 어떤 상표가 구매 선택되기 위해서는 최소한 고려상표군에는 포함되어야 한다.

물론 내적탐색을 통해 형성된 환기상표군 중에 충분히 만족할만한 대안들이 있다면 환기상표군이 그대로 고려상표군이 된다. 그러나 환기상표군 중에 괜찮은 대안이 부족하고 보다 나은 대안들을 찾고자 한다면 외적탐색을 하게 된다. 그리고 이를 통해 얻은 대안들과 기존의 환기상표군이 결합되어 고려상표군이 형성된다([그림 5-6] 참조).

그림 5-6 | 소비자의 구매의사결정에 관련된 여러 유형의 집합

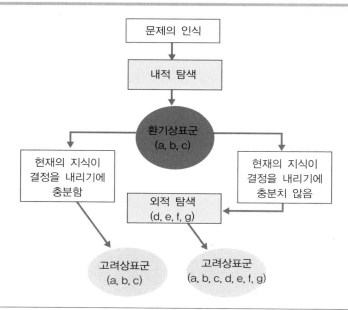

- [그림 5-6]에서처럼 형성된 고려상표군은 이후 더 많은 정보 수집을 통해 몇 개의 소수 대안으로 축소되기도 한다. 이렇게 축약된 고려상표군을 선택군(choice set)이라고 한다.

마케터의 목표는 우선 자사 상표를 고객의 고려상표군에 포함시키는 것이다. 이를 위해 시장의 유력 경쟁 상표보다 자사 상표가 소비자들의 문제를 잘 해결해 준다는 것을 평소 소비자에게 알리고 설득해야 한다.

3. 대안의 평가(3단계)

- 자동차를 알아본 결과, K교수는 현대 아반떼, 기아 K3, 르노코리아 XM3, 폭스바겐 골프, BMW mini 중에서 고르겠다는 생각에 이르렀다. K교수가 자동차 구매에서 중요시 여기는 것은 주로 다음과 같다. 운전 편리성, 잔고장 적음, 저렴한 유지 비용, 안전성, 차량가격 등. 물론 이러한 요소들의 중요도는 사람마다 다를 것이다. 예를 들어 어떤 사람은 자동차 구매시 차량가격보다는 디자인, 브랜드 명성, 사회적 체면을 중요시하기도 할 것이다.

정보 탐색(2단계)의 결과, 소비자는 몇 개 상표로 축소된 고려상표군(또는 선택군)을 형성하게 된다. 일반적으로 소비자는 시장에 출시된 모든 상표를 고려 대상으로 삼지는 않는다.

몇 가지 대안으로 선택 범위를 좁힌 소비자는 이제 이렇게 추려진 상표들을 대상으로 하여 자세히 비교평가한다. 대안의 평가(evaluation of alternatives, 3단계)는 축소된 대안에 대해 어떤 평가 기준을 가지고 비교하는 단계이다. 평가 기준으로는 소비자가 상품 구매 및 소비를 결정하는 데 있어서 가장 중요하다고 여기는 속성들이 사용된다. 물론 이러한 평가 기준은 소비자의 정보 및 경험, 동기, 개성, 생활 양식, 문화적 규범, 가치관 등에 따라 달라질 수 있다.

- 결혼 배우자를 고를 때 사람들은 외모, 키, 성격, 도덕성, 친구 관계, 건강, 돈, 집안, 학력, 직장, 종교 등의 요소를 고려한다. 그러나 사람마다 중요시 여기는 요소는 다르다.

1) 대안 평가의 순서

(1) 우선 소비자는 평가기준들을 설정한다. 평가기준의 개수는 제품의 관여도에 의해 영향을 받는다. 고관여일수록 제품의 평가기준의 개수는 늘어난다.

- 예를 들어, 건전지는 가격, 수명 등이 고려된다. 이에 비해 아파트의 경우에는 위치(접근편리성, 주변여건 등), 집의 구조, 아파트 부대시설, 브랜드, 가격, 입주민들의 수준 등이 고려되고, 자동차 타이어의 경우에는 안전도, 수명, 품질, 가격, 브랜드 등과 같은 제품속성들(product attributes)이 고려된다.

(2) 그런 다음, 소비자는 평가기준의 중요도를 결정한다. 대다수 소비자에게 있어서 가격은 중요한 평가기준이지만 그렇지 않은 경우도 있다(예를 들어, 상표들간 가격차이가 많지 않거나, 구매자가 소득이 많은 사람이면 가격의 중요성은 상대적으로 떨어진다).

(3) 이제 소비자는 각 대안들이 갖고 있는 속성값을 파악하고, 속성별 중요도를 고려하여, 각 대안에 대한 평가 점수를 매긴다.

2) 대안 평가의 방법

소비자가 대안을 평가하는 방법은 여러 가지가 있다.

① 보상모형: 기대치모델(expectancy value model).

② 비보상 모형: 결합전략(conjunctive strategy), 분할 휴리스틱(disjunctive heuristic), 사전식 배열(lexicographic) 휴리스틱 등.

(1) 보상모형

보상모형에 해당하는 Fishbein and Ajzen(1975)의 기대치 모델을 스마트폰 구매상황을 예로 들어 설명하겠다. 어떤 소비자(A)가 스마트폰 구매에서 중요시하는 제품속성들(현저한 속성), 각 속성의 중요도, 그리고 상표대안들에 대한 속성평가치(0점-10점, 10점 만점)는 다음 [표 5-1]과 같다고 하자.

표 5-1 | 스마트폰 상표들에 대한 어떤 소비자(A)의 생각

스마트폰 종류	제품속성(b_i)			상표평가치 $\sum b_i \times e_i$
	가격 합리성	화질 선명도	브랜드 명성	
비중(e_i)	0.5	0.3	0.2	
샤오미	10	6	2	7.2(= 5 + 1.8 + 0.4)
갤럭시	8	8	6	7.6(= 4 + 2.4 + 1.2)
아이폰	2	10	10	6.0(= 1 + 3 + 2)

이 경우, 소비자(A)는 상표평가치의 값이 가장 높은 갤럭시를 구매할 가능성이 가장 높다. 이러한 방식을 흔히 다속성 태도모형이라고 한다.

여기서는 소비자(A)가 가지는 신념의 단편 조각들이 태도의 인지적 토대가 된다. 따라서 태도를 변화시키기 위해서는 태도의 근간이 되는 정보(신념(b), 중요성(e))를 다르게 해야 한다. 구체적으로 (1) 신념의 내용을 변화시키거나, (2) 기존 신념을 제거하거나, (3) 새로운 신념을 도입하는 방법이 있다.

- 찌개에 들어가는 각종 재료들이 조합되어서 찌개 맛을 내게 된다. 찌개 맛을 변화시키려면, 다음의 세 가지 방법이 있다: (1) 기존에 들어가던 재료의 질과 양을 바꾼다, (2) 기존에 들어가던 재료를 제거한다, (3) 새로운 재료를 집어 넣는다 등.

태도 변화는 마케팅 커뮤니케이션에서 가장 중요시되는 주제이기에 이들 방법에 대해 아래에 좀 더 상술하겠다.

① 신념(b) 및 중요성(e)의 내용을 변화시킨다

여기에는 다양한 방법들이 존재한다. 첫째, 소비자가 중시 여기는 속성들의 실질적 개선을 통해 가치를 향상시킨다. 예를 들어, 자동차의 속도를 중요시 여긴다면 실제적으로 엔진을 개선한다, 안전성을 중요시 여긴다면 차체 강판 또는 브레이크의 실질적인 개선을 통해 소비자들에게 좋은 태도를 가지게 한다.

둘째, 속성 값의 이미지를 변화시킨다. 소비자들이 중시 여기는 속성들에 대해, 자기 제품이 그러한 가치를 실제 가지고 있는 것처럼 느끼게 호소하는 것이다. 또는 과거에 비해 개선되었다고 느끼게끔 만드는 것이다. 실질적 개선이 쉽지 않다면 이와 같은 이미지 노력을 통해 가상적으로라도 소비자들이 그렇게 느끼게끔 만드는 것이다.

이러한 이미지 차원의 노력에는 자사 제품에 대한 인식개선 노력뿐 아니라, 경쟁사 제품에 대한 인식의 악화 노력도 포함된다. 즉 내가 꼭 잘해서 올라가는 것이 아니라, 남이 나보다 더 못하다는 것을 강조해서 나를 올리는 것이다.

셋째, 소비자들이 제품속성에 대해 부여하는 중요도(e) 값을 변화시키는 것이다. 예를 들어 [표 5-1]에서 브랜드 명성의 중요도 인식을 0.2에서 0.9로 높이게 되면 아이폰의 태도가 가장 좋게 될 것이다

② 고려되던 신념을 제거한다

어떤 속성이 제품들간에 거의 유사하다면, 소비자는 더 이상 그 속성이 현저하다고 느끼지 않는다.

- 휴대폰의 초기 시장에서는 '통화품질'이 현저한 속성이었고, 따라서 이를 강조하는 광고물이 많았다. 그러나 시간이 흘러 통화품질에서 차별점이 없을 만큼 모든 회사의 휴대폰이 좋아지자, 더 이상 소비자들은 이러한 속성을 고려하지 않게 되었다. 그 결과 '통화품질'에서 회사들이 어떠한 값을 가지는가는 의사결정에 영향을 미치지 않게 되었다.

③ 새로운 신념을 고려하게 만든다

예전에 고려하지 않던 제3의 속성을 새롭게 등장시키거나 이를 제기함으로써 새로운 판단 기준을 고려하게 만든다. 공유 자동차, 무인 자동차의 등장은 자동차의 선택 또는 구매기준 자체를 바꿨다.

- 인터넷 뱅킹, 디지털 카메라 등은 기존 제품의 구매기준을 혁신적으로 바꿨다.

기업은 위의 여러 방법들 중에서 현재 상황에서 가장 잘 할 수 있는 방법을 선택해서 실행한다. 또한 어떤 한 가지 방법만으로는 한계가 있기에 경우에 따라서는 다양한 방법을 입체적으로 동시에 사용하기도 한다.

- 전술한 스마트폰의 경우, 샤오미 입장에서는 다음과 같은 방법이 가능하다. 1) 화질의 실체적 개선: 현재 샤오미의 기능이 떨어진다면 이를 실체적으로 개선하는 것이다. 2) 속성들에 대한 고객들의 인식 변화: 실질적으로는 샤오미의 화질은 좋은데, 소비자들이 열악한 것으로 잘못 인식하고 있다면, 실제 그렇지 않다고 커뮤니케이션 활동을 한다. 3) 경쟁제품의 속성에 대한 소비자 지각을 떨어뜨린다. 4) 고객들의 속성에 부여하는 중요도의 가중치를 자사에 유리한 방향으로 변화시켜 자사 상표의 점수를 높인다(예: 가격합리성의 중요도 인식을 0.5에서 0.8로 높이게 된다면 샤오미가 선택될 것이다). 5) 유명 브랜드는 더 이상 스마트폰의 구입에서 고려할 신념요소는 아니라고 광고한다. 6) 기존에 고려하지 않던 아예 새로운 속성을 샤오미에 추가함으로써 고객의 평가방법의 틀 자체를 바꾼다(예: 아이폰은 PC와 앱 기능을 추가함으로써 기존의 휴대폰에 대한 구매기준 자체를 바꿨다, 무게, 크기를 획기적으로 줄인 스마트폰, 배터리 충전이 필요 없는 스마트폰, 둘둘 말 수 있는 스마트 폰 등).

이러한 다속성태도 모형은 여러 면에서 유용하다. 우선 소비자(A)의 구매선택에 대한 비교적 정확한 예측을 가능하게 해준다(즉 갤럭시를 구매할 확률이 높다). 동시에 평가요소에 대한 유용한 정보를 기업에 제공함으로써 자사 상표가 선택되기 위한 다양한 방법(즉 위에서 언급한 여러 방법)을 고민해볼 수 있다.

(2) 비보상 모형

① 결합전략(conjunctive strategy): 관심 있는 여러 속성에 대해 최소한도의 속성수준을 세우고, 이를 모두 만족시켜주는 대안을 선택하는 것이다. 즉 기본적으로 충족시킬 여러 요소들에 대한 최저치를 모두 넘는 대안을 선택하는 것이다.

② 분할 휴리스틱(disjunctive heuristic): 설정한 최소 기준 중 하나라도 충족시키는 대안은 어떤 것이든 선택 집합에 포함시킨다. 즉 의사결정자가 특별히 원하는 어떤 속성(들)의 기준이 제시하고 이를 넘는 것을 선택하는 것이다.

③ 사전식(Lexicographic) 배열 휴리스틱: 국어사전에서 단어를 찾는 것처럼(ㄱ, ㄴ, ㄷ ~; ㅏ, ㅑ, ㅓ ~; 받침의 순서), 우선순위 속성을 먼저 비교하고, 만약 거기서 우열이 가려지지 않는다면 차선 순위의 속성으로 비교해 나가면서 최선의 대안을 선택하는 것이다.

표 5-2 | 중소형 승용차에 대한 어떤 소비자(B)의 생각

중소형 승용차	제품속성(b_i)		
	가격	브랜드 명성	연비
렉서스	5	9	8
BMW	5	9	5
현대 쏘나타	9	5	3

중소형 승용차에 대한 어떤 소비자(B)의 생각은 위의 [표 5-2]와 같다고 하자.

가격 평점은 5, 브랜드 명성의 평점은 7, 연비의 평점은 6 이상을 전부 만족시켜야 구매하려 한다면, 소비자(B)는 결합전략(conjunctive strategy)을 사용하는 것이다. 이 경우 그가 구매하려는 대안은 렉서스가 될 것이다.

연비를 특별히 중요시 여겨 연비 평점이 적어도 7 이상은 되어야 선택한다면, 그는 분할 휴리스틱(disjunctive heuristic)을 사용하는 것이다. 이 경우 그가 구매하려는 대안은 렉서스가 될 것이다.

브랜드, 가격, 연비의 순서로 중요시한다면 소비자(B)는 사전식(Lexicographic)배열 휴리스틱을 사용하는 것이다. 그는 우선 브랜드를 기준으로 대안들을 평가한다. 렉서스, BMW가 브랜드에서 동점으로 나왔기에, 다시 가격을 기준으로 비교할 것이고 여기서도 동점이므로 그 다음 기준인 연비로 비교해서 최종적으로 렉서스를 구매하려 할 것이다. 한편 가격, 브랜드, 연비의 순서로 중요시한다면 현대 쏘나타를 구매하려 할 것이다.

- 프로야구 선수의 스카우터가 되어 다음 선수들에 대한 평가를 해보길 바란다. 야구선수의 주요 속성은 타율, 투구 스피드, 주루 능력의 세 개 항목이다. 류현진(타율: 0.14, 투구 스피드: 170km, 주루 능력: 30초/100m), 이정후(타율: 0.38, 투구 스피드: 120km, 주루 능력: 12초/100m), 이대후(타율: 0.31, 투구 스피드: 140km, 주루 능력: 20초/100m), 박혜민(타율: 0.27, 투구 스피드: 125km, 주루 능력: 9초/100m). 기대치 모델을 사용한다면 누가 선택될 가능성이 클 것인가(중요도: 03, 0.3, 0.4)? 류현진은 어떤 평가모형에서 선택될 가능성이 높은가?

4. 구매의 결정(4단계)

- 여러 비교평가를 해본 결과, 현대 아반떼를 구매하기로 K교수는 결정하였다. 그런데 주변에서 좀 더 크고 가격이 나가는 자동차를 구입하라는 권유가 있었다. 나이도 있고 공식 모임에 종종 참석하는 일도 있기에 이런 조언을 무시하기는 어려웠다. 또한 아반떼를 구매하려고 매장에 들렀을 때 우연히 그랜저 자동차를 대폭할인하는 판촉행사가 진행중임을 알게 되었다. 또한 근처의 BMW, 렉서스 매장에서 엄청난 경품행사가 있다는 것도 발견하였다.

대안 평가(3단계)의 결과, 소비자는 어떤 대안에 대한 선호도(또는 태도)를 형성하고 구매 의향을 가지게 된다. 이제 구매결정(purchase decision, 4단계)은 소비자 욕구에 가장 합치하는 특정 대안에 대한 구매를 결정하는 단계이다.

대부분의 경우 대안 평가에서 가장 높은 점수를 받은 대안이 구매결정 단계에서 구매된다. 그렇지만 반드시 그렇지 않은 경우도 적지 않다. 즉 최선의 대안과는 다른 상표를 구매하기도 한다. 또한 평가와 무관하게 평상시 구매하던 브랜드나 점포에서 아무런 생각 없이 습관적으로 원래 것을 구매하는 행동을 보이기도 한다. 또한 전혀 예기치 않은 대안으로 갑작스런 충동 구매를 하기도 한다. 이와 같이 구매결정은 구매 시점의 소비자 마음, 시장 상황 등에 따라 달라지기도 한다.

태도와 실제 구매행동간의 연결고리가 느슨한 경우가 적지 않은데, 이에 대한 이유는 다음과 같다.

첫째, 예기치 못한 상황 발생이다. 원하는 제품의 재고부족, 경쟁제품의 할인, 개인적 여건(예: 수중에 돈이 떨어짐) 등이 이에 해당한다.

- 고(高)유가의 태풍이 '스타벅스'를 강타하여 매출실적을 떨어뜨렸다고 한다. 스타벅스는 1971년 시애틀에서 첫 점포를 연 이후 1990년대까지 주로 대도시 인구밀집 지역을 공략하다가, 몇 년 전부터 소도시와 고속도로변을 파고드는 쪽으로 전략을 수정했다. 그러나 고유가로 인해 고속도로변의 소비심리가 큰 타격을 받으면서 스타벅스 매출이 줄어들었다. 예컨대 고속도로 주유소에서 비싼 기름을 넣고 나면 심리적으로 위축돼 스타벅스 커피를 마실 기분이 나지 않는다. 이와 함께 맥도날드와 던킨 도너츠에서 스타벅스 커피보다 더 싸게 판매하는 커피가 맛이 더 좋아진 것도 스타벅스 매출둔화의 요인이다.

  – 참조: 조선일보, 2006년 8월 7일

둘째, '확장된 피쉬바인 모델'에 의한 설명이다. 즉 개인은 제품자체에 대한 자신의 태도 보다는, 제품구매가 자신에게 얼마나 긍정적 결과를 가져다 주는가에도 영향을 받는다는 것이다. 따라서 주변 사람을 의식한 구매행동을 한다(예: 실용적 휴대폰이 어떤 것인지를 잘 알면서도 친구들에게 세련되게 보이는 제품을 구매하려는 중학생).

- 갤럭시에 대한 나의 태도 점수는 가장 높다. 그런데 내 주변의 친구들이 모두 아이폰을 사용하고 있고 아이폰 사용하는 사람을 멋진 사람이라고 생각하고 있다면, 이러한 점은 나의 스마트폰 구매에 영향을 미친다.

셋째, 구매시점에서의 태도의 인출 가능성이다. 즉 구매시점에서 호의적 태도가 기억으로부터 인출되는가의 여부이다. 광고에서 제시되었던 제품 정보나 상표명이 구매시점에 인출되지 못하면 자사 제품이 선택될 확률은 낮아진다. 기업은 소비자의 기억이 원활히 인출되도록 도와주어야 한다. 예를 들어, 포장지 겉면에 TV광고 모델의 얼굴을 집어 넣는 것이 여기에 해당한다.

- 1980년대말 '따봉' 광고는 우리나라에서 선풍적 인기를 끌었다. 그러나 정작 '델몬트'의 매출과 연결되지 않았다. 그 이유는 따봉이란 광고문구를 사람들은 잘 기억하였지만 그것이 어떤 회사의 제품인가에 대한 연결고리가 없었기 때문이다. 따라서 부랴부랴 '따봉 주스'란 브랜드의 상품을 내놓기에 이르렀다.

5. 구매 후의 행동(5단계)

- K교수는 결국 그랜저를 최종 구매하였다. 구입한 그랜저는 바로 전에 몰았던 아반떼에 비해 가격은 비쌌지만 성능과 승차감이 좋았기에 만족스럽게 타고 다녔다. 그런데 공교롭게도 구매 한 달 뒤, 기능이 뛰어나고 가격도 저렴한 신차가 속속 등장하였다. 또한 이번에 구매한 그랜저는 앞으로 3개월 뒤 디자인과 성능이 대폭 바뀐 신규 모델이 출시된다는 뉴스가 나왔다. 그리고 현재 차종은 10% 가격할인을 시작하였다.

구매 후의 행동 단계(post-purchase behavior, 5단계)는 소비자가 구매 후 자신의 구매 경험 및 사용 결과를 평가하는 과정이다. 이때의 평가는 제품 사용을 통해, 또는 제품에 대한 새로운 정보 유입을 통해 이루어진다. 이러한 평가를 통해 소비자는 경험의 폭과 식견을 넓히고 자신의 구매 결정에 대한 성공 여부를 판단한다. 또한 향후의 유사 구매 결정에 도움되는 정보와 지식을 얻는다. 구매 후의 행동 단계에서 일어나는 몇 가지 중요한 심리 및 행동에 대해 소개하면 다음과 같다.

1) 만족, 불만족, 불평 행동

(1) 개념과 중요성

제품 구매후 고객의 만족 정도는 그가 제품에 대해 기대했던 수준에 비추어볼 때, 제품의 실제 혜택이 이러한 기대 수준에 얼마나 잘 부합하는가에 달려있다. 즉 만족(또는 불만족)은 기대불일치의 함수이다([그림 5-7] 참조).

제품 구입 후의 제품성과(perceived performance or outcome)가 구입 전의 기대(expectation)보다 높아서 긍정적 불일치가 발생하는 경우에는 소비자 만족을 경험하지만, 기대치 보다 낮아서 부정적 불일치가 발생하면 소비자 불만족을 경험한다.

만족(satisfaction)의 반대 방향인 불만족(dissatisfaction)과 불평행동(complaint)은 제품/서비스의 실제 효능이 소비자 기대에 못 미칠 때 발생한다. 서양 격언에 "상처는 모래에 쓰고 (write your hurts in the sand), 은혜는 돌에 새기라(carve your blessings in stone)"는 말이 있다. 그러나 일반적인 소비자들은 대부분 거꾸로 한다. 따라서 만족한 것은 잘 잊지만, 불만족한 것은 오래 기억한다.

그림 5-7 | 만족의 개념도

만족, 아니면 불만족

- 보잘것없는 제품성과에도 소비자들이 만족을 느끼게 하려면 일단 사전 기대를 낮추는 것이 하나의 방법일 것이다. 그러나 문제는 사전기대가 그리 높지 않다면 구매 확률은 낮아진다. 물론 좋은 방법은 사전기대도 높게 하고 실제 성과는 이보다 더 높게 하는 것이지만 이것은 쉽지 않다.

동일 및 유사제품의 반복 구매, 재구매는 이전 구매의 만족, 불만족으로부터 영향을 받는다. 따라서 구매후 소비자가 느끼는 만족, 불만족에 대해 마케터는 파악하여야 한다.

- "고객과의 관계가 안 좋거나, 나빠지고 있다는 가장 확실한 신호는 고객이 더 이상 불평이 없다는 것이다."

— Theodore Levitt

- "한국 손님들은 단순 솔직해요. 맛이 없으면 '맛없다'고 말하죠. 일본 손님들은 절대 불평하지 않지만, 대신 다시는 먹으러 오지 않아요."

— 아베 고이치(한국에서 프랑스 음식 만드는 일본 요리사)

만족, 불만족과 구매행동간의 관련성은 이미 여러 연구들을 통해 입증되어 왔다. 만족고객은 반복구매를 통해 단골고객이 되고 호의적 구전을 통해 신규고객을 추가적으로 창출하는데 도움이 된다. 그러나 불만족 고객은 다른 점포로 혹은 경쟁브랜드로 전환하고, 부정적 구전을 통해 다른 고객에게도 영향을 미친다. 즉 만족은 재구매, 재방문, 긍정적 구전으로 연결되지만, 불만족은 불평, 보상요구, 거래 중단, 부정적 구전 등과 연결된다.

- 얼마 전 지인이 어떤 식당에 갔는데 너무 음식 맛이 없었다고 하였다. 다시는 그 식당에 가지 않겠다고 하면서 여전히 분이 풀리지 않았는지 자신이 아는 모든 사람에게 그 식당엔 가지 말라고 얘기하겠다고 하였다. 일반적으로 불만족 고객의 입소문은 만족고객의 입소문보다 파괴력이 크다. 토요타 자동차의 조사결과 만족고객은 주변의 7.7명에게 이를 알리는데 비해, 불만족 고객은

주변의 15.9명에게 이를 알린다고 한다.

- 불만 고객의 험담 1번이 만족 고객의 5번의 칭찬을 상쇄한다.

- "손님이 음식값을 지불할 때 손님의 머릿속에 '오늘 내가 이겼다'라고 생각하면 그 음식점은 무조건 성공한다."

  – 외식 체인점인 놀부의 창업주인 오진권 사장

- [질문] '미즈타니' 이름에 비하면 가게 규모가 작습니다. 평수를 늘리든가, 체인을 낼 생각은 없습니까?

  [답변] 난 내가 전부 니기리(스시를 주무르는 것)를 하지 않으면 안되니까 손님이 이 이상 늘어나면 안 됩니다. 좋은 평판은 긴 세월 천천히 쌓입니다. 나쁜 평판은 일주일이면 가게를 망하게 할 정도로 빠릅니다.

  – '미슐랭 가이드(Michelin Guide) 도쿄' 별 셋을 받은 스시집
  '미즈타니(水谷)' 주인인 미즈타니 하치로(水谷八郎, 61세)

- "공자(孔子)가 강조한 것이 '서(恕)'였다. 남의 입장을 이해하라는 말이다. 디자인도 마찬가지다. 아무리 좋은 옷도 손님이 만족하지 않으면 나쁜 옷이다."

  – 1965년 첫 매장을 연 이래 2009년까지 43년 동안 지구상에서
  63만명이 넘는 신부들이 입은 '웨딩드레스 패션의 대모' 가쓰라 유미(桂由美)

- 문화적 특성이 고객만족에 미치는 영향을 다룬 연구에 따르면 아시아인이 서양인보다 불만 사항을 덜 보고하고, 부정적 경험에 대해서 부정적 감정을 덜 느낀다고 한다. 또 다른 연구결과, 불평 행동자는 교육, 소득, 직업, 효능감 등에서 상대적으로 더 높은 것으로 나타났다.

(2) 실망이라는 감정의 매개

기대불일치와 소비자 만족과의 관계는 여러 연구에서 일관되게 주장되어 왔다. 여기에 일부 연구들은 전통적 기대불일치 패러다임에 '실망'이라는 감정을 통합시키려 하고 있다. 이것은 부정적 기대불일치가 곧바로 불만족에 직접 관련이 있을 수도 있지만, 다른 한편으로 볼 때 기대불일치의 경험으로 인해 소비자는 부정적 감정을 느끼고 이러한 부정적 감정이 불만족에 영향을 미친다는 영향력의 흐름도 가능하다. 다시 말해 부정적 기대불일치가 불만족에 직접 영향을 미치는 것이 아니라 실망이라는 감정을 매개로 하여 관련된다는 주장이다([그림 5-8] 참조).

이러한 점은 기대불일치가 비록 발생하더라도 소비자가 '실망'이란 감정을 느끼지 않는다면 불만족은 발생하지 않음을 시사한다. 앞으로 이 분야에 대한 연구, 즉 만족, 불만족의 메커니즘에 대한 연구는 계속될 것이고 이를 통해 소비자를 더 잘 이해하게 될 것이다.

그림 5-8 | 실망이라는 감정을 매개로 한 구조적 관계

- "인생에는 드러나지 않는 위계질서가 있는데, 우리가 가진 것에 대한 감사가 언제나 우리가 갈망하는 것에 대한 획득보다 선행해야 한다는 것이다. 감사는 늘 먼저 오며, 감사는 언제나 오늘, 바로 지금, 완벽하지 않은 우리의 삶 속에서 시작된다."

— John Kehoe, '행복연습'에서

(3) 순추천고객 지수(NPS)

NPS(Net Promoter Score, 순추천고객 지수)는 Frederick Reichheld(2003)가 개발한 고객로열티 측정법으로, '추천의향'이라는 단일 문항으로 고객 로열티를 측정하는 방법이다. 이는 기존의 고객만족도 질문이 모호하다는 점, 그래서 거래를 실제로 중단한 고객의 60~80%가 '만족한다'고 응답하였던 고객이란 반성으로부터 기인하였다. 만족도를 단순하게 물어보면 응답자들은 대충 좋은 점수를 주지만, 구매 제품을 남에게 추천할만큼 좋은지에 대해 물어보면 고객은 보다 신중하게 생각한다는 점에 착안한 것이다.

NPS는 "△를 ♡에게 추천할 의향이 얼마나 있습니까?(How likely is it that you would recommend Company △ to a friend or colleague?)"라는 추천의향을 질문하는 문항을 11점 척도(0점~10점)로 측정한다. 측정값에 따라 3분류하는데, 10~9점은 적극적 추천고객(Promoter: 당해 제품을 지속적 구매하고 다른 사람에게 동일 수준으로 추천하여, 회사의 성장을 창출하는 충성도 높은 열성적 고객군), 8~7점은 중립고객(Passives: 거래에 만족은 하지만 경쟁력 있는 다른 대안의 제의에 의해 쉽게 무너질 수 있는 열성이 없는 수동적 고객군), 6~0점은 비추천고객(Detractor: 당해 브랜드에 대한 부정적 견해의 제공으로 인해 브랜드에 해가 되거나 성장을 방해할 수 있는 훼손고객군)으로 구분한다.

NPS의 측정공식은 다음과 같다. 'NPS=(적극적 추천고객의 수−비추천 고객의 수)/전체 응답자' 예를 들어, 0~6점 사이로 응답한 고객은 10명, 7~8점으로 응답한 고객은 50명, 9~10점으로 응답한 고객은 40명이라고 하면, 순추천고객(=추천고객−불만고객=40−10)은 30이 되고, NPS(=순추천고객/전체 응답고객=30/100)는 30%가 된다. 물론 따라서 NPS의 값은 (−)가 되기도 한다. 이 방법의 특이점은 일반적인 방법은 고객만족도를 10개의 단계로 나누면

6점 이상이면 만족한다고 간주하지만, NPS는 9, 10점의 고객이 만족한 고객, 즉 적극적 추천고객이고 6점 이하의 고객은 모두 비추천 고객으로 분류한다는 것이다. 이러한 추천의향을 고객로열티를 측정하는 문항으로 채택한 이유는 이것이 실제 고객의 반복구매 행동(repeat purchase)이나 추천행동(referral)과의 상관관계가 가장 높다는 분석결과 때문이다.

2) 구매후 부조화

(1) 인지부조화 이론

인지부조화(cognitive dissonance)는 Leon Festinger(1957년)가 제안한 이론이다. 그에 따르면 인지 내용들간 상충되는 내용이 없을 때 조화를 이룬다(예: '인삼은 건강에 좋다'와 '인삼을 구입한다'는 두 가지 내용은 조화롭다). 이에 비해 두 가지 인지 내용이 충돌하면 부조화가 발생한다(예: '담배는 건강에 해롭다'와 '담배를 습관적으로 핀다'는 두 가지 내용은 부조화이다). 이러한 부조화는 불편함을 주기에 이를 감소하는 방향으로 태도의 변화 동기가 발생한다.

인지부조화 이론에 따르면 사람은 어떤 결정을 내리고 난 후에 더욱 부조화를 경험한다. 그 이유는 선택하지 않은 대안의 장점들을 포기하고, 자신이 선택한 대안의 단점을 받아들인 심리적 불유쾌 때문이다.

(2) 구매후 부조화의 의미

제품 구매후에 느끼는 구매후 부조화(postpurchase dissonance)는 인지부조화 중 하나이다. 이것은 만족, 불만족과는 다른 차원의 감정이다. 구매후 부조화란 소비자가 구매하고 난 다음에 찾아오는 심리적 불편함으로 자신이 선택한 것에 대해 느끼는 불안감, 불유쾌함, 찝찝한 감정이다. 즉 '구매행동(선택)'과 '구매후 생기게 된 인식' 사이의 부조화이다. 예를 들어 자신이 구매한 브랜드가 의사결정과정에서 고려되던 다른 대안들보다 더 나은 것이 확실한가에 대한 심리적 갈등이다(예: 좀 더 강하게 판매직원에게 요구했었다면 더 많은 할인을 받지는 않았을까, 좀 더 많은 추가 혜택을 얻지는 않았을까, 조금 더 기다렸더라면 더 나은 신제품이 나오지 않을까, 선택하지 않은 경쟁 제품이 더 낫지는 않았을까 등).

- 무더위가 기승을 부리던 2016년 여름, 몇 년간 구매를 미뤄왔던 에어컨을 구매하였다. 구매 제품은 에어컨으로 유명한 L-전자 제품이었다. 디자인도 좋고 냉방 성능도 우수하였기에 구매후 만족도는 높았다. 그러던 중, 친구들과의 모임에서 에어컨 얘기가 나왔는데, 대부분 친구들이 최근 들어 S-전자의 에어컨이 매우 좋아졌다는 말을 하였다. L-전자의 에어컨을 이미 구매하였는데(행동), S-전자 에어컨이 여러 면에서 더 낫다는 생각이 새롭게 들었기에(인식), 이를 몰랐을 때는 만족스럽게 사용하던 L-전자 에어컨을 그 다음부터는 사용할 때 마다 마음이 편하지 않았다.

소비자들은 구매후에 보통 만족(또는 불만족)을 느낀다. 그렇지만 이들 감정 이외에도 구매후 부조화를 느낄 수 있다. 구매후 부조화 개념이 중요한 이유는 이것이 추후 유사 제품의 재구매에 좋지 않은 영향을 미치기 때문이다.

- 구매후 부조화를 느꼈다면 이는 불편한 기억으로 남는다. 그래서 유사 제품의 구매에 좀 더 신중하게 되고 또는 그러한 제품의 구매를 최대한 억제하게도 된다.

- 구매후 부조화는 다음의 경우에 발생할 가능성이 높다: 구매 제품에 대하여 관여도가 높을 때, 구매시 마음에 드는 대안들이 다수일 때, 구매 결정을 취소할 수 없을 때, 선택한 대안이 갖지 않은 장점을 선택하지 않은 대안이 가지고 있을 때, 소비자 스스로 자기 의사에 따라 주도적으로 구매 결정한 경우 등.

(3) 구매후 부조화에 대한 방안

구매후 부조화가 발생하는 경우에도 가까운 친구나 판매원이 자신의 구매결정에 긍정적 확신을 주면 이러한 구매후 부조화는 감소한다. 따라서 기업은 자사제품의 구입 소비자가 구입에 대한 후회가 들지 않도록 확신을 제공해야 한다. 판매후 마케팅 커뮤니케이션(예: 강화광고, reinforcement advertising, 선택을 잘 했다는 칭찬 메시지를 주는 것)은 이와 연관된다.

- 탈무드에서는 두 가지 경우에는 거짓말을 하라고 가르친다. "먼저, 이미 누군가가 사버린 물건에 대해서 의견을 구해왔을 때는 설령 그것이 나빠도 훌륭하다는 거짓말을 해도 좋다. 다음, 친구가 결혼했을 때에는 반드시 부인이 대단한 미인이며 행복하게 살 것이라고 거짓말을 하라."

- 소비자들은 구매하고 나서도 자신의 구매 제품에 대한 정보를 지속적으로 탐색한다. 만약 구매후 부조화가 생기면 더욱 활발하게 정보를 탐색한다. 구매후 부조화를 해결하기 위해서는 광고를 고객을 끌어들이기 위한 수단으로만 생각하지 말고 이미 구매한 소비자가 구매후에 찾는 정보라는 측면도 생각해서 제작해야 한다.

- 어느 인디언 부족의 성인식은 다음과 같다. 성인식에 참여하는 아이들을 옥수수밭으로 데려간다. 늘어선 아이들은 신호에 따라 한꺼번에 옥수수밭으로 들어간다. 길이가 꽤 되는 옥수수밭의 한쪽 끝에서 들어가 다른 쪽 끝으로 나오면 그것으로 성인식은 마친다. 물론 이것이 다는 아니다. 여기서 한 가지 미션이 주어지는데 그것은 자신의 길을 가는 동안 가장 크고 잘 여문 옥수수 하나를 뽑아서 나오는 것이다. 여기서 조건은 한번 지나간 길은 다시 돌아갈 수 없고, 하나의 옥수수를 선택하면 그걸로 끝이라는 것이다. 즉 나중에 바꿀 수 없다. 이러한 과정을 통해서 고민하고 깨닫는 것들이 적지 않을 텐데 이러한 점이 인생이란 것이고 이를 가르치는 것이 성인식의 의미로 보인다. 처음 맘에 드는 옥수수를 만나면서부터 고민은 시작될 것이다. 이게 가장 큰 것일까? 조금 더 걸은 뒤에 더 큰 게 있다면 어쩌지? 우리가 젊은 시절 배우자를 고를 때 하는 고민도 이와 마찬가지이다. 이러한 고민과 선택은 주거지 선택, 직장 결정, 메뉴 결정 등에도 적용된다. 한편 대

부분의 사람들은 옥수수를 선택한 다음에 '후회'를 하게 된다. 더 큰 옥수수를 나중에 발견하기도 하고 다른 사람이 따온 것이 더 크다는 것을 알게 되기 때문이다. 이러한 '후회'의 감정은 구매후 부조화와 유사하다.

참고로 사람은 자기 생각과 같은 정보는 선호하고 그렇지 않은 정보는 회피하는 성향이 있다. 정치인(또는 가짜 뉴스)에 대한 판단에도 이런 현상은 나타난다. 자신의 정치 성향에 맞지 않는 정보는 심리적으로 불편하기 때문에 회피하고 성향에 맞는 정보를 선택함으로써 생각과 행동의 일관성을 유지하려고 한다.

- "마음에 들지 않는 생각은 사실이 아니라고 생각하는 것이 인간의 속성이다. 사실이 아니라고 규정해 놓으면 그 생각에 대한 반론을 제시하기가 쉬워진다."

— Sigmund Freud

결론적으로 소비자는 제품을 구매한 후에도 복잡한 심리 상태(만족, 불만족, 구매후 부조화 등)를 겪게 된다. 따라서 제품을 판 순간 장사가 마무리 되었다 생각하고 게을러지는 기업보다는, 제품을 판 순간부터 장사가 시작되었다고 생각하는 기업이 훨씬 더 성공적 성과를 거둘 것이다.

Ⅲ 소비자 행동에 대한 몇 가지 이론

소비자에 대한 이해는 마케팅 관리를 기획하고 집행하는데 도움이 된다. 여기서는 소비자에 대한 이해를 돕는 몇 가지 이론을 언급해보겠다. 우선 태도를 설명하는 이론들을 소개하고, 그런 다음 흥미로운 소비자 행동 이론을 소개하겠다.

이러한 이론들은 사람들이 왜 그런 식으로 행동하는지에 대한 나름대로의 설명을 해준다. 물론 여기서는 극히 일부분만 소개한다. 이에 대한 자세한 내용은 전문 서적을 참조하길 권한다.

1. 태도를 설명하는 이론들

사람의 태도가 어떻게, 왜 '형성'되고 그리고 이렇게 형성된 태도가 어떻게, 왜 또 '변화'하는지를 설명하려는 시도는 많았다. 그러한 시도들 중 인정받은 것은 하나의 이론으로 정립되었다. 이들 이론은 태도의 이해에 대해 상당 부분 공헌하였다. 그렇지만 어떤 하나의 이론만으로 태도와 연관된 다양한 현상 모두를 설명하기는 어렵다. 태도 이론이 여럿 존재하는 이유이다.

1) 조건화와 모델링(Conditioning and Modeling Approaches): '태도는 알게 모르게 학습된다'

태도는 학습을 통해 형성된다(예를 들어, '삼성전자,' '현대자동차'에 대한 태도를 태어나면서부터 천성적으로 가진 것은 아니다). 학습은 경험으로부터 기인되는 심리 및 행동적 변화이다. 태도가 학습된다는 명제에 대부분 동의하지만 그러한 학습이 일어나는 과정에 대해서는 연구자마다 각기 다른 주장을 펼쳤다. 여기에 속하는 고전적 조건화(classical conditioning)는 의식적이거나 인지적 학습이 아닌, 무의식적으로 조건화되는 학습을 의미한다.

2) 메시지 학습이론(The Message-Learning Approach): '태도는 교육을 받는 것처럼 학습을 통해 형성된다'

메시지 학습이론은 1940~50년대 예일대학의 호브랜드(C. I. Hovland) 연구로부터 시작되었다. 이 이론은 태도변화의 과정을 '교육을 통한 학습 과정'과 동일시한다. 이 이론에서는 메시지 학습을 태도변화에 있어서 가장 중요한 요소로 보고 있다. 태도변화는 학습을 통해 발생하므로 어떤 주제(또는 주장)를 잘 받아들이게 하기 위해서는 학습이 용이한 설득 메시지를 만드는 것이 중요하다.

3) 판단 이론(Judgmental Approaches): '무얼 기준으로 판단하는가? 사람마다 각기 다른 판단 기준을 가지고 있고 그에 따라 서로 다른 태도를 형성한다'

어떤 대상, 사건, 정보 등에 대한 평가는 자신이 가지고 있는(또는 자신에게 이미 형성된) 어떤 준거점을 근거로 하여 평가된다. 준거점은 사람마다 다르기에 동일대상에 대한 평가도 다르다.

4) 동기 이론(Motivational Approaches): '어떻게 태도를 변화시켜야 마음이 편해지는가?'

(학습이나 판단적 과정들에 의해서라기 보다는~) 동기적 과정에 의해 태도변화가 생긴다는 이론이다. 이 이론에 따르면 사람들은 자동난방 장치와 유사하게 마음 속의 조화로운 상태를 유지하려는 자동 조절 또는 항상(恒常) 장치를 가진다고 가정한다. 그래서 불균형, 불유

쾌함이 발생하면 이러한 자동 장치가 작동하여 태도변화를 일으킨다고 본다.

다시 말해, 사람 머릿속에는 '인지'라는 지식의 요소들로 구성된다. 이러한 인지는 상호 연결되고 조직화되어 인지 체계를 형성한다. 사람들은 인지 체계 요소들 사이의 조화(일관성)를 유지하려는 강한 동기를 가지고 있다. 조화로울 때 마음이 평화롭기 때문이다. 그런데 어떤 원인으로 인해 이러한 조화가 깨지면, 기존의 인지 구조에 새로운 변화(즉 태도변화)를 발생시킴으로써 또 다른 조화를 찾으려 한다. 이와 같이 태도변화의 동기는 평형화 또는 조화'를 다시 찾기 위해 작동하는 시스템에 의한 것이다.

5) 귀인 이론(Attributional Approaches): '표출된 행동(결과)의 원인이 무엇인가에 대한 인식이 태도에 영향을 미친다'

귀인(attribution)이란 어떤 일이 발생하게 된 이유, 또는 어떤 사람(또는 자기 자신)이 무언가 행동하거나 말하게 된 그 이유에 대해 행하는 추론이다. 귀인 이론(Attributional approaches)은 사람들은 관찰되는 어떤 언어적, 표출적 행동으로부터 그것의 원인이 되는 태도나 의도를 추론한다는 것을 전제로 한다. 그리고 이러한 원인에 대한 추론이 태도변화의 가장 직접적 선행 요인이라고 여기고 있다.

6) 조합 이론(Combinatory Approaches): '태도는 여러 생각의 조각들이 조합되어 이뤄진다'

조합 이론은 대상에 대한 신념(belief)이 태도의 근간이 된다고 보고 있다. 즉 어떤 대상(사람, 사물, 이슈 등)에 대한 개인의 태도(또는 전체적 인상)는 그 대상에 대한 조각 정보들이 결합되고 통합되어 결정된다. 따라서 조합 이론은 정보들이 '어떻게 결합되고 통합되는지'에 대해 관심을 가진다.

7) 자아설득 이론(Self-Persuasion Approaches): '태도는 자신의 내면에서 거듭된 스스로 만들어낸 생각들로 형성된다'

어떤 사건이나 이슈로 인해 연유된 마음 속의 생각(생각의 씨앗)이 내면에서 그 생각을 거듭하면 할수록, 이로 인해 특정 대상에 대한 태도는 극단적 방향으로 발전한다. 태도변화는 어떤 단발의 특정 메시지에 의해서가 아니라 (그 다음에 일어나는~) 자기 자신의 생각이나 주장 등(이것은 사람마다 다를 것이다)에 의해 스스로 내적으로 발효되어 일어난다. 이와 같이 자아설득 이론에 의하면, 설득 효과는 외부 메시지에 의해서라기 보다는 자아설득의 결과(즉 자신의 고유한 생각과 발상의 거듭된 결과)라는 것이다. 특히 자신이 스스로 만들어낸 메시지는 매우 설득적이라고 보고 있다.

2. 몇 가지 흥미로운 소비자 이론

1) 욕구이론 중의 하나인 브룸의 기대이론(expectancy theory)

개인의 동기유발(motivation) 정도는 최종 보상에 대해 개인이 느끼는 매력 정도와 성과 수준의 관계로 설명된다는 것이다. 예를 들어, 승진 및 보너스를 기대할 수 있다는 생각이 그로 하여금 지금 열심히 일하게 만든다는 것이다. 또한 장차 매력적인 보상(예: 법관이란 사회적 지위와 존경, 의사 자격증 획득을 통한 부와 명예 등)을 얻을 수 있다는 기대감 때문에 현재의 고통(예: 하루 10시간의 고시 공부, 중노동 수준의 인턴 생활 등)을 감수하면서도 열심히 공부하고 일한다는 현상을 설명해준다. 또한 이 이론은 미래를 위해 현재를 희생하며 '미래에의 연기된 만족'을 취하려는 이유를 설명해준다.

2) Adams(1965)는 공정성을 교환관계에 있는 상대방과의 '투자 대 산출'의 비율 차이로 개념화 하였다. 공정성 이론에 따르면 사람들은 자신의 투입에 따른 경제적 결과와 다른 사람들의 투입에 따른 경제적 결과와 비교했을 때의 비율이 균형을 이룰 때는 공정성을 지각하지만, 이 두 비율 간에 어느 한쪽이 크거나 작을 때 불공정을 지각하며, 정신적 불편함을 느끼게 되어 갈등이 발생될 수 있다.

- 불공정에 대한 인식은 우리 인간만의 속성이 아니다. '침팬지 폴리틱스'의 저자이자 미국 에모리 대학 영장류연구소 소장인 프란스 드발(Frans de Waal)은 그의 동료들과 함께 흰목꼬리말이 원숭이들에게 돌멩이를 가져오면 그 대가로 오이를 교환해주는 실험을 했다. 그러나 연구자들이 규칙을 바꿔 어떤 원숭이에게만 맛있는 포도를 주기 시작하자 40%의 다른 원숭이들이 교환행동을 중단했고, 심지어 돌멩이를 가져오지도 않은 원숭이에게 포도를 주기 시작하자 무려 80%가 자기들의 돌멩이마저 집어 던졌다고 한다.

  － 참조: 최재천의 자연과 문화, 조선일보, 2009년 5월 12일

3) 진화경제학자들은 인간 행동을 실험하기 위한 도구로 '최후통첩 게임(ultimatum game)'을 사용한다. 연구자가 실험에 참여한 두 사람(A, B) 중 한 사람(A)에게 만원을 주고 다른 사람(B)과 자기 마음대로 나눠 가지라고 한다. 만약 그 사람(A)이 제시한 금액을 다른 사람(B)이 받아들이면 둘은 만원을 나눠 갖게 되고, 만일 거부하면 두 명 모두 한 푼도 갖지 못한다. 이기적 인간(B)이라면 당연히 크기에 상관없이 배당을 받아들여야 한다. 하다못해

앞선 4장에서는 소비자 구매과정에 영향을 미치는 요인들에 대해 살펴보았다. 이에 비해 5장에서는 특정 제품/서비스의 구매에 있어서 소비자가 어떠한 일련의 결정과정을 거치는지를 살펴보고 있다. 여기서는 문제인식, 정보탐색, 대안 평가, 선택, 구매 후 행동 등의 다섯 단계로 나누어 살펴보고 있다.

우선, 관여도에 대해 살펴보고 있다. 구매결정과정은 항상 동일한 성격과 내용으로 일어나는 것은 아니다. 이를 대하는 신중함의 정도에 따라 정보처리 및 의사결정에 포함되는 내용들은 달라지는데, 이를 설명하는 개념이 관여도(involvement)이다. 즉 소비자는 자신의 구매결정 과정에서 느끼는 관여 수준(the level of involvement)에 따라 구매결정과정의 내용은 달라진다.

두 번째로 구매결정과정에 대해 살펴보고 있다. 구매과정은 문제인식, 정보탐색, 대안 평가, 선택, 구매 후 행동으로 구성된다. 본 장에서는 각 단계별로 발생하는 주요 내용을 소개하고 이에 적합한 마케팅 관리방안을 제시하고 있다.

세 번째로 소비자에 대한 이해를 돕는 몇 가지 이론을 소개하고 있다. 소비자 행동 이론은 사람들이 왜 그런 식으로 행동하는지에 대한 나름대로의 설명을 해준다. 물론 여기서 소개하는 내용은 극히 일부분에 해당한다.

제6장 경쟁자에 대한 이해

• "기업은 항상 적에게 포위되어 공격 받고 있다는 사실을 잊어서는 안됩니다. 월계관 위에 편안히 앉아서 쉬면 바로 다음 날 공격 받습니다."

― Heinrich von Pierer(Siemens 그룹 회장)

• 같은 욕심을 가진 자는 서로 미워하고, 같은 근심을 가진 이는 서로 친하게 지낸다(同欲者相憎, 同憂者相親).

― 戰國策

고객을 만족시키는 것은 중요하다. 그렇지만 고객 만족이 되었다고 시장에서의 성공이 보장되는 것은 아니다. 자신보다 고객을 더 만족시키는 경쟁 회사가 있다면 자신은 언제라도 시장에서 퇴출되기 때문이다.

소비자, 경쟁 회사는 기업의 마케팅 활동에 밀접히 영향을 미치는 시장의 양대 주체이다. '경쟁 회사(경쟁자, competitors)'는 소비자의 동일 및 유사 욕구를 충족시키는 다른 개인 또는 조직체들이다. 여기서는 고객을 사이에 두고 끊임없이 자사와 끊임없이 다투는 경쟁자에 대해 살펴본다([그림 6-1] 참조).

그림 6-1 | 기업, 고객, 경쟁사의 삼각 구도

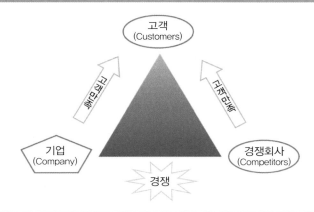

우선 자사의 경쟁자는 누구인지를 파악해야 한다. 이를 위해 현재 및 잠재적 경쟁자를 규명하는 방법에 대해 살펴보겠다. 그런 다음 자사의 경쟁자로 판명된 기업들에 대한 철저한 분석과 이해가 뒤따라야 한다. 이를 위해 경쟁자를 어떠한 관점과 분석 차원으로 이해할지에 대해 살펴보겠다.

❶ 경쟁자의 규명

자사의 경쟁자를 제대로 파악하면 그 경쟁자를 염두에 둔 마케팅 전략을 수립할 수 있다.

- 2002년, 2012년 대통령 선거에서 후보 단일화가 있었다(노무현과 정몽준, 문재인과 안철수). 이와 대립 관계에 있던 한나라당(또는 새누리당) 입장에서는 사퇴할 상대방 후보를 미리 정확히 예측하였다면 사퇴 후보에 대해서는 많은 준비를 하지 않아도 되었을 것이다. 그리고 사퇴 후보에 대해서는 불필요한 공격과 비난보다는 호의적 대응을 함으로써 그 후보의 지지자마저도 끌어들였을 것이다.

나의 경쟁자가 누구인지에 대해 기업들은 보통 잘 안다고 생각한다. 그러나 경쟁 관계는 생각보다 더 포괄적이고 또한 잠재적이다. 이에 더해 경쟁구도는 역동적으로 움직인다. 그렇기에 누구와 경쟁하고 있는지, 앞으로 누구와 경쟁하게 될 것인지에 대해 정확하게 규명(identifying competitors)하는 것이 필요하다.

- "헛되이 쏜 것보다 불쾌한 일은 없다."

  – Winston Churchill

- 휴대폰이 장차 손목시계, 신용카드, 카메라, 계산기, 손전등, 게임기, 수첩, 볼펜, MP3, 라디오, 컴퓨터의 경쟁제품이 될 거라고는 휴대폰이 등장하던 초기 시점에 예상하기는 어려웠을 것이다. 이와 같이 기술이 발달하고 또한 융합하면 기존에는 경쟁관계가 아니었던 제품들도 경쟁관계가 될 수 있다.

1. 현재의 경쟁자에 대한 파악 방법

기업이 상대해야 할 현재의 경쟁자에 대한 파악은 고객 기반의 방법, 기업 관점의 방법으로 나눠볼 수 있다.

1) 고객 기반으로 경쟁자를 파악하는 접근법(customer-based approaches)

이 방법은 자사의 경쟁사를 고객의 인식이나 구매행동을 기준으로 규명하는 방법이다. 구체적으로 다음과 같은 방법들이 있다.

(1) 고객 선택(customer choices)

'만약 고객이 원래 찾던 물건이 없다면 그 대신 다른 어떤 것을 선택하겠는가, 사고자 하던 어떤 제품의 가격이 올랐다면 다른 어떤 것을 선택하겠는가, 직접 방문했던 매장들은 어디어디 였는가'와 같은 질문을 통해 자사제품의 경쟁상품을 파악할 수 있다. 예를 들어, 블랙핑크의 CD를 사려했다 못 산 사람은 트와이스의 CD를 구입하지 태진아의 CD를 사지는 않을 것이다.

한편 이러한 분석은 소비자가 어떠한 속성 변수를 중심으로 움직이는가를 파악하는데도 도움이 된다. 예를 들어 소비자-A는 스타벅스 매장이 주변에 없으면 커피빈, 할리스의 순서로 찾지만, 소비자-B는 스타벅스 매장이 없으면 편의점에서 스타벅스 유리병, 스타벅스 캔의 순서로 구입한다고 하면, 소비자-A, B간의 주요 구매 변수는 다르다는 것을 파악할 수 있다.

(2) 제품-사용 관련성(product-use associations)

특정 제품이 사용되는 여러 상황을 중심으로 경쟁분석을 하는 방법이다. 즉 '특정 제품이 사용되는 상황 또는 용도'에 대해 질문한 다음에, '그러한 상황 및 용도에 적합한 다른 경쟁제품들'을 추가적으로 확인하는 것이다. 물론 상황 변화에 상관없이 경쟁제품들이 유사하게 나오는 경우도 있지만, 상황에 따라 전혀 다른 경쟁제품들이 등장하기도 한다. 예를 들어, 피자를 먹으며 TV 시청하는 상황에서 펩시콜라의 경쟁 제품으로는 코카콜라, 사이다, 환타 등이 나타나겠지만, 카페에서 친구들과 얘기를 나누는 상황에서는 펩시콜라는 오렌지 주스, 커피, 녹차, 아이스크림 등과 같이 묶일 것이다.

이런 관점에서 볼 때, 경쟁 관계는 고정된 것이 아니다. 제품의 사용 또는 구매 상황에 따라 경쟁자가 누구인지, 그리고 그러한 경쟁제품과의 경쟁밀도 수준은 충분히 달라질 수 있다. 노트북 PC의 경우, '졸업 및 입학 선물'의 상황에선 스마트폰, 구두티켓, 여행상품 등과는 밀접한 경쟁관계가 되겠지만, '게임, 오락용 구매'의 상황에선 닌텐도 스위치, 소니 PlayStation, 마이크로소프트 XBOX 등과 경쟁관계가 성립된다.

이상과 같이 고객 기반의 접근법은 고객을 기반으로 해서 경쟁사를 파악하는 방법이다. 이러한 방법을 사용할 때의 유념할 사항은 다음과 같다.

첫째, 경쟁의 강도 또는 밀도에 따라 경쟁사를 분류한다. 이러한 정도에 따른 분류는 어떤 경쟁사에 대해 보다 많은 관심과 이해가 필요한지를 보여준다. 예를 들어, 펩시콜라는 코카콜라 → 칠성사이다 → 환타 → 탄산수 → 게토레이 등의 경쟁밀도에 따른 순서로 경쟁사들을 나열할 수 있다. 이러한 순서를 통해 보다 방대한 정보가 필요한 경쟁사(예: 코카콜라)와 그렇지 않은 경쟁사(예: 탄산수)로 분류할 수 있다.

둘째, 대체품은 소비자의 동일 욕구를 충족시켜 준다는 점에서 경쟁사가 된다. 이러한 대체품은 자사 제품의 판매량, 가격 수준에 영향을 미친다(예: 기차와 비행기, 오프라인 매장과 온라인 쇼핑 등).

셋째, 경쟁은 제품의 여러 계층수준에서 파악된다. ① 제품 형태의 경쟁, ② 제품 범주의 경쟁, ③ 본원적 혜택의 경쟁, ④ 고객 예산의 경쟁(참조: 3장).

2) 기업 운영의 유사성 관점에서 경쟁사를 파악하는 방법

기업 특성을 기준으로 해서 이의 유사성 관점에서 경쟁사를 규명하는 방법이다. 예를 들어, 기업의 행태, 전략적 유사성 등을 기준으로 기업집단을 구분하는 것이다. 이렇게 묶여진 집합을 '전략집단(strategic groups)'이라고 하는데 이를 통해 같은 전략집단에 속한 경쟁사를 규명하고, 또한 다른 전략집단들과의 차이를 이해하는 것이다. 이 방법은 소비자 관점을 기준으로 해서 경쟁사를 규명하는 것과는 다르게, 기업 구조 및 활동의 유사성을 기준으로 경쟁사를 규명한다는 차이가 있다.

- 스마트폰을 제조하는 회사는 삼성, 애플, 림(블랙베리), 펜택, 모토로라, 노키아, 소니 에릭슨, ZTE, 샤오미 등 여러 기업이 있지만, 이러한 기업들이 모두 유사한 전략행태를 보이는 것은 아니다. 기업규모, 매출액 크기, 가격/품질, 기술혁신성, 디자인 등을 중심으로 몇 개의 집단으로 분류할 수 있고 이를 통해 유사한 경쟁전략에 근거하여 움직이는 경쟁자 그룹을 구분할 수 있다.

'전략집단'이란 유사한 경쟁전략을 추구하고, 비슷한 특성을 가지는 기업집단을 의미한다. 소비자 특성별로 나누어 묶는 시장세분화처럼(참조: 8장), 전략집단을 구분하는 기준은 여러 가지가 있다. 예를 들어 마케팅 전략의 주요 변수(예: 유통경로, 포지셔닝, 경쟁전략의 성격 등)를 중심으로 구분하기도 하고, 기업규모, 다각화 정도와 같은 하드웨어적 성격을 가지고 구분하기도 한다.

전략집단간의 차이는 서로 다른 전략집단에 속한 기업들의 성격이 다르다는 데에서 비롯된다. 예를 들어, 집단은 각기 상이한 경쟁 우위에 기반하여 경쟁한다. 따라서 이들 전략집단 사이에는 '이동장벽(mobility barriers)'이 존재한다. 이동장벽이란 어떤 하나의 전략집단에서 다른 전략집단으로의 이동을 방해하는 장벽을 의미한다. 시간적 경과에도 불구하고 시장구조가 안정되고 또한 일관성 있게 유지되는 이유는 바로 이러한 이동장벽이 존재하기 때문이다. 대규모 자본 및 시설투자, 저원가 경쟁력, 디자인 차별력, 브랜드 자산 등이 이러한 장애물로 작용한다.

- 햄버거 시장의 전략집단 구분: 고든램지 버거 vs 쉑쉑버거/번패티번 vs 맥도날드/버거킹/롯데리아 vs 편의점 햄버거

이러한 이동장벽의 크기와 내용을 이해하면, 전략집단에 속한 기업들의 변화를 예측할 수 있다. 예를 들어, 이동장벽이 매우 높다면 현재와 미래의 전략집단 구성기업들의 차이는 별로 없겠지만, 이동장벽이 낮다면 기업들이 쉽게 다른 유망한 전략집단으로 움직일 수 있기에 그 변화는 클 것으로 예측된다.

한편 전략집단은 미래의 경쟁전략을 추정하는데도 도움이 된다. 그 이유는 일반적으로 기업들은 자신의 체질을 기반으로 해서 외부상황에 대처하기 때문이다. 체질이란 쉽게 변하는 것이 아니기에 전략집단별 대처 방식의 패턴에 대한 예상은 그리 어렵지 않다.

- 시장개방의 압력이 들어오면, 수동적/보수적 기업은 더욱 문을 닫으려 할 것이지만, 공격적/개방적 기업은 수입물품 및 기술을 적극 도입하고 해외로 적극 진출하려 할 것이다.

전략집단의 개념은 유사한 전략 추구 기업들의 집단화를 통해 시장의 경쟁구도를 통찰력 있게 파악하게 해주고, 환경 변화에 따른 각기 다른 반응의 유추를 가능하게 하는 등, 여러모로 기업에서 활용할 부분이 많은 개념이다.

2. 잠재적 경쟁자(potential competitors)의 파악

현재의 경쟁 회사에 대한 정확한 규명은 물론 중요하다. 그렇지만 지금 당장은 아니지만 머지않은 미래에 경쟁자로 등장할 가능성이 농후한 기업 또는 조직은 누가 될지에 대해서도 잘 알고 있어야 한다. 다음에 열거하는 전략의 채택 가능성이 높은 회사는 새로운 경쟁자로 대두할 수 있다. 따라서 이러한 성향의 기업들에 대해서는 지금 당장의 경쟁자는 아니지만 잠재적 경쟁자로 보고 이들의 움직임을 예의 주시할 필요가 있다.

1) 시장 확대(market expansion)

동일 업종에 종사하고 있지만 현재는 다른 세분시장, 다른 지역/국가에서 운영되고 있는 기업이다. 만약 자사의 영역으로 시장을 확대한다면 이들은 자사의 경쟁자가 될 수 있기에 이를 잠재적 경쟁업자로 간주한다([그림 6-2] 참조).

- 해외에서 활동 중인 맥주회사인 버드와이저(미국), 기린(일본), 하이네켄(네덜란드), 칭따오(중국) 등은 다른 나라에 있지만 우리나라 시장에 언제든 들어올 수 있으므로 HITE맥주의 입장에서 이들은 잠재적 경쟁업자가 된다.

그림 6-2 | 시장 확대와 연관된 잠재적 경쟁자

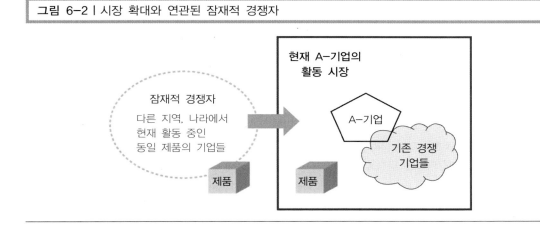

2) 제품 확대(product expansion)

현재는 자사와는 다른 제품 영역에서 활동하지만 자사의 제품영역과 연관된 기술과 제품력을 가지고 있거나 또는 유통력을 가지는 기업들이다. 이들이 만약 제품확대를 한다면 언제든 자사의 영역으로 들어올 수 있다([그림 6-3] 참조). 이때 경쟁사는 기술/유통/영업의 시너지 효과를 가진다.

- 소주 제조업체는 주류 유통에 대한 네트워크뿐 아니라 음주에 대한 소비자 이해도가 높고 술의 제조기술도 가지고 있다. 만약에 맥주 사업으로 제품확대를 한다면, 기존의 맥주회사에겐 강력한 경쟁자가 될 수 있다.

그림 6-3 | 제품 확대와 연관된 잠재적 경쟁자

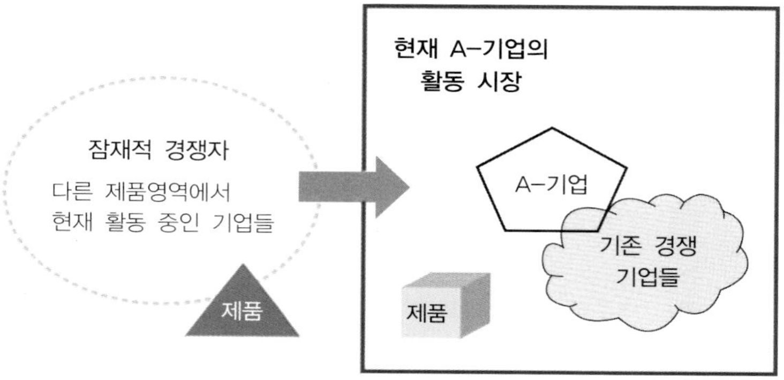

기업의 위기는 동종 업계의 경쟁자로부터만 오는 것이 아니다. 수첩, 일회용 카메라, 전자계산기, 유선 전화기 등은 기존에 전혀 다른 업종에 해당하던 휴대폰 기업에 의해 큰 타격을 받았다. 스마트폰 역시 다른 업종에 속했던 MP3, 전자사전, 디지털 카메라 업체에게 큰 위기를 주었다. 휴대폰의 대표기업이던 노키아는 컴퓨터 회사이던 애플의 아이폰에 의해 큰 위기를 겪었다.

- 한방 보약은 비아그라에 의해, 칠판은 빔프로젝터에 의해, 타이프라이터는 워드프로세서, 맷돌은 믹서기에 의해 커다란 타격을 받았다.

기업은 기술력, 소비자 정보망, 유통 능력을 토대로 전혀 연관이 없어 보이던 제품으로 사업영역을 확대하기도 한다. 인터넷 포털업체는 인터넷을 통해 여행업, 은행업, 운송업, 음식배달업으로 진출하였다(예: 구글, MSN의 Expedia(www.expedia.com), priceline.com, 네이버, 카카오, 알리바바 등).

- 무선통신 부품의 납품업체인 KMW는 LED 조명기구로 진출하였다. 그런데 언뜻 연관성이 없어 보이지만 통신부품의 제조기술(예: 냉각팬)은 조명기구에 적용되는 부분이 많기에 이러한 진출이 가능하였다. 한편 우리나라에서 최초로 커피 로스팅 기계를 만든 기업은 다름 아닌 깨를 볶는 기계를 제조하던 기업이었다고 한다.

- 학습지 라이벌, 웅진 vs 교원의 '정수기' 대결: 교원과 웅진은 학습지 시장에서 '빨간펜'(교원)과 '씽크 빅'(웅진닷컴)으로 경쟁을 벌여온 전통적인 라이벌 업체이다. 교원측은 웅진코웨이의 렌탈 방식 정수기 판매에 맞서 신개념 필터로 선발업체들을 추격하겠다는 전략을 세우고 있다. 학습지 업체인 교원이 정수기 시장에 뛰어든 것은 학습지와 정수기 제품이 모두 방문판매를 중심으로 이뤄지기 때문이다. 교원은 학습지 시장에서 쌓은 판매망과 인지도를 정수기 판매에 활용할 계획이다. 정수기는 유통이 성패를 가르는 사업이기 때문에 승산이 있다고 교원의 관계자는 언급하고 있다.

  – 참조: 조선일보, 2003년 6월 23일

- 전통 장류 제조 기업인 샘표식품이 고무장갑 소재를 만든다. 언뜻 이해가 안 가는 얘기지만, 실제로 그렇다. 샘표식품은 자사의 발효기술을 바탕으로 단백질의 일종인 콜라겐을 생산해 한국3M에 납품한다. 한국3M은 이 콜라겐을 주부용 고무장갑 안의 피부 보호용 소재로 사용한다. 한편 베지밀로 유명한 정식품은 지난해부터 와인 사업에 본격 진출했다. 국내 최초로 출시한 팩 와인이 이 회사 제품이다. 두유업계 강자인 이 회사가 와인시장에 진출한 것은 베지밀 생산 과정에서 쌓인 포장(패키지)기술 덕분이다. 잡냄새가 섞이는 것을 막고 장기간 보관할 수 있는 포장 기술을 갖췄기 때문에 와인시장 진출이 가능했다. 식품업체들의 이유 있는 외도가 활발하다. 얼핏 관련 없는 분야로 진출하는 것 같지만 실제로는 각 기업이 갖춘 고유의 기술력과 유통망을 무기로 한 것이다. 기존 기술을 밑바탕으로 하기 때문에 적은 연구개발(R&D) 비용으로 매출과 수익을 늘릴 수 있다. 동서식품이 시리얼(동서 포스트) 시장에 일찌감치 진출한 것도 커피용 원두를 로스팅하며 쌓은 노하우가 토대가 됐다.

  – 참조: 중앙일보, 2010년 4월 27일

3) 전방 통합(forward integration, downstream)

시장(소비자)과 가까운 방향으로 활동 영역을 넓히는 것이 전방통합이다([그림 6-4] 참조). 기존의 부품 공급업자들은 전방통합을 통해 자사의 경쟁자로 변할 수 있다. 즉 공급상들은 원자재 및 부품의 공급 역할에만 그치지 않고 직접 자사가 하고 있는 완성품 제조업으로 들어와, 즉 전방통합을 통해 경쟁사가 되기도 한다.

한편 유통업자의 관점에서 보면 기존에 자신에게 물건의 유통을 맡겼던 제조기업이 직접 유통업으로 새롭게 뛰어들어 오기도 한다. 즉 전방통합을 통해 경쟁사로 등장하기도 한다. 예를 들어, 닭고기를 공급하기만 하던 ㈜하림이 직접 치킨과 맥주를 판매하는 유통체인을 개설한다면, 기존의 치킨 체인점에게 있어서 ㈜하림은 전방통합을 통해 들어온 경쟁자가 된다.

- 충북 충주시 주덕읍 제내리에선 기능성 벼 종자인 '설갱벼'로 농사를 짓는데, 설갱벼는 일반 벼와 달리 효모가 잘 자라 주류(酒類) 제작에 제격이다. 국순당은 설갱벼에서 나온 쌀로 백세주 등을 만든다. 전국에는 국순당이 전량 수매하는 설갱벼를 재배하는 농지가 230ha(헥타르, 1ha는 약 3,000평)에 이르는데, 가격은 일반 쌀보다 10% 정도 비싸고, 총 매입 가격은 21억원에 달한다(참조: 조선일보, 2010년 4월 7일). 만약에 '설갱벼'의 농사업체가 막걸리를 직접 제조하는 사업으로 뛰어든다면, 이는 전방통합을 통해 막걸리 제조 영역으로 들어오는 것이다.

그림 6-4 | 전방통합과 연관된 잠재적 경쟁자

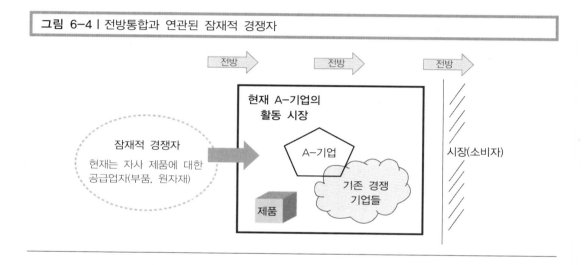

4) 후방 통합(backward integration, upstream)

시장(소비자)로부터 멀어지는 방향으로의 통합, 즉 전방통합의 반대가 후방통합이다([그림 6-5] 참조). 기존에는 자사 제품의 유통을 담당하던 중간상, 또는 자사의 생산물을 재료나 부품 등으로 활용하여 제조하던 기업이 자사의 사업영역으로 직접 들어오는 경우를 후방통합이라고 한다(예: 스타벅스가 원두의 재배 및 제조까지 사업 영역을 통합하는 것. 또는 약국이 특정 약품을 직접 제조하는 것). 이들 중간상 또는 제조기업들은 그동안의 거래를 통해 자사의 사업성격을 잘 알고 있다는 장점이 있다. 따라서 이들 업체들은 후방통합을 통해 경쟁사가 될 수 있다.

그림 6-5 I 후방통합과 연관된 잠재적 경쟁자

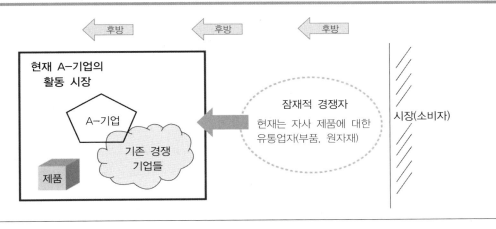

그림 6-5 I 후방통합과 연관된 잠재적 경쟁자

5) 자산 및 경쟁력의 이전(export of assets or skills)

현재는 보잘것없는 소규모 기업(치명적 전략적 약점이 있기에 현재는 경쟁자가 아니다. 하지만 나름의 강점은 가지고 있다. 예: 재무상태는 취약하지만 특허기술을 보유한 기업)이 이러한 단점을 보완하거나 제거를 도와주는 다른 기업과 협력을 하게 되면, 그러한 소규모 기업은 강력한 경쟁사로 변신할 수 있다. 또한 현재는 경쟁력이 떨어지는 기업들이지만 이들끼리 합병을 통해 서로간의 단점을 보완하고 이를 통해 결합효과를 얻는다면 이들 기업은 시장에서 잠재적 경쟁사로 대두될 수 있다. 즉 자산 및 경쟁력의 이전을 통해 경쟁사가 될 수 있다 ([그림 6-6] 참조).

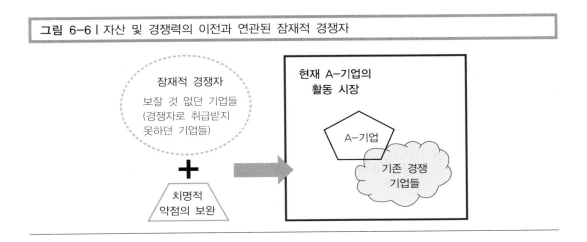

그림 6-6 I 자산 및 경쟁력의 이전과 연관된 잠재적 경쟁자

6) 방어와 보복

커피 전문점에서 새롭게 샌드위치, 도넛, 쿠키, 아이스크림 등을 취급하면, 그 주변의 샌드위치 전문점, 아이스크림 전문점 등은 새롭게 커피를 추가적으로 취급하면서 이에 대한 보복을 꾀할 수 있다. 그럴 경우 이들은 서로간에 있어서 새로운 경쟁업체가 된다([그림 6-7] 참조).

그림 6-7 | 방어와 보복과 연관된 잠재적 경쟁자

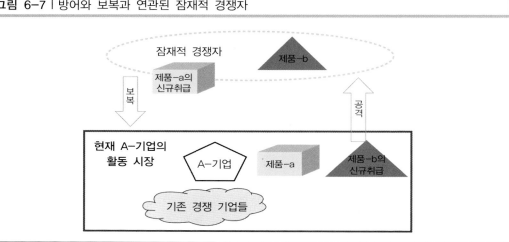

- 서울의 어떤 카페의 잠재 경쟁자를 열거하면 다음과 같다. (1) 시장 확대: 미국에서만 활동하던 블루보틀의 한국 입점, 대만의 흑당 버블티 브랜드의 입점, 대구 거점의 커피 체인점이 수도권으로 진입하는 경우 등. (2) 제품계열의 확대: 패스트푸드점인 맥도날드가 맥카페를 만든 것, 도너츠 전문이던 던킨도너츠에서 커피 음료를 판매하는 것 등. 또한 파리바게트 cafe, 뚜레쥬르 with cafe 등. (3) 전방통합: 커피 원두 공급사가 소비자와 직접 접촉하는 카페를 오픈하는 것이다. 원두뿐만 아니라 일회용 컵, 커피머신을 카페에 제공하던 기업도 잠재경쟁사가 된다. (4) 후방통합: 카페 제품을 대량구입해서 유통 또는 영업하던 업자가 카페를 직접 차림. (5) 자산 및 역량의 이전: 별볼일 없던 소규모 카페가 대형 유통체인(예: 이마트, 롯데마트)과 제휴를 맺고 전국의 유통점 모두에 카페을 열게 된다면 기존의 메이저 커피체인점에게 있어서 강력한 경쟁자로 부상된다. (6) 방어나 보복: 카페에서 일정 금액을 내면 태블릿 pc를 대여하여 보고 싶은 영화를 보여준다면 영화관 매출에 영향을 미칠 것이다. 영화관은 이에 대한 보복으로 영화관 고객에게 커피를 무료로 제공한다면 카페의 매출에 영향을 미칠 수 있다.

현재의 시장에 어떠한 경쟁자가 새로 진입하는지, 기존의 어떤 경쟁자가 시장에서 사라지는지, 새롭게 등장하는 경쟁자의 특성 및 행동방식은 어떠한지 등에 대한 분석은 중요하다. 경쟁자의 숫자, 특성, 경쟁방식 등에 따라 시장의 경쟁구도는 달라지고 이에 따라 시장 판세는 요동칠 수 있다. 특정 경쟁업자에 대한 세부 분석도 중요하지만, 전반적인 시장 관점에서의 거시적, 구조적 분석 역시 요구된다.

- 자사의 현재 경쟁상대는 누구인가, 어떠한 기업이 자사의 경쟁상대로 가까운 미래에 등장할 것인가, 최근 수년동안 자사의 주요 경쟁상대는 누구였으며 이들의 구성 내용은 어떻게 변화하였는가, 경쟁사들의 부침(浮沈) 이유는 무엇인가 등에 대한 질문을 기업은 끊임없이 해야 한다.

3. 경쟁자 존재의 긍정적 역할

일반적으로 기업은 경쟁자의 존재 및 새로운 등장을 꺼린다. 소비자들로부터 끊임없이 경쟁사와 비교 평가되고 자신의 이익을 경쟁사에게 뺏길 위험이 있기 때문이다. 그렇지만 경쟁자의 존재는 생각보다 긍정적인 역할을 하는 경우가 많다.

1) 경쟁자가 있어야 긴장을 늦추지 않고 자신의 발전을 꾀한다. 안정되고 정체된 환경에서 오래 머물던 조직은 생존력이 약화된다. 그러한 온실 속 기업은 외부의 작은 충격에도 쉽게 무너진다.

- 오래전 호주에서는 꽃들이 만발해 있고 벌의 천적은 없는 곳에서 벌을 양봉한 적이 있다고 한다. 꽃이 여기저기 있기에 벌들은 예전만큼 부지런히 돌아다니지 않았기에 원래 가졌던 생존 능력이 많이 퇴화하였다고 한다. 그 결과 나중에 새로 유입된 다른 품종의 벌떼들에 의해 전멸되었다고 한다. 한편 뉴질랜드에 사는 키위라는 새는 앞을 보지도 못하고 날지도 못한다. 키위가 서식하는 지역이 화산지대여서 뱀이나 파충류 따위의 천적이 없는 반면 먹이가 풍부하다 보니 굳이 날아다닐 필요가 없어졌기에 날개와 눈의 기능이 퇴화된 결과라고 한다.
- "훌륭한 경쟁사보다 더 좋은 축복은 없다. UPS와 페덱스의 경쟁 관계에서 볼 수 있듯이 훌륭한 경쟁사는 긴장의 끈을 놓지 않도록 해 준다. 누군가 쫓아오는 사람이 없으면 절대 발전할 수 없다."

– Tom Peters (경영사상가)

멸치는 성질이 급해 잡아 옮기는 과정에서 대부분 죽지만 그 사이에 가물치 한 마리만 풀어놓으면 바닷가에서 서울로 옮겨 와도 싱싱하게 살아남는다고 한다. 경쟁자들이 사라지면, 경영여건이 개선되었다고 생각할 수 있겠지만, 정반대의 악영향을 가져오기도 한다. 이와 같이 경쟁자는 시장이 정체되지 않고 활발히 움직이게 하는 하나의 동력원이다.

2) 바람직한 경쟁구도로 인해 산업 전체의 생태계가 건전하게 유지되고 또한 발전한다. 그리고 그만큼 소비자 선택권은 넓어지고 선택의 질도 향상된다.

- 식당에 홀로 밥을 먹을 때보다는 주변에 여러 사람들이 밥을 먹고 있을 때 훨씬 밥맛이 좋다. 텅 빈 도서관에서 혼자 공부할 때 보다는 주변에 여러 사람들이 공부를 하고 있을 때 훨씬 공부가 잘된다.

- "강한 야당이 없으면 어떤 정부도 오래 지속될 수 없다."

— Benjamin Disraeli(1804~1881, 영국의 정치가)

3) 현재의 경쟁사들은 다른 진입자를 막아준다. 시장에서는 언제나 경쟁사와 공존하기 마련이다. 독점적 지위를 가지는 순간이 없는 것은 아니지만 이러한 기간은 오래가지 못한다. 경쟁자는 항상 생기기 마련이다. 어차피 경쟁사가 존재하는 것이라면 이왕이면 양질의 경쟁사와 함께 하는 것이 기업에도 좋고 또한 산업 전체에게도 좋다. 만약 지금의 경쟁사가 사라진다면 이보다 더 큰 위협이 되는 경쟁사가 등장할 수도 있다.

- 어떤 상권에 A, B, C의 경쟁점포가 있다고 하자. 만약 사정상 B가 사라진다면, A, C는 상대적으로 더 많은 이득을 볼 것이다. 그러나 만약 B의 빈 점포에 D라는 새로운 경쟁자가 등장한다면 그동안의 경쟁에 대한 묵계, 신사협정 등이 깨질 수 있고, 더 힘든 상황이 초래될 수 있다.

4) 시장 자체의 크기가 보다 커진다. 경쟁사가 등장하면 자사 시장점유율 중 일부는 빼앗긴다. 그러나 경쟁사 등장으로 인해 산업과 시장이 활성화되고 산업 전체의 광고비가 증대되면서 시장의 전체 크기가 커지기에 시장점유율은 줄어들어도 오히려 매출액은 증대되는 효과를 거두기도 한다.

- 극심한 불경기속에 '적과의 동침'에 들어간 신세계 이마트 자양점이 행복한 표정을 감추지 못하고 있다. 롯데백화점이 그 전달 서울 자양동 건국대입구역 부근에 스타시티점을 개장한 직후 인근 20m 거리에 위치한 신세계 이마트 자양점의 매출이 수직 상승하고 있기 때문이다. 이마트 자양점 매출이 급증한 가장 큰 이유는 롯데 스타시티점 오픈을 계기로 스타시티 일대가 복합 쇼핑몰로 탈바꿈하면서 유동 인구가 크게 늘었기 때문인 것으로 분석되고 있다. 이마트 자양점은 또 롯데 스타시티점의 고객을 '이삭 줍기'식으로 받기도 한다. 롯데 스타시티점은 오후 8시 30분에 문을 닫지만 이마트 자양점은 12시께 영업을 종료하기 때문에 백화점 폐장후 고객이 이마트로 발길을 옮기기도 하고, 백화점인 스타시티점의 휴일에 이를 모르고 방문한 고객이 연중 무휴인 이마트로 몰리는 현상도 종종 일어나고 있다.

— 참조: 연합뉴스, 2008년 11월 20일

물론 경쟁이 그렇게 극심하지 않아야 기업이 생존하고 성장하기도 한다. 특히 스스로의 자생력이 생기기 전에 너무 강한 경쟁에 시달리면 크게 성장하지 못한다.

한편 경쟁자의 존재는 시장의 움직임을 예상 밖으로 움직이게 할 수도 있다.

- [생각해볼 질문] 2016년 4월의 국회의원 총선은 국민의 당(안철수 대표) 후보들의 총선 출마로 인해 '일여다야(一與多野)'의 선거 구도가 형성되었다. 이러한 상태는 여당인 새누리당이 어부지리를 얻는 상황으로 해석되었다. 즉 새누리당에서는 '안철수 대표로 인한 야권 분열'이 새누리당에게 유리하게 작용할 것이고 언급하였다. 그렇지만 실제 드러난 선거결과는 이러한 예측과는 판이하게 나타났다. 그 이유는 무엇일까?

결론적으로 경쟁사의 존재는 긍정적으로도 또한 부정적으로도 작용한다. 기업은 이러한 모든 면을 포괄적이면서도 객관적으로 고려하여 경쟁자에 대한 전략을 구축해야 한다.

Ⅱ 경쟁자에 대한 이해

경쟁 분석(competitor analysis)에서는 우선 '자사의 경쟁사는 누구인지'를 확인해야 한다. 이를 통해 경쟁사가 누구이고, 그리고 지금은 아니지만 앞으로 누가 경쟁사가 될지에 대해 규명해야 한다. 그런 다음에는 이렇게 확인된 '경쟁사들을 이해(understanding competitors)'하는 노력을 기울여야 한다. 여기서는 경쟁사의 이해와 관련된 내용을 살펴 보겠다.

경쟁사의 강약점 및 전략에 대한 이해가 있다면, 향후 경쟁사가 취할 행동은 어떠할지, 그리고 그로부터 초래되는 기회 및 위협에 대한 예측이 가능하다. 이러한 예측은 이의 효과적 대응을 가능하게 해준다. 또한 자사의 선제 공격에 대한 경쟁사 반응을 미리 예상하게 해준다.

자신을 잘 아는 사람은 남도 잘 이해한다. 마찬가지로 자사의 내적 실체를 잘 아는 기업은 경쟁사에 대해서도 이해가 빠르다. 이는 자신을 이해하는 좋은 분석틀을 가지고 있기 때문이다.

- "너 자신의 내면을 탐구하라. 그러면 모든걸 찾으리라."

  ― 괴테(Johann Wolfgang von Goethe)

- "내가 적을 이길 수 있는 조건들은 적에게 있을 것이고, 적이 나를 이길 수 있는 조건들은 나에게 있을 것이다."

  ― 김훈(2001), 칼의 노래, 34쪽

- 미야모토 무사시(宮本武藏·1584~1645)는 평생 60여 차례의 진검 승부를 벌였지만 단 한 번도 진 적이 없었다. 그는 검술 실력이 뛰어났지만, 반드시 그러한 실력 때문에 이긴 것은 아니다. 싸워야 할 상황이 아니면 싸우지 않았고, 싸울 때면 미리 지형지물을 파악해서 유리한 곳을 선점하는 등 완벽하게 준비하였기에 모든 싸움에서 이길 수 있었다.

- "적(敵)이 원하는 장소에서, 적이 원하는 시간에, 적이 예상한 방식으로 싸우지 않았기에 승리할 수 있었다."

  − 보응우옌잡(미국과의 전쟁을 승리로 이끈 베트남 장군)의
  승리 비결인 '세 가지를 하지 않은 것'

다음은 경쟁사의 행동(competitor actions)에 영향을 미치는 요소들이다. 이러한 요소들로는 규모(성장성/수익성), 사업목표와 가정, 과거 및 현재의 전략, 조직과 문화, 원가구조와 철수장벽, 강점과 약점 등이 있다.

1. 매출 규모, 성장세, 수익성(size, growth, and profitability)

경쟁사가 그동안 거둔 성장률은 전략의 성공여부를 반영하는 지표이다. 또한 이러한 성장세는 경쟁사의 미래전략에도 영향을 미친다. 따라서 현재 규모는 작더라도 최근 성장률이 높은 경쟁사는 특히 유념해야 한다. 한편 매출규모, 수익성이 높은 기업은 신규투자 여력(자금력)이 풍부하다는 것을 시사하기에 이를 감안해야 한다.

2. 사업목표와 가정(competitor's objectives and assumptions)

사업목표와 시장에 대한 생각은 경쟁사의 행동에 영향을 미친다.

1) 사업목표

첫째, 경쟁사가 애초에 가졌던 사업목표를 파악한다면 경쟁사가 현재의 성과에 만족하는지, 혹은 이에 불만을 가지고 새로운 전략변화를 시도할 것인지의 예측이 가능하게 된다.

- 꿈이 원대한 자는 소인이 보기에 충분하다고 여겨지는 업적도 그의 성에는 차지 않기에 또 다른 시도를 할 가능성이 크다.

둘째, 사업목표에는 여러 가지가 있다. 예를 들어 단기수익의 극대화, 현금 확보, 시장점유율 극대화, 또는 비재무적 목표(예: 기술 선도, 고객만족, 기업 평판, 환경 보호) 등이 있다. 어

떤 목표를 가지는지 그리고 목표들간의 우선 순위는 어떠한지에 대한 파악은 경쟁사 행동을 예측하는데 도움이 된다.

셋째, 경쟁 기업이 거대 계열그룹의 한 기업(또는 사업부)인 경우에는 모기업의 목적이 무엇인지, 그리고 모기업이 그 사업부에 할당한 임무는 무엇인지에 대한 이해도 필요하다. 이러한 상위 목표는 그 사업부의 향후 행보에 영향을 미치기에 이에 대한 정보는 경쟁사의 미래 투자 및 전략의 예측에 도움이 된다.

2) 시장에 대한 생각

경쟁사는 자신과 산업에 대한 어떤 가정/전제를 가지고 기업을 운영한다(예: 경제 상황, 소비자 추세, 특정 기술에 대한 확신 등). 경쟁사의 사업 운영에 대한 전제는 무엇인지에 대한 이해는 경쟁사의 향후 움직임에 예측에 대한 도움이 된다.

- 경기 호황에 대한 전제를 가지고 있는 기업은 추후 적극 투자를 할 것으로 예상된다. 반면에 현재 기술의 쇠퇴, 장기 불황을 전제로 가지고 있는 기업은 신속한 투자회수 방향으로 힘을 쓸 것이다.

3. 과거 및 현재의 전략(current and past strategies of competitors)

경쟁사의 과거 및 현재 전략에 대해 검토해야 한다. 이는 경쟁사의 의사결정 패턴을 이해하는데 도움이 되기 때문이다.

전략은 대략적으로 다음의 3가지 유형이 있다. ① 제품 성능의 탁월성(product/service leadership: 'Best Product/Service'). ② 가격의 저렴함(operational excellence: 'Best Total Cost'). ③ 소비자의 구미에 맞춤(customer intimacy: 'Best Total Solution'). 각각의 전략마다 이의 바탕이 되는 역량은 다르다. 예를 들어 저원가 우위 전략의 원천은 규모의 경제, 경험곡선, 자동화 설비, 원자재 확보 등이다.

한편 어떤 특정 전략에 대한 성공 경험은 그 전략의 재사용 가능성을 높여준다. 이에 반해, 어떤 특정전략에 대한 실패 경험은 그 전략의 재사용을 주저하게 만들 것이다. 따라서 과거 경쟁사의 전략과 이의 성과에 대한 이해는 향후 경쟁사의 움직임을 예측하는데 도움이 된다.

- 인파이터(infighter) 방식에 실패한 복서는 다음에는 아웃복싱(out boxing)으로 나올 것이다. 직구를 던져 홈런을 맞은 투수의 다음 공은 커브가 될 가능성이 크다.

4. 조직과 문화(competitor's organization and culture)

경쟁사의 조직구조 및 문화는 의사결정과 행동방식에 영향을 미친다. 따라서 경쟁사 조직이 어떻게 구축되어 있고 이들 조직에 내재된 문화는 어떠한지에 대한 이해가 필요하다.

예를 들어, 경쟁사의 조직문화는 전략 결정에 영향을 미친다. 원가지향적이고 관료적 조직은 변화에 빠르게 대응하거나 혁신을 채택하는데 어려움이 많다. 현재 기업의 문화, 구조, 체제, 구성원 등과 같은 조직요소들은 특정 전략의 선택에 제약이 되기도 한다.

한편 최고경영자는 기업에 가장 영향을 많이 미치는 주체이기에, 그의 경험 및 배경에 대한 이해 역시 필요하다(예: 마케팅/영업 배경이 강하면, 신제품, 신기술, 신시장을 강조하지만, 생산관리적 배경이 강하면 원가절감, 효율성 극대화에 치중한다).

- 대통령의 성장배경과 직업 경력은 그가 앞으로 나라를 어떻게 통치하고 어떠한 가치에 중점을 둘 것인지를 예측하는데 종종 사용된다.

5. 원가구조와 철수장벽(cost structure and exit barriers)

1) 원가구조

경쟁사가 저원가 우위 전략(Cost Leadership Strategy)을 추구하는 경우에는 경쟁사 원가구조에 대한 지식은 핵심역량, 저원가 전략의 수준 및 유지 기간을 가늠하는데 도움이 된다.

- 저원가전략의 바탕이 되는 핵심역량이 그리 강력하지 않다면, 경쟁사가 저가로 자사를 공격할 때, 그리 걱정하지 않아도 된다. 조만간 스스로 그러한 원가부담을 이기지 못해 다시 가격을 올릴 것이기 때문이다. 그러나 강력한 핵심역량을 갖춘 경쟁사(예: 획기적 제조기술 개발, 원자재의 대량 확보, 자동화 시스템 구축 등)가 저가로 공격을 시작한다면, 이때는 무언가 조치를 취해야 한다.

2) 철수장벽

철수장벽(exit barriers)은 사업 철수를 어렵게 하는 장애요소를 의미한다. 다음의 항목들은 철수장벽의 크기에 영향을 미친다: 기업의 특유 자산(다른 기업으로 이전시키기에는 비용이 많이 들거나 또는 이전을 하면 잔존가치가 거의 없는 나에게만 맞춤화된 공장, 건물, 설비기계, 기타 자산 등), 노동협약의 조건, 리스 계약의 상태, 기업내 다른 사업부와의 관계(예: 생산시설/유통경로/판매원/기업 이미지 등의 공유 자산), 정부 및 지역사회의 저항, 경영자의 자존심과 감정적 요소 등.

- 정부 및 지역사회의 저항의 예는 쉽게 찾을 수 있다: 어떤 대학이 문을 닫으면 그 지역 상권이 타격을 받기에 이를 적극 반대한다. 2021년 KT농구단은 부산에서 수원으로 본거지를 이전했는데 이때 부산 팬들로부터 거센 항의를 받았다.

철수장벽이 높은 경우에는 쉽게 그 사업에서 빠져나오기 어렵다. 이러한 경우에는 어떻게든 살기 위해 공격적 경영을 하기도 한다. 따라서 때로는 경쟁사의 철수를 도와주기도 한다. 즉 경쟁사의 철수장벽을 낮춰준다.

- 23년간 서울 동부권 대표 면세점이었던 워커힐 면세점이 문을 닫게 되면서 눈물의 재고 처리에 나섰다. 면세점 특허 재승인을 받지 못하자 700억원 가량의 재고를 털어내기 위해 대대적 가격 할인에 나선 것이다. SK네트웍스 관계자는 "일부에서는 '이중가격'(같은 상품을 다른 가격으로 파는 일)이라며 비난할 수도 있지만 지금 사업을 접어야 하는 철수 상황에서 우리가 그런 것을 따질 수나 있겠냐"며 "멀쩡한 상품을 가격을 후려쳐서 내놓으려니 정말 속이 터지지만, 최대한 재고를 정리하고 수습하는 게 우선"이라고 털어놨다. 한편 롯데 월드타워점도 워커힐면세점과 같이 특허 재승인에 실패하면서 재고 처리 부담을 떠안게 됐다. 다만 워커힐면세점보다는 사정이 나은 편이다. 면세점 사업을 완전히 접어야 하는 SK와 달리 롯데는 소공점과 코엑스점, 인천공항점 등 다른 면세점들이 있기 때문이다. 폐점되는 면세점의 경우 재고를 모두 소진하지 못할 경우 남은 재고들은 관세청으로 이관돼 공매를 하거나 제품을 불태워 처리하는 멸각 절차를 밟게 된다.

  — 참고: 매일경제, 2015년 11월 25일

6. 강점과 약점(strengths and weaknesses)

경쟁사의 강점과 약점에 대한 정보는 경쟁사가 특정 전략을 채택한 이유를 알게 해주고, 자사의 전략대안 선택에 있어서 중요한 정보가 된다. 강점과 약점은 여러 가지가 있다: 기술혁신 능력, 제조 능력, 자금조달 능력, 경영 능력, 리더십, 마케팅 능력, 브랜드 자산, 고객 장악력 등. 물론 이솝우화의 얘기처럼 상황에 따라 강점은 약점이 되기도 한다(예: 사슴의 뿔과 다리, 기린의 목).

한편 경쟁에서의 핵심역량이란 지속가능한 경쟁우위를 창출하는 ① 지적자산(기술)과 ② 운영체계를 의미한다. ① 기업의 고유 자원(예: 우수한 품질의 밀가루 확보, 첨단설비 보유)과 ② 운영 능력(예: 면을 뽑는 탁월한 노하우, 설비기계를 자유자재로 운영)은 다른 기업들이 쉽게 따라오거나 추월하기 어려운 탁월한 우위이다. 일반적으로 기업은 이러한 핵심역량은 계속 유지하고 발전시킨다. 참고로 상대적으로 덜 중요한 비핵심 활동들은 아웃소싱을 해도 되기에 이를 통해 업무 효율화와 자금 활용의 극대화를 추구한다. 따라서 경쟁자의 핵심역량은 무엇인지, 이들은 세부적으로 어떻게 구성되고 있는지를 이해할 필요가 있다.

Ⅲ 경쟁자에 대한 정보의 획득

1. 경쟁자에 대한 정보 획득(intelligence gathering)의 중요성

- "승리의 기회는 적에 의해 제공된다."

　　　　　　　　　　　　　　　　　　　　　　　　　　　　　　　　　　　　　　　- 손자병법(孫子兵法)

경쟁자에 대한 양질의 정보를 적시에 얻을 수 있다면 경쟁자에 대한 대처방안을 마련하는데 훨씬 우월한 입장에 서게 된다. 따라서 경쟁자에 대한 정보 획득은 시장조사에서 중요한 사항이다. 동시에 자사의 정보가 경쟁자에게 노출되지 않도록 관리하는 것 역시 중요하다.

- 칭기즈칸이 인구 200만밖에 안 되는 몽골민족을 거느리고 수십 배의 인구와 영토를 가진 중국과 유라시아를 정복할 수 있었던 이유 중 하나는 탁월한 정보력 덕분이었다. 곳곳에 흩어진 상인들과의 연계로 각국의 동향을 꿰뚫고 있었으며, 탁월한 기마병들로 구성된 전령(傳令)들이 하루에 한번 꼴로 총사령부와 점령지를 오가며 소식을 전달했다고 한다.

내가 경쟁업체의 정보를 수집하듯이 경쟁업체들 역시 나의 정보를 수집한다. 이러한 점을 활용하여 경쟁에서 유리한 고지를 차지하기도 한다. 예를 들어 기업은 자신이 배출하는 정보 시그널의 시기, 내용 등을 통해 교묘하게 심리전을 펼칠 수 있다.

- "당신이 투자하려고 하는 제품과 시장에 경쟁자가 투자하지 않도록 유도하라. 이것이 바로 전략의 근본이다."

　　　　　　　　　　　　　　　　　　　　　　　　　　　　　　　　　　　　　　- Bruce Henderson

- "유능하고 강한 자는 우둔하고 약하게 보이도록 자신을 위장해야 한다."

　　　　　　　　　　　　　　　　　　　　　　　　　　　　　　　　　　　　　　- 손자병법(孫子兵法)

2. 경쟁자에 대한 정보 원천 및 관리

경쟁자에 대한 정보의 원천으로는 고객(자사 고객, 또는 경쟁사 고객), 대리점, 주주, 종업원, 경쟁업체의 광고물(신규채용 공고(인원, 직종 등), 대리점 모집), 전시회, 보고서, 협회 보고서 등 다양하다. 이러한 자료들은 경쟁업체의 최신 동향 및 향후 활동의 예측에 도움이 된다.

- "다음 번 적을 맞을 자리가 어디인지 아직은 알 수 없다. 우리는 우리가 원하는 자리에서 적을 맞을 수 없다. 우리는 적이 원하는 자리에서 적을 맞을 수도 없다. 적 또한 그러할 것이다. 우리는 우리가 알 수 없는 자리에서 적을 맞아야 한다."

  – 김훈(2001), 칼의 노래, 146쪽

경쟁사에 대한 정보획득은 마케팅 조사시스템을 통해 관리된다. 참고로 이와 관련하여 전략적 정보탐색체계(Strategic Information Scanning System, SISS)이 있는데, 이는 전략적 의사결정을 지원하기 위한 정보의 체계적 수집과 관리시스템을 의미한다.

의사결정에 도움되는 정보는 지속적이고 체계적인 방법으로 유입하여야 한다. 물론 불연속적, 비체계적 방법에 의해서도 조직에 유입된다. 그런데 유감스럽게도 이러한 정보의 상당부분은 중도에 유실되거나 사장된다. 전략적 정보탐색체계는 조직 내에서 유실되는 정보를 막고 이를 통해 정보탐색 노력의 유효성을 높이는데 그 목표가 있다. 이를 위해서는 정보탐색을 체계화하고 특정 전략의 문제해결에 도움이 되게끔 구축한다.

정보관리의 흐름은 다음과 같다. (1) 우선 정보영역을 '잠재적 영향력'과 '시간적 긴급성'에 기초하여 우선순위를 결정한다. (2) 정보영역과 연관된 정보의 원천이 어디 존재하는지를 파악한다. (3) 이러한 내용이 결정되면 정보 수집에 참여하고 책임질 구성원을 결정한다. 주요 참여자로는 직접적으로 전략적 의사결정에 참여하는 실무자, 유용한 정보원천과의 접점에 놓여 있는 구성원들(현장판매원, 중간상 등)이다. (4) 이들에게 정보수집/탐색 과업을 적절히 할당한다. (5) 수집되는 정보는 체계적으로 보관한다. 여기서 중요한 점은 구성원들이 그들이 수집한 정보를 어느 곳으로 흘려보내야 하는지를 분명히 알고 있어야 한다는 점이다. 또한 획득한 정보가 어떤 경로로 집계되는지에 대해서도 참여자 모두가 분명히 인식하고 있어야 한다. 이는 대부분의 정보유실은 수집된 정보의 집계경로를 구성원들이 제대로 이해하지 못하기 때문에 발생한다. (6) 최종적으로 이렇게 수집, 가공, 보관된 정보를 효율적으로 해당 의사결정자에게 배급/전달하는 것이다. 음식 먹을 사람에게 제때 음식이 배달되지 않는다면 음식 만드는 행위는 무의미하다. 당해 정보를 가장 필요로 하는 부서에 적시 배급하는 문제는 정보를 어떻게 수집하느냐 하는 것보다 때로는 더욱 중요하다.

한편 좋은 정보를 수집하는 것도 중요하지만 이를 올바로 해석하는 것 역시 중요하다.

- "적을 나쁘다고 철저하게 깎아 내리는 일은 용이하지만, 적이 어떤 방식으로 인생을 보는가를 적 자신의 눈을 통해 본다는 것은 매우 어려운 작업이다. 그렇지만 그것은 해야만 될 일이었다."

  – Ruth Benedict 의 '국화와 칼'

🗒 6장의 요약

　기업에서 가장 관심을 가져야 할 시장의 주체들은 소비자와 경쟁자이다. 여기서는 경쟁자를 중심으로 살펴보고 있다. 경쟁자(competitors)란 소비자의 동일 욕구를 충족시키는 다른 개인 또는 조직체들이다.

　경쟁 기업의 이해에 있어서 중요한 주제는 다음과 같다.

　첫째, 누가 나의 경쟁 회사인지를 파악해야 한다. 이를 위해 현재 및 잠재적 경쟁사를 규명하는 여러 방법을 이해하여야 한다.

　둘째, 자사의 경쟁사로 판명된 기업들에 대한 철저한 분석과 이해가 뒤따라야 한다. 이를 위해 경쟁사를 어떤 관점과 차원에서 분석하고 이해할 지를 알고 있어야 한다.

　셋째, 경쟁자에 대한 올바른 정보를 적시에 획득해야 한다. 경쟁자에 대한 양질의 정보를 적시에 얻을 수 있다면 경쟁자에 대한 대처방안의 마련에 있어서 유리한 입장에 서게 된다.

🔊 주요 용어에 대한 정리

비대칭 전력(asymmetric military capability, 非對稱戰力): 적의 강점을 피하고 취약점을 공격하여 효과를 극대화하는 전력을 의미한다. 첨단 무기나 재래식 전력에 대항하는 대량살상무기나 특수전 능력 등을 가리키는 군사 용어에서 비롯되었다. 비대칭 전력은 어느 한편은 가질 수 있지만 다른 한편은 가질 수 없는 전력이다. 비교적 적은 비용으로 투자하지만 이에 대한 상대방의 방어에 엄청난 비용이 드는 전력, 또는 상대방의 효과적 대응이 어려운 차별적 수단과 방법으로 수행하는 전쟁 양상 등이 포함된다. 대표적인 비대칭전력으로는 핵무기, 생화학무기, 특수부대, 수중전력, 미사일, 사이버 전쟁 등이 있다. 이것은 게임의 규칙을 바꾸는 힘이 있다.

제 7 장 │ 시장의 거시 환경에 대한 이해

　미지(未知)의 목적지를 향해 여행을 떠나려면 우선 지도를 펼쳐 들고 전체 그림을 머릿속에 넣어두어야 한다. 물론 급히 떠나야 한다면 지도를 면밀히 살피지 못하고 바로 다음 목적지의 지리적 상황만 대충 머리에 넣고 일단 출발한다. 그리고 길을 나아가면서 앞쪽 상황을 점진적으로 파악하면서 궤도를 수정한다. 상황에 대한 완전한 파악보다는 신속한 행동이 중요한 상황에서는 어쩔 수 없이 후자의 방식을 택한다. 그러나 '잘못된 길'(또는 '최선의 길이 아닌 엄청 돌아가는 길')로 한참 움직인 다음에 뒤늦게 이를 깨닫는 경우도 있다. 그래서 가능하다면 전체 그림(big picture)을 먼저 숙지한 다음, 가려는 목적지까지의 최적 경로, 예상되는 도로 상황 및 쉬어갈 장소, 주변 정황 등을 미리 결정하고 길을 나서는 것이 현명하다.

　기업의 마케팅 활동도 미지의 목적지를 향해 나아가는 여행과 유사하다. '내일의 시장'은 어떠한 변화가 있을지 모르는 불확실한 미지의 영역이다. 익숙하지 않은 생소한 사업 및 제품개발의 추진, 새로운 고객 시장(해외시장)의 개척과 같은 경우에는 특히 더하다. 시장, 제품, 기술, 소비자, 경쟁사 등에 대한 전체적 모습을 파악하고, 이에 영향을 미치는 제반 환경 요소들을 이해한 다음, 일을 본격적으로 착수하는 것이 바람직하다.

- "Two fates still hold us fast, a future and a past; Two vessels' vast embrace surrounds us, Time and Space."

　　　　　　　　　　　　　　　　　　　　　　　　　　　　　　　　　　　　　　– Al Ma'arri(973-1057 A.D.)

- 너무나 작은 분야의 연구에 급급하여 전체의 큰 모양을 보는데 신경을 쓸 겨를이 없는 현대의 과학자나 연구자들.

— '가이거 가설'(리더스 다이제스트)

- "There is something in the wind."

— William Shakespeare

여기서는 시장에 전반적으로 영향을 미치는 거시 환경에 대해 살펴보겠다. 우선 환경의 이해가 왜 중요한지에 대해 살펴보겠다. 그런 다음 시장에 영향을 미치는 거시 환경의 요소들에 대해 차례대로 살펴보겠다. 그리고 환경 변화의 예측 방법에 대해서도 살펴보겠다. 거시 환경의 이해와 예측을 통해 기업은 자신이 활동하는 무대(stage), 즉 시장(market)을 알아가게 될 것이다. 이러한 지식의 토대는 보다 적절한 전략과 관리방안의 마련에 도움이 될 것이다.

Ⅰ 시장 환경의 중요성

- 귤나무가 회수 남쪽에서 자라면 감귤을 맺지만, 북쪽에서 자라면 탱자를 맺는다(橘生淮南則爲橘, 生於淮北則爲枳).

— 晏子春秋

기업은 시장(market)이란 무대에서 활동한다. 그런데 시장은 고정된 상태가 아니라 항상 움직이며 변화한다. 기업은 자신을 둘러싼 시장 환경과 끊임없이 상호 작용하면서 목표를

그림 7-1 | 환경과 기업의 상호작용

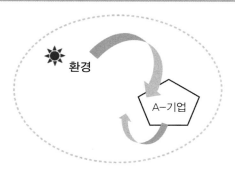

향해 나아가는 개방 체계(open system)이다([그림 7-1] 참조). 그래서 시장(환경)에 대한 면밀한 분석 없이는 기업의 생존과 성장은 불가능하다. 즉 외부변화에 적절히 대응하기 위해서는 시장(환경) 분석(environmental analysis)이 필수적이다.

시장 변화의 흐름을 주도하거나 이에 영향을 미치는 요소들은 여러 가지가 있다. 우선 기업 활동과 밀접한 영향 관계를 가지는 기업 외부변수로는 고객, 경쟁사가 있다. 또한 고객에게 가치를 전달하는 과정에 참여하는 중간상, 생산활동을 위해 협조하는 공급상(suppliers), 그리고 기업 활동으로부터 직간접적으로 영향을 받는 이해관계자(stakeholders) 등이 있다. 이러한 주체들은 기업의 마케팅 활동에 직간접적이면서도 밀접한 영향을 미치기에 '과업 환경(task environment)'이라고 한다.

한편 기업뿐 아니라 이러한 과업 환경(고객, 경쟁사, 중간상, 공급상, 이해관계자 등과 같은 미시적 주체, micro actors)에 대해 전반적인 영향을 미치는 '거시 환경(broad environment)'이 있는데, 이러한 거시적 환경 요소(거시적 세력, macro forces)로는 기술, 경제, 정치 및 규제, 문화, 인구통계 등이 있다([그림 7-2] 참조).

그림 7-2 | 기업, 과업 환경, 그리고 거시 환경

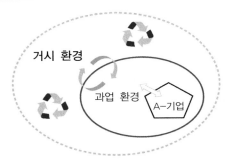

거시 환경은 기업뿐 아니라 소비자, 경쟁사, 중간상, 공급상, 그리고 거시환경
요소들 상호간에도 많은 영향을 미친다.

시장 환경은 기업의 마케팅 행동 및 성과에 영향을 미치는 기업 외부 요인들의 집합을 의미하기에 위에서 언급한 과업 환경, 거시 환경이 모두 포함된다. 과업 환경에 속하는 고객, 경쟁사는 마케팅 관리에서 차지하는 비중이 무척 크기에 이미 4, 5, 6장에서 독립적으로 다루었다. 그리고 중간상은 유통을 다루는 17장, 공급상은 B2B 마케팅을 소개하는 21장에서 다룰 예정이다. 본 장에서는 기업 및 과업 환경에 포괄적으로 영향을 미치는 거시 환경에 대해 살펴보겠다.

기업의 외부 환경, 즉 시장 환경에 대한 이해는 중요하다. 특히 시장 환경은 기회, 위협과 연관된다는 점에서 의미가 크다. 여기서 '기회(opportunities)'란 이에 적절히 대응할 경우 매출 및 이익에 있어서 현저한 개선을 가져올 수 있는 추세나 사건을 의미한다. 반면에 '위협(threats)'은 적절한 대응이 없다면 기존의 매출 및 이익에 심각한 손실이 초래할 수 있는 추세나 사건을 의미한다.

- 날씨가 매출에 직접적 영향을 미치는 의류산업의 한 관계자는, "날씨가 영업부장이다"란 말을 하였다. 실제로 2011년은 장마가 기록적으로 길었는데 그에 따라 의류 매출, 특히 오프라인의 대리점 매출은 격감하였다.

- 만도기계(萬都機械)는 폭염이 좋다: 1994년 여름은 살인적 무더위가 연일 지속되면서 시중에서 에어컨이 완전히 품절되었다. 그렇지만 다른 기업과 달리 그 해 룸에어컨 사업에 처음 진출한 만도기계는 에어컨 3천대의 추가생산에 나섰다. 통상적으로 겨울과 봄에 에어컨의 계획물량 생산을 마치고 초여름부터 판매하지만, 이상 고온으로 인한 수요폭발로 시중재고는 이미 바닥을 드러냈다. 이같은 수요폭발에도 불구하고 가전3사는 부품 구입난으로 추가생산을 포기하였지만, 만도기계는 일본 산요로부터 핵심부품인 콤프레서를 도입, 추가생산에 착수하였다. 가전3사는 그 이전 2년간 이상의 저온으로 에어컨 시장이 침체되자 생산물량을 대폭 줄였다. 이에 반해 만도기계는 일본 기상청 자료분석을 통해 1994년 여름 폭염이 닥칠 것으로 예상, 사업진출을 결정했다는 후문이어서 다른 업체들의 부러움을 샀다.

  − 참조: 한국경제신문, 1994년 7월 22일

특히 위협에 대한 올바른 대처와 준비는 기업의 생존을 위해 중요하다. 기회의 경우엔, 이를 놓칠 경우, 최악의 경우에도 밑져야 본전이다. 그러나 위협의 경우엔, 이를 잘못 대처할 경우 지금의 상황보다 크게 악화되기도 하고 영원히 이를 다시 회복하지 못해 사업을 접을 수도 있다.

누구라도 어떤 현상이 표출된 다음에는 그러한 상황 변화를 알아차릴 수 있다. 그러나 어떠한 현상이 언제 발생할지, 그리고 이러한 현상은 장차 어떠한 영향을 미칠지를 알아채는 안목은 누구나 가지는 것은 아니다.

- 지진, 화산, 태풍이 일단 발생하고 나면, 이를 어린 아이도 알아차릴 수 있다. 그러나 지진이 발생하기 전의 미세한 징후를 통해 이것이 언제, 어디서, 어느 정도 크기로 발생할지를 예측하고, 지진 발생이 향후 어떠한 파급효과를 미칠 것인가에 대한 예상은 아무나 하지 못한다. 이러한 예측 능력의 차이로 인해 삶과 죽음이 나뉘기도 한다.

마케팅 과정뿐 아니라 성과에 중대한 영향을 미치는 환경 변화에 대한 안목을 가지고 이를 적극적으로 활용하는 기업은 드물다. 대부분의 기업들은 선도 기업을 모방하는 선에 그치고 만다. 그러나 감지능력이 뛰어난 기업은 기회와 위협에 대해 경쟁사보다 한 발 더 빠르게 눈치채고, 경쟁사보다 더 나은 대비를 한다. 기업은 앞으로 어떠한 변화가 발생할지, 그것은 언제 어떻게 발생할지, 그리고 그러한 변화는 자기가 속한 산업에 어떠한 영향을 미칠지에 대해 예상하고, 이에 대비하여야 한다.

거시 환경 분석은 기업의 마케팅 전략수립 및 핵심성공 요인에 영향을 미칠 수 있는 기회, 위협 및 전략적 의문점의 발견에 있다. 이러한 분석은 기업의 마케팅 활동에 직간접으로 영향을 미치는 거시 환경의 '추세'와 '사건'에 대한 발생가능성을 파악하고 그 영향력의 크기를 평가하는데 도움이 된다. 여기서 '추세'란 어떤 대세의 흐름을 의미한다. 예를 들어, 결혼 및 출산율 저하, 고령화 사회, 환경에 대한 관심, 천연자원의 고갈(자원민족주의), 지구 온난화, 민주화 추세, Virtual Community 등이 있다. 이에 비해 '사건'이란 어떤 예기치 못한 돌발적 사건을 의미한다. 일본 311대지진, 911 테러, 신종 전염병(신종 플루, 2009년; 메르스, 2015년; 코로나19, 2019년), 초강력 태풍 등이 이에 해당한다.

- 2011년 3월 11일의 대지진은 일본인들의 일상을 바꿔 놓을 정도로 깊은 상흔을 남겼다. 미쓰비시 종합연구소가 일본인 3만명을 대상으로 대지진 이후의 의식구조에 관한 조사를 실시한 결과, 권력욕, 성취욕, 외부 자극에 대한 관심 등은 이전보다 크게 낮아졌다. 2011년 6월 및 12월의 두 차례 조사 결과, '여가생활에 돈을 더 쓰겠다'는 응답이 22%에서 29%로, '여유로운 휴양을 즐기겠다'는 응답이 54%에서 60%로 늘어났다. 반면 '오래 쓸 수 있는 물건을 산다'는 응답은 60%에서 54%로 떨어졌다. 미래에 어떤 일이 벌어질지 모른다는 불안감이 소비의식에도 영향을 준 것이라고 연구소 측은 분석했다.

거시 환경에서 고려할 몇 가지 사항을 언급하면 다음과 같다.

(1) 기업에 영향을 미치는 외부 환경의 범위는 무척 광대하다. 만약 분석의 범위가 지나치게 확대되면 상황에 대한 막연하고 피상적인 서술에 그치기 쉽다. 이러한 문제를 미연에 방지하려면 분석범위에 의미 있는 제한을 두어야 한다. 즉 기업 활동에 밀접히 연관되는 분야로만 초점을 맞추는 것이 중요하다. 예를 들어 대학가 중식당은 영업과 밀접한 관련이 있는 양파나 밀가루의 가격동향, 학생들의 식습관, 용돈, 신입생 충원율 등이 중요시된다. 반면에 캐나다 환율, 금값 시세, 애완견 사료값 등은 그리 중요한 환경 변수가 아니다. 기업과 한 발 정도 멀찌감치 떨어진 것을 거시 환경의 분석대상으로 한다. 즉 '한 발 간격의 거리감'을 유지한다. 그러한 제한을 염두에 두지 않고 거시 환경을 분석하면 불필요한 정보까지도 수집하게 된다. 따라서 마케팅 활동과 관련성이 어느 정도 있는 영역으로만 분석 범위를 한

정한다.

- "지리학 제1법칙: Everything is related to everything else, but near things are more related than distant things(모든 것이 다른 모든 것과 서로 연관되어 있지만, 가까이 있는 것이 멀리 있는 것보다 더 많이 연관된다)."

— Waldo Tobler

(2) 환경 변화로 인해 도출되는 기회, 위협은 다분히 상대적 개념이다. 기업마다 처한 입장, 또는 내적 역량은 각기 다르기에 동일 사건이라도 기업 입장에 따라 다르게 다가온다. 예를 들어, 미세먼지와 황사는 야외활동을 위축시키기에 여행업, 놀이동산, 등산의류 등에는 부정적 영향을 미치지만, 실내에서 주로 이뤄지는 영화관, 백화점, 통신판매업, OTT(over-the-top) Platform에는 긍정적 영향을 미친다.

- 다른 기업에도 골고루 제공되는 기회 요소 보다는 자사의 차별적 우위, 핵심역량과 밀접한 자사만의 고유 기회에 특히 주목할 필요가 있다. 이것은 위협요소에서도 마찬가지이다.

환경 변화는 모든 사람, 조직에게 공평한 영향을 미치는 것은 아니다. 어떠한 위치에 있는가에 따라 다른 영향을 받는다. 예를 들어, 환율변동은 수출입 업체, 유학생/여행객 등에게는 중요하기에 이를 예의주시하지만, 외국과는 별로 관련성이 없는 사람에게는 그리 중요한 정보가 되지 못한다.

- 살 날이 그리 많이 남아 있지 않은 사람들, 또는 세상 물정을 모르는 유아 및 유치원생들에게 대통령, 국회의원이 누가 되는가는 그리 중요하지 않다. 반면에 선출되는 정치가로 인해 삶에 많은 영향을 받는 사람들에게는 무척이나 중요한 이슈가 된다.

(3) 환경 변화 그 자체는 다분히 중립적이다. 이를 어떻게 해석하고 어떠한 의지를 가지고 대응하는가에 따라 전혀 다른 결과가 초래되기도 한다.

환경 변화를 기회로 인식하여 공격적 확장을 할 수도 있고 반대로 위협으로 인식해서 움츠러든 경영을 할 수도 있다. 때로는 이러한 인식 자체로 인해 실제 다른 결과를 산출하기도 한다.

- "바람과 파도는 언제나 유능한 뱃사람의 편이다."

— Edward Gibbon(18세기 영국 역사학자)

- "삼류 기업은 위기에 의해 파괴되고, 이류 기업은 위기를 이겨내며, 일류 기업은 위기 덕분에 발전한다."

  — Andrew Grove(Intel CEO)

- [사례] 폭설을 에너지로, 홋카이도의 역발상. 일본 홋카이도(北海道) 중서부에 있는 누마타초(沼田町). 1990년대 중반까지만 해도 원주민인 아이누족들에게 눈은 한여름이 될 때까지 방치해 두는 애물단지였다. 겨울에는 4~5m까지 눈이 쌓여 한두 달간 교통이 두절되고, 눈사태로 주택이나 농경지가 파손되는 사고도 빈번했다. 그러던 중 눈을 저장해 곡물을 냉동 저장하는 기술로 눈을 돌렸다. 겨울에 내린 눈을 저장해 다음해 늦가을까지 쌀을 저장하는 '스노 쿨 라이스 팩토리(냉동저장창고 시설)'를 세계 최초로 만들었다. 쌀 저장 시설은 송풍기만 사용하기 때문에 전기로 가동했을 때보다 전기료가 20% 수준으로 줄어든다. 전기로 가동하는 쌀 창고의 15도보다 훨씬 낮은 온도로 저장하기 때문에 5년이 지나도 햅쌀 맛을 유지한다는 평가를 받고 있다. 이 냉동 저장 시설에서 출하되는 쌀은 '설중미(雪中米)'라고 불리며 대만 등 동남아시아에 특산품으로 수출된다. 일반적인 방법으로 저장되는 보통 쌀은 1㎏에 300엔가량이지만 냉동저장쌀은 두 배에 가까운 550엔에 팔린다.

  — 참조: 중앙일보, 2009년 2월 14일

- "기업, 산업에 위협이 된다고 생각되는 새로운 문제 속에서야 말로 숨겨진 기회가 있다(Every single social and global issue of our day is a business opportunity in disguise)."

  — P. F. Drucker

- "좋은 위기를 낭비하지 말라(Never waste a good crisis)."

  — Winston Churchill

- "명량에서는 순류(順流)와 역류(逆流)가 따로 있는 것이 아니었고, 함대가 그 흐름에 올라탄다 하더라도 마침내 올라탄 것이 아니었다. 때가 이르러, 순류의 함대는 역류 속에 거꾸로 처박힌 것이었다. 명량에서는 순류 속에 역류가 있었고, 그 반대도 있었다."

  — 김훈(2001), 칼의 노래, 70쪽

- "꽃이 지기로소니/바람을 탓하랴/…"

  — 조지훈의 '낙화(落花)'

(4) 환경은 수시로 변하는 점을 인식한다. 물론 산업에 따라 변화 속도가 완만하거나 또는 급격하다는 차이는 있다. 지금 상황에서 최선의 대안이 향후에도 여전히 최선일 것이라는 안일한 생각을 버려야 한다. 또한 지금 상황의 최고 전문가가 상황이 변한 미래에도 여전히 최고 전문가일 것이란 생각도 버려야 한다.

- 재래식 무기(예: 칼, 창, 화살 등)의 싸움에 능숙한 전투 참모가 신식 무기(예: 총, 대포, 미사일 등)의 싸움에서도 능숙한 전투 전문가가 되리란 보장은 없다. 어제의 전문가가 내일의 전문가가 되는 것은 아니다.

- 어린 아이한테 아빠는 모든 것을 알고 모든 일을 잘 하는 슈퍼맨으로 보일 것이다. 그렇지만 아이가 점차 자라면서 세상을 알게 되면 아빠는 보통 사람이라는 것을 깨닫게 된다.

사회적 가치관, 태도, 윤리의식 등은 시대적 여건과 사건에 따라 변화한다. 예를 들어, 2001년 911테러 이전의 미국 사회는 개인의 사생활 보호가 중요하였지만 911테러 이후에는 공공 안전이 개인 사생활 보호보다 중요시 되었다. 따라서 공익을 위해 개인 사생활의 침해는 어느 정도 용인되는 것으로 변하였다. 물론 이러한 성향은 시간이 지나고 상황이 변화하면 또 다르게 바뀔 것이다.

(5) 다른 기업보다 민감하게 상황변화를 감지할 수 있다면, 이에 적절한 대응책을 신속히 마련할 수 있기에 그만큼 새로운 변화를 유리하게 활용하거나 또는 위기를 회피할 수 있다. 따라서 상황 변화의 감지능력은 중요한 기업 역량이다.

- "유용한 미래는 처음 들으면 우스꽝스럽고 정신 나간 소리같이 들린다. 만약 어떤 사람의 미래 예측을 처음 들었을 때, 공감이 가고 이해된다면, 그 이슈는 이미 트렌드로 자리 잡혀 어디서 누군가 이미 연구를 하고 있거나 주인이 있어서 로열티를 내야 한다."

  ― James Dator, 'Advancing Futures'의 저자

- "우리가 살아가는 오늘날의 변화는 과거와 달리 불연속적이고, 급격하며, 예측 불가능하다. 게다가 이런 변화가 수시로 일어난다. 이러한 급변하는 상황에서 기업을 존속시키려면 언제나 모든 상황을 눈여겨보고, '전략적 변곡점'을 감지해야 한다. 전략적 변곡점이란 사업영역에 근본적인 변화가 생기는 시점을 의미한다. 문제는 이런 시점이 너무도 예측하기 힘들고, 불연속적으로 오기 때문에 경영자들이 무딘 상태로 생활하면, 이러한 중요한 변화를 100% 놓칠 수밖에 없다."

  ― Andrew Grove(Intel CEO), '편집광만이 살아남는다(Only the paranoid survive)'

(6) 환경 분석은 단일 예측뿐 아니라, 새로운 사건과 추세로 인해 파급되는 효과까지도 고려하여야 한다. 세상사의 모든 일들은 엇물림의 관계가 있기에 이러한 영향관계에 대한 총체적 인식이 중요하다. 때로는 전혀 예상하지 못했던 방향으로 환경 변화의 불똥이 미치기도 한다(참고: 나비효과).

- 2003년에는 조류독감과 광우병 파동으로 육류 기피현상이 발생하자 청정 보신용 음식을 찾는 손님들을 겨냥해 토종 개구리를 구입하려는 식당들이 늘어났고, 그 결과 동면하고 있던 개구리들이

수난을 당하였다. 개구리는 마리당 2천~3천원씩 사들여 탕과 튀김으로 조리한 뒤 접시(10마리)당 5만원 안팎에 팔렸다.

- 앤디 워홀(Andy Warhal)로부터 비롯된 팝아트가 미술계에서 성공하게 된 이유는 타이타닉 호의 침몰과 연관된다는 사실을 많은 사람들은 알지 못한다. 타이타닉의 침몰로 인해 구겐하임의 외손녀는 갑자기 엄청난 재산을 물려 받게 되었다. 예술에 대해 관심이 많았던 그녀는 당시 대중적 주목을 받지 못하고 있던 앤디 워홀의 작품을 고가에 대량으로 구입하였는데, 이를 주목한 다른 사람들도 덩달아 이를 사들이면서 이들 작품의 가치가 크게 상승하였다. 따라서 이를 계기로 팝아트에 대해 시장적 관심은 붐을 일으키게 되었다.

- 일반적으로 대학 수학능력평가 시험이 쉬운 '물수능'이면 서울 주요 학군과 인기 학원가 주변의 주택 전세금은 하락하고, 반대로 난이도가 높은 '불수능'이면 전세금이 올라간다.

  － 부동산 업계의 속설

(7) 변화를 수용하고 소화하는 데는 적지 않은 시간이 소요된다. 문명의 발전 속도는 대다수 사람, 조직의 적응 속도보다 빠르다. 이러한 속도 차이로 인해 여러 사회 문제들이 발생한다. 사람의 두뇌 형질은 수천 년간 변화가 없는데 비해, 인공지능, 로봇 등의 첨단 문명의 등장은 인류가 감당하기 힘들다.

- 말을 타고 달리던 시절에는 말이 쉬면 사람도 쉬어야 한다. 그러나 성능 좋은 자동차가 발명되면서 자동차는 쉴 필요가 없어졌기에 사람도 쉬지 않고 계속 운전하게 된다. 그 결과 전에 없던 과로사, 졸음운전, 과속 사고 등이 발생하였다. 농부들은 더 이상 소를 끌지 않는다. 고장나면 필요한 부속을 갈아끼우면 되고, 원하는 대로 1단, 2단 등으로 속도를 조절할 수 있는 트랙터가 개발되었기 때문이다. 그렇지만 그 덕(?)에 트랙터처럼 쉬지 않고 일해야 한다.

(8) 환경 영향력은 실로 위대하기에 인간 의지로 어찌할 수 없는 영역이 있다. 이러한 경우에는 환경을 무모하게 극복하기 보다는 환경에 적응하거나 순응하는 것이 관건이다.

- 태풍의 길목에 서면 돼지도 하늘을 날 수 있다.

- 19세기 미국의 철도 노동자였던 존 헨리는 선로를 설치하는 망치질에서 최고 실력자였다. 한편 최첨단 기술인 증기 해머가 등장하자 "인간이 그깟 기계에 질 리가 없다"며 기계와의 시합을 벌였다. 힘겨운 겨룸 끝에 이기긴 했는데 결국 이러한 무리가 원인이 되어 심장마비로 세상을 떠났다(참고: 미국 드라마 'Cold Case-Season 5'). 세상이 변화된 것을 받아들이지 못하고 과거에 쌓아둔 자기 능력을 슬기롭게 버리지 못하면 불행이 초래된다는 시사점을 준 사건으로 자주 회자되고 있다.

요약하면, 기업은 시장이란 무대에서 활동하기에 이들의 활동 무대에 대한 올바른 이해와 정확한 예측이 무엇보다도 중요하다. 시장은 시간, 공간, 인간의 영향을 받는다([그림 7-3] 참조).

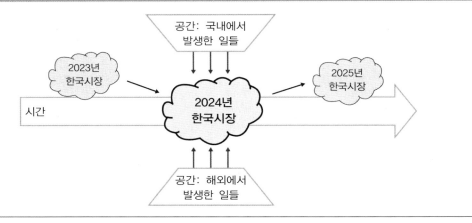

그림 7-3 | 시간과 공간을 중심으로 살펴본 2024년 한국시장

'2024년의 한국시장'은 따로 동떨어져 존재하는 것이 아니라, 시간적으로는 '2023년 이전의 한국시장'으로부터 영향을 받고, '2025년 이후의 한국시장'에 영향을 미칠 것이다. 동시에 공간적으로는 우리나라에서 발생한 일들에 의해 밀접하게 영향을 받고 또한 해외시장에서 발생한 일들로부터도 영향을 받는다. 따라서 2024년 한국시장에 대한 이해는 시-공간적 연관관계를 입체적이면서도 유기적으로 파악할 때, 비로소 이해의 수준이 넓고 깊어진다. 특히 이러한 큰 그림에 대한 통찰은 시장을 올바로 이해하고 효과적인 마케팅 전략을 세우는 데 도움이 된다. 시장은 살아있는 생명체이고 또한 끊임없이 진화한다.

아래에서는 거시 환경의 제반 구성요소에 대해 고찰하고, 그런 다음에는 이러한 환경 변화의 추세 및 사건을 예측하는 기법을 소개하겠다.

Ⅱ 거시 환경의 분석 차원

거시 환경은 기업이 속한 산업의 외부 테두리에서 발생하여 기업 활동에 영향을 미치는 환경을 의미한다. 거시 환경은 개별 기업의 힘으로는 통제가 거의 불가능하다. 또한 기업의

그림 7-4 | 거시 환경의 분석 차원들

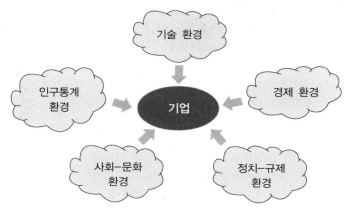

환경은 구름 모양으로 표현하였다. 하얀 뭉게구름일수도 있고 먹구름일수도 있다.

성장 방향, 경영전략, 조직구조에 영향을 미치며 직간접적·장단기적으로 기업에 다양한 기회와 위협을 제공한다. 거시 환경 분석의 차원(Dimensions of Environmental Analysis)으로는 기술, 경제, 정치 및 규제, 사회 문화, 인구통계 등이 있다([그림 7-4] 참조). 어떤 영역의 변화는 다른 영역에도 교차영향(예: 기술 변화로 인한 문화적 영향)을 미친다는 점을 염두에 두면서 각 내용을 살펴보기를 바란다.

1. 기술 환경(technological environment)

1) 기술 환경의 개념 및 중요성

기술 환경이란 마케팅에 영향을 미칠만한 잠재력을 가지는 기술과 관련된 추세와 사건을 의미한다. 기술 환경 분석의 목적은 이러한 기술 정보를 바탕으로 기업의 새로운 기회를 발견하는 것이다. 동시에 기존 기술에 대한 위협을 미리 파악한다.

새로운 기술의 등장으로 인해 기존 기술에 기반한 사업이 와해되거나 붕괴된 사례를 찾아보기는 어렵지 않다.

- 유선 통신망의 부대 시설에 많은 투자를 하는 통신사업의 경우, 획기적 무선전파 기술의 등장은 유선 통신망 구축에 기반한 기존 강점을 헛되게 만들 것이다.

- 주판 제조업은 전자계산기 등장으로 어려움을 겪었고, 타자기 회사는 워드프로세서의 개발로 자취를 감추었다. 또한 기존의 하드웨어 중심의 휴대폰 제조업체(예: 노키아 등)는 스마트폰의 등장

에 따라 커다란 위협에 직면하였다. 복제 기술은 지금의 장기이식 수술 방식에 많은 영향을 미칠 것이다.

- 국립암센터와 SK케미칼이 추진하는 새로운 암 진단법은 '혈액지문 분석기법에 의한 암진단법'으로 기존의 검사법에 비해 간편한 채혈만으로 검사가 가능하고 불필요한 방사능 노출 없이 경제적 비용으로 간단하게 암 검진을 마칠 수 있는 장점이 있다. 상용화 서비스는 2013년 대장암 진단부터 시작해 위암, 유방암으로 점차 확대할 방침인데, 만약 이러한 신기술이 정착되면 기존 검진 방식에 익숙한 의료업계는 타격을 받을 것이다.

  – 참조: 보건뉴스, 2013년 1월 9일

- 오래 전 IT(정보기술) 업계에선 '앞으로 지갑 판매는 줄어들 것'이라고 예측하였다. 그 이유는 지갑의 역할이 빠르게 스마트폰으로 넘어가기 때문이다. 전통적인 지갑에 들어가 있던 신용카드는 삼성페이, 네이버페이 등과 같은 모바일 간편 결제 서비스, 그리고 각종 할인, 적립 멤버십 카드는 모바일 앱의 등장으로 인해 지갑에서 빠져나가고 있다. 휴대폰의 등장으로 인해 손목시계, 카메라, 수첩의 수요가 점차 줄어든 것과 마찬가지로, 모바일 기술의 발달로 이제 지갑마저도 그 수요가 줄어들고 있다.

의사는 획기적인 약과 수술 도구가 나오면 그동안 습득했던 손기술, 경험 등이 소용이 없어지는 세상에 살고 있다고 한다. 이러한 현상은 단순 기술 및 지식에 기반한 업종에서는 더 자주 그리고 충격적으로 발생한다.

- 마취도 항생제도 없던 19세기 초에는, 마취를 하지 않은 채 팔이나 다리를 끊어내야 하므로 수술을 얼마나 빨리 하느냐가 중요했다. 그러나 마취법의 개발로 인해 의사들이 수술 시간에 신경을 덜 써도 되었기에 점차 정확하고 정밀한 수술을 최고의 가치로 여기는 새로운 외과의 전통이 확립되기 시작했다. 따라서 기존의 수술 속도만을 중시하던 구시대의 명의들은 서서히 역사의 뒤안길로 사라져갔다.

- 1990년대 중반, 신문에 어떤 도장공의 자살이란 짧은 기사가 게재되었다. 50대 후반으로 몸이 불편한 그는 도장 파는 기술을 익혀서 회사 밀집지역의 점방을 운영하면서 가정을 꾸려왔다. 그런데 컴퓨터를 이용한 도장 파는 기계가 개발되면서 더 이상 그를 찾는 사람들이 없어지자 결국 극단적 선택을 하고 말았다.

기술 적응의 실패 유형은 크게 두 가지다. (1) 미래 기술에 대한 잘못된 예견, (2) 기술의 변화 방향에 대해서는 비교적 정확히 예견하였지만 이에 적절치 못한 대응을 한 경우. 따라서 기술 변화에 성공적으로 대응하기 위해서는 어떠한 신기술이 등장할 지를 정확히 예측하고 이에 대한 적절한 대응을 해야 한다.

- "농경시대에 수백년 걸리던 과학 기술 변화가 2000년에는 1년만에 바뀌고, 2025년에는 2~3일만에 바뀐다."

— James Dator('Advancing Futures'의 저자)

2) 기술 환경의 주요 이슈

기술 환경의 분석과 관련된 주요 이슈들을 언급하면 다음과 같다.

첫째, 새로운 기술의 등장에 따라 산업의 핵심성공요소(Key Success Factors, KSF)는 변하게 된다.

- 예전에는 은행의 경쟁력은 입지였다. 시내 번화가 1층에 자리잡는 것이 중요하였다. 그러나 IT기술이 발달하면서 이러한 좋은 위치는 더 이상의 핵심성공요소는 아니게 되었다. 자동주행장치가 개발되면 노련한 운전 솜씨는 더 이상 중요 요소가 아니게 된다.

둘째, 새로운 기술이 등장하였다고 해서 그러한 신기술로 즉각적으로 모두 옮겨가는 것은 아니다. 또한 기존 기술에 근거한 기업들의 경쟁력이 급격히 약화되는 것도 아니다. 그 이유는 신기술이 등장한 후에도 기존 기술 기반의 제품 매출노력이 한동안 유지되기 때문이다. 또한 기존 기술 기반 기업들의 신기술 채택까지 상당 시간이 소요되기 때문에 기존 기술을 이용한 제품의 성장 국면이 바로 끝나는 것도 아니다.

- 컬러TV가 시장에 등장했어도 흑백TV는 일정기간 사용되었다. 3D TV, Full HD TV가 등장한 경우에도 마찬가지 현상은 있었다. 또한 스마트폰의 등장에도 불구하고 한참동안 2G, 3G폰은 사용되었다(스마트폰 첨단기능의 활용도가 낮은 노년층, 공부에 방해된다고 생각하는 중고생, 신제품 회피 집단 등).

기업과 마찬가지로 소비자 역시, 신기술 기반의 제품으로 쉽게 옮겨가지 못한다. 1990년대 중후반부터, DVD Player, Digital Camera는 일반 소비시장에 등장하였다. 초기의 혁신제품들은 기존 기술에 기반한 제품(예: Videotape Player, 필름 카메라)에 비해 분명 뛰어나지만, 구매하기에는 가격이 너무 비쌌고 제품의 질이 확연하게 높은 편도 아니었다.

- 저자에게는 아직도 3.5인치 공디스켓이 많고, VTR 공테이프가 많다. 2000년 초반에만 해도 혁신적 기술의 USB, CD가 대중화되는데 오랜 시간이 걸릴 것으로 예상했었다. 또한 당시 3.5인치 디스켓, VTR 테이프가 대폭 세일도 하였기에 필요 이상으로 많이 사두었다. 필자와 같이 기술발달에 대한 정보가 부족한 고객 덕분에 신기술 이전을 계획중인 기업들은 제품 재고를 쉽게 털었을 것이다.

- 소크라테스 시대는 문맹인이 많았다. 전부 '소크라테스 가라사대, 소크라테스가 말하기를'이란 글만 있다. 그 후 문자가 나오자 신세대들은 말을 글로 옮겨놓고 이를 외우려 하지 못하자, 당시 어른들은 "요즘 아이들은 머리가 나빠. 도대체 아무것도 외우지 못해. 문자 때문이니, 문자를 없애자."라면서 한동안 문자(신기술) 없애기 운동을 벌였다고 한다. TV(신기술)가 나와 많은 아이들이 TV를 보자, 어른들은 바보상자라고 하면서 TV 못 보게 하기 운동을 벌였다. 컴퓨터가 나오자 어른들은 컴퓨터중독, 게임중독이라면서 컴퓨터나 게임을 막고 있다. 이렇게 인간은 변화에 저항한다. 즉 말의 시대에서는 문자 도래에 저항했고, 라디오시대에서는 TV 도래에 저항하였으며, 책의 시대에서는 컴퓨터 도래에 저항하였지만 결국 미래는 첨단기술이 대세가 된다.

  ─ 참조: 서울신문, "글로벌시대," 2008년 7월 7일

이런 현상이 있기에 신기술로 옮겨 타는 의사결정은 기업 생존과 성장에 있어서 뿐 아니라 소비자에게도 중요하다. 특히 시장의 대세가 신기술 기반으로 전격적으로 넘어가는 시점에 대한 올바른 예측이 중요하다.

셋째, 신기술로 인한 영향력을 다각적으로 검토할 필요가 있다. 단일 기술에 대한 예측은 비교적 용이하다. 그러나 하나의 기술로부터 비롯되는 파급 효과에 대한 예측은 쉽지 않다.

피임기술의 발달은 단순히 출산 감소만 가져오지는 않는다. 직장여성의 증가, 여성의 소득증대, 여성권리의 증대, 시간절약제품(세탁기, 식기세척기)의 요구, 구매패턴의 변화(우편, 통신판매의 증대) 등의 여러 효과를 불러왔다. 따라서 이러한 파급효과에 대한 상상력을 발휘하면 시장기회를 남보다 먼저 선점할 것이다(예: 2G, 3G폰과는 다르게, 스마트폰 사용자는 휴대폰 커버에 대한 수요가 많았다). 구텐베르크의 활자 혁명이 종교 혁명, 시민 혁명으로 이어질지 초기에는 아무도 예측하지 못하였다. 휴대폰, SNS로 인한 중동의 민주화 혁명(재스민 혁명), 고속전철에 따른 생활 변화, 성형수술 발전에 따른 아름다움의 기준 변화(예전 미스코리아 대회에서는 성형한 사람들의 출전이 금지되었다) 등, 기술발달로 인한 파급효과의 예측은 쉽지 않다.

- 게임, 스마트폰을 많이 하면, 단기적으로는 안구건조증 환자가 많아지지만, 중장기적으로는 척추 측만, 디스크, 그리고 치매 등의 증세가 많이 나타난다. 따라서 이와 연관된 의료, 용품, 제약산업은 매출이 증가된다. 즉 게임과 의료산업은 밀접한 상관관계를 가지고 있다.

넷째, 기술에 대해 속단하지 말아야 한다. (대형) 컴퓨터의 수요에 대해 토마스 왓슨(IBM 사장)은 다음과 같은 예측을 하였다.

- "I think there is a world market for maybe five computers."

  ─ Thomas Watson, president of IBM, 1943

또한 개인용 컴퓨터가 등장하기 시작했던 초기, 일반 가정에서의 개인용 컴퓨터의 수요에 대해 켄 올슨(Digital Equipment Corporation의 설립자)은 다음과 같이 예측하였다.

- "There is no reason anyone would want a computer in their home."

  — Ken Olsen, founder of Digital Equipment Corporation, 1977

이와 같이 컴퓨터의 전망에 대해 회의를 가진 전문가들은 많았다. 그러나 사용이 편리하고 가격도 저렴해지고 유용성이 높아지면서 제품 확산은 급격히 늘어났다. 물론 초기부터 이러한 주요 기술과 관련 기술의 발전에 대한 올바른 예측은 힘들 것이다. 중요한 것은 초기에는 어떤 새로운 기술에 대해 속단하지 말고 모든 가능성을 열어두고 지켜보는 것이 중요하다.

- "기업가는 항상 '다음은 무엇일까?'라는 질문을 던져야 한다."

  — 왕쉐훙(HTC 회장)

2. 경제 환경(economic environment)

IMF 사태 때 소형차, 디젤차량의 수요는 급증한데 비해 고급 중대형차의 수요는 하락하였다. 이와 같이 경제의 전반적 상황은 기회, 위협과 연관된다. 실업률, 경제성장률, 금융비용, 환율, 무역수지 등은 마케팅 성과에 영향을 미친다. 예를 들어 실업률이 높아지면 개인소득의 감소(소비위축)에 따라 전반적 시장 침체가 일어난다.

- 경기불황기에는 창업 교육기관, 직업소개소, 리쿠르트 잡지는 호황을 맞는다. 또한 소주, 라면, 영화관의 매출도 늘어난다. 언제나 음지가 있으면 양지도 있게 마련이다.

자본집약적 또는 장치 산업에 대한 대규모 투자는 투자손실 위험이 크기에 경제적 여건이 좋은 호경기에 하는 것이 바람직하다. 호텔, 아파트, 관광단지는 건물의 신축 시기를 결정할 때, 준공시점과 호경기가 일치되기를 원한다. 이와 같이 경기에 민감한 제품을 판매하는 기업은 특히 경제 환경의 변화를 예의 주시하여야 한다.

- 경기에 민감한 제품, 경기를 타지 않는 제품으로는 어떤 것들이 있는가? 어떠한 제품 특성이 이러한 차이를 유발하는가?

한편 다른 환경 요소와 마찬가지로 경제 환경에 대한 분석 역시 개별산업에 보다 연관이 되는 경제 측면에 집중해야 한다.

- 대학가 식당은 학생들의 주머니 사정을 국민총소득, 환율, 무역수지보다 중요시한다. 그래서 정부의 대학생 과외 해제 조치, 취업 및 아르바이트 시장, 등록금 인상, 기숙사 비용 등의 내용에 보다 민감한 관심을 가진다. 한편 각국의 환율변동 예측은 여러 나라에 걸쳐 사업활동을 하는 기업, 여행사, 유학 기관 등에 있어서 중요하다.

3. 정부, 정치, 규제 등의 환경(political-legal environment)

정부 환경에서는 정치적 변동, 법률적/행정적 규제의 추가(또는 제거)에 따라 새롭게 발생하는 기회, 위협에 대해 분석한다. 물론 이러한 정부 환경의 변화는 모든 기업에 동일한 방향과 강도로 영향을 미치지는 않는다. 기업의 특성 및 업무 영역에 따라 각기 다른 영향을 받는다.

생수 판매에 대한 규제조치 또는 세금 인상은 생수회사에게 위협이지만 정수기 회사에는 기회가 된다. 강력한 환경규제의 가능성을 미리 예상하고 이러한 점을 제품개발에 반영한 기업에게 환경규제 법안의 발효는 기회가 된다(예: 공해 저감장치, 플라스틱 빨대의 대체 상품).

- 알짜 노선으로 꼽히는 인천~몽골(울란바토르) 항공 운수권 추가분이 아시아나 항공에 배정되면서 지난 25년간 독점 운항하면서 이익을 챙겨온 대한항공의 독점 구조가 깨졌다. 항공권 가격이 지나치게 비싸고 증가하는 항공수요를 감당하지 못한다는 지적이 일자 정부가 몽골에 항공회담을 제의, 1국 1항공사 체제를 1국 2항공사 체제로 바꾸기로 했다.

  — 참조: 한국일보, 2019년 2월 25일

- 2014년 9월 검찰이 '사이버 명예훼손 전담수사팀'을 신설해 인터넷 공간의 감시를 강화하겠다고 밝히고, 수사기관이 카카오톡을 직접 들여다본 것으로 드러나면서 국내 사용자들이 해외 앱(독일 모바일 메신저 '텔레그램')으로 갈아타는 '사이버 망명'이 늘고 있다. '텔레그램'은 모바일 메신저로 대화내용이 서버에 암호화돼 저장되는 방식으로 보안성을 강조하고 있다. 온라인 시장조사 업체 랭키닷컴의 집계를 보면 지난달 마지막 일주일간 텔레그램 국내 이용자수가 2만명에서 25만명으로 10배 이상 증가한 것으로 나타났다. 텔레그램을 가장 많이 다운로드한 나라는 한국인 것으로 알려졌다.

  — 참조: 경향신문, "독일 텔레그램 먹여살리는 청와대," 2014년 10월 2일

- 모든 도서의 할인율을 정가의 15% 이내로 제한하는 새 도서정가제가 2014년 11월 21일 시행되었다. 제도의 시행 전날, 할인 도서를 구입하려는 소비자들의 접속 폭주로 사이트가 마비됐던 주

요 온라인 서점들은 시행 첫날부터 즉각적 변화가 나타났다. 반값, 특가 코너는 사라졌다. 대신에 만원 이하 도서, 착한 재정가 등의 코너가 생겼다. 접속자 수도 평소에 비해 20~30% 줄었으며, 매출 역시 20%가량 감소했다. 반면에 오프라인 서점에서는 책의 판매 가격이 새 정가제 시행 전후 거의 차이가 나지 않기 때문인지, 평소와 비슷한 편이다.

− 참조: 한국경제, 2014년 11월 22일

한편 국내 정부 당국뿐 아니라 세계 협력기구의 흐름도 예의주시할 필요가 있다.

- 세계보건기구(WHO)의 국제암연구기관(IARC)은 800여건의 연구 결과를 분석한 결과 가공육이 인간에게 암을 유발한다고 평가하고 '1군 발암물질'로 분류했다. '1군 발암물질'에는 담배, 석면, 비소 등이 속해 있다. IARC 연구진은 매일 50g의 가공육을 먹으면 직장암에 걸릴 위험이 18%로 높아진다고 지적했다. 가공육은 햄, 소시지, 쇠고기 통조림, 말린 고기 등이 포함된다. 세계보건기구(WHO)의 가공육 발암물질 지정은 국내 축산업계에 악영향을 줄 것으로 관측되고 있다. 참고로 국내 가공육시장 규모는 연간 1조 5,000억원(약 20만톤)이다. 이 중 내수가 80%를 차지하고 나머지 20%는 수출된다.

− 참조: 머니투데이, 2015년 10월 27일

정부 환경의 변화는 사회 전반에 걸쳐 광범위하면서도 때로는 즉각적 영향을 미치기에 기업은 이를 예의 주시하여야 한다. 예를 들어, 세제 개편은 소비자뿐 아니라 산업생태계에도 영향을 미친다(예: 재산세, 종부세, 취득세, 양도세 등).

- "법률 조항의 한 줄만 바꿔도 경제 전체를 바꿀 수 있다."

− 어떤 정부당국자의 말

- 재산 상속이 전혀 허락되지 않는 것으로 법률 및 제도가 바뀐다면 아마도 우리 일상의 삶은 많이 바뀌게 될 것이다.

정부의 정책, 규제 등은 기업 운영 및 개인의 삶에 광범위하게 그리고 중대한 영향을 미치기에 이의 수립은 매우 신중을 기해야 한다.

- 교통시스템, 도로망, 신호체계 등이 잘 갖춰져 있어야 차량 소통이 원활해진다. 잘못된 신호체계, 도로 디자인 등으로 인해 교통 흐름이 원활치 못했던 경험을 누구나 한 적이 있을 것이다. 불합리한 시스템에서는 개인 차량의 노력만으로 이를 극복하는데 한계가 있다. 마찬가지로 개별기업의 경영도 정치, 경제 및 유통 시스템의 영향하에 있다. 따라서 이러한 시스템 또는 규제를 관리 감독하는 정부와 경제단체 등은 이의 효율적 체계를 위해 많은 노력을 기울여야 할 것이다.

− 참조: 김종배, "자동차 운전과 기업 경영," 부산경제신문, 2002년 5월 23일

- "정부가 우리를 돕겠다고? 그냥 내버려둬라. 어떤 기술과 아이디어로 무장해야 생존하는지는 우리가 가장 잘 안다."

  – 실리콘밸리의 한 기업인이 1990년대 후반 월스트리트저널에 기고했던 글

- "정부가 정책을 마련하면, 국민은 대책을 마련한다."

  – 중국에서 어떤 중국인에게 들은 얘기

정부 조치는 흔히 8년주기가 존재한다고 한다. 처음 5년간에는 언론이나 여론조사를 통해 쟁점이 부각된다. 그래서 5~6년째 계속 언론의 관심이 높아질 때 비로소 정부가 행동을 취한다고 한다. 지속적으로 어떠한 여론이 유지되고 고조될 때 비로소 움직이는 경우가 많기에 8년주기라는 말이 나온 것이다. 이러한 현상을 이해한다면, 기업은 너무 이르거나 또는 너무 늦지 않게 조치를 취할 수 있을 것이다.

- 정부 규제에 민감하게 대응하는 기업, 정부 움직임에 대한 고급정보를 수집할 수 있는 기업, 정부 또는 국회 등의 요처에 자기 사람을 앉혀서 자신에게 유리한 정책을 꾀할 수 있는 기업 등과 같이 정부환경에 능동적으로 대처하는 기업은 보다 큰 성과를 거둘 수 있다.

한편 다국적 기업은 다른 나라의 정치적 환경에 대한 예측 역량이 요구된다. 정치 불안 뿐 아니라, 인플레이션이나 경기후퇴 등의 경제적 위험, 외국인에 대한 혐오 등과 같은 사회/문화적 위험 등도 포괄적으로 고려해야 한다.

- 남북한 관계는 금강산 관광단지, 개성공단 등의 사업에 직접적 영향을 미쳤다. 2017년 롯데 골프장 부지에 사드(Thaad)가 배치됨에 따라 중국내 롯데마트는 큰 타격을 받았다. 한일간의 갈등이 심해지는 이슈가 발생하면 우리나라에서 일본 자동차의 구매가 꺼려지게 된다. 반면에 일본에서는 한류 드라마, K-POP 등이 타격을 받는다.

4. 사회-문화 환경(social-cultural environment)

문화적 환경 변화는 마케팅 활동에 기회, 위협의 원천이 된다. 라이프 스타일, 유행, 사회적 가치관, 신념, 사회적 갈등이 현재는 어떠하고 앞으로는 어떻게 변화할지, 그리고 이러한 변화를 유발하는 원인과 그러한 변화가 의미하는 바를 올바로 이해할 필요가 있다(예: MZ세대, '82년생 김지영'(영화), '90년생이 온다'(책)).

- 2015년 11월 13일의 파리 테러가 있은 후, 테러에 대한 막연한 불안감 속에 무슬림에 대한 혐오 폭력도 나타나고 있다. 미국 텍사스 오스틴 외곽의 이슬람 사원에서는 누군가가 인분을 버리고 쿠란을 찢은 뒤 달아났다. 이날 메릴랜드 볼티모어에서는 중동계 무슬림으로 추정되는 승객 4명이 의심을 받고 강제로 비행기에서 하차당하는 일도 벌어졌다. 캐나다의 토론토에서 남성 2명이 무슬림 여성 1명을 집단 구타하는 사건이 발생했고, 이슬람 사원 방화사건도 일어났다.

우리나라의 경우, 출산율 저하, 다문화가정, 성소수자, 노년층 증가 등은 사회를 변화시켰고 동시에 이와 연관된 시장을 만들기도 하였다(예: 채식주의자를 위한 음식점, 동성애자를 위한 이벤트 등). 문화적 변화는 구매 상품뿐 아니라 소비 성향에도 광범위한 영향을 미친다.

- 의류업체는 여성의 라이프스타일의 변화를 예측하고 이에 대응하여야 한다. 직장 여성이 증가할수록 집 밖에서 보내는 시간이 많고 사회적 경력을 쌓는데 신경을 써야 하기에 다양한 스타일의 옷을 여러 벌 원하게 된다. 따라서 낮은 가격으로 의류를 대여하는 업종이 등장하기도 한다. 한편 자동차 보급률이 늘어나면 외식산업이 번창한다. 그리고 동네 어귀의 가게보다는 주차시설을 갖춘 대형할인매장의 영업이 더 잘된다.

— 참조: 1960~70년대의 마케팅 교재

5. 인구통계 환경(demographic environment)

인구통계적 환경은 시장 규모를 결정짓는 가장 기본적 요인이다. 연령, 성별, 소득, 교육 등의 인구통계 변수(사람의 고유특성 중에서도 객관적으로 쉽게 관찰하거나 측정할 수 있는 변수)는 시장의 크기와 구조를 결정한다.

- 자동차의 경우, 소비층의 인구 수와 그들의 소득은 전체 차량 판매량의 최대 한도를 결정한다.
- 인구통계변수를 통해 시장의 크기와 성장세를 예측할 수 있다. 이런 점에서 볼 때, 기업은 경쟁우위 확보에 대한 노력보다 우선은 성장성 있는 시장을 먼저 선택하는데 보다 많은 노력을 기울일 필요가 있다.

노령층 인구의 증대에 따라 많은 기업들이 노인 대상의 사업에 진출하고 있다. 또한 1인 가구 수의 증가로 인해 가전, 건설, 식품 사업 등에서도 그에 맞춘 다양한 제품들을 속속 시장에 등장시키고 있다.

- 혼자 사는 인구가 최근 20년 동안 2배 이상 늘었다. 통계청이 발간한 '한국의 사회동향 2012'에 따르면 1990년 9.0%였던 1인 가구 비율이 2010년 23.9%로 껑충 뛰었다. 2025년에는 31.3%까지 비중이 늘어날 것으로 예상된다. 반면 4인 가구 비중은 2010년 22.5%로 감소해 2025년에는

13.2%로 더 줄어들 것으로 보인다. 이 같은 1인 가구 증가 추세를 반영해 싱글족을 위한 소포장 신선식품, 1인용 가구, 소형 가전제품의 인기는 나날이 높아가고 있다.

— 참조: 뉴시스, 2013년 1월 31일

한편 사람들의 지리적 이동 추세는 마케팅 활동에 영향을 미친다. 예를 들어 도시로의 인구 유입이 많아지면, 부동산 가격은 상승하고 사교육사업, 경비산업 등이 활성화 된다.

물론 이상 언급한 변수들 이외에도 거시환경 변수에 해당하는 것들은 많이 있다(예: 날씨, 토양, 전염병, 전쟁, 천재지변 등).

- 전염병은 역사의 흐름을 바꾸고 삶의 모습을 변화시키기도 한다. 중세 유럽 인구의 3분의 1이 목숨을 잃은 흑사병은 농노의 발언권을 높여줌으로써 봉건제 붕괴를 촉발했다. 또한 농노들의 이탈로 도시화가 진행되면서 상업이 발달했고 근대 자본주의 토양이 만들어졌다. 1920년대의 스페인 독감이 미국의 산업 발전에 기여했다고 주장하는 학자들도 있다. 노동력 감소를 벌충하려고 설비 투자를 급하게 늘린 덕에 산업이 급격하게 팽창하였다는 것이다. 2019년 말에 발발한 코로나19도 우리의 삶을 크게 변모시킬 것으로 예상되고 있다.

Ⅲ 환경의 추세 및 사건의 예측

미래 예측은 앞이 보이지 않는 자동차에서 백미러를 보면서(즉, 지나온 과거를 보면서) 앞으로 운전하는 것과 같다고 한다. 백미러의 성능이 좋거나 운전자의 경험과 직관이 뛰어날수록 '보이지 않는 앞 길'을 보다 근접하게 예견할 것이다. 그러나 이러한 전망과 예측은 과거부터 현재까지 알려진 변수와 그들간의 관계성을 감안해 이뤄지는 '조건부(conditional) 전망'이라는 한계가 있다. 따라서 전혀 예기치 못한 돌발상황이 발생한다면 이러한 모든 예상은 뒤틀어진다.

- "주가(株價)와 관련해 명확히 알 수 있는 것은 주가가 달라진다는 것뿐이다."

— 미국의 전설적 금융인 JP 모건

- "I never think of the future – it comes soon enough."

— Albert Einstein

- "어떤 바보라도 사과 속의 씨를 셀 줄은 안다. 하지만 한 개의 씨가 몇 개의 사과가 되는지는 하느님밖에 모른다."

— Robert Schuller(리더스 다이제스트, 1989년 3월판)

- "천하의 어려운 일은 반드시 쉬운 데서 시작하고, 천하의 큰 일은 반드시 미세한 데서 일어난다."

  − 노자의 도덕경

현재의 추세와 사건을 파악하고, 더 나아가 거기서부터 유래될 미래의 환경변화를 정확하게 예측할 수 있다면(Forecasting Environmental Trends and Events), 경쟁사보다 더 나은 위치에서 전략적 의사결정을 하게 될 것이다. 여기서는 환경 변화의 예측에 사용되는 몇 가지 방법을 소개하겠다.

그림 7–5 | 르네 마그리트(René Magritte, 초현실주의를 대표하는 벨기에 화가)의 '통찰'(1936년)

알을 보고 새를 상상하는 그림

---

1) 질문법(asking the right questions)

향후 시장에 영향을 미칠 추세와 사건들로는 어떤 것들이 있을지를 스스로에게 질문해 보는 방법이다. 기업에 영향을 미칠 과업환경 및 거시환경(task environment)의 추세 및 사건으로는 어떤 것들이 있을지를 자문해보면서 그러한 생각을 정리해 보는 것이다.

2) 추세 외삽법(trend extrapolation)

과거와 현재의 환경추세를 그대로 미래에도 연장해 봄으로써, 미래 환경을 예측하는 방법이다. 과거의 변화 패턴(예: 매출 곡선, 원자재 변동 추이)이 미래에도 같은 패턴으로 나타날 것으로 가정하여 예측하는 것이다. 변화 속도가 완만하거나 이에 영향을 미치는 변수가 그리 많지 않다면 사용이 가능한 방법이다.

- 이왕찰래(以往察來): 과거의 사례를 살펴보며 미래를 미루어 짐작한다.

그러나 이 방법은 고려할 변수들이 복잡하거나 변화 속도가 빠른 경우에는 예측 정확성이 떨어진다는 단점이 있다. 실제 환경변화는 예측된 추세선에서 벗어나는 경우가 허다하다. 그렇지만 이러한 추세선은 기본적인 어떤 방향성을 일단 제시해 준다는 점에서 유용하다. 물론 오차는 있겠지만 기본적인 추세선을 통해 어떤 움직임의 기초적 지식을 가지게 될 것이다.

3) 전문가 진단법(asking experts)

시장과 산업의 여러 분야 전문가들의 지식과 경험을 종합함으로써 예측하는 방법이다. 예를 들어 1980년대초 PC에 대한 전문가들의 지식과 견해를 이용함으로써, 16비트 컴퓨터를 위한 소프트웨어가 어떻게 발전해갈 것인가를 예측하였다.

- 2010년대 초반, 우리나라의 아파트 매매시장은 부진을 면치 못하였지만 전세가는 상승하는 기현상을 보였다. 언제 부동산 시장이 되살아날지, 어느 지역부터 되살아날지 등에 대해 많은 사람들은 궁금해 하였다. 그 결과 향후 부동산 전망의 예측에 관련된 많은 전문가들이 방송 및 신문에 오르내렸는데, 이들은 주로 부동산 투자 전문가, 금융전문가, 중개업자, 경제학자, 그리고 이사를 많이 다닌 사람들 등이었다.

전문가 진단법에는 개별면접, 집단토론, 델파이(Delphi) 등의 다양한 방법이 있다. 다양한 전문가들에게 의견을 묻고 이들의 의견을 취합해서 여기서 나온 중간 합산결과를 또다시 전문가들에게 제시하여 그들로부터 재차 수정된 의견을 듣고 이를 통해 보다 나은 예측치를 찾아 나가는 것과 같이 여러 사람들의 의견을 합리적으로 수렴해나가는 기법 개발은 지속적으로 발전되고 있다.

4) 과업분할법(decomposing the task)

이 방법의 기본 아이디어는 예측과업을 잘게 분할한다면, 예측결과의 정확성을 높일 수 있다는데 있다. 예를 들어, 어떤 대학의 학생식당의 수요를 전체수요량을 한번에 예측하기보다는, 각 과별로 또는 학년별로 분할하고, 이들 각각을 예측해서 이를 통합하는 것이 보다 정확하다는 것이다. 또 다른 예로 내년도 쌀 소비량을 지역별(서울, 부산, 강원도 등)로 분할하여 예측하고 이를 통합하는 것이다. 참고로 최근 몇 년 동안의 쌀 수요량을 기준으로 하여 그 선의 패턴을 확장하여 예측한다면 이는 전술한 '추세외삽법'이 된다.

5) 영향분석(impact analysis)

정보수집 해야 하는 영역을 결정하고, 각각의 영역에서 어느 정도의 깊이 있는 정보가 필요한지를 결정하는 방법이다.

영향분석(impact analysis)은 두 가지 요소, 즉 영향력(impact, 영향력의 크기)과 긴급성(im-mediacy, 일어날 확률의 크기)을 기준으로 영역을 구분한다.

(1) **영향력**: 기존 및 잠재 사업부에 영향을 미치게 될 변화 추세나 사건을 내포하고 있는 정도의 크기, 관련되는 사업부의 중요성, 관련되는 사업부의 수 등으로 평가된다.

(2) **긴급성**: 변화 추세나 사건이 일어날 확률, 변화 추세나 사건의 시간 프레임(가까운 장래 또는 먼 장래), 적합한 전략을 개발하고 집행하는데 필요한 시간, 즉 이용 가능한 반응시간 등으로 평가된다.

이러한 두 가지 요소의 크기, 즉 영향력과 긴급성의 높고 낮음을 기준으로 하면 4개 범주가 구분된다. ① 긴급성과 영향력이 모두 낮으면, 상대적으로 낮은 감시만으로 충분하다. ② 영향력은 낮은데 긴급성이 높다면, 감시와 함께 분석이 이루어져야 한다. ③ 긴급성은 낮은데 영향력이 높다면 감시가 필요할 뿐만 아니라 심층적으로 분석하여 상황 전략을 고려할 수도 있지만, 이를 반드시 개발하고 실행해야 하는 것은 아니다. ④ 긴급성과 영향력이 모두 높다면, 심층분석과 함께 대응전략이 개발되어야 하며 이를 위한 임시 프로젝트팀을 만들 수 있다.

위에서 언급한 방법들 이외에도 미래 환경을 예측하는 다양한 방법들이 존재한다(예: 상호연관된 사건들을 예측하기 위해 고안된 교차영향분석(cross-impact analysis), 미래의 환경요인이 될 것으로 생각되는 주요 변수들로 구성된 시나리오를 개발하는 시나리오 분석(scenario analysis) 등).

아마도 가장 확실한 미래에 대한 예측은 자신이 미래 그 자체를 만드는 것일 게다. 물론 누구나 그렇게 할 수 있는 것은 아니다. 그렇지만 이러한 미래에 대한 적극적 자세야말로 가장 좋은 미래를 가져올 것이다.

- "The best way to predict the future is to create it."

— Alan Kay

7장의 요약

　기업은 자신이 활동하는 무대(stage), 즉 시장(market)에 대한 이해가 바탕이 되어야 이에 대한 적절한 전략과 관리방안을 마련할 수 있다. 여기서는 이러한 시장의 양상과 변화에 영향을 미치는 거시 환경에 대해 살펴보고 있다.

　우선 환경의 이해가 왜 중요한지에 대해 살펴보고 있다. 그런 다음 시장에 영향을 미치는 거시 환경의 제반 요소들, 즉 기술, 경제, 정치 및 규제, 문화, 인구통계 등에 대해 차례대로 살펴보고 있다. 마지막으로 끊임없이 변화하는 환경을 예측하는데 사용하는 대표적 방법을 소개하고 있다.

주요 용어에 대한 정리

나비효과(butterfly effect): 어떤 일이 시작될 때 있었던 아주 작은 변화로 인해, 결과에서는 매우 큰 차이가 만들어질 수 있다는 이론이다. 미국의 기상학자 에드워드 로렌츠(E. Lorentz)가 주장한 것으로 브라질에 있는 나비의 날갯짓이 미국 텍사스에 토네이도를 발생시킬 수도 있다는 이론이다.

제 **3** 부

마케팅 전략: 시장세분화,
표적시장 및 포지셔닝의 결정

마케팅에는 몇 가지 기본 법칙이 있다. '하나의 제품으로 모든 사람들의 욕구를, 그리고 한 사람의 변덕스런 요구를 만족시킬 수 없다'는 것은 이러한 법칙 중 하나이다. 하나의 제품만으로 모든 사람의 욕구를 만족시킨다면 시장에는 제품범주별로 한 가지 제품만 존재할 것이다. 예를 들어, 하나의 라면/맥주/옷/스마트폰/자동차만 시장에 존재할 것이다. 세상이 그렇지 않다는 것을 우리는 잘 알고 있다. 여기에 더해서 어떤 한 사람의 취향도 고정된 것이 아니기에 평소 순한 맛을 즐기던 사람도 때로는 매운 맛을 먹고 싶기도 하다(참고: 욕구 변화가 없다면, 15년간 감금되어 군만두만 먹은 '올드보이'의 내용은 그리 충격적이지 않을 것이다). 그래서 세상에는 매운 맛, 순한 맛, 진한 맛, 카레 맛, 다이어트용 라면이 존재한다. 시장세분화는 사람의 욕구가 이렇게 다르다는 점에서 비롯된다.

- "Those who seek to please everybody please nobody."

  — Aesop's Fables

- "나는 성공의 열쇠가 무엇인지는 모르지만, 실패의 열쇠가 무엇인지는 알고 있다. 그것은 모든 사람을 만족시키려고 하는 것이다."

  — Bill Cosby(미국 코메디언)

시장에 다양한 상품이 있다는 것은 역으로 사람들마다 서로 다른 욕구가 있고, 동일한 사람도 경우에 따라 원하는 것이 변한다는 점을 시사한다. 시장기회를 찾으려는 기업에게 있어선 사람마다 욕구가 다르고(고객의 이질성, heterogeneity), 또 변화한다는 것이 좋은 기회가 된다. 새롭게 시장에 진출하려는 기업의 경우, 기존 제품들이 충족시켜 주지 못하던 사람들의 욕구를 발견하고 이를 흡족하게 충족시키는 자신만의 상품 및 서비스를 제공한다면 기업은 '자신만의 시장'을 확보하게 될 것이다.

시장은 이질적 욕구를 가진 사람들로 이루어져 있다. 물론 제품 범주가 처음 형성되는 시기(예: 자동차, 라면, 치약, 컴퓨터, 휴대폰이 처음으로 세상에 나오던 시기 등)에는 제품 종류가 그리 많지 않고 사람들이 원하는 내용도 비교적 유사하기에 대량 마케팅(mass marketing)을 구사해도 된다. 여기서 대량 마케팅이란 고객이 주로 가격에만 의존하여 상품을 선택하는 시장이기에 가장 대중적인 상품을 대량 생산, 대량 판매하여 비교적 저렴한 가격으로 경쟁우위를 유지하는 마케팅을 의미한다. 대량 마케팅은 장점이 많기에, 고객 욕구가 비교적 유사한 초기 시장에서 기업이 굳이 이러한 대량 마케팅 전략을 포기할 이유는 없다.

- 인스턴트 라면이 국내에서 처음 생산된 것은 1963년이었다. 초창기 라면의 종류는 한두 가지가 전부였고 이러한 점은 한참동안 지속되었다. 치약, 비누, 참치캔, 자동차, 개인용컴퓨터, 휴대폰도 시장 초기에는 이러하였다.

그렇지만 점차 시간이 지나 시장이 성숙되면 고객들의 입맛도 다양해지고 또한 경쟁사들이 등장함에 따라 시장은 점차 분화하게 된다. 고객들은 자신의 상이한 욕구를 충족시키는 특성을 가진 제품을 원한다.

- 초기 시장에서의 휴대폰은 소수 모델만 있었지만 시장이 성숙하면서 엄청나게 다양한 종류의 휴대폰이 시장에 생겼다(예: 노인용, 초등학생용, 최첨단 기능용 등). 햄버거도 처음에는 소수의 기업 및 메뉴만 있었지만 그 후 다양한 형태와 맛의 햄버거가 등장하였다.

상품범주가 형성되는 초기시장, 그리고 성숙화된 시장에 대한 고객욕구 분포, 시장 크기를 개념적으로 그리면 다음과 같다([그림] 참조).

그림 | 초기 시장과 성숙화된 시장의 비교

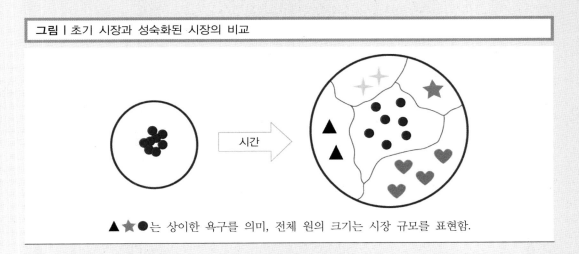

▲★●는 상이한 욕구를 의미, 전체 원의 크기는 시장 규모를 표현함.

고객 입장에서는 자신의 기호에 최적 맞춤화된 상품을 원한다(예: 고객별로 다른 맛의 커피를 제공하고 또한 원하는 공간과 분위기를 제공하는 카페). 소비자별로 각기 다른 마케팅(one-to-one marketing)이 바람직하겠지만, 이러한 노력에는 비용이 따르기에 기업은 고객취향, 원가, 수익성, 생산 역량, 경쟁 현황 등을 종합적으로 고려하여 마케팅 전략을 구사해야 할 것이다.

- '가치 = 총 혜택 - 거래비용' 이다. 만약 고객별 맞춤식 마케팅(customized marketing)을 한다면 총 혜택은 커지겠지만 그만큼 거래비용도 증가하기에 결국 고객이 얻는 가치는 크지 않게 된다.

따라서 기업은 중간적 성격, 즉 '대량 마케팅'과 '일대일 마케팅'의 중간적 형태의 마케팅을 취하게 된다. 즉 유사한 욕구를 가진 고객들을 묶는 방식으로 시장을 나누고 이 중 몇몇 시장에만 집중한다(target marketing).

- Big Data, AI, Robotics 등의 기술발전으로 인해 미래 사회는 일대일 마케팅에 따른 비용부담이 덜할 것이다. 따라서 여기 소개하는 STP 내용은 별의미가 없어지는 세계가 곧 도래할지도 모른다. 아마도 그때는 마케팅 책의 대부분 내용을 다시 써야할 것이다.

대부분의 기업들은 이러한 방식, 즉 타깃 마케팅(표적마케팅)을 수행하고 있다. 다시 말해 기업은 욕구의 이질성에 따라 시장을 우선 나누고(S: 시장세분화, Segmentation), 이러한 세분시장 중에서 가장 매력적이면서 자신에게 적합한 최적의 세분시장을 고르고(T: 표적시장의 선정, Targeting), 그러한 표적시장 고객들의 마음 속에 기업의 시장제공물(예: 제품, 서비스, 브랜드, 점포, 기업 등)의 바람직한 자리 잡기(P: 위치정립, Positioning)를 한다. 이와 같이 시장을 나누고(S), 선택하고(T), 고객의 마음속에 자사제품의 자리 잡기(P)에 대한 결정, 즉 STP (Segmentation-Targeting-Positioning)는 마케팅 관리 과정에서 가장 핵심적인 의사결정에 해당한다. 3부에서는 이러한 내용을 자세히 다루고자 한다.

M·A·R·K·E·T·I·N·G

제8장 시장의 세분화

STP, 즉 시장세분화(S), 표적시장의 선택(T), 그리고 포지셔닝의 결정(P)은 마케팅 관리 과정에 있어서 가장 중추적이고 핵심적인 의사결정이다. 즉 마케팅 관리 과정에서는 우선 '시장세분화, 표적시장 선정, 포지셔닝의 정립'(segmenting the market, selecting the appropriate market target, and developing the offering's value positioning)이 이루어진 다음, 이를 기반으로 다양한 마케팅 믹스의 내용들이 결정된다. STP 결정은 이와 같이 후속되는 여러 마케팅 프로그램의 토대가 되므로 그만큼 올바르게 결정하여야 한다.

- STP란 우선 시장을 여러 분류기준에 의해 나눠보고(S), 그런 다음 이러한 시장들 중에서 가장 매력적이고 또한 기업 강점이 발휘되기 적합한 최적의 세분시장을 선정하고(T), 그런 다음 그 표적시장 고객들의 마음 속에 기업이 제공하는 제품의 위치(차별적이며 경쟁우위를 점할 수 있는 위치)를 결정(P)하는 것을 의미한다. 이러한 결정(STP)이 이루어진 다음에는 이에 기반하여 여기에 일관되고 조화로운 마케팅 믹스를 기획하고 실천한다.

마케팅 관리자는 자사 제품과 연관되는 시장에 대한 전반적 상황을 파악하고 있어야 한다. 특히 시장을 구성하는 핵심 주체인 소비자, 경쟁사, 유통업자, 공급업자 등을 이해하고 있어야 한다. 또한 거시 환경의 흐름에 대해서도 파악하고 있어야 한다. 이러한 시장에 대한 이해를 바탕으로 이제는 자신의 시장제공물을 시장에 어떻게 공략해 들어갈 것인가에 대해 고민해야 한다. 우선은 어떠한 시장에서 마케팅 활동을 할 것인지를 선택해야 한다(S와 T). 공략할 시장이 결정되었다면 이제 그 다음에는 공략하려는 시장에 어떤 자리(P)로 진입할 것인지를 결정해야 한다.

Ⅰ 시장세분화(S)의 의미

표적마케팅(target marketing)을 하기 위해서는 우선 시장을 이해하여야 한다. 시장을 세분화할 필요가 있는지, 그리고 세분화한다면 어떠한 기준으로 할 것인지 등은 기본적으로 시장에 대한 이해를 바탕으로 이루어진다.

- 바퀴벌레의 입맛이 바퀴벌레약을 꺼리도록 진화하면서 방제업계가 새로운 약제 개발에 골몰하고 있다. 기존 약제는 바퀴벌레가 당 성분의 단맛에 유인되는 점에 착안해 포도당을 많이 첨가했다. 그러나 포도당을 쓴맛으로 인식해 거부하는 바퀴벌레가 나타나면서 달라진 입맛에 맞는 약제를 사용하지 않고서는 완벽 퇴치가 어려워졌다. 전문가들은 특히 바퀴벌레의 주거환경과 주식에 따라 약제 처방을 달리해야 한다고 조언한다. 예컨대 중국집에 사는 바퀴벌레는 기름진 음식을 많이 먹기 때문에 약제에 기름진 성분을 많이 넣어야 유인할 수 있다. 마찬가지로 정육점에 놓는 약제에는 단백질을, 한식당 약제에는 탄수화물을 많이 넣어야 평소 먹는 음식과 비슷해 거부반응을 보이지 않는다. 실제로 세스코 위생해충기술연구소가 전국 한식당에서 채집한 바퀴벌레에 일반약제와 입맛변화 맞춤약제를 실험한 결과 일반약제를 먹은 바퀴벌레의 치사율은 지역에 따라 13~43%에 그쳤지만 맞춤약제는 100% 치사율을 보였다. 업계 관계자는 "바퀴벌레의 입맛이 변화하는 주기가 기존 10년에서 최근 2~3년으로 단축됐다"며 "정기적인 식습관 테스트로 입맛 변화를 감지해 벌레보다 빠르게 진화하는 약제를 개발해야 하는 상황"이라고 말했다.

- 참조: 연합뉴스, 2013년 8월 4일

시장세분화란 전체 시장을 어떤 기준을 이용하여 이를 나누고 분류하는 과정이다. 이러한 과정을 통해 규명된 세분시장은 주어진 마케팅 자극에 대해 유사 반응을 보이는 소비자들로 구성된다. 즉 시장세분화를 통해 나타난 서로 다른 세분시장들 간(間)에는 이질성을 가지지만 하나의 세분시장 내(內)에서는 동질성을 가진다([그림 8-1] 참조).

그림 8-1 ㅣ 시장세분화

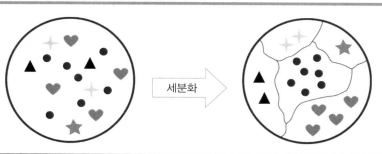

- 두 가지 서로 다른 신제품(또는 아이돌 그룹)이 출시되었다고 가정하자. 신제품 A는 호평(好評)과 혹평(酷評)이 크게 나뉜다. 즉 10점 만점으로 평가하는 시장도 있지만, 1점으로 최악의 평가를 하는 시장도 있다. 반면에 신제품 B는 그저 평범하다는 반응이다. 즉 모든 고객으로부터 5점의 평점을 받고 있다. 시장에서는 과연 어떤 신제품이 성공할 것인가?

시장의 세분화는 다음과 같은 이점이 있다. 첫째, 소비자들 욕구에 맞는 제품을 개발하여 제공함으로써 그들의 욕구를 보다 정확하게 충족시킬 수 있다. 이러한 점은 소비자들의 기업 또는 브랜드에 대한 충성도(brand loyalty)를 높이게 된다. 둘째, 기업의 능력과 자원은 제한되기에 모든 분야에서 강점을 가지기 어렵다. 따라서 보유하고 있는 강점을 최대한 활용할 수 있는 세분시장으로 마케팅 노력을 집중할 수 있게 한다.

1. 시장세분화에 대한 전통적 관점

시장세분화는 다음과 같은 상황일 때 세분화에 따른 혜택이 크다.
① 이질적 소비자들의 분포가 얇고 넓게 퍼져 있지 않고, 비교적 군데별로 뭉쳐 있는 편 (예: 매운맛 선호층, 순한맛 선호층)이다.
② 세분시장의 수요는 이를 따로 관리할 정도로 적정규모 이상이다.
③ 시장 경쟁이 심하기에 나만의 시장을 찾는 것이 중요하다.

반면에 시장상황이 다음과 같을 때는 시장세분화를 실시하거나 유지하는 비용이 크다.
① 세분화 변수의 측정이 어렵다. 예를 들어, 남녀가 몇 명인지에 대해서는 쉽게 측정이 가능하지만, 위험선호적 vs 위험회피적 성향의 사람수에 대한 측정은 쉽지 않다.
② 세분시장에 대한 접근 비용(예: 유통 및 커뮤니케이션의 비용)이 크다.
③ 세분시장들간의 고객 선택 자율성이 높다(참조: 20장의 그레이 마켓(gray market)).

시장세분화는 이러한 장단점을 종합적으로 고려하여 집행한다. 다음 파트에서 소개하는 '시장세분화에 사용되는 여러 기준들'을 이용하여 시장을 다각적으로 나눠보고 이러한 과정을 통해 자사에 적합한 시장세분화를 수행하는 것이 전통적으로 해오던 방식이다. 즉 시장세분화를 위해 우선 시장세분화에 사용할 기준 변수를 선정하고, 그 변수에 의거하여 시장세분화를 실시한 다음, 이렇게 구분되어 나타난 세분시장별 특성을 분석한다.

한편 전체 시장을 세분시장으로 나누어 관리하면 여러 이점도 있지만, 이에 따른 비용, 즉 시장세분화 비용은 증가한다. 세분시장의 파악을 위한 마케팅 조사 및 분석 비용뿐 아니라 세분시장(표적시장)의 특성별로 각기 다른 마케팅 믹스의 조합을 기획하고 실천하는데 적지 않은 비용이 소요되기 때문이다. 이러한 비용은 표적 세분시장의 개수가 늘어남에 따라 비례하여 증가한다. 따라서 세분시장의 추가로 인한 수익 증가와 이로 인한 비용 추가를 종합적으로 검토하여 최적 세분시장의 개수(optimal number of market segments)를 결정할 필요가 있다.

2. 시장세분화에 대한 최근의 흐름

이제 우리는 4차 산업혁명의 시대에 살고 있다. 4차 산업기술로는 ABC(AI, Big Data, Cloud), 5G, 사물인터넷(IoT), 로봇, 무인자동차, 드론, O2O, Fin-Tech, 가상현실(VR/AR/XR), 3D Printing, Sensor 등이 있다. 이러한 기술로 인해 시장세분화에 대한 전통적 접근방식은 도전을 받고 있다. 다시 말해 기술 진보로 인해 '규모가 비교적 큰 세분시장'으로부터 '좀 더 세밀하고 정밀한 시장세분화'가 적은 비용으로도 가능해졌다. 즉 정밀 타격이 가능해졌다.

또한 고객데이터로부터 누가 실제 자사의 고객인지, 그리고 그들은 어떤 구매성향의 사람인지를 실시간으로 파악할 수 있다. 따라서 마케터의 직관과 주관으로 소비자 시장을 개략적이고 선험적으로 세분화하기 보다는, 실제 데이터를 통해 귀납적으로 보다 정확한 고객 세분화가 가능해졌다. 즉 실제 데이터에 근거하여 시장을 세분화하는 것이다.

- 기존의 광고는 불특정 다수를 대상으로 동일 내용의 광고가 송출되기에 시청자들에게 관심 없는 정보들이 제공될 확률이 높다. 그래서 광고예산이 낭비되기도 한다. 그러나 인공지능(AI) 기반 지능형 광고 플랫폼은 시청자가 관심을 가질만한 광고들만을 위주로 보여주기에 광고주와 시청자 모두 만족할 수 있는 미디어 환경이 조성된다. 이는 2020년 데이터 3법(개인정보보호법 · 정보통신망법 · 신용정보법)의 통과 이후 통신 · 미디어 업계의 타깃형(맞춤형) 광고 생태계가 구축되었기 때문이다. 법 개정을 통해 기업들은 고객들의 개인정보를 '가명정보'로 처리 후 활용할 수 있다. 즉 비식별화된 개인정보를 이용해 더 정교한 타깃 광고 및 서비스가 가능해진 것이다.

- KT가 개발한 스트리밍 방식의 '어드레서블(Addressable) TV' 기술을 적용하면 가구별 시청이력과 특성, 관심사 등에 따라 실시간으로 연관성이 높은 광고를 전송할 수 있다. 실시간 채널에서도 맞춤형 광고 송출이 가능하다. 한편 SK브로드밴드는 2016년부터 가구 단위 타깃형 광고 서비스 '스마트 빅 AD(Smart BIG AD)'를 운영하고 있다. 이를 통해 해당채널(SBS Plus, SBS FunE)을 시청하는 모든 SK브로드밴드의 B tv 고객에게 실시간 맞춤형 상품 TV광고를 제공하고, 고객별 선호할 만한 상품광고로 광고효과를 극대화 할 수 있다. 예를 들면, 동일 시간에 SBS Plus 채널(SBS Plus, SBS FunE)을 시청하고 있는 고객 중 골프를 취미로 하는 가구에는 골프용품, 어린이가 있는 기혼자 추정 가구에는 베이비 · 키즈용품 등 B tv 고객의 지역과 라이프스타일 취향 등을

분석해 고객을 분류하고, 광고를 편성 · 노출하는 것이다.

- 참조: 조선일보, 2020년 1월 27일

그렇다고 해서 전통적으로 해오던 시장세분화 방식을 무시해도 되는 것은 아니다. 시장세분화에 대한 이론적 지식과 최신 기술을 조화롭게 접목하여, 즉 연역적 방법과 귀납적 방법을 조화롭게 사용하여 자사에 적합한 최적의 시장세분화를 탐색해 나가는 것이 바람직하다.

아래에서는 시장을 세분화하는 전통적인 기준에 대해 살펴보겠다.

Ⅱ 시장세분화에 사용되는 여러 기준들

시장세분화에 어떤 정해진 규칙이 있는 것은 아니다. 마케팅 관리자는 여러 기준들을 참조하되 시장에 대한 자신의 통찰력을 토대로 세분화 변수를 창의적을 생각하는 것이 중요하다.

- 사진을 잘 찍으려면 남들은 모르는 '새로운 멋진 장소'를 찾는 것이 중요하다. 그러나 그런 장소를 막연히 찾아다니기보다는 '새로운 눈'을 가지고 기존 장소와 사물을 보는 것도 중요하다. 마찬가지로 새로운 시장을 막연히 찾아 나서기보다는 기존 시장을 새롭게 보는 안목도 중요하다.

- 추운 겨울, 밖에 나가 놀지 못해 집안에서 심심하게 된 아이들은 어머니가 바느질하는 옆에 앉아서 바늘 통에 담긴 많은 단추들을 가지고 논다. 병정놀이를 하기 위해 단추를 이리저리 분류하는데, 크기에 따라 나눠보기도 하고, 색깔에 따라 나눠보기도 하고, 단춧구멍 개수에 따라 나눠보기도 하면서 긴 겨울의 시간을 흘려보낸다.

우선 흔히 사용되는 시장세분화 변수들에 대해 간단히 소개하겠다. 그런 다음 이러한 세분화 변수를 어떠한 관점에서 평가하고 이를 활용할지에 대해 살펴보겠다.

1. 시장세분화 변수에 대한 소개

세분화 변수는 크게 일반적 변수(지리적, 인구통계적, 심리분석적 변수)와 행태적 변수로 나눌 수 있다. 일반적 변수는 소비자가 보유한 일반적인 특성, 심리 및 행동을 기준으로 하는 변수이다. 반면에 행태적 변수는 특정 제품과의 관련성 차원에서 추출하는 변수이다([그림

8-2] 참조).

그림 8-2 | 시장세분화 변수의 구분

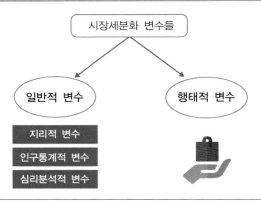

1) 지리적 세분화(Geographic Segmentation)

소비자가 살고 있는 지역에 따라 브랜드의 구매 및 소비행태에 중요한 차이가 있다고 판단될 때, 이러한 세분화 기준을 사용한다. 지리적 세분화에서 사용되는 지리적 변수로는 지역, 인구밀도, 도시크기, 기후 등이 있다.

- "인간을 바꾸는 방법은 3가지뿐이다. 시간을 달리 쓰는 것, 사는 곳을 바꾸는 것, 새로운 사람을 사귀는 것, 이 3가지 방법이 아니면 인간은 바뀌지 않는다. 그저 새로운 결심을 하는 것은 가장 무의미한 행위다."(오마에 겐이치(2012), 난문쾌답(洞察力の原点, 홍성민 번역), 흐름출판). 이 말은 결국 시간, 공간, 주변사람들을 바꾸지 않으면, 자기 자신을 변화시키기는 어렵다는 뜻이다.

(1) 지역은 대표적인 지리적 세분화 기준이다. 예를 들어 식생활에 대한 취향은 지역마다 다르다. 그래서 동일 프랜차이즈 제품도 지역별로 다른 맛을 제공한다(예: 미국의 서부지역은 강한 커피 맛을 선호, 우리나라 남쪽 지방으로 갈수록 김치는 맵고 짠 것을 선호). 우리나라의 정치는 지역색이 강하기에 지리적 변수가 중요 세분화 기준이 되기도 한다.

- 조폭코미디 영화는 서울보다 지방에서 인기가 높은 것으로 나타났다. 이는 조폭 코미디의 경우 사투리를 쓰는 등장인물이 다른 장르의 영화에 비해 많기에 지방사람들에게 친근감을 주기 때문인 것으로 풀이된다. 서울과 달리 지방에선 다양한 예술영화를 볼 수 있는 기회가 적은 것도 지방 관객들이 조폭 코미디에 몰리는 이유 중 하나로 꼽힌다.

— 참조: 한국경제, 2004년 3월 26일

(2) 인구밀도와 도시 크기는 백화점, 대형할인점 등과 같은 유통센터의 입지를 결정하는 데 중요한 세분화 변수가 된다.

(3) 기후는 선호하거나 사용되는 제품의 특성에 영향을 미친다. 타이어 제조기업은 도심 지역, 추운 지역, 사막 지역 등을 구분하여 타이어를 다르게 제조한다.

2) 인구통계적 세분화(Demographic Segmentation)

인구통계변수는 사람의 고유 특성 중에서 객관적으로 쉽게 관찰하거나 측정할 수 있는 변수를 의미한다. 여기에는 연령, 성별, 직업, 소득, 교육, 사회계층, 종교, 민족 등이 포함 된다.

(1) 연령(age)

화장품, 의류, 영양제, 장난감, 여행상품 등은 연령이 중요한 세분화 기준이 된다.

- 여행사는 젊은 층을 위해 저렴하지만 육체적으로 고단한 여행 상품, 노년층을 위해 일정에 여유 가 있고 숙박이 고급스럽지만 조금은 비싼 여행상품을 제공하고 있다.

한편 이러한 연령별 세분화는 사람에게만 해당되는 것은 아니다. 개의 사료를 연령별로 구분한 것은 사료 회사의 기발한 발상이었다([사진 8-1] 참조).

사진 8-1 개의 나이별로 구분한 사료(성견, 강아지)

연령에 의한 세분화에서 유의할 점은 생물학적 나이와 심리학적 나이의 구분이 필요하 다는 점이다. 생물학적으로는 50대이지만 심리학적으로 30대라고 생각하는 사람들은 그에 따른 구매행동을 보인다. 그런데 만약 기업이 생물학적 기준으로만 소비자를 구분하여 마케 팅 활동을 한다면(예: 30대 대상의 제품이라고 생각하여 50대를 향한 어떠한 마케팅 활동도 기울이지 않음), 가능할 수도 있는 주요 소비집단을 도외시한 결과를 초래한다.

한편 나이에 따른 세분화는 이를 보다 세부적으로 세분화할 필요가 있을지도 모른다. 그 이유는 세분화에 대한 고정관념 때문에 그러한 세분시장내의 하위 세분시장의 기회를 놓칠 수도 있기 때문이다.

- LG경제연구원은 2009년 8월 '시니어 시장의 불편한 진실과 과제' 보고서에서 "시니어 소비자들의 니즈와 감성은 매우 다양하고 섬세하게 발전하는데 비해 이들을 대하는 기업의 태도는 초보적 수준에 머무르고 있다"고 지적했다. 이 보고서는 "2020년 한국의 시니어 산업 규모는 148조 6,000억 원에 이를 정도로 급성장하고 있지만 기업들은 50대 이하 고객들만 대상으로 마케팅 조사를 펼치는 등 노년층을 서비스 대상에서 배제하고 있다"며 "공공기관 통계도 고령자는 '60세 이상'과 같이 '이들 집단을 한 덩어리'로 취급한다"고 분석했다. 이어 "평균 수명이 80세를 넘어서는 현 상황에서 이는 마치 10대부터 30대까지를 동일 집단으로 보는 것과 같다"며 "이 때문에 시니어 산업은 고령자를 위한 복지용품이나 일부 부유 노년층을 위한 고급 서비스 시장에만 편중돼 실제 노년층의 다양한 니즈를 반영하지 못하고 있다"고 주장했다.

- 실버마켓(silver market)은 그들만의 독특한 욕구가 있다. 예를 들어 이들에게는 앞으로 남은 생이 길지 않기에 구매보다는 렌탈을 선호한다. 또한 이들의 지병은 완치가 어려운 경우가 많기에 이들을 대상으로 하는 병원은 cure(치료)보다는 care(꾸준한 돌봄)에 관심을 가지는 것이 더 적합한 경우가 많다.

- 카카오프렌즈 주구매자는 20대 후반~30대 초반 여성으로 알려져 있다. 따라서 이들 연령대를 공략하기 위해 이들 캐릭터를 사용한 제품출시도 활발하다. 예를 들어 삼립식품은 2014년 7월 포장에 카카오프렌즈를 그려넣은 '샤니 카카오프렌즈 빵' 시리즈를 출시했다. 이는 기존의 10대 남성과 30대 이상 주부들이 주고객이었던 봉지빵을 20대 여성들에게도 판매하려고 고민하다가, 이들 연령대와 친숙한 카카오프렌즈 캐릭터를 도입한 것이라고 한다. 그 결과 출시 직후 월평균 350만봉이 팔리며 인기를 얻었다고 한다.

(2) 성별(gender)

남녀 성별을 세분화 기준으로 사용하는 제품들로는 의류, 잡지, 담배, 화장품 등이 대표적이다. 연구 결과, 남성과 여성은 감정적 반응, 정보처리 과정, 구매 의사결정과정에 있어서 서로 다른 것으로 나타났다.

- 여성은 남성보다 선물을 보다 호의적으로 평가하는 경향이 있다. 혁신 기술의 수용에 있어서 남녀간 차이가 존재한다. 남성은 이용가능한 정보 중에서 소수의 정보만을 사용하는 경향이 있는 반면 여성은 상세 정보에 관심을 가지며 다양한 정보단서를 고려하는 경향이 강하다. 남성은 목표지향적으로 행동하기 때문에 목적달성을 위한 단서만을 중시 여기는 반면 여성은 관계지향적이기 때문에 관계형성을 위한 단서를 중시 생각한다. 여성은 남성이 결과에 치중하는 것에 비해 상대적으로 과정지향적인 경향이 강하다.

- 어느 나라, 사회든 화장실의 낙서는 사회적, 심리적인 스트레스 해소 방법으로 애용되고 있다. 이런 점에서 볼 때 화장실 낙서는 그 사회 구성원들의 진솔한 소망과 여론을 파악하는 좋은 자료가 된다. 1992년 오스트리아의 빈 대학에서 화장실 낙서를 주제로 남녀간 특성차이를 분석한 석사 논문이 발표되어 화제가 되었다. 43개의 공중화장실, 2186개 칸의 낙서를 종합해본 결과, 여성의 경우에는 가장 많은 것인 섹스에 관한 것이고, 피임, 임신, 중절, 여성권리가 그 다음이었다. 그러나 세계문제, 정치, 환경 등에 대한 내용은 거의 없었고 대부분이 개인차원의 문제에 대한 내용이었다. 반면에 남성의 경우에는 무려 55%가 정치적인 문제였는데, 파괴적이며 증오에 가득찬 낙서들이 많았다고 한다.

— 참조: 이원복(1993), '만화로 보는 현대문명진단', 86-87쪽

(3) 가족 규모(family size)

가족 수에 따라 선호 제품의 형태는 달라진다. 최근 일인가구의 증가에 따라, 일인용 밥솥, 일인용 식기세척기/냉장고/세탁기, 반조리식품 등의 수요가 늘어났다. 마케팅 관리자는 가구 수의 추세가 어떠한지에 대해 예의 주시하고 이에 합당한 제품을 개발하는 것이 중요하다.

(4) 소득(income)

소비자의 소득 수준은 구매행동에 많은 영향을 미친다. 자동차, 의류, 식당, 여행상품, 아파트 등은 소득이 중요한 세분화 변수가 되는 대표적 제품들이다.

(5) Lesbian, Gay, Bisexual, Transgender(LGBT)

2009년 미국 자료에 따르면 레즈비언, 게이, 양성애자, 성전환자의 시장은 전체 인구의 5~10%, 구매력은 7천억달러에 달한다고 한다. 나라마다 비율은 다르겠지만 이들은 분명 예의주시할 세분시장임에는 분명하다.

- 일본의 광고대행사 덴츠(電通)가 2015년 4월 일본 전국의 6만 9,989명(20~59세)을 대상으로 실시한 조사에 따르면 일본내 성적소수자(LGBT)에 해당하는 사람은 7.6%에 달했고, 소비시장 규모는 이미 6조엔을 넘어섰을 것으로 추정하고 있다.

이들을 대상으로 한 적극적 마케팅은 아직은 조심스러운 편이다. 그 이유는 이들 집단에 대한 친화적 마케팅을 하는 기업에 대한 부정적 인식이 있기 때문이다. 그렇지만 이들 시장은 이제 엄연히 존재하고 또한 무시할 수 없는 규모란 점을 기업은 인지하고 있다.

(6) 종교

자신이 믿는 종교에 따라 구매행동 및 생활방식이 다르기에 이는 중요한 세분화 기준이

된다.

- 이슬람교도들은 알라의 말씀을 적은 코란에 따라 생활하므로 다소 독특한 관습(예: 할랄, 히잡)을 가지고 있다. '할랄'은 무슬림들이 먹어도 되는 음식을 말한다. 이에 따르면 죽은 동물, 피 흘리는 동물, 돼지 등 불결한 것은 먹으면 안 된다. 가축은 할랄 방식으로 도축되어야 하고 도축장 반경 5km 이내에는 돼지 농장이 없어야 한다. 또한 돼지고기, 술 등을 실었던 트럭에 할랄 식품을 운송해서도 안 된다. 참고로 인도의 일부 지역에서는 쇠고기를 먹은 무슬림이 소를 신성시하는 힌두교도들에 의해 집단 구타당하여 사망한 사건도 있었다. 한편 '히잡'은 여성들의 신체를 가리는 독특한 의상으로 남편이나 가족이 아닌 남성에게 몸을 노출해서는 안 된다는 관습에서 비롯되었다. 히잡의 종류로는 '차드리', '부르카' 등이 있다.

그 밖의 인구통계 변수로는 가족수명주기(family life cycle, 시간적 흐름에 따른 가정의 형성과 발전 과정을 가정의 상황 변화에 따른 독특한 욕구와 자금 사정을 근거로 하여 단계별로 구분), 삶의 국면(life stage), 직업(예: 신용카드, 보험 상품에서 주로 활용됨), 교육 수준(예: 매체 행동에서 차이를 보임), 사회계층, 민족 등이 있다.

인구통계 변수는 측정이 쉽고 용이하기에 시장세분화 변수로 가장 널리 이용된다. 그래서 표적시장이 심리 변수(예: 개성, 애국심 등)로 파악되더라도 시장 크기와 효율적 접근방법을 알아내기 위해 인구통계적 특성과 추가적으로 연결시키는 경우가 많다.

또한 특정 제품에 대한 선호나 구매 여부는 인구통계 변수에 따른 영향을 상당히 받는다. 그래서 이들 변수에 대한 인구의 증감 추세는 소비자 규모, 구매력 등과 직결된다. 그러므로 표적시장에서 이들 변수의 변화추세를 지속적으로 추적 조사하는 것은 중요한 조사 과업이다.

3) 심리분석적 세분화(Psychographic Segmentation)

개인의 고유 특성 중에서 심리적인 특성 및 성향과 관련된 변수를 의미한다. 이것은 측정하기 어렵지만 소비자를 보다 깊이 이해하는데 도움이 된다.

심리분석적 변수는 개인의 일반적인 심리 특성과 관련된 변수이다. 그래서 지리적 변수나 인구통계적 변수보다는 상대적으로 모호한 개념(constructs)이므로 측정이 어렵다는 단점이 있다. 그렇지만 인구통계적으로는 동일 세분시장에 속한 고객들이라도 서로 다른 심리 성향을 보이는 경우가 많은데 이런 경우에는 심리분석적 변수들을 통해 세분화하는 것이 보다 효과적이다. 심리분석적 변수는 고객의 인구통계변수를 통해서는 파악하기 어려운 보다 구체적인 정보를 제공해준다. 이러한 정보는 광고물 제작에서 많이 활용된다.

심리분석적 변수는 이러한 장점이 있지만, 이를 통한 세분화는 특정 제품과 연관된 태도 및 구매행동을 기준으로 시장세분화를 하는 것이 아니다. 그래서 특정 제품행동과의 밀접성은 바로 이어서 소개하는 행태적 세분화에 비해 떨어진다. 즉 심리분석적 세분화는 특정 제품의 욕구 및 행동에 대한 정보 제공 능력은 부족하다. 이에 비해 행태적 세분화는 특정 제품과 연관된 태도 및 행동을 기준으로 시장을 구분하기에 특정 제품행동과의 관련성이 매우 높다. 그렇지만 심리분석적 변수는 행태적 변수가 가지지 못하는 장점들(예: 특정 제품에 한정되지 않고 좀 더 포괄적이면서도 깊이 있게 소비자 이해를 도와줌)을 가지고 있다.

심리분석적 변수로는 라이프스타일, 개성(참조: 일반적으로 고객은 자신의 삶, 성격과 일치하는 상표, 또는 이를 표현하는 상표를 더 선호한다, 예: Brand Personality) 등이 포함된다.

이상 소개한 일반적 변수(지리, 인구통계, 심리분석적 변수 등)는 특정 제품의 구매 및 사용과 밀접한 연관이 있기 보다는 소비자의 고유 및 일반적 특성과 연관된다. 다시 말해, 인구통계변수는 고객의 고유특성 중에서도 객관적으로 쉽게 관찰하거나 측정할 수 있는 변수이고, 심리분석 변수는 개인의 고유특성 중에서 심리 특성과 관련된 변수이다. 그러나 다음에 소개하는 행태적 변수는 특정제품 구매 및 사용과 관련하여 소비자가 어떻게 행동하는가를 기준으로 시장세분화를 하는 것이기에 구매행동과 밀접한 연관성이 있다.

4) 행태적 세분화(Behavior Segmentation)

행태적 변수들이 마케팅에서 효과적으로 활용되는 이유는 다른 세분화 변수에 비해 제품 구매행동을 설명하거나 예측하는 힘이 크기 때문이다. 행태적 세분화에서 사용되는 변수로는 추구편익, 사용량(구매량, 구매빈도), 사용상황, 브랜드애호도, 가격민감도 등이 있다.

(1) 추구편익(혜택)

소비자가 어떤 제품 또는 브랜드를 구매 또는 사용한다는 것은 이로부터 무언가를 추구하기 때문이다. 추구편익(benefit sought)이란 소비자가 특정 제품 또는 브랜드로부터 얻고자 하는 욕구충족의 내용이다. 소비자 만족(욕구의 충족)을 중시하는 마케팅의 기본 개념(marketing concept)을 고려해볼 때 이에 가장 근접한 세분화는 '소비자가 어떤 편익(혜택)을 추구하느냐'를 기준으로 구분하는 것이다.

추구편익에 따른 치약 시장의 세분화를 예로 들면 다음과 같다. 추구편익 및 이에 해당하는 제품을 열거하면, 잇몸질환(예: 센소다인), 충치예방(예: 메디안), 하얀 이(예: 화이트키스), 입냄새 제거(예: 가그린, 클로즈업), 저렴한 가격(예: 대중목욕탕에 비치된 치약) 등이 있다. 소비자가 추구하는 편익들에 대한 정보를 가지고 있다면, 자사제품이 어떤 세분시장에 적합한지, 그 시장의 특성(인구통계적 특성, 규모, 성장성 등)은 무엇인지, 현재 그 시장에서의 강력한 경쟁브랜드는 무엇인지 등을 파악할 수 있다.

샴푸(예: 비듬 제거, 염색으로 손상된 모발보호, 풍성하고 윤기있는 머릿결, 향기 등), 스마트폰, 손목시계 등은 이러한 추구편익에 의한 시장세분화를 할 수 있다.

- 신발의 경우, 다음의 속성을 중심으로 추구편익을 구분해볼 수 있다: 신축성이 뛰어난 신발, 눈길에도 미끄러지지 않는 신발, 오래 신어도 잘 닳지 않는 신발, 통풍이 잘되어 시원한 신발 등.

- 공구 전문기업인 '코메론'은 유통 채널에 따라 줄자의 디자인과 색상을 다르게 한다. 대형 마트에서는 주부를 타깃으로 하는 작고 색상이 화려한 제품을 선보인다. 전문매장에는 전문가를 대상으로 하는 녹이 슬지 않는 스테인리스로 만든 줄자를 내놓는다. 그리고 판촉용 줄자는 자석을 부착해 냉장고에 붙일 수 있게 디자인한다.

- 알뜨랑 비누는 오래 쓸 수 있다는 특성(물에 잘 풀어지지 않는 특성)을 가지고 있다. 따라서 경제성 편익을 추구하는 대중 이용 시설(예: 대중목욕탕, 공공 화장실 등)에서 많이 사용된다.

제품 선택에 영향을 미치는 소비자 욕구의 유형으로는 기능적, 상징적, 경험적 욕구 등이 있다. 기능적 욕구(functional needs)는 기능적 문제를 해결하는 제품을 찾는 동기와 관련된다(예: 제습기, 살충제 등). 상징적 욕구(symbolic needs)란 내적 욕구로서 준거그룹, 사회적 역할, 자아이미지 등과 연계된다(예: 화장품, 의류 등). 경험적 욕구(experiential needs)는 감각적 즐거움, 인지적 자극을 제공하는 제품을 원하는 것으로 정의된다(예: 놀이공원, 카페, 게임기 등). 소비자의 추구편익을 제품의 주요 사용 상황과 함께 고려하여 시장을 세분화한다면 더욱 효과적인 마케팅 전략을 개발할 수 있다(즉, 추구편익과 사용 상황의 병합 세분화). 한편 소비자의 미충족욕구는 새로운 제품과 시장을 창출하는 기회가 된다.

(2) 사용량

제품 사용량(usage rate)에 따라 시장을 Heavy/Medium/Light User로 세분화할 수 있다. Pareto의 '20대80 법칙'은 미국 제조업체에서 도출해낸 통계 법칙인데, 상위 우수고객 20%가 기업 이익에의 공헌 비중이 80%를 차지하지만 나머지 80% 고객은 20%밖에 공헌하지 않는다는 것이다. 이와 같이 고객들은 기업 이익에 똑같이 기여하지 않는다. 즉 고객별로 상당한 편차를 보인다(일반적으로 대부분의 수익을 가져다주는 고객은 극히 일부에 지나지 않는다).

한 달에 소주 1병만 마시는 소비자 10명을 확보하는 것보다는 한 달에 소주 50병을 마시는 소비자 1명을 확보하는 것이 낫다. 따라서 기업은 Heavy User를 중요시 여긴다.

은행에서 VIP를 위한 창구를 따로 개설하거나 통신회사, 신용카드회사, 호텔에서 VIP 사용자를 위한 혜택을 특별히 강화하는 것도 이와 연관된다. 한편 경쟁사의 Heavy User에 대한 공략은 중요하지만, 그들은 쉽게 움직이는 않는다는 성향도 있다는 점도 유념할 필요가 있다.

- '하위 80%'가 아마존을 지탱한다. 아마존이 판매하는 서적은 50만권에 이른다. 이 중 잘해야 하루 한두 권 팔리는, 판매순위 10만위 이하의 특정 분야 서적의 판매 비중이 무려 40%에 달한다. 오프라인 서점에서는 제한된 진열대가 아까워 판매하지 않으려는 하위 80%가 아마존 성장의 원동력이다. 미국 애플이 운영하는 인터넷 음악 스토어 iTunes는 상품 수에서 아마존의 3배에 달한다. iTunes가 판매하는 음악 상품은 150만곡인데, 이 중 하위 80%의 매출 비중은 50%에 육박하는 것으로 알려져 있다. 대량생산/판매의 매스(Mass) 경제에서 하위 80%는 숫자만 많고 팔리지 않는다는 뜻에서 롱테일(Long tail)이라고 불린다. 그러나 인터넷에선 상위 20%가 매출의 80%를 차지한다는 파레토 법칙이 무너지고 꼬리가 몸통을 압도하는 롱테일 현상이 나타나기도 한다.
  − 참조: 조선일보, 2005년 11월 16일

(3) 사용 상황

제품의 사용 상황(occasions)에 따라 시장을 세분화하는 것이다. 시험공부에 도움되는 음료('Hot 6'), 졸음이 올 때 씹는 껌, 아침용 또는 저녁용 감기약(밤에 먹는 감기약에는 보통 수면제 성분이 포함됨) 등은 이러한 세분시장을 염두에 두고 개발한 제품이다.

- 신발의 경우, 다음 속성을 중심으로 사용상황을 구분해볼 수 있다: 데이트할 때 신는 신발, 조깅할 때 신는 신발, 등산할 때 신는 신발, 비올 때 신는 신발 등.

(4) 브랜드 충성도

어떤 특정 브랜드(또는 점포, 기업)를 일관되게 선호하는 정도, 즉 브랜드 충성도 상태(loyalty status)를 기준으로 고객 세분화를 할 수 있다. 단골고객 또는 골수고객(hard-core loyals)은 자신이 좋아하는 브랜드(A)에 대해 A-A-A-A-A의 지속적 구매패턴을 보인다. 복수의 선호상표들(A, B)중에서만 움직이는 고객(split loyals)은 A-B-A-A-B의 패턴을 보인다. 한 상표(A)에서 다른 상표(B)로 선호가 이동된 고객(shifting loyals)은 A-A-B-B-B의 패턴을 보일 것이고, 상표에 대한 충성도가 없거나 다양성을 추구하는 고객(switchers)은 A-C-D-F-E 등의 행태를 보일 것이다(참조: A, B에 다양한 브랜드, 사람, 정치정당 등을 대입해서 생각해보기를 추천한다).

- 브랜드 로열티 끝판왕: 미국 위스콘신에 사는 도널드 고스키(64)는 지난 46년간 맥도날드 '빅맥'(Bic Mac)을 3만개 먹었는데 이는 하루에 2개꼴이다. 열여덟 살이던 1972년, 운전면허증 취득을 기념하기 위해 마을에 단 하나 있던 맥도날드 매장에 가서 빅맥을 사먹은 것을 계기로 빅맥과 뗄 수 없는 관계가 됐다. 그는 햄버거 과다 섭취를 우려했던 어머니가 세상을 떠났을 때와 눈폭풍으로 인근 맥도날드 매장이 임시 폐점했을 때 등 8일 정도를 제외하고는 46년간 매일같이 이 햄버거를 먹었다고 한다. 맥도날드의 '충성 고객'답게 청혼도 매장 주차장의 노란색 M자 로고 '골든 아치'(Golden Arch) 아래서 했다. 버거킹의 대표 제품인 와퍼(Whopper)는 평생 딱 한 번 먹어봤다고 털어놓았다.

  – 참조: 연합뉴스, 2018년 5월 8일

- 흔히 '새 전자제품(의 즐거움)은 일주일, 새 자동차는 한 달, 새 집은 6개월, 결혼은 3년'이라고들 한다. 대상에 따라 지속시간 차이는 있지만 모두가 유효기간이 있다. 이와 같이 우리 인간은 내재적으로 '다양성 추구 성향'을 가지고 있다.

브랜드 충성도에 따른 시장세분화를 통해 집단별 크기는 어느 정도인지를 파악하고, 집단별로 적합한 마케팅 전략을 구사할 수 있다. 예를 들어, 복수의 상표범주 안에서만 움직이는 고객집단에 대해서는 경쟁상품(B)에 대비되는 자사상품(A)의 강점이 돋보이는 비교광고가 적절할 것이다. 한편 자사 상표(A)에서 경쟁 상표(B)로 선호가 이동한 고객집단의 경우에는, 왜 그러한 현상이 발생하였는지에 대한 원인을 먼저 규명하고 이에 따른 처방을 강구해야 한다.

브랜드 충성도 성향에 대한 이해는 여러 면에서 유용하다. 예를 들어, 새로 진출하려는 시장 고객들의 분석 결과, 브랜드 충성도가 높은 고객집단(hard-core loyals)의 비중이 상당 부분을 차지하고 있다면 새로운 브랜드의 진입은 많은 어려움을 겪을 것으로 예상할 수 있다.

- 타이어 업체 관계자에 따르면, 소비자들은 타이어 교체시 자동차에 최초 장착되었던 타이어와 같은 브랜드의 것으로 교체하는 경향이 대부분이라고 한다. 이러한 성향을 고려한다면, 타이어 회사가 교체 타이어 시장에서 매출을 올리기 위해선 우선 자동차 제조 회사들과의 좋은 관계를 통해 신차의 부품으로 계약을 맺는 것이 중요한 전략이 된다.

(5) 가격 민감도

가격 변화에 민감하게 반응하는 정도(price sensitivity)를 기준으로 소비자를 분류하는 방법이다. 가격변화에 민감한 소비자 집단에 대해서는 판매가 부진할 때 저가 및 세일 정책을 사용하는 것은 효과적이다. 그러나 이들 집단은 가격 상승에도 민감하게 반응하기에 가격 상승은 신중을 기해야 한다. 한편 가격 변화에 둔감한 소비자 집단에게는 고가정책을 사용해도 매출에 미치는 부정적 영향은 그리 크지 않다. 이들 둔감집단에게는 판매가 부진할 때

저가정책보다는 다른 마케팅 믹스 변수를 통해 매출촉진을 꾀하는 것이 바람직하다.

그 밖의 행태적 변수로는 사용자 신분(user status: nonusers, ex-users, potential users, first-time users, regular users 등), 제품에 대한 태도(attitude), 상품수용단계(buyer-readiness stage) 등이 있다.

몇 가지 행태적 변수들을 동시에 결합하여 사용하면(multiple bases), 전체 시장의 구도와 각 세분시장에 대해 보다 입체적이면서도 포괄적인 이해가 가능하기에 이러한 접근법의 사용도 하나의 대안이 된다(예: 추구편익과 사용 상황의 병합 세분화).

2. 시장세분화 변수에 대한 평가 및 활용

시장세분화 변수의 적절성 여부에 대한 판단 기준으로는 측정/관찰 가능성, 접근가능성, 소비자 행동과의 관련성 등이 있다.

첫째, 측정 및 관찰 가능성: 세분시장의 크기(측정)와 특징을 측정하고 관찰할 수 있어야 한다.

둘째, 접근 가능성: 세분시장에 제품의 존재와 이점을 알릴 수 있어야 하고(communication), 구매욕구를 자극 받은 고객이 자사 제품을 살 수 있는 유통망(place)이 확보되어야 한다.

셋째, 소비자 행동과의 관련성: 세분시장의 고객들이 겪고 있는 문제와 자사 제품이 제공하는 편익이 서로 맞아야 한다.

다시 말해 바람직한 시장세분화 변수라면, 측정/관찰이 용이하고, 접근이 가능하고, 소비자 행동과의 관련성이 높아야 한다. 그러나 이러한 세 가지 조건 모두를 고루 갖춘 세분화 변수를 찾기는 어렵다. 이는 이들 평가기준 간에는 상충관계(tradeoff)가 있기 때문이다. 일반적으로 지리, 인구통계, 심리분석 변수는 측정/관찰, 접근가능성은 양호하지만 소비자 구매행동과의 관련성은 낮다. 이는 소비자의 일반 성격에 해당하는 변수들이기에 어떤 특정 제품과의 관련성이 낮기 때문이다.

- 욕심이 많아지면 의리가 적어지고, 근심이 많아지면 지혜가 손상되고, 두려움이 많아지면 용맹이 줄어든다(多欲虧義, 多憂害智, 多懼害勇).

－ 淮南子

이에 비해 행태적 변수는 어떤 특정제품과 연관된 구매자의 여건, 성향, 행동 등을 기준으로 하기에 특정 제품과의 밀접성은 높다. 그러나 측정/관찰, 접근 가능성은 낮은 편이다. 예를 들어, 음주(소비자 행동)는 '술로서 스트레스를 풀려는 성향'(행태적 변수)과 밀접하다. 그러나 술로 풀려는 스트레스의 크기를 측정/관찰하는 것도 쉽지 않고, 술로 풀리는 스트레스가 많은 집단에게만 선별적으로 마케팅하여 접근하는 것도 용이하지 않다. 반면에 연령(인구통계 변수)은 측정/관찰도 용이하고 이들 집단에의 선별적 접근도 쉽다. 다만, 연령과 음주량 간의 상관관계는 술로 스트레스를 푸는 성향과 음주량 간의 상관관계만큼 밀접하지 않다.

- 명품 구매(소비자 행동)와 밀접한 관련이 있는 변수로는 어떤 것들이 있을 것인가? 일반적 변수(소득, 성별, 나이, 종교, 직업, 라이프스타일 등)인가, 또는 행태적 변수(스트레스를 과시 구매로 풀려는 성향, 명품 선호하는 사람들과 어울리고 싶어하는 성향, 체면 성향 등)인가. 이 밖에 새로운 변수들은 없는가?

시장세분화 변수들간에는 이러한 장단점이 있기 때문에 시장세분화는 다음의 복합적 절차를 사용하기도 한다. 일반적 변수(지리적, 인구통계적, 심리분석적 특성)로 소비자들을 먼저 나누고, 그런 다음에 이들 분류된 집단들간 특정 제품의 구매에 있어서 어떻게 다르게 반응하는지(이질적 욕구, 상이한 마케팅 반응 등)의 순서로 시장을 세분화한다. 또는 이와는 반대되는 순서, 즉 마케팅 자극별로 상이한 반응(제품혜택, 사용계기 등에서의 반응)으로 집단을 먼저 구분한 다음, 이들 집단이 어떤 일반적 변수들에 의해 차이가 있는지 살펴본다.

- 명품브랜드의 시장세분화 방법들: 1) 일반적 변수로 시장을 먼저 구분하고, 이 중 어떤 특성의 집단이 명품브랜드에 민감하게 반응하는가를 규명. 2) 명품구매에 민감한 반응을 하는 사람들을 먼저 구분한 다음, 이들이 어떤 일반적 변수(지리적, 인구통계적, 심리분석적)를 가지는지를 파악함. 3) 그 밖의 방법으로 어떤 것들이 있을 것인가?

략대상으로 하는 유형은 비차별적 마케팅과 차별적 마케팅으로 나눌 수 있다.

1) 비차별적 마케팅(undifferentiated or mass marketing)

세분시장간의 차이를 무시하고 규모가 가장 큰 세분시장 또는 전체 소비자를 대상으로 단일 마케팅 전략을 구사하는 것이다(Total Market Approach). 이 전략은 소비자들 사이의 차이점보다는 공통점에 초점을 맞추는 것으로, 제품, 촉진, 유통경로를 소수의 특이 성향의 소비자 집단보다는 일반 대중의 마음에 들도록 하는데 주안점을 둔다.

그림 9-2 | 비차별적 마케팅

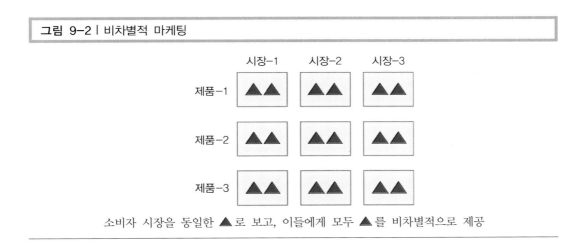

소비자 시장을 동일한 ▲로 보고, 이들에게 모두 ▲를 비차별적으로 제공

이 방법은 소비자들간 욕구 차이가 그리 크지 않을 때 적절하다. 장점은 규모의 경제를 통한 경제성이다. 단일 마케팅 믹스의 사용(표준화된 제품, 대량 유통, 대량 광고 등), 마케팅조사 및 관리비용의 절감 등으로 인한 비용절감의 효과는 크다.

- 표적시장을 선정할 때, 적절하지 않은 상황임에도 무조건 대량소비가 이루어지는 가장 큰 덩어리의 세분시장을 주표적시장으로 선정하는 오류를 '다수의 오류(majority fallacy)'라고 한다. 이는 시장 규모가 클수록 수익은 보장될 것으로 보는 오류를 의미한다. 그렇지만 규모가 큰 세분시장이더라도 수많은 경쟁기업들이 있기에 이로 인한 극심한 경쟁으로 수익성이 떨어지는 경우가 많다. 또한 서비스가 미치지 않는 소규모 세분시장의 불만이 초래되기도 한다.

2) 차별적 마케팅(differentiated marketing)

여러 개의 세분시장을 대상으로 이에 각기 차별적인 마케팅 활동을 하는 것이다. 즉 세분시장별로 이에 맞는 마케팅 믹스를 각기 개발하여 집행하는 전략이다(multisegment strategy).

그림 9-3 | 차별적 마케팅

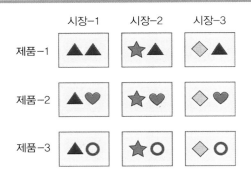

소비자 시장을 각기 ▲★◇로 다르게 간주하고,
또한 이들에게 각기 다른 것, ▲♥○을 차별적으로 제공

이 방법은 세분화에 따른 마케팅 비용의 상승보다는 세분화를 통한 매출액 상승이 더 클 것으로 판단될 때 적합하다.

- 단일 모델에 검정 일색이던 자동차 디자인 시장(포드 자동차의 비차별화 전략)에 대한 반격으로 GM은 처음으로 다양한 파격을 시도했다. 특히 시보레부터 폰티악, 올스모빌, 뷰익, 캐딜락까지 단계별로 차종과 가격, 브랜드를 차별화해 모든 계층의 고객들을 끌어모으는 '사다리전략'을 구사했다. 그러한 전략으로 인해 GM은 단일 제품, 대량 생산방식을 고수하던 기존의 포드를 제치고 1931년 미국과 세계 자동차시장의 정상에 올라서게 되었다.

2. 시장의 일부 영역만을 표적시장으로 하는 경우 (multiple segment specialization)

위에서 언급한 비차별화, 차별화 전략은 전체 시장을 상대로 마케팅 활동을 전개한다. 이에 반해 기업의 자원이 그리 크지 않은 경우에는 전체 시장이 아닌 시장의 일부 영역을 중심으로 전문화를 추구한다. 여기에는 다음과 같은 유형이 있다.

1) 선택적 전문화(selective specialization)

몇 개의 세분시장과 이를 대상으로 각기 다른 제품을 제공하는 경우이다. 이어서 설명하는 제품 전문, 시장 전문화와 달리 이들 세분시장, 제품간에는 공통점이 별로 없기에 시너지 발휘가 쉽지 않다. 기업은 각기 세분시장, 제품의 수익성과 전망이 밝기에 이를 선택하는 것이다.

그림 9-4 | 선택적 전문화

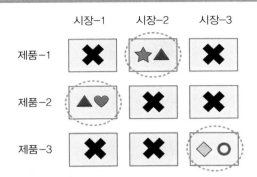

세 개의 세분시장을 선택하고 여기에 각기 다른 제품을 제공.
✖ 표시된 시장에서는 마케팅활동을 하지 않음

- 식음료 업체의 예: 컵라면-청소년 시장, 우유-유아용 시장, 초콜릿-20대 직장여성,
  의류업체의 예: 수영복-프로 선수 시장, 요가복-40대 주부 시장, 오리털파카-중고등학생 시장

일반적으로 기업은 시너지효과를 고려하여 별개의 독립적 세분시장보다는 여러 영역에 걸쳐 효력이 발휘되는 세분시장(supersegments)을 겨냥한다. 아래의 제품 전문화, 시장 전문화는 이와 연관된다.

2) 제품 전문화(product specialization)

특정 제품을 전문화하는 경우이다. 즉 어떤 한 가지 제품을 공통 기반으로 하여 다양한 시장(고객)을 대상으로 조금씩 변형하는 경우가 이에 해당한다. 예를 들어, 바쁜 직장인(학생)을 위한 컵라면, 식사대용으로 하려는 사람들을 위한 봉지라면, 환자를 대상으로 하는 건강식 라면 등을 들 수 있다. 다양한 고객집단을 대상으로 고객별로 조금씩 변형시킨 마케팅 활동을 하지만, 제품은 라면을 중심으로 전문화하는 것이다. 또 다른 예로는 스마트폰을 전문화하는 경우, 다양한 소비 집단(예: 초등학생, 직장인, 노년층 등)을 대상으로 여러 유형의 스마트폰을 생산하는 업체도 이에 해당한다. 이러한 전략의 단점은 전적으로 새로운 기술이 등장하면 특정 제품을 공통적으로 구사하는 현재의 모든 시장들이 위협을 받는다는 점이다.

- 대형 칠판, 중소형 칠판, 이동용 칠판을 제조하는 업체는 칠판을 대체하는 혁신 기술이 등장하면 모두 문을 닫아야 한다.

그림 9-5 | 제품 전문화

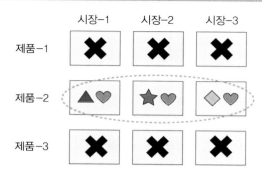

제품-2를 전문화하고(♥), 이와 연관된 세 개의 세분시장
▲★◇에 조금씩 변형된 제품을 제공

3) 시장 전문화(market specialization)

하나의 고객집단을 전문화하는 것이다. 즉 이들 집단을 대상으로 이들이 원하는 다양한 제품을 취급하는 경우가 이에 해당한다. 예를 들어 유아 시장을 전문적으로 하여 이들에게 적합한 이유식, 장난감, 의류, 용품 등을 종합적으로 취급하는 기업이 여기에 해당한다.

그림 9-6 | 시장 전문화

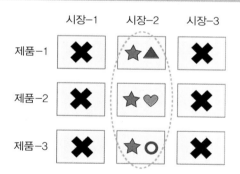

시장-2(★)를 전문화하고, 이들 고객욕구와 연관된 세 개의 제품 ▲♥○을 공략

3. 시장의 어떤 한 부분만을 표적시장으로 하는 경우(집중 마케팅, concentrated marketing)

기업의 자원이 제한된 경우에는 엄선된 시장을 집중 공략하는 것이 바람직하다. 예를 들어 어떤 출판사는 대학의 경영학 교재만 취급한다. 더 나아가 경영학 중에서도 마케팅 분야만 특화하기도 한다. 매운 것을 선호하는 사람들을 위한 음식점, 김밥만 전문으로 판매하는 음식점, 아프리카를 전문으로 하는 여행사 등은 이에 해당한다.

단일세분집중(single-segment concentration)은 하나의 세분시장과 이에 적합한 제품에 한정하여 집중한다. 기업은 제한된 시장에만 집중하기에 방대한 영역을 걸쳐서 운영하는 경쟁사에 비해 자신의 특정시장에 대한 지식이 많고 또한 독보적 시장위치를 차지할 수 있다. 그러나 세분시장의 시장 환경이 악화하거나 또는 강력한 경쟁사가 그 세분시장에 침투한다면 그에 따른 위험도 크다. 이는 어떤 하나의 시장에만 전념하고 다른 영역에는 분산투자를 하지 않았기에 타격을 크게 받게 되기 때문이다.

그림 9-7 | 단일세분시장 집중

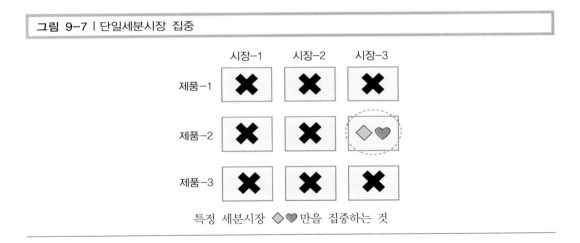

특정 세분시장 ◇♥만을 집중하는 것

집중 마케팅의 하나의 형태로 니치마케팅(틈새마케팅, niche marketing)이 있다. 이것은 집중 마케팅에서도 가장 제한된 형태이다. 즉 단일세분시장보다 더 세밀한 틈새시장을 노리는 것이다. 왼손잡이를 위한 일상용품, 빅 사이즈 옷만 취급하는 가게, 새벽 시간에만 영업하는 미용실, 연예인을 위한 헬스클럽, 80대 이상의 노년층만을 위한 운동기구 등이 여기에 해당한다.

- 모터사이클 헬멧의 경우 머리 큰 사람을 위한 3XL(쓰리 엑스라지) 크기의 헬멧을 구하기란 쉽지 않다. 그 이유는 헬멧 제조업체들이 3XL 사이즈를 생산하지 않으려 하기 때문이다. 외피는 일반적으로 XL까지는 크기가 같지만, 2XL을 넘어서면 금형을 새로 파서 만들어야 한다. 또한 헬멧 사이즈가 커지는 건 단순히 크기만 키워서 되는 것이 아니라 충격 흡수와 공기역학적 특성까지 고려하는 등 제조과정이 복잡해진다. 따라서 제조업체들은 이렇게 큰 머리를 가진 사람은 극소수고, 그 중에서도 모터사이클을 타는 사람은 더욱 적을 것으로 생각해서 이러한 제품 생산을 하지 않는다. 물론 그러나 이러한 크기를 원하는 사람은 가격이 아주 비싸더라도 이를 지불할 용의가 있을 것이다.

- "어~ 너 왜 나만 따라와"(김수로), "나는 무조건 한 놈만 패!"(유오성)

— 영화 '주유소 습격사건'

4. 개인별 마케팅(Individual Marketing, Personalizing Marketing)

한 사람을 위한 세분화(segments of one), 개인 맞춤형 마케팅(customized marketing), 일대일 마케팅(one-to-one marketing)이라고도 하는데 이것은 세분화의 극단적 형태이다.

- "커피는 다른 사람이 (나만을 위해) 내려줄 때 더 맛있습니다."

— 영화 '카모메 식당'

개인 맞춤화된 마케팅은 세분화의 극단적 형태이고 아마도 이러한 경우(Just for me!)에 고객 만족도는 가장 높게 될 것이다.

현실적으로 개인별 마케팅이 실현되는 사례는 적지 않다.

- 자기 입맛에 맞게 재료를 선택하고 이를 직접 요리해 먹을 수 있는 식당, 원하는 것을 마음껏 선택해서 먹을 수 있는 뷔페 레스토랑, 미용실, 법률서비스, 우산 부속품을 종류별로 열거해 놓고 고객이 원하는 방식으로 바로 조립해주는 우산 장수, 볼펜 색/펜 케이스 등을 다양하게 구비하고 원하는 방식으로 조립판매하는 볼펜 가게 등.

- 전자상거래에서는 방문한 웹사이트의 내용, 쇼핑카트의 구매 및 포기 경력 등의 다양한 행동변수들을 사용하여 고객별 맞춤 마케팅을 하고 있다. 스타벅스는 자체 앱을 통해 고객이 직접 음료를 맞춤화할 수 있고 해당 시간대에 자신이 즐겨 찾던 음료를 앱이 추천해주기도 한다. 넷플릭스는 시청 기록에 기반하여 수많은 영상물 중에서 소비자 취향의 영화를 추천해준다.

기본 플랫폼을 제시하고 나머지 세부 사양은 고객이 원하는 방식으로 선택 가능한 시스템(제조, 생산, 서비스 등)을 갖춘다면, 소비자 사전 조사는 필요 없어질 수도 있다. 이 경우 대량생산뿐 아니라 개인 주문별 욕구도 동시에 충족시킬 수 있다.

개인 맞춤형 마케팅은 다양한 이점이 존재하지만 이를 실천하려면 높은 기술력(예: 데이터 처리, 신축성 있는 제조, 광고 등)을 갖춰야 한다. 기업 역량이 충분하지 않다면 개인 맞춤형 마케팅은 현실적으로 어렵다. 한편 개인 맞춤형 마케팅은 대기업과 영세 기업간의 격차를 더욱 벌인다. 양질의 소비자 데이터를 꾸준히 공급받거나 확보한 기업은 그렇지 못한 기업과 비교해 경쟁 우위를 점할 수 있다. 예를 들어, 구글, 애플, 넷플릭스 등은 자신의 서비스 플랫폼을 통해 매일 수억 명 사용자들이 만들어 내는 데이터를 축적한다.

어떠한 표적시장을 선택할 것인가는 기업의 내적, 외적 여건에 영향을 받을 것이다. 일반적으로 기업의 자원이 제한된 경우에는 집중 전략, 제품이 동질적이고 시장 동질성이 강한 경우에는 비차별화 전략, 제품수명주기의 성숙기에서는 차별화 전략이지만 도입기에는 비차별화 또는 집중 전략이 적절한 것으로 평가된다. 한편 경쟁사가 차별화 전략을 취할 때, 자사가 비차별화 전략을 사용하는 것은 그리 좋은 대안은 아닌 것으로 평가된다.

- 20세기 초반 포드의 T-car는 대량생산체제로 저렴하게 자동차를 제작 보급하였기에 시장을 석권하였다. 그런데 경쟁사인 GM은 다양한 가격대, 디자인, 브랜드의 다품종 소량생산 방식을 전개하여 고객들에게 취향에 따른 선택의 기회를 제공하였다. T-car를 사용하던 고객들은 이제 동일한 자동차에 식상해졌고 따라서 GM으로 급격히 기울게 되었다. 대량생산체제의 T-car는 이러한 기존 시스템을 단기간에 수정하기가 어려웠기에 결국 GM에게 역전을 허용하였다.

어떤 방식을 채택하든 관계없이, 표적시장을 선정하였으면 거기에 걸맞은 마케팅을 구사하여야 한다. 무늬만 표적마케팅을 하여서는 의미가 없다.

- "우리나라 애니메이션이 힘든 건 관객층의 포커스를 전혀 형성하지 못하기 때문이다. 가족용이라는 것이 쉬운 것 같지만 실은 젊은이용 영화보다 훨씬 어렵다. 일본 작품에서 보듯 어른이 아이들 손을 잡고 극장에 가게 하기 위해선 재미라는 요소만 가지고는 안 된다. 여기에 더해 향수, 역사, 교육, 감동 등의 요소들이 더해져야 어른들도 안심하고 아이들과 같이 즐길 수 있다. 일본 애니메이션이 최고인 이유는 이런 '가족' 관객을 훌륭하게 만족시킬 수 있는 작품이 양산되기 때문이다."

  ― 이규형(영화감독)

표적마케팅의 실천은 생각처럼 그렇게 쉽지는 않다. 여기에는 경영자의 철학, 조직 문화, 그리고 이에 대한 지속성이 있어야 한다.

- "가게에는 많은 손님이 찾아온다. 그 열 명 가운데 한 명이 '상당히 좋은 가게다, 마음에 든다, 또 오고 싶다'라고 생각해주면 그것으로 족하다. 열 명 중에 한 명이 단골이 되어준다면 경영은 이루어진다. 거꾸로 말하면 열 명 중 아홉 명의 마음에 들지 않는다 해도 그다지 신경 쓰지 않아도 되는 것이다. 그렇게 생각하면 마음이 편해진다. 그러나 그 '한 사람'에게는 철저하게 마음에 들게 만들 필요가 있다. 그래서 경영자는 명확한 자세와 철학 같은 것을 기치로 내걸고, 그것을 강한 인내심을 가지고 비바람을 견디며 유지해 나가지 않으면 안된다. 그것이 가게를 경영하면서 내가 몸소 체득한 것이었다."

　　　　　　　　　　　　　　　— 무라카미 하루키, '달리기를 말할 때 내가 하고 싶은 이야기,' 문학사상, 2009

　　마케팅 관리 과정에는 여러 종류의 의사결정을 하게 된다. 물론 모든 의사결정이 마케팅 성과에 어떻게든 영향을 미치기에 그 모두에 대해 적절한 의사결정을 내리는 것은 중요하다. 그러나 이러한 의사결정들 중에도 특히 표적시장의 선정(S&T)과 이어서 설명하는 포지셔닝(P)에 대한 의사결정은 매우 중요하다. STP 의사결정은 마케팅 활동에 미치는 영향이 꽤 오래가고 또한 다른 의사결정에 미치는 파급효과가 크기에 그러한 결정에 신중을 기할 필요가 있다.

- '누구를 대상으로 마케팅 활동을 펼칠 것인가'의 결정에 들이는 정성은 마케팅의 전체 노력을 100으로 한다면 거의 50 이상을 들여야 한다고 할 정도로 중요하다.

　　마케팅 관리자는 누구나 열심히 일을 한다. 그러나 중요한 의사결정이 잘못되면 그 다음에 하는 노력들은 노력한 만큼의 성과가 나오기 어렵다.

- 누구나 열심히 하루 10시간씩 땅을 판다. 그러나 땅 밑에 묻혀 있는 것이 다이아몬드인가, 아니면 쓰레기인가에 따라 그러한 노력의 성과는 천양지차가 된다. 어디의 땅을 팔 것인가, 즉 표적시장의 선정에 대한 의사결정은 그래서 중요하다.

9장의 요약

여기서는 어떠한 시장을 대상으로 마케팅 활동을 집중할지를 선택(T, targeting)하는 내용을 살펴보고 있다. 표적시장에 대한 선정은 기업의 마케팅 활동에 장기간 영향을 미치기에 신중을 기해 선택해야 한다.

우선 표적시장의 선정 기준에 대해 살펴보고 있다. 일반적으로 다음의 두 가지 조건이 거론된다. 첫째, 객관적으로 매력적인 시장이어야 한다. 둘째, 기업이 추구하는 목적과 시장이 합치되어야 하고 또한 시장에서 성공할 수 있는 자원 및 역량을 기업이 보유하고 있어야 한다.

그런 다음 표적마케팅(target marketing)의 다양한 유형에 대해 살펴보고 있다. 몇 개의 세분시장에 진출할 것인지에 대해 기업이 택할 수 있는 대안은 여러 가지가 있다. 첫째, '시장 전체를 대상(full market coverage)으로 하는 유형'에는 비차별적 마케팅(undifferentiated or mass marketing), 차별적 마케팅(differentiated marketing)이 있다. 둘째, 시장 전체를 대상으로 하는 것은 아니지만 '복수의 세분시장을 대상(multiple segment specialization)으로 전문화하는 유형'에는 선택적 전문화(selective specialization), 제품 전문화(product specialization), 시장 전문화(market specialization) 등이 있다. 셋째, '단일 세분시장에 집중(single-segment concentration)하는 유형'이 있다. 넷째, '개인별 맞춤화된 마케팅을 하는 유형'이 있다.

이제 공략할 표적시장이 결정되었다면 그 다음에는 그 시장에 어떤 위치로 진입할 것인지를 결정해야 한다(P, positioning). 이에 대한 내용은 다음 10장에서 살펴보겠다.

제 10 장 포지셔닝의 결정

표적시장 공략을 위한 마케팅 전략(target marketing strategies)의 첫 단계는 시장세분화(S, segmentation)를 통해 고객 욕구의 이질성을 파악하는 것이다. 그런 다음 이렇게 구분된 여러 세분시장 중에서 기업이 공략할 최적 표적시장을 선택(T, targeting)하는 것이다. 이제 시장세분화(S)와 표적시장(T)이 완료되었다면 다음에는 그러한 표적 세분시장의 고객들 머릿속에 기업 제공물(제품, 브랜드, 서비스 등)을 어떻게 인식(P, positioning)시킬 것인지를 결정한다. '고객들 마음 속에 자사제품이 어떠한 위치로 자리잡음(P) 하는가'에 따라 마케팅 성과는 달라지기에 이의 결정은 매우 중요하다.

포지셔닝이란 표적고객의 마음 속에 제품(브랜드)의 어떤 뚜렷한 자리, 즉 경쟁사와 대비되는 어떤 자리를 잡는 것이다. 이러한 포지셔닝(자리매김 또는 위치정립, market positioning)은 후속되는 마케팅 믹스의 여러 활동에 대한 방향(또는 기준)을 제시한다. 따라서 포지셔닝의 결정은 마케팅에서 가장 중심 되는 결정이다. 포지셔닝의 관점(또는 STP)에서 마케팅 활동을 바라보면, 포지셔닝 이전에 수행되는 모든 노력들은 포지셔닝의 결정을 위한 사전 준비단계이다. 그리고 포지셔닝 이후에 수행되는 마케팅 믹스 활동은 이러한 포지셔닝을 기반으로 도출되는 후속 실행단계이다. 모든 마케팅 활동의 중심 역할을 하는 포지셔닝은 그만큼 중요한 단계라고 할 수 있다.

그림 10-1 | 마케팅 관리 과정의 중간허리 역할을 하는 STP에 대한 개념도

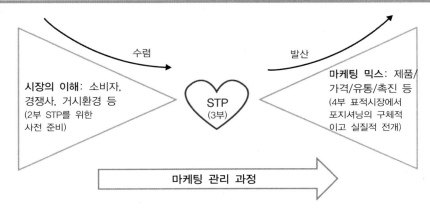

마케팅 관리 과정은 포지셔닝을 중심으로 허리가 잘록한 모래시계와 같다. 즉 광범위하고 다양한 자료를 토대로 하나의 포지셔닝이 정립되고, 다시 이러한 하나의 포지셔닝을 중심으로 다양한 마케팅 믹스 활동들로 넓게 퍼지게 된다. 이 그림은 책의 목차 흐름과 유사하다.

포지셔닝의 대상은 기업, 제품, 서비스, 브랜드, 점포, 사람 등 기업의 모든 시장제공물이 해당된다. 여기서는 브랜드를 중심으로 포지셔닝을 설명하겠다. 한편 브랜드 자체의 관리에 대한 설명은 13, 14장에서 살펴보겠다.

Ⅰ 포지셔닝의 개념과 중요성

1. 포지셔닝의 개념

포지셔닝이란 소비자 인식(마음)에 기업 제공물의 심리적 자리(position)를 잡아가는 것이다. 즉 소비자 머릿속에 'A기업은 B, C, D 기업들에 비해 어떠어떠하게 다르다,' 또는 'a1, a2, a3(A기업의 브랜드)은 B, C, D 기업의 브랜드(b1, b2; c1, c2, c3, c4; d1, d2)에 비해 어떻게 다르다'와 같이 경쟁사와 상대적으로 대비되는 자사 제품에 대한 것을 인식시키는 것이다.

표적고객의 마음속에 지속적 경쟁우위의 위치를 차지하고 있다면 더 나은 마케팅 성과를 거둘 수 있다. 예를 들어 '삼성 갤럭시(맥도날드, 코카콜라, 나이키)는 애플 아이폰(버거킹, 펩시콜라, 아디다스)보다 성능이 뛰어나고 디자인이 우월하다'란 생각을 확고히 가진 소비자는 스마트폰을 살 때 주저 없이 삼성 갤럭시(맥도날드, 코카콜라, 나이키)를 선택할 가능성이 높다.

이러한 마음속 위상은 기업의 유무형 노력(예: 성능 및 품질, AS, 브랜드, 광고, 가격, 유통망, 사회적 책임, 최고경영자 등)을 통해 조금씩 어떤 자리를 차지하게 된 것이다.

- 볼보자동차는 오랜 동안 '안전'을 강조하는 광고 캠페인을 수행해 왔다. 물론 '안전하면 바로 볼보자동차'가 떠오르기 위해서는 이러한 커뮤니케이션 노력뿐 아니라 실제 자동차도 그래야 한다. 이러한 유무형의 입체적 노력이 없다면 고객 머릿속에 '볼보자동차는 안전하다'라는 포지셔닝은 어려울 것이다. 한편 실체적인 디자인의 변화를 위해 기아자동차는 유럽 3대 자동차 디자이너 중 한 명인 피터 슈라이어를 2007년에 CDO로 초빙하였다. 슈라이어는 기아자동차의 정체성을 드러낼 디자인의 필요성을 절감했고 이렇게 해서 탄생한 것이 '호랑이코 그릴'이다.

기업의 의도적(또는 인위적) 노력을 통해 자신이 원하는 방향으로 포지셔닝이 결정되기도 하지만 때로는 소비자의 특정 경험 또는 시장 상황에 의해 (기업이 의도하지 않은 방향으로) 결정되기도 한다. 외부 요소에 의해 원치 않는 방향으로 포지셔닝 결정이 되지 않게 하려면, 마케팅 관리자는 선제적이면서도 적극적 노력을 기울여야 한다.

기업의 모든 마케팅 활동(예: 제품개발, 디자인, 포장, 가격, 유통, 광고, 홍보, 구전, 사회적 책임 활동, 최고경영자 등)은 포지셔닝과 어떻게든 연관된다. 마치 우리 삶의 단편들 모두가 자기 이름의 명성, 정체성 등과 연관되는 것과 마찬가지이다.

- '초상화'보다 '자화상'이 낫다. 이미지를 자신이 먼저 그리지 않으면 언론이 그린다. 2004년 대선에서 존 케리 민주당 후보가 우물쭈물하는 사이 언론은 '우유부단하고 비사교적이며 요트를 타는 팔자 좋은 사나이'로 그려버렸다. 뒤늦게 베트남전 참전 경험으로 '용감한 사나이' 인상을 더하려 했으나 결과적으로는 '필요할 때마다 베트남전 경력을 우려먹는 사나이'가 되고 말았다.
  — 참조: 조선일보, 강인선 칼럼, 성공적인 대선후보가 되는 7가지 방법, 2006년 11월 27일

2. 포지셔닝의 사례들

포지셔닝의 이해를 돕기 위해 몇 가지 사례를 제시하겠다.

1) 하이트맥주: 가장 성공적 마케팅 사례 중 하나는 'Hite 맥주'일 것이다. 'Hite 맥주'는 가장 먼저 떠오르는 이미지를 '깨끗한 물'로 정립하였다. 이러한 브랜드 포지셔닝(이미지)은 Hite 맥주의 1990년대 초반 광고(예: 지하 150미터에서 추출한 천연암반수를 강조한 광고물)를 통해 비롯되었다. 그런데 이는 낙동강 페놀 오염 등으로 식수에 대한 우려가 높았던 시기와

절묘하게 잘 맞았기에 소비자 뇌리에 강하게 인식되었다. 물론 경쟁사인 OB맥주의 물도 깨끗하지만 하이트의 깨끗한 물에 대한 이미지 선점(先占)은 상대적으로 경쟁사 맥주는 물에서 취약할 것이란 이미지를 고객들에게 심어주었다.

- '어떤 제품(A)은 어떠하다(xyz)'란 특정 생각이 머릿속에 각인되면(A=xyz) 그 제품은 그러한 위치를 차지할뿐 아니라 동시에 경쟁사 제품들은 그러한 위치로부터 멀리 튕겨나가게 하는 부수적 효과도 얻게 된다. 예를 들어, 'KT Olleh는 빠르다'란 인식이 강하게 자리잡으면, 경쟁브랜드(SKT, LGT)는 빠른 속성과는 거리가 먼 것으로 인식될 소지가 크다. 따라서 유리한 위치를 강하게 선점하는 것은 매우 유리하다.

2) 하이마트: '하이마트' 하면 무엇이 제일 먼저 떠오르는가? 2000년대 초반 소비자들에게 이 질문을 던졌다면 아마도 혼수 가전이 떠오를 것이다. 당시 하이마트 광고는 결혼 적령기의 남녀모델이 등장하여 노래를 흥겹게 부르는 형식을 취하였다. 이를 통해 종합가전회사인 하이마트만의 차별적 위치(하이마트＝혼수가전 구매하는 곳)를 자리잡았다.

3) 아시아나 항공: 지금은 대한항공으로 합병된 아시아나 항공은 '아름다운 사람들'이라는 지속적인 광고 문구, 웃는 얼굴의 승무원 등의 일관성 있고 이와 연관된 입체적 노력을 통해 그러한 이미지를 고객들 머릿속에 자리잡고자 노력하였다.

4) 삼성그룹: 사람들이 삼성그룹에 대해 '일등'이란 이미지를 가지고 있는데, 이는 '제일주의'를 내세우며 최고의 제품, 기업, 인재들이 모인 회사, 최상의 스포츠팀(예: 야구, 배구, 축구, 농구) 등의 엇물림을 통해 사람들에게 꾸준히 각인시킨 결과이다. 하지만 이러한 '일등' 이미지는 문제점(예: 일등 지상주의, 서열화 등)도 내포하였기에 '또 하나의 가족'(1997년~2007년), '사람, 사랑'(삼성생명) 등의 슬로건을 통해 보다 따뜻하고 인간애가 넘치는 친근한 기업 이미지로 방향 수정을 하였다.

- 위치정립의 대표적 사례를 제시하면 다음과 같다: 볼보 자동차(안전성), 인텔(속도), KT-올레(빠름), 뱅엔울룹슨(디자인). 다른 사례들로는 어떤 것들이 여러분 머릿속에 떠오르는가?
- 커피숍, 음식점 등은 특정 상황에 적합한 것으로 포지셔닝되고 있는 경우가 종종 있다. 예: 결혼 적령기의 남녀가 맞선 보기에 좋은 호텔 커피숍, 예비 신랑신부의 부모님들이 상견례하기 적절한 식당 등.

마케팅 전문가 세스 고딘(Seth Godin)은 "자신에 대해 8단어 이하로 묘사할 수 없다면, 당신은 아직 자신의 자리를 갖지 못한 것이다"고 하였다. 브랜드 역시 자신을 대표하는 특징적 속성이 필요하다. 자신만의 위치를 확고히 자리잡고 있다면 그 제품과 브랜드는 시장에서 분명한 경쟁적 우위의 위치를 장악하고 있는 것이다. 여러 제품과 브랜드 중에서 어떤 것을 선택하는 상황에 처할 때, 소비자 머릿속에는 브랜드별 차별적 속성들이 떠오를 것이고, 현재 구매 상황에 들어맞는 위치를 가진 브랜드가 우선적으로 선택될 가능성이 크다.

독자 여러 분 머릿속에 차별적 자리를 잡고 있는 제품과 브랜드는 어쨌거나 포지셔닝에 성공한 제품이라고 생각하면 크게 잘못은 없을 것이다. 이러한 자기 자리를 잡기 위해 기업이 그간 어떠한 노력을 기울였을지 곰곰이 생각해보면 마케팅에 대한 많은 것을 이해하게 될 것이다.

- 프로야구 10개 구단은 팀 칼라(포지셔닝)가 각기 다르다. 팀 칼라는 일반적으로 어떻게 다르고 사람마다 또 어떻게 다르게 인식되고 있는가? 이러한 위치는 어떠한 과정을 거쳐서 야구팬의 마음속에 자리잡았는가? 영국의 프로축구팀 맨유는 "그저 축구를 잘하는 팀"이 아니라 "아이들에게 꿈과 희망을 주는 팀, 지구촌 모두가 응원하는 팀"이 되고자 하였기에 세계에서 가장 많은 팬을 가지는 팀이 되었다. 우수 선수를 많이 보유하고, 우승도 많이 한 △△ 야구팀보다 롯데, 한화에 더 많은 열성팬이 있는 이유는 이들 마음에 자리잡은 어떤 위치 때문이기도 하다.

- 유명 연예인은 자신만의 강력한 위상을 대중에게 심어주고 있다. 반면에 그러한 강력한 위상이 없는 연예인은 존재감이 없다. 예능 프로그램에서 연예인들이 자신만의 캐릭터가 없다며 안타까워하거나, 어떤 선배가 자신의 캐릭터를 잡아 줘서 고맙다 등의 이야기를 하는데 결국 그들이 말하는 캐릭터가 바로 포지셔닝과 연관된다.

Ⅱ 포지셔닝의 방법들

1. 포지셔닝을 고민하는 계기

특히 다음의 두 경우에 있어서 마케팅 관리자는 포지셔닝(위치정립)을 심각히 고려하게 된다. 첫째, 신제품 개발에 앞서 그 신제품의 위치정립에 대한 것이고, 둘째, 기존 제품의 위치를 강화하거나 아니면 기존 위치를 다르게 바꾸려 할 때이다.

후자의 경우(기존 제품의 포지셔닝 강화 또는 변경)는 소비자 기호가 변하거나 강력한 경쟁 브랜드의 진입으로 인해 기존 위상의 경쟁우위를 상실할 때 주로 고려하게 된다. 특히 기존과는 다른 방향으로 제품 포지션을 재구축하는 것을 재포지셔닝(repositioning)이라고 한다.

- 버버리(Burberry)는 영국의 명품 패션 브랜드이다. 브랜드 특유의 타탄 무늬는 버버리의 트레이드마크이다. 그렇지만 패션브랜드임에도 불구하고 시간이 흐르면서 노후한 이미지를 가지게 되었다. 이러한 노후 이미지를 탈피하고 젊고 세련된 이미지로 재위치화 하고자 2010년 엠마 왓슨(Emma Watson)과 그의 남동생 알렉스 왓슨을 모델로 기용하였다. 이를 통해 버버리의 정통성을 상징하던 클래식 체크가 십대들이 선택할 수 있는 디자인 성격이 부여되었기에 젊은 패션 마니아들을 끌어들일 수 있었다.

- 2008~2009년 SBS TV에서 인기리 방영된 '아내의 유혹' 주인공 장서희는 복수를 위해 얼굴에 점을 하나 붙이고 아예 다른 사람인 것처럼 연기를 하였다. 즉 순진하고 착하기만 했던 아내에서 영악한 복수의 화신으로 자신을 재위치화 하였다. 한편 지금은 마초(macho) 이미지가 강한 Marlboro 담배는 1954년까지 여성용 담배였고 'Mild as May'가 슬로건이었다.

- 2014년 기아자동차는 K9의 도입(2012년) 부진 요인 중 하나로 거론됐던 포지셔닝(positioning)을 바로잡으려 하였다. 이러한 재정비를 위해 우선 제네시스와 거의 대등한 위치에 서면서도 동시에 이와 선을 긋고 정체성을 뚜렷이 확보하고자 했다. 업계 관계자에 따르면 "제네시스는 정교하면서도 파워를 갖춘 고급 세단이라면, K9은 부드럽고 우아한 느낌의 프리미엄카를 지향한다"고 했다. 이러한 노력의 결과로 나타난 시장 반응은 기업이 의도한 바와 어느 정도 일치하고 있다. 제네시스를 구입한 소비자 중 절반 가까이가 30~40대지만, K9은 50~60대의 구매 비중이 65%를 넘는다. 차값도 제네시스(4,660만~7,210만원)와 비슷한 수준까지 내렸다.

— 참조: 조선비즈, 2014년 2월 20일

2. 포지셔닝의 두 가지 주요 개념: 유사성(POP)과 차별성(POD)

포지셔닝이란 소비자 마음 속에 자사 제품(또는 브랜드)이 차지하는 특별한 어떤 위치 잡기, 즉 심리적인 자리잡기와 연관되는 모든 전략적 결정이다. 이러한 자리잡기에는 어떤 절차가 있다. 우선은 자사 제품이 어떤 제품범주에 속해 있다는 점(category membership)을 알려야 한다. 그런 다음에는 통상적으로 이러한 제품범주에서 기본적으로 중시되는 속성들에 대해서는 경쟁제품 못지않게 갖추고 있다는 점(유사성, points-of-parity, POP)을 인식시켜야 한다. 그런 다음, 이러한 범주내의 다른 경쟁 제품들과 대비되는 점(차별적 포인트, points-of-difference, POD)이 있음을 인식시켜야 한다.

'유사성(POP)'과 '차별적 포인트(POD)'란 두 가지 노력 모두 중요하지만, 순서상으로 다른 제품들과 기본적 필수적 면에서는 일단은 모두 동등하다는 것을 먼저 알려야 한다. 이러한 인식이 단단히 자리잡은 다음, 비로소 자사 제품이 다른 제품들에 비해 어떠한 면에서 특별한 차이가 있다는 점을 강조하는 것이 바람직하다([그림 10-2] 참조).

그림 10-2 | 포지셔닝의 흐름

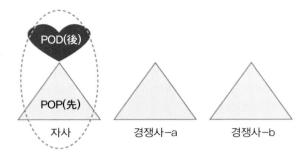

예를 들어, 맥도날드 맥카페는 다른 카페와 마찬가지로 원두, 로스팅, 그리고 커피머신이 좋다는 점을 먼저 충분히 얘기한 다음, 자사 커피의 가격이 다른 제품들에 비해 무척이나 저렴하다는 점을 광고하였다. 만약에 이러한 순서로 제시하지 않고, 맥카페의 차별적 우위 (즉 저렴한 가격)만을 광고에서 말하였다면, 소비자들은 맥카페 가격은 저렴하다는 사실은 잘 알겠지만, 이와 동시에 그로 인해 기본적으로 커피가 갖춰야 할 속성인 원두 품질, 커피 맛, 전문성 등에 문제가 없을까 하는 불안감을 무의식 중에 가지기에 제품선택을 망설일 수 있다.

디자인이 뛰어난 자동차도 우선은 성능, 품질, 안전성 등에서 다른 자동차와 비등하다는 것을 보여준 다음에, 디자인의 차별성을 얘기하는 것이 더 바람직하다. 차별점(여기선 디자인)만을 얘기하면, 이로 인해 제품범주에서 기본적으로 갖춰야 할 기본 속성들의 희생이 있을지도 모른다는 생각을 가질 수 있기 때문이다. 결국 "먼저 같음(POP)을 얘기해서 이를 단단하게 확립한 다음에 비로소 다름(POD)을 얘기해야 한다."

● "자기가 광고할 상품이 다른 상품들과 유사하다는 현실에 마주칠 때, 대부분의 광고인은 모든 상품에 공통되는 것을 소비자에게 제시하는 것은 무의미하다고 판단한다. 그 결과 그들이 만든 광고는 상품의 사소한 차이점에 대해서만 말한다. 나는 그들이 계속 그와 같은 실수를 범하기를 바란다. 왜냐하면 그들이 그와 같은 실수를 계속하는 동안 나는 광고주를 위해 다른 상품과 공통된 사실(사실 이것이 더욱 소비자를 움직이는 내용이다)을 먼저 제시해줄 수 있기 때문이다."

― David Ogilvy

참고로, 경쟁사가 차별적 포인트로 강조해왔던 특장점을 자사제품은 이미 당연하게 가지고 있다고 얘기하면 경쟁사의 차별적 포인트는 무력화된다. 즉 '경쟁사의 POD'는 '자사의 POP'를 통해 무력화된다.

- 학생들을 가르치는 선생님은 일단은 교육자라면 누구나 가져야 하는 기본 지식과 교육 능력을 갖추어야 한다. 이러한 선행조건이 갖춰진 다음에야 재미, 파격 등과 같은 자신만의 차별점을 내세울 수 있다. 가수는 일단 가수라면 기본적으로 갖추어야 할 가창력이 있어야 한다. 그런 다음에 댄스, 퍼포먼스, 연기력 등의 차별성이 의미를 가지게 된다.

마케팅은 소비자 머릿속의 좋은 위치를 차지하기 위한 싸움이다. 즉 '인식상의 게임'이다. 포지셔닝의 경우 이러한 category membership, POP, POD의 연관관계를 염두에 두어야 한다. 요약하면, 우선 자신의 시장제공물이 어떤 범주에 속하는 것인가를 소비자에게 분명히 알리고, 그런 다음, 그 범주에서 기본적이면서도 통상적으로 요구되는 일반 속성을 충분히 가지고 있다는 점을 얘기하고(가능하다면 그 범주내의 최강 경쟁 브랜드와 동등성이 있다는 것을 강조하고), 그런 다음에 자신만의 독특하거나 차별적 포인트를 내세워 자신만의 독자적 위치를 구축해 나갈 필요가 있다.

사례 2020년 5월 스위스에서는 곤충을 사용한 식품 판매 허가 법안이 통과되었고, 이에 따라 스위스 거대 유통체인 Coop은 곤충버거 패티, 곤충볼(미트볼과 유사)을 상품화하기 시작하였다. 만약 식용곤충의 패티를 사용한 새로운 햄버거 제품을 시장에 성공적으로 정착시키려면, 소비자들의 마음 속에 어떠한 과정을 거쳐서 자리잡게 하는 것이 좋을 것인지를 생각해보자.

우선 첫 단계는 Coop의 식용곤충 패티 버거가 어떤 제품범주(category membership)에 속해있다는 것을 알리는 것이다. 예를 들어 식용곤충 햄버거는 다른 햄버거와 마찬가지로 패스트푸드에 속한다는 것을 인식시키는 것으로 시작한다. 즉 사람들 인식 속에 식용곤충 햄버거도 다른 햄버거와 같이 편히 즐겨 찾을 수 있는 패스트푸드라는 인식을 심어주는 것이다.

두 번째 단계는 햄버거라는 제품범주에서 기본적으로 중요시되는 속성들을 다른 경쟁제품 못지않게 갖추고 있다는 점, 즉 기존의 소고기 제품과의 유사성(POP)을 인식시켜주는 것이다. 예를 들어 음식에 있어서 가장 중요한 것은 맛이기 때문에 식용곤충 패티도 소고기 패티와 같이 훌륭한 고기 맛을 낼 수 있다는 점을 인식시킨다. 예를 들어, 소고기 패티로 만든 햄버거와 식용곤충 패티로 만든 햄버거를 블라인드 테스트해서 소비자들이 이를 구분하지 못함을 보여주는 것도 효과적일 것이다.

이것이 정립되면 그 다음 세 번째 단계에서는 햄버거 제품 범주 내에서 다른 경쟁 제품들과 대비되거나 차별화되는 점, 즉 차별적 포인트(POD)를 알려야 한다. 예를 들어, 식용곤충은 동량의 소고기 보다 영양가가 높고, 더 많은 단백질을 함유하고, 불포화지방 함량이 높아 항산화효과가 높다는 점을 강조한다. 보통 패스트 푸드 햄버거는 건강을 해치는 이미지가 강한데 식용곤충 햄버거의 건강한 영양성분은 차별화 포인트가 된다. 이에 더해 육고기에 비해 아주 적은 양의 물과 먹이만 필요하고 온실가스 발생량도 매우 적다는 점까지 알린다면 친환경 인식까지 심어 줄 수 있을 것이다.

3. 포지셔닝의 방법들

포지션에 따라 소비자 행동은 달라지기에 '어떠한 위치로 자리잡음 하는가'는 중요한 결정이다. 포지셔닝의 방법으로 여러 방안들이 거론된다. 이를 크게 구분하면, 첫째, 제품의 실질적 특성(예: 품질, 기능, 형태, 가격 등)을 중심으로 포지셔닝을 잡는 것, 둘째, 제품 자체보다는 이와 연관된 대용물(surrogates)을 이용하여 포지셔닝을 잡는 것으로 나눌 수 있다.

1) 제품 자체의 실질적 속성(attributes)을 중심으로한 포지셔닝 방법

(1) 제품 특성 또는 고객 혜택에 의한 포지셔닝

제품의 유형적 속성(기능, 성분, 형태), 그리고 이로부터 연유되는 소비자 혜택 속성을 중심으로 포지셔닝을 구축하는 것이다.

제품 자체의 주요 속성을 중심으로 위치를 잡을 때는 우선 자사제품의 경쟁우위 속성으로 어떠한 것들이 있는지를 잘 알고 있어야 하고, 그 중에서 특히 어떠한 것이 소비자에게 가장 중요한지를 파악하고 있어야 한다.

- 예를 들어, 하이트 맥주는 비열처리 공법, 깨끗한 물의 사용, 부드러운 목 넘김, 풍성한 맥주거품 등의 여러 속성 중에서 깨끗한 물을 전략적으로 선택하였다. 볼보는 승차감, 견고함, 디자인 등의 강점 중에서 안전이란 속성을 선택하였다. 고려 은단의 비타민 제품은 영국에서 수입한 원료를 강조하였다. 다른 예: 갤럭시S4의 방수기능([사진 10-1 참조]), 풀무원의 천연재료, 자일리톨의 충치 예방, 레간자의 조용한 엔진, 남양 아인슈타인 우유의 머리 좋아지는 DHA성분, 매일 칼슘우유의 뼈가 튼튼해지는 성분, KT 올레의 빠름 등.

- 혜택 속성의 현명한 선택 사례: 유유제약의 '베노플러스' 연고는 멍든 데, 부은 데, 벌레 물린 데 바르는 연고다. 이 중 어떤 기능을 부각해도 괜찮다. 그런데 벌레 물린 데 바르는 연고, 붓기 빼는 파스는 이미 시중에 많기에, 멍 치료제로 포지셔닝하기로 결정했고, 멍 시장을 선점하기로 했다. 한편 소비자들은 멍을 치료하는 것보다 멍 자국을 없애는 데 관심이 많다는 사실을 시장에서 확인하였기에, 즉 소비자들은 멍의 '치료'보다는 '미용'에 더 관심이 있다는 점을 확인하였기에 성인 여성을 표적으로 화장품 같은 이미지로 제품을 포지셔닝하여 크게 성공을 거뒀다.

갤럭시S4의 변종 제품으로 방수방진 기능을 갖춘 것이 특징

사진 10-1 갤럭시S4 액티브(2013년 12월 출시)

(2) 가격과 품질에 의한 포지셔닝

가격, 품질은 제품(브랜드)의 평가에 있어서 매우 중요한 두 가지 요소이다. 그래서 포지셔닝 결정에서 기본적으로 고려할 필요가 있을 정도이다. 흔히 사용되는 제품의 가격, 품질을 기준으로 한 포지셔닝은 가격과 품질의 조합을 통해 자사제품 및 경쟁사 제품의 등급을 보여준다. 이러한 등급별 포지셔닝은 거의 모든 제품 영역에서 사용될 수 있다(예: 필기류(몽블랑 펜 vs 모나미 153펜), 자동차(제네시스 vs 아반테), 의류, 레스토랑 등).

(3) 제품의 용도, 또는 사용 상황에 의한 포지셔닝

이는 해당 제품이 필요해서 찾거나 또는 사용하는 상황을 기준으로 위치를 정립하는 것이다. 이러한 방식을 통해 소비자들이 이러한 유사 상황에 처하면 이들 제품을 자연스럽게 떠올리게 만드는 것이 목적이다.

- 숙취해소 음료 '컨디션,' 운동후 갈증해소 '게토레이,' 잠을 깨게 하는 '졸음 번쩍 껌,' 밤새서 공부할 때 '핫식스,' 지치고 피로할 때 마시는 '박카스,' 간식보다는 한끼 식사용 '신라면 블랙,' 아침식사를 위한 '맥모닝,' 출출할 때 먹는 '스니커즈 초콜릿,' 청소후 찜찜할 때 '페브리즈' 등이 여기에 해당한다.

2) 제품자체의 차별성을 연상, 또는 암시하는 어떤 대용물(surrogates)을 이용한 포지셔닝 방법

이러한 대용물로는 제품 사용자, 경쟁자, 경쟁제품군 등을 들 수 있다.

(1) 제품 사용자에 의한 브랜드 포지셔닝

제품을 특정 사용자나 사용자 계층을 연계시킴으로써 위치를 잡는 것이다. 예를 들어, 말보로 담배는 거친 남성의 이미지를 강조함으로써 시장에서 독특한 위상을 선점하였다(참고로 초기의 말보로는 여성을 대상으로 한 담배였다). 십대를 대상으로 한 화장품, 고소득층을 위한 신용카드(예: Black Card), 성공한 직장인을 위한 자동차 등도 이에 해당한다.

- 2000년대 초반까지 미국에서 현대자동차는 중산층 이하의 사람들이 타는 자동차라는 이미지가 강하였다. 이러한 점은 현대차를 고급화시키는데 제약이 되었다. 반면에 같은 시기에 터키에서 현대자동차(예: 아반테)는 성공한 사람들이 타는 자동차로 포지션되고 있기에 현대자동차는 선망의 대상이 되고 있었다. 이와 같이 국가마다 브랜드 포지셔닝은 다르기도 하다.

- C-화장품은 표적을 10대로 하여 '10대 청소년이 사용하는 화장품'으로 포지셔닝을 하였고, 광고모델도 일반 10대 청소년 모델이거나 또는 그들이 좋아하는 아이돌이다. 한편 예전에 비해 도수가 많이 약해진 소주는 여성모델을 기용함으로써 여성들도 쉽게 즐길 수 있는 술(즉, 여성이 사용자)로 포지셔닝하였다.

때로는 사용자에 대한 너무도 두드러지는 포지셔닝 때문에 그것의 사용을 꺼리게 되는 경우도 생길 수 있다.

- 정부나 지자체가 운영하는 기숙사는 주로 생활형편을 기준으로 해서 선정한다. 물론 성적도 고려하여 선발하지만 대다수 학생들은 생활형편이 어려운 학생이 그러한 기숙사에 들어간다고 인지하기에, 정작 이러한 기숙사 사용이 절실한 학생들은 여린 마음과 자존심 때문에 이의 사용을 심리적으로 꺼리기도 한다.

(2) 경쟁자를 기준으로 한 포지셔닝

이미 시장에서 확고하게 우월한 위치를 잡고 있는 경쟁제품과 연계시킴으로써 자사제품의 포지션을 구축하는 방법이다. 이는 강력한 위치의 경쟁브랜드와의 비교 및 연상을 통해 비교적 빠른 시간내 좋은 위치를 차지하려는 방법이다.

- No.2ism을 강조한 AVIS는 당시 시장의 최강 경쟁사(Hertz)의 우월한 위치에 자신을 빗댐으로써 자신의 위치를 정립하였다. 중저가 화장품 회사인 미샤는 나이트 리페어 크림을 출시할 때, 동종 상품의 대표주자인 에스티로더의 갈색병의 경쟁제품으로 포지셔닝하였다. 그리고 이를 통해 소비자들에게 미샤의 제품이 에스티로더의 제품에 못지않은 효능이 있을 것이란 생각을 갖게 하였다.

- "바다에서, 나의 무(武)의 위치는 적의 위치에 의하여 결정되었다. 바다에서, 나의 위치는 늘 적과 맞물려 돌아갔다."

$\qquad$ - 김훈(2001), 칼의 노래, 34쪽

(3) 경쟁 제품군을 기준으로 하는 포지셔닝(제품계층을 활용한 포지셔닝)

자사 제품이 속한 제품군(group of products)이 다른 경쟁 제품군에 대한 대체성이 있음을 강조할 때 주로 사용한다. 이러한 포지셔닝 노력이 성공하면 유사 욕구의 충족을 위해 기존 제품군 대신에 자사 제품이 속한 제품군이 대체되어 사용될 것이다. 즉 이들 제품군들이 더 이상 별개의 것으로 생각되지 않고 서로 연계 또는 대체가능한 제품이란 생각을 들게 만든다. 이렇게 경쟁제품군으로 소비자의 생각을 확장시키기 위해서는 일단 제품계층의 사다리를 통해 건너뛸 수 있게끔 도와준다.

- 대체 제품군의 예는 다음과 같다. 녹차 vs 커피, 경비시스템 vs 경비견/경비원, 비아그라 vs 한의원의 보약(실제로 비아그라가 등장하면서 한약방의 보약 시장은 크게 위축되었다), 사륜오토바이 vs 카우보이의 말, 맥주 vs 막걸리, 치약 vs 자일리톨껌 vs 가그린, 백화점 vs 인터넷쇼핑.

제품군에 의한 포지셔닝은 기존 제품군을 사용하던 사람들로 하여금 제품전환을 하도록 유도하는 특징이 있다.

이상의 여러 대안들 이외에도 포지셔닝을 위해 사용할 수 있는 방법은 무궁무진하다. 기업은 이러한 대안들 중에서 기업 역량, 경쟁 여건, 소비자 성향 등을 고려하여 최적의 것을 선택하여야 한다. 창의적이고 혁신적인 위치정립은 신제품(신서비스)을 시장에서 확실하게 그리고 빠른 시간에 자리잡게 도와준다. 소비자 마음을 잡으면 거의 반 이상 승리한 것과 다름없다.

- 제품 구매시(예: 햄버거), 어떤 특정 브랜드(예: 맥도날드)를 선택하는 것은 그때 떠오른 그 브랜드의 포지셔닝에 의해 좌우된다. 따라서 사람들 머릿속에 유리한 위치로 자리 잡고 있는 것은 중요하다. 자동차 구매의 경우, 다음 이유로 어떤 브랜드가 선택된다. 예: 이 브랜드의 자동차는 성공한 젊은 사업가들이 모는 자동차(사용자), 이 브랜드의 자동차 엔진은 독일 벤츠 기술이 들어간 것(특정 속성), 이 브랜드의 자동차는 험한 산길이나 눈길에도 아무 문제 없는 차(사용 용도), 이 브랜드의 자동차는 비싸고 성능이 좋은 차(가격-품질) 등.

Ⅲ 머릿속 포지셔닝의 시각화: 제품지각도

위치정립을 성공적으로 하기 위해서는 우선 자사 및 경쟁 브랜드가 소비자 마음 속에 현재 어떠한 위치를 차지하고 있는지를 파악하여야 한다. 이러한 이해가 선행되어야 자신의 위치를 제대로 알고 미래의 바람직한 위치를 향한 적합한 포지셔닝 전략을 수립할 수 있다.

현재의 위치 상태를 보여주는 방법들은 여러 가지가 있는데, 그 중 제품지각도(product position map, perceptual map)는 이를 시각적으로 보여주는 대표적 방법이다.

1. 제품지각도를 그리는 방법

지각도를 그리기 위해서는 우선 표적시장에서 자사와 함께 살펴봐야 될 경쟁사들은 누가 있는지를 규명해야 한다. 그런 다음 자사 및 경쟁사가 표적 고객들에 의해 중요 속성들에 있어서 어떻게 평가되고 있는지를 조사한다. 이를 통해 나타난 최종 산출물이 제품지각도이다. 이와 같이 지각도를 그리기 위해선, 누구의 관점에서 그 인식을 살펴볼 것인지, 어떤 대상물들을 포함시킬 것인지, 어떤 속성을 기준으로 그릴 것인지 등에 대해 결정해야 한다. 즉 세 가지 요소, (1) 표적 고객, (2) 경쟁자, (3) 제품 속성을 결정한다([그림 10-3] 참조).

그림 10-3 | 제품지각도의 선행변수들

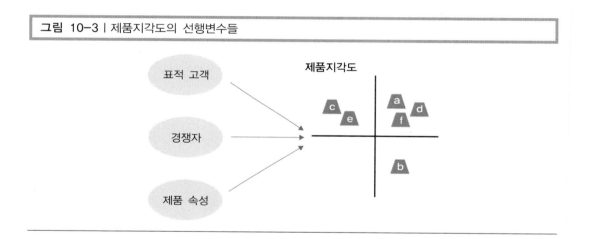

지각도는 자사 및 경쟁사의 포지셔닝 상태를 시각적으로 간결하게 보여준다는 장점이 있다. 즉 지각도는 소비자들이 중요시 여기는 제품 속성(attributes)의 축을 기준으로 하여 자사 및 경쟁브랜드들이 상대적으로 차지하는 위치를 2차원(또는 3차원)상의 그림으로 보여준다.

- 2차원 지각도가 흔히 활용되는데 여기서는 중요한 두 가지 속성만 표현된다는 제약이 있다. 즉 제품 및 브랜드를 표현하는데 고려되는 여타의 속성들은 그림상에 나타나지 않는 한계가 있다. 물론 이것은 한 가지 속성이 추가된 3차원 지각도에서도 나타나는 한계이다.

지각도의 기본 축인 제품 속성에 대해 부연설명하면 다음과 같다.

지각도 접근방법의 기본 아이디어는 인식 대상(즉 제품)은 일련의 속성들로 이루어진 것 (a group of attributes)이라는 점이다. 따라서 지각도를 의미 있게 도출하기 위해서는 지각 대상물의 평가 및 인식에 있어서 가장 의미 있는 속성들을 도출하는 것이다. 이와 같은 속성의 바람직한 기준으로 흔히 다음의 두 가지 특성이 요구된다. (1) 지각 대상들간 격차를 보이기 위해선 그 속성이 대상물 사이의 변별력을 보일 수 있어야 한다(differentiating). (2) 속성은 대상의 지각에 있어서 중요시(important)되어야 한다. '변별력'이 있으면서도 '중요성'을 내포한 속성을 흔히 결정속성(determinant attributes)이라고 한다. '결정' 속성이란 이름은 소비자의 구매결정에 '결정적인~' 영향을 미친다는 의미로부터 유래된 것이다. 이러한 성향의 결정속성을 기준으로 해서 그려진 지각도가 아니라면, 그 지각도로부터 마케팅 관리자는 아무런 유용한 정보를 얻지 못하게 된다. 다시 말해 지각 대상물들 사이의 변별력도 없고, 그러한 속성이 아무런 중요성도 내포하지 않는다면, 이러한 지각도는 유용성이 떨어진다.

- 신용카드의 여러 속성 중 사용 용이성, 대금지불 편리성 등은 신용카드가 이미 성숙시장에 들어섰기에 더 이상 변별력을 가지기 어려운 속성이다. 한편 신용카드의 색깔이 카드사별로 확연히 다르다면 이는 변별력은 있지만 신용카드의 선택에서 그리 중요성을 가지는 것은 아니다. 그렇다면 신용카드 지각도를 그리는데 유용한 결정속성은 무엇이라고 생각하는가?

따라서 결정속성을 올바로 도출하는 작업은 지각도를 그리는데 있어서 매우 중요한 출발점이 된다. 물론 결정속성은 제품, 산업, 소비자 등에 따라 달라진다.

- 와인은 단맛의 정도에 따라 드라이(dry)부터 스위트(sweet)까지, 알코올 농도와 씁쓸한 타닌 맛에 따라 무거운(heavy) 것부터 가벼운(light) 것까지 다양하다. 이러한 두 가지 축이 와인을 분류하는데 많이 사용된다. 와인상품 지각도를 제공하는 레스토랑, 와인가게도 종종 있다. 한편 커피는 신맛~고소한 맛, 진한 맛~옅은 맛의 차원으로 흔히 구분하고 있다. 코로나19백신은 현재 여러 제품이 나와 있다. 이를 제품지각도로 그린다면 어떠한 결정속성으로 구분할 것인가? (예: 백신 효과, 부작용크기, 접종횟수, 백신 지속성 등)

- 비 오는 날 건물 위에서 거리를 내려다보면 온갖 모양의 우산들이 보일 것이다. 만약 우산의 모양을 지각도로 그린다면, 어떤 축을 기준으로 그릴 수 있을까? 아마도 다음과 같은 여러 속성들이 기준 축으로 고려될 것이다: 밝은 색~어두운 색, 화려한 무늬~단조로운 무늬, 큰 우산~작은 우산, 비닐재질~나일론재질 등.

제품 포지션맵을 작성하기 위해서는 표적소비자들에게 중요한 제품 속성들에 대해 자사 및 경쟁브랜드들을 어떻게 평가하는지를 물어보거나(perceptual gap maps based on attribute rating, 참조: 요인분석), 또는 경쟁브랜드들을 짝을 지워 이들 브랜드간의 유사성 정도를 평가하도록 한다(perceptual gap maps based on overall similarities, 참조: 다차원척도법).

- 지각도는 여러 방법을 통해 그릴 수 있는데, 정량적 방법으로는 (1) 프로파일 차트법(profile chart method), (2) 소비자들의 속성에 대한 질문 조사후 요인 분석(factor analysis)을 이용하는 방법, (3) 다차원 척도법(MDS; multi-dimensional scaling), (4) 컨조인트 분석법(conjoint an-alysis) 등이 있다. 물론 정성적으로 마케팅 관리자의 경험과 주관적 판단에 의해 그릴 수도 있다.

시장에 존재하는 브랜드들의 위치(brand positions)를 파악하는 것도 중요하지만, 여기서 한 걸음 더 나아가 시장 고객들이 어떠한 속성의 제품을 이상적인 것으로 원하는지(ideal points)를 파악하는 것도 중요하다. 시장의 모든 고객들이 동질적으로 하나의 제품 이상점만을 가지는 경우도 있지만, 대다수 경우에는 이질적 욕구를 가진 세분집단들이 있기에 여러 개의 제품 이상점들이 나타난다. 결론적으로 제품지각도에는 브랜드들의 위치뿐 아니라, 세분집단별로 원하는 이상적 방향에 대한 위치도 파악하여 이를 동시에 표시한다([그림 10-4] 참조).

그림 10-4 | 이상적 방향이 표시된 제품지각도

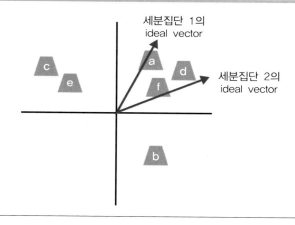

기업들이 자사 브랜드를 생각하는 위치와 일반 소비자들이 생각하는 위치는 유사한 경우도 많지만, 사실 그렇지 않은 경우도 종종 있다. 따라서 기업은 자신의 일방적 관점에서만 파악해서는 안되고 시장의 소비자 관점에서도 이를 확인할 필요가 있다.

- 자신이 생각하는 나의 이미지와 다른 사람들이 생각하는 나의 이미지도 종종 다르지 않은가?

2. 제품지각도의 유용성

제품지각도는 마케터에게 여러 유용한 정보를 제공해 준다.

1) 자신의 현재 위치 및 경쟁사의 위치를 시각적으로 보여준다. 또한 세분집단별로 원하는 이상적인 제품(★)이 어떠한 위치에 있는지에 대해서도 보여준다([그림 10-5] 참조).

그림 10-5 | 햄버거에 대한 지각도

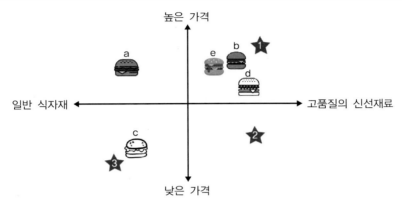

★은 세분집단들(1, 2, 3)이 바라는 각기 이상적인 제품의 위치를 의미한다. Brand a~e는 시장에서의 브랜드 위치를 보여주고 있다. Brand b/d/e와 c는 각기 세분집단 1, 3의 이상점에 가깝게 위치되어 있다. 즉 b~e제품은 그것을 원하는 세분시장이 있음을 의미한다. 반면에 Brand a 근처에는 어떤 세분집단도 없다. 따라서 Brand a는 포지셔닝의 변화를 심각하게 고려할 필요가 있다. 한편 세분집단 2를 만족시켜주는 제품은 현재 없다는 것도 보여주고 있다. 한편 세분집단 1, 2, 3은 어떠한 성향의 소비자들인가? 그들은 누구인가?

---

2) 상대적으로 경쟁자들이 적은 곳, 즉 제품지각도상의 비어있는 위치가 발견된다. 그래서 신제품 아이디어의 창출에서 지각도는 종종 활용된다. 다만 이러한 시장기회를 살리려면 그러한 위치의 제품에 대한 충분한 수요가 있어야 하고 또한 그러한 위치의 제품을 실질적으로 개발할 능력이 있어야 한다.

- 코로나19백신: 백신효과가 뛰어나고, 부작용은 없으며, 접종횟수는 1회면 되고, 접종가격은 저렴하고 또한 백신효과의 지속성은 장기간인 백신제품에 대한 시장욕구가 있다는 것을 제약사 모두는 알고 있지만 이를 실현시키는 제품을 만드는 것은 별개의 문제이다.

- 승용차는 클수록 비싸고 또한 비싸기에 고급 이미지를 갖는 게 당연하다고 생각해왔다. 그래서 자동차 회사들은 오랜 세월동안 큰 차는 고급스런 사양(예: 링컨 컨티넨털, 캐딜락, 에쿠우스 등)

으로 작은 차는 비교적 저렴한 사양(예: 프라이드, 티코 등)으로 자동차를 제조했고 또 그에 맞춰 광고를 해왔다. 그런데 고소득층 중에서도 소형차를 선호하는 사람들이 있게 마련이다. 예를 들어 혼자서 사용하는 자동차가 굳이 필요 이상으로 클 필요는 없다. '소형차이면서도 최고급 사양을 갖춘 차'에 대한 욕구가 존재하고 있지만 오랫동안 이러한 위치에 해당하는 제품은 비어 있었다. 이를 빠르게 간파한 자동차 회사는 이에 적합한 신제품을 개발하여 시장에서 큰 성과를 거둘 수 있었다(예: BMW의 MINI Cooper).

3) 경쟁브랜드들이 이미 있는 위치 영역에 신제품을 도입해야 할 경우, 자사 신제품과 경쟁하게 될 밀접한 경쟁브랜드가 누구인지를 보여준다. 만약 이러한 위치로 결정하였다면, 경쟁사와의 맞대결은 피할 수 없기에 경쟁사보다 더 나은 가치를 제공할 수 있는 마케팅 역량을 갖춰야 한다. 또한 그 세분시장이 경쟁사들이 많음에도 불구하고 충분한 수요가 존재하는지에 대한 조사도 필요하다.

포지셔닝 전략과 가장 관계가 깊은 것은 경쟁전략(competitive strategy)이다(참조: 6장). 왜냐하면 제품의 위치를 어떻게 잡느냐에 따라 누가 경쟁자가 될지 자연스럽게 결정되기 때문이다. 그러므로 경영자는 포지셔닝 전략을 세울 때, 자신과 경쟁하게 될 경쟁사들의 강약점을 면밀히 검토하고, 가능하면 경쟁사를 이길 수 있는 위치를 선택하여야 한다.

4) 지각도를 몇 년간 추적조사 한다면, 자사 및 경쟁브랜드가 시간 흐름에 따라 어떻게 변화하였는지를 알 수 있다. 여기에 더해 그동안의 자사 및 경쟁사의 마케팅 전략, 그리고 외부환경의 변화 등의 변수를 함께 고려한다면, 이들 변수와 지각도 상의 위치간의 연관성을 짐작하게 되기도 한다.

5) 자사 브랜드의 제품 실체와 이미지간의 괴리를 파악할 수 있다. 이를 통해 어떠한 점에서 시장에서 자사 브랜드가 잘못 이해되고 있는지를 확인할 수 있다. 또한 마케팅 커뮤니케이션 노력의 부족한 부분을 파악하고 향후의 방향을 모색할 수 있다.

이상 살펴본 바와 같이, 지각도는 마케터에게 시장의 이해와 경쟁전략의 구축에 도움이 되는 중요한 도구이다. 그렇지만 이러한 도구가 오히려 혁신적이고 창의적 생각을 하는데 방해가 되기도 한다. 따라서 새로운 관점의 창의적 지각도를 그려볼 필요도 있다. 파괴적이고 혁신적인 전략은 때로는 기존의 제한된 또는 경직된 지각도를 벗어나는 데서부터 비롯되기도 한다.

- 1980년대 초 코카콜라는 미국 음료 시장의 35%를 차지하고 있었다. 코카콜라 직원들은 콜라 시장은 이미 성숙한 시장이기 때문에 더 이상 성장할 수 없다는 사고방식을 가지고 있었다. 즉, 시장은 더 커지지 않기 때문에 지금 있는 시장에서 단 0.1%의 시장 점유율 증가를 위해 출혈 경쟁을 감수하곤 했다. 고이주에타 회장은 이러한 마음가짐을 바꾸어야 한다고 생각했다. 그는 임원회의에서 전 세계적으로 한 사람이 마시는 액체가 평균 얼마나 되냐고 물었다. 대답은 64온스였다. 다시 한 사람이 하루에 마시는 코카콜라가 평균 얼마나 되냐고 물었다. 대답은 2온스였다. 끝으로 그는 코카콜라의 위장 점유율(Share of stomach)이 얼마나 되냐고 물었다. 미국 콜라 시장 혹은 세계 음료시장에서 코카콜라의 점유율이 아닌, 전 세계 모든 사람이 하루에 마시는 액체 중 코카콜라가 차지하는 비율은 아주 미미했다. 코카콜라 직원들은 자신들의 적이 펩시라는 고정관념을 가지고 있었다. 그래서 펩시와의 싸움에서 승리하기 위해 전혀 도움이 되지 않는 싸움에 돈과 노력을 낭비하고 있었다. 하지만 이제 이들의 적(경쟁자)은 커피, 우유, 그리고 물이었다. 이것이 코카콜라를 최고의 시장가치를 지닌 회사로 변화시킨 계기가 되었다.

  ─ 코카콜라 CEO, 로베르토 고이주에타(Roberto Goizueta)

Ⅳ 포지셔닝의 결정 및 관리에서 고려할 사항

여기서는 포지셔닝과 관련하여 고려할 몇 가지 내용들을 살펴보겠다. 이들 내용은 포지셔닝의 결정 및 관리에 도움이 될 것으로 기대된다.

1) 경쟁사들로부터 자사를 확실하게 구별시켜주는 포지셔닝을 하여야 한다. 이를 위해 차별적 포인트(POD)는 새롭거나 독특해야 한다. 그렇지 않다면 기존 제품들과 별 차이가 없는 그저 그런 제품으로 취급 받기에 결국 평균 이상의 성과를 거두기는 어렵다.

- Better is not enough. Try to be different.

  ─ Steve Jobs

- 명망 높은 어떤 문인의 집에 신인 작가들이 들렸다고 한다. 그 때 어떤 신인 작가는 일부러 자신의 신발을 왼발과 오른발을 거꾸로 정리함으로써 자신의 존재를 눈에 띄게 하였다고 한다.

- 2013년, 5인조 신예 걸그룹 '크레용팝'이 대중의 주목을 끌었다. 이들은 노출, 선정적 춤, 어린 나이 등 기존 걸그룹의 트렌드를 죄다 무시하는 역발상으로 자신만의 독특한 위치를 잡았다. 이들은 헬멧을 쓰고 학예회 율동 같은 춤을 춘다. 음악도 30년전 복고풍이다. 또한 아이돌 치곤 나이도 많다. 너무 예쁜 척, 귀여운 척하는 걸그룹들의 통상적 모습에 지친 청중들은 이제 재미있고 독특한 크레용팝에 관심을 가진 것이다.

경쟁사와의 차별화는 품질/기술/가격/디자인 등에서의 실질적 차이(real difference)를 통해서도 가능하지만, 인식상 차이(perceptual difference)를 통해서도 가능하다. 이러한 인식상 차이는 커뮤니케이션을 통해 유발되는 경우가 많다. 실질적 차이는 그러한 실체적 격차를 경쟁사가 따라 오면 소멸될 수 있지만, 사람들 머리에 깊게 박힌 인식상 차이(예: 독일 자동차는 튼튼하다, 이탈리아 제품은 디자인이 뛰어나다, 미국 하버드 대학은 최고의 교육기관이다 등)는 태도와 같이 쉽게 바뀌지 않는다.

2) 포지셔닝을 효과적으로 각인시키려면, 독특하고 단순하면서도 일관된 메시지를 사용하여야 한다. 그래야 수많은 잡음과 방해 속에서도 고객에게 전달된다. 또한 이러한 메시지 제공 노력은 단기간이 아닌 장기간에 걸쳐 꾸준히 이루어져야 한다.

- 우리가 가진 어떤 제품, 브랜드에 대한 포지셔닝은 기업의 장기 노력에 의해 누적 축적된 것이다. 한 방으로 단기간에 우리 머릿속에 각인되기란 쉽지 않다. 이런 관점에서 볼 때, 명품을 고집하는 기업은 단기 이익을 위해 포지셔닝을 해치는 활동을 하지 않는다. 예를 들어 CHANEL은 다른 경쟁사가 세일을 하더라도 절대 할인을 하지 않음으로써 브랜드 위상을 정립하고 지켜가고 있다.

3) 시장에 제품(브랜드)이 새롭게 등장하는 초기 시점의 포지셔닝 노력이 특히 중요하다. 사람의 첫인상 형성과 마찬가지이다. 즉 고객들은 선입견을 가지지 않은 상태이기에 기업이 의도한대로 이를 받아들이고 또한 백지 상태이기에 그것은 쉽게 각인이 된다. 이와 더불어 한번 각인된 이미지는 나중에 쉽게 바뀌지 않는다. 참고로 그전에 존재하지 않았던 특이한 포지셔닝은 비교적 빠른 시간에 대중들에게 깊게 각인되는 효력이 있다.

- 김슬기(SNL에 출연)는 '국민 욕동생'으로 자기만의 독특한 영역을 차지하였고, 이를 통해 대중들에게 빠른 시간안에 자신을 인지시켰다.

- 배용준 신드롬이 왜 일본에서 일어났는가에 대한 답변: "일본에서 '배용준'은 그와 유사한 캐릭터를 찾기 어려울 정도로 독특하였지만, 반면에 '이병헌'과 유사한 캐릭터는 그전에도 일본에 많이 있어왔다."

    — 일본 산업기술종합연구소 松本光崇 박사와의 대화

4) 으뜸상표의 위치를 차지하는 것이 중요하다. 시장에 상표들이 많은 경우에는 특히나 으뜸으로 사람들 마음 속에 자리 잡는 것이 중요하다.

시장에서 으뜸 브랜드의 위치를 차지하면 그로 인해 누릴 수 있는 혜택은 여러 가지가 있다. 단기적으로는 고객이 이를 선택할 확률이 높아지고, 장기적으로는 그 산업 또는 시장 자체가 성장할 때 가장 큰 혜택을 보게 된다. 또한 동일 마케팅(또는 광고) 비용을 투입하더라도 보다 큰 시장 반응을 얻게 되고, 신제품을 출시할 때도 호감의 이전효과를 누릴 수 있다.

- 광고주들은 보통 3~5개 대행사들간의 경쟁PT를 통해 가장 좋은 PT를 한 광고대행사를 선정한다. 그런데 기획, 제작물간에 큰 차이점이 없을 때는 업계 순위가 가장 높은 으뜸대행사를 선정하게 된다. 업계의 으뜸 회사를 선정하면 이에 대한 뒷말도 별로 없고, 나중에 만약 광고가 성공적이지 않더라도 이를 선택한 광고주 담당자의 책임이 덜하기 때문이다. 이런 점에서 본다면, 업계의 으뜸대행사는 여러 직간접 혜택을 누리고 있다.

- 얼마 전부터 우리 음악계의 대조적 현상을 유심히 바라보고 있다. 극단적 빈익빈 부익부 현상이다. 소위 '한국이 낳은 세계적'이라는 수식어를 갖는 대여섯 명의 예술가들이 누리는 독점적 지위가 너무 지나치다. 그들 한 사람의 1회 공연 평균 입장수입은 '세계적이 아닌' 나머지 예술가들의 입장수입의 수백 배에 달한다. 예술소비자의 소비행위의 일차적 목적이 '감동'에 있다고 할 때, 과연 '독과점' 연주가의 예술행위가 그렇게나 감동적인가. 나는 그렇게 보지 않는다. 여기서도 지나친 '브랜드' 의식이 맹위를 떨치고 있다. 그러다 보니 많은 예술가들은 겉모습 부풀리기에 과욕을 부리기도 한다. 연습은 뒤로하면서도 경력 페이지는 넘쳐난다. 어떻게 연주했느냐 보다는 얼마나 큰 곳에서 연주했느냐에 더 집착하는 모습도 더러 본다. 우리는 '좋은 예술'을 기다리는가 아니면 '브랜드'를 기다리는가?

  — 참조: 조선일보, 2001년 5월 31일, 일사일언: 독과점 아티스트

5) 여러 개의 좋은 위치를 모두 차지하기 보다는 단 하나의 위치라도 이를 확실히 확보하는 것이 중요하다. 여러 인식 위치를 가지려다가는 그 모두를 놓칠 수 있다.

머릿속이 복잡한 소비자들은 구매의사결정을 단순화하기 위해 제품, 브랜드, 기업 등을 일정한 틀에 끼워 넣고 단순화하는 속성이 있다(예: 스마트폰은 첨단기능 또는 혁신적 디자인으로 선택, 자동차는 안전성 또는 가격을 기준으로 선택, 식당은 맛 또는 양으로 선택 등). 많은 장점을 가지는 것은 중요하지만 이들 모두를 소비자에게 인식시키기 보다는 결정적 속성 하나를 강력히 소구하는 것이 때로는 현명하다.

- [질문] 새롭게 시장에 진입하는 신규 기업들에게 어떤 조언을 해주시겠습니까? 이미 너무 큰 브랜드 파워를 가진 기업이 업계를 지배하고 있다면, 이러한 상황에서 기업은 어떤 마케팅 전략을 사용해야 할까요?
  [답변] "일단 당신의 브랜드 이름이 무언가를 상징해야 합니다. 볼보! 볼보는 '안전'의 대명사에요. 볼보는 자동차 기업 중 차 안에 내비게이션(navigation)을 가장 늦게 내장한 회사 중 하나입니다. 이유는 단 하나, '안전에 해가 된다'는 것이었죠. 내비게이션을 작동하고, 거기에 신경을 쓰다 보면 사실 안전에 소홀하게 되는 것도 사실입니다. 볼보도 결국 대세를 따라 차 안에 내비게이션을 설치하기는 했지만 수천 번의 시험을 거쳐 가장 '안전한 위치'에 달았다고 광고했죠."
  [질문] 하나의 약속이라도 제대로 지키는 게 중요하겠군요.

[답변] "최악의 브랜드는 '우리는 당신을 위해 이것저것 뭐든지 다 합니다'라고 말하는 브랜드에요. 특징이 없으면 곧 도태되기 십상이죠. 기업들은 경쟁력 있는 '날(edge)'이 있어야 돼요. 경쟁력 있는 약속 말이죠. '이 회사는 적어도 이것은 꼭 지킨다'는 이미지는 소비자들의 마음 속에 확고한 믿음과 강한 신뢰로 자리 잡습니다. 브랜드와 소비자와의 끈끈한 연결 고리는 이렇게 탄생하는 겁니다."

— 필립 코틀러 교수와의 인터뷰(참조: 조선일보, 2007년 8월 11일)

6) 주기적으로 소비자들이 인식하는 자사 제품의 위치를 확인할 필요가 있다. 동일 대상도 시간이 흐르면 조금씩 예전 위치와 다르게 인지된다. 소비자들이 비록 잘못 오해하고 있더라도 결국 소비자는 자신의 인지내용에 근거하여 행동하기에 현재 소비자 인식이 어떠한지에 대한 현황을 정확히 규명하는 것은 중요하다.

- "내 적에 의하여 자리 매겨지는 나의 위치가 피할 수 없는 나의 자리였다."

— 김훈(2001), 칼의 노래, 65쪽

7) 시대와 상황에 따라 선호되는 위치는 변화한다. 그러한 변화를 감지하여, 필요하다면 포지셔닝을 재구축할 필요가 있다.

- 월등한 생산, 유통, 광고 역량으로 오비맥주는 오랜 세월 국내 맥주시장을 철옹성 같이 주도하였다. 그러던 중, 1993년 맥주의 주된 성분은 물이란 사실을 앞세우며 만년 2위였던 조선맥주 회사는 하이트 맥주를 등장시켰다. 하이트는 출시 때부터 천연암반수라는 제품속성 차원의 포지셔닝을 진행하였다. 생수를 구입해 마시기 시작하고 건강과 환경, 특히 물의 오염에 대한 사회적 관심이 높아지는 시대적 추세와 맞물려 폭발적 반응을 불러왔다. 반면에 오비맥주는 하이트의 천연암반수를 강조하는 마케팅 전략에 효과적 대응을 못하여 결국 시장의 주도권을 넘겨주고 말았다. 그 후 시간이 지나면서 깨끗한 물이라는 속성의 차별성이 많이 무뎌지고 소비자들은 이제 맥주를 소비할 때 맥주의 속성 보다는 브랜드의 개성과 이미지를 중요시하게 되었다. 그 결과, 하이트가 가지고 있던 차별적/우위적 포지셔닝은 사라지게 되었다. 반면에 카스는 꾸준히 성장해 왔고 2011년을 기점으로 하이트를 제치고 1위로 올라서게 되었다. 카스의 성공에는 카스가 가지고 있는 브랜드 개성, 이미지 등이 적지 않은 역할을 한 것으로 평가된다.

- 어떤 강력한 포지션을 차지하고 있다는 것은 분명 장점이 많지만, 그것 때문에 오히려 발목이 잡히는 경우가 종종 있다. 하나의 예로, 연기자 입장에서 어떤 하나의 강한 캐릭터로만 대중에게 고정된 인식을 주면 다른 성격의 배역을 맡기가 상당히 어렵다.

8) 포지셔닝의 구축에 사용되는 브랜드의 속성(attributes) 및 혜택(benefits) 요소 중에는 동시에 양립하기 어려운 것, 즉 상호간 상충되는 것들이 있다(예: 저렴한 가격 vs 높은 품질,

단 맛 vs 저칼로리(건강), 재밌음 vs 유익함, 강력한 약효 vs 부작용 적음, 저렴한 가격 vs 신선한 식재료 등).

때로 소비자들은 이러한 상충 속성들 모두가 충족되는 제품, 서비스를 원한다(예: 가격이 싸고 손에 잡기 쉬우면서도 기능이 뛰어난 스마트폰, 무게는 가벼우면서도 용량이 큰 저장 장치 등). 따라서 마케터는 이러한 상충관계(tradeoff)를 잘 다루는 것이 요구된다.

- 트레드밀(런닝머신) 앞에 모니터를 설치하는 것은 지루한 운동과 재미있는 시청을 절묘하게 혼합한 것이다. 또한 얇고 가볍지만 보온이 뛰어난 겨울 외투, 맛은 좋지만 건강에 좋은 초콜릿 등도 이러한 상충관계를 잘 극복한 예가 된다.

9) 신제품의 포지셔닝은 기존 제품 또는 기업 이미지로부터 강하게 영향을 받는다는 점을 고려하여야 한다.

- 오래전 도덕성, 정직성 등을 주로 강조하는 어떤 신문사에서 대중들의 저렴한 관심을 끄는 기사(예: 연예계 소식)를 주로 다루는 여성지를 출간한 적이 있었다. 그러나 결국 자신만의 자리를 잡지 못하고 시장에서 사라지고 말았다.

10) 다른 조건들이 유사하다면, 착하고 윤리적인 기업으로 포지셔닝된 기업의 제품이 선택될 가능성이 크다. 더 나아가 비록 열등하더라도 착한 기업으로 각인되었기에 그 기업의 제품이 선택되기도 한다.

- 오뚜기의 창업자인 함태호 회장은 24년간 4,242명의 심장병 어린이에게 새 생명을 주고, 1,000억원 규모의 주식을 기부하는 등의 선행을 실천하였다.

- 미국의 유나이티드 항공은 2017년 4월 9일, 자사 직원들을 태우기 위해 이미 탑승한 승객을 강제로 끌어내려 큰 비난을 받았다. 미국 여론조사 기관 모닝컨설트가 남녀 1,975명을 대상으로 진행한 설문에서 응답자의 79%가 "같은 노선에 같은 가격의 항공이 있을 경우 다른 항공을 이용하겠다"고 밝혔고, "한 번 더 경유하고 돈을 더 내더라도 유나이티드 항공은 이용하지 않겠다"고 답한 이도 44%나 됐다.

– 참조: 중앙일보, 2017년 4월 19일

Ⓥ 포지셔닝과 마케팅 믹스의 연계

시장에서의 위치정립(market positioning)은 후속되는 마케팅 믹스의 방향을 결정짓는다. 즉 포지셔닝의 결정에 뒤이은 마케팅의 모든 노력들은 기업이 설정한 포지션을 기준으로 집행된다. 예를 들어, 기업이 표적시장에 자사제품의 포지셔닝을 '고품질/고가격'으로 정립하였다면, 이에 맞춰서 고급 사양의 제품 및 포장을 개발하고, 고급품만 취급하는 소매점포를 섭외하고, 고소득층의 구미에 맞는 광고물을 제작하고 이들이 자주 접하는 매체를 확보한다. 이와 같이 앞에서 제품(브랜드)의 위치가 확정되면, 이에 기반하여 이러한 위치에 걸맞은 마케팅 믹스를 구체적으로 개발한다.

- 남양 아인슈타인 우유는 '머리를 좋게 하는 우유'라는 자리를 잡기 위해, DHA가 함유된 우유제품을 개발하고 이의 브랜드로 '아인슈타인'이란 천재 과학자의 이름을 사용하였다. 또한 가격은 기존의 경쟁 제품보다 높게 하였고, 또한 머리 좋아지는 데 관심이 많은 중고등학생과 그들의 부모가 구매하기 쉬운 유통경로를 확보하였다. 그리고 제품 속성과 고급 이미지를 강조하는 광고메시지, 모델들을 통해 고객과 의사소통을 하였다.

표적고객의 마음 속에 기업이 원하는 브랜드 위치를 자리잡기 위해서는 후속되는 여러 마케팅 노력들 모두가 이러한 목표 위치를 중심으로 유기적으로 조화롭게 관리되어야 한다. 결국 브랜드 위치를 실제로 구현하는 것은 크고 작은 모든 마케팅 활동들(예: 브랜드 이름, 포장, 광고, 판매촉진, 가격, 유통 등)이라고 보면 된다.

- 포지셔닝과 IMC(Integrated Marketing Communication)의 밀접한 연계성: 기업의 IMC전략은 표적시장의 고객특성과 기업이 원하는 경쟁적 포지션을 토대로 수립된다. 즉 마케팅 전략의 수립, 즉 STP에 대한 결정은 그 이후 이루어지는 IMC전략(광고전략)의 수립과 이의 실행에도 결정적 영향을 미친다.

- 포지셔닝(위치정립)과 지속적 경쟁우위(SCA, Sustainable Competitive Advantage)의 밀접한 연계성: 포지셔닝을 통해 지속적 경쟁우위가 추가적으로 형성되는 경우도 있지만, 역으로 기업의 경쟁역량에 의해 포지셔닝이 결정되기도 한다. 이에 대해서는 '시장에서의 경쟁우위'를 다루는 챕터에서 좀 더 자세히 다루도록 하겠다.

　시장세분화(S)와 표적시장(T)이 완료되었다면 다음에는 그러한 표적 세분시장의 고객들 머릿속에 기업 제공물(제품, 브랜드, 서비스 등)을 어떻게 인식(P, positioning)시킬 것인지를 결정한다. '고객들 마음 속에 자사제품이 어떠한 위치로 자리잡음(P) 하는가'에 따라 마케팅 성과는 달라지기에 이의 결정은 매우 중요하다.

　포지셔닝이란 표적고객의 마음 속에 제품(브랜드)의 어떤 뚜렷한 자리, 즉 경쟁사와 대비되는 어떤 자리를 잡는 것이다. 이러한 포지셔닝(자리매김 또는 위치정립, market positioning)은 후속되는 마케팅 믹스의 여러 활동에 대한 방향(또는 기준)을 제시한다. 따라서 포지셔닝의 결정은 마케팅에서 가장 중심되는 결정이다.

　여기서는 우선 포지셔닝의 개념과 중요성에 대해 설명하고 있다. 그런 다음 포지셔닝의 두 가지 주요 개념인 유사성(POP)과 차별성(POD)을 소개하고 있다. 한편 포지셔닝을 하는 다양한 방법들, 머릿속 포지셔닝을 시각화하는 제품지각도 등에 대해서도 설명하고 있다. 마지막으로 포지셔닝의 결정 및 관리에서 고려할 사항들을 제시하고 있고, 포지셔닝과 마케팅 믹스가 어떻게 연계되는지에 대해서도 설명하고 있다.

제 **4** 부

마케팅 믹스: 표적시장에서
포지셔닝의 구체적이고
실질적 전개

M·A·R·K·E·T·I·N·G

기업에서의 모든 마케팅 활동은 '가치'의 창출, 전달, 의사소통 등의 활동을 통한 '교환 활성화'와 연관된다(참조: 1장). 4부에서 다루는 마케팅 믹스를 '가치' 관점에서 설명하면 다음과 같다: 제품(product) 관리는 시장 제공물의 가치를 창출하고 향상하는 활동이다. 가격(price) 관리는 제품의 가치를 매기는데 연관된 활동이다. 유통(place) 관리는 제품의 물적이동, 판로 확보, 중간상 협조 등과 같은 가치 전달의 활동이다. 마케팅 커뮤니케이션(promotion) 관리는 제품/기업/브랜드/유통/가격에 내재된 가치의 의미를 소비자에게 알리고 설득하는 활동이다. 마케팅 믹스의 대표적 활동, 즉 제품, 가격, 유통, 마케팅 커뮤니케이션은 이와 같이 '가치'와 깊이 연관된다.

제품, 가격, 유통, 마케팅 커뮤니케이션의 결정은 바로 전 단계의 표적시장(S-T) 및 포지셔닝(P)을 기반으로 한다. 즉 표적시장과 포지셔닝에 적합한 마케팅 믹스를 구체적이고 실질적으로 전개하는 것이다.

제 11 장 | 제품과 관련된 의사결정

제품의 설명에 들어가기에 앞서 마케팅의 핵심 개념인 가치를 좀 더 살펴보겠다.

I 가치(value)의 의미

기업이 시장에서 생존하고 성장하려면 사람들이 필요로 하는 것, 원하는 것을 제공하여야 한다. 필요하지도 않고, 원하지도 않는 것을 제공하는 기업과 고객들은 거래하지 않는다. 거래가 소멸되면 기업도 시장에서 소멸된다. 이와 같이 기업 존립의 기본 조건은 기업이 '시장에 제공하는 것의 가치'를 인정하고 이에 돈을 기꺼이 지불하려는 '소비자의 존재'이다.

- "가치의 시대가 도래했다. 최고의 상품을 세계 최저의 가격으로 팔지 못하면 당신은 게임에서 도태될 것이다. 고객을 잃지 않는 최선의 방법은 고객에게 더 많은 것을 더 낮은 가격에 제공하는 방법을 끊임없이 강구하는 것이다."

  — Jack Welch(General Electric CEO)

가치는 마케팅의 핵심이다. 마케팅의 개념에서 살펴본 바와 같이 마케팅은 소비자, 고객, 파트너, 사회 전체에게 가치 있는 제공물을 창출하고, 커뮤니케이션하고, 전달하고, 교환하기 위한 활동, 제도 및 과정이다(참조: 1장).

1. 가치에 대한 이해

가치란 사물이 지니는 쓸모, 어떤 대상이 인간과의 관계에서 지니는 중요성 등을 의미한다. 마케팅 관점에서의 가치를 이해하는데 도움되는 몇 가지 내용은 다음과 같다.

1) 가치, 가격, 원가는 함께 비교된다.

세 가지 관계를 설명하면 다음과 같다. 고객이 느끼는 제품 가치(value, V)는 고객이 지불하는 가격(price, P)을 초과해야(V−P > 0), 고객은 이를 구매할 이유가 생긴다. 한편 고객으로부터 기업이 받는 가격은 이의 제공에 투여된 원가(cost, C)를 초과해야(P−C > 0), 기업은 손해 보지 않는다. 윤석철(1991)은 이러한 관계, 즉 제품 가치(V) > 제품 가격(P) > 제품 원가(C)의 관계를 기업의 생존부등식(the inequality for survival), 즉 기업이 살아남으려면 충족시켜야 하는 부등식이라고 하였다([그림 11-1] 참조).

그림 11-1 | 기업의 생존부등식

경쟁적 관점에서 이를 확장해보면, 같은 가격(P)이라면 경쟁사 가치(V')보다 더 나은 가치(V)를 제공해야 소비자는 자사 제품을 선택할 것이다{(V−P) > (V'−P)}. 한편 같은 가격(P)이라면 경쟁사 원가(C')보다 더 낮은 원가(C)를 들여야 더 큰 수익{(P−C) > (P−C')}을 얻게 될 것이다. 그리고 이렇게 얻은 수익은 재투자되어 더 높은 가치(V(+)) 또는 더 낮은 생산원가(C(−))의 달성에 도움될 것이다. 그리고 이러한 재투자가 누적될수록(시간이 지날수록) 경쟁사와의 격차는 크게 벌어질 것이다.

2) 가치와 마케팅 믹스는 밀접한 관련성이 있다.

생존부등식의 가치(V)와 가격(P)을 마케팅 믹스와 연관 지어 설명하면, 제품, 유통, 촉진은 가치를 높이는 활동과 밀접하다. 반면에 가격은 소비자가 지불하는 가격결정에 대한 의사결정이다.

- 양질의 재료를 사용하거나 고급 포장(예: 향수, 화장품 등)을 통해 가치는 올라간다. 또한 고급 이미지를 주는 광고, 고품격 매장에서의 제품 취급을 통해서도 가치는 올라간다.

물론 이러한 구분은 명확하지 않다. 즉 제품, 유통 및 촉진은 가치를 높이는 역할도 하지만, 동시에 제품 원가에도 영향을 미치기에 가격과 연관된다(예를 들어, 제품의 성분/재질/기능, 유통망, 배달 속도, 광고매체, 광고물 등은 가치에 영향을 미침과 동시에 원가에도 영향을 미친다). 또한 가격은 제품 가치의 표현 수단이기도 한다. 따라서 고객은 가격으로부터 가치를 추론하게 된다(참조: 16장의 가격-품질 연상 심리(price-quality inferences)).

- 가격-품질 연상 심리: 값비싼 식당에서 나온 스테이크는 맛있을 것이란 기대를 가진다. 그리고 실제로도 맛있다고 느낀다. 이는 높은 가격이 높은 가치의 형성에 영향이 있음을 시사한다.

마케팅 믹스 요소별로 가치 또는 가격에 보다 많은 연관성을 가지는 것은 사실이지만, 결국 가치, 가격의 형성 모두와 연관된다고 볼 수 있다.

3) 가치는 가격에 영향을 미친다.

고객이 느끼는 가치가 클수록 제품 선택 가능성은 높아지고 또한 가격 저항도 적어진다. 따라서 높은 가격을 책정하려면 그에 걸맞은 가치를 먼저 확보해야 한다. '정정당당한 마케팅'은 바로 이것이다([그림 11-2] 참조).

그림 11-2 | 가치와 가격의 관계

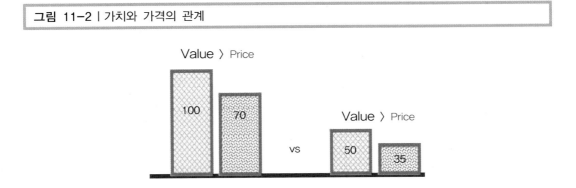

기업의 모든 활동은 결국 시장에 제공하는 것의 가치 창출 및 이의 향상과 관련된다. 우리의 삶도 이와 마찬가지이다. 예를 들어 대학생은 자신의 가치를 높이는 다양한 노력을 통해 좋은 회사에 취업하고 고소득을 보장받으려 하고, 프로 야구 선수는 자신의 가치를 높여 연봉 협상에서 유리한 위치를 차지하고자 한다.

한편 어떤 것의 가격이 높다 해서 가치가 반드시 높은 것도 아니고, 가격이 저렴하다 해서 가치가 열등하다고 판단해서는 안된다. 그 이유는 가격결정에는 가치 이외의 여러 요소들이 작용하기 때문이다.

- 이 책의 정가는 20,000원이 넘지만 밀리언 셀러 작가의 책은 10,000원 남짓에 불과한 경우도 있다. 그렇다고 이 책이 2배 이상의 가치를 독자에게 줄 것인가에 대해 저자 자신도 인정하기 어렵다. 한편 지방 소도시 외진 곳의 허름한 카페의 인스턴트 커피값은 5,000원이다. 강남 한복판의 유명 프랜차이즈 카페의 커피값 보다 비싸다. 그렇다고 비싼 만큼 더 맛있는 커피라고 하기는 어렵다.

4) 동일 제품에 대해 느끼는 가치는 소비자마다 다르다.

또한 같은 소비자도 매번 동일 가치를 느끼는 것은 아니다. 즉 가치와 가격에 대한 인식은 절대적이 아니며, 사람 및 상황에 따라 상대적으로 변화한다.

생수 한 병의 가격은 평상시 500원이지만, 깊은 산속, 사막 한가운데서는 백만원에도 팔릴 수 있다. 한편 가치는 합리적, 기능적, 객관적으로 평가되는 경우가 대부분이지만, 비이성적, 감성적, 주관적, 충동적으로 평가되기도 한다.

- 프로야구공의 가격은 12,000원 정도 하지만 여기에 선수의 사인이 들어가면 가치는 더 올라가며, 선수의 유명도 및 야구공의 사연 등에 따라 가치는 천차만별이 된다.

- 2013년 영국 경매장에서는 모조품에 불과한 바이올린이 한화로 약 15억원에 낙찰된 적이 있었다. 이 바이올린은 타이타닉호에 탑승했던 악단장 윌리스 헨리 하틀러의 바이올린으로 타이타닉호가 침몰되던 마지막 순간까지 연주되면서 탈출 못한 승객들의 마지막을 위로하였다. 결국 33살이던 윌리스는 약혼녀가 선물한 바이올린과 함께 발견되었다고 한다.

  − 참조: MBC '서프라이즈', 2015년 6월 7일

- 2020년 코로나 바이러스 감염증 사태로 여행객이 급감하자 항공사들은 고육지책으로 최저 8,000원(편도 기준)짜리 일본행 비행기표를 내놨다(예: 저비용항공사(LCC) 제주항공은 '2020년 3월 4일 오전 10시 35분, 6일 오후 12시 50분' 일정으로 인천~후쿠오카 왕복을 1만6,000원(유류할증료, 공항사용료 제외)에 판매하였다). 코로나 감염 우려로 여행객이 급감하면서 일본 노선 탑승률이 20%대에 그치는 실정이다. 이에 비해 마스크 가격은 바이러스 사태가 심각해지고 공급부족 현상과 맞물리면서 높은 가격에도 구매하기 어려운 실정이다.

- 2014년 대히트 제품인 '허니버터칩'에 대한 구매동기는 사람마다 다르다(맛의 독특함에 빠져서 구매하는 사람, 구매가 어렵기에 자신의 능력 과시를 위해 구매하는 사람, 선물하기 위해 구매하는 사람 등). 추구하는 가치의 이해는 소비자를 설명하고 예측하는데 유용한 전략적 함의를 지닌다. 한편 '허니버터칩'의 경우, 구매동기가 맛의 독특함과 매력에 빠져서 구매하는 사람의 비중이 높아야 제품은 장기적 성공을 할 수 있다. 이외의 다른 동기는 거품이 사라지면 없어지는 수요이다.

2. 가치의 향상 노력

기업이 시장에 제공하는 것(시장제공물)의 가치를 높일 수 있다면 이를 원하는 소비자는 보다 많아질 것이고 또한 가격도 높일 수 있다. 따라서 가치를 높이는 방법(How to increase/add up value?)의 아이디어는 매우 소중하기에 이의 발상력 또한 높이 평가 받는다.

- 카페에서 판매하는 커피의 가치를 높이는 방법을 생각해보자. 아마도 다양한 방법이 떠오를 것이다. 최고급 원두의 사용(예: 사향고양이 커피 Kopi Luwak은 200g기준 60만원 정도), 커피 로스팅 또는 블랜딩 방법의 개선(예: 원두 볶는 방법, 커피 내리는 도구, 배합 비율 등), 좋은 물의 사용 등이 있다. 또한 커피잔, 테이블(예: 유명인이 마셨던 장소), 전망 및 분위기, 종업원 등을 통해서도 커피의 가치를 높일 수 있다. 이에 더해 사용편리성(거리, 시간, 노력)에 의해서도 가치는 달라진다. 예를 들어 200m 멀리 있는 카페의 커피(3,000원)보다는 5m 앞의 커피값 5,000원을 흔쾌히 지불하겠다는 마음이 들 수도 있다. 더욱이 비바람이 불거나 날씨가 춥다면 5,000원보다 더 높은 가격이라도 지불할 마음이 생길 것이다. 이외에도 가치를 높이는 방법은 무궁무진하다(새로운 성분의 추가, 명품브랜드의 사용권, 한정판을 통한 희소성 부여, 매장의 고급화 등). 카페에서 기울이는 모든 노력은 결국 가치 향상과 연관된다.
- 뛰어난 무사는 자신이 지닌 모든 무기, 그리고 주변 환경을 모두 활용한다. 이와 마찬가지로 뛰어난 마케팅 관리자는 자신이 지닌 모든 것뿐 아니라 주변의 것들도 가치 향상을 위해 입체적으로 활용할 수 있어야 한다.

가치는 다양한 수식으로 표현된다(예: ① 가치(value) = 혜택(benefit) − 원가(cost), ② 가치 = 혜택 ÷ 원가). 이와 같이 가치는 제품, 서비스의 이용으로 인해 획득하는 혜택(편익)과 이를 얻기 위해 지불하는 원가(비용)에 대한 전반적 비교를 통해 평가된다(가치, 혜택, 가격, 비용, 원가 등의 구분을 지금 당장은 그리 엄격히 하지 않아도 된다. 이를 구분하지 않고 대략적으로 이해하여도 큰 무리는 없다).

이 책에서는 가격에 대해서도 다루지만 이의 근간이 되는 가치에 대해 좀 더 많은 내용을 다룰 것이다. 마케팅 개념에서 언급한 바와 같이 가치는 마케팅의 핵심 개념이다. 가치를 창출하고 향상시키는 방법은 무궁무진하다. 전술한 카페의 예에서 알 수 있듯이 기업의 모든 마케팅 노력은 가치와 연관된다.

- 몽블랑에서 제작한 'Lorenzo di Medici'란 만년필은 4,810개만 만들고(이 개수는 알프스의 최고 봉인 몽블랑의 높이 4,810m와 연관됨), 이를 만든 공구 자체를 부수었다. 그 제품은 130만원이란 높은 가격이 매겨졌음에도 불구하고 시판되기도 전에 완전 매진되었고, 경매장에서 200만원에 팔릴 정도였다.

– 참조: 이원복(1993)

- 디자인 업계에서는 '업사이클(upcycle)'이 진행되고 있다. 업사이클이란 버려진 물건에 예술을 불어넣어 가치를 상승시키는 작업이다. 즉 쓸모가 없어져 버려진 물건을 해체하거나 재조합해 예술 작품으로 만들어 물건 가치를 높여주는 행위이다. 원래보다 예술적 가치는 물론 값어치도 키운다는 면에서 단순한 재활용을 의미하는 리사이클(recycle)을 한 단계 뛰어넘은 자원 활용방식이다. 한옥의 마루바닥을 뜯어 식탁으로 만든다든가 대문을 장식용 벽으로 활용하는 것이 여기에 해당한다.

참고로 신제품 개발은 가치의 증대 노력과 연관된다. 이전에 없던 새로운 가치를 창출하거나 또는 기존 가치를 증강시킨다. 고객은 시장에서 자신이 지불하고 희생하는 비용보다 더 높은 가치(또는 혜택)를 제공하는 제품을 선택하기 마련이다. 기업은 가능한 모든 방법을 통해 가치를 높여야 한다. 그러한 역량이 미흡하거나 상상력이 부족하다면 언젠가는 경쟁제품의 더 나은 가치에 밀려서 시장에서 퇴출된다.

- 유형제품(예: 자동차, 스마트폰, 건전지 등)의 경우에는 주로 기능적 속성(attributes)과 혜택(benefit)을 중심으로 가치를 향상시킨다. 물론 이에 더해 감성, 이미지, 체험을 통한 가치 부여도 가능하기에 이에 대한 노력도 중요시 된다.
- 스타벅스, 블루보틀 등의 카페는 이전에 없던 어떤 새로운 가치를 소비자에게 제시하였고, 이에 소비자들이 호응하고 열광하였기에 지금과 같이 전세계적 사랑을 받고 있다.

이제 본격적으로 마케팅 믹스의 대표 주자인 제품에 대해 살펴보겠다.

Ⅱ 제품에 대한 개관

제품 활동은 가치 창출 및 향상과 연관된다. 이렇게 생성된 가치(즉, 제품)에 여러 마케팅 노력들(유통, 가격, 광고 등)이 덧붙여져서 소비자에게 전달된다.

- "이게 내가 생각하는 마케팅의 핵심 속성입니다. 좋은 마케팅 기법도 제품이 받쳐주지 않으면 결코 성공할 수 없다는 오래된 진리로 돌아가는 거죠. 신제품을 출시할 때 이를 지원하는 창의적 방법(예: 광고, 판매촉진, 유통 등)을 동원하는 것은 항상 사람들의 흥미와 열기를 높이기는 합니다. 하지만 만약 제품의 질이 그에 호응할 만한 수준이 안 된다면 결국 농담거리 수준으로 전락할 수도 있겠죠."

  — Philip Kotler 와의 인터뷰(조선일보, 2007년 8월 11일)

- "제아무리 멋진 서비스를 받더라도 맛없는 커피를 제 돈 주고 사먹을 사람은 없다."

  — Yerkes and Decker(Beans: Four Principles for Running a Business in Good Times or Bad, 2003)

마케팅 믹스에서 가장 기본이 되고 또한 중심에 서는 것이 바로 제품(product)이다. 왜냐하면 가격, 유통, 커뮤니케이션은 대개 제품을 기반으로 후속적 또는 부수적으로 설정되는 경우가 많기 때문이다.

야구에서 투수가 경기 승패의 70% 이상을 좌우하는 것처럼, 제품은 마케팅 성과를 크게 좌우한다. 제품이 좋으면 다른 것들이 조금 미흡해도 시장성과는 좋지만, 제품이 좋지 않으면 그 밖의 것들이 아무리 좋아도 성과를 거두기 어렵다. 제품은 마케팅 활동의 알파이자 또한 오메가이다.

- "남자들은 좋아하는 여자를 시간 날 때 만나지 않는다. 어떻게 해서라도 시간을 내서 만난다"란 글귀를 인터넷에서 우연히 발견하였다. 이와 같이 진정으로 좋아한다면 만나기 위한 모든 노력을 기울인다. 시간이 없다면 시간을 만들고, 거리가 멀어도 그러한 불편을 무릅쓰고 간다. 그러나 좋아하지 않는다면 부차적 동기부여 요소들(예: 값비싼 레스토랑에서의 식사, 명품 선물, 환상적 장소 등)의 힘은 한계가 있다. 부차적 요소들은 말 그대로 부차적일 뿐이다. 주된 요소, 즉 사람 자체에 대한 호감을 대체하기 어렵다.

- 대학 근처의 어떤 작은 식당은 할아버지 한 분이 음식 조리부터 홀 서빙까지 다 한다. 여러 명이 같이 들어와서 각기 다른 메뉴를 시키면 음식 만들기 편하게 하나로 통일하라고 퉁명스럽게 요구하기도 하고, 잡담하고 있으면 빨리 먹고 나가라는 등 불친절하기 그지 없다. 그런데도 학생들로 식당은 항상 붐빈다. 그 이유는 다른 데 비해 음식이 맛있고 양도 많은데다 가격까지 저렴하기 때문이다.

제품은 흔히 선행 결정되기에 다른 마케팅 믹스의 결정에 영향을 미친다. 예를 들어 상류층 5%를 표적으로 개발한 전통 민속주라면 그에 걸맞게 최고급 재료를 사용하고 품격 있는 포장 용기를 채택할 것이고 고급 브랜드를 붙일 것이다. 제품 가격은 고급 양주와 같이 높은 수준으로 책정하고, 유통은 고품격 주류 매장 또는 유명 백화점을 이용할 것이다. 또한 마케팅 커뮤니케이션 활동 역시 이러한 제품에 걸맞게 추진할 것이다.

여기서는 우선 제품이란 무엇인가를 살펴보겠다. 그런 다음 제품의 제반 관리 차원에 대해 소개하겠다. 특히 여러 제품을 함께 관리하는 문제를 다루는 제품믹스(product mix) 관리, 제품믹스내의 제품계열(product line) 관리를 살펴보겠다. 한편 제품을 시간적 차원에서 살펴보는 내용 즉, 제품수명주기에 대한 관리는 12장에서 다루겠다.

1. 제품의 개념

제품에 대한 정의는 관점에 따라 다양하게 내려질 수 있다. 마케팅 관점에서 본다면, '소비자 욕구를 충족시킬 수 있는 것'은 무엇이든 제품으로 본다. 제품(product)은 소비자 욕구를 충족시킬 수 있는 어떤 것(something)이다. 이러한 정의는 제품을 그저 소비자와 동떨어진 하나의 객체로 보는 것이 아니라 소비자 중심으로, 즉 소비자와의 관계로부터 제품을 해석하는 것이다.

소비자가 제품을 구입하는 이유는 제품 그 자체 때문이 아니다. 제품을 통해 자신이 당면하는(또는 당면하게 될) 어떤 문제(예: 배고픔, 갈증, 추위, 외로움 등)를 해결하기 위해서이다. 소비자는 제품이 자신에게 어떤 혜택(예: 배고픔 및 갈증의 해소, 따스한 정서의 제공 등)을 제공하기 때문에 제품을 구입하는 것이다. 이와 같이 제품은 소비자의 욕구나 욕망을 충족시키는 하나의 해결책(solution)이다.

- "제품의 장점을 열거하는 것보다 제품이 어떤 문제를 해결하는지 강조하는게 더 효과적이다. 소비자는 후자에 가치를 더 두기 때문이다."

  — Donald Miller(스토리브랜드 CEO)

마케팅 관점에서 보는 제품은 매우 포괄적이다. 유형적 형체를 갖춘 것(예: 자동차, 냉장고, 스마트폰)만 제품으로 보지 않는다. 서비스(예: 의료, 보험, 금융, 통신), 장소(예: 공원, 컨벤션센터, 관광지), 아이디어(예: 중세시대의 면죄부, 창업 아이디어), 사람(예: 연예인, 스포츠 선수, 정치가), 경험(예: 사찰체험, 해병대 체험), 조직체(예: 군대, 정당), 정보(예: 대학입시 배치표, 면허 기출문제집, 유망 주식) 등은 모두 제품으로 간주한다. 이들 모두는 소비자의 특정 욕구나 욕망을 충족시킨다는 공통점이 있다. 그렇기에 소비자는 기꺼이 이들 제품의 구입을 위해 가격을 지불한다. 결과적으로 제품은 시장에서 교환 대상이 된다(참조: 1장 마케팅 활동의 대상).

소비자는 자신의 욕구나 욕망을 충족시키는 정도의 크기에 따라 그만큼 가격을 지불할 의향을 가진다.

제품은 어떤 물체를 구성 또는 형성하는 제품 속성들(product attributes)의 단순 집합이 아니다. 그 이상의 어떤 것을 의미한다. 왜냐하면 소비자는 제품을 자신의 욕구를 충족시키는 모든 혜택의 묶음 또는 뭉치(bundles of benefits)로 인식하기 때문이다. 예를 들어, 자동차는 타이어, 철판, 엔진, 유리, 핸들 등의 단순 조합으로 이뤄진 것이지만 소비자에게 그 이상을 의미한다. 즉 자동차는 편리하고 안전한 운송 수단(기능적 혜택)일뿐 아니라 세련되거나 터프함을 추구하는 자신의 개인적 성향을 만족시켜 주고(심리적 혜택), 신분 과시의 욕구를 충족시켜 주기도 한다(사회적 혜택). 여기서 사회적 혜택은 다른 사람들과의 상호교감, 관계 등을 통해 형성되는 혜택을 의미한다. 이에 비해 심리적 혜택은 보다 개인적인 감정, 정서 등과 관련한 혜택이다.

- 포르쉐(Porsche), 벤틀리(Bentley)는 다른 자동차에 비해 조금 더 비싼 부품들의 조합일 뿐이다. 그렇지만 부품값 차액만큼만 더 높은 가격으로 책정되지 않는다. 이보다 훨씬 더 비싼 가격으로 팔린다. 그 이유는 그만큼의 가치가 소비자에게 인정되기 때문이다. 개별 부품은 부품 자체로만 있을 때는 부품 차액만큼만 비싸게 팔리지만, 이러한 부품들이 뭉쳐서 포르쉐나 벤틀리의 이름으로 합체되는 순간 보다 큰 가치를 생성한다. 5성급 호텔의 카페와 대중적 프랜차이즈 카페에서 파는 커피 값, 원두를 비교해서 생각해보길 권한다.

- 여러분이 추위라는 문제에 당면하여 이 문제를 해결하고자 의류매장을 방문하였다고 가정해 보자. 어떤 의류를 선택할 것인가? 의류의 어떤 혜택을 우선적으로 고려할 것인가? 우선 겨울 외투가 제공해 주는 보온이라는 기능적 편익을 통해 추위를 해결하고자 한다(기능적 편익에는 보온 이외에도 활동용이성, 세탁편리성 등도 포함). 하지만 막상 의류를 구입할 때는 보온만 고려하지 않을 것이다. 디자인, 브랜드, 유행, 가격, 소재(예: 친환경 소재, 동물보호 소재) 등도 함께 고려할 것이다. 결국 우리는 어떤 제품의 구입을 통해 특정 문제(예: 추위)를 해결하고자 하지만, 제품 선택할 때는 단일 혜택만을 고려하지 않는다. 결국 우리는 제품구매시 다양한 혜택들도 함께 고려하기 때문에 제품을 '혜택의 뭉치'로 보아야 할 것이다.

제품 개발을 할 때는 먼저 그 제품이 소비자의 어떤 욕구들을 충족시킬 수 있는지, 다시 말해 소비자가 제품으로부터 어떤 혜택들을 얻으려 하는지를 확실히 이해하고 있어야 한다.

2. 제품 수준(product levels)

제품을 편익(또는 혜택)의 계층별(customer-value hierarchy)로 나눠 살펴보면 다음과 같다([그림 11-3] 참조).

그림 11-3 | 고객 가치의 계층에 따른 제품 구분

1) 핵심 제품 또는 혜택(core benefit)

소비자가 제품에서 얻는 또는 제품으로부터 원하는 가장 근원적(본원적) 혜택을 의미한다. 이는 소비자의 기본 욕구와 연관된다. 이러한 핵심 혜택이 구체적, 실질적으로 전환 또는 개발된 것이 유형제품이다. 즉 핵심 혜택을 유형제품으로 형상화, 실물화시킨 것을 우리는 시장에서 구매한다.

- 소주의 핵심 혜택은 스트레스 해소, 대화의 촉진 등이다. 비타민의 핵심 혜택은 건강, 피로회복, 면역력 증대 등이다. 이러한 비타민의 핵심 혜택은 고체형태(예: 가루, 알약), 액체형태(예: 음료) 등으로 유형화된 제품이 된다. 드릴의 핵심 혜택은 구멍을 뚫는 것이다. 그 방식은 수동 드릴, 전기 드릴, 수압 드릴 등의 다양한 형태로 유형제품이 된다.

기업은 단순히 드릴, 마이크, TV, 소주, 화장품 같은 '겉으로 드러나 보이는 유형제품이나 서비스'를 팔아서는 안된다. 아름다움, 즐거움, 안심 등과 같은 핵심 가치와 편익을 고객에게 제공해야 한다.

- 예쁘게 보이는 사람도 계속적으로 성형외과를 찾을 수 있다. 이때 중요한 것은 자신에 대한 자신감 또는 사랑받는다는 느낌이지, 얼굴에 대한 추가적 성형수술은 아니다. "훌륭한 의사는 병을 치료하지만 위대한 의사는 환자를 치료한다."

― Sir William Osler, 캐나다의 의학자

2) 유형제품(tangible product)

소비자가 추구하는 핵심 혜택이 품질, 성능, 스타일, 브랜드, 포장 등을 통해 구체적으로 유형화(또는 형상화)되어 나타난 것이다. 즉 핵심 혜택이란 개념적, 관념적 아이디어가 물체화, 형상화 또는 구체화되어 하나의 모습을 갖춘 것이 유형제품이다. 예를 들어 유선마이크, 무선마이크, 확성기의 모습은 상이하지만 동일한 핵심 혜택(즉, 소리를 크게 하는 것)을 구체화한 것이다. 또한 디지털 카메라, 필름카메라의 핵심 혜택은 동일하지만 이를 구현하는 기술 방식(유형제품)이 다르게 나타난 것이다.

- 실체와 형상: 사물 속에 있는 본질만으로는 충분하지 못하다. 그에 부수적으로 따르는 형상도 필요하다. 아름다운 행동, 태도는 삶의 장식이며 모든 즐거운 표현은 그것의 훌륭한 보조 역할을 한다.

  – 발타자르 그라시안 저, 쇼펜하우어 편, 두행숙 역, 세상을 보는 지혜, 둥지, 1991

- 제품은 기존의 유형적 대상에 무형인인 서비스, 정보, 경험 등이 덧붙여져 시장제공물(market offering)이라고도 불려진다.

유형제품과 다음에 설명할 확장 제품을 비교해볼 때, 유형제품은 소비자들이 기대하는 제품, 즉 어떤 제품을 구입할 때 소비자들이 정상적으로 기대하거나 또는 암묵적으로 합의된 일체의 속성과 조건들을 의미한다.

3) 확장 제품(augmented product)

유형제품을 보강하는 추가적 혜택을 의미한다. 즉, 유형제품의 차원에서 기대하지 않았던 혜택으로 소비자에게 부가적으로 제공하는 서비스(예: 설치, 배달, 외상, 품질보증, AS)가 이에 해당한다([표 11-1] 참조).

표 11-1 | 핵심 혜택, 유형제품, 확장 제품에 대한 예

구분	카페	피자 레스토랑	호텔
핵심 혜택(근원적 욕구에 대한 내용)	편안함과 휴식, 대화의 장소	배고픔 해결, 포만감 충족	숙박, 휴식
유형제품(제품에 대한 평균적, 정상적 기대치)	커피(원두, 물, 설탕, 우유 등), 의자 및 테이블, 냉난방 시설	피자(치즈, 빵, 토핑 등), 음료, 깨끗한 테이블과 집기	깨끗한 침구류, 조용한 방, 냉장고, TV 등
확장 제품(제품에 대한 일반 기대치를 초과해서 제공하는 것)	머그컵 선물, 멋진 인테리어, 최고급 쇼파, 최신 음악, 과자 서비스	콜라 무료증정, 배달서비스, 장난감 제공	조식 무료제공, 지역특산물 선물

- 1990년대 일본의 선풍기 제조회사는 컴퓨터칩을 이용해 유명 관광지에서의 천연 바람과 유사한 바람 패턴을 나오게 함으로써 시원함이란 기본 혜택에 덧붙여 여행지의 추억, 관광명소에 있는 듯한 느낌 등의 부가적 편익을 제공한 적이 있었다.

확장 제품은 제품 전체의 가치를 증대시키는 역할을 한다. 예를 들어, 컴퓨터 자체의 성능과 품질(유형제품 차원)은 경쟁사와 유사하지만, 배달/설치/품질보증(warranty)/AS/업그레이드 등에 우위가 있다면 제품의 전체적 가치(또는 혜택)는 높아지기에 소비자는 이를 선택한다. 따라서 유형제품 차원에서의 차별적 우위가 쉽지 않다면 확장제품 차원의 차별화 시도는 좋은 대안이 된다.

- 인근 중국음식점보다 더 맛있게 자장면을 만들기는 쉽지 않지만 옆집 보다 배달을 신속하고 안전하게 해줌으로써 차별화를 꾀할 수 있다(예: 오토바이가 아닌 소형자동차로 배달, 배달원의 증원, 안전 배달을 위해 노인 및 여성 배달원의 고용 등). 화장품에 샘플을 추가해서 선물 주는 것, 여성 잡지에 별책부록 또는 특별 선물(예: 립스틱)을 추가로 주는 것, 호텔 객실 투숙객에서 지역 특산물을 선물하거나 놀이공원 할인권을 제공하는 것 등이 이에 해당한다.

- 제품을 신규 구매할 때, 고객들은 판매원의 친절함, 신속한 응대를 쉽게 받는다. 그렇지만 제품 하자로 인해 AS를 받고자 하면, 그전에 받았던 친절함, 신속성을 기대하기란 어렵다. 지인이 신차를 구입하면서 내비게이션을 추가 장착하였다. 구매시에는 당일 바로 서비스 기사가 와서 신속하게 장착하였는데, 막상 기계 불량으로 교체를 요청했을 때는 며칠 걸려서야 겨우 교체가 가능하였다고 한다. 판매는 수익으로 연결되지만, AS는 수익이 아닌 비용으로 처리되기에 기업들은 이에 투자하지 않는 속성이 있다. 그렇지만 구매는 일회로 끝나는 것이 아니기에 AS에 정성을 다하는 기업이야말로 장기적으로 시장에서 살아남게 될 것이다.

참고로 Warranty(보증)는 일정기간 동안 제품 성능을 보장하는 것으로 만약 해당 기간 동안에 고장이나 불량이 발생하면 이에 대한 수리 또는 교환을 해주는 것이다. 제품구입과 동시에 무상으로 기업이 이를 약속하는 경우도 있고, 경우에 따라 구매시 고객이 warranty를 돈을 추가로 내고 구입할 수도 있다. 한편 Guarantee(보장)는 기업에서 그 제품의 어떤 성능이 확실히 발생하거나 어떤 약속이 사실이라는 보장을 의미한다(예를 들어, 시계는 순정 부품으로만 만들었다, 50m 물속에서 방수된다. 스위스 장인이 직접 만들었다, 보약에 사용된 인삼은 한국산 6년근이다, 갈비는 국내산 소고기이다 등). Guarantee는 일반적으로 포괄적 책임을 다루며 무형 가치를 대상으로 하는 경우가 많다. 따라서 만약 이의 약속에 문제가 발생하면 기업은 이에 대한 법적, 도의적 책임을 지게 된다.

마케팅 관리자는 핵심 혜택, 유형제품, 확장 제품의 세 가지 수준(level)에서 자사 제품을 인식하고 제품의 총체적 가치의 증대 방안을 다각적으로 강구할 필요가 있다. 세 가지 수준, 각각은 제품의 경쟁력 원천이다. 물론 각 차원에서 주로 활용되는 마케팅 수단은 다르다.

3. 제품의 분류(product classifications)

여러 유형으로 제품 분류하는 이유는 유형별로 각기 다른 마케팅 믹스 전략이 필요하기 때문이다. 아래에 몇 가지 유형을 소개하겠다.

1) 제품의 용도를 기준으로 분류하면 소비재와 산업재로 나눌 수 있다. 이러한 분류 기준은 제품의 내재적 성격이기 보다는 고객의 제품사용 목적에 따른다. 따라서 밀가루, 설탕도 제과업체가 구매하면 산업재지만 주부가 구매하면 소비재가 된다(참조: 21장).

2) 소비재의 경우, 소비자의 쇼핑습관을 기준으로 편의품, 선매품, 전문품, 비탐색품으로 분류된다(참조: 17장).

(1) 편의품(convenience goods): 소량으로 자주 구매하는 제품이다. 구매를 위해 일부러 여러 가게를 돌아다니는 수고를 기울이지 않는다. 최소 노력을 통해 빈번하고 편하게 즉각적으로 구매하는 제품이다. 또한 상표간 비교를 하지 않는 편이다. 껌, 비누, 볼펜, 건전지, 휴지 등이 이에 해당한다. 대부분의 경우, 계획구매라기 보다는 점포내에서 충동적으로 구매되기 때문에 광고 및 구매시점광고, 매장내 위치(예: 카운터 근처)가 중요하다. 마케팅 관리자는 소비자가 사고 싶은 때 물건이 없어서 못 사는 일이 없도록 가능하면 많은 경로에 물건을 배포한다. 다양한 점포에서 팔린다고 해서 브랜드 이미지가 훼손되는 경우는 거의 없다(예를 들어 코카콜라가 허름한 가게에서 팔린다고 해서 브랜드 이미지가 손상되지 않는다).

(2) 선매품(shopping goods): 가격/품질/스타일/성능 등의 여러 측면에서 상표간 비교를 통해 구매하는 제품이다. 이에 해당되는 제품들로는 의류, 가전제품, 중고차 등이 있다. 선매품은 비교를 통해 구매하기에 소비자는 제품이 제공하는 정보를 이해하고 이를 바탕으로 비교 및 평가하는 능력이 있어야 한다. 하지만 모든 제품의 정보를 이해하고 비교 판단하기는 어렵기에 판매원의 역할이 중요시된다. 한편 광고는 고객의 주요 고려 요소를 강조하는 것이 중요하다(예: 세탁기의 경우, 소음이 적다, 고장이 없다, 세척력이 뛰어나다, 큰 빨래도 가능하다 등). 제품을 비교하여 구매하기에 이러한 구매행태를 고려하여 중간상은 지리적으로 밀접히 몰려있는 경우가 많다(예: 가구, 금은방,

혼수 점포들은 지리적으로 몰려있다).

한편 선매품은 동질적 선매품(homogeneous shopping goods), 이질적 선매품(hetero-geneous shopping goods)으로 다시 세분화되기도 한다. 동질적 선매품은 품질 등에서는 유사하지만 가격 차이가 있는 것이고, 이질적 선매품은 가격보다 더 중요시 고려되는 제품특성 및 서비스에서 차이가 있는 선매품을 의미한다.

(3) 전문품(specialty goods): 특정 제품 및 서비스가 갖고 있는 고유 특성이나 매력으로 인해 소비자들이 그 제품(브랜드)만을 사려고 상당한 구매노력을 기울이는 제품이다. 예를 들어, 특정 음식을 먹기 위해 음식점을 멀리까지 찾아가고 또한 줄을 길게 서서 기다리는 것은 이에 해당한다. 전문품의 경우에는 구매를 위해 브랜드간 비교를 하지 않는 편이다. 소비자 마음에 드는 것을 사기 위해 노력을 아끼지 않는다.

- 저자는 배드민턴을 즐겨 하는데 가장 마음에 드는 브랜드의 제품을 사기 위해 근처 매장에 제품이 없다면 일부러 멀리 있는 매장을 찾기도 하고, 재고가 없다면 다시 생산될 때까지 기다리기도 한다. 물론 배드민턴 라켓이 저자에게는 전문품이지만 다른 사람에게는 선매품이 될 수 있다.

소비자들은 전문품의 구매를 위해 많은 시간과 노력을 투자할 용의가 있으므로 취급점포의 수가 적다고 해서 판매가 줄지는 않는다. 편리한 위치에 점포를 갖는 것은 물론 유리하지만 반드시 그럴 필요는 없다. 다만 고객들에게 제품을 어디서 살 수 있는가에 대한 정보는 확실히 제공하여야 한다.

(4) 비탐색품(unsought goods): 소비자가 알지 못하거나 또는 존재는 알고 있더라도 굳이 더 많은 정보를 알려고 하지 않는 제품이다. 즉 보통의 일상 생활에서 굳이 찾지 않는 제품이다. 흡연탐지기, 일산화탐지기 등과 같은 제품은 소비자가 이의 효용을 알기 전까지는 일부러 찾으려 들지 않는 비탐색품이다. 그러한 제품의 예로는 생명보험, 백과사전, 가스누출 경보기 등이 있다. 비탐색품은 광고나 인적판매와 같은 마케팅 노력을 많이 투입하여야 한다.

3) 내구성, 즉 되풀이해 쓸 수 있는가의 정도에 따라 내구재, 비내구재로 분류된다. 내구재(durable goods)는 여러 번 사용할 수 있는 유형제품인데(예: 냉장고, 자동차, 스마트폰 등), 보통 인적판매 비용과 서비스가 수반되고 판매보증이 필요하다. 보통 높은 마진이 붙는 경

우가 많다. 반면에 비내구재(nondurable goods)는 한두 번 사용하면 소모되는 제품으로(예: 샴푸, 치약, 건전지, 티슈 등) 빠르게 소비되고 자주 구입되므로 어떤 장소에서건 손쉽게 구입하게끔 하는게 필요하다. 소액의 마진만을 가산하는 경우가 많다. 또한 대량광고를 통해 사용을 유도하고 선호도를 심는 노력을 한다.

전형적인 내구재를 비내구재로 하거나, 또는 이와 반대로 비내구재를 내구재로 함에 따라 새로운 시장이 창출되기도 한다. 예를 들어 일회용 시계/카메라/기저귀/라이터/우산/스마트폰/속옷 등은 원래는 내구재였던 것을 비내구재로 함에 따라 새로운 시장을 창출하였다. 반면에 충전식 건전지는 비내구재를 내구재로 만든 제품이다.

4) 즐거움/감성을 위한 쾌락형 제품(hedonic products), 기능성/필요성을 위한 실용형 제품(utilitarian products)으로 구분할 수 있다. 쾌락형 제품은 소비자에게 즐거운 반응을 일으키는 무형적 특성을 지닌 반면, 실용형 제품은 비교적 가시적이며 객관적 특성을 가지고 있다.

실용형 제품은 소비자의 당면 문제를 해결하고 기능적 욕구를 충족시켜준다(예: 냉장고, 칫솔, 전동드릴, 샴푸, 비타민, 컴퓨터, 마스크 등). 쾌락형 제품은 소비자의 오감을 만족시키거나 또는 사회적, 심리적인 상징적 욕구를 충족시킨다(예: 테마파크, 여행상품, 명품 핸드백, 고급시계, 게임기 등). 물론 동일 제품도 사람에 따라 쾌락형, 또는 실용형 제품으로 달리 인식되는 경우도 있다(예를 들어, 선진국에서 자전거는 쾌락형 제품이지만 후진국에서는 실용형 제품이다, 배고픔의 해결을 위한 사냥은 실용형이지만 즐거움을 위한 사냥은 쾌락형이다).

- 어떤 횟집은 식당 안에 연못을 만들어놓고 손님들이 직접 물고기를 잡게 하고 이를 즉석에서 요리해준다. 이를 통해 고객들은 소비 과정의 즐거움을 추가적으로 느끼게 된다.

쾌락형, 실용형에 따라 마케팅 전략은 상이하다. 쾌락형 제품은 사용경험 과정에서 오는 감각을 중요시하지만, 실용형 제품은 기능 수행에 대한 효율/효과성을 중요시한다. 한편 쾌락적 가치를 추구하는 소비집단에게는 비금전적 판매촉진(예: 사은품 제공, 칭찬 등)이, 실용적 가치를 추구하는 집단에게는 금전적 판매촉진(예: 가격할인, 리베이트, 부품의 추가제공 등)이 보다 효과적인 것으로 밝혀졌다.

Ⅲ 제품믹스와 제품계열의 관리(제품의 공간 차원)

기업이 제조하여 판매하는 모든 제품계열(product line)과 품목(item)을 통틀어 제품믹스

(product mix)라고 한다. 한편 제품계열(product line)이란 제품믹스의 하위 집단으로 물리적, 기술적 특징이나 용도가 비슷한 제품 집단을 의미한다(대학을 예로 든다면 인문계열/사회계열/ 예술계열/자연계열 등은 기업의 제품계열에 해당한다).

기업이 단일 제품만 생산하고 판매한다면 제품믹스, 제품계열와 같은 복잡한 관리는 하지 않아도 된다. 그러나 여러 제품이 있다면 기업은 통합적으로 제품 관리해야 한다. 이는 어떤 하나의 개별제품도 따로 분리된 독립적 존재가 아니기에 다른 제품들과의 유기적 영향 관계를 고려하여 조화롭게 관리해야 하기 때문이다.

- 제품 시스템(product system)이란 용어도 있는데, 이는 서로 상이하지만 서로 양립하여 기능하는 연관성 있는 제품들의 집단을 의미한다. 예를 들어 상추와 쌈장, 커피와 프림과 설탕, 컴퓨터와 프린터와 스캐너 등이 이에 해당한다.

다음은 어떤 가상적 자동차 회사의 제품믹스에 대한 내용이다([그림 11-4] 참조).

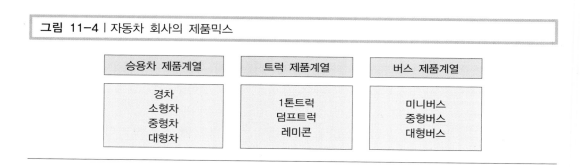

그림 11-4 | 자동차 회사의 제품믹스

'제품믹스의 폭(width)'이란 제품계열의 개수를 의미하는데, 위의 자동차 기업의 경우에는 승용차, 트럭, 버스 등 3개 계열이 있다. 한편 '제품믹스의 길이(length)'란 제품믹스내 품목의 개수를 의미하는데, 여기서는 10개가 된다. 그리고 평균 길이는 10/3(=3.3)이 된다. 한편 '제품믹스의 깊이(depth)'는 제품계열내의 각 품목이 몇 가지 변종으로 생산되는가를 의미한다. 예를 들어 중형승용차가 6가지 색상과 2가지 형태의 후면디자인(세단형, 해치백형)이면 이 품목의 깊이는 12이다.

기업은 자사의 제품믹스를 넓이, 길이, 깊이 등의 차원에서 확대할 수 있다.
(1) 넓이 차원의 확대는 새로운 제품계열의 추가(예: SUV 제품계열, 전기 오토바이 제품계열의 추가)를 통해 이뤄진다. 새로운 제품계열을 추가할 때, 고려할 점은 기존 제품과

의 관련성이다.

(2) 길이 차원에서의 확대는 제품믹스의 연장(line stretching)을 통해 이뤄지는데, 여기에는 하향/상향/양방향의 연장(downward/upward/two-way stretching)이 있다. 이에 대해서는 다음 항에서 좀 더 상술하겠다.

(3) 깊이 차원의 확대는 더 많은 제품변종의 생산으로 가능해진다. 품목별로 다양한 변종을 추가함으로써 제품믹스를 더 깊게 할 수 있다.

- 여기서는 자동차 회사를 예로 들었지만, 여러 분들 스스로 이러한 예를 생각해보기를 권한다. 햄버거, 김밥, 우동 등을 판매하는 종합분식점의 경우, 햄버거 계열(소고기 버거, 돼지고기 버거, 새우 버거, 피쉬 버거), 김밥 계열(참치 김밥, 소고기 김밥, 김치볶음 김밥), 우동 계열(소고기 국물, 멸치 국물)을 생각해볼 수 있다(제품믹스의 폭: 3, 제품믹스의 길이: 9). 녹차 전문회사의 경우, 티백 계열(솔잎, 둥굴레, 연잎, 도라지), 잎차 계열(녹차, 민트), 분말차 계열(녹차, 녹차라떼), 화차 계열(국화, 쟈스민, 장미) 등을 생각해볼 수 있다(제품믹스의 폭: 4, 제품믹스의 길이: 11).

제품믹스의 여러 확대 차원중, '길이'를 중심으로 부연설명하면 다음과 같다.

1. 제품계열 길이의 확장

제품계열 담당자는 제품계열의 적정 길이에 대해 관심을 갖는다. 품목을 추가함으로써 이익을 증가할 수 있다면 현재 제품계열의 길이는 짧은 것이다. 반면에, 품목을 삭제하면 오히려 이익이 증가된다면 제품계열의 길이는 너무 긴 것이다.

제품계열의 길이는 기업목표에 의한 영향을 받는다. 높은 시장점유율을 추구하거나 시장성장을 추구하는 기업은 보다 긴 제품계열을 추구한다.

일반적으로 제품계열은 시간이 지남에 따라 길어지는 경향이 있다. 기업이 제품계열을 길게 구성하는 이유, 즉 하나의 계열내 품목을 여러 개로 가져가는 이유는 소비자 욕구의 이질성, 다양성 추구성향, 가격 민감도의 차이, 진열대의 점유를 통한 경쟁자 진입 저지 등이 있다.

그러나 품목이 추가됨에 따른 여러 단점도 등장한다.
① 비용(예: 설계 및 기술, 재고, 제조변환, 주문처리, 수송, 촉진 등)이 증가된다.
② 다양한 제품의 생산에 따라 생산 효율성이 떨어진다.
③ 고객들은 유사 제품의 존재에 혼란을 느껴서 구매를 연기하거나 포기할 수 있다.

④ 동일 기업의 여러 제품들에 대한 소매점에서의 진열 면적 확보가 어려워진다.

⑤ 품목이 많기에 품절 가능성이 높아지고 또 그만큼 재고관리도 어려워진다.

⑥ 같은 기업의 제품들끼리 서로 경쟁하는 현상(제살 깎아먹기, cannibalization)이 일어날 수 있다.

- 자동차 회사가 신차 한 대를 내놓기 위해서는 개발 기간 3~4년에 수천억 원대 개발비가 투입된다. 이러한 노력에도 불구하고 차량이 안 팔리면 회사는 막대한 손해를 입는다. 현대자동차가 2017년 6월 국내에서 100대도 판매하지 못한 차종은 3개에 달한 것으로 나타났다. 6월 한 달간 국내에서 벨로스터는 14대, i40는 59대, 아슬란은 39대가 팔렸다. 이들 3종의 올 상반기 판매량도 각각 75대, 147대, 302대에 불과하다. 현대차의 아슬란은 출시 당시 많은 기대를 받았지만 갈수록 존재감이 없어진 차종이다. 라인업상 바로 아래인 그랜저가 7만2,666대를 기록한 것과 대조적이다. 현대차는 2014년 아슬란을 출시하면서 그랜저와 제네시스 사이에 새로운 시장을 형성하겠다고 밝힌 바 있다. 그러나 아슬란은 애매한 포지션으로 시장에서 외면당했다.

  − 참조: 뉴스토마토, 2017년 7월 10일

제품계열의 길이를 확대하는 방법으로는 하향, 상향, 양방향의 연장(downward/upward/two-way stretching)이 있다([그림 11-5]. 참조).

그림 11-5 | 하향, 상향, 양방향의 연장

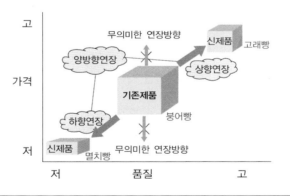

1) 하향연장

현재 품목보다 낮은 품질, 저렴한 가격의 품목을 추가하는 것을 통해 길이를 늘리는 것이다(예: 삼성전자에서 비교적 저렴한 스마트폰 '갤럭시 팝'을 추가하는 것).

다음의 경우에 저가격 제품계열을 도입하고자 한다. 첫째, 저가 시장에서 강력한 성장기회를 감지한다. 둘째, 고가 시장으로의 진출을 시도하려는 저가 시장의 경쟁사를 묶어 놓고자 한다. 셋째, 현재 시장에서 부진하거나 시장 성장률이 하락하고 있다. 넷째, 고급품의 명성이 있기에 저가 시장으로의 진출이 용이하다.

그러나 하향연장은 위험을 수반한다.
① 고객 차원: 기업의 기존 고급품을 구입하던 고객들이 새로 생산하기 시작한 저가품을 구입함으로써 고급품 판매량이 줄어 기업 전체의 이익이 내려갈 수 있다.
② 중간상 차원: 지금까지 기업의 고급품을 판매하던 중간상들이 낮은 마진과 이미지 하락 문제로 인해 기업의 저가 품목의 취급을 꺼릴 수 있다.
③ 경쟁사 차원: 저가 시장의 진출에 위협을 느낀 경쟁사들이 기업의 고급품 시장에 반격해 올 가능성이 있다.

2) 상향 연장

모닝, 프라이드 등과 같은 저가 자동차만을 주로 생산하던 기아가 K7, K9과 같은 고품질/고가격 자동차를 도입하는 것이 여기에 해당한다. 이와 같이 상향 연장은 현재 품목보다 높은 품질 및 가격의 품목을 추가함으로써 제품계열의 길이를 늘리는 것이다.

고급품 시장의 성장률이 높을 때, 고급품의 마진이 높을 때, 고급품의 추가로 인해 기업 전체의 이미지를 고양할 수 있을 때, 기업은 상향 연장을 고려하게 된다.

그렇지만 상향 연장의 위험성은 다음과 같다.
① 고객 차원: 기존 저급품에 익숙하던 고객들이 새롭게 출시한 고급 품질에 대한 신뢰를 갖기 어렵다.
② 중간상 차원: 예를 들어, 기아자동차는 2012년 5월 K9을 출시하였지만 초반 시장에서 기대 밖의 저조한 매출에 실망하였다. 그 이유 중 하나로 영업사원은 K9의 고객 마케팅에서 벽에 부딪쳤다고 하였다. 즉 '모닝'(경차)을 주력으로 팔다가 갑자기 최대 8,500만원짜리 차를 팔기가 쉽지 않다고 하였다. 실제로 기아자동차의 승용차 판매 중 절반은 모닝, 레이 등 경차이고, 고급차종의 판매에 대한 노하우가 기아자동차에는 없었다.
③ 경쟁사 차원: 고급품 시장에서의 경쟁이 버겁기도 하고 또한 경쟁사가 자사 영역(저가품 시장)에 대한 반격도 가능하다.

상향 연장의 경우 시장에 성공적으로 진입하려면 소비자에게 고품질에 대한 신뢰를 주어야 하고 동시에 고급 이미지를 심어줘야 한다. 이를 위해 고품격 유통의 개설(예: 백화점의 명품관, 제네시스 단독 매장), 스타 마케팅(예: 기아 스포티지의 경우 유명 테니스 선수를 광고모델로 사용), 개별상표 전략(예: 하우젠 세탁기, Hite맥주처럼 기존 이미지를 벗어나기 위해 새 상표를 창출하고 기존 상표에 대한 언급 회피), warranty(현대자동차의 10년, 10만마일 보증), 중고차값의 보장과 같은 획기적 조치를 구사하기도 한다. 또한 기업들이 문화 마케팅에 역점을 두는 이유도 기업의 고급 이미지를 심어주는 것과 연관된다.

2. 제품계열에 대한 그 밖의 다양한 관리

앞서 살펴본 바와 같이 제품계열의 길이를 확장함으로써 매출을 증대할 수 있다. 여기서는 이것 이외의 방법으로 제품계열의 매출 증대 방법에 대해 소개하겠다.

1) 제품계열의 보충 또는 채우기(Line Filling)

현재 제품계열의 범위(영역) 안에 더 많은 품목을 추가하는 것이다. 이러한 추가는 상향, 하향 연장의 성격과 다르다. 현재의 영역내에서 빈틈이 되는 품목을 채우는 것이다.

제품계열의 보충 이유는 여러 가지가 있다.
① 품목 증대를 통한 매출 증진을 꾀함
② 다양한 품목이 없어 판매기회를 상실한다고 불평하는 중간상들의 불만 해소
③ 현재의 과잉 생산 능력을 활용
④ 선도적으로 완전한 제품계열의 기업이 되기 위함
⑤ 경쟁사가 들어올 빈틈을 미리 메움 등

어쨌거나 기업이 익숙한 현재의 범위 안에서 추가하는 것이기에, 전술한 상향 및 하향 연장의 경우에 당면하는 문제점은 적다.

* 현재의 제품 기능을 줄인 것을 선호하는 소비자들도 있다. 중학생 학부형은 전자사전을 살 때 공부에만 전념하도록 DMB TV 기능이 없는 제품을 선호하기도 한다. 이러한 성격의 제품은 기존 영역 안에서의 새로운 추가가 될 것이다.

제품계열의 보충으로 인해 기존 품목을 사장시키거나 소비자 혼란을 가중시킨다면, 그러

한 계열 보충은 지나친 것이 된다. 기업은 고객들 마음 속에서 각 품목들간 인식 거리의 차이가 확연히 나도록 해야 한다. 또한 추가적으로 제공하는 품목은 기존에 충족시키지 못하였던 시장 욕구를 충족시키기 위한 것이지, 단순히 기업의 내적 욕구나 과시를 위해 시도해서는 안 된다.

- 아반떼와 소나타의 인식 거리, 소나타와 그랜저의 인식거리는 어떠할 것이라고 생각하는가? 인식 거리가 짧아서 거의 차이 없을 정도라면 어떠한 문제가 발생할 것인가? 반면에 현재의 품목간에 인식거리가 너무 크다면 어떠한 문제가 있는가?

2) 제품계열의 현대화(Line Modernization)

때로 기업은 제품계열내 품목들을 현대화 또는 최신화시킬 필요가 있다(예: 매년 갱신된 모델을 등장시키는 현대자동차의 아반떼, 그랜저 등). 만약 MS-Office가 2003년판 이후에 새로 개정한 것을 도입하지 않는다면 소비자는 이를 계속 사용하기에 더 이상 매출은 발생하지 않을 것이다([그림 11-6] 참조). 제품계열의 현대화는 기존 품목들을 시대에 맞춰 새롭게 개비함으로써 매출을 발생시키는 것이다.

그림 11-6 | Microsoft Office의 현대화

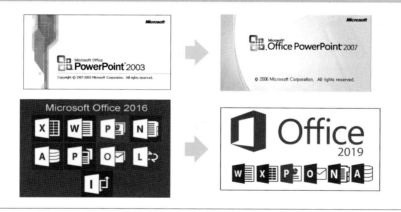

- 마텔의 바비 인형은 지난 50여년동안 인형의 얼굴 표정, 인종, 직업, 패션 등에 변화하는 시대상을 반영하여 왔다. 제품의 핵심 속성은 물론 그대로 유지하였지만 시대 변화에 따라 진부화된 부분을 조금씩 새롭게 바꿔 나갔다. 그 결과 지금도 세계 매장에서 1초에 3개씩 구매되고 있다.

부분적으로 점진적 현대화를 꾀할 수도 있고, 전면적으로 모든 품목의 현대화를 한번에

꾀할 수도 있다. 일부분씩 점진적으로 하는 경우에는 현금흐름에 무리를 주지 않는다는 장점뿐 아니라 고객, 중간상 반응을 관찰하면서 더 나은 방향을 찾아나갈 수 있다는 장점이 있다. 그러나 경쟁자들이 그러한 변화의 모습과 방향을 간파하고 이를 역이용한다는 단점도 있다.

기술 발전이 지속적으로 일어나는 첨단기술 기반의 제품계열 경우에는 이러한 현대화 노력은 끊임없이 수행되어야 한다. 다른 모든 것과 마찬가지로, 너무 이른 또는 너무 늦은 현대화는 여러 문제점을 발생시키므로 적절한 시점에 현대화를 추진하는 것이 바람직하다.

- 너무 이른 현대화는 기존 품목의 판매를 손상시킨다(예: 재고가 아직 많이 남았음에도 개정판을 내는 책). 반면에 너무 늦은 현대화는 새로운 추세를 이미 반영한 경쟁제품의 시장 선점으로 인해 경쟁력이 상실된다(예: 개정판을 오랫동안 출간하지 않으면 내용이 진부해져 독자들이 외면한다). 참고로 대학 교재의 개정판은 3년주기로 하는 경우가 많다.

3) 제품계열의 특성화(Line Featuring)

제품계열의 보충은 현재 영역내의 빈틈을 채우는 것이고, 제품계열의 현대화는 기존 품목들을 새롭게 갱신하는 것이다. 이에 비해 제품계열의 특성화는 계열내 한두 품목 또는 전체 품목을 독특하게 특성화하는 것이다. 독특한 특성의 가미를 통해 기존 제품계열에 어떤 정체성을 부여하고 또한 경쟁사와 차별화한다. 이러한 새로운 특성의 부여는 소비자에게 강력한 소구 거리가 되기에 매출 증대와 연계된다.

- 소주의 물을 백두산에서 가져온 물로 하는 것, 소주에 산소를 집어 넣는 것 등은 소주 제품계열을 특성화시키는 방법이다. 햄버거의 빵을 수제빵 장인이 직접 만든 것으로 하는 것도 특성화에 해당한다.

- 대학에서 공학계열 일부 학과는 졸업하기 전에 반드시 1년을 직장 인턴 또는 해외 연수를 하게 하는 방식으로 특성화시키기도 한다. 특성화 고등학교는 교과과정의 특성화(예: 과학중점 또는 IT중점 등)를 통해 일반 고등학교와의 차별화를 꾀한다.

특성화의 방법은 다양하다.
① 일부 품목의 가격을 대폭 싸게 하는 방법
② 매우 높은 수준의 성능 품목을 집어넣음으로 전체 제품계열의 이미지를 고양하는 방법(예: 한 두 품목을 유명 장인이 수공으로 정성 들여 만든 시계, 뛰어난 성능 또는 성분을 지닌 영양제 등)
③ 기존 품목들을 특정 디자인 또는 칼라로 특성화시키는 방법

④ 일부 품목을 특수 소재나 재료를 사용하는 방법(예: 청정 우리밀로 만든 도너츠, 벤츠 엔진을 수입장착한 SUV자동차 계열, 공정무역의 커피 원두를 사용한 스타벅스, 에어쿠션 기능을 탑재한 운동화 등).

4) 제품계열의 제거(Line Pruning)

제품계열의 관리자는 주기적으로 제거할 품목을 검토해야 한다. 품목이 많다는 것은 여러 장점이 있지만, 관리 품목이 많다는 것은 기업 입장에서 바람직하지 않은 경우도 많다(예: S카드는 2011년 5월 당시, 1000개 이상의 신용카드 종류를 유지 관리하고 있다).

품목을 유지한다는 것은 그에 따른 여러 비용의 수반을 의미한다. 불필요한 운영비, 광고비, 인력 등의 낭비요소가 많고 기회비용의 발생가능성도 크다.

- 칭키즈칸 후계자 오고타이가 '아버지가 이룩한 대제국을 개혁할 수 있는 좋은 방법이 있느냐?'고 묻자, 몽골 제국 초기 명 재상이었던 야율초재는 다음과 같이 말했다. "한 가지 이로운 일을 시작하는 것은 한 가지 해로운 일을 없애는 것만 못하고 한 가지 일을 만들어 내는 것은 한 가지 일을 줄이는 것만 못하다."(興一利 不若除一害, 生一事 不若滅一事)

이론적으로는 한계수익과 한계비용이 같은 지점까지(MR = MC) 품목 개수를 운영하는 것이 최적이겠지만, 현실적으로 이를 실천하기란 쉽지 않다. 변화하는 시장 환경에 적합한 새로운 품목을 개발하고 이에 대한 충분한 자원을 투자하려면, 기존 품목의 과감한 정리가 필요하다. 전체 품목관리의 효율화를 위해 불필요 품목에 대한 정리작업은 지속적으로 해나가야 한다.

- 새로운 것을 잡으려면 손에 있는 불필요한 것을 놔야 한다, 새로운 음식을 먹으려면 위장이 비어 있어야 한다, 새로운 지식을 습득하려면 머릿속의 낡은 지식을 버려야 한다(Unlearning).
- 해태제과 담당자는 "최근 2년 동안 제품 브랜드를 350개에서 115개로 대폭 줄이면서 브랜드의 집중화를 추진해 왔다"며 "그 결과 연 매출이 100억원 이상인 제품수는 15개에서 30개로 늘었다"고 말했다.

  – 참조: 문화일보, 2004년 1월 18일

기존 품목의 정리에 있어서 고려 사항은 다음과 같다(참조: 12장의 쇠퇴기 전략).

(1) 어떤 품목은 금전적 차원에서만 보면 기업에 이익보다 손실을 끼친다. 그럼에도 불구하고 기업 이미지, 다른 품목에 대한 긍정적 파급(또는 결합) 효과를 위해 유지할 필요가

있는 경우가 있다.

- VVIP(Very Very Important Person) 신용카드는 재무적 차원에서 판단하면 기업에 손실을 가져 온다. 그렇지만 기업 이미지 또는 고소득/명사 고객의 유지 차원에서 필요하다.

품목 평가는 재무적 및 비재무적 평가를 종합적으로 검토해야 한다. 한편 품목마다 개발 목적과 성격이 상이하기에 모든 품목에 동일한 평가 잣대를 적용해서도 안 된다. 이런 관점 에서 볼 때 어떠한 평가 항목들로 구성할 것인지(예: Must-meet criteria, Should-meet criteria), 평가 시기는 언제로 할 것인지, 누가 평가할 것인지에 대해 품목별 특성에 맞게 미리 기준 을 마련해두는 것이 필요하다.

(2) 기존 사용고객에게 불편을 끼치지 않고, 또한 불만을 초래하지 않는 범위 내에서 제 품을 정리할 필요가 있다. 자동차의 경우에는 품목을 단종하더라도 기존 사용자의 불편함을 최소화하기 위해 부품 생산과 재고를 몇 년간 유지해야 한다.

- 현대자동차의 PYL은 '프리미엄(Premium), 유니크(You-nique), 라이프스타일(Lifestyle)'의 앞글 자를 딴 신조어다. 벨로스터, i30, i40 등이 PYL 브랜드에 속하는 차량으로 현대차가 20~30대 젊 은 소비자를 겨냥, 2011년에 선보였다. 그렇지만 여기에 속한 차종의 판매가 신통치 않자 현대차 는 2016년 들어 PYL 차종 구매 고객을 대상으로 멤버십 이벤트를 사실상 중단했다. 그에 따라 기존 고객의 혜택은 감소되었고 또한 차량의 중고차 가치 하락 등의 피해가 예상된다.

－ 참조: 조선일보, 2016년 5월 10일

(3) 어떤 징후가 보일 때 해당 품목을 정리하기 시작할 것인가에 대한 체계적 판단기준 을 마련해 둔다. 조기경보 시스템(early warning system)을 구축하는 것도 하나의 방법이다.

Ⅳ 포장과 표찰

1. 포장의 개념 및 기능

1) 포장의 개념

포장(package)이란 제품을 담는 용기나 제품(또는 제품 용기)의 외부를 싸는 감싸개를 의미한다. 포장 관리란 이러한 것들을 디자인하고 제조하는 제반 활동을 의미한다.

포장은 유력한 마케팅 도구인데 이는 잘 설계된 포장은 사용자에게 여러 부가적 가치(예: 편리성, 즐거움, 과시성 등)를 제공하고 동시에 판매 촉진의 역할을 하기 때문이다. 이와 같이 포장은 제품의 보호, 취급 및 사용을 위한 기본적 기능의 수행뿐 아니라, 눈에 금방 들어오는 제품의 일부분이기에 판매 및 마케팅 커뮤니케이션에 도움이 된다.

- (주)비락은 1994년 5월, 식혜의 용기를 알루미늄 캔으로 바꾸어 시장에 내놓았다. 그 전까지 비닐 팩에 담겼던 식혜의 가격은 500원이었지만 알루미늄 캔의 가격은 600원으로 비쌌지만, 식혜의 소비규모는 1년만에 600%, 즉 300억원 시장으로 급성장하였다(물론 이러한 성장에는 1994년의 기록적 더위, 그리고 딱히 경쟁제품이 없었다는데도 기인한다). 다음해인 1995년도에는 800% 이상 성장하여 2500억원 시장이 되었다. 이러한 점은 소비자가 제품으로부터 느끼는 가치는 제품 내용뿐 아니라 포장, 용기, 이미지 등 제품의 소비과정에 관련된 모든 변수의 총체적 집합이라는 점을 시사한다.

— 참조: 윤석철, 2001

2) 포장의 기능

포장의 다양한 기능을 설명하면 다음과 같다.

(1) **제품의 보호**: 파손, 변질, 품질 저하를 막아준다(예: 약병). 또한 소비자를 위험으로부터 보호한다(예: 가위, 칼 등의 포장).

(2) **물류비용의 감소**: 달걀 포장의 변천은 물류비용의 감소로 이어졌다. 초기에는 달걀을 지푸라기로 감쌌다. 그러다 골판지로 바뀌었고, 현재는 스티로폼 방식으로 변화하였다. 이에 따라 대량 운반이 가능하였고 비용도 절감되었다.

(3) **브랜드의 정체성(또는 개성)의 정립**: 포장은 브랜드 아이덴티티의 정립에 도움이 된다. 경쟁사와 대비되는 포장 차별화를 통해 브랜드 정체성을 확립해준다.

- 포장의 색상(코카콜라의 붉은 색, 하이네켄의 녹색 병), 용기의 크기(왕뚜껑), 포장의 형태(팔도 도시락면) 등. 애플의 독특한 포장도 애플 디자인의 정체성에 도움이 된다.

(4) **마케팅 커뮤니케이션**: 슈퍼마켓과 같은 셀프서비스 매장에서 포장은 커뮤니케이션 기능을 수행한다. 따라서 포장은 소비자 주목을 끌 수 있어야 하고, 제품 특성을 소비자에게 빠른 시간내 설명할 수 있어야 하고, 고객에게 신뢰감을 줄 수 있어야 한다. 포장은 IMC(Integrated Marketing Communication)의 여러 수단 중의 하나로 구매현장에서 많은 역할을 하는 커뮤니케이션 도구이다.

● 다이어트 음료수의 용기는 허리가 잘록한 S형 몸매 형태, 한끼 식사량으로 충분한 양이 들었다는 것을 소구하기 위해 포장을 크게 만든 컵라면 등.

(5) 추가 혜택의 제공: 포장은 사용자에게 추가혜택을 줄 수 있다(예: 사용 후 빈 포장용기의 재활용). 또한 흥미롭고 즐거운 포장은 사용자들에게 사용과정에서 유쾌함을 줄 수 있다(예: 오르골이 들어 있는 과자통([사진 11-1] 참조)).

● 2001년말 출시된 슈팅 게임 '리턴 투 캐슬 울펜슈타인'의 패키지 케이스는 중고품처럼 낡았다. 이 게임은 90년대 초반에 나온 원작을 미국의 ID소프트사가 10년만에 3D(차원)게임으로 재개발한 것이다. 국내 유통사인 비스코사는 10년 전 게임을 즐겼던 30대를 겨냥해 케이스를 일부러 촌스럽게 만들었다. 홍보팀 담당자는 "촌스러움을 강조한 홍보 전략 덕분에 게임을 별로 즐기지 않는 30대들이 제품을 구입하고 있다"고 했다.

– 참조: 조선일보, 2002년 3월 11일

사진 11-1 오르골이 설치된 과자통

(6) 소비자 행동의 유도: 포장은 구매뿐 아니라 소비자의 특정행동을 유도하기도 한다. 다양성을 추구하는 소비자에게는 다양한 구색을 갖춘 포장(variety pack)을 제공함으로써 더 많은 구매를 유발하기도 한다.

● 소녀시대의 음반 CD는 9명이 각자 따로 등장하는 디자인으로 출시하여, 애호가들은 동일 음반을 9번 구매하는 경우도 있었다.

포장의 양은 소비 습관을 형성하기도 한다. 예를 들어 맥주 캔의 크기는 일회 음료량의 습관을 만들기도 한다.

- 콜라 한 캔의 양이 많아서 남기는 편은 아닌지? 반대로 한 캔으로는 부족해서 또 다른 캔을 따지는 않는지? 이와 같이 사람마다 또는 같이 먹는 음식에 따라 차이는 있기 마련이다. 그러나 대부분의 소비자는 규격화된 한 캔을 먹는데 습관이 붙어 있다. 참고로 우리나라에서는 250ml 크기의 콜라가 많이 팔리지만, 미국에서는 주로 355ml 크기의 콜라가 대부분이다. 캔커피도 나라마다 다양한 용량의 캔이 있는 것을 발견할 수 있다.

(7) 가격전략에의 기여: 포장은 가격전략과 연관된다. 고가정책을 추구하는 경우에는 이에 걸맞은 고급 포장을 통해 고급상품 이미지의 연출함으로써 고가의 가격정책을 지원한다.

- 고가의 와인을 별다른 포장 없이 종이 봉투에 들어 있는 경우 vs 고급스러운 나무 상자에 담겨 있고 와인을 보호하는 충전재는 황금색 실크로 감싸진 경우, 어느 것이 더 어울리겠는가? 값비싼 화장품, 향수의 포장은 대중적 제품의 포장과 비교하면 어떠한 차이가 있는가?

- 과대포장은 하나의 마케팅 수단으로 자리잡고 있다. 과대포장이란 제품을 더 크게, 혹은 더 고급스럽게 보이도록 하기 위해 필요 이상으로 비싼 재료의 호화 포장이나, 제품 크기보다 지나치게 큰 포장을 의미한다. 선물용 제품일수록 과대포장이 사용되는 경우가 많다(예: 화장품, 필기류, 초콜릿 등). 정부는 1993년부터 포장 용기의 포장 공간 비율은 상품 크기의 10~35%, 포장 횟수는 2차 이내로 제한하는 식으로 과대포장을 규제하고 있지만 기업들은 과대포장의 판매효과를 알기에 이를 지키지 않는다.

(8) 촉진의 역할: 보너스 팩(bonus pack) 포장을 통하여 구매욕구를 자극함으로써 판매촉진을 꾀할 수 있다.

- 제품 자체가 아니라, 제품 외관이 일정 역할을 한다는 점은 사람들간에서 나타나는 현상과도 유사하다. 사람의 첫인상을 좌우하는 요인들 중 하나는 시각적으로 보여지는 사람의 외견상 모습이다. 여러 연구에 의하면, 개인의 외형상 신체적 모습이 사회의 상호작용에서 많은 영향을 미친다는 사실을 보여 주고 있다. 예를 들어 출중한 외모를 가진 사람이 소득이 더 높거나, 수려한 외모의 대학 강사가 높은 강의평가를 받는다는 등의 연구 결과가 있다.

2. 포장의 개발 과정

포장 개발에는 여러 의사결정이 수반된다.

1) 기획

우선 포장화 개념을 수립한다. 포장화 개념이란 포장이 특정 제품에 있어서 기본적으로 어떤 것이어야 하는가 또는 무엇을 해야 하는가 등에 대한 기본 방향의 설정이다. 이와 더불어 경쟁제품과 차별화되는 포장 아이디어의 개발도 요구된다. 한편 포장은 크기, 형태, 소재, 색상, 문안, 표찰, 상표마크 등의 추가적 포장화 구성요소들을 고려하여 전체 디자인의 레이아웃이 결정되어야 한다.

2) 개발 및 시험

포장이 디자인되고 개발된 후에는 여러 시험단계를 거친다.

① 기술적 시험은 포장이 정상적 사용조건하에서 제대로 견딜 수 있는지를 알아보는 것이다. 또한 정해진 예산내에서 대량 제조가 가능한지도 알아 보는 것이다.

② 시각적 시험은 겉면에 기입된 제품 정보가 법적으로 합당하고 포장의 구성요소들이 조화를 이루는가를 확인하는 것이다.

③ 중간상 시험은 중간상이 인지하는 포장의 매력도와 취급 용이성을 확인하는 것이다.

④ 소비자 시험은 포장에 대한 소비자 제반 반응을 확인하는 것이다.

- 중국 매체에 따르면 세탁세제 통 모양의 용기에 밀크티를 담아 판매한 난징의 음료 업체에 비난이 쏟아지고 있다. 비난 받는 이유는 아이들이 진짜 세제를 밀크티로 오인해 마실 수 있어서다. 국내에서도 콜라보를 통해 구두약에 초콜릿을 담고, 시멘트 포장지 모양의 봉투에 팝콘을 담고, 유성 매직 디자인의 병에 음료를 담아 판매한 사례가 있었다.

  – 참조: 중앙일보, 2022년 5월 18일

포장은 고객의 사용여건을 고려해야 한다. 예를 들어, 일반 냉장고의 크기는 과즙음료, 생수병, 우유팩의 크기를 결정한다. 일인 가구의 경우에는 한번에 사용할 수 있는 양에 제한이 있다. 한편 소비자의 사용 상황은 포장 재질을 결정하는데 고려한다(예: 야구장에서의 팩소주 등).

⑤ 환경에 대한 고려이다(예: 포장의 환경오염 문제 등).

3. 표찰

판매업자는 제품에 표찰(label)을 부착해야 한다. 표찰은 무언가를 표시하기 위해 쓴 것으로 제품에 부착된 꼬리표인 경우도 있고, 포장의 일부로 정교하게 디자인된 도안(예: 와인병에 붙어 있는 표찰)인 경우도 있다.

사진 11-2 와인, 막걸리에 붙은 표찰

표찰은 브랜드만 기입된 경우도 있지만, 제품 정보를 담는 경우도 있다. 물론 판매업자가 단순한 디자인의 표찰을 원하더라도 법규상 필수적인 제품정보가 모두 표기되어야 하는 경우도 있다.

표찰의 기능은 여러 가지가 있다. 제품이나 브랜드의 식별, 제품의 등급 표시(예: 와인, 사케는 제품 라벨만 봐도 소비자가 술의 등급, 원산지 및 품질을 알 수 있게 한다), 제품에 대한 제반 사항의 명시(제조업자명/제조장소/제조일자/성분/사용법/안전수칙 등).

잘 만들어진 표찰은 촉진기능을 수행하기도 한다. 또한 소비자 감성을 만족시키고 제품의 품위를 돋보이게 함으로써 가치를 증대시키기도 한다(예: 미술가의 예술 작품을 와인병, 감기약병의 표찰로 사용한 경우).

　　마케팅 믹스를 구성하는 요소들 중에서 가장 기본이 되고 또한 중심에 서는 것이 바로 제품(product)이다. 왜냐하면 가격, 유통, 커뮤니케이션의 결정은 대개 제품을 기반으로 하여 후속적으로 또는 부수적으로 설정되는 경우가 많기 때문이다.

　　우선 제품이란 무엇인가에 대해 살펴보고 있다. 마케팅 관점에서 제품이란 '소비자 욕구를 충족시킬 수 있는 것'은 무엇이나 제품으로 본다. 소비자는 제품이 자신에게 어떤 혜택을 제공하기 때문에 제품을 구입하는 것이다. 제품의 혜택을 기능적, 심리적, 사회적 혜택으로 구분하기도 하지만, 핵심 편익, 유형제품, 확장제품의 차원으로 계층별로 구분하기도 한다.

　　한편 기업이 여러 제품을 제조하고 판매한다면 제품들을 통합적으로 관리(예: 제품믹스 관리, 제품계열 관리)해야 한다. 여기에는 새로운 제품계열의 추가, 제품믹스의 연장, 제품계열의 보충, 제품계열의 현대화, 제품계열의 특성화, 제품계열의 제거 등의 다양한 내용이 포함된다. 마지막으로 포장과 표찰에 대해 간략히 소개하고 있다.

제 12 장 제품수명주기에 따른 관리 (제품의 시간 차원)

11장에서 제품 관리의 기본 내용에 대해 살펴 보았다. 그런데 제품 관리의 일반 지침은 경직된 것은 아니다. 시간이 흐르면 그에 따라 적절한 변화와 조정을 해야 한다. 여기서는 시간 흐름에 따라 달라지는 제품 관리의 내용에 대해 살펴보겠다.

I 제품수명주기란 무엇인가?

신제품 개발 활동을 통해 완성된 신제품은 이제 시장 도입을 통해 외부 시장으로 진출한다([그림 12-1] 참조). 시장에 도입되면서 제품수명주기는 시작된다.

그림 12-1 | 신제품 개발 과정과 제품수명주기의 관계

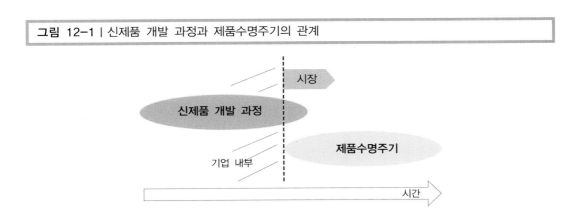

하나의 제품이 개발되어 시장에 출시되기까지 적지 않은 시간과 정성이 들어간다. 기업은 이렇게 어렵고 힘든 개발 과정을 거쳐 시장에 도입한 제품이 오랫동안 사랑 받기를 원한다. 그러나 아무리 잘 만든 제품이라도 소비자 기호가 변하고 경쟁사가 보다 좋은 제품을 출시하고 혁신 기술(예: VHS 방식 → DVD 방식 → OTT 방식(Netflix, watcha), 삐삐 → 휴대폰 → 스마트폰, 필름카메라 → 디지털 카메라)이 등장하면 제품은 언젠가 사라지게 된다.

- 1976년 등장한 이래 한 세대를 풍미했던 VHS(Video Home System)가 2008년 성탄절을 마지막으로 DVD에 완전히 자리를 내주며 사실상 역사의 뒤안길로 사라질 전망이다. VHS는 마쓰시타에서 독립한 JVC가 개발한 비디오 방식으로 소니가 개발한 베타맥스와 치열한 전투를 벌인 끝에 세계 비디오 시장을 석권하여 지난 30년간 'VHS=비디오 테이프'로 인식돼왔다. 그동안 VHS테이프를 공급해오던 주요 생산업체들 역시 속속 공장가동을 중단해왔다. 웨스트코스트비디오, 블록버스터 등 미국내 대형 비디오 공급업체들은 이미 수년전부터 VHS테이프 형태로 된 영화 출시를 중단한 상태다. 지난 2006년 출시된 '폭력의 역사'가 VHS형태로 출시된 마지막 할리우드영화였다. 그러나 한편 VHS테이프를 밀어낸 DVD 역시 앞으로 3~4년안에 신기술에 자리를 내줄 것이라고 전망되고 있다.

  – 참조: 문화일보, 2008년 12월 24일

- 1980년대를 풍미했던 소니의 '워크맨'이 드디어 역사 속으로 사라진다. 소니는 지난 33년 동안 생산해왔던 워크맨 생산을 내달 중단할 계획이라고 밝혔다. 워크맨은 처음 출시됐을 때만해도 혁명적인 인기를 끌었지만, 이후 CD와 MP3에 밀려 대부분 사람들에게는 향수를 불러일으킬 뿐인 존재가 됐다. 소니 역시 변화하는 IT트렌드에 적응하지 못함으로써 시장가치가 현재 애플의 4%에 못 미치는 수준으로 몰락했다.

  – 참조: 머니투데이, 2012년 12월 11일

제품이 시장에서 사라지는 원인은 소비자, 경쟁사, 신기술 이외에도 많이 있다(예: 정부 규제, 경영자의 제품 포기, 원료 고갈 등).

제품의 시장도입부터 시장에서 사라지기까지의 현상을 설명하고 이에 적합한 마케팅 관리방안을 제시하기 위해 등장한 개념이 바로 제품수명주기(Product Life Cycle, PLC)이다. 제품수명주기란 하나의 제품이 시장에 처음 등장해서 사라질 때까지의 과정을 의미하는 것으로 인간 삶의 여정을 제품의 생애 과정에 투영한 것이다. 연구자에 따라 다양하게 제품수명주기를 구분하지만 여기서는 일반적인 구분, 즉 도입기, 성장기, 성숙기, 쇠퇴기를 중심으로 한 S자 모양의 제품수명주기에 대해 설명하겠다([그림 12-2] 참조).

그림 12-2 | S자형의 제품수명주기

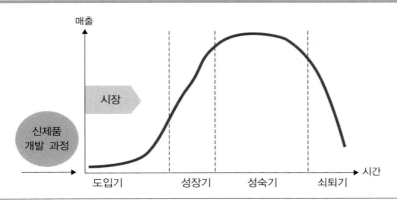

물론 S자 모양 이외에도 여러 모양의 제품수명주기가 있다. 예를 들어, Growth-slump-maturity pattern는 성장을 한 다음에 슬럼프가 찾아 오고, 그리고 슬럼프 상태에서 그대로 성숙기로 가는 패턴이다. Cycle-recycle pattern은 한번의 수명주기가 있은 다음에 다시 한 번 더 수명주기의 모습을 겪는 패턴이다. 그리고 가리비 패턴(scalloped pattern)은 조개껍질 모형처럼 매번 새로운 제품사용의 용도를 발견하면서 지속적으로 상승 패턴을 이어가는 모습이다.

그림 12-3 | 제품수명주기의 다양한 형태

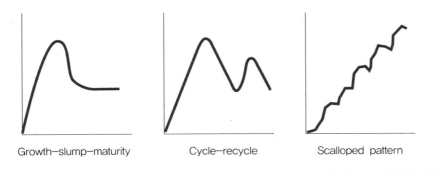

한편 제품수명주기는 모양뿐 아니라 길이도 제품마다 다르다. 예를 들어 기술진보가 빠르게 일어나는 첨단제품은 수명주기가 일반적으로 짧은 편이다. 외부 시장요인(예: 기술의 진보 속도, 경쟁 밀도 등) 및 내부 기업요인들이 특정 제품의 생존 길이에 영향을 미친다. 일반적으로 과거에 비해 현대로 올수록 제품수명주기는 짧아지는 성향이 있다.

- LP레코드는 1948년 미국 콜롬비아가 비닐계 재질로 된 LP를 발매함으로써 LP시대를 개막하였다. 그후 아날로그 방식의 LP를 대체하는 세계 최초의 상용화 CD는 1982년 아바(ABBA)의 앨범 '더 비지터(The Visitors)'였다. 한편 카세트테이프는 1963년 네덜란드의 필립스가 처음 선을 보였다. 소니의 워크맨은 1979년에 출시되었다. MP3를 이용한 아이팟은 2001년 세상에 나왔다. 이와 같이 기존 기술을 대체하는 신기술의 등장은 점차 빨라지고 있다.

- 제품뿐 아니라, 지식의 수명주기도 현대로 올수록 더욱 짧아지고 있다. 인정하고 싶지는 않겠지만 유감스럽게도 자신이 평생에 걸쳐 습득한 경험과 학습 내용은 시대가 변함에 따라 더 이상 유용하게 사용하지 못한다. 19세기 60대 노인이 평생 동안 쌓은 지식보다 현재의 중학생이 더 많은 지식을 가질 것이고, 19세기 대학생보다 요새 중학생들이 풀고 있는 수학 문제가 더 어렵다.

사람의 생과 사는 명확히 판단할 수 있지만 어떤 한 부류의 제품군이 시장에 등장하고 사라지는 시기를 분명히 가늠하기는 쉽지 않다. 즉 어떤 하나의 주류 제품이 등장하기까지 초기에는 다양한 제품이 들쑥날쑥 존재한다. 한편 신기술이 등장하고 그러한 신기술 기반의 제품이 시장을 장악할 즈음 과거 제품은 사라지지만 이것도 하루 아침에 싹 사라지는 것도 아니다.

Ⅱ 제품수명주기의 단계별 특성과 그에 적합한 마케팅 전략

여기서는 도입기, 성장기, 성숙기, 쇠퇴기를 중심으로 한 S자 모양의 제품수명주기를 중심으로 설명하겠다. 구체적으로 각 단계별 특성, 이러한 특성에 적합한 마케팅 전략, 그리고 시장 성과에 대해 살펴보겠다.

- 독자들은 어떤 특정 제품 또는 브랜드의 삶을 염두에 두고 다음에 소개되는 내용을 읽는 것이 이해에 도움이 될 것이다. 물론 이러한 점은 다른 마케팅 내용을 학습하는데도 마찬가지이다. 예를 들어 '동원참치'(참치 통조림 시장을 개척한 기업), '미에로화이바'(섬유음료를 초기 도입한 기업) 등을 들 수 있다. 물론 자신에게 가장 친밀한 제품(예: 게임기, 스마트폰, 킥보드, 드론)의 변화과정을 염두에 두어도 좋다.

1. 도입기(Introduction Stage)

도입기는 기업에서 개발한 신제품을 처음으로 시장에 선을 보이면서 시작된다. 도입기 때 시장상황은 대체로 제품 수요가 적다는 성향을 가진다. 그 이유는 첫째, 소비자들이 제품이 새롭게 시장에 등장했다는 사실 자체를 잘 알지 못하고 더구나 그 제품이 주는 혜택이 무엇인지에 대해서 아는 바도 적기 때문이다. 둘째, 제품을 팔아줄 유통망을 확보하는데 시간이 걸린다. 제품에 대해 잘 모르고 그러한 제품을 소비자들이 원할 것이라는 확신도 없기에 중간상들은 이러한 제품의 취급을 주저한다. 셋째, 기업 입장에서도 생산시설을 확충하고, 생산이나 제품자체에서 나타난 문제점(예: 결함, 불량 등)의 해결에 시간이 걸린다.

이러한 시장상황을 염두에 두고 이에 적합한 도입기 활동을 제시하면 다음과 같다. 우선 기업은 소비자 및 중간상에게 제품의 존재와 이점을 신속하고 설득력 있게 알리는데 역점을 둔다. 이를 위해 커뮤니케이션 활동에 대한 적극적이고 과감한 투자를 해야 한다. 만약 광고와 판매촉진(예: 시음회, 시식회, 견본제공 등)의 예산이 충분히 뒷받침 되어 제품의 존재와 이점이 중간상 및 고객에게 잘 전달된다면 제품은 시장에 자리를 조금씩 잡기 시작할 것이다. 도입기 단계에서 기울인 마케팅 커뮤니케이션 노력은 다음 단계인 성장기로의 빠른 진입을 가능케 한다.

- 도입기에서는 소비자와 중간상에게 브랜드 인지도를 확립하고 시장에서의 유리한 위치를 남보다 빠르게 확보할 필요가 있다. 그러면 나중에 들어오는 경쟁사들과의 본격적 경쟁이 시작될 때, 제품의 선도적 위치를 지키기 쉽다. 도입기에 획득한 호감(goodwill), 명성과 같은 무형 자산은 나중에 들어온 경쟁사들은 짧은 시간내 확보하기 어렵다. 또한 많은 소비자들은 어디가 최초였는지를 중시하는 성향도 있다.

도입기 단계의 완만한 매출, 초기시장의 정착에 드는 비용 등을 종합적으로 고려해볼 때, 도입기 단계의 이익은 (−)이거나 또는 (0)에 가깝다([그림 12-4] 참조). 그래서 도입기 단계는 금전적으로 어려움을 겪게 된다(예: 적은 판매량, 다량의 판촉비, 높은 생산원가 등). 그래서 이 기간을 버티면서 성공으로 가는 기간의 단축 노력이 필요하다. 사실 적지 않은 기업들이 그 조금을 버티지 못해서 성장기 결실을 보지 못하고 중도포기 하는 경우가 종종 있다. 도입기 단계를 벗어나 성장기로 가는 힘든 과정을 버텨내려면 인내력도 필요하고 금전적 역량도 확보되어야 한다.

- 일정 수준 이상의 투자 필요성: 어린 시절 집에는 마중물을 집어넣어야 물이 나오는 펌프가 있었다. 마중물은 한번에 일정 수준 이상을 집어 넣어야 지하로부터 물을 끌어올린다. 만약 그 이하이면 아무리 여러 번 물을 넣더라도 그러한 물은 버린 물과 마찬가지였다. 공부도, 어학도 어느 일정수준의 노력을 넘겨야 한다. 운동도 처음의 재미없는 단계를 지나야 재미를 붙이게 된다. 문지방을 넘어야 한다. 그래야 멋진 결실을 거둘 수 있다.

그림 12-4 | 제품수명주기(매출액, 이익)

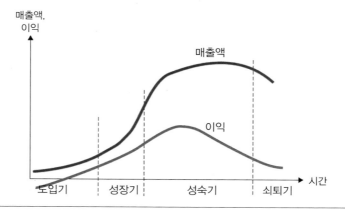

- 잘 익은 감의 시장가치가 100이라면 땡감의 시장가치는 0이다. 감 자체는 점진적으로 익어가지만, 시장에서는 잘 익은 감과 그렇지 못한 감, 둘로만 양분된다.

- 어느 기자가 물었다. "당신은 수많은 장애에도 불구하고 어떻게 포기하지 않고 한 가지 일에만 전념할 수 있었습니까?" 벤자민 프랭클린은 다음과 같이 대답했다. "당신은 혹시 일하는 석공을 자세히 관찰해 본 적이 있습니까? 석공은 아마 똑같은 자리를 백번은 족히 두드릴 것입니다. 갈라질 징조가 보이지 않더라도 말입니다. 하지만 백한 번째, 망치로 내리치면 돌은 갑자기 두 조각으로 갈라지고 맙니다. 이는 한번의 망치질 때문이 아니라 바로 그 마지막 한번이 있기 전까지 내리쳤던 백번의 망치질이 있었기 때문입니다."

- 인생에서 실패하는 대부분의 경우는, 그들이 포기한 바로 그 순간 그들이 성공에 얼마나 근접했는지를 깨닫지 못했기 때문이다.

                                        — Thomas Edison(발명왕)

- 메타버스는 시장의 진화(market evolution) 관점에서 볼 때 아직은 출현기(emergence stage)이다. 그러나 관련 기술과 인프라가 발전하면 향후 이의 영역은 비약적으로 확대되고 이와 연관된 산업(예: 반도체, 통신망, 하드웨어, 소프트웨어, 디스플레이 등) 역시 크게 성장할 것으로 전망된다. 이에 더해 코로나19로 인해 비대면이 주목받는 지금, 시공간을 초월하는 특성의 메타버스의 성장가능성은 매우 높다.

2. 성장기(Growth Stage)

도입기를 보내던 제품이 시장에서 어떤 인정을 받으면 이제 성장기의 변곡점을 맞는다. 성장기는 도입기 동안의 완만한 매출곡선으로부터 벗어나 이제 본격적으로 빠르고 높게 성장하는 단계이다. 물론 모든 제품이 이렇게 운 좋게 성장기로 도약하는 것은 아니다. 경쟁력이 미흡한 대다수 제품들은 도입기 단계에 머무르다가 그냥 시장에서 사라지기도 한다.

이 시기의 시장상황은 다음과 같다. 성장기에는 많은 소비자들이 제품에 대해 이미 어느 정도 알고 있고, 제품을 취급하는 중간상도 늘었다. 즉 도입기의 한정된 시장규모의 원인이 하나 둘 제거되면서 점차 매출이 급속히 증가한다. 한편 시장의 불확실성이 제거됨에 따라 그동안 시장을 관망하던 경쟁사들이 본격적으로 시장에 들어오면서 경쟁이 점차 심해지기 시작한다.

경쟁사들의 진입은 기존에 어느 정도 독점적으로 누렸던 매출의 일정 부분을 빼앗긴다는 부정적 측면도 있지만, 이로 인한 긍정적 측면도 존재한다. 즉 제품의 경쟁적 개선, 전체 산업의 광고비 증대 등의 경쟁 활동으로 인해 시장 자체의 크기가 커질 수 있다. 실제로 경쟁이 치열해지면 이러한 노력에 힘입어 한동안 위축됐던 시장이 되살아나기도 한다(참조: 6장).

- 시장 규모가 커지면 그 시장의 대부분 기업들은 덕을 보기 마련이다. 이는 비록 자사의 시장점유율은 줄어들지만 시장이 커짐에 따른 매출 이득이 있기 때문이다. 마치 커다란 빵의 30%가 작은 빵의 90%보다 큰 것과 마찬가지 이치이다(100억 시장의 점유율 30%는 30억이지만, 1억 시장의 90% 점유율은 9천만원에 불과하다).

성장기에는 경쟁이 치열해지므로 기업은 광고, 판매촉진비를 계속 높은 수준으로 유지한다. 한편 광고는 도입기 때와 달리, 경쟁사제품에 비해 자사제품의 더 나은 점을 강조하는 방향으로 바꾼다. 즉 도입기엔, 제품(product)을 소개하고 그 제품 자체의 장점을 알리는 광고를 하였다면, 경쟁사가 본격적으로 등장하는 성장기엔, 상표(brand)간의 비교 광고를 해야 한다. 예를 들어 도입기에 "참치가 다른 생선(고등어, 꽁치)에 비해 몸에 유익하다"를 강조하였다면, 성장기에는 제품특장점보다는 자기 상표가 타상표에 비해 우월한 점을 강조해야 한다(예: "동원참치는 경쟁사 참치들보다 살코기가 많이 들어있다").

- 십여 년 전 분당 서울대학교 병원 근처에는 "약(藥), 사거리 직진"이라는 안내문이 나무에 붙어 있었다. 작은 골목길이 아닌 비교적 큰 길임에도 약국 이름은 안내판에 없었다. 그 길에 약국은 하나밖에 없기에 굳이 이름을 붙이지 않은 것이다. 그러나 이러한 독점적 지위를 향유하는 경우는 드물다. 경쟁자가 있는 경우에는 자신의 브랜드를 소비자에게 각인시키고, 경쟁사보다 무언가 나은 점이 있다는 것을 소비자에게 강조해야만 한다.

성장기에서의 가격은 현재 수준을 유지하거나 혹은 경쟁사를 의식해서 조금 떨어뜨릴 수도 있다. 그리고 새로운 유통경로나 세분시장을 계속해서 개척해 나가기도 한다. 또한 제품의 품질과 성능을 꾸준히 개선함으로써 판매가 성장하도록 노력한다.

이러한 시장 상황과 기업 노력의 결과, 성장기에는 높은 광고/판매촉진, 제품개선, 새로운 유통경로 및 세분시장의 개척 등으로 지속적으로 많은 비용과 투자가 지출되지만 판매가 급격히 늘고 경험곡선효과로 인해 생산원가가 감소하기에 이익($Profit = Sales - Costs$)은 급상승한다.

3. 성숙기(Maturity Stage)

성장기는 그 성격상 오랜 기간 지속되기는 어렵다. 사람의 신장 또는 몸무게의 성장에 어떤 한계가 있듯이 매출 성장세도 언젠가는 시장 한계에 봉착한다.

- 자동차, 스마트폰, 신용카드, 종이기저귀, 아파트 등의 매출은 결국 우리나라의 인구수, 출산율, 경제 규모 등의 한계에서 정체하게 된다.

성숙기 시장의 현상은 다음과 같다. 성숙기에는 판매 증가율이 현저히 줄어들기 시작하고, 마침내 판매가 어느 일정 수준을 맴돌게 된다. 성숙기는 보통 오랜 기간 지속된다. 우리가 일상에서 접하는 대부분의 제품은 성숙기에 있는 것들이다. 따라서 마케터가 하는 일의 상당 부분은 성숙 제품의 관리이다.

성숙기 시장이란 더 이상 규모를 확대할 여지가 별로 없는 시장이다. 이 시기의 특징은 기업들간 경쟁이 아주 치열하다는 것이다. 그 이유는 시장 전체의 수요는 더 이상 늘지 않고 한정된데 비해 시장에 들어올만한 기업들은 이미 다 들어와 버렸기 때문이다. 즉 생산량(공급량)이 판매량(수요량)을 초과하는 상황이다.

- 아파트 단지의 치킨 소비량은 주민 수에 따른 일정 한계가 있다. 그런데 여기에 끝도 없이 신규 점포가 생긴다면, 그 결과는 치열한 경쟁, 즉 제로섬 게임만을 하게될 뿐이다. 한편 기업이 성장하지도 않고 수익도 정체 상태라면 계속적으로 기업에 일자리를 만들어낼 수 없다. 전체 시장이 성장해야 신규 점포가 생겨도 이에 따른 문제가 적고, 새로운 일자리도 창출할 수 있는 것이다. 전체 시장 성장의 문제는 미시적으로 풀 수는 없다. 거시적, 정책적으로 풀어야 한다.

성숙기에는 치열한 경쟁으로부터 오는 압력으로 인하여, 전반적으로 가격은 떨어지고 판매촉진을 위한 여러 조치가 보다 다양하고 빈번하게 취해진다.

- 성숙기 광고는 자사제품만의 독특한 점을 부각시켜 경쟁제품과 구별되도록 하는데 주안점을 둔다. 즉 성숙기엔 경쟁해야 할 상표들이 너무 많기에, 특정한 경쟁 대상만을 언급한 비교광고보다는 자사제품의 독특한 점을 부각하는 것이 보다 효과적인 경우가 많다(예: 동원참치는 신선한 재료를 사용하기에 DHA가 가장 많이 함유되었다).

성숙기 시장의 성과는 경쟁이 치열하여 시장의 유지 비용은 지출되지만 그래도 기업은 비교적 안정적인 수입을 획득한다.

경쟁이 심하고 매출이 정체되는 이 시기에는 다른 어느 때보다도 경쟁을 이겨낼 수 있는 창의적이고 혁신적 전략과 전술이 필요하다.

- 물론 제품수명주기의 모든 단계마다 창의적 마케팅 노력은 요구된다. 예를 들어 도입기에는 어떻게 하면 신속하게 성장기로 이전시킬 것인가를 고민하고, 성장기에는 어떻게 하면 시장의 성장세를 오랫동안 가져갈 것인지, 초기의 경쟁구도에서 주도권을 확보할 것인지에 대한 고민을 한다.

성장기는 시장의 덩어리 자체가 계속 커지고 기회가 많은 편이기에 경쟁이 있어도 먹을거리가 충분한 편이다. 그러나 성숙기 시장은 거의 포화상태이고 경쟁사는 많은 상태이기에 치열한 경쟁이 펼쳐진다. 따라서 마케팅 관리자는 판매와 이익을 올릴 수 있는 모든 방법을 생각해내야 한다. 물론 이러한 아이디어는 책에서 가르쳐 주는 것은 아니다. 정체된 성숙기 시장에 신선한 탄력을 주어 다시금 시장을 활성화 시키는 몇 가지 방법을 소개하겠다.

1) 새로운 세분시장의 개척: 그동안 눈 여겨 두지 않았던 새로운 세분시장의 개척가능성을 검토한다. 휴대폰은 초기에는 직장인 및 젊은 층을 표적으로 하였지만, 점차 사용 연령대를 확대하였다. 그 결과 유치원생 및 초등학생(예: 어린이 전용폰), 노년층(예: 실버폰) 시장으로 사용층이 확대되었다. 소주는 도수를 낮게 함으로써 젊은 층, 특히 여성층을 새로운 시장으로 개척하였다.

2) 사용 빈도의 증대: 제품을 보다 자주 쓰게 하는 방안을 강구하는 것이다. 치약을 하루 3회 사용하도록 계도하는 것, 샴푸를 하루 2회 사용하게 하는 것 등이 이에 해당한다.

- 포장의 크기 변경도 이에 해당한다. 오레오는 5개만 들어있는 포장을 시장에 도입하였다. 5개들이기에 소비자들은 한두 개만 먹고 싶은 경우에도 부담 없이 소비하게 되었다. 사실 이전의 20개들이 포장의 경우에는 한두 개만 먹고 싶을 때 소비를 참게 되지만, 이러한 작은 포장은 소비자의 심적 부담을 덜어주기에 자주 소비하게 만들었고 오히려 결과적으로 소비는 늘게 되었다.

3) 새로운 용도의 창출: 나일론은 지속적으로 사용 용도를 발굴해감으로써 시장을 확대하였다(예: 낙하산 → 칫솔 → 스타킹 → 의류 등). Arm & Hammer 베이킹 소다는 탈취성분과 미백성분 등의 신규 용도를 발견함으로써 냉장고 탈취제, 미백용 치약 등의 새로운 소비를 이끌어냈다.

4) 사용량의 증대: 제품을 쓸 때마다 보다 많이 소비하게 하는 방안을 생각하는 것이다. 치약(듬뿍 짠 모습을 광고에서 소구), 맥주(큰 용량의 병으로 판매) 등을 생각해볼 수 있다. 이와 반대로 작은 병을 만들어 소비 부담을 줄임으로써 역으로 사용량 증대를 꾀하기도 한다(미니 사이즈의 소주, 맥주 등).

- 남성들은 보통 스킨로션을 바를 때, 손에 넉넉히 뿌린 다음 이를 손바닥에 친 후 얼굴에 바른다. 이러한 사용 방식은 오래전 광고 모델이 하던 방식을 따라하면서 세대를 거쳐 고착화된 것이다. 사실 그 광고는 스킨로션의 사용량을 늘리는데 크게 공헌하였다고 한다.

5) 품질 및 디자인의 개선: 오래 전 크라운 산도는 포장의 고급화를 통해 잠자고 있던 구매를 활성화하였다. 또한 애플의 iMac 컴퓨터, 모토롤라의 레이저폰(MOTOROLA RAZR)은 독특한 디자인으로 수요를 폭발시켰다.

6) 새로운 특징 및 성분의 첨가: 휴대폰에 MP3, 디지털카메라, 인터넷 검색 등의 기능이 첨가되면서 휴대폰 매출은 늘어났다. 다른 예로, 오리온 초코파이(바나나, 딸기 등), 새우깡(먹물, 카레 등)이 있다.

7) 소매점포에서 자사제품의 돋보이는 진열: 제품을 소비자 눈에 잘 띄게 함으로써 구매를 유발하는 것이다. 매장에서 더 좋은 위치를 차지하거나 독특한 진열방식(예: Pepsi의 쓰러질 듯한 착시현상의 진열)은 이에 해당한다.

8) 새로운 유통경로의 개척: 유통경로가 새롭게 추가되면 구매용이성이 높아지기에 매출은 증가한다. 음료회사는 군대, 대중목욕탕, 지하철 등의 자판기를 통해 새로운 판로를 추가할 수 있다.

9) 고객에 대한 각종 서비스(즉시 배달, 외상, 기술지원)의 강화

- 2015년 상반기부터 쿠팡은 일산 지역에 한해 주문 후 2시간내 배송 완료하는 '2시간 배송' 서비스를 운영하고 있다. 이는 지난해부터 시작한 24시간내 배송 서비스인 '로켓 배송'의 업그레이드 판이다. 쿠팡은 로켓 배송 실시후 1년 만에 연매출액이 1,464억원에서 3,485억원으로 배 이상 뛰며 업계 1위를 굳혔다. 이에 비해 티몬, 위메프 등 경쟁 소셜커머스 업체들의 매출액은 각각 쿠팡의 45%, 35%(작년 기준) 수준으로 뒤쳐졌다.

      – 참조: 조선일보, 2015년 11월 28일

이상에 열거한 방법들 이외에도 여러 방법들이 가능하다(예: 띠부씰이 들어있는 포켓몬빵). 기업들은 자사제품이 처한 시장환경과 내적여건을 고려하여 최적의 방안을 마련할 필요가 있다.

- "기업 성장이 정체되는 이유는 시장이 성숙되었기 때문이 아니라 경영을 잘못했기 때문이다. 그리고 경영실패의 모든 책임은 기업 전반의 정책을 결정하는 경영자에게 있다."

  — 테오도르 레빗(Theodore Levitt)의 근시안적 마케팅(Marketing Myopia, 1975)

4. 쇠퇴기(Decline Stage)

한동안 시장을 지배하던 제품들, 예를 들어 흑백TV, Beeper, VTR, 워크맨, 타자기, 주판, 재봉틀 등은 이제 더 이상 시장에서 찾아보기 어렵다. 이와 같이 제품은 언젠가 새로운 기술의 등장, 소비자 취향의 변화, 경쟁사의 공격으로 인해 매출이 소멸하는 시기에 들어선다. 한때 영화, 드라마, CF를 호령했던 유명 배우, 아이돌 그룹이 무대에서 사라지는 것과 마찬가지이다.

- 우리 곁에서 이제는 사라진 추억의 IT 서비스: 1999년 서비스를 시작한 싸이월드는 한때 최고 가입자 3,500만명에 도달한 적도 있었다. 싸이월드는 2012년 이후 트위터, 페이스북이 본격적으로 인기를 얻기 시작하면서 시장에서 사라졌다. 또한 사회적 신드롬까지 일으켰던 Freechal, I♡school도 이제는 역사의 뒤켠으로 물러났다.

  — 참조: 기업나라 2014년 8월호, 104-106쪽

쇠퇴기 시장의 특성은 다음과 같다. 성숙기부터 시작된 공급과잉 현상이 보다 심해지고 전체적으로 가격은 더 떨어지기에 모든 기업들의 이익은 급격히 감소한다. 판매부진과 이익 감소로 인해 몇몇 회사는 시장을 떠나고 남아 있는 회사들도 광고 및 판매촉진비를 줄이고 원가관리를 강화하는 등의 자구책을 강구한다.

쇠퇴기에 접어들어 더 이상 희망이 없음에도 불구하고 그 제품에 계속 미련을 가지는 경우가 있다. 그러나 이렇게 머뭇거리고 주저함에 따른 손해는 적지 않다.

(1) 판매량의 감소와 동시에 이에 따른 소량 생산으로 인한 생산원가의 상승으로 인해 재무적 손실이 발생한다.

(2) 경영자의 시간 낭비 등과 같은 기회비용이 발생한다.

(3) 기존 제품에 대한 미련을 못 버림에 따라 제품을 대체할 후속 상품의 개발이 늦어지

기도 한다.

(4) 쇠퇴 제품을 아직도 생산/판매한다는 노후한 기업 이미지를 고객들에게 심어줄 수 있다.

물론 쇠퇴기 제품이 기업에게 작지만 그래도 수입을 가져다 주기도 한다. 그러나 이러한 재무적 수익 보다는 눈에 보이지 않는 무형적 손실도 있음을 인식해야 한다.

경영자는 시장에 나온 지 오래된 제품들에 대해 주의를 기울여야 한다. 우선 제품이 판매량/시장점유율/원가/이익의 측면에서 어떤 추세를 보이는지를 정기적으로 점검함으로써 자사의 어떤 제품이 쇠퇴기에 접어들고 있는지를 파악해야 한다. 마치 사람의 건강검진과 같다. 특히 중장년기에 접어든 사람일수록 더욱 자주 건강검진을 해야 한다.

기업은 일반적으로 여러 제품을 동시에 관리한다. 따라서 제품의 적시 퇴거조치는 전체 기업의 매출을 건전하게 유지하는데 있어서 중요하다. 이를 위해 제품의 쇠퇴를 조기에 감지해 내는 능력이 중요하다.

한편 제품이 쇠퇴기에 접어들었다는 것이 확인되더라도 그 제품에 대한 조치는 시장상황에 따라 신축성 있게 달라져야 한다. 일반적으로 세 가지 투자전략이 가능하다.

1) 유지 전략(투입과 산출의 유지): 만약 경쟁사 대부분이 시장을 조만간 떠날 것 같으면, 현상태를 그대로 유지하는 것도 바람직하다. 즉 시장은 비록 축소되었지만 작은 시장이라도 독점한다면 꽤 괜찮은 수익을 거둘 수 있기 때문이다.

- 공공기관의 지방 이전으로 인해 한때 식사시간이 되면 붐볐던 관공서 근처의 음식점은 장사가 되지 않자 하나 둘 문을 닫기 시작하였다. 그렇지만 그때 폐업하지 않고 남아있던 업소는 시간이 흐른 후, 그 근방 식사손님들을 거의 독점하게 되었고, 그 결과 예전보다 더 많은 매출을 올리게 되었다.

2) 회수(/수확) 전략(투입최소화 & 산출최대화): 기존에 지출하던 비용을 최대한 절감하면서 가능한 많은 판매량을 통해 수익을 신속하게 회수하는 것이다.

3) 철수 전략: 제품을 과감히 철수하는 것이다. 물론 가능하다면 기존 사업을 유상으로 넘기는 것이 바람직하다. 한편 사업 철수를 하더라도 기존 제품의 사용 고객에게 서비스나 부품의 구입에 불편을 느끼지 않도록 조치를 취해 두어야 한다. 그렇지 않다면 자동차, 냉장

고 등의 경우엔 부품교체가 불가능하기에 소비자 원성을 살 수 있다.

Ⅲ 제품수명주기 개념의 문제점

제품수명주기(PLC)는 여전히 흥미로운 개념이지만 마케팅관리자가 이를 제품 또는 브랜드에 활용하려면 이것이 가진 문제와 한계점을 이해하고 있어야 한다. 흔히 지적되는 제품수명주기 개념의 문제점, 또는 한계점은 다음과 같다.

첫째, 전형적인 S자 모양을 하지 않는 제품수명주기 곡선도 많을뿐더러, 어떤 제품은 아예 쇠퇴기에 들어서지 않을 것처럼 보인다. 120년 이상 시장에서 확고한 위치를 차지하는 '아스피린'이 그 좋은 예이다. 따라서 마케팅 관리자는 사람의 수명주기처럼 제품수명주기의 각 단계가 고정된 순서로 전개되고, 시간이 지나면 불가피하게 다음 단계가 온다는 고정관념을 버려야 한다.

- 우리 곁에 오랫동안 남아있는 장수제품: 박카스, 농심 새우깡, 오리온 초코파이, 활명수, 크라운산도, 에이스 크래커, 부라보콘 등.

- 인간의 수명주기는 정해진 시간에 따라 고정된 순서로 진행한다. 그러나 제품은 사람과는 다르다. 사람은 나이 듦에 따라 소년, 청년, 중년, 노년으로 진행되지만, 제품은 도입기 이후에 성장기 대신 성숙기 또는 쇠퇴기가 올 수도 있고, 성숙기에서 다시 성장기가 올 수도 있다.

둘째, 제품수명주기의 모양은 기업의 적극적 마케팅 활동에 따라 변화 가능하다. 이것이 제품수명주기에 시사하는 바는 제품수명주기는 기업이 취해야 할 마케팅전략을 제시해주는 독립변수로만 봐서는 안 된다는 점이다. 다시 말해 기업이 어떤 마케팅전략을 취하느냐에 따라 수명주기의 모습이 달라지는 종속변수로 보는 것도 가능하다는 것을 의미한다.

제품수명주기는 독립변수와 종속변수적 성격 모두를 갖는 것으로 보는게 합당하다. 즉 제품수명주기는 마케팅 전략의 결정에 영향을 미치지만, 거꾸로 마케팅 전략에 의해서도 제품수명주기의 모양은 영향을 받는다([그림 12-5] 참조).

한편 매출 크기와 모양을 결정짓는 요소들로는 기업의 마케팅 전략 이외에도 여러 변수들이 있다(예: 경쟁사 활동, 소비자의 일시적 기호 변화, 경제변동 등). 예를 들어, 단기적 경기침체로 인해 일시적으로 쇠퇴기 모양을 보일 수 있다. 만약 이를 잘못 해석하여 쇠퇴기에 적

그림 12-5 | 제품수명주기의 양면적 성격

그림 12-6 | 스타일, 패션, 패드의 수명주기

합한 투자전략(예: 회수전략)을 취하면 실제로 쇠퇴기를 맞게 될 수도 있다.

- 나이가 들어 치아가 약해지면 점차 부드러운 음식을 찾게 된다. 그러다 보면 정말로 치아를 단련할 기회를 잃게 되어 부드러운 음식만 먹게 된다. 나이에 맞는 음식, 운동으로 타협하는게 아니라, 역으로 적극적 식사 및 격한 운동을 통해 신체나이를 젊게 되돌릴 수도 있다.

셋째, 제품 및 시장에 따라 제품수명주기 모습은 다르다. 예를 들어, 패션 의류제품의 수명주기는 유행의 성격(예: 얼마나 오랫동안 수용되는가, 얼마나 많은 사람들이 수용하는가)에 따라 패드, 패션, 스타일 등으로 구분된다([그림 12-6] 참조).

패션제품(fashion product)은 제품수명주기의 길이가 대략 3개월 정도이다. 반면에 패드(fad)는 제품이 시장에 등장하자마자 극히 짧은 도입기를 거쳐 급격히 성장하여 정점에 이르렀다가 성숙기와 쇠퇴기를 거치지 않고 바로 사라진다. 만약 성숙기와 쇠퇴기를 거친다 하더라도 그 길이가 패션의 제품수명주기에 비해 극히 짧은 특성을 갖는다. 한편 스타일은 휴대폰의 다양한 디자인(예: 바, 플립, 폴더, 슬라이드)의 반복 유행과 같다. 즉 어느 한 시기 동안 흐름을 타다가 어느 시점에 이르면 이것은 다른 스타일의 유행으로 인해 대체된다. 그러면 그 스타일은 조금 쉬는 기간(정체기)을 가졌다가 다시 또 한참 시간이 흐른 후 시장을 지배하는 모습을 띠게 된다. 말 그대로 스타일이기에 이것은 유행을 탈 때도 있지만 그렇지 않을 때도 있다. 한편 패션이 하나의 스타일로 인정되어 특정 스타일로 정착되면 스타일의 수명주기 모습을 가지게 된다. 참고로 패션이 사회적으로 수용되는 정도가 심화되면 이것은 클래식, 문화로 발전하게 된다.

넷째, 제품수명주기를 보통 4단계로 구분하는 경우가 많지만, 마케팅 전략을 수행하는 관점에서는 동일한 수명주기단계라도 이를 보다 세분화할 필요가 있다. 예를 들어 유통경로가 포화됨에 따라 나타나는 성숙기(성장형 성숙기), 시장침투가 완전히 끝났기 때문에 이루어진 성숙기(안전형 성숙기), 대체재가 개발된 상황의 성숙기(쇠퇴형 성숙기) 등으로 성숙기를 세분화할 수 있다.

다섯째, 제품수명주기 모델은 대상이 무엇인가에 따라 의미와 모양이 달라진다. 즉 제품의 어떤 수준을 대상으로 하는가에 따라 수명주기의 길이와 모양은 다르다. 이러한 대상으로는 제품범주(product class, 또는 product category), 제품형태(product form), 제품(product), 브랜드(brand) 등이 있다([표 12-1] 참조). 물론 제품범주의 수명주기가 가장 긴 모양이고 브랜드의 수명주기가 가장 짧다.

표 12-1 | 제품범주, 제품형태, 제품, 브랜드의 분류 예시(여기서는 제품, 브랜드를 구분하지 않음)

제품범주	제품형태	제품, 브랜드
세탁 세제	액체형, 가루형, 캡슐형	퍼실디스크캡슐, 퍼실듀오캡스
전기 자동차	SUV 전기자동차, 세단형 전기자동차, 2인용 소형전기차	아이오닉6, 아이오닉7
비디오 테이프 플레이어	베타방식, VHS방식	삼성VTR-505, 금성VTR메리트88

일반적으로 마케팅 교재에 소개되는 제품수명주기 모델은 제품형태(product form)를 기준으로 하는 경우가 많다. 그러나 실제 기업에서의 주요 관심 대상은 제품 또는 특정 브랜드를 위한 마케팅 전략이다. 따라서 특정 제품 또는 브랜드에 대한 마케팅 전략을 구축하는 경우에는 제품형태 기반의 수명주기로부터 도출된 마케팅 전략을 그대로 쓰기에는 부적합하다.

● 제품범주, 제품형태, 제품 및 브랜드에 대한 제품수명주기 모두를 그려 보기를 권한다. 그러면 하나의 제품형태 수명주기 아래 여러 제품(또는 브랜드)의 수명주기가 포함된 개념도가 그려지게

될 것이다. 이럴 경우 특정 브랜드의 모양뿐 아니라, 전체 제품의 수명주기 모양 및 흐름도 파악할 수 있기에 미시적이면서도 거시적 안목을 모두 갖춘 제품수명주기 전략의 구축에 도움이 될 것이다.

마케팅 관리자는 제품수명주기 개념의 문제점과 그 특성을 명확히 인식하여야 한다. 그리고 제품수명주기 이론을 실제 상황에 응용할 때는 자사 제품 및 브랜드가 처해있는 특수상황(경쟁상황, 소비자 행동, 기업여건 등)을 충분히 고려하여야 한다. 제품수명주기의 개념은 우리에게 익숙한 사람의 수명주기를 기준으로 하기에 이해의 틀로 쉽게 사용할 수 있다는 장점이 있지만, 동시에 제품은 사람과 여러모로 다르기에 사람의 수명주기의 관점으로 무심코 기계적으로 적용하다가는 잘못된 판단을 내릴 수 있다는 점을 명심해야 한다.

새로운 제품이 시장에 도입되어 그것이 다시 시장에서 사라지기까지의 현상을 설명하는 것, 그리고 이와 함께 주기별 특성에 적합한 마케팅 관리방안을 제시하는 개념이 바로 제품수명주기(PLC)이다. 제품수명주기란 용어는 하나의 제품이 시장에 처음 등장하고 다시 사라질 때까지의 과정을 의미하는 것으로 인간 삶의 여정을 제품의 생애 과정에 투영한 것이다.

여기서는 '도입기, 성장기, 성숙기, 쇠퇴기'를 중심으로 한 S자 모양의 제품수명주기에 대해 설명하고 있다. 단계별 성격, 각 단계에 적합한 마케팅 전략, 그리고 단계별 시장 성과에 대해 살펴보고 있다.

제품수명주기 개념은 아직도 마케팅 분야에서 적지 않은 의미를 가지고 있지만 마케팅 관리자가 이 개념을 자신의 제품 및 브랜드에 적절하게 활용하려면 이 개념이 가진 문제와 한계점을 이해하고 있어야 한다.

제13장 | 브랜드 관리(1): 브랜드의 이해

- "공장에서 제조되는 것은 제품(product)이지만 소비자가 사는 것은 브랜드(brand)이다. 제품은 경쟁사가 복제할 수 있지만 브랜드는 유일무이하다. 제품은 쉽사리 시대에 뒤질 수 있지만 성공적인 브랜드는 영원하다."

— Stephen King

- "신인 배우는 몸매를 보여주지만 스타는 자신의 영혼을 보여줘요."

— SBS 드라마 '온에어'(2008년)의 대사

추운 겨울날, 행사장 테이블에 여러 업체에서 보내온 따뜻한 커피들이 놓여 있다. 카페베네, 이디야, 스타벅스, 엔젤리너스 등. 여러 분이라면 이 중 어떤 것을 택하겠는가? 오랜만에 액션 영화를 보기 위해 영화관에 갔다. Mission Impossible 최신작, 영국의 탐정물, 멕시코의 마약범죄 등이 상영 중이다. 줄거리 및 리뷰 정보는 거의 없는 상태이다. 어떤 영화를 선택할 것인가? 이들 예에서 알 수 있듯이 브랜드는 소비자 인식 및 선택에 영향을 미친다.

- '제품의 실체가 중요하지 브랜드는 그냥 이름에 불과하다'라고 생각하는 독자가 있다면, '나는 가수다'란 프로그램과 '복면가왕' 프로그램을 비교해 보길 바란다. 누가 노래를 부르는지 알고 있는 상황에서 노래를 들을 때(예: 브랜드가 부착된 제품)와 누가 노래 부르는지 전혀 모르고 노래를 들을 때(예: 브랜드를 가린 제품), 어떤 차이를 느꼈다면 그것이 바로 브랜드의 힘이다.

사진 13-1 TV 프로그램: 나는 가수다, 복면가왕

성공적 브랜드는 기업에 엄청난 영향을 미친다(예: KT의 3세대 이동통신 서비스 'SHOW' 애플의 'iPod' 크라운 맥주의 'Hite' 등). 어떤 브랜드는 기업 전체의 명성은 물론이거니와 기업에서 만든 여타의 브랜드들에도 영향을 미친다. 물론 역으로 기업의 전체 명성이 개별 브랜드의 매출에 영향을 미치기도 한다([그림 13-1] 참조).

그림 13-1 | 기업명(브랜드)과 개별 브랜드의 영향 관계

- '잘 알려진 이름'으로 인해 기업은 언제나 혜택을 보는가? 평상시에는 분명 그렇다. 그렇지만 어떤 불상사가 발생한다면, 이름이 널리 알려졌기에 피해는 더 클 것이다(예: D항공의 땅콩회항, M간장/△존/◇◇홈의 회장 폭행 사건, N유업의 갑질 및 마약사건 등). '생쥐깡 사건'은 N사였기 때문에 타격이 더 컸고 오래갔다. 만약 이름이 덜 알려진 그래서 브랜드 인지도가 약하였던 중소기업이라면 쉽게 잊혀졌을 것이다.

브랜드는 그 브랜드명을 가진 해당 제품뿐 아니라, 다른 제품들 및 마케팅 활동에도 영향을 크고 광범위하게 미친다. 따라서 브랜드 (명성에 대한) 관리는 그만큼 중요하다. 브랜드를 성공적으로 관리하려면 브랜드의 초기 개발 단계부터, 브랜드 자산의 구축, 이의 유지/발전에 대한 중장기적 관리가 필요하다.

- "당신이 가질 수 있는 보물중 좋은 평판을 최고의 보물로 생각하라. 명성은 불과 같아서 일단 불을 붙이면 그 불꽃을 유지하기가 비교적 쉽지만, 꺼뜨리고 나면 다시 그 불꽃을 살리기가 매우 어렵기 때문이다. 좋은 평판을 쌓는 방법은 당신이 보여주고 싶은 모습을 갖추기 위해 노력하는 것이다."

– 소크라테스

여기서는 브랜드란 무엇이고 왜 중요한지에 대해 살펴보고, 그런 다음 브랜드 에쿼티에 대해 살펴보겠다. 이어서 브랜드 에쿼티의 구축, 브랜드 가치의 측정에 대해 고찰해 보겠다. 브랜드 전략에 대해서는 다음 14장에서 살펴보겠다.

Ⅰ 브랜드에 대한 개관

브랜드(또는 상표)란 개인이나 조직이 자신의 제품(서비스)을 특징짓고 이들을 경쟁자 제품(서비스)으로부터 차별화시킬 의도로 만들어진 이름, 용어, 사인, 심벌로 정의된다. 즉 브랜드는 하나의 제품/서비스를 특징짓고 다른 것들과의 구별을 위해 사용하는 모든 노력이다. 이 책에서는 브랜드 또는 상표를 구별 없이 혼용하여 사용한다. 문장의 어감상 좀 더 어울리는 단어를 문맥에 따라 사용할 뿐이다.

- 브랜딩(branding)이란 제품/서비스에 '브랜드로부터 유발되는 힘'을 부여하는 과정 또는 작업을 의미한다.

- 제품에 붙인 브랜드는 사람, 조직, 지역, 국가 등에 붙어 있는 이름과 같다. 사람에게 이름이 없거나 지명에 이름이 없다면 일상 생활은 극심하게 불편할 것이다. 이름은 기본적으로 남들과의 구별을 위해 필요하다. 이렇게 구별을 위해 생성된 이름은 점차 이름 그 이상의 의미를 가지게 된다 (예: '삼성'이란 이름은 처음에는 회사 구분을 위한 이름이었지만, 이제 어떤 제품 앞에 '삼성'이 붙으면 무형의 가치가 부가된다).

1. 브랜드의 기능

기업의 제품, 서비스에 붙는 이름인 브랜드는 여러 기능(roles)을 수행한다. 소비자, 기업, 중간상 측면으로 나누어 살펴보면 다음과 같다.

1) 소비자 측면

브랜드는 소비자에게 제조 기업, 제품의 출처, 원산지 등을 밝혀준다(즉 어떤 제조업자, 판매업자가 제품 책임을 지는지에 대한 책임 소재를 알려 준다). 소비자들은 시장에 나와 있는 제품/서비스의 품질을 모두 경험을 통해 판단할 수는 없다. 과거의 유사 경험, 직간접으로 습득한 브랜드 지식을 통해, 브랜드에 대한 기대를 가지고 이를 구매한다. 이와 같이 브랜드는 제품에 대한 판단 자료가 된다. 즉 브랜드를 통해 소비자의 의사결정은 단순화되고 위험은 경감된다.

- 신뢰성이 떨어지는 사회일수록 브랜드는 구매결정에 중요한 역할을 한다. 어느 카페를 가든 맛있는 커피가 있다는 신뢰가 구축된 지역(나라)에서는 브랜드 점포를 굳이 찾지 않아도 된다. 그러나 그러한 신뢰가 부족하다면 신뢰가 가는 브랜드의 카페만을 찾게 된다.

- 어떤 영화를 볼 것인가를 결정할 때, 당신은 무엇을 기준으로 선택하는가? 출연배우, 영화장르? 때로 우리는 감독이 누구인지, 제작사가 어디인지, 원작자는 누구인지 등을 보고 결정하기도 한다.

브랜드는 기능적, 심리적, 사회적 만족감을 제공하기도 한다. 즉 소비자는 브랜드를 통해 보다 풍요롭고 행복한 삶을 누리게도 된다(물론 이와 반대로 브랜드를 누리지 못하기에 상대적 빈곤감을 느끼게도 된다).

2) 기업 측면

브랜드가 있기에 기업은 자사제품에 대한 모든 가치증대 노력에 대한 법적 보호를 받을 수 있다(예: 지적 재산권, 등록상표(registered trademark) 등). 또한 브랜드 충성도를 가지는 고객 확보를 하고, 브랜드 명성을 통해 진입장벽을 구축할 수 있다(예: 콜라 시장에는 Coke, Pepsi의 막강한 브랜드가 있기에 다른 기업들의 신규 진입이 거의 불가능하다).

제조 공법, 디자인, 성능, 소재 등은 언젠가 경쟁사들이 복제할 수 있지만, 장기간에 걸친 마케팅 노력과 제품사용 경험으로 인해 누적된 브랜드에 대한 감정은 쉽게 복제할 수 없다. 따라서 브랜드는 장기간 경쟁 우위를 확보하는 강력한 수단이다(예: 뽀로로, 도라에몽, 007 시리즈, 농심 신라면 등).

- P&G는 높은 품질과 합리적 가격의 생활용품 회사이다(예: 뷰티, 유아 및 여성용품, 가정 용품, 그리고 건강 및 그루밍 용품). 1837년 미국에서 탄생한 P&G는 팬틴, 아이보리, 질레트, 페브리즈, 브라운, SK-II, 오랄-비, 다우니 등 세계적 브랜드를 다수 보유하고 있으며, 2020년 기준 70여 개 국가에서 709억 달러에 이르는 매출을 기록했다.

3) 중간상 측면

브랜드는 제품의 취급 및 관리(예: 재고, 주문, 회계 등)에 도움이 된다. 또한 점포에서 취급하는 브랜드 명성에 따라 점포이미지가 결정되기에 브랜드는 점포이미지의 호의적 형성에 도움이 된다. 예를 들어, 샤넬(Chanel), 루이비통(Louis Vuitton) 등을 판매하는 백화점과 그러한 명품이 판매되지 않는 백화점간에는 점포이미지에서 차이가 난다. 물론 역으로 점포브랜드(예: 롯데, 현대, 신세계 백화점)는 점포에서 취급하는 제품에 대한 소비자의 가치 지각에도 영향을 미친다(참조: 16장의 준거가격).

이와 같이 브랜드는 다양한 기능을 수행한다. 브랜드는 소비자에게 브랜드 고유의 의미를 전달하고, 경쟁사가 쉽게 모방할 수 없는 제품의 개성과 가치를 창출시킨다. 또한 브랜드는 경쟁을 방지할 뿐 아니라 기존 브랜드의 성공적 이미지를 다른 제품 또는 신제품으로까지 확장하고, 구매시 심리적 안정감을 제공한다.

브랜드 명성을 확보한 기업은 그렇지 못한 기업에 비해 더 많은 이익을 얻는다. 이러한 유명 상표로 인한 마케팅 효과를 알기에 비양심적 기업들은 유사 상표를 통해 불법이득을 취하려고 한다.

2. 자기 브랜드를 가지는 것의 의미

- 레인콤은 2002년초 ODM방식(주문자개발 생산방식)의 생산을 포기하고, '아이리버'라는 독자 브랜드로 새롭게 시장개척에 나섰다. 창업주인 양덕준 사장은 "ODM의 수익성은 좋았지만, 나만의 브랜드가 아니면 미래가 없다고 생각했기 때문"이라고 말했다.

— MP3 플레이어로 세계를 장악, 샐러리맨서 벤처부호로 변신한 '레인콤'의 양덕준 사장

미국 시장으로의 진출 초기 SONY는 미국 유통업체로부터 주문자상표부착 방식을 요청받았는데, 과감하게 이를 거부하고 자기 브랜드인 SONY를 고집했던 것을 가장 훌륭한 의사결정이었다고 한다. 자기 브랜드가 있어야 기업의 모든 활동이 자기의 명성을 쌓는데 연관된다. 만약 자기 이름이 없다면 남 좋은 일만 하는 것이다(예: 대필(代筆) 작가는 아무리 글을 잘 써도 세상에 자기 이름을 알릴 수 없다). 물론 브랜드의 관리에 드는 비용과 노력 또한 적지 않고, 실패위험도 크다. 사실 브랜드를 시장에 성공적으로 정착시키는 데까지 적지 않은 비용과 시간이 소요된다.

일단 확보된 브랜드 명성일지라도 이에 타격 주는 사건이 발생한다면 브랜드 가치는 떨어지게 된다. 예를 들어, 2005년의 도요타자동차의 대규모 리콜 사태, 2015년 폭스바겐 배

출가스 조작사건 등은 오랜 시간 쌓아왔던 브랜드 이미지에 큰 타격을 주었다.

3. 장수 브랜드의 중요성

하루에도 수많은 브랜드가 시장에 등장하지만, 그에 못지않게 많은 브랜드가 시장에서 사라진다. 사람들의 기호나 관심사가 변하고, 기술변화가 빠르기에 브랜드 생명은 점차 짧아지고 있다. 이러한 와중에도 오랜 시간 인기를 누리는 장수 브랜드가 있다. 장수 브랜드는 기업에게 안정적 수익을 줄뿐 아니라 양적으로 가늠하기 어려운 귀한 심리적, 문화적 자산이 되기도 한다.

근대적 의미의 기업 역사는 짧지만 우리나라에도 대표적인 장수 브랜드들이 많다: 동화약품 '부채표 활명수'(1897년), '진로' 소주(1924년), 조선무약 '솔표' 우황청심원(1925년), 유한양행 '안티푸라민'(1933년), 서울우유(1937년), 샘표간장(1946년), 동아연필(1946년), 칠성사이다(1950년), 럭키치약(1954년), 한독약품 '훼스탈'(1958년), 동아제약 '박카스', 대웅제약 '우루사'(1961년), 일동제약 '아로나민'(1963년), 모나미 볼펜(1963년), 에이스 침대(1963년), 해태제과 '부라보콘'(1970년), 새우깡(1971년), 오리온 '초코파이'(1974년), 빙그레 '바나나맛 우유'(1974년), 다시다(1975년).

- "사람들이 널 사랑하게 만들지 마. 그러면 거기가 끝이야. 사람들이 널 끝없이 동경하게 만들어. 그게 스타야!"

  — 드라마 '온에어'의 대사

- 장수 브랜드의 비결은 무엇인가? 장수의 원인 및 메커니즘, 그리고 장수를 가로막는 위협요소들은 어떠한 것들이 있는가? 장수 브랜드의 관리는 일반 브랜드와 어떻게 다르게 하는 것이 적절한가?

Ⅱ 브랜드 에쿼티의 의미와 구성

1. 브랜드 에쿼티의 뜻

브랜드 에쿼티(brand equity, 브랜드 순자산(純資産))는 1980년대부터 마케팅의 한 개념으로 등장하여 오늘날까지 브랜드 관리의 주요 주제로 다뤄지고 있다. 이에 대한 정의와 해석은 다양하다. 그러나 브랜드 에쿼티는 "브랜드가 없을 때보다 그 브랜드가 있음으로 인해,

매출 및 이익의 증대를 가져오고, 경쟁자보다 강력/지속/차별적 우위를 부여해주는 브랜드 힘의 원천"이라는 점에는 공통적이다.

제품은 브랜드를 가짐으로 인해 부가가치를 가지게 된다. 브랜드 에쿼티는 브랜드로 인해 제품 및 서비스에 부가가치를 높여주고, 동일 노력을 들여도 더 큰 효과를 가져다 주는 힘이다.

- 방송 프로그램인 '무한도전', '1박2일', '꼬리에 꼬리를 무는 그날 이야기' 등은 초기에는 브랜드 에쿼티가 거의 없었지만, 몇 년간의 성공적 콘텐츠를 통해 브랜드 에쿼티를 증가시켰다. 시청자는 이들 프로그램을 이제는 어떤 기대를 가지고 보게 되었다. 또한 거기 등장하는 출연자에 대한 호감과 애정을 가진 시각으로 시청하게 되었다. 그리고 프로그램과 연관된 상품, 관광지 등을 선호하게 되었다.

- 예전에 어떤 무명 코미디언이 무대에서 이런 푸념을 한걸 본 적이 있었다. 유명 코미디언이 나오면 관객들은 벌써 웃을 자세가 되어 있고, 그들이 하는 모든 대사와 행동에 크게 웃어 준다. 그런데 잘 알려지지 않은 자신과 같은 사람이 나오면, 관객은 쟤는 누구지? 그래 한번 웃겨봐! 하는 자세를 가지고 의자에 등을 기댄다고 하였다. 그래서 자신은 유명 코미디언보다 더 재미있게 하지 않으면 관객의 호응을 받기 어렵다고 하였다.

브랜드 에쿼티는 흔히 브랜드 자산(brand asset)이란 용어와 혼용되는데, 이들 간에는 차이가 있다. 기업의 대차대조표를 기준으로 생각하면 차이점을 이해할 수 있다. 기업회계의 대차대조표 차변에는 자산(asset), 대변에는 부채(liability)와 자기자본(equity)이 들어간다. 이를 브랜드의 대차대조표로 견주어 보면, 차변의 브랜드 자산은 브랜드에 대한 총체적 인식, 지식, 이미지, 감정 등을 의미한다. 한편 대변의 브랜드 부채는 브랜드에 대한 부정적 인식, 지식, 이미지, 감정 등을 의미한다. 결과적으로 브랜드 에쿼티(브랜드 순자산)는 이러한 브랜드 자산에서 브랜드 부채를 제거한 순수한 자산(즉 긍정적 의미의 자산만 남아 있는 것)을 의미한다([그림 13-2] 참조). 물론 브랜드 부채가 없다면 브랜드 자산과 브랜드 에쿼티의 의미는

그림 13-2 | 브랜드 자산, 부채, 에쿼티

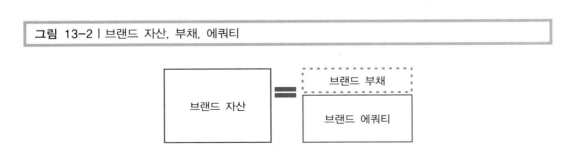

동일하다. 이러한 의미 차이가 존재하지만, 향후 이 책에서는 브랜드 에쿼티, 브랜드 자산을 혼용하여 사용하겠다.

2. 브랜드 에쿼티의 형성

브랜드 네임, 심벌 마크, 로고, 슬로건, 캐릭터, 징글, 칼라 등과 같은 브랜드 요소(element)를 통해서 브랜드 아이덴티티(brand identity, 정체성)가 형성된다. 그리고 이러한 브랜드 아이덴티티가 가지는 가치부여의 힘이 결국 브랜드 에쿼티가 된다([그림 13-3] 참조).

그림 13-3 | 브랜드 요소, 브랜드 아이덴티티, 브랜드 에쿼티

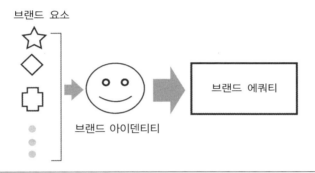

브랜드 아이덴티티란 기업이 표적고객들에게 심어주고자 하는 브랜드와 관련되는 모든 바람직한 연상들의 집합을 통해 형성된 어떤 고유성이다. 브랜드에 대한 꾸준하고 지속적 투자와 커뮤니케이션 노력은 결국 소비자에게 훌륭한 정체성을 심어주고, 이것이 바탕이 되어 브랜드 에쿼티는 커진다.

- 브랜드 요소, 브랜드 아이덴티티, 브랜드 에쿼티는 이와 같이 연결되어 있다. 즉 브랜드 아이덴티티는 기업의 모든 브랜드 요소를 기반으로 하여 구축되고, 이러한 브랜드 아이덴티티는 다시 브랜드 에쿼티로 연결된다. 예를 들어, 코카콜라의 브랜드 에쿼티는 코카콜라의 브랜드 아이덴티티에서 비롯되는데 이는 이의 조성에 연관된 모든 브랜드 요소들('Coca Cola'란 이름, 흘려쓴 고유 글씨체, 독특한 콜라병 모양, 붉은 색, Always Coca Cola, Enjoy Coca Cola와 같은 슬로건 등)로부터 비롯된다.

- 정체성(正體性, identity)은 상당 기간 일관되게 유지되는 고유한 실체로서의 자신에 대한 주관적 경험을 함의한다. 정체성은 자기 내부에서 일관된 동일성을 유지하는 것과 다른 사람과의 관계에

서 어떤 본질적 특성을 지속적으로 공유하는 것 모두를 의미한다. 자아정체성은 인간의 행동을 결정짓는 중요한 심리 기제 중 하나다. 사람들은 '자신은 누구인가'에 대한 나름대로의 인식을 가지고 있다. 이러한 인식에는 자신에 대한 다양한 정보, 예를 들어 이름, 신체적 특징, 성격, 직업, 가족, 친구, 소속, 물건 등 자신과 관련된 수많은 정보가 포함된다.

- 가수로서의 아이유, 싸이, 조용필, BTS, 블랙핑크의 정체성은 모두 다르다. 이러한 정체성은 어떠하고, 이러한 정체성은 어떠한 과정을 거쳐 형성되었을까?

우리가 특정 대상(예: 사람, 조직, 정당, 기업, 국가 등)에 대해 이야기할 때 그 대상에 대한 지식과 경험을 바탕으로 이야기하듯이, 브랜드 에쿼티 역시 사람들의 마음속에 저장된(학습된) 브랜드 지식을 바탕으로 형성된다. 마케터는 사람들의 기억 속에 현재 자사 브랜드의 지식이 어떻게 저장되고 있는지를 파악하여야 한다. 이러한 브랜드 지식의 구조를 이해하는데 유용한 기억 모델로는 연상적 네트워크 기억 모델이 있다. 이 모델에 따르면 기억은 관련된 지식 혹은 정보(node)가 연결고리(link)에 의해 서로간 그물처럼 연결되는 네트워크 조직을 갖는다.

브랜드 지식을 구성하는 요소들은 여럿 있지만, 이들 중심에는 브랜드 인지도와 브랜드 이미지가 있다. 만약 자사 브랜드에 대해 ① 브랜드 인지도가 높고, ② 브랜드 이미지가 강력/호의적/독특하다면, 좋은 브랜드 에쿼티를 갖고 있다고 할 수 있다. 좋은 브랜드 에쿼티는 브랜드 충성도를 창출하는 토대가 된다.

3. 브랜드 에쿼티의 구조

브랜드 에쿼티를 크게 하기 위해서는 소비자가 지닌 브랜드 지식이 어떤 방식으로 구조되는지를 알고 있는 것이 도움이 된다. 브랜드 지식의 구성 내용이 전반적으로 양호하다면

그림 13-4 | 브랜드 에쿼티의 구조

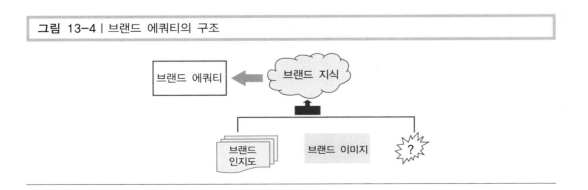

브랜드 에쿼티는 높아질 것이기 때문이다. 전술한 바와 같이 브랜드 에쿼티의 주요 구성요소로 브랜드 인지도와 브랜드 이미지가 있다([그림 13-4] 참조).

1) 브랜드 인지도(brand awareness)

브랜드 인지도란 소비자가 제품 범주(예: 치약, 소주, 향수)에 속한 특정 브랜드(예: 2080 치약, 참이슬, 샤넬)를 알아보거나 또는 브랜드 명을 쉽게 떠올릴 수 있는 능력을 의미한다. 브랜드 인지도는 환기상표군으로의 진입 여부에 영향을 미친다.

- 저관여제품의 경우에는 단지 어떤 브랜드명이 친숙하다는 이유만으로 그것이 선택되는 경향이 있다(예: 크리넥스 티슈, 질레트 면도기, 농심 신라면). 이는 브랜드 인지도만으로도 호의적 소비자 반응을 일으킬 수 있다는 점을 시사한다.

브랜드 인지도는 최초 상기, 브랜드 상기, 브랜드 재인 등으로 구분할 수 있다.

① 최초 상기(TOM: Top of Mind)란 특정 제품군(또는 제품범주)을 생각할 때 가장 먼저 떠오르는 브랜드를 의미한다.

- 길을 가다가 커피 마시는 사람을 보거나 또는 커피 매장을 지나칠 때, Starbucks가 머리 속에 저절로 떠오른다면 이 사람의 마음 속에는 Starbucks가 최초상기상표로 자리잡고 있는 것이다.

② 브랜드 상기(brand recall, 또는 브랜드 회상)는 특정 제품 범주 또는 구매 상황을 제시하고 이와 관련하여 생각되는 브랜드를 자유롭게 열거할 때 떠오르는 모든 브랜드를 의미한다(예: 카페? → 스타벅스, 이디야, 커피빈, 할리스 등). 기억 보조물(브랜드와 관련된 정보)의 제공 정도에 따라 비보조 상기, 보조 상기로 구분하기도 한다.

③ 브랜드 재인(brand recognition, aided awareness)은 여러 브랜드 이름이 주어진 상태에서 이러한 브랜드를 알고 있는지의 여부를 물어보는 것이다. 브랜드 재인에 비해 브랜드 상기는 보다 깊은 수준의 두뇌 활동이 요구된다. 즉 브랜드 재인이 객관식 시험문제에서 주어진 보기 중에서 답을 구별해내는 기억의 노력 수준이라면, 브랜드 상기는 주관식 시험문제와 같이 어떤 단서가 거의 주어지지 않은 상태에서 빈 답안지에 답을 기억해내는 것과 같다. 특정 브랜드를 재인하는 것은 기억으로부터 회상하는 것보다 쉽다.

- 목격자가 범인의 몽타주를 빈 종이에 직접 그리는 것은 브랜드 상기와 같고, 여러 사진들을 보면서 범인을 골라내는 것은 브랜드 재인과 유사하다.

소비자가 브랜드를 보면서 구매결정을 하는 상황(예: 슈퍼마켓에서 장보기)에서는 재인이 중요하지만, 그러한 정보가 없이 기억해내서 구매하는 경우에는 회상이 중요하다.

브랜드 인지도는 다음에 설명할 브랜드 이미지를 담는 그릇 역할을 한다. 브랜드 인지도가 높을수록 브랜드 이미지의 내용을 더 많이 기억에 담아둔다. 반면에 브랜드 인지도가 약하면 기억에 담긴 브랜드 이미지 역시 거의 없다.

- 방송을 오래 타기 위해서는 브랜드 인지도가 중요하다. 때로 방송인들은 이를 위해 여러 시도를 하기도 한다(예: 시상식에서의 노출 의상, 돌출 행동, 구설수 등). 그리 바람직하지 않은 사유라도 브랜드 인지도가 오르는 것이 전혀 없는 것보다 낫다고 생각하는 방송인, 정치인도 가끔은 있게 마련이다.

2) 브랜드 이미지(brand image)

브랜드 이미지는 브랜드에 관련된 모든 생각, 느낌, 감정 등의 이미지를 의미한다. 브랜드 이미지는 브랜드에 대한 지각으로 정의되기도 하는데, 이는 기억 속에 저장되어 있는 브랜드에 관한 다양한 연상의 결합과 연결로 형성된다.

- 스토리텔링(storytelling)은 브랜드 이미지를 풍성하게 만들어주는 효과가 있다.

어떤 연상의 고리는 시간이 지남에 따라 연결고리가 약해지고 끊어지지만, 어떤 연상은 오래도록 지속되기도 한다. 기업은 실체적 활동(예: 기술, 제품, 유통 등)과 이미지 활동(예: 광고, 사회적 책임 등)을 통해 브랜드에 유리한 연상망은 강화하고 불리한 연상고리는 끊으려고 한다. 긍정적 브랜드 이미지는 사람들 기억 속에 '강력하고 호의적이며 독특한' 브랜드 연상을 가지고 있을 때 형성된다.

- 강력한 브랜드 에쿼티는 높은 상표 인지도, 그리고 '강력하고 호의적이며 독특한' 브랜드 이미지로부터 나온다. 그런데 이미지는 일단 인지도가 어느 정도 확보된 다음에야 가능하다. 브랜드 인지도가 전혀 없다면 어떠한 이미지도 생길 자리가 없기 때문이다. 이런 점에서 볼 때, 브랜드 인지도는 브랜드 자산의 필요조건이자 토양이 된다.

브랜드 이미지는 세 가지 기준(강력, 호의, 독특)으로 평가한다([그림 13-5] 참조).

그림 13-5 | 브랜드 이미지의 세 가지 속성

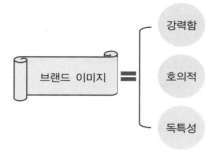

(1) 강력한(strong) 연상

즉각적인 브랜드 연상의 정도를 의미한다. 기억 연상망이 굵고 빠른 연결고리로 연결될 때 가능하다(예: 천연 재료 하면 '풀무원'이 떠오르고, 효과 빠른 진통제 하면 '게보린'이 떠오름). 긍정적 내용의 연상들이 강력히 떠오르고 활성화될수록 긍정적 브랜드 이미지를 갖게 된다.

- 어떤 내용을 쉽게 떠올린다는 점에서는 브랜드 인지도와 유사하지만, 브랜드 인지도는 브랜드 아이덴티티 요소들에 대한 드라이한 기억을 의미한다면, 강력한 상표연상은 좋은(또는 나쁜) 이미지(연상거리) 연결의 활성화 강도라는 점에서 차이가 있다.

(2) 호의적(favorable) 연상

어떤 하나의 브랜드에도 긍정적, 부정적 연상이 혼재되어 있다. 총체적으로 호의적 연상이 되려면 긍정적 연상의 비중이 높아야 된다. 따라서 호의적 상표연상이 되게 하려면 호의적 상표연상의 재료를 소비자에게 많이 제공하고, 부정적 상표 연상거리들은 가능한 제거한다. 기업은 이를 위해 부단한 노력을 기울이지만 때로 기업이 원하지 않는 방향으로 흐르기도 한다.

- 르까프는 출시 초기, 대중매체에 노출된 제품 사용자로 인해 여러 번 곤혹을 치렀다고 한다. 즉 경쟁브랜드인 나이키, 아디다스는 유명 스포츠 스타들이 신은 모습이 대중매체에 많이 보였던 것에 비해, 르까프는 범죄 뉴스장면에서 비행청소년들이 주로 신고 나왔다.
- '815 콜라'(1998년 범양식품)는 우리나라 사람들에게 호의적 이미지를 주겠지만, 다른 나라에는 그러한 이미지를 주기 어렵다. 반면에 'Japan Cola'(2019년 펩시가 일본에서 출시)는 우리나라에 수입되기는 어려울 것이다([사진 13-2] 참조).

사진 13-2 815 콜라, Japan 콜라

(3) 독특한(unique) 연상

아무리 호의적이고 강력한 연상일지라고 다른 경쟁 브랜드들과 공통적으로 공유되는 연상은 자사 제품에 아무런 경쟁우위를 제공하지 못한다. 따라서 독특한 브랜드 연상의 소재를 제공할 필요가 있다. 앞서 언급한 바와 같이 브랜드의 가장 중요한 기능은 구별이다. 만약 자사 브랜드가 어떤 독특한 상표연상이 없다면 브랜드의 가장 중요한 속성이 빠진 것이다.

4. 브랜드 연상의 유형

전 항에서 브랜드 이미지의 평가 속성(연상)을 소개하였다. 여기서는 이러한 연상의 항목(연상거리, 내용, 재료, 대상)에 대해 설명하겠다. 브랜드 연상은 제품속성과 관련된 연상, 제품속성과 관련되지 않은 연상으로 구분할 수 있다([그림 13-6] 참조).

예를 들어, 가수의 경우엔 가수 본연의 속성에 대한 연상(가창력, 음색, 장르, 춤 등)과 이와 직접 관련 없는 속성의 연상(말 솜씨, 성품, 스캔들 등)으로 나눌 수 있다.

그림 13-6 | 브랜드 연상의 유형

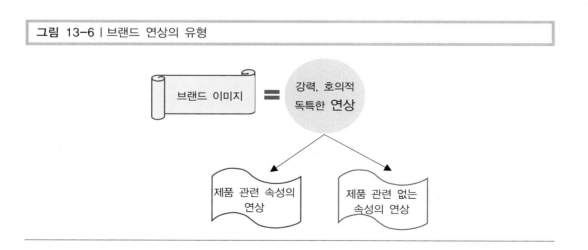

1) 제품과 관련된 속성에 대한 연상

소비자들은 특정 브랜드와 접하면 제품과 관련된 속성을 연상하게 된다. 이러한 연상으로는 제품범주, 제품속성, 품질/가격에 대한 연상 등이 있다.

(1) 제품범주(product category)에 대한 연상

브랜드와 제품범주간의 연관성이다. 특정 제품범주에서의 전형적인 상표, 즉 이를 대표하는 브랜드로 연상되는 정도이다.

- 예를 들어, 조미료(제품범주)하면 '다시다'(제품범주의 대표 브랜드), 라면은 '농심 신라면', 즉석밥은 '햇반', 일회용 반창고는 '대일밴드', 축구하면 '브라질 대표팀' 등이 연상되는 것을 의미한다. 물론 역으로 '다시다'를 보면 조미료란 제품범주가 생각되기도 한다.

특정 브랜드와 제품범주간 연관관계가 강하게 형성되어 있다면, 어떤 제품범주의 구매 상황이 도래하면 소비자는 즉각적으로 이의 대표 브랜드를 떠올리게 된다(회상). 이러한 대표성이 강한 개별 브랜드는 경쟁 브랜드의 기억을 방해하기도 한다.

(2) 제품속성에 대한 연상

브랜드가 제품의 어떤 특정 속성과 강하게 연계되는 것이다. 제품선택시 중요하게 고려되는 속성이 자사 상표와 밀접히 연계되어 있다면 마케팅에서 유리한 고지를 점하게 된다.

- 속성의 차별적 연상의 예: 볼보 자동차의 안전성, 자일리톨껌의 충치예방, 시몬즈 침대의 흔들리지 않는 매트리스, 하이트 맥주의 깨끗한 물, 에너자이저의 오래가는 건전지 등.

(3) 품질/가격대에 대한 연상

브랜드가 품질/가격과 연계되는 것이다.

- 예: 제네시스(고품질/고가) vs 모닝(저품질/저가). 샤넬(고품질/고가) vs 유니클로(저품질/저가). 몽블랑(고품질/고가) vs 모나미153(저품질/저가). 쉑쉑버거 vs 맥도날드 vs 편의점 버거.

일반적으로 소비자들은 어떤 제품군을 보통 3~5 계층의 품질/가격대로 구분하려는 경향이 있는데, 이는 특정 품질/가격대의 구분을 통해 상표 대안을 쉽게 검색하고, 의사결정의 고민을 최소화하려 하기 때문이다.

- 중국에서 현대자동차는 초기에 택시 시장을 장악함으로써 거리에서 눈에 띄게 되었다. 그렇지만 택시로 사용되는 자동차라는 이미지로 인해 고급 자동차 이미지를 가지는데 조금 애를 먹었다고 한다.

2) 제품과 직접 관련이 없는 속성에 대한 연상

소비자는 특정 브랜드에 노출되었을 때, 제품과 직접 관련되지 않은 속성을 연상하기도 한다. 여기에는 브랜드 개성, 사용자/사용 용도, 기업 이미지 등이 있다.

(1) 브랜드 개성에 대한 연상

때로 기업은 자사 브랜드가 마치 생명력 있는 인격체처럼, 거기에 독특한 개성을 부여하기도 한다(참조: 본 장의 Ⅲ. 브랜드에 대한 몇 가지 개념). 이러한 브랜드 개성은 소비자가 브랜드를 통해 자아개념을 실현하려는 욕구가 강한 제품군일수록 중요하다.

- 예: Tomboy(자유분방한, 또는 기존 전통을 타파하는 개성), Marlboro(강인한 개성의 남성) 등.

(2) 사용자/사용 용도에 대한 연상

브랜드를 특정 사용자나 사용 용도와 강하게 연계시킴으로써 연상 작용을 유발할 수 있다.

- 예: 하이마트(혼수가전 용도), 그랜저 자동차(성공한 젊은층, [사진 13-3] 참조), 블랙야크(전문 산악인) 등. 한편 박카스는 사용자가 나이 많은 남성들이란 고루한 이미지의 불식을 위해 젊은 모델을 중심으로 한 광고캠페인을 수행한 바 있다.

2009년 광고: "요즘 어떻게 지내냐는 친구의 물음에 그랜저로 답했습니다."

사진 13-3 그랜저 광고

(3) 기업 이미지에 대한 연상

기업 이미지를 브랜드와 연계시킴으로써 이들간 연상을 일으키는 것이다. 기업 이미지 연상은 이미지 통일화 작업을 통해 형성되는데, 기업의 모든 제품에 기업 정체성에서 나오는 일관된 이미지를 제공하는 것이다.

- 예: 광동제약의 '장인 정신', 삼성그룹의 '일등정신', 애플의 '혁신성', Virgin 그룹의 '모험 및 즐거움의 정신' 등.

5. 브랜드 이미지의 세 가지 원형

전술한 바와 같이 브랜드 이미지란 고객이 인지하는 브랜드에 대한 제반 연상이다. 한편 이러한 브랜드 이미지에는 다양한 속성이 존재하는데 기능적, 상징적, 경험적 혜택의 이미지로 구분할 수 있다([그림 13-7] 참조). 이러한 접근 방식은 색깔은 다양해도 결국 빨간, 파란, 노란색의 삼원색으로 나뉘는 것과 유사하다.

- 어떤 브랜드를 보거나 듣게 되면 떠오르는 브랜드 이미지는 결국 기능, 상징, 경험에 대한 것이다. 물론 세 가지 모두가 떠오를 수 있지만, 어떤 하나가 비중 있게 떠오르는 경우도 적지 않다.

그림 13-7 | 브랜드 이미지의 세 가지 원형

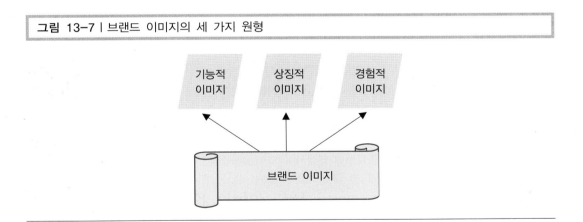

1) 기능적 브랜드 이미지(functional, rational brand image)

기능적 브랜드 이미지는 성능, 품질, 가격 등의 의미로서 브랜드를 해석하거나 연상한다. 기능성 제품은 내재된 성능 등을 통해 소비자 욕구를 충족시킴으로써 고객과의 관계를 형성한다. 즉 제품 성능 및 기능을 통해 당면한 소비자 문제를 해결해준다는 이미지이다.

- 기능적 혜택을 브랜드 이름에 반영한 예로는 팡이제로, 물먹는 하마, 제로콜라, 한스푼(세탁세제), 7-11 편의점, 에너자이저 등이 있다.

2) 상징적 브랜드 이미지(symbolic, emotional brand image)

상징적 브랜드 이미지는 브랜드에 어떤 상징성이 부여된 것이다. 제품 기능/성능의 차별화가 어렵거나, 품질 평가가 모호하거나, 또는 타인 시선을 의식하는 제품군에서 주로 사용된다. 시사하는 상징성에 브랜드의 초점을 둔 것이다.

제품 기술의 평준화로 인한 기능적 차별화가 어려워짐에 따라 상징적 브랜드 이미지의 중요성은 부각되고 있다. 또한 브랜드를 통해 사회적 인정을 받고 자긍심을 높이려는 욕구와 연관되는 이미지이다.

- 상징성이 강조된 브랜드 이름으로는 옹가네, 종가집 김치, 아인슈타인 우유 등이 있다. 또한 '파리바게뜨'는 프랑스의 제빵 기술, 화려하고 세련된 도시 이미지 등을 이용하여 제빵 원조인 파리의 빵을 소비한다는 세련된 이미지를 제공한다.

3) 경험적 브랜드 이미지(experiential brand image)

브랜드와의 상호 작용에서 소비자가 느끼는 경험에 초점을 맞춘다. 경험적 이미지는 소비자 경험 및 참여를 중요시 생각한다. 경험 이미지의 부여는 소비과정에서 긍정적 느낌을 갖게 하는 것과 연관된다([사진 13-4] 참조).

- '스타벅스'에서의 편안함, 아늑함을 체험한 소비자는 스타벅스 간판이 보이면 이러한 경험 이미지가 떠올려진다. '디즈니랜드'에서 어린 시절 행복했던 경험이 있던 소비자는 디즈니 용품을 보면 이러한 추억(이미지)이 떠올려진다.

- 어떤 레스토랑에서 연인과 다투었다면, 그 후 한참 동안 거기에 가기가 꺼려질 것이다. 음식이 맛있고 내부시설이 안락하고 종업원이 친절하더라도, 좋지 않은 경험이미지가 즉각적 떠올려질 것이기에 어떠한 것도 즐겁게 되지 않기 때문이다.

- 어떤 사람에 대한 이미지를 기능, 상징, 경험으로 구분하는 것은 다소 무리가 있지만, 주변의 아는 사람들을 다음과 같이 구분해볼 수도 있겠다. 기능적 친구(수학문제 풀이에 도움을 많이 주던 친구, 손재주가 좋아서 고장난 것을 잘 고쳐주던 친구), 상징적 친구(자기가 추구하는 신분, 개성, 취향과 잘 들어맞는 친구), 경험적 친구(따스한 마음으로 위로를 잘 해주던 친구, 어떤 힘든 경험을 함께 극복한 친구).

기차, 전철, 버스는 기능적 가치뿐 아니라 경험적 가치도 제공하고 있다.

<사진 13-4> 기차, 전철, 버스

Ⅲ 브랜드에 대한 몇 가지 개념

여기서는 브랜드 에퀴티와 밀접한 관계를 가지는 브랜드의 주요 개념(예: 브랜드 충성도, 브랜드 개성, 브랜드 커뮤니티 등)을 살펴보겠다.

1. 브랜드 충성도

브랜드 충성도(brand loyalty)란 고객이 특정 브랜드에 대해 가지는 애착의 정도를 의미한다. 어떤 특정 브랜드(또는 점포, 기업)를 일관되게 선호하는 정도가 높을수록 브랜드 충성도는 높다고 평가된다.

- 브랜드 충성도의 다양한 측정 방법: 기존 고객의 과거 반복 구매율(또는 구매금액), 기존 고객의 향후 반복 구매 의도, 기존 고객의 구매 추천 정도 등.

브랜드 충성도가 높은 고객을 많이 확보한 기업은 여러 장점을 누린다. 예를 들어, 특정 브랜드에 강하게 몰입한 소비자는 경쟁 브랜드의 공격적 마케팅 자극에도 쉽게 태도를 바꾸지 않는다. 또한 브랜드 충성도는 전환비용을 높게 하고 또한 경쟁자의 침투 공격을 막는 심리적 장벽을 구축해준다.

- 가게를 보고 있으면, 매일 많은 손님이 온다. 하지만 모든 사람이 다 내가 하는 가게를 마음에 들어하진 않는다. 그보다는 마음에 들어하는 사람은 오히려 소수다. 그런데 신기하게도 가령 열명 중에 한두 사람을 빼고 가게를 마음에 들어하지 않았다고 해도, 그 한두 사람이 당신이 하는 일을 정말 마음에 들어한다면, 그리고 "다시 한번 이 가게에 와야지" 하고 생각해준다면, 가게라는 건 그런대로 유지되기 마련이다. 열 명 중에 여덟아홉 명이 "뭐 나쁘진 않군" 하고 생각하는 것보다

는 대부분이 마음에 들어하지 않아도 열명 중에 한두 사람이 정말로 마음에 들어하는 편이 오히려 좋은 결과를 가져오는 경우도 있다. 나는 그런 것을 가게를 운영하는 동안 피부로 절실히 느꼈다. 정말 뼈를 깎듯이 그것을 느꼈다.

- 무라카미 하루키('이윽고 슬픈 외국어' 문학사상사, 2013년 번역)

브랜드 충성도가 중요하기에 브랜드 충성도를 높이기 위한 다양한 방법을 모색하고 있다.

- 멤버십 기반의 마일리지 카드는 브랜드 충성도를 높이는데 도움이 된다. 마일리지 방식은 항공업계에서 시작하였는데, 1981년 American Airlines는 'AAdvantage'라는 컴퓨터를 기반으로 세계 최초의 상용고객 우대제도(Frequent Flyer Program)를 선보였다. 비수기의 비어 있는 좌석을 단골고객에게 제공하는 것이 추가적 원가 부담이 없다는 점에서 착안하여 개발하였지만, 이 서비스로 인해 충성도 효과가 컸기에, 곧이어 다른 항공사에도 도입되었다. 이것 이외의 방법들로는 어떠한 것들이 있는가? 그리고 어떠한 성향의 사람들에게 이러한 방법은 효과적인가?

2. 브랜드 개성

브랜드 개성(brand personality)이란 인간적 특성(성품, 성격)을 브랜드에 투여한 것이다. 즉 특정 브랜드나 제품을 사람이라고 가정했을 때 그것이 가지는 인간적 특성을 의미한다.

브랜드 개성은 브랜드가 일관되게 추구하는 어떠한 가치, 성향 등이 오랜 시간 브랜드에 녹아 들여진 것이다(예: △△브랜드는 자유분방, 기존에 얽매이지 않음 등이 떠오르고, ○○브랜드는 엄격함, 보수성 등이 떠오른다면, 이는 브랜드 개성을 소비자들이 인지하고 있는 것이다).

브랜드 개성은 브랜드에 활력을 불어넣고, 브랜드 매력을 끌어올리고, 서비스를 향상시킨다는 유용성이 있다. 또한 고객과의 정서적 유대를 강화한다. 고객은 동일 상품범주내의 여러 브랜드 중에서 '자아와 일치하는 브랜드' 즉 자아동일시가 높은 브랜드를 선호한다. 이는 그러한 브랜드가 자신의 가치관, 성격, 라이프스타일을 대변해 주기 때문이다(참조: 제품 브랜드를 향한 자아확장(self-extension)).

- "물건을 소유하게 되면 그 물건에 애정을 쏟게 되고, 물건에 자신의 에너지를 투입하는 과정에서 그 소유물로 자신의 자아가 확장(self-extension)된다."

- Belk(미국의 사회학자)

- 소비자는 맥주의 맛과 같은 물리적 제품 속성에 근거하여 맥주 브랜드를 선택하는 것이 아니라, 맥주의 브랜드 이미지를 기반으로 맥주 브랜드를 선택하는 것으로 나타났다. 한편 맥주브랜드의 이미지는 소비자 자신의 이미지와도 연관이 깊은 것으로도 밝혀졌다. 소비자 개성과 브랜드 개성이 일치할수록 브랜드에 대한 호감도는 높아진다.

브랜드 개성은 소비자를 표현하고 투영하는데 활용되기에, 해당 브랜드를 통해 자아를 보완(예: 말보로를 피움으로써 남성성을 보완)하거나 강화(예: 원래 남성적인 사람이 말보로를 통해 자신의 남성성을 더욱 강화)하고 싶은 순간, 브랜드를 소유하려는 욕구가 강하게 나타난다.

브랜드 개성은 사용자에게도 전이되는 효과가 있고, 또한 사용자도 이러한 현상을 인정하기에 그 브랜드를 선호한다. 물론 역으로 사용자 집단의 강한 개성이 브랜드 개성으로 전이되기도 한다(예: 터프한 사람들이 특정 오토바이를 많이 타고 다닌다면 그 오토바이는 터프한 개성을 자연스럽게 가지게 된다).

브랜드 개성은 개인의 상징적, 자아표현적 기능을 수행한다. 따라서 해당 브랜드의 고객(user)과 비고객(non-user)의 성향을 구분 짓는 주요 잣대가 되기도 한다. 또한 브랜드 개성은 자아동일시, 관계만족도를 통해 브랜드 충성도와 연계되기도 한다. 참고로, 브랜드 개성은 진실성, 흥미, 세련됨, 능력, 활동성 등의 척도를 통해 측정된다.

- 브랜드 개성은 일류 브랜드만이 가질 수 있는 강력한 카리스마의 원천이 되며 특정 브랜드만의 색깔 즉 브랜드 정체성을 나타내기도 한다(예: 할리 데이비슨 오토바이, 포르쉐 자동차, 샤넬, 애플).

Ⅳ 브랜드 에쿼티의 구축

브랜드 에쿼티의 구축은 브랜드 요소를 선정하는 것으로부터 시작한다. 그리고 이렇게 선정된 브랜드 요소들에 대한 마케팅 활동을 계획하고 집행한다.

- 좋은 씨앗을 고르고(브랜드 요소의 선정), 이러한 씨앗을 잘 가꾸어(마케팅 활동의 전개, 2차적 연상의 지렛대) 하나의 멋진 화초를 키우는 것과 같다.

1. 브랜드 요소의 선정

1) 브랜드 요소의 유형

브랜드를 구성하는 요소(brand elements)란 브랜드로 규정될 수 있고 상표로 등록할 수 있는 수단들을 의미한다. 여기에는 브랜드 네임, 심벌 마크, 로고, 칼라, 슬로건, 징글, 캐릭터 등이 있다.

(1) 브랜드 네임(brand name)

- "이름이 무엇인가요? 우리가 장미를 다른 이름으로 부른다 해도 장미는 여전히 향기로울 텐데. 로미오 당신을 뭐라 부르든 당신의 완벽함은 변하지 않을 거예요. 이름을 버리세요, 로미오. 그리고 당신과 상관없는 그 이름 대신 제 전부를 가져가세요."

  — 셰익스피어의 '로미오와 줄리엣'

원수 집안의 아들과 사랑에 빠진 줄리엣은 이름이 도대체 왜 중요하냐고 하소연한다. 흔히 제품만 좋으면 브랜드가 뭐든 상관없다고 생각할 수도 있다. 그러나 현실에서 제품과 기업의 이름은 시장 성과에 적지 않은 영향을 미친다. 동일 제품이라도 거기에 붙여진 이름에 따라 소비자 인식에 영향을 미치기 때문이다.

- 새로운 도로명 주소는 아파트 가격을 바꿀 것인가? 2014년부터 도로명 주소가 전격 시행됐다. 대치동, 압구정동, 목동 등의 '동(洞)'이 사라지고, 대신에 길과 도로명이 그 역할을 대신하게 되었다. 그 결과 양재천을 사이에 두고 대치동, 개포동으로 나뉘던 지역이 삼성로란 이름으로 통일되었다. 그 전에는 양재천을 두고 바로 옆에 붙어 있는 아파트라도 대치동과 개포동의 이름에 따라 가격은 1억원 이상 차이가 났다. 그렇지만 대치동이란 이름 프리미엄이 사라진다면 대치동의 집값은 떨어지고, 개포동은 오를까? 한 전문가에 따르면 기존의 동별 프리미엄이 없어지고 일정 부분 평준화가 일어날 것으로 전망하고 있다. 이와 같이 이름은 실체의 가치인식에 적지 않은 영향을 미치고 있다.

  — 참조: 헤럴드경제, 2014년 1월 9일

- 아모레퍼시픽은 1988년 토종브랜드 '순(SOON)'을 들고 화장품 시장의 원조인 프랑스에 처음 진출했다가 현지 소비자들이 거들떠보지도 않는 굴욕을 당했다. 'made in Korea'의 이미지를 탈피하는 게 급선무라는 판단을 내리고 재도전에 나섰다. 그래서 현지 화장품 공장을 인수해 '리리코스(Lirikos)'라는 브랜드를 내놓았지만, 이 역시 또 실패했다. 이름이 좋지 않았기 때문이다. 브랜드를 작명(作名)하면서 외래어 K를 잘 쓰지 않는 프랑스어의 특징을 간과했던 것이다. "품질만 믿고 세부적인 부분을 고려하지 않은 것이 문제였다. 세상의 고객은 모두 다르다는 걸 그때 뼈저리게 느꼈다. 프랑스에서 철수할 때는 분해서 눈물이 날 정도였다."

  — 서경배 회장(한국경제신문, 2016년 10월 7일)

브랜드 네임의 선정은 브랜드 관리의 출발점이 된다. 새로 태어난 아이의 이름을 지을 때처럼 정성을 기울여야 한다. 이름은 부모가 자식에게 보내는 메시지와 같다. 아이가 살아갈 삶에 대한 기대와 염원이 담겨 있기 때문이다. 자동차 업계에선 신차 이름 하나를 정하는 데 최소 1년 이상, 5만달러 이상을 쏟아 붓는다고 한다. 차 이름이 전체 인상을 좌우하는 데다, 한 번 이름이 붙여지면 짧게는 4~5년에서 수십년간 불리기 때문이다.

소비자들이 브랜드 네임을 접한 다음의 정보처리 과정은 다음과 같다. "상표의 인식/주목 → 상표의 이해 → 상표의 저장 → 상표의 회상 등". 눈에 띄는 또는 귀를 사로잡는 상표명은 쉽게 인식되고 주목 받는다. 그리고 잘 이해된 상표는 저장(기억)도 잘되고 나중에 회상도 용이하다.

- 1985년 '스텔라'의 고급형 모델로 출시돼 지금까지도 꾸준히 팔리는 현대자동차의 '쏘나타'는 출시 석달 만에 이름을 바꿨다. 출시 당시의 이름은 '소나타'였는데, 초기에는 그리 좋은 시장평가를 받지 못하였다. 기존 스텔라와 그리 차별되지 않았음에도 가격만 비싸다는 인식이 강했다. 여기에 '소(牛)나 타는 차'라는 불명예스런 호칭까지도 가지게 되자, 이름을 '쏘나타'로 고치고, 이에 대한 여러 노력을 기울였기에 지금에 이르게 되었다.

(2) 상징(symbol)

특정 기업 또는 상표명을 표현하는 상징을 의미한다.

그림 13-7 | 브랜드 상징(애플, 나이키, 스타벅스)

---

(3) 로고(logo)

브랜드 모양 또는 브랜드명을 사람들이 쉽게 구별하고 또한 오래 기억하도록 하는 브랜드만의 독특한 글자체, 모양, 디자인 등을 의미한다.

그림 13-8 | 다양한 브랜드 로고체(IBM, 코카콜라, 스타벅스)

---

(4) 캐릭터(character)

현대오일의 '구도일', 듀라셀건전지의 '토끼', 미쉐린의 '비벤덤(Bibendum)' 등이 이에 해당한다.

(5) 슬로건(slogan)

브랜드의 정체성(identity)를 짧고 힘있는 문장으로 정리한 것이 슬로건이다. 이러한 문장 또는 구호는 광고 및 포장 등에 반복노출되기에 함축적이면서도 강렬해야 하고 동시에 지루한 느낌을 주어서는 안 된다.

- 예: '사람, 사랑'(삼성생명), '또 하나의 가족'(삼성전자), 'JUST DO IT'(Nike), 'Think different' (Apple) 등은 익히 잘 알려진 슬로건이며 이를 통해 브랜드 정체성을 가지게 된다.

(6) 징글(jingle)

광고의 언어적 메시지를 노래가사 또는 음률을 집어넣어 표현한 것이다. 즉 가락 있는 광고문구, CM송 등을 의미한다.

- 예: 생각대로-T, 만나면 좋은 친구 MBC 문화방송, intel inside.

2) 브랜드 요소의 선정 기준(brand element choice criteria)

브랜드 요소를 선정할 때는 다음 기준들을 충족시키는가 여부를 검토한다.

(1) 기억용이성(Memorable): 브랜드 요소가 얼마나 쉽게 기억(회상 및 재인)되는가?

이런 점에서 보면 짧고 간결하고 발음하기 좋은 상표명이 좋다(예: 가나초콜릿, 농심새우깡, 티코 등). KFC가 Kentucky Fried Chicken보다는 기억하기 쉽다.

(2) 유의미성(Meaningful): 브랜드 요소가 제품의 의미(제품범주, 제품 성분, 제품 사용자 등)를 전달하는가?

제품이 제공해주는 혜택을 실제적, 구체적으로 전달하는 것이 바람직하다. 이런 점에서 한스푼(세탁세제), 물먹는 하마, 팡이제로, 청정원, 살사라진, 촉촉한 초코칩쿠키, 시린메드, 화이트치약 등은 좋은 브랜드명이 된다. 서비스의 경우에도 서비스 혜택을 고객에게 쉽게 전달하는 브랜드명의 선정이 중요하다. 예를 들어, 세븐일레븐(원래 의미는 아침 7시부터 밤 11시까지 영업한다는 의미), 현대Zero카드 등.

- 뉴메릭 마케팅(Numeric Marketing)이란 숫자를 활용하는 마케팅 기법을 통칭한다. 숫자는 의사 전달이 신속하고 또한 제품 특징을 함축적으로 전달할 수 있기에 브랜드 인지도 및 이미지 제고에 활용된다. 동시에 소비자 호기심을 자극한다는 효과도 있다. 그래서 브랜드네임, 광고 카피, 제품 특성 소개 등에 숫자를 두드러지게 함으로써 이의 효과를 극대화하고 있다. 예: 1577-1577(대리운전), 1577-3082(도미노피자, '30분 빨리(82)'), '2% 부족할 때'(음료), 17차, 백세주, K7(기아자동차). 한편 동일한 숫자라도 문화에 따라 그 의미는 다르기에 국제 마케팅에서는 숫자 선택에 주의를 기울일 필요가 있다.

(3) 선호가능성(Likable): 시각적, 청각적으로 즐겁고 재미있는가?

언어 자체로 청각적 즐거움을 제공하는 예로는 룰루비데, 조리퐁 등을 들 수 있다.

(4) 전이가능성(Transferable): 다른 범주의 제품에도 사용할 수 있는가?

가그린은 치약, 껌 등에는 전이가능성이 있지만, 초콜릿, 과자 등에는 전이가능성이 약하다.

- 세계 시장으로의 전이가능성: 내수시장의 성공을 기반으로 해외진출하는 국내기업들이 점차 많아지고 있다. 초기부터 기업명, 브랜드명을 세계시장을 염두에 둔 장기적, 전략적 사고가 필요하다. 기아자동차를 상징하는 'K시리즈'중 하나인 K9을 출시한 기아차는 K9의 해외 수출용 이름을 또 다시 물색할 필요가 있었다. 이는 영미권에서 '케이나인'이라는 발음대로라면 '개(canine)'라는 뜻이 연상되기 때문이다. GM의 쉐보레 '노바(Nova)'라는 차는 스페인어로 '가지 않는다'는 뜻이기에 중남미 시장에서 문제가 있었다. 기타: 쿨피스 음료수(Cool Piss의 발음), 대영자전거(Die Young의 발음) 등.

(5) 적응성(Adaptable): 변화하는 환경에도 적응 또는 최신화하기 쉬운가?

휴대폰 번호가 010으로 통일되면서 기존의 '스피드 011'이란 좋은 슬로건(1등이란 좋은 의미)은 버릴 수밖에 없었다.

(6) 보호가능성(Protectable): 브랜드 요소가 법적으로 보호될 수 있는가?

브랜드 요소는 법적 보호를 받을 수 있어야 한다. 신제품 개발이 활발한 제과업계는 좋은 이름을 미리 선점하기 위한 노력을 많이 기울이고 있다. 남양유업의 '17차'는 유사 제품을 막기 위해 '1차'부터 '99차'까지 숫자가 들어간 차 이름의 상표를 먼저 등록했다([사진 13-5] [13-6] 참조).

성공한 브랜드일수록 이와 유사한 브랜드가 많다

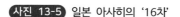

사진 13-5 일본 아사히의 '16차'   사진 13-6 유사 브랜드

2. 브랜드 레버리징(leveraging secondary associations)

브랜드 레버리징이란 특정 상표가 보유한 이미지와 연관되는 주변 자산들 중에서 지렛대(lever) 역할을 할만한 것을 찾아내서, 그 힘과 이미지를 이용함으로써 브랜드 자산을 강화하는 것이다. 즉 2차적 연상을 이용하여 해당 브랜드에 힘을 보태는 것이다.

이렇게 지렛대 역할을 할 수 있는 브랜드 주변의 단서들로는 원산지, 소매점포, 라이선스, 공동 브랜드, 이벤트, 후원, 보증 등이 있다. 즉 이미 좋은 이미지를 확고하게 가지고 있는 주변 요소들과의 결합을 통해 브랜드에 2차적 연상을 부가적으로 보태는 것이다.

그림 13-10 | 브랜드의 주변 단서들(즉, 브랜드와 연결시킬 수 있는 여러 원천들)

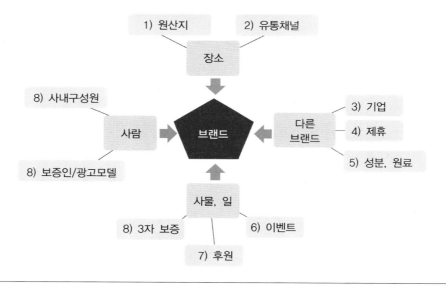

- 어디서 브랜드를 만드는가(원산지), 어느 유통망을 통해 그것이 팔리는가(소매점포), 제품에 어떤 성분이 들어가는가(성분, 원료), 브랜드는 어떤 이벤트를 하고 누구를 후원하는가(이벤트, 스폰서십), 누가 브랜드를 지지하고 보증하는가(보증) 등은 해당 브랜드의 에쿼티에 영향을 미치는 2차적 연상거리이다.

브랜드 관리자는 지렛대 역할을 하는 주변요소들을 적극적으로 찾아야 한다. 브랜드와 관련된 주변 단서들을 다각적으로 탐색하고 이를 활용하여 브랜드의 기억연상망을 양적/질적으로 늘리는 것이 필요하다.

1) 원산지(country of origin)

제품의 원산지를 극대화하는 브랜드 전략이 여기에 해당한다.

- 퍼실(Persil)은 '독일에서 왔어요~'라는 광고문구를 통해 독일이란 나라의 국가 이미지를 브랜드에 덧씌우려 하였다. 파리바게트는 프랑스가 원산지는 아니지만 빵이 맛있는 파리의 이미지를 가져온다. '제주 감귤' 주스, '제주 삼다수', '백산수' 등은 오염되지 않고 깨끗한 자연 이미지를 가져온다.

2) 소매점포(channel)

브랜드가 어떤 매장에서 팔리는가 또는 어떤 경로를 통해 소비자에게 전달되는가 하는 점을 브랜드 에쿼티의 긍정 요소로 활용하는 것이다.

- 고급 백화점의 명품식품관에서 독립 코너로 간장, 된장을 팔고 있는 장류 제조업자는 이러한 럭셔리 유통에서 판매된다는 점을 브랜드 에쿼티의 제고에 이용한다.

3) 기업(company)

파리바게트 광고(2013년)는 상미당 정신("1945년 상미당에서부터 걸었던 길, 아무도 가지 않은 길, 외로워도 옳은 길, 상미당 68년 외길 정신")이란 문구를 통해 기업이 가지고 있는 역사성, 전통성을 파리바게트 브랜드에 심어주고자 하였다.

- 영업사원이 대리점주에게 폭언을 퍼붓는 내용의 녹취 파일이 인터넷에 공개되면서 2013년 5월부터 N유업의 개별 제품 전반에 대한 소비자 불매운동이 있었다. 그러자 N유업은 자사의 프렌치카페 커피믹스 제품에 N유업 상표를 제품설명 스티커로 교묘하게 가린 적이 있었다.

4) 전략적 제휴(alliances) 또는 공동 브랜드

공동 브랜드를 통해 파트너의 좋은 이미지를 가져올 수 있다(예: 르노삼성, LG IBM, 삼성 테스코, 서울하인즈, 세종－시러큐스경영전문대학원(SSMBA) 등).

5) 성분(ingredients)

자사 제품의 표면에 부착된 스티커 또는 라벨에 유명회사의 성분(부품)이 포함되었음을 알림으로써 고객이 느끼는 제품 가치를 크게 만든다. 이를 통해 매출 향상, 높은 가격 책정 등을 노리기도 한다.

- '이천'의 햅쌀을 원료로 만든 △△유아식, '벤츠' 엔진을 사용한 쌍용 자동차, '고어텍스'가 들어간 코오롱 등산복, '인텔'칩을 사용한 △△컴퓨터 등이 이에 해당한다. 즉 자사 제품의 제조에 필요한 재료, 구성요소, 부품 등을 유명 회사의 것을 사용함으로써 브랜드 에쿼티를 높이는 것이다. 의류업체 빈폴은 옷의 부자재인 지퍼를 국내 시장에서 조달하지 않고 YKK(일본 최고의 지퍼 기업)로부터만 공급 받음으로써 이를 통한 좋은 이미지를 가져오고자 하였다.

6) 이벤트(event)

에스티로더는 핑크리본 캠페인(또는 이벤트)을 통해 여성을 많이 생각하는 기업이란 호의적 이미지를 가지려 하였다.

7) 후원(sponsorship)

TOMS는 한 켤레의 신발을 사면 다른 한 칼레의 신발을 신발 살 돈이 부족해 고생하는 사람들에게 기부하는 활동을 벌이고 있다. 월드컵 또는 올림픽의 공식 후원사는 이를 통해 글로벌 스포츠 대회의 고급스런 이미지를 브랜드에 투영하고자 한다.

8) 보증(endorsement)

보증을 통한 신뢰감 확보는 자사 제품의 인식 제고, 경쟁사에 대한 차별적 우위에 도움이 된다. 보증에는 여러 유형이 있는데, 브랜드 네임을 통한 보증, 구전(WOM: word of mouth), 인기도(popularity, market share), 유명인(celebrity)의 제품 소개, 최고경영진의 품질 보증, 인증마크(예: 코튼마크, 울마크 등), 3자 보증 등이 있다.

- 피겨 여왕 김연아(celebrity)를 광고모델로 하면 김연아가 지닌 좋은 이미지를 자사 브랜드에 이식하게 된다. 김연아가 나온 제품들(예: 우유, 신발, 커피 등)은 이러한 김연아 광고효과를 통해 실제 매출 향상을 거뒀다(동계올림픽이 개최된 해에 특히 많은 효과를 거뒀다).

- 오래 전의 일화이다. 거리의 악사가 트럼펫 연주를 하고 있었다. 마침 거기를 지나던 유명한 가수이자 트럼펫 연주자인 루이 암스트롱(Louis Armstrong)이 자신의 곡이 연주되는 것을 보게 되었다. 그냥 지나치기 그래서 암스트롱은 거리의 악사에게 몇 가지 연주에 대한 팁을 알려주고 떠났다. 그리고 몇 달이 지나 거리를 지나다 다시 악사를 발견하였다. 악사의 발밑에는 다음과 같은 표지판이 있었다: "루이 암스트롱의 제자".

유명인을 활용한 보증을 하려면, 해당 브랜드의 정체성, 제품 기능, 상징성 등을 종합적으로 고려한 다음, 이러한 브랜드 특성에 적합한 사람을 활용해야 한다.

한편 3자 보증(third-party endorsement)은 전문기관 및 전문가의 인증, 공신력 있는 기관의 시상 등이 해당한다([사진 13-5] 참조). 이는 보증마크, 수상경력 등이 해당 브랜드의 가치를 제고하는 효과가 있기 때문이다. 여러 상품 대안들 중에서 선택하는 구매상황에서, 3자 보증은 어떤 브랜드를 신뢰하고 구매하는데 있어 긍정적 역할을 한다(예: 와인품평회에서 금메달 수상한 와인).

사진 13-5 코리아 탑 브랜드 대상의 시상식(2014년)

브랜드 에쿼티를 초기에 잘 구축하더라도 이에 대한 지속적 관리가 부실하면 브랜드 가치는 점차 쇄락할 것이다. 브랜드에 소속된 제품들의 변화, 외부 시장의 변화를 반영하고 이에 대한 지속적 관리를 해나갈 때 브랜드 가치는 유지되고 향상될 수 있다.

Ⓥ 브랜드 에쿼티의 측정

P. Kotler는 "브랜드는 기업의 약속이고 고객의 마음에 구축된 자산이다"라고 하면서, 기업 외부의 시각에서 브랜드를 인식하고 관리할 필요가 있다고 언급하였다. 이를 위해서는 객관적으로 브랜드 에쿼티를 측정할 필요가 있다.

브랜드 에쿼티를 측정하는 방법은 기업 관점의 접근법, 소비자 관점의 접근법으로 간략하게 나눠볼 수 있다.

(1) 기업 관점의 접근법은 브랜드 에쿼티를 재무 정보를 토대로 추정한다. 즉 재무 자료를 통해 무형 자산인 브랜드 가치를 금액으로 환산하는 것이다. 여기에는 다양한 기법이 있지만 그 중 간단한 방법을 설명하면 다음과 같다. 기업 총가치는 기업 주식의 시가 총액으로 파악하고, 여기서 기업 유형자산의 총가치를 공제하면 기업 무형자산의 총가치가 산출된다. 그런데 기업 무형자산은 연구개발비, 특허권, 독점적 수익, 브랜드 등으로 구성되므로, 기업 무형자산의 총가치에서 브랜드와 무관한 부분의 가치를 공제하면 브랜드 자산의 가치를 구할 수 있다.

기업 관점의 접근법은 분석단위가 전체 기업이기에 개별브랜드, 또는 제품계열 수준의 브랜드 자산의 크기를 각기 측정하는 것은 아니다. 따라서 여기서 구한 총괄적 측정값을 제품관리자 또는 브랜드 관리자가 사용하기에는 한계가 있다.

(2) 소비자 관점의 접근법은 소비자 인식에 근거하여 브랜드 자산을 측정하는 방법이다. 이 방법은 개별 브랜드 단위에 대한 가치를 측정하기에 마케팅 관리적 차원에서 유용하다. 이러한 접근법에 해당하는 기법은 여러 가지가 있지만 각기 장단점이 있다.

- 한국능률협회 컨설팅은 David Aaker의 수용도 모델을 기초로 개발한 K-BPI(Korea Brand Power Index)를 국내에서 판매되는 브랜드를 대상으로 측정 및 진단하고 있다.

13장의 요약

여기서는 브랜드란 무엇이고 왜 중요한지에 대해 살펴보고, 그런 다음 브랜드 에쿼티에 대해 다루고 있다. 이어서 브랜드 에쿼티의 구축, 브랜드 가치의 측정에 대해서도 고찰하고 있다.

우선 브랜드(또는 상표)란 개인이나 조직이 자신의 제품(서비스)을 특징짓고 이들을 경쟁사 제품(서비스)으로부터 차별화시킬 의도로 만들어진 이름, 용어, 사인, 심벌로 정의된다. 이러한 브랜드는 소비자, 기업 측면에서 여러 기능(roles)을 수행한다.

브랜드 에쿼티(brand equity)는 브랜드 관리에서 중요한 개념이다. 이는 "브랜드가 없을 때보다 브랜드가 있음으로 인해 매출 및 이익의 증대를 가져오고 경쟁사보다 강력/지속/차별화된 우위를 부여해주는 브랜드 힘의 원천"이다. 브랜드 에쿼티의 구성 요소로는 브랜드 네임, 심벌 마크, 로고, 슬로건, 캐릭터, 징글, 칼라 등이 있다.

브랜드 에쿼티를 높이기 위해서는 소비자가 지닌 브랜드 지식이 어떤 방식으로 구조되는지를 알고 있는 것이 도움이 된다. 브랜드 에쿼티는 브랜드 인지도와 브랜드 이미지로 구성된다. 결국 브랜드 에쿼티는 높은 상표 인지도, 그리고 강력, 호의적, 독특한 브랜드 이미지로부터 나온다. 한편 본 장에서는 브랜드 에쿼티와 밀접한 관계를 가지는 브랜드의 주요 개념인 브랜드 충성도, 브랜드 개성 등에 대해서도 살펴보고 있다.

브랜드 에쿼티의 구축은 브랜드 요소(예: 브랜드 네임, 상징, 로고, 캐릭터, 슬로건, 징글 등)를 선정하는 것으로부터 시작한다. 그리고 이렇게 선정된 브랜드 요소들에 대한 마케팅 활동을 계획하고 집행한다. 여기에는 또한 브랜드 레버리징이 있는데, 이는 특정 상표가 보유한 이미지와 연관되는 주변 자산들 중에서 지렛대(lever) 역할을 할만한 것을 찾아내서, 그 힘과 이미지를 이용함으로써 브랜드 자산을 강화하는 것이다. 이렇게 지렛대 역할을 할 수 있는 브랜드 주변의 단서들로는 원산지, 소매점포, 라이선스, 공동 브랜드, 이벤트, 후원, 보증 등이 있다.

마지막으로 기업 외부의 시각에서 브랜드를 인식하고 관리할 필요가 있다. 이를 위해서는 객관적으로 브랜드 에쿼티를 측정할 필요가 있다. 브랜드 에쿼티를 측정하는 방법은 기업 입장에서의 접근법, 소비자 입장에서의 접근법으로 나눠볼 수 있다.

제**14**장 　브랜드 관리(2): 브랜드 전략

13장에서 브랜드의 개념, 브랜드 에쿼티의 구축 및 측정에 대해 살펴보았다. 14장에서는 브랜드의 제반 전략에 대해 살펴보겠다. 기업에는 보통 여러 제품이 있기에 이들에게 브랜드를 붙여야 한다. 이때 제품마다 개별 브랜드를 사용할지 아니면 공동 브랜드를 사용할지 (개별상표 vs 공동상표)를 결정해야 한다. 또한 브랜드의 소유자를 누구로 할 것인지(제조업체 상표 vs 유통업체 상표)에 대한 전략적 의사결정도 해야 한다.

Ⅰ 브랜딩 결정: 개별상표 vs 공동상표

시장에 도입하는 제품의 이름, 즉 브랜드를 어떻게 할 것인지의 결정(branding decisions)은 매우 중요하다. 물론 제품 자체의 실체적 역량도 중요하지만 이에 붙는 브랜드에 따라서도 시장성과는 달라진다.

제품마다 각기 별개의 이름, 즉 개별상표(individual brand)를 취할 것인지, 아니면 이름만 들어도 바로 어떤 기업의 브랜드임을 바로 알 수 있게끔 하나의 공동상표(family brand)를 취할 것인지는 중요한 브랜드 전략이다. 물론 현실에서는 이러한 양극단의 중간 위치에 존재하는 다양한 조합이 있다([그림 14-1] 참조).

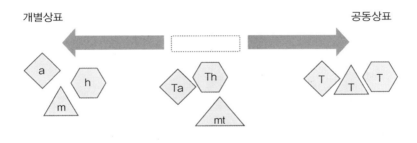

그림 14-1 | 개별상표 vs 중간영역 vs 공동상표

개별상표

공동상표

1. 공동상표 전략

공동상표 전략(Corporate umbrella or company brand name, Blanket family name)은 기업이 취급하는 품목 모두에 하나의 상표명을 붙여 판매하는 것을 의미한다. 마치 하나의 우산 (umbrella) 아래 기업의 모든 제품을 두는 것과 같다. 공동상표로는 보통 기업브랜드(corporate brand)를 많이 활용한다(예: Heinz, General Electric, SONY, 제록스, 풀무원 등).

- Panasonic은 소비자 가전, 주거, 자동차, B2B 등의 사업부를 가진 연매출 78조원 규모의 일본기 업이다. 기업에서 판매하는 모든 제품에는 Panasonic 브랜드를 사용하는 공동상표 전략을 취하고 있다.

- 기반이 되는 기존의 상표를 모상표(parent brand)라고 한다. 한편 이러한 모상표가 여러 제품들 에 걸쳐서 사용되는 경우, 이러한 모상표는 패밀리 브랜드(family brand)가 된다.

1) 공동상표의 의미

단일 브랜드에 이미 쌓아놓은 명성과 신뢰 덕분에 신제품을 내놓을 때마다 이에 맞는 이름을 찾거나 광고를 하지 않아도 된다는 유리한 점이 있다. 제약업, 식품업, 가전업 등에 서 이 전략은 효과적인 경우가 많은데, 그 이유는 제품수명주기가 짧고 기술발전 속도가 빠 르기에 신제품 도입을 끊임없이 해야 하기 때문이다.

- 식품업계 '패밀리 브랜드'로 승부, 히트상품의 인기를 업고 후속제품 속속: 해태제과는 최근 초코 쿠키인 '오예스 브라우니'를 출시, 좋은 반응을 얻고 있다. '오예스'의 인기를 기반으로 성인층을 겨냥해 출시했던 '오예스 모카'가 좋은 반응을 보이자 이번에는 젊은 여성층을 겨냥한 패밀리 제 품을 선보인 것이다. 한편 CJ는 지난 1996년 출시한 '햇반'의 후속 제품을 잇달아 내놓으며 매년 40~50%에 달하는 판매 신장률을 기록하고 있다. 흰쌀밥 '햇반'에 이어 흑미밥, 오곡밥, 발아현미

밥 등을 차례로 출시했고, 육개장밥, 미역국밥, 북어국밥, 짜장밥, 카레밥과 '햇반죽'으로 인기를 연결하고 있다. 식품업계가 패밀리형 제품에 주력하는 이유는 새로운 브랜드를 키우려면 막대한 마케팅 비용이 들지만, 이렇게 하면 기존 브랜드의 인기에 편승해 쉽게 시장에 진입할 수 있기 때문이다.

— 참조: 문화일보, 2004년 1월 18일

공동상표 전략은 품질, 기술, 위생 등에서 문제가 생길 위험이 적을수록 적절하다(위험 소지의 제거를 위해 하청 및 납품업체에 대한 기술지도 및 품질관리에 노력도 꾸준히 기울이고 있다).

2) 브랜드 확장(brand extension)

브랜드 확장이란 신제품을 시장에 출시할 때 이미 시장에서 강력한 이미지를 구축하고 있는 기존 브랜드명을 활용하는 것이다. 예를 들어, 기존 이름을 그대로 또는 소비자들이 유사 이름이란 것을 쉽게 인지하는 범위내의 변형(예: '네슬레' → 네스카페/네스퀵/네스프레소, '아이팟' → 아이폰/아이패드/아이맥, '맥도날드' → 맥카페/맥모닝)을 꾀하는 것이다.

앞 장에서 다룬 브랜드 레버리지가 주변 요소를 지렛대 삼아 브랜드 자산을 강화하는 것이라면, 브랜드 확장은 (시장에서 이미 확고히 자리 잡고 있는~) 자사 브랜드의 자산을 지렛대 삼아 신제품에 힘을 부여하는 것이다.

경쟁이 심하고 하루가 다르게 새로운 것이 쏟아져 나오는 오늘날 시장에서 소비자에게 전혀 생소한 브랜드를 인지시키고, 더 나아가 제품 특징 및 장점을 각인시켜 구매하게 유도하기까지는 상당한 시간과 비용이 든다. 신인 가수, 배우들이 대중에게 알려지기까지 얼마나 많은 시간과 노력이 소요되는지를 보면 알 수 있다. 그러나 기존 브랜드의 인지도를 기반으로 브랜드 확장을 하면 신제품 출시에 필요한 마케팅 비용을 절감하면서도 빠른 시장진입을 꾀할 수 있다.

- 신인 아이돌 그룹의 이름을 새롭게 붙여 진출하기 보다 기존의 유명세 있는 그룹에 몇 명을 새롭게 교체하거나 또는 전부 교체해서 진출하는 것이 초기 정착에 훨씬 유리할 것이다(예: 베이비복스 → 베이비복스 리브(Baby V.O.X Re.v)).

브랜드 확장의 장점을 정리하면 다음과 같다.
① 신제품 출시 비용의 절약: 기존 브랜드명을 사용하기에 브랜드의 개발 비용, 광고비 등을 절약할 수 있다.

② 기존 브랜드의 이미지 강화: 브랜드 확장을 통한 후속 제품의 성공은 확장 기반이 된 기존 브랜드의 이미지를 역으로 강화시키기도 한다. 즉 기존 브랜드에 새로운 활력을 불어넣기도 한다. 이와 같이 신제품에 대한 확장효과(extension effect)뿐 아니라 기존 브랜드에 대한 환류효과(feedback effect)를 기대할 수 있다.

③ 로열티 수입의 확보: 썬키스트는 사탕, 청량음료, 비타민, 과일 스낵, 아이스크림 등에 브랜드 사용권을 주고 그 대가로 로열티 수입을 받는다.

브랜드 확장의 유형은 동일 제품범주 내의 확장을 의미하는 라인 확장(line extension)과 다른 제품범주로 확장하는 범주 확장(category extension)으로 구분된다.

- '신라면'으로부터 신라면 블랙, 신라면 컵은 라인 확장에 해당한다. 반면에 '자일리톨 껌'으로부터 자일리톨 치약, 자일리톨 사탕, 자일리톨 비누 등은 범주 확장에 해당한다.

(1) 동일 제품범주 내의 라인 확장(line extension)

라인 확장은 다시 수평적 확장과 수직적 확장으로 나눌 수 있다.

① 수직적 확장: 기존 제품의 품질 – 가격 영역을 벗어난 확장을 의미한다. 즉 고품질 – 고가격, 또는 저품질 – 저가격으로 확장하는 것이다(예: 이디야 → 이디야 커피랩. 이마트 → 이마트 에브리데이).

② 수평적 확장: 기존 제품과 유사한 품질, 가격대 영역 안에서 다소 상이한 제품으로 확장하는 것이다(예: 한스푼 가루세제 → 한스푼 종이시트형 세제. 농심 육개장 컵라면 → 농심 너구리 컵라면 등).

(2) 다른 제품범주로의 범주 확장(category extension)

범주 확장은 관련 개념의 확장과 비관련 개념의 확장으로 나눌 수 있다.

① 관련 개념의 확장은 유사한 제품개념의 울타리 안에서 제품범주를 확장하는 것이다([사진 14-1] 참조)(예: 스타벅스 커피 → 스타벅스 아이스크림, 스타벅스 쿠키. 하림 닭고기 → 하림 오리고기).

② 비관련 개념의 확장은 기존 제품과는 기능적 연관성도 적고, 개념적으로도 관련성이 희박한 영역으로 확장하는 것이다([사진 14-2] 참조)(예: 아모레 화장품 → 아모레 벌레 살충제. 샘표 간장 → 샘표 캔커피 '타임커피').

TOY "R" US로부터 유아용품
BABIES "R" US로의 확장

페라리 자동차로부터 페라리 향수

사진 14-1 범주 확장(관련 개념의 확장)   **사진 14-2** 범주 확장(비관련개념의 확장)

- 범주 확장: 이태리에는 돌체 앤 가바나(Dolce & Gabbana) 레스토랑이 있는데, 여기서는 도메니코 돌체와 스테파노 가바나가 평소 즐겨 먹는 메뉴들로 구성되어 있다. 물론 브랜드의 원래 제품처럼 당연히 음식들도 비싸다. 하지만 사람들로 늘 넘쳐나는 건 그 자체가 대중들로부터 사랑 받는 하나의 브랜드이기 때문이다.

3) 브랜드 확장의 함정(line-extension trap)

브랜드 확장의 함정이란 후속 신제품이 소비자들 기대에 못 미치면 원래 제품에도 악영향을 준다는 위험, 또는 동일, 유사 상표를 너무 많이 쓰면 상표가 소비자들 마음속에 차지하는 특별한 위치를 잃는 위험을 뜻한다.

- 초기에 비교적 선명하게 정립되었던 포지셔닝도 기업 규모가 확장되고 다양한 제품구색으로 확장됨에 따라 원래의 포지셔닝이 희석되거나 애매모호해지는 경우가 있다. 이 경우, 원래 포지셔닝을 고집하여 원래 방향으로 회귀하는 것이 과연 좋은 전략인가에 대해서는 고민할 여지가 있다. 때로는 기존의 명확하지만 제한된 위치를 버리고, 보다 큰 카테고리의 포지셔닝으로 변경하는 것도 바람직하다. 예를 들어, 여성캐주얼 시장에서의 '△△브랜드'는 초기에는 품목/가격대/디자인의 폭이 크지 않았기에 일관된 브랜드 포지셔닝을 유지하였다. 그러나 시간이 흘러, 규모가 커지고 취급 상품이 다양해지면서 제품 라인이 길어지게 됨에 따라, 초기의 제한된 브랜드 포지셔닝을 더 이상 추구하기 어렵게 되었다. 그래서 아예 '△△브랜드'를 기업 또는 유통 브랜드와 같은 큰 범주의 포지셔닝으로 방향을 바꾸었다.

브랜드 확장은 여러 유용성이 있지만, 적절하지 못한 상황에서의 확장은 좋지 못한 결과를 초래하기도 한다(가상적인 예: 허쉬 초콜릿 → 허쉬 샴푸/치약/구두약, 타이레놀 진통제 → 타이레놀 아이스크림/커피/햄버거).

- 연구 결과, 기존 브랜드에 대한 지각된 품질이 높을수록, 모제품과 확장제품의 유사성이 크게 인식될수록, 브랜드 개념이 서로 일치될수록 브랜드 확장은 용이하고 확장 제품에 대한 평가 역시 호의적이라고 한다.

- 디즈니 영화사는 설립자 월트 디즈니의 취지로 인하여 성인영화는 만들지 못하였다. 회사의 규칙 상 아동용 영화(모든 연령대 관람가)만을 만들 수 있었다. 그러나 디즈니 영화사는 1980년대 뚜 렷한 히트작을 내놓지 못해 경영난에 직면하게 되었다. 결국 "디즈니도 성인영화에 손대지 않고 는 경영난을 탈출할 수 없다"는 결론에 다다랐다. 그러나 월트디즈니의 뜻을 위반한다는 것 또한 쉽지 않았는데, 이는 디즈니의 이름을 걸고 성인영화를 만든다는 건 용납할 수 없기 때문이다. 결 국 디즈니는 편법을 동원하여 디즈니의 계열사로 터치스톤 영화사를 설립하여 성인영화에 손댈 수 있는 길을 열었다. 터치스톤 영화사는 칵테일(Cocktail/1988), 귀여운 여인(Pretty Woman/ 1990), 딕 트레이시(Dick Tracy/1990), 스타쉽 트루퍼스(Starship Troopers/2000) 같은 성인영 화를 히트시키며 디즈니 영화사의 경영난을 타계하는데 결정적 공헌을 하였다.

- 코카콜라 회사에서 건강에 좋은 천연 과즙 음료를 새롭게 내놓는다고 하면, 어떠한 형태의 브랜 드가 적절할 것인가? '코카콜라 오렌지 주스', '코카콜라 신선 과즙', 아니면 다른 어떤 이름?

2. 개별상표 전략

개별상표 전략(Individual or separate family brand names)이란 상품의 품목 하나하나에 서 로 다른 브랜드를 붙이는 전략이다. 소비자들은 이들 제품이 동일 기업에서 나온 것이라는 것을 인식하지 못할 수 있다.

- Procter & Gamble사(이하 P&G)는 전세계 약 180개국에서 총 300종 이상의 브랜드 제품을 판 매하고 있다. 미용 및 남성제품(Beauty & Grooming)으로는 팬틴(Pantene), 헤드&숄더 (Head&Shoulders), 에스케이투(SK-II), 올레이(Olay), 질레트(Gillette), 브라운(Braun) 전기 면 도기 등이 있고, 가정용품(Household Care)으로는 페브리즈(Febreze), 다우니(Downy), 오랄- 비(Oral-B), 위스퍼(Whisper), 조이(Joy) 주방세제, 듀라셀(Duracell), 아이보리(Ivory) 등이 있다.

상이한 몇 개의 패밀리 브랜드(family brand)를 사용하는 경우도 이러한 전략에 해당된 다. 패밀리 브랜드는 여러 제품(또는 제품범주)에 걸쳐 사용되는 공용브랜드이다. 기업브랜드 는 하나일 수밖에 없지만 패밀리 브랜드는 공유 정도의 범주에 따라 여러 개를 생성할 수 있다. 예를 들어, Sears는 가전제품에는 Kenmore, 공구에는 Craftsman라는 개별 패밀리 브 랜드를 사용한다. 또한 롯데칠성음료는 주스는 델몬트, 커피는 레쓰비, 생수는 아이시스라는 패밀리 브랜드를 사용한다.

- 테팔사는 다양한 브랜드로 다양한 소비자의 욕구를 충족한다. 눌지 않는 프라이팬으로 잘 알려진 테팔(TEFAL), 소형가전의 명품으로 불리는 물리넥스(MOULINEX), 커피메이커 전문브랜드인 크 룹스(KRUPS), 진공청소기의 로벤타(ROWENTA) 등이 한 그룹에 속해있다는 사실은 잘 알려져 있지 않은데, 이는 철저한 개별 브랜드 위주의 마케팅 때문이다. 각 브랜드마다 경쟁력이 뛰어나

기에 그룹의 우산 밑으로 들어오기 보다는 각자 위치를 확고히 하는 것이 경쟁에서 유리하기에 이러한 방법을 채택한다. 테팔과 물리넥스가 똑같이 다리미, 무선주전자 등을 만들지만, 소비자층은 다르다. 테팔이 기능을 중시하는 30~40대 소비자가 주라면, 물리넥스는 젊고 현대적인 디자인을 중시하는 실용적 소비자를 만족시키는 브랜드이다. 또한 각국마다 익숙하고 선호하는 브랜드가 있기 때문에 광고도 브랜드 별로만 한다.

— 참조: 조선일보, 2003년 5월 6일

개별상표의 장점과 단점을 설명하면 다음과 같다(참고로 공동상표의 장단점은 개별상표 장단점의 반대이다).

1) 개별상표의 장점

(1) 기업의 운명이 한두 개 제품에 의해 좌우되지 않는다. 즉 어떤 제품의 실패는 그 상표만의 실패로 끝나지 다른 제품으로까지 파급되지 않는다(참조: 잠수함의 격막 원리).

- 1982년 타이레놀의 독극물 사건 때 타이레놀의 매출은 급감하였지만 타이레놀의 제조회사인 Johnson & Johnson의 다른 브랜드(예: Band-Aid, Listerine, ACUVE 등)의 매출에 미치는 영향력은 미미하였다.

(2) 제품마다 각기 제품의 성격에 알맞은 상표 선택이 가능하다(예: 현대자동차의 아반떼, 쏘나타, 그랜저, 제네시스). 이에 비해 공동상표는 각 제품의 포지셔닝에 적합한 자신만의 이름을 선택할 여지가 없다는 단점이 있다.

한편 개별상표에서 한 발 더 나아간 것으로 다상표 전략(multibrand strategy)이 있다. 이것은 같은 품목 안에도 두 개 이상의 상표를 개발하여 판매하는 전략이다. 예를 들어, 치약, 비누, 샴푸, 세탁세제 등은 같은 품목에도 여러 상표를 가지고 있다(예: LG생활건강은 다수의 헤어케어 브랜드가 있다. 엘라스틴, 닥터그루트, 리엔, 오가니스트, 실크테라피, Artic Fox 등).

다상표 전략은 여러 장점이 있다.
① 각 상표가 서로 다른 세분시장을 겨냥함으로써 시장 전체의 점유율을 확장할 수 있다.
② 매장의 진열 면적을 넓게 확보할 수 있다(경쟁사의 면적을 줄인다, 소비자 눈에 잘 띈다).
③ 소매상의 제조회사 의존도를 높인다.
④ 다양성을 추구하는 상표 전환자(brand switchers)를 붙잡을 수 있다.

그러나 동일 기업 상표간 자기잠식(cannibalization)이 발생할 수 있다. 그리고 시장을 너무 세분화하면 각 상표에 해당하는 시장규모가 작아지기에 충분한 수익을 거두기 어려울 수도 있다.

2) 개별상표의 단점

각 상표마다 따로 마케팅 노력을 기울여야 하기에 비용, 인력, 시간 등이 많이 든다는 점이 대표적이다.

- 자동차 회사의 브랜드 전략은 어떻게 다른가? 현대자동차, 기아자동차, 르노코리아, 한국지엠, 토요타자동차, 폭스바겐, BMW 등. 각 회사들은 왜 이러한 브랜드 전략을 고수하는가?

3. 공동상표와 개별상표의 결합전략: 하위상표 전략(Sub-brand name)

하위상표(Sub-brand)는 기존상표와 신상표를 결합하는 방법이다(Corporate name combined with individual product names). 즉 신상표는 기존상표의 하위개념으로 붙게 된다. 예를 들어, 농심 라면, 농심 호텔, 농심 새우깡은 '농심'에 신상표를 결합한 것이다. 현대 M카드, 현대 블랙카드, 현대 레드카드 등도 '현대카드'에 새로운 속성을 부가한 것이다.

결합전략은 공동상표와 개별상표의 장점을 고루 취할 수 있다. 즉 공동상표(기업명)은 신제품에 기존의 좋은 이미지를 부여한다. 한편 개별상표명은 신제품의 고유 개성을 부각시킨다.

설명의 편의상, 공동상표 전략, 개별상표 전략, 그리고 결합전략으로 구분하고 있지만, 실제 시장에서의 브랜드는 매우 다양한 형태가 존재한다. 때로는 흑백으로 이를 명확히 구분하기 어려운 경우도 많다. 또한 전혀 새로운 방식의 결합 형태도 등장한다. 따라서 경직되지 않은 자세와 창의적 마음으로 브랜드를 바라보는 자세가 필요하다.

- 브랜드에서 사용되는 다양한 용어를 정리하면 다음과 같다. '브랜드 확장'은 신제품에 기존 브랜드를 계속해서 사용하는 것이다. '모브랜드'는 기존의 브랜드를 의미하고, 서브 브랜드는 기존 브랜드에 부수적으로 따라 붙는 새로운 브랜드이다(하이트 맥주로부터 나온 하이트 '프라임' 맥주). '패밀리 브랜드'는 하나의 모브랜드가 다수의 여러 제품들에 걸쳐 공동으로 사용될 때 이를 일컫는 것이다(예: iPhone, Gillette, Galaxy 등). '라인 확장'은 제품범주내에의 속하는 신제품에 기존 모브랜드를 계속 사용하는 것이고, '카테고리 확장'은 모브랜드가 다른 제품범주에 속하는 신규제품 라인에도 사용하는 것이다. '브랜드 라인'은 특정 브랜드명을 가지고 판매되는 모든 제품들을 의미하고(예: iPhone3, iPhone7), '브랜드 믹스'는 기업의 모든 브랜드 라인의 결합체를 의미하는 것으로 기업이 시장에 제공하는 모든 브랜드들을 의미한다(예: Macintosh, MacBook Air, 애플워

치, iPhone, iMac, iPod, iPad). 그리고 '브랜드 변종'은 특정 브랜드 라인이 특정 소매업자나 유통 채널에 공급할 때 이를 구분하여 붙이는 것을 의미한다.

Ⅱ 브랜드의 소유: 제조업체 상표 vs 유통업체 상표

상표를 누가 소유하는가에 따라 제조업체 상표(NB, national brand, 예: 삼성전자, SONY, 풀무원, 크리넥스, 코카콜라 등과 같이 제조업체 또는 생산자의 고유상표)와 유통업체 상표(PB, private brand, 예: 이마트의 E Plus와 같이 유통업자가 독자적으로 개발한 자체상표)로 나눌 수 있다.

1. 유통업체 상표의 증대

예전에는 제조업체에 비해 유통업체는 영세하고 힘이 약했기에 자체 상표를 가지는 경우가 드물었다. 그러나 점차 유통업체의 근대화, 대형화에 따라 힘이 커지면서 자체 상표를 갖는 경우가 많아졌다([사진 14-3] 참조).

- 국내 대형마트의 PB상품은 다음과 같다. 이마트의 '노브랜드'와 가정간편식 '피코크', 화장품 브랜드 '스톤브릭', 롯데마트의 '온리프라이스'와 '요리하다', 홈플러스의 '심플러스'와 '올어바웃푸드'. 한편 편의점과 홈쇼핑 역시 건강식품을 비롯해 속옷, 리빙, 가전제품까지 PB영역을 확대하고 있다. 또한 쿠팡, 티몬, 11번가 등 이커머스 업체들도 PB를 확대하는 추세다(예: 쿠팡은 휴지와 생수 등 생필품과 반려동물 용품을 중심으로 한 PB제품 '탐사'를 출시).

사진 14-3 이마트에서의 제조업체 상표, 유통업체 상표(2015년 8월 분당 정자점)

유통업체가 자체상표를 가지는 이유는 이를 통해 더 많은 이익을 취할 수 있기 때문이다. 구체적으로 제조업체로부터 저렴한 가격으로 제품 공급 받을 수 있고, 제품에 대한 가격결정권을 가지고, 유통업체 상표를 통해 점포 충성도(store loyalty)를 확보할 수 있다(예: E Plus제품을 선호하는 소비자는 E Mart 이외에선 제품을 구매할 수 없기에 E Mart의 고정고객이 된다). 또한 소비자는 원하는 제품 사양인데, 현재 제조업체는 제공하지 않는 빈틈(예: 품질, 가격, 성능, 크기 등)을 유통업체 상표의 제품을 통해 메울 수 있다. 한편 유통업체 상표의 촉진비는 제조업체 상표에 비하면 매우 적은 편이다.

유통업체는 시장 최전방에서 소비자 접점에 위치하기에 소비자 정보 획득이 용이하고, 상품진열에 대한 통제권을 가지기에 구매에 보다 직접적 영향을 미칠 수 있다. 따라서 향후 유통업체의 영향력은 더욱 증대할 것으로 예상된다.

2. 유통업체 상표(PB 상품)의 유형

우리나라의 대형마트 3사(홈플러스, 이마트, 롯데마트) 매출에서 PB상품이 차지하는 비율은 해마다 증가하고 있다. 상품 역시 초기의 생필품, 식품, 잡화를 넘어서 이제는 의류, 화장품, 백색가전으로까지 확대되고 있다. 또한 환경친화, 중소기업 동반성장 상품 등 사회적 이슈를 사업에 활용하는 마케팅 기법인 코즈 마케팅의 성격을 가진 상품도 등장하고 있다.

PB상품은 상표 유형에 의해 제네릭 브랜드(generic brand), 스토어 브랜드(store brand), 프리미엄 브랜드(premium brand)로 나눠볼 수 있다.

(1) 제네릭 브랜드란 상품 설명, 제조년월일, 기본 성분 등의 최소 표시만 되어있는 무(無) 상표 브랜드이다. 이는 제품을 가능한 저렴하게 제공하기 위해 제조 공정부터 포장까지의 전반적 비용을 낮추는 것을 목적으로 한다. 그러나 물론 제품품질의 최저 기준을 세우고 동시에 신뢰성을 높이는 방향으로 상품 기획을 한다.

(2) 스토어 브랜드란 NB상품과 동등한 품질의 PB상품을 개발하고 (중간 유통마진이 없기에~) 저렴하게 판매하는 브랜드이다. 유통업체가 기획한 것을 제조업체가 생산 납품하는 PB상품뿐 아니라 제조업체가 독자기획한 상품에 PB를 붙여 판매하는 경우도 있다. 일반적으로 스토어 브랜드의 품질은 제네릭 브랜드보다는 한 단계 높은 수준이다.

(3) 프리미엄 브랜드는 가격경쟁력을 갖추면서도 동시에 포장과 품질이 제조업체 브랜드를 상회하는 다소 격조 높은 PB상품이다.

Ⅲ 브랜드 관리의 기타 내용

현대 마케팅에서 브랜드는 중요하기에 브랜드 관리에 대한 여러 영역이 발전되어 왔다. 대표적인 몇 가지를 설명하겠다.

1. 브랜드 강화

브랜드는 건축물과 같다. 그냥 놔두면 시간이 흐름에 따라 낡고 퇴색된다. 그리고 구조물 역시 점차 약해진다. 이를 방지하기 위해선 끊임 없이 강화하는 노력이 필요하다. 브랜드 강화(brand reinforcement)란 브랜드의 힘을 지속적으로 굳건히 다지고 외연을 두툼하게 확장하는 활동을 의미한다([그림 14-2] 참조). 이를 위해 브랜드 가치를 지속적으로 소비자에게 의사소통 하여야 한다. 또한 이러한 의사소통의 바탕이 되는 실체적 마케팅 프로그램을 실천해 나가야 한다. 지속적이면서도 일관성 있는 노력, 그리고 혁신을 가미하는 노력이 기울여질 때 브랜드는 강화될 것이다.

그림 14-2 | 브랜드 강화(점선)

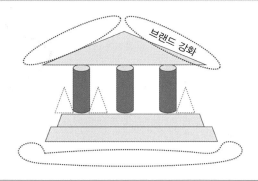

2. 브랜드 재활성화

소비자 기호의 변화, 새로운 경쟁제품의 등장, 기술 혁신 등에 의해 한때 시장에서 사랑받던 브랜드는 침체되거나 또는 사라지는 경우가 종종 있다. 브랜드 재활성화(brand revitalization)란 이렇게 활력을 잃어가는 브랜드에 새로운 활기를 불어넣음으로써 시장 주도권을 다시 잡으려는 활동이다([그림 14-3] 참조). 브랜드를 재활성화 하기 위해서는 그러한 실마리를 어디서부터 풀 것인가에 대해 고민해야 한다. 물론 이것은 그동안 브랜드가 정체된 이유를 분석함으로써 규명되기도 한다.

그림 14-3 | 브랜드 재활성화

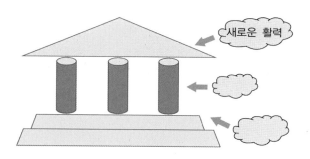

브랜드 재활성화의 방향은 크게 양방향이 있는데, 하나는 원래의 기본으로 돌아가는 것(back to basic)이고 다른 방향은 그 전과는 다른 방향으로 재탄생하는 것(reinvention)이다.

활력을 되찾게 하는 힘의 원천을 찾고, 방향성을 정하였다면, 이를 실현하여야 한다. 실천방안으로는 전통적 방식의 고수, 재위치화(repositioning), 포장 혁신, 제조공정의 혁신과 신뢰성 회복, 광고 소구의 변화, 기존의 방만한 브랜드의 가지치기 등의 다양한 방식이 있다.

3. 브랜드 폐기

브랜드 폐기(brand deletion)란 기존에 사용하던 브랜드를 없애는 것이다. 버리는 것이 이득인 브랜드, 더 이상 실익이 없는 브랜드 등을 판별하는 것은 때로는 새로운 브랜드를 개발하는 것보다 더 중요할 때가 많다. 제때 과감하게 버리는 것이 중요하다. 이러한 선택을 잘 해야만 기업의 제약된 자원을 보다 의미 있는 곳에 집중할 수 있다.

- 칭기즈칸 후계자 오고타이가 '아버지가 이룩한 대제국을 개혁할 수 있는 좋은 방법이 있느냐?'고 묻자, 몽골 제국의 명재상이었던 야율초재는 다음과 같이 말했다. "한 가지 이로운 일을 시작하는 것은 한 가지 해로운 일을 없애는 것만 못하고 한 가지 일을 만들어 내는 것은 한 가지 일을 줄이는 것만 못하다(興一利 不若除一害, 生一事 不若滅一事)."

- 몸이 가벼워야 잘 움직일 수 있는 것과 마찬가지이다. 기업이 관리하는 브랜드들을 옷에 비유하

자면 기업은 시간이 흐르면서 여러 개의 옷을 껴입게 된다. 그 중엔 반드시 필요한 옷도 있는 반면, 필요 없는데도 습관적으로 지닌 옷도 있다. 필요 없는 옷을 과감히 없애는 노력이 필요하다.

● Speed 011, 하우젠, 메가패스, 에쿠우스(현대자동차) 등은 더 이상 시장에서 찾기 어려운 브랜드들이다. "언제 버릴 것인가, 버린 다음의 관리는 어떻게 할 것인가" 등을 고심하여야 한다. 때로는 자신이 버린 것을 타기업이 가져가서 그간에 쌓아둔 좋은 이미지를 사용하는 경우가 있다. 또한 타기업이 미흡하게 운영하면 원래의 소유주였던 자사 이미지가 악화되는 경우도 있다.

결론적으로 볼 때, 브랜드는 초기에는 어떤 제품의 이름일 뿐이다. 그렇지만 신뢰를 얻고, 품질을 인정 받으면, 그리고 여기에 역사와 전통이 쌓인다면 언젠가 브랜드는 이름 자체만으로도 사랑받고 선택되고 소비된다(예: 오늘날의 명품브랜드, 즉 롤렉스, 애플, Chanel, Lois Vuitton, Band & Olufsen 등). 따라서 브랜드 명성을 오랜 기간 유지하고 발전시키는 것은 매우 중요한 과업이다.

● "제품이나 브랜드가 아예 하나의 문화적인 코드가 되는 경우도 있죠. 애플이 가장 대표적인 경우입니다. 애플은 세계 젊은이들이 온 마음을 바쳐 사랑하는 기업이에요. 광(狂)팬들도 많죠. 스티브 잡스는 매년 정기적으로 획기적인 신제품을 손에 쥐고 대중 앞에 나타납니다. 젊은이들이 주로 모이는 클럽 같은 곳에 귀에 MP3를 꽂고 흔들거리며 나타나기도 하죠. 그는 마치 '애플교'의 교주와 같은 사람입니다. 진정한 애플 러버(lover)는 아이팟, 아이폰, 맥 등의 제품과 더불어 스티브 잡스의 이미지도 사랑합니다. 하지만 이 '사랑'도 진짜 혁신(innovation)이 뒷받침되지 않으면 힘을 못 쓰겠죠."

― 필립 코틀러 교수와의 인터뷰(조선일보, 2007년 8월 11일)

우리나라 기업은 미국, 유럽, 일본에 비해 브랜드를 성실하게 키우는 노력이 미흡하였다. 브랜드를 장기적으로 가꿔가려면 기술과 마케팅 역량을 바탕으로 꾸준한 실천이 뒤따라야 한다. 결코 하루 아침에 이루어질 수 있는 것은 아니다. 단기적 시각으로 필요할 때마다 외부로부터 기술, 핵심부품을 수입하고, 잘 알려진 외국의 브랜드 라이선스를 따내 수익을 올리려고만 하는 기업은 결코 시장을 선도하지도 또 존경 받을 수도 없다.

● 한국산 명품 브랜드 가능한가? 한 백화점 관계자는 "국내 브랜드는 많지만 이 중 안정적인 자금력을 확보한 회사는 손에 꼽을 정도"라고 지적했다. 이익에 급급하다 보니 브랜드의 정체성을 지키기보다 그때마다 뜨는 디자인을 따라가게 되고, 결국 브랜드 정체성까지 흐려진다는 설명이다. 대기업 계열의 의류 브랜드 역시 단기 실적에 집착해 세일행사를 자주 하게 돼 고급 브랜드 이미지를 쌓지 못하고 있다. 전문가들은 '전략이 필요하다'고 하며 명품 브랜드를 탄생시키기 위해선 장기적 투자와 우수 디자이너를 양성하는 것이 시급하다고 지적했다.

― 참조: 조선일보, 2007년 4월 25일

📚 14장의 요약

　기업에는 보통 여러 제품이 있기에 이들 제품마다 각기 다른 브랜드를 사용할 것인지 아니면 이름만 들어도 바로 어떤 기업의 브랜드임을 바로 알 수 있게끔 공동 브랜드를 사용할 것인지(개별상표 vs 공동상표)를 결정해야 한다. 또한 브랜드의 소유자는 누구로 할 것인지(제조업체 상표 vs 유통업체 상표)에 대한 전략적 의사결정도 해야 한다.

　첫째, 개별상표 vs 공동상표에 대한 결정은 중요한 브랜드 전략이다. 물론 현실에서는 이러한 양극단의 중간 위치에 존재하는 다양한 조합이 있다. 각기 장단점이 있기에 상황별로 적절한 전략을 선택하여야 한다.

　둘째, 누가 상표를 소유하는가에 따라 제조업체 상표(NB, national brand)와 유통업체 상표(PB, private brand)로 나눌 수 있다. 예전에는 유통업체가 영세하고 힘이 약했기에 유통업체가 자체 상표를 가지는 경우는 드물었다. 그러나 점차 유통업체가 근대화, 대형화되면서 힘이 커지면서 자체 상표를 가지는 경우가 많아졌다.

　이와 더불어, 마케팅에서 브랜드는 중요하기에 이에 대한 다양한 관리 영역이 발전되어 왔다. 대표적인 몇 가지로 브랜드 강화, 브랜드 재활성화, 브랜드 폐기 등을 열거할 수 있다.

🔊 주요 용어에 대한 정리

브랜드 만트라(brand mantra): 만트라는 불교, 힌두교에서 나온 용어로 주문, 진언(眞言), 화두를 의미한다. 이는 神들을 부르는 신성하고 마력적인 어구이다. 예를 들어, 어떤 마라토너는 "Pain is inevitable, Suffering is optional."이라는 만트라를 머릿속에서 주문을 외우듯 되풀이 되내이며 힘든 마라톤을 완주한다고 한다. 브랜드 만트라란 브랜드의 포지셔닝, 브랜드 속성의 핵심을 짧은 문구로 요약한 것이다.

제15장 가격 관리(1): 기본 가격의 결정

시장에 내놓을 제품(또는 서비스)이 결정되었다면 이제 기업은 제품에 대해 소비자들이 지불할 가격을 책정하여야 한다. 물론 이와 반대로 제품 가격의 범위를 먼저 대략적으로 결정한 다음에 이에 맞춰 제품 개발하는 경우도 있다([그림 15-1]참조).

그림 15-1 | 가격과 다른 마케팅 믹스와의 선후 관계

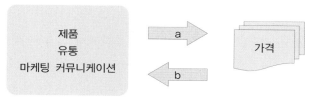

a. 여타의 마케팅 믹스가 모두 결정된 다음에 여기에 소요된 원가를 고려하여 최종적으로 가격을 결정하기도 있지만, b. 반대로 가격을 먼저 결정하고 이를 기준으로 나머지 마케팅 믹스를 여기에 맞춰 개발하기도 한다.

일반적으로 가격은 원가, 품질, 성능, 기업여건, 시장(소비자, 경쟁) 상황 등을 종합적으로 고려하여 결정한다. 이렇게 결정된 제품 가격은 매출, 이익, 시장점유율은 물론 제품 이미지, 유통경로, 마케팅커뮤니케이션 등에 폭 넓은 영향을 미치므로 현명한 의사결정을 내려야 한다.

- "새롭게 출시할 소주의 가격을 얼마로 할 것인가?" 사실 이러한 가격결정은 여러 면에서 중요하다. 첫째, 제품 수요, 즉 매출에 직접적 영향을 미친다. 그리고 이러한 매출은 기업 이익 및 현금 흐름에 영향을 미친다. 둘째, 제품 가격은 경쟁사 가격결정에 영향을 미친다. 특히 경쟁사가 많지 않은 경우에는 더욱 민감하게 반응한다. 셋째, 기업이 책정한 가격 수준은 기업 및 브랜드 이미지에 영향을 미친다. 소비자들은 가격이 비싼 정도를 가지고 제품 품질을 유추하기도 한다. 넷째, 제품의 가격 수준에 따라 이를 취급할 유통경로의 결정에도 영향을 미친다. 2,000원짜리 소주는 동네 슈퍼에서 팔아도 되지만 한 병에 10만원인 소주는 전문 레스토랑이나 백화점에서 판매하는 것이 어울릴 것이다.

소비자 및 사회에 대한 파급효과를 고려하지 않은 기업의 섣부른 가격 책정은 때로 예기치 않은 파장을 초래하기도 한다.

- 미국 슈퍼마켓 체인 월마트가 흑인 바비인형의 가격을 백인 바비인형의 절반 수준으로 깎아 논란이 일었다. 백인 발레리나 바비 인형은 5.93달러에, 흑인 발레리나 인형은 3달러에 나란히 판매되고 있다. 이에 대해 월마트는 봄 신상품 판매를 위한 재고 처리 차원에서 가격변경한 것이라고 설명했다. 하지만 월마트가 가격 책정이 함축하는 의미를 주의 깊게 고려했어야 한다는 비판이 나오고 있다. 아동발달 전문가는 "가격인하는 흑인 인형을 낮게 평가한다는 의미를 함축한다"며 "회사 측의 의도가 그렇지 않다는 것이 명백하긴 하지만 때로 이런 일이 부차적 역효과를 일으킬 수 있다"고 지적했다.

- 참조: 연합뉴스, 2010년 3월 12일

여기서는 제품의 기본 가격의 결정에 대해 살펴보겠다. 이어지는 16장에서는 이렇게 결정된 기본 가격을 상황에 따라 어떻게 조정, 변경할 것인지에 대해 다루겠다.

Ⅰ 가격에 대한 이해

가격은 기업이 제공하는 제품 및 서비스로 인한 혜택의 대가로 요구되는 금액을 의미한다. 소비자의 소유, 사용에 따라 얻는 제품/서비스로부터의 혜택(benefit)에 대한 대가로 지불하는 금액이다. 따라서 소비자에게 제공되는 제품/서비스의 혜택이 클수록(또는 단지 클 것이란 이미지만으로도) 교환 대가로 요구되는 가격은 높게 책정된다([그림 15-2] 참조).

전통적으로 가격은 소비자 선택에서 중요한 고려 요인이다. 가격 이외의 요인들(예: 광고, 점포, 서비스, 제품 품질, 브랜드, 디자인 등) 중요성도 높아졌지만, 가격은 여전히 시장점유율, 수익성을 결정하는 주요 요소로 취급된다.

그림 15-2 | 교환에서의 가격

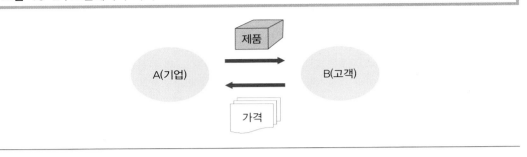

다음은 가격의 속성을 이해하는데 도움이 될 것이다.

1) 가격의 다양한 이름

영리조직이든 비영리조직이든 자사 제품/서비스에 대한 가격을 책정한다. 가격은 용도에 따라 다양한 명칭을 가진다. 예를 들어, 집세, 급료, 이자, 입장료, 학비, 레슨비, 장소 사용료, 통행세, 벌금 등의 이름을 가진다. 이름이 무엇이든 관계없이 이 모두는 무언가의 가격을 의미한다.

2) 수요와 공급의 법칙(Law of Demand and Supply)

수요의 법칙은 상품 가격이 오르면 보다 적은 양을 사려 하고, 가격이 내리면 보다 많은 양을 사려는 행태를 말한다. 수요곡선은 소비자가 주어진 일정 기간에 서로 다른 가격대에 사고자 하는 상품의 양을 그래프로 표현한 것이다. 한편 공급의 법칙은 기업이 상품 가격을 내리면 보다 적은 양을 내다팔려 하고, 가격이 오르면 보다 많은 양을 내다팔려는 행태를 말한다. 공급곡선은 기업이 주어진 일정 기간에 서로 다른 가격대에 팔고자 하는 상품의 양을 그래프로 표현한 것이다. 시장균형가격(market equilibrium price)이란 시장경제에서 수요와 공급의 상호작용에 의해 결정된다. 시장에서는 소비자가 사려고 하는 양과 기업이 팔려고 하는 양을 같게 해주는 하나의 가격이 존재하는데 이것이 시장균형가격이다. 만약 가격이 균형가격보다 높다면(예: 소주 가격이 50만원이라면?) 공급량이 수요량을 초과하는 공급초과가 발생한다. 반대로 가격이 균형가격보다 낮다면(예: 소주 가격이 500원이라면?) 수요량이 공급량을 초과하는 공급부족이 발생한다. 경쟁 시장에서는 이와 같은 초과 또는 부족현상을 제거하기 위해 가격이 균형가격을 향해 움직이도록 하는 힘이 존재한다. 즉 수요가 과다하면 가격은 오르지만, 공급이 과다하면 가격은 떨어진다. 수요와 공급은 가격을 결정하는 가

그림 15-3 | 수요 공급의 법칙

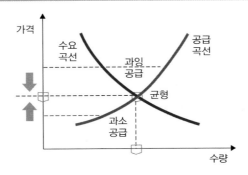

장 강력한 힘이다([그림 15-3] 참조).

- 학생들의 음악 레슨비는 지난 20여 년간 거의 제자리라고 한다. 그 기간 동안 다른 물가는 다 올랐고 또한 인플레이션을 생각해보면 이것은 특이한 현상이다. 이렇게 레슨비가 오르지 않은 이유 중의 하나는 음악을 배우려는 학생들은 크게 늘지 않은데 비해, 가르치는 선생의 수가 많아졌기 때문이라고 한다(즉 공급 과잉으로 인한 가격하락의 압박).

3) 가격변경의 용이성

마케팅 믹스의 요소 중에서 가격만큼 신속한 변경이 용이한 것은 없을 것이다. 그리고 가격만큼 즉각적으로 고객의 구매결정에 강력한 영향을 미치는 것도 없을 것이다. 이에 비해 제품, 유통은 일단 결정되면 그것의 변경은 쉽지 않다.

4) 가치와 가격의 주관성

제품 가치가 지불 가격보다 높다고 판단될 때, 소비자는 교환을 하려 한다. 그런데 지각되는 가치(Value)와 지불 가격(Price)에 대한 인식은 상황에 따라, 그리고 사람에 따라 상대적으로 달라진다. 따라서 동일 가격이어도 소비자, 시장상황에 따라 거래가 발생하기도 또 발생하지 않기도 한다. 일인분 3만원 정식을 기꺼이 먹는 사람도 있지만, 그것이 비싸다고 사먹지 않는 사람도 있다. 사람마다 거래하려는 가격수준은 다르다. 어쨌든 제품 가치에 동의할 때 비로소 물건값을 치른다.

- 중국의 17살 소년이 아이패드2를 사려고 수술을 자청해서 자기 콩팥을 판 사건이 2011년 4월에 있었다.

- 비싼 음식 중 하나인 바닷가재(lobster)는 불과 150년 전까지 빈민과 죄수도 먹기를 꺼려하는 흔한 식재료였고, 1940년대까지 돼지 사료로 쓰이기까지 했다. 그러다 어획량이 줄고 가격이 오르자 싸구려에 대한 편견도 사라지고, 바닷가재 맛을 인정한 사람들이 점차 늘면서 지금과 같은 높은 가격대를 차지하게 되었다.

  — 참조: 조선일보 2013년 10월 19일

가격은 원가, 제품 가치 등을 기반으로 해서 생산자가 매기는 값이다. 한편 소비자에 따라 제품 가격이 비싸다 또는 싸다는 느낌을 가지는데 이는 각자 제품에 대해 느끼는 가치의 크기가 다르기 때문이다. 따라서 생산자가 느끼는 가치와 소비자가 느끼는 가치는 다르기 때문에 이들간 괴리는 종종 존재한다.

물론 소비자가 느끼거나 향유하는 제품 가치를 가격과 같은 화폐단위로 객관적인 수치로 정확히 표현하기는 어렵다. 제품 가치란 실제적 용도나 성능은 물론 무형적인 심리적, 정서적 만족도 포함하는 포괄적 개념이기 때문이다. 그럼에도 불구하고 이러한 제반 내용을 경쟁사보다 정확하게 이해하는 기업은 가격결정에서 우위를 차지할 것이다.

5) 때로는 실제적 가치와 무관하게 결정되는 가격

항공권은 제품 차별성이 없으면서도 가격차이가 발생하는 대표적 예이다. 아마도 동일 비행기를 타고 가는 승객 모두는 서로 다른 가격을 지불하고 탑승했을 가능성이 크다. 물론 호텔의 객실 가격도 이와 마찬가지 성격이다.

- 2015년 12월 김포~하네다 구간의 왕복 비행기표를 구매한 적이 있었다. 항공 회사의 전화 구매 가격(60만원 가량), 항공 회사의 인터넷 구매 가격(50만원 가량), 신용카드 회사에서 제공하는 프로모션 가격(30만원 가량), 쇼핑 사이트(예: 티몬, 땡처리)에서의 가격(20만원대) 등으로 많게는 40만원 정도 차이가 난다. 그리고 이러한 가격은 비행 시각이 다가올수록 변화한다. 따라서 구매자 입장에서의 현명한 전략은 최후의 순간까지 조건들을 관찰하면서 수시로 예약을 바꾸는 것일 것이다. 그렇지만 항공사 입장에서는 항공권을 구매한 사람이 수시로 저렴한 가격을 검색하면서 예약을 바꾼다면, 많은 혼란이 초래될 것이다. 이를 방지하기 위한 항공사의 관리 방법으로는 어떠한 것들이 있는가?

6) IT기술의 가격에 미치는 영향

먼 옛날에는 구매자와 판매자간 협상에 의해 가격이 결정되었다. 그러나 시장 발달에 따라 제품 정가의 개념이 안착되었다. 그러나 다시 정보통신 기술의 발전(인터넷, 모바일 등)은 다시 협상가격의 시대로 되돌아가게 만들었다. 정보통신 기술로 인해 지구상의 모든 사람,

조직 및 기업이 언제 어디서든 연결되기에, 예전에 없던 방식으로 구매자와 판매자는 연결되고 있다.

- 온라인 경매사이트는 구매자와 판매자가 인터넷을 통해 다양한 품목에 대한 가격 협상을 용이하게 한다. 한편 새로운 기술(예: AI, Big Data)을 이용하여 판매자는 고객의 구매습관, 선호성에 대한 세부 자료를 적은 비용으로 수집, 분석하기에 가격을 보다 수익성 있게 변경할 수 있다.

7) 소비자가 물건을 구입하고 사용하는데 드는 노력, 시간, 수고, 위험 등의 비가격 요소에 대해서도 기업은 관심을 가져야 한다. 고객은 물건을 구입하는데 있어서 이들 모든 희생요소들을 총체적으로 고려하여 구매한다. 따라서 기업은 고객이 지불하는 화폐적 가격만이 고객이 지불하는 모든 것이라고 생각해서는 안된다.

- 2011년 여름에 방영된 '휴먼 서바이벌 도전자'는 리얼한 진행방식으로 인해 시청률이 높았다. 이 중 '칵테일 판매 미션'이 있었는데, 이는 더 많은 수익을 올리는 팀이 승리하는 것이다. 두 팀 간의 경쟁은 결국 가격정책에 따라 승부가 갈렸다. 블루팀은 모든 칵테일을 2달러 고정가격으로 판매한 반면, 레드팀은 Pay as you wish로 소비자가 원하는 만큼 지불하게 하였다. 결과는 블루팀의 승리였다. 왜 그러한 결과가 나왔을까?

제품에 대한 가격결정을 적절하게 하고 이의 조정을 상황에 맞게 해 나간다면 마케팅 성과를 향상시킬 수 있다. 반면에 가격결정 및 관리에 미숙하다면 많은 잠재적 이익을 실현하지 못할 수 있다. 가격에 대한 체계적이고 과학적 관리의 필요성은 매우 높다. 성공적 가격관리를 하려면 가격 이론에 대한 충분한 이해가 필요하고, 시장에 대한 경험자료도 많이 쌓아야 하며, 창의적 가격정책을 구상할 수 있어야 한다.

Ⅱ 가격결정에 영향을 미치는 요인들

여기서는 기본 가격을 중심으로 살펴보겠다. 기본 가격의 결정은 어떤 제품의 가격을 처음 책정할 때에 대한 내용이다.

- 신제품을 자체 개발하거나 외부로부터 들여올 때, 또는 기존 제품을 새로운 유통경로 또는 세분시장에 도입할 때, 어떤 가격을 새로 결정해야 한다. 가격 조정이나 변경은 이러한 기본 가격을 중심으로 이뤄지는 후속 결정이다. 기본 가격의 결정은 가격의 근간이 되는 중요한 결정이다.

그림 15-4 | 가격결정에 영향을 미치는 요인들

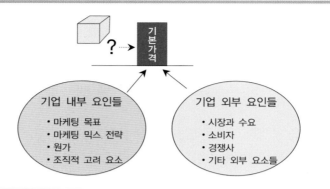

기본 가격의 결정에는 여러 요인들이 영향을 미치는데 크게 기업 내부 요인과 기업 외부 요인으로 나누어 살펴볼 수 있다([그림 15-4] 참조). 이렇게 형성된 기본 가격은 다음 장에서 설명하는 다양한 상황, 시장 변동에 따라 조정 및 변경된다.

1. 가격결정에 영향을 미치는 내부 요인들

가격결정에 영향을 미치는 기업의 내부 요인들(internal factors)로는 마케팅 목표, 마케팅 믹스, 원가, 가격결정 권한을 가진 조직 등이 있다.

1) 마케팅 목표

마케팅 목표(Marketing Objectives)는 가격결정에 영향을 미친다. 목표가 명확할수록 이러한 목표달성을 위한 가격의 역할이 분명해진다. 가격은 목표 달성에 중요한 역할을 하기에 목표와 일관성 있는 가격으로 결정하여야 한다. 기업이 추구하는 몇 가지 마케팅 목표의 유형은 다음과 같다.

(1) 기업의 생존(survival)

과잉 설비, 경쟁 격화, 소비자 욕구 급변 등으로 어려움에 처한 기업은 무엇보다 생존이 중요한 목표가 된다. 이때는 가격을 아주 낮은 수준으로 내려 소비자들이 가격에 민감하게 반응해주기를 기대한다. 이 경우 이익은 크게 고려되지 않는다. 가격은 변동비를 충당하는 수준까지도 내린다. 그러나 생존을 위한 가격은 단지 단기적 미봉책일 뿐이기에 제품 가치를 제대로 인정 받을 수 있는 보다 장기적 대책을 강구하여야 한다.

(2) 단기 이익의 극대화(maximum current profit)

마케팅 목표가 단기 이익의 극대화인 경우에는 여러 대안 가격대와 연관된 수요, 비용을 추정하고, 이를 바탕으로 단기적 현금흐름(또는 투자수익률)을 추정한다. 그런 다음 이 중에서 단기 이익을 극대화하는 가격 대안을 선택한다. 이 전략은 주로 장기 성과를 추구하기보다는 현재 또는 단기 재무 성과를 강조한다. 그러나 이 방법의 문제점은 첫째, 실제로는 예측이 쉽지 않은 경우에도 수요와 비용 함수를 알고 있다고 가정한다. 둘째, 장기 성과를 희생하면서 현재의 재무 성과를 강조한다. 셋째, 다른 마케팅 믹스뿐 아니라 경쟁자 반응 및 법적 제약의 영향을 무시한다 등이 있다.

(3) 시장점유율 극대화(maximum market share)

기업은 시장점유율 극대화를 통해 판매량이 증가하면 단위 원가가 낮아지기에 장기 이익을 거둘 것으로 생각한다. 또한 가격에 소비자들은 민감하다고 가정하기에 시장점유율 극대화를 위해 가능한 낮은 가격으로 설정한다. 물론 이러한 가격인하가 타당 하려면, 소비자들이 가격에 민감하게 반응하여야 하고, 가격인하는 시장 규모를 성장시키고, 그리고 축적된 생산경험은 생산비, 유통비를 인하할 수 있어야 한다. 또한 기업의 저가격이 경쟁사의 시장점유율 확대 노력을 어렵게 할 것이란 조건도 필요하다.

(4) 제품 품질의 선도(product-quality leadership)

제품 품질을 선도하려면 연구개발에 많은 투자를 해야 한다. 이러한 자금의 충당을 위해 높은 품질의 제품을 구매하는 고소득층을 대상으로 높은 가격을 책정한다. 고가 정책의 수행 조건은 다음과 같다. 첫째, 고가격 제품에 대한 충분한 수요가 존재한다. 둘째, 현재의 고가격이 (저가격을 무기로 한~) 경쟁기업의 유인 요소로 작용하지 않는다. 셋째, 고가격이 제품 이미지를 더욱 돋보이게 한다.

- 다이슨(Dyson)은 주로 제품 품질의 선도를 추구한다. 반면에 다이슨을 모방한 중국산 전자제품, 속칭 '차이슨'은 다이슨 제품가격의 10분의 1 수준이다.

- 고급 필기류로 정평 있는 몽블랑(Montblanc) 가격은 10만~300만원까지 다양하다. 한편 이탈리아 슈퍼카 제조 업체인 부가티가 선보인 '부가티 만년필'의 판매 가격은 15,000달러(약 1,700만원)다. 499개만 한정 제작된다는 이 펜은 백금, 은, 18K 금, 알루미늄 등의 재질로 제작되는데, 정교하게 새겨진 부가티 로고가 인상적이다. 수억 원을 호가하는 슈퍼카를 구입할 정도의 재력 있는 사람이라면, 이 만년필 또한 큰 고민 없이 구입할 수 있을 것이다.

- 참조: 팝뉴스, 2010년 1월 22일

2) 가격에 대한 여타 마케팅 믹스의 영향

마케팅 믹스 요소들은 상호 영향을 미친다. 즉 제품, 유통, 촉진 등과 같은 가격 이외의 마케팅 믹스 전략(Marketing Mix Strategy)은 가격에 영향을 미친다. 물론 이와 반대로 가격이 가격 이외의 마케팅 믹스에 영향을 미치기도 한다. 이 경우, 가격은 제품/소비자/경쟁자 등을 규정하는 중요한 포지셔닝의 성격을 가진다.

- 고품질 제품은 높은 가격 책정으로 연결되고, 바겐세일을 하지 않는 정책과 연관된다. 소비자들은 모르는 제품보다는 많이 알려진 제품에 대해 높은 가격을 지불할 용의가 있다. 그래서 광고를 통해 널리 알려진 브랜드는 높은 수준의 가격을 받는다. 한편 라면 가격은 보통 심리적 상한선이 있기에 신제품 개발의 경우 우선 가격대를 먼저 결정하고 이에 맞춰서 제품개발을 하는 경우가 많다.

3) 원가

시장 수요는 기업이 제품에 부과할 수 있는 가격의 상한선을 알려준다. 반면에 기업의 원가(costs)는 가격의 하한선이 된다. '가격(price) – 원가(cost) = 이익(profit)'이므로 가격이 원가보다 낮다면 기업은 손해를 보게 된다.

원가의 유형과 유동적 변화에 대해 살펴보면 다음과 같다.
① 원가의 유형: 원가는 고정비와 변동비로 나눌 수 있다. 고정비는 생산량, 매출액과 관련 없이 일정하다(예: 임대료, 고정급여 등). 변동비는 생산수준과 직접적으로 관련되는 비용(예: 재료비 등)이다.
② 원가의 변화: 원가는 고정된 것이 아니다. 생산 규모가 커질수록, 또는 생산경험이 누적될수록 유동적으로 변화하는 성격이 있다. 이러한 성격을 활용하면 공격적 저가 전략을 구사할 수 있다.

첫째, 규모의 경제(economies of scale)란 규모가 커지면서 얻을 수 있는 비용 절감 효과, 생산 확대 효과를 의미한다. 이는 생산규모가 확대될수록 고정비가 차지하는 부분이 개별 생산단위들로 분산되기에 전체 원가는 적어지는 경제적 현상을 의미한다.

- 붕어빵 가게의 고정비는 가게 임차료(500만원/월), 2명의 종업원 급여(한 명당 100만원/월)이다. 변동비는 재료비(밀가루, 팥, 설탕, 물 등)로 한 개의 붕어빵당 100원이라고 하자. 만약 한달 동안에 붕어빵을 한 개만 팔았다면, 붕어빵의 원가는 7,000,100원이 된다(=500만원+200만원+100원). 붕어빵 가게가 손해보지 않으려면 한 개의 가격을 7,000,100원 이상으로 해야 할 것이다. 한편 붕어빵 10개를 팔게 되면, 붕어빵의 한 개의 원가는 700,100원(=(500만원+200만원)/10개

+100원)으로 줄어든다. 만약에 붕어빵을 대량으로 팔게 되면 붕어빵 원가는 변동비인 100원에 거의 근접하게 떨어진다. 따라서 많이 파는 가게는 그만큼 가격을 싸게 매길 수 있다. 반면에 적게 파는 가게는 많이 파는 가게와 가격경쟁을 했다가는 막심한 손해를 볼 것이다.

둘째, 경험 곡선(experience curve, learning curve) 효과는 생산 경험이 축적될수록 작업 효율화 등을 통해 고정비, 변동비가 적어지는 효과를 의미한다(예: 김치찌개를 처음 끓이는 사람은 많은 재료를 쓰고 오랜 시간을 들여도 제 맛이 나지 않지만, 김치찌개를 몇 십 년간 끓인 사람은 적은 재료, 짧은 시간에도 훌륭한 맛을 낸다).

- 아이의 고등학교까지는 대략 6~7km이다. 3년동안 아침마다 데려다 주었는데, 처음에는 대략 30분 걸렸는데 나중에는 10분에도 주파하였다. 동일 구간을 여러 번 반복하다 보니 점차 신호에 걸리지 않고, 시간대별 막히는 구간을 피하고, 좀 더 빠른 경로를 찾았기에 이렇게까지 주행 시간을 줄일 수 있었다.

- '30초면 OK' 2인조 휴대전화 매장털이범: 용산경찰서는 휴대전화 매장에 침입해 스마트폰 98대를 훔친 이모(26)씨와 김모(24)씨 등 2명을 특수절도 혐의로 구속했다고 밝혔다. 이씨 등은 전면 유리창을 벽돌로 깨고 들어가는 방법으로 지난해 12월부터 올해 1월까지 총 7회에 걸쳐 시가 9,000만원 상당의 스마트폰 98대를 훔친 혐의를 받고 있다. 이씨 등은 경찰 조사에서 "30초에서 1분 사이에 범행을 하면 검거되지 않을 것이라고 생각해왔다"고 진술했다(참조: 뉴시스, 2014년 2월 6일). 이들도 처음 매장털이를 하였을 때는 이보다 훨씬 더 많은 시간이 걸렸을 것이다.

4) 가격과 연관된 조직적 고려요소들(Organizational Considerations)

조직체계상 누가 가격을 결정하느냐에 따라 가격은 영향을 받는다. 중소기업은 CEO가 직접 하지만, 대기업에서는 보통 사업부 관리자, 제품관리자가 담당한다. 한편 산업재 시장에서는 판매원이 가격 협상권을 가지는 경우가 많다. 누가 가격을 결정하는가, 어느 정도의 재량권을 가지는가는 가격에 영향을 미치는 기업내부적 요소이다.

2. 가격결정에 영향을 미치는 외부 요인들

가격결정에 영향을 미치는 기업의 외부 요인들(external factors)로는 시장과 수요, 소비자, 경쟁사, 기타의 시장 요인 등이 있다.

1) 시장과 수요(Market and Demand): 시장의 유형과 속성

기업이 자사제품의 가격을 자유롭게 결정할 수 있는 범위는 시장 유형에 따라 달라진다. 여기서는 완전경쟁, 독점적 경쟁, 과점, 독점 등의 시장 구조(market structure)에 대해 살펴보

그림 15-5 | 시장 형태

겠다.

시장 형태(또는 시장 구조)는 특정 상품이나 서비스에 대한 시장의 경쟁 정도를 뜻한다. 시장 구조는 판매자(생산자)의 수, 구매자(수요자)의 수, 상품 특성, 시장진입과 퇴출 조건 등에 따라 다음과 같이 구분된다([그림 15-5] 참조).

(1) 완전경쟁(perfect competition)

사고 파는 사람(기업)이 매우 많을 뿐 아니라 사고 파는 사람(기업)이 해당 상품의 가격과 품질에 대해 완전한 정보를 가지고 있는 경우이다. 상품의 질은 동질적이고 규격화되어 있다. 이러한 완전경쟁 시장에서는 개인들이 사고 파는 상품의 양이 시장 전체의 거래량에 비해 미미하기에 개별 소비자, 개별 생산자는 시장 가격에 영향을 미칠 수 없다. 따라서 소비자, 생산자는 시장에서 결정된 가격을 그대로 받아들이는 가격수용자(price taker)로서 행동한다.

- 완전경쟁 시장의 예로는 쌀과 같은 농산물 시장, 그리고 주식 시장을 들 수 있다. 하지만 이 두 시장도 자세히 들여다보면 완전경쟁이라 하기에는 미흡한 점도 있다. 예를 들어 쌀의 경우 지역별로 품질이 다르고, 주식 시장의 경우에도 시장 정보의 접근도에서 차이가 있기 때문이다. 그래도 쌀, 주식 시장은 완전경쟁에 근접한 경우로 볼 수 있다.

독점적 경쟁, 과점, 독점 등은 완전경쟁의 조건에서 적어도 어느 하나 이상이 충족되지 않는 경우이다.

(2) 독점(monopoly)

완전경쟁과 대비되는 시장으로 말 그대로 경쟁자가 없는 상태이다. 파는 측이 1명이면 공급독점, 사는 측이 1명이면 수요독점이다. 독점적 지위를 가지는 기업은 가격결정자(price maker)이기에 가격결정의 권한이 크다.

- 남아프리카 공화국의 다이아몬드 회사 드비어스(De Beers), 석유수출국기구(OPEC)는 독점의 대표적 예이다. 특허권이나 담배, 홍삼처럼 정부가 진입을 규제하거나, 전기/전화/철도/수도처럼 대규모 초기투자가 필요한 규모의 경제(economy of scale)가 있는 경우에도 독점이 발생한다.

- 2005년 공정거래위원회는 책값에도 경쟁 원리를 적용해 '정가제 파괴'를 허용하면, 결국 이는 출판사간 할인을 유도함으로써 독자들에게 혜택이 갈 것으로 생각했다. 그러나 예상대로 시장이 따라주지는 않았다. 이러한 정책은 실제로 책값의 폭등으로 이어졌다. 'A라면'이 아무리 맛있어도 너무 비싸면 'B라면'을 먹으면 그만이다. 이 경우 자연스럽게 경쟁 원리가 작동하여 'A라면'의 값은 떨어진다. 그러나 책은 라면과 다르다. 자기가 꼭 읽고 싶은 책이 있는데 비싸니까 그것을 대체할 다른 책을 사기는 어렵다. 즉 지그문트 프로이트 책을 꼭 읽고 싶은데 너무 비싸니 이름없는 정신분석학자가 쓴 싸구려 책을 살 수는 없는 것이다. 책은 어느 정도 완전 독점의 성격이 있다. 이러한 특성을 간과하면 정책 실패를 초래할 수 있다.

(3) 과점(oligopoly)

사는 측이나 파는 측이 소수일 경우는 과점에 해당한다. 상품의 질은 동질인 경우도 있고 이질적인 경우도 있다. 기업은 가격 조절 능력을 어느 정도 크게 가지고 있다. 또한 소수이기에 이들간 가격 담합의 가능성도 있다(예: 주유소, 통신회사).

(4) 독점적 경쟁(monopolistic competition)

완전경쟁과 독점의 성격을 함께 가지는 시장이다. 공급자가 다수이기는 하지만 저마다 어느 정도 차별화된 상품/서비스를 공급한다는 점이 다르다. 따라서 기업은 가격의 조절 능력을 어느 정도 조금은 가지고 있다.

이상과 같이 기업의 가격조절 능력은 시장 유형에 따라 차이가 있기에 기업은 우선적으로 자신이 속한 시장 유형을 이해할 필요가 있다.

2) 소비자: 가격과 가치에 대한 소비자의 지각

가격의 적절성을 판단하는 사람은 결국 소비자이다. 소비자 판단이 옳건 그르건 간 관계없이 제품 가치를 평가하고 구매결정하는 것은 바로 소비자이다. 따라서 마케터는 제품 가격을 정할 때, 자사 가격에 대한 소비자 지각의 크기를 먼저 파악하여야 한다. 이를 위해 자사제품의 구매자는 누구이고, 왜 구매하고, 어떻게 구매결정을 내리는지 등에 대한 이해가 필요하다. 예를 들어, 변호사, 의사, 점쟁이는 고객의 옷차림, 행동거지 등을 통해 소득을 추정하여, 이를 가격결정에 반영하기도 한다. 이와 같이 소비자는 기업의 가격결정에 중요한 영향을 미친다.

- 미국의 자동차 딜러, 홍콩 재래 시장 상인들의 가격흥정 노하우는 대단하다. 그 중 한 가지를 소개하면 다음과 같다. 그들은 제품에 일단은 높은 가격(Z)의 가격표를 부착한다. 매장에 손님이 들어와 Z값이 비싸기에 주저하면 그들은 얼마면 사겠는가 하고 금액을 타진한다. 이때 고객은 초기 Z의 가격수준에 영향 받는다. 그런 다음, '고객이 임의로 제시한 가격'이 이윤이 남는다면 그 가격 그대로 해주겠다고 강하게 밀어 부친다. 이때 고객은 자신이 이미 제시한 가격이 있기에 이를 사지 않고 가게 문을 나서기는 어렵다. 이러한 점을 여러 번 경험한 노련한 손님은 웬만하면 자신이 의도하는 가격을 먼저 얘기하지 않으려 한다.

- 명절 때 백화점에는 과대 포장과 객관적 가치 이상으로 높게 책정된 선물세트가 보인다. 그런데 신기하게도 이러한 물건들이 많이 팔려 나간다. 그 이유는 구매자 자신이 소비하는 것이 아니라 남에게 선물하기 위한 것이기 때문이다. 따라서 이러한 과시용 제품의 판매는 일어난다.

기업은 소비자가 제품/서비스로부터 얻는 혜택의 크기를 정확히 파악할 수 있다면 그러한 가치에 부합되는 최고 가격을 찾아내어 최대 수익을 얻을 수 있다.

- 관공서 근처에 일식집이 몇 군데 있는데, 그 중 하나(A-일식집)는 고급스런 분위기에 주차시설도 편리하다. 가격은 비싼 편이지만 음식 맛이 그리 좋은 편은 아니다. 반면에 대중적 분위기이지만 음식 맛이 뛰어나고 가격도 저렴한 B-일식집이 있다. 외부 손님이 방문해서 격식을 차려야 한다면 아마도 A-일식집을 선택할 가능성이 크다. 가성비 차원에서 본다면 이는 합리적 결정은 아니다. 그러나 접대해야 하는 고객들이 항상 있기에 A-일식집은 망하지 않고 계속 유지된다.

- 1979년 2월 소니 워크맨의 시제품(prototype)이 나왔고, 헤드폰을 부착한 소매가격은 5만엔은 되어야 한다는 계산이 나왔다. 회장실에서 마케팅 회의가 소집되었는데 여기서 소니의 모리타 회장은 "이 제품은 음악 없이는 못 사는 10대 젊은이를 겨냥해야 한다. 가격은 그들의 구매력 범위인 3만3천엔으로 하고, 우선 6만대를 만들라"고 결정을 내렸다. 얼마후 제품은 출시되었다. 그러나 처음에는 신제품의 매기는 생각만큼 일지 않았다. 한달이 지나면서 매기가 불붙기 시작했는데, 주고객은 10대가 아닌 평균연령 28세의 유복하고 행동적인 중류층이었다. 이들은 드라이브, 조깅, 지하철 통근, 골프 등을 하면서 스테레오 사운드를 즐기기 시작했다. 소니가 처음에 겨냥했던 10대의 젊은이들은 제품출시후 18개월부터 구매가 활성화되었다. 여기서 소니는 그동안 가지고 있던 마케팅 지식을 수정해야 했다. 지갑사정이 빡빡한 10대는 유행의 주도자가 될 수 없고, 소비사회에서는 유행을 추종할 뿐이라는 것이었다.

- 참조: 윤석철, 2001

가격과 수요의 관계분석(price-demand relationship), 수요의 가격탄력성(price elasticity of demand) 등은 소비자 수요와 가격과 관련된 내용들이다.

(1) 가격과 수요의 관계(수요곡선, demand curves)

일반적으로 가격이 오를수록 수요는 감소한다. 즉 수요와 가격은 역방향의 관계가 있다.

- 가격에 대한 강의는 보통 중간고사 이후에 진행된다. 학생들에게 마케팅 수업의 A+학점을 판매한 다고 얘기하고, 만약 이를 구입한다면 시험성적, 출석, 리포트에 관계없이 무조건 A+를 주겠다고 하였다. 만원부터 시작하여 금액을 순차적으로 올려나가면 구매하길 원하는 학생수는 조금씩 감 소한다. 참고로 2014년 클래스에서의 최고가는 75만원이었다.

물론 이러한 음(−)의 관계가 항상 적용되는 것은 아니다. 예를 들어, 유명제품(prestige goods)의 경우에는 간혹 수요곡선은 양(+)의 방향, 즉 가격을 올릴수록 수요는 늘어나기도 한다.

가격에 따른 수요 예측 방법으로는, ① 과거의 가격, 판매량 등의 기존 자료를 통계적으로 분석하는 방법, ② 가격실험을 통한 방법, ③ 상이한 가격수준에서 구매자들이 제품을 얼마만큼 구매하려는지를 묻는 방법 등이 있다. 가격과 수요의 관계를 측정할 때는 수요에 영향을 미치는 '가격 이외의 다른 요인들에 대한 통제'가 이뤄져야 한다. 가격 이외의 요인 들에 대한 통제를 제대로 못하면, 가격변경 자체만의 효과를 분리해내기 어렵다.

(2) 수요의 가격탄력성

마케팅 관리자는 수요량이 가격 변화(상승/하락)에 따라 어느 정도로 탄력적으로 반응하는지를 알아야 한다. 이를 측정하는 것이 수요의 가격탄력성(Price Elasticity of Demand, PED)이다. 수요의 가격탄력성은 가격이 변했을 때 수요가 어느 정도로 탄력성 있게 변하는지를 측정하는 것이다([그림 15-6] 참조).

가격이 변하면 수요가 크게 변하는 것을 탄력적이라고 하지만, 가격이 변해도 수요가 그리 변화가 적다면 비탄력적이라고 한다(참조: 용수철의 탄력성). 가격탄력성은 가격 변동이 수요량 변동에 미치는 영향력의 크기를 측정하는 지표이다([그림 15-7] 참조). 탄력성은 제품마다 다른데 일반적으로 사치품은 탄력적이지만 생활 필수품은 비탄력적이다.

그림 15-6 | 수요의 가격탄력성에 대한 개념

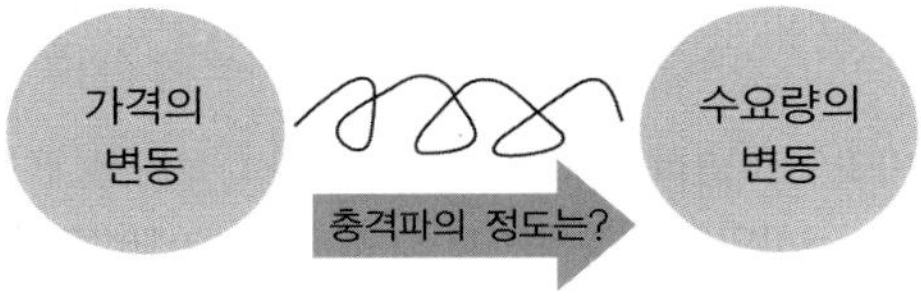

가격의 변동 → 충격파의 정도는? → 수요량의 변동

가격변동이 수요량 변동에 미치는 영향력의 크기

그림 15-7 | 수요의 가격탄력성 수식

$$PED = \frac{\dfrac{\Delta Q_d}{Q_d}}{\dfrac{\Delta P}{P}} = \frac{\text{Percentage Change in Quantity}}{\text{Percentage Change in Price}}$$

- 소주 가격이 1,000원일때 수요량이 10병이다. 만약 소주 가격이 1,200원으로 올랐더니 수요량이 2병이 줄었다. 수요의 가격탄력성=(-2/10)/(200/1,000)=-1.0

수요는 다음과 같은 조건일 때 비탄력적이 된다.

① 경쟁자(또는 대체재)가 없거나 소수인 경우(예: 서울-부산의 비행편에 비해 서울-제주의 비행편의 가격 탄력성이 낮다).

② 구매자가 가격이 높게 변했다는 변화를 잘 인식하지 못하는 경우.

③ 구매습관의 변경이 어려운 경우(예를 들어, 커피를 매일 몇 잔씩 꼭 마셔야 하는 사람은 커피의 가격탄력성이 낮지만, 자주 마시지 않아도 되는 소비자는 가격탄력성은 높다).

④ 저가격 제품 대안에 대한 탐색 속도가 느린 경우.

⑤ 소비자들이 고가격을 품질개선, 인플레이션 등과 관련 지어 생각함으로써 이를 타당하게 보는 경우.

⑥ 소비자의 소득 수준에 비해 상대적으로 낮은 가격으로 인식되거나 그 가격을 다른 측에서 부담하는 경우.

⑦ 제품이 아주 독특하거나 탁월해서 다른 제품으로 대체하기 어려운 경우.

만약 수요가 탄력적이라면, 판매자는 가격인하를 통해 긍정적 효과를 볼 수 있다. 즉 낮아진 가격으로 인해 유발된 보다 많아진 판매량을 통해 수익 증대를 가지기 때문이다.

한편 장기적 가격탄력성은 단기적 가격탄력성과는 상이할 수 있다. 즉 단기적 탄력성은 낮은데 장기적 탄력성은 높을 수 있고, 이와 반대의 경우도 있다. 소비자들은 가격인상 후에도 당분간 기존 공급자로부터 계속 구입하지만, 언젠가 이러한 공급자 또는 제품을 벗어날 수 있다. 이럴 경우 단기적보다 장기적으로 더 탄력적이 된다. 다른 한편, 가격인상에 따라 바로 공급선을 바꾸지만, 시간이 지난 후에 다시 기존 공급선으로 돌아와 이를 다시 구매하는 경우에는 단기적으로는 탄력적이지만 장기적으로는 비탄력적이 된다.

탄력성의 개념은 가격뿐 아니라 수요와 공급에 영향을 미치는 여타의 변수들에도 적용된다. 이를테면 소득이 변할 때 수요가 얼마나 변하는지를 측정하는데, 이것을 '소득 탄력성'이라고 한다. 한편 '교차가격 탄력성(cross-price elasticity)'은 제품들간의 상호의존성을 파악할 수 있다. 즉 대체재이면 (+), 보완재이면 (−), 관련이 없으면 (0)의 값을 교차가격 탄력성은 가진다.

- 대체재: 콜라와 사이다, 햄버거와 피자, 김밥과 라면 등, 보완재: 커피와 프림, 상추와 쌈장 등, 무관련: 황소와 바늘, 아이스크림과 샴푸 등.

3) 경쟁기업: 경쟁사의 가격과 제공물(Competitors' Prices and Offers)

소비자들은 제품 가격과 가치를 이와 유사한 제품과 비교하여 평가 한다(예: 게토레이를 구입할 때 포카리스웨트의 가격, 품질과 비교한다, 아이폰을 구입할 때 갤럭시의 가격, 품질과 비교한다). 이와 같이 경쟁사의 가격과 제공물은 자사 제품의 가격결정에 영향을 미친다. 따라서 자사 경쟁사의 제품과 부대적 서비스의 가격, 품질 등을 파악해야 한다.

일반적으로 시장수요, 소비자 욕구가 가격의 상한선을 정한다면, 원가는 가격의 하한선을 정한다. 그리고 이러한 중간 범위의 어느 점으로 가격을 책정할 것인가에 대해 경쟁사 가격과 제공물은 영향을 미친다.

- 정부도 못 내린 스마트폰 출고가, 아이폰이 내리나? 출시를 1주일 앞둔 아이폰6, 아이폰6플러스가 이동통신사 예약가입 시장에서 예상 외의 높은 인기를 누림에 따라 국내 스마트폰 시장이 촉각을 곤두세우고 있다. 업계에서는 아이폰의 국내 시장점유율 성장이 국내 제조사에 영향을 미쳐 출고가 인하로 이어질 수도 있을 것으로 점치고 있다. 단말기유통구조개선법의 시행 이후, 국내 제조사들이 "더는 인하여력이 없다"고 버티고 있지만 당장 국내 시장을 아이폰이 잠식하기 시작하면 방어에 나서지 않을 수 없다. 따라서 정부가 내리지 못한 스마트폰 출고가를 아이폰이 내리는 게 아니냐는 관측도 나오고 있다.

  − 참조: 연합뉴스, 2014년 10월 26일

4) 기타 외부요인들

마케터는 가격과 연관되는 외부 조직들(예: 판매대리점, 기업의 판매원, 공급업자, 정부)의 영향과 반응을 고려해야 한다. 또한 가격에 영향을 미치는 제도 및 규제를 숙지할 필요가 있다(예: 가격담합에 대한 법규 등). 그리고 경제상황, 환율, 세계 경제의 움직임 등을 예의 주시하여야 한다. 물론 이상 설명한 요소들 이외에도 기업의 가격결정에 영향을 미치는 외부요소들은 많다(예: 코로나19).

● 중국 반부패 운동 직격탄을 맞은 사자개. 2014년 3월 사상 최고가인 1,200만 위안(약 21억원)에 팔릴 정도로 인기를 모았던 '세계에서 가장 비싼 개'로 불리던 티베트 마스티프(사자개)가 중국에서 애물단지가 됐다. 그동안 중국 부자들 사이에선 사자개가 고가 시계나 검은 색 아우디처럼 부(富)의 상징으로 여겨졌지만, 최근의 반(反)부패 운동이 전방위로 펼쳐지며 부자로 낙인 찍히기 쉬운 사자개 기르기가 기피 대상이 된 것이다. 여기에 더해 사람에게 치명상을 입힐 수 있는 덩치 큰 개를 기르는 데 지켜야 할 규정이 엄격해진 것도 사자개 인기에 찬물을 끼얹었다. 또한 사료값이 하루 300~370위안(약 54,000~65,000원)인 것도 부담 요인이 됐다. 그 결과 사자개 사육시설이 문을 닫기도 했는데, 최근에는 개 도축업자로부터 "30위안(약 5,400원)을 줄 테니 사자개를 내게 팔아라"는 말까지 듣게 됐다고 한다.

— 참조: 중앙일보, 2015년 4월 20일

Ⅲ 가격결정의 방법

앞서 살펴본 바와 같이 가격은 기업 내부 및 외부의 여러 요소들로부터 영향을 받는다. 따라서 이들 요소를 가격에 적절히 반영하는 것이 중요하다. 이러한 내부 및 외부 요소들 중 원가, 고객, 경쟁사는 가격결정시 고려하여야 할 핵심 요소들이다. 이러한 세 가지 중에서 어떤 요소에 비중을 두고 가격을 결정하는가에 따라, 원가에 근거한 접근법(cost-based approach), 구매자에 근거한 접근법(buyer-based approach), 경쟁에 근거한 접근법(competition-based approach)으로 구분된다([그림 15-8] 참조).

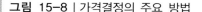

그림 15-8 | 가격결정의 주요 방법

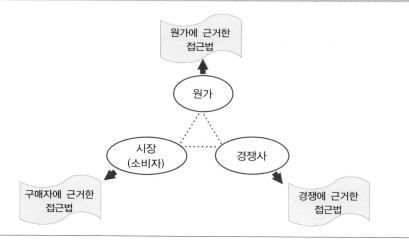

1. 원가에 근거한 접근법(cost-based approach)

1) 원가가산법(마진률 가격법, cost-plus pricing)

제품원가(cost)에 일정 수준의 이익을 가산(plus)하여 가격 산정하는 방식이다. 일반적으로 마진율은 계절 품목, 특별품, 회전율이 낮은 품목, 재고비/취급비가 높은 품목, 수요가 비탄력적 품목의 경우에 높게 책정된다.

- 붕어빵 가게의 이에 대한 예시는 다음과 같다. 가게는 2명의 종업원을 더 이상 채용하지 않게 되었다. 따라서 이제 남은 고정비는 가게 임대료(500만원/월)뿐이다. 변동비는 재료비(밀가루, 단팥, 설탕, 물 등으로 한 개의 붕어빵당 100원)로 변동이 없다. 만약 예상판매량이 5만개라고 가정해보자. 그러면 붕어빵의 단위당 원가는, 변동비(100원)+(500만원/5만개)=200원이다. 그런데 만약 판매가격의 20%를 이익으로 남기고자 한다면(80%는 원가), 제품 가격은 200/(1-0.2)=250원이 되어야 한다.

여기서 유념할 점은 제품의 단위당 원가는 예상판매량에 따라 달라진다는 점이다(위의 예에서 단위당 원가 200원은 5만개를 판매한다는 전제하에서 산출된 것이다). 그런데 판매량은 가격의 영향을 받는다. 따라서 이 방법은 판매량이 확실하게 이미 결정된 경우에 적절하다.

원가가산법이 널리 사용되는 이유는 첫째, 판매자는 수요 예상치보다 원가에 대한 확실한 정보를 가지고 있다. 그래서 원가를 기준으로 한다면 가격결정 과업이 단순해진다. 둘째, 동종 산업내 다른 기업들도 이러한 방법을 쓴다면 결국 가격은 비슷해 질 것이고, 결과적으로 가격경쟁은 최소화 될 것이다. 반면에 기업들이 수요에 초점을 두고 가격을 책정한다면 그렇게 되기는 어렵다. 셋째, 구매자나 판매자 모두에게 공정한 방법으로 생각할 수 있다. 수요가 높아지더라도 판매자는 구매자의 절박함을 이용하지 않는다. 그러면서도 판매자는 적정 투자수익률을 확보한다.

- 대서양과 태평양을 잇는 파나마 운하는 1914년 8월 15일 완공되었다. 운하를 통과하려면 배수량을 기준으로 비용을 지불해야 한다. 보통은 배 한 척당 평균 3만 달러를 지불했다. 가장 비싼 통행료를 지불한 배는 165,235달러를 지불한 '바다의 월광곡' 호였다. 한편 1926년 미국의 모험가 리처드 버튼(Richard Burton)은 수영으로 64km의 파나마 운하를 건넌 후 그의 몸을 배수량으로 환산한 35센트의 운하 통행료를 냈기에 최소 통행료를 기록한 바 있다.

표준수익률을 적용한 가격이 적절한가에 대한 논박의 여지는 있다.

- 토끼 잡는데 한달 걸리고 호랑이 잡는데 하루 걸렸다면, 원가 기준으로 한다면 토끼 가격은 호랑이의 30배가 되어야 한다. 유치원생이 24시간 걸려 그린 그림과 피카소가 1시간 걸려서 그린 그림의 가격을 시간 기준의 원가가산법으로 책정한다면 유치원생 그림 값을 24배 더 받아야 한다.

일반적으로 수요 크기, 소비자의 지각 가치, 경쟁 가격을 함께 고려하지 않은 가격결정 방법은 좋은 방법으로 보기 어렵다.

2) 목표수익률 가격법(target profit pricing, target-return pricing)

투자한 금액에 대한 목표수익률을 달성하도록 가격을 결정하는 방법이다. 이를 위해 손익분기분석(break-even analysis)을 한다. 가격 추산을 위해 투입되는 자료는 변동비, 고정비, 목표이익, 가격 등이다. 이 방법은 공공시설의 가격책정에 흔히 사용되는데 이는 적정 투자 수익률로 가격을 제한하기 위해서다.

- 붕어빵 가게는 최소한 10%의 투자수익률(return on investment, ROI)를 원한다고 하고, 이 가게에 대한 투자액이 총 2천만원이라고 하자. 붕어빵의 단위당 원가는 위에서 계산한 바와 같이 5만 개를 판매한다는 전제하에서 200원이다. 10%의 투자수익율을 감안한 제품 단위당 가격은 다음의 수식, 즉 단위원가+(투자금액×투자수익률/예상판매량)이 된다. 즉 200원+(2천만원×0.1/5만개)=240원의 가격을 받아야 한다. 그래야 (240원-200원)×5만개=200만원, 즉 2천만원의 10%의 투자수익률을 얻게 된다.

- 손익분기점(break-even point)이란 매출액과 그 매출을 위해 소요된 모든 비용(고정비+변동비)이 일치되는 점을 의미한다. 이 점은 투입된 비용을 완전히 회수하는 판매량이 얼마인지를 보여준다. 고정비 500만원, 변동비 100원이라고 한다면, 붕어빵 가게의 손익분기 매출판매량은 가격을 200원으로 책정하였을 경우에는 5만개이고, 300원으로 책정하였을 경우에는 2만5천개가 된다(가격이 200원인 경우의 손익분기점: 500만원/(200원-100원) = 50,000개, 가격이 300원인 경우의 손익분기점: 500만원/(300원-100원)=25,000개).

이상의 두 가지 방법, 즉 원가가산법, 목표수익률 가격법은 모두 경쟁사 가격, 소비자의 가치 인식을 고려하지 않는다는 한계가 있다.

2. 구매자에 근거한 접근법(buyer-based approach)

1) 소비자의 지각된 가치를 고려한 가격법(perceived-value pricing)

가격결정에서 중요한 것은 기업의 원가가 아니라 구매자가 지각하는 가치라고 생각할 때 사용하는 방법이다. 소비자가 제품으로부터 얻게 될 가치를 중심으로 제품 가격을 결정하는 것이다.

어떤 의미에서 보면, 가치란 제품에 대해 소비자가 지불하려는 최대 가격이 된다. 그래서 제품 가치의 평가 값을 소비자의 '지불 의사 가격(WTP: Willing to Pay)'으로 측정하기도 한다.

- 고급 자동차의 대명사인 메르세데스 벤츠는 1990년대에 고급 중가 자동차 시장에 진출하면서 가격결정 정책 덕을 본 바 있다. 당시 이 회사의 가장 저렴한 모델은 2만달러였다. 당시에 고급, 중급을 나누는 심리적 가격 경계선은 1만5,000달러였고 벤츠는 고급 중가 자동차 신제품의 시판가격을 1만4,750달러로 정했었다. 물론 이것도 가장 잘 팔리는 경쟁제품의 가격보다 9%나 높은 수준이었다. 그러나 출시 직전에 새 모델에 대해 고객들이 지불할 용의가 있는 가격, 즉 유보가격을 측정해 보니 1만5,500달러였다. 그래서 메르세데스는 심리적 저지선 위에 있는 1만5,500달러로 새 모델을 내 놓았는데, 첫해에 무려 29만3,000대나 팔렸다. 즉 대당 750달러를 더 받고 29만 3,000대를 판 결과 연 2억2,000만달러의 이익을 더 올릴 수 있었다.

  − 참조: 유필화, "현대차에 경의!", 조선일보, 2012년 2월 5일

- 2010년 6월 인천공항에서 일본 동경의 나리타 공항까지 일반석 왕복요금(체류기간 14일)은 506,000원이다. 반면에 김포공항에서 일본 동경의 하네다 공항까지 동일 조건의 요금은 574,000 원이다. 그렇다면 독자들이 생각하기에 김포~하네다 구간의 요금이 비싸니 구간 거리가 더 길 것으로 생각될 것이다. 유류비, 운행노력 등의 원가를 생각해볼 때 거리가 멀수록 금액은 비쌀 것으로 짐작하기 때문이다. 그러나 사실 김포~하네다 구간의 거리가 더 짧다. 그렇지만 김포~하네다 노선은 인천~나리타 노선에 비해 도시접근성이 뛰어나기에 여행객에게 인기가 높기에 수요가 많기에 금액은 비싸다.

- 2014년 9월 서울(반포동)에서 경남 진주까지의 고속버스 우등권의 좌석가격은 23,000원이다. 반면에 성남(야탑)에서 진주까지의 고속버스 우등권의 가격은 28,400원이다. 거리상으로 성남~진주가 더 짧음에도 불구하고 가격은 5,400원 더 비싸다. 이는 성남~진주간의 운행편수가 적은데다 성남 거주민의 접근편리성을 가격에 반영하였기 때문으로 판단된다.

구매자 마음 속의 지각적 가치를 높이기 위해서는 광고, 판매원, 점포분위기, 입지 등과 같은 비가격 변수가 많이 이용된다.

- 동일 원가의 커피도 자판기보다는 편의점, 편의점보다는 카페, 같은 카페라도 전망 좋은 카페에서 더 높은 가격을 받을 수 있다.

- 스타벅스에 가면 다양한 가격대의 커피 제품이 있다. 캐러멜 시럽이나 초콜릿 파우더, 휘핑 크림 등의 성분이 추가될 때마다 가격이 껑충껑충 뛴다. 하지만 실제 원가의 차이는 별로 없다. 스타벅스는 생산원가가 비슷한 제품들에 다양한 가격을 매겨 놓음으로써 '가격에 민감한 고객'과 '좀 더 호사스러운 선택을 할 수 있는 고객'을 모두 끌어들인다.

  − 참조: '경제학 콘서트,' 팀 하포드 지음, 김명철 옮김, 웅진씽크빅 출간

- 샤넬은 "자체적인 브랜드 이미지 관리 차원에서 가격 정책을 사용하는 것이 샤넬만의 특별한 전략"이라며 "특정 제품에 대한 수요가 높으면 '희소성'을 유지하기 위해 가격을 올린다"고 한다.

  - 참조: 조선일보, "가격인상 소문으로 사재기 유발," 2009년 4월 30일

지각 가치를 기준으로 가격결정을 하려면, 제품 가치를 시장(소비자)이 어떻게 지각하는지를 파악해야 한다. 가치의 지각 수준에 대한 정보는 효과적 가격결정에 도움이 된다.

- 특정한 정가가 없는 제품(예: 예술가 작품, 희귀 음반/책/피규어), 또는 가격협상이 가능한 제품(예: 미국 시장의 자동차)의 판매자는 잠재구매자에게 "얼마면 사겠냐?"를 지나가는 투로 물어보는 경우가 많다. 이를 통해 판매자는 제품에 대해 잠재구매자가 지불하려는 최대 가격을 추정하는 귀한 정보를 얻게 된다.

2) 가치 가격법(value pricing)

가치 가격이란 일정 수준 이상의 품질을 갖춘 제품(즉 양질의 제품)에 비교적 저가격을 부과하는 가격결정법이다. 이는 그저 저렴한 가격만을 목표로 하는 것이 아니다. 즉 품질은 희생시키지 않으면서도 저원가가 가능하게끔 제반 운영을 탁월하게 함으로써 가격하락을 하는 것이다. 이 방법은 제품가치를 의식하는 고객을 끌어들인다. 가치 가격법은 소비자들이 '품질이 열등한 제품을 싼 가격에' 사기를 원하지 않고, '품질 가치가 있는 제품을 싼 가격에' 사기를 원하는 심리를 이해한 것이다.

사진 15-1 인공눈물 포장지에 표시된 가치 가격

- 가치 가격의 유형으로는, ① 양질의 제품을 매일 싸게 파는 방법(everyday low pricing: EDLP), ② 고저 변경 방법(high-low pricing)이 있다. ① EDLP는 규모가 큰 유통기업을 중심으로 대량구매를 통해 매일같이 최저 가격으로 상품을 싸게 파는 전략이다. 월마트에서 처음 이 개념을 도입해서 큰 성공을 거둔 후, 아마존, 이마트 등에서도 이 방법을 사용하고 있다. 이 방법은 가격 촉진에 대한 광고비를 감소시켜주고(흔히 가격할인을 할 때마다 광고를 하지만, 항상 가격이 싸기 때문에 이를 따로 광고할 필요가 없다), 동시에 고객 서비스의 개선, 대량판매를 통한 이익 향

상을 꾀할 수 있다. 한편 ② High-Low pricing은 EDLP보다는 비교적 높은 가격으로 제품을 제공하지만, 일시적으로(예: 시즌 특별상품, 시즌 떨이 상품, 과잉재고 상품 등) 가격을 EDLP 수준 이하로 정해 이를 매출촉진하는 방법이다.

3. 경쟁에 근거한 접근법(competition-based approach)

1) 경쟁자 가격을 고려한 가격결정법(going-rate pricing)

가격의 기초를 원가, 수요 보다는 주로 경쟁사의 제품 가격에 두는 방법이다. 시장이 몇몇 기업에 의해 과점된 경우에 이 방식에 의한 가격이 결정된다.

기업은 주요 경쟁사의 가격과 동일하게, 또는 이보다 일정 비율로 높게(또는 낮게) 책정할 수 있다. 경쟁사를 모방하거나 참조하여 가격을 결정하는 것은 흔히 사용되는 방법이다. 원가 측정이 어려운 경우 또는 경쟁사 반응이 불확실한 경우, 기업들은 경쟁사의 현행 가격을 참조하는 것이 좋은 해결방법으로 간주한다. 경쟁사 모방 가격결정법은 업계의 중지를 따르는 것이고, 이를 통해 적정이익을 획득하며, 업계의 조화로운 관계를 도모할 수 있다는 장점이 있다.

2) 경매형 가격결정법(auction-type pricing)

경매는 최종가격의 결정이 철저하게 판매자와 구매자간의 경매 방식에 의해 결정되는 특징이 있다.

가격결정에의 참여자들이 상호 제시하는 가격을 알 수 있는가의 여부에 따라 공개, 비공개로 구분된다.

(1) 공개: 경쟁적 가격제시를 통한 가격결정

여기에는 상향식 입찰(영국식 경매)과 하향식 입찰(네덜란드식 경매)이 있다.

첫째, 영국식 경매(English auctions, ascending bids)에서는 한 사람의 판매자와 다수의 구매자가 존재한다. 판매자는 품목을 제시하고, 구매자들 중에 한명이 남을 때까지 가격은 경쟁적으로 올라간다.

- 일본의 TV 프로그램 '경매'의 경매 상품은 자동차나 가구 등의 유형 물건이 아닌 무형의 물건인데, 하루는 인기 정상 가수와 멋진 저녁을 함께하는 상품이었다. 불과 5시간의 행복감을 위해 어떤 20대 후반의 여성이 200여만엔(2,000여만원)의 최고 가격을 제시해 낙찰 받았다. 그녀는 버스 안내양이었고, 월급은 20만엔 정도였다고 한다. 이와 같이 무형의 물건은 구매자에 따라 얼마든지 다르게 가치가 평가된다.

사진 15-2 화훼 공판장의 경매 모습(일본 후쿠오카)

둘째, 네덜란드식 경매(Dutch auctions, descending bids)에서는 ① 한 사람의 판매자와 다수의 구매자가 존재하는 경우도 있고, ② 한 사람의 구매자와 다수의 판매자가 존재하는 경우도 있다. ①의 경우에는 경매자가 제품의 최고가격을 제시한 후, 가장 높은 가격으로 구매할 응찰자가 생길 때까지 가격을 인하한다. ②의 경우에는 구매자가 구입하고자 하는 것을 제시한 후 잠재판매자들은 자신이 가능한 가격을 제시한다. 그리고 이를 조금씩 경쟁적으로 낮춤으로써 최하 가격의 판매자가 남을 때까지 경쟁한다. 각 판매자는 마지막 입찰가격이 얼마인지, 현재 얼마나 많은 경쟁기업들이 남아있는지를 알 수 있다.

(2) 비공개: 공개입찰에 의한 가격결정(sealed-bid auctions)

거래를 원하는 기업은 입찰에 응하지만, 이때 다른 경쟁기업들의 응찰가격을 알 수는 없다. 물론 입찰의 기회는 모두 공평하게 단 한번이다. 기업은 자사의 원가나 고객 욕구보다는 경쟁사들이 어느 정도로 가격을 제시할 것인가를 예상하여 응찰가격을 정한다.

입찰가격의 결정 방법으로 기대이익을 사용하는 것은 여러 번의 입찰기회를 갖는 기업에게는 적합하다. 이 방법을 활용하여 여러 건의 입찰에 응한다면 장기적 이익은 극대화된다. 그렇지만 입찰 기회가 매우 한정된 기업이나, 특정 계약을 반드시 따내야 하는 기업의 경우에는 장기적 기대이익을 기준으로 하기 보다는 조금 손해를 보더라도 필승전략을 사용한다.

- 한국전력은 서울 삼성동 부지 입찰 결과 현대차그룹이 낙찰자로 선정됐다고 2014년 9월 18일 밝혔다. 한전은 8월 29일부터 진행해 온 부지 입찰 절차를 종료하고 이날 응찰자들의 제출 가격 등을 검토한 결과 최고 가격을 써낸 현대차그룹을 낙찰자로 선정했다. 낙찰 가격은 10조5천500억원인데, 이것은 부지 감정가인 3조3천346억원보다 3배 이상 높은 금액이다.

Ⅳ 가격결정에서 고려할 기타 사항

가격결정에서 고려할 요소들은 여러 가지가 있다. 여기서는 몇 가지만 언급하겠다.

1. 지불과정의 편리성

소비자는 가격을 지불하고 제품/서비스를 받는다. 만약 소비자의 지불과정을 좀 더 편리하게 해준다면 교환의 활성화에 도움이 될 것이다. 외상을 주거나, 또는 신용카드(또는 카카오페이, 삼성페이, 애플페이)의 사용은 이러한 지불과정의 편리성과 연관된다.

- 슈퍼마켓에서 계산하기까지 오랜 시간 줄을 서는 것은 지불과정의 불편함을 의미하며 이러한 점은 고객의 교환행위에 대한 부정적 영향을 미친다. 슈퍼마켓의 셀프스캐너 시스템은 이러한 필요에서 등장하였다.

- 최근 술집에서는 테이블에서 바로 주문할 수 있게 되어 있다. 테이블마다 설치된 터치식 화면에서 메뉴를 고르고 이를 선택하면 바로 주방에 주문이 들어간다. 또한 지금까지 먹은 것의 가격도 보여주고, 각자 부담하는 회식의 경우에는 개인별 부담금액도 알려준다.

2. 기회비용(opportunity cost)

자신의 무한(無限)한 욕구를 현명하게 만족시키기 위해서는 '희소(稀少) 자원을 어떻게 사용할 것인가' 하는 근본적 경제문제에 당면한다. 제약조건이 있기에 사람들은 선택을 해야 한다. '기회비용'이란 어느 한 선택을 함에 따라 포기할 수밖에 없던 가장 높은 가치의 대안(代案)을 의미한다.

- 책상에서 1시간 공부하는 선택을 하였다면, 밖에 나가 놀 수 있는 1시간을 포기하는 것이고, 이것이 바로 기회비용이 된다. 급성 맹장수술로 인해 수학여행 가는 것을 포기했다면 수학여행의 즐거움이 바로 기회비용이다. 자동차 접촉사고로 정비소에 가느라 강연가는 것을 포기했다면 강연료 수익이 바로 기회비용이다.

일반적으로 성공적인 경영자는 그렇지 않은 경영자 보다 시간의 기회비용을 더 크게 생각한다. 그 이유는 자신의 시간으로부터 얼마나 더 많은 수익을 거둘 수 있는지를 감지하기 때문이다.

- 시간당 5만원의 강의료를 받는 시간강사의 시간당 기회비용은 5만원이다. 반면에 시간당 100만원을 받는 저명인사의 시간당 기회비용은 100만원이다. 이 두 사람이 사정상 강의를 못하게 되었다면(예를 들어 낮잠을 자기 위해, 또는 친구들과 수다를 떨기 위해, 또는 집안의 급한 사정이 생겨서), 시간당 시간강사는 5만원, 저명인사는 100만원의 손해를 지금 하는 어떤 것 때문에 보고 있다고 느낄 것이다.

- 일반적으로 택시기사는 위장병이 잘 걸린다고 한다. 그 이유는 아마도 밥을 급하게 먹기 때문이다. 운전하는 시간이 바로 돈이라는 생각이 들기에 느긋한 식사를 하지 못한다. 반면에 실업자는 기회비용이 없기에 허겁지겁 식사하는 모습을 보기 어려울 것이다.

사람들은 원하는 것을 모두 가질 수 없으므로 상품이나 서비스를 선택할 때마다 기회비용이 생기게 된다. 따라서 현명한 소비를 하기 위해 최선의 선택을 하려고 노력한다. 우리가 하는 모든 일에는 반드시 기회비용(opportunity cost)이 존재하기에, 무엇을 하고 무엇을 하지 말지 신중하게 결정해야 한다. 따라서 해야 할 것, 하지 말아야 할 것을 구분하는 능력은 매우 중요하다.

- "다른 사람이 당신을 위해 해 줄 수 있는 일을 결코 자신이 하지 말라. 다른 사람이 당신을 위해 해 줄 수 있는 일이 늘어날수록, 당신 외에는 그 누구도 할 수 없는 일에 당신이 쏟아 부을 수 있는 시간과 에너지도 늘어난다."

― E. W. 스크립스

가격에 대한 의사결정을 적절히 하기 위해서는 여러 과학적 이론을 섭렵할 필요가 있다. 동시에 가격 관리는 다른 어떤 마케팅 요소보다도 경험적, 예술적 접근이 요구되기도 한다. 가격관리는 포커게임을 하는 것과 같다고 할 만큼 정보 부족, 불확실성이 존재하고, 여러 심리 및 사회적 변수도 많이 개입된다.

가격에 영향을 미치는 모든 요인들을 이해하고 있고, 이들 요인들을 체계적으로 반영하는 과학적 기법을 알고 있다고 해서 최선의 가격결정을 내릴 수 있는 것은 아니다. 과학적 지식은 현실의 가격을 산정하는데 있어 그저 하나의 참고로 간주할 필요도 있다. 이렇게 가격결정 및 관리는 복잡하고 쉽지 않기에 대다수 기업들은 능숙하지 못한 편이다. 그래서 만약 가격결정에 대한 탁월한 역량을 보유한다면 그에 따른 성과는 더욱 클 것이다.

시장에 내놓을 제품(또는 서비스)이 결정되었다면, 이제 기업은 그 제품에 대해 소비자들이 지불할 가격을 책정하여야 한다. 가격은 기업이 제공하는 제품 및 서비스로 인한 혜택의 대가로 요구되는 금액을 의미한다. 즉 소비자가 소유 또는 사용함에 따라 얻게 되는 제품/서비스로부터의 혜택(benefit)에 대한 대가로 지불하는 금액이다.

기본 가격의 결정은 기업이 처음으로 어떤 제품의 가격을 책정할 때에 대한 내용이다. 가격의 조정이나 변경은 이러한 기본 가격이 설정된 후 이를 중심으로 이루어지는 후속 결정이다. 따라서 기본 가격의 결정은 가격에 대한 근간이 되는 중요한 결정이다.

기본 가격의 결정에는 여러 요인들이 영향을 미치는데 크게 기업 내부 요인과 기업 외부 요인으로 나눌 수 있다. 기업의 내부 요인들(internal factors)로는 마케팅 목표, 마케팅 믹스, 원가, 가격결정 권한을 가진 조직 등이 있다. 한편 기업의 외부 요인들(external factors)로는 시장과 수요, 경쟁사, 기타의 시장 요인 등이 있다.

내부 및 외부 요소들 중 원가, 고객, 경쟁사는 가격결정시 고려해야 할 핵심 요소들이다. 원가, 고객, 경쟁사 중에서 어떤 요소에 좀더 비중을 두는가에 따라, 원가에 근거한 접근법(cost-based approach), 구매자에 근거한 접근법(buyer-based approach), 경쟁에 근거한 접근법(competition-based approach)으로 구분된다.

🔊 주요 용어에 대한 정리

범위의 경제(economies of scope): 여러 재화를 따로 생산하는데 드는 비용(TC(Qx), TC(Qy))과 묶어서 함께 생산하는데 드는 비용(TC(Qx, Qy))의 크기를 비교하여, 만약 TC(Qx, Qy) < TC(0, Qx) + TC(0, Qy)이면 범위의 경제는 존재한다. 즉 복수의 제조 활동을 각기 다른 기업에서 수행하는 것보다 하나의 기업이 통합적으로 하는 경우 비용 절감되는 현상을 말한다. 이러한 비용절감이 일어나는 이유는 복수의 활동에 공통적으로 사용되는 경영자원이 있고, 한 기업이 복수활동을 동시에 전개할 때 이러한 공유되는 경영자원을 절감할 수 있기 때문이다. 공유되는 경영자원으로서는 유통망, 정보시스템, 판매인력, 연구소, 회계인력, 법률인력, 재무인력 등과 같은 유형 자원이 될 수도 있고, 브랜드, 기업 평판, 기술과 같은 무형 자원이 될 수도 있다. 구체적으로 유사 상품의 경우에는, 생산자원의 공유로 인해,

그리고 연관 상품의 경우에는 부산물 활용으로부터 범위의 경제효과는 발생한다. 범위의 경제를 위해 수직적 통합, 수평적 통합, 사업다각화를 추진하기도 한다. 즉 다양한 제품 또는 서비스로 다각화를 하고 있다면, 그 이유는 다각화를 통해 기업들이 범위의 경제를 누릴 수 있기 때문이다.

제 16 장 가격 관리(2): 기본 가격의 조정 및 변경

여기서는 어떤 제품의 기본 가격이 기업내 다른 제품들과의 관계, 제품의 신규성 정도, 고객 및 상황의 변화 등에 따라 어떻게 조정되고 변경되는지에 대해 살펴보겠다. 또한 경쟁적 관점에서의 가격인상(또는 인하)에 대해서도 살펴보겠다.

Ⅰ 제품믹스의 가격결정

어떤 한 제품은 기업 전체의 제품믹스 관점에서 한 개의 구성 요소에 불과하다. 따라서 이를 개별 독립적으로 보기보다는 다른 제품들과의 관계를 고려하여 마케팅 의사결정을 해야 한다. 앞 장에서 살펴본 단일제품의 가격결정 논리는 그 제품이 제품믹스의 한 구성원일 경우에는 상이한 접근이 요구된다. 즉 제품믹스 전체의 이익 극대화가 되도록 개별제품 가격을 책정해야 한다.

이와 같이 제품은 기업내 다른 제품들과의 다양한 관계를 맺고 있다. 이들 관계의 유형에 따른 가격결정을 살펴보겠다.

1. 제품계열의 가격(product-line pricing)

동일 제품계열에 속한 개별제품들간에는 공통점도 많지만, 원가/소비자/경쟁사 등에 있어서 차이가 있다. 그래서 제품계열 내의 개별 제품은 이러한 자료를 종합적으로 고려하여 가격을 책정한다.

- 현대자동차의 승용차 계열에는 아반떼, 소나타, 그랜저 등의 차종이 있다. 아반떼(1,866만원~), 소나타(2,592만원~), 그랜저(3,716만원~) 등으로 책정되어 있다(2023년 1월 기준).

여기서 중요한 의사결정 사항은 제품들 간 어느 정도의 가격 차이를 둘 것인가이다. 결론적으로 제품들 간의 가격차이를 뒷받침하는 품질 차이를 소비자가 지각하고 이를 인정하도록 해야 한다. 그래야 제품계열에 소속된 제품 모두가 잘 팔리게 될 것이다. 적절한 가격 차이를 두지 않는다면 어느 한쪽으로 매출이 쏠리게 될 가능성이 크다(예: 만약 아반떼(1,866만원~), 소나타(2,012만원~)이라면 어떻게 될 것인가?).

- 발렌타인 위스키는 12년, 15년, 21년, 30년, 38년의 제품이 있다. 이들간 가격차이를 어떻게 둘 것인지는 제품 계열의 전체 매출에 영향을 미칠 것이다.
- 업계 관계자에 따르면 "K9은 옵션 등은 최신 사양이라고 해도 엔진 배기량 등을 봤을 때 제네시스와 동급이다. 그럴지만, 현대 & 기아간의 자기잠식(cannibalization)을 막기 위해 1,000만원 가량 더 비싸게 출시됐다"고 한다.

2. 선택제품의 가격(optional product pricing)

주제품과 함께 선택제품을 제공하는 경우가 있다.」 선택제품이란 주제품을 사용하는데 도움되는 제품/서비스를 의미한다. 예를 들어, 자동차(주제품)의 경우, 썬루프, 내비게이션, 블랙박스, 하이패스 단말기, 알루미늄 휠 등이 선택제품이다. 스마트폰(주제품)의 경우, 이어

그림 16-1 | 주제품과 선택제품

폰, SD 카드, 액세서리 등이 선택제품이다([그림 16-1] 참조).

- [주제품]과 〈선택제품〉의 예: [치즈 피자]와 〈각종 토핑〉, [이발소 커트]와 〈샴푸/면도〉 등.

기본 모델(주제품)에 다양한 옵션(선택제품)을 패키지로 제시하면서 구매를 설득한다. 이처럼 기본 모델 이외에 옵션 추가한 제품으로 제품믹스를 구성하여 판매하는 이유는 옵션이 가격 차별화의 수단으로 활용되기 때문이다. 즉, 기업은 옵션의 포함 정도에 따라 최소 패키지(주제품만 있는 저사양 패키지), 증폭 패키지(옵션이 많이 함유된 고사양 패키지)를 서로 다른 가격대로 판매할 수 있다. 소비자 관점에서는 옵션이 다양한 욕구를 충족시키는 제품구색(product assortment)을 형성하기에 선택의 폭을 넓혀 준다는 장점이 있다.

선택제품의 가격 설정에서 고려할 사항으로는 첫째, 기본 가격 속에 내재적으로 포함시킬 선택제품과 분리해서 개별 판매할 선택제품을 어떻게 구분할 것인가, 둘째, 선택제품의 가격은 어느 수준으로 할 것인가 등이다.

- 일반적으로 점포에서 많이 활용하는 상술 중 하나는, 주제품 가격을 현격히 낮게 하여 소비자의 가격부담을 줄여줌으로써 일단 매장으로 유인한다. 그런 다음 선택제품이 필요하다는 것을 설득하여 추가적으로 이를 구입하게끔 한다.

- 주차장을 갖추지 않은 식당의 운영자는 차를 타고 온 고객들에게 주차료를 지원할 것인지의 여부를 고민한다. 주차료를 지원하지 않으면 그만큼 저렴하게 음식값을 책정할 수 있다. 반면에 주차료를 지원한다면 이를 음식값에 반영하여 상향하여야 한다. 후자의 경우에는 차를 가져오지 않은 고객에게도 높은 가격을 부담시킨다는 불공평이 발생한다. 만약 여러 분이 식당 주인이라면 어떠한 결정을 내릴 것인가? 물론 이에 대한 판단은 식당에 오는 고객의 성향, 음식값의 높낮이, 주차료 등을 고려하여 결정해야 한다. 일반적으로는 음식값에 주차료를 반영하고 고객들에게 따로 주차료를 내지 않게 지원해주는 것이 더 나을 것이다. 왜냐하면, 고객들은 음식값에는 크게 저항을 느끼지 않겠지만, 식사 후 주차비를 또 따로 내야 한다고 하면 이를 손실로 여겨 기분이 상할 가능성이 크기 때문이다. 이런 점에서 보면, 주차료 등의 서비스 요금을 따로 내지 않는 호텔, 병원 등에서 수준 높은 서비스를 받았다고 해서 기분 좋아해서는 안 된다. 아마도 지불 비용에는 이미 주차료가 반영되었고, 그러한 점을 여러 분이 인식하지 못하고 있을 뿐이다.

일반적으로 주제품 자체의 가격 수준은 선택제품의 포함 정도에 영향을 미친다. 예를 들어 고가 승용차에는 기본 패키지에 아예 옵션(선택제품)을 가득 넣은 상태로 판매한다. 즉 고가 승용차는 옵션을 굳이 따로 판매하지 않는다(고가 구매자의 가격민감성은 높지 않다는 이유). 반면에 저가 승용차는 옵션을 따로 분리해서 판매한다. 그리고 소비자가 어떤 옵션을 지정하면 이를 장착하는 방식을 취한다. 그 이유는 낮은 가격대의 구매자는 가격에 민감하기에 선택제품이 분리된 저렴한 차 값을 선호하기 때문이다.

기업의 옵션 제시 방식은 최소, 증폭 패키지에 대해 느끼는 가치, 옵션의 구매가능성 등에 영향을 미친다. 옵션 제시 방식으로는 주제품만을 초기 대안(default alternative)으로 먼저 제시하고 옵션을 하나씩 추가 제시하는 상향 옵션 프레이밍(upgrade option framing), 증폭 패키지를 초기 대안으로 먼저 제시하고 옵션을 하나씩 제거하는 하향 옵션 프레이밍(downgrade option framing), 그리고 옵션에 대한 언급 없이 최소 패키지, 증폭 패키지로 뭉뚱그려 개별 제시하는 방식 등이 있다.

- 연구결과, 상향 옵션 프레이밍보다는 하향 옵션 프레이밍에서 옵션의 구매 가능성이 높아지는 현상을 발견하였다. 예를 들어 모든 옵션을 갖춘 완전 사양(full model) 자동차를 초기 대안으로 제시하고 이로부터 불필요한 옵션을 비용절약 차원에서 제거할 수 있는 선택 기회를 제공하는 방식(즉, 하향 옵션 프레이밍)이 (기본모델(basic model) 자동차를 초기 대안으로 제시하고 필요 옵션을 추가금액을 지불하고 추가 기회를 제공하는 방식(즉, 상향 옵션 프레이밍) 보다~) 소비자들의 더 많은 옵션 구매를 유발하는 것으로 관찰되었다. 이러한 현상은 초기 풀옵션 대안을 다른 대안들의 준거점(reference point)으로 사용하기 때문이다. 즉 고사양의 증폭 패키지 제품(초기 대안)으로부터 하향 옵션 프레이밍에 의해 옵션들이 제거되면서 최소 패키지 제품으로 축소됨에 따른 '제거되는 옵션들을 손실(loss)로 지각'하기 때문이다.

3. 종속제품의 가격(captive-product pricing)

어떤 제품은 종속제품과 반드시 함께 사용하여야 한다. 주제품과 함께 사용되는 종속제품으로는 면도날(이때의 주제품은 면도기), 잉크 토너(주제품: 프린터), 커피캡슐(주제품: 커피머

그림 16-2 | 주제품과 종속제품

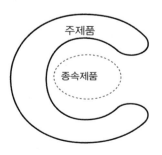

신), 게임팩(주제품: 게임기), 폴라로이드 필름(주제품: 폴라로이드 카메라) 등과 같이 주로 소모품 성격이 강하다([그림 16 – 2] 참조).

마케터는 주제품과 종속제품 중, 어느 쪽에서 더 많은 이익을 올릴 것인지 결정해서 가격을 책정한다. 일반적으로 주제품은 싸게 하여 고객들이 이를 부담 없이 구매하게 유인한 다음, 종속제품을 비싸게 책정하여 여기서 수익 만회하는 방법을 많이 사용한다. 흔히 HP(Hewlett-Packard Company)는 프린터, 복사기 회사로 사람들은 알고 있지만, 사실 HP의 주수익원은 프린터 잉크이다.

주제품을 일단 구입한 고객은 종속제품이 없으면 주제품 활용 가치는 없어지기에 종속제품이 다소 비싸도 눈물을 머금고 이를 계속 구매하게 된다.

- 우리나라에 들어온 수입자동차 가격은 과거에 비해 저렴해졌다. 이는 수입자동차 회사의 전략이 자동차 판매로부터 수익을 올리기 보다는 수리 및 유지보수 서비스로부터 수익을 올리는 전략으로 바뀌었기 때문이라고 한다.

사진 16-1 Nespresso 커피머신(주제품)과 커피캡슐(종속제품)

종속제품 가격이 너무 높으면 소비자들의 가격저항은 높아진다. 이러한 소비자 불만의 기회를 포착한 경쟁사는 호환성 있는 저렴한 종속제품을 시장에 내놓기도 한다(예: HP호환용 리필잉크, 커피캡슐)([사진 16 – 2] 참조).

사진 16-2 Nespresso의 정품 캡슐(좌측)과 짝퉁 캡슐(우측)

앞 항에서 설명한 선택제품은 그것이 없어도 주제품 사용에 문제가 없지만, 종속제품은 그것이 없다면 주제품이 무용지물이 된다는 점에서 차이가 있다.

- 주제품, 종속제품 개념의 응용: 영화, 드라마를 운영하는 OTT사이트에서는 가끔씩 무료 또는 할인 이벤트를 실시한다. 예를 들어 시리즈 24편으로 구성된 드라마의 경우, 시리즈의 1~5편을 무료로 배포하는 경우가 있다. 공짜에 현혹되어 드라마를 보기 시작하면, 결국 나머지 내용이 궁금하여 시리즈의 6~24편을 유료 구매하게 되고, 더 나아가 다음 편 시리즈도 구매하게 된다.

4. 이분 가격결정법(two-part pricing)

서비스 기업들은 종종 서비스 속성을 두 가지로 분류하여 가격 책정하는, 즉 이분 가격으로 서비스 가격을 책정한다. 고객에게 청구하는 서비스 가격은 기본 서비스에 대한 고정요금(fixed fee)에 더해 서비스 사용 정도에 따른 추가 사용료(per unit charge)를 합하는 방식이다(예: 전화 요금＝기본 요금＋사용량 요금). 기본 서비스에 대한 고정 요금은 주제품 성격이 있고, 서비스 사용 정도에 따른 추가요금은 종속제품 성격이 있다.

- Lotte World는 기본 입장료(entry fee)에 더해 사용료(price per unit of purchase or consumption)를 가산한 수익을 획득한다. 기본 입장료는 적게 받지만, 사용자가 놀이공원에 들어가서 추가적으로 이용하는 사용료는 적지 않은 금액이다([그림 16-3] 참조).

그림 16-3 | 기본 입장료 ＋ 추가 사용료 ＝ 총수익

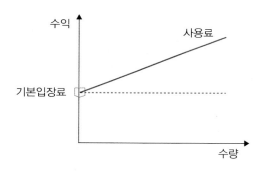

5. 부산물의 가격(by-product pricing)

가공육, 석유제품, 화학제품을 생산할 때는 보통 부산물이 생긴다([그림 16-4] 참조). 만

약에 부산물이 소비자에게 가치가 있다면 그 부산물에 가격을 부과해서 팔 수도 있다. 이때 부산물로부터 얻어진 수익으로 인해 기업은 주제품 가격을 낮출 수 있기에 가격경쟁력을 갖게 된다.

그림 16-4 | 주제품과 부산물

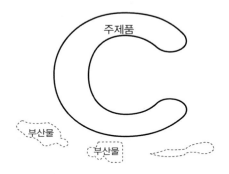

- 양말의 발목 부분을 뒤처리할 때 생기는 부산물을 모아서 목욕탕 입구의 발판을 만들고, 샌드위치 만들고 남은 식빵 껍질을 튀김 처리하여 판매하는 것 등은 부산물로 만든 제품이다.

한편 부산물 처리비용이 높다면 주제품 가격은 인상된다.

- 쓰레기 종량제 이후, 찌꺼기 처리 비용의 증대로 꽃값은 상승하였다. 카페에서 나온 커피 찌꺼기를 방향제, 재털이 용도로 고객에게 나눠주는 것은 부산물의 현명한 처리 방법이다.

- 에그타르트는 포르투갈 수녀원에서 처음 탄생했다고 한다. 당시 수녀들은 수녀복을 빳빳하게 하기 위해 달걀 흰자위만을 사용하였다. 따라서 부산물로 남게 된 노른자의 처리 방법을 고민하다 생긴 것이 에그타르트라고 한다. 이제는 부산물 취급 받던 노른자가 오히려 더 큰 대접을 받고 있다.

6. 제품묶음의 가격(product-bundle pricing)

몇 개 제품을 묶은 결합제품에 대한 가격결정이다(예: 연극 극단의 일년치 공연표, 패키지 여행상품(비행기+호텔+관광) 등). 한데 묶어서 인하된 가격으로 팔기에 하나하나에 대한 구매의사가 없던 소비자를 유인한다(예: 종합선물세트, 맥도날드의 세트메뉴, 통신회사의 패키지 상품 등)([그림 16-5] 참조).

그림 16-5 | 제품묶음의 가격

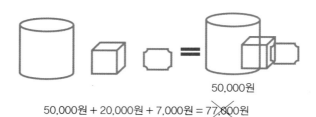

50,000원

50,000원 + 20,000원 + 7,000원 = 77,000원

묶음에 속한 각 제품별 구매의도는 묶음 가격의 수준에 영향을 미친다. 즉 원래부터 모든 개별 제품(예: 컴퓨터, 프린터, 스캐너)에 대한 구매의사가 높았다면 이들 결합제품(컴퓨터+프린터+스캐너)의 가격이 비록 높아도(즉 각 개별제품들의 원래 개별가격들의 합에 거의 근사할 정도로 높아도~) 소비자는 그것을 살 의향이 높다. 묶음에 구입의도가 약한 제품이 포함된다면, 제품묶음의 가격은 저렴해야만 묶음 구입을 유인할 수 있다.

- 단일 제품이 아니라 여러 제품을 섞어 파는 것은 여러 효과가 있다. 예: 소비자는 여러 종류의 맛을 본다는 혜택을 가진다(예: 젤리빈), 맛있는 것은 평범한 것과 같이 있을 때 좀 더 맛있고 귀하게 느껴진다(예: 일반쿠키와 초코쿠키의 혼합 포장, 개그맨 콤비 중 한명은 다른 한명을 받쳐주는 역할을 한다, 인생에 기쁨만 계속 있다면?), 판매자 입장에서는 잘 안팔리는 것을 끼워팔 수 있다.

Ⅱ 제품의 혁신성과 가격전략

가격은 제품수명주기에 따라 달라진다. 특히 도입기의 신제품 가격은 마케팅 성과에 많은 영향을 미친다. 적절한 초기 가격 덕분에 성공적 시장 진입을 하기도 하지만, 잘못된 가격 설정으로 인해 충분히 실현 가능한 이익도 놓치게 된다. 신제품의 가격전략은 혁신성 정도에 따라 혁신제품(innovative product), 모방제품(imitative product)으로 나뉜다([그림 16-6] 참조).

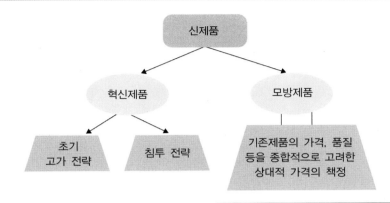

| 그림 16-6 | 제품 혁신성 정도에 따른 가격전략

신제품

혁신제품 → 초기 고가 전략, 침투 전략

모방제품 → 기존제품의 가격, 품질 등을 종합적으로 고려한 상대적 가격의 책정

1. 혁신 신제품의 가격

혁신적 성격이 강한 제품 가격은 초기 고가 전략(skimming strategy)과 침투 전략(penetration strategy)으로 분류할 수 있다

1) 초기 고가 전략

시장에 초기 도입하는 시점에는 가격을 높게 하였다가, 시간이 지나면서 차츰 단계적으로 내리는 형태를 의미한다. 이 방식은 초기에 고소득층, 제품이 절실한 수요층으로부터 가능한 많은 이익의 실현을 위해 높은 가격을 설정하는 것이다.

① 특허에 의해 신제품의 독점판매권이 보호될 때, ② 경쟁제품 및 대체품에 비해 신제품의 기술적 우수성이 탁월할 때, ③ 표적시장의 규모가 작아 규모 경제의 실현이 어려울 때, ④ 돈이 더 들더라도 상품을 사겠다는 사람들의 수가 많을 때, ⑤ 값을 비싸게 매겨도 당분간 경쟁사가 시장에 들어올 가능성이 적을 때, ⑥ 값이 비싸면 물건도 좋을 것이라는 생각을 소비자들이 할 때, 이 전략은 적절하다.

- 볼펜이 처음 시장에 등장한 1950년대에는 한 개에 50달러에 팔렸다. 휴대폰도 초기에는 300만 원 이상의 고가였다. 초기의 코로나19백신도 사회적, 도덕적 문제만 없다면 이러한 가격 방법을 사용할 수도 있었을 것이다.

첨단기술 기반의 제품의 경우, 후속제품들이 비교적 빠르게 추적해 오기에 일반적으로 수명주기는 짧다. 그래서 짧은 기간 동안, 그간 들어갔던 개발 및 생산비의 회수를 위해 이익을 극대화하는 초기고가 전략을 사용하는 경우가 많다. 경쟁사보다 조금이라도 더 빠르게 시장에 진입할수록 이러한 독점적 지위를 누릴 기간은 길어지기에 신제품 개발의 가속화 (Accelerated product development) 노력이 중요시 된다.

2) 침투 전략

처음부터 낮은 가격으로 제품을 시장에 진출시킴으로써, 짧은 시간내 많은 수의 고객을 확보하고 시장점유율을 확대하려는 전략이다. 단기 이익은 희생하더라도 장기적으로 많은 이익을 거두는데 주안점을 두고 있다. 즉 단기적 손해를 볼 각오도 해야 하기에 상당한 장기적 안목과 위험부담 능력이 요구된다.

① 소비자들이 가격에 아주 민감하고, ② 가격으로 상품을 공급하면 시장의 성장이 촉진될 때, ③ 높은 경험곡선 효과(experience curve effect)로 인해 생산원가가 빨리 떨어질 때, ④ 저렴하게 신제품을 공급함으로써 경쟁사의 시장진입을 방지하거나 늦출 수 있을 때, 침투전략을 고려해볼 가치가 있다.

- 1971년 개발된 농심 새우깡의 성공은 오늘날까지 50여년을 이어오고 있지만 그동안 새우깡의 가격은 계속 '시내버스 요금보다 싸게'라는 수준에서 유지되고 있다(참조: 윤석철, 2001). 가격을 싸게 유지하였기에 타기업들은 모방제품을 만들려 했지만 규모의 경제에 도달하지 못하여 대개 실패하였다. 아마도 새우깡 가격을 초기에 높게 책정하고 고소득층을 대상으로 하는 전략을 선택하였다면, 초기에 높은 수익은 거뒀을지 모른다. 하지만 먹을거리가 마땅하지 않고 전반적으로 소득수준이 낮던 출시 당시의 대다수 서민들을 생각해볼 때, 만약 초기고가 전략을 사용했다면 오늘날까지 사랑받고 장수하는 브랜드가 되기는 어려웠을 것이다.

- 저자는 1989년부터 한글 워드프로세서인 '아래한글(HWP)'을 사용하였다. 구매가격이 그리 저렴하지는 않았지만 성능이 당시로서는 뛰어났기에 제품을 구입하였다. 또한 복사방지를 위한 프로텍터가 걸려 있기에 구입하지 않으면 사용할 수도 없었다. 그런데 이 제품의 확산이 빠르게 퍼진 것은 아래한글 1.5판부터였다. 그 전에는 프로텍터를 통한 불법 복제를 방지하였지만, 1.5판은 이러한 장치를 걸지 않았다. 이때 무료 사용자는 대폭 증가하였고, 또한 사용자간 문서 교환을 위해 경쟁 소프트웨어를 사용하던 사람들도 아래한글로 전환하였다. 시간이 흘러 제품 우수성이 인정되고 그것에 익숙해짐에 따라 제품 의존도는 높아졌다. 그러자 아래한글 2.0판은 다시 비싸게 가격을 책정하였고 여기에는 좀 더 강력한 복사방지 장치를 걸었다. 제품성능 역시 월등히 좋아졌기에 많은 사람들은 기꺼이 지갑을 열었다.

- 삼성전자는 스마트폰 '갤럭시S5' 출시를 계기로 과거와 다른 마케팅 전략을 쓰고 있다. 삼성은 이전에는 갤럭시S 시리즈를 내놓을 때마다 디스플레이, 응용프로세서(AP), 배터리 등에 '세계 최초

(World First)' 기술을 대거 적용하고, 이를 비싸게 판매하는 '초고가 프리미엄' 전략(초기고가전략)을 써왔다. 그러나 갤럭시S5는 최고 성능의 부품을 쓰는 것은 그대로지만, 출고 가격을 내리고 초반부터 대대적으로 마케팅 비용을 쏟아부어 판매량을 늘리는 전략을 쓰고 있다. 이를 가장 잘 보여주는 것이 갤럭시S5의 가격이다. 일반적으로 삼성은 해마다 갤럭시S 시리즈의 신제품을 내놓을 때마다 가격을 조금씩 올려 왔다. 그러나 2013년 미국에서 출시한 갤럭시S4는 899달러인데 비해, 2014년 4월에 내놓은 갤럭시S5는 699달러로 200달러가 오히려 싸졌다. 미국 최대 이동통신사 버라이즌은 갤럭시S5 출시와 동시에 한 대를 사면 한 대를 더 끼워주는 '1+1' 행사를 시작했다. 유럽 지역 이동통신사 보다폰은 갤럭시S 시리즈의 구형 제품을 반납하고 2년 약정을 맺으면 최신 스마트폰인 갤럭시S5를 공짜로 준다. 삼성이 갤럭시S5의 가격을 낮추긴 했으나 제조원가는 예전 모델보다 더 올라갔다. 글로벌 조사업체인 IHS는 갤럭시S5에 들어간 부품 가격이 251달러(조립비 포함)로 갤럭시S4의 244달러보다 높은 것으로 분석된다고 밝혔다. 제조 비용이 꾸준히 상승하는데도 판매가를 내리는 것은 경쟁사들이 쉽게 따라오기 힘든 전략이다.

— 참조: 조선일보, 2014년 5월 14일

2. 모방 신제품의 가격

유사제품(me-too product)은 시장에 내놓을 제품이 기존 제품과 비교해서 뚜렷이 다른 점, 특별히 나은 점이 그리 많지 않은 제품을 의미한다. 이러한 유사제품에 대한 가격전략(pricing strategy for me-too products)은 기존제품들의 가격, 품질 등을 종합적으로 고려한 상대적 가격을 책정한다.

모방 신제품(또는 유사제품)은 기존 제품들과의 포지셔닝 문제에 당면한다. 기존제품들이 이미 차지하고 있는 세분시장의 규모, 성장률, 경쟁력 등에 대한 충분한 이해를 바탕으로 자사 제품의 포지셔닝을 결정하고 이에 적합한 가격을 설정하는 것이 현실적이다([그림 16-7] 참조).

그림 16-7 | 품질, 가격 차원에서의 포지셔닝

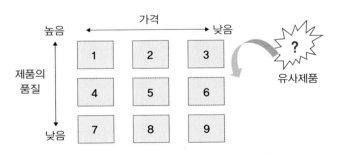

Ⅲ 가격의 조정

기본 가격은 고객들의 상이한 특성, 시장상황의 변화 등을 고려하여 조정(price-adjustment)할 필요가 있다.

- 예: 구매조건에 따라 가격할인을 해주는 경우(가격할인과 공제), 고객별, 상황별 차별가격의 책정이 요구되는 경우(차별적 가격), 고객 심리를 반영하여 가격조정을 하는 경우(심리적 가격), 단기 판매증대를 위해 촉진 가격이 필요한 경우(촉진적 가격), 지리적으로 분산된 고객들에 대한 가격 조정이 필요한 경우(지리적 가격) 등.

이러한 내용에 대해 자세히 살펴보면 다음과 같다.

1. 가격할인과 공제

고객이 신속하게 대금 지불하거나, 대량구매 하거나, 비성수기 구매를 해주는 경우, 이에 대한 보상을 위해 기본가격을 조정한다. 가격할인(price discounts), 공제(allowances)가 이에 해당한다.

1) 가격할인

① 현금할인: 대금을 빠르게 지불하는 고객에게 가격 할인해주는 것이다('2/10, net 30': 10일 이내 지불하면 2%할인, 30일까지는 원래 금액이란 의미).

② 수량할인: 대량구매 고객에게 가격 할인해주는 것이다(예: 여행사에서 동반인 50% 할인, 단체관광 20% 할인 등).

③ 기능할인: 판매, 보관, 장부정리 등과 같은 기능을 공헌하는 유통경로 구성원에게 제조업자가 가격 할인해주는 것이다.

④ 계절할인: 비수기에 구매하는 고객에게 가격 할인해주는 것이다(예: 여름의 난방기/밍크코트/스키용품의 할인).

2) 공제

① 거래 공제: 신형모델을 구입할 때 구형모델을 반환하면 그에 해당하는 만큼 가격을 공제해주는 것이다.

② 촉진 공제: 제조업자의 광고 및 촉진 프로그램에 참여하는 판매상들에게 보상책의 일환으로 일정액을 지불하거나 가격 공제해주는 것이다.

'가격할인'은 가격 자체를 내리는 것이기에 모든 고객들이 이렇게 인하된 가격으로 거래할 수 있다. 이 경우 이미지가 저렴해질 수 있다. 이에 비해 '공제'는 특정 조건을 충족한 거래대상자에게만 가격을 깎아주기에 기존 가격은 그대로 유지한다는 장점이 있다.

- 에르메스 재고품은 1년에 두 번 불탄다. 프랑스 명품 브랜드인 에르메스의 한국 법인 에르메스 코리아는 매년 여름과 겨울 두 차례에 걸쳐 값비싼 자사 제품을 스스로 불에 태워 없애버린다. 소각 목록에 오르는 제품은 패션쇼나 촬영용, 협찬용 등으로 사용되는 샘플용 옷, 구두, 스카프 등이다. 매장에서 팔리지 않고 남은 재고 상품도 같은 운명을 맞는다. 상대적으로 유행을 덜 타는 핸드백 정도만 소각 대상에서 제외된다. 에르메스가 샘플과 재고 상품을 소각하는 이유는 브랜드 이미지를 유지하기 위해서이다. 에르메스 관계자는 "재고 상품을 싼값에 팔면 자칫 브랜드 이미지에 손상이 갈 수 있어 소각하고 있다"고 말한다. 이런 전략은 에르메스의 '노세일(no sale)' 원칙과도 맞물려 있다. 다른 명품 브랜드는 보통 샘플 제품, 팔리지 않은 제품을 30~50% 할인된 가격에 팔고 있다. 하지만 에르메스는 싸게 파는 대신, 아예 소각시키는 원칙을 고집하고 있다. 명품업체 관계자는 "재고를 소각 처리하는 것은 고가 명품상품의 브랜드 가치를 유지하기 위한 고도의 마케팅 수단"이라고 말한다.

  – 참조: 조선일보, 2009년 1월 23일

- 암표상에 대한 친구의 목격담(1장에 소개한 암표상 사례): 암표 값은 원래 정해진 가격이 없고 특히 상영 시간이 임박할수록 값이 크게 떨어진다. 그래서 경험 많은 관객들은 암표상 주위를 배회하면서 영화가 시작하길 기다린다. 그런데 막상 영화가 시작하자 암표상은 돌연 과감하게 자신이 가지고 있던 표를 갈기갈기 찢었다. 표를 싸게 사려고 버티던 사람들은 갑자기 망연자실해졌고 그들 사이로 암표상은 유유히 지나갔다. 아마도 이런 경험을 한 사람들은 다음번에도 암표상에게 동일한 전략을 쓰지는 못할 것이다.

2. 차별적 가격

동일 상품(/서비스)을 둘 또는 그 이상의 상이한 가격으로 분류해서 판매하는 것을 가격차별이라고 한다. 이때 가격간 차이는 상품/서비스의 원가 차이와는 무관하다(즉 비례하지 않는다). 가격 차별을 통해 기업은 매출 및 이익의 증대를 꾀할 수 있다.

차별가격에는 여러 형태가 있다.

(1) **고객 기준**: 고객별로 다른 가격을 책정하는 것이다. 대중교통의 경우, 동일 서비스를 모든 승객에게 제공하지만, 학생, 군인 및 노인에게는 할인가격으로 제공하는 것이다 ([사진 16-3] 참조).

사진 16-3 고속버스 요금의 내국인, 외국인에 따른 차별가격표(미얀마의 바간, 2019년)

(2) **제품형태 기준**: 제품형태별로 다른 가격을 책정하는 것이다. 예를 들어, 리필 용기에 담긴 샴푸와 정식 포장용기에 담긴 샴푸의 가격 차이, 비닐봉지에 쌓인 과일과 고급스런 바구니에 담긴 과일 가격의 차이 등을 들 수 있다. 제품 형태별 가격 차이는 제품의 실질적 원가에 따른 차이를 그대로 반영하지 않는다.

(3) **이미지 기준**: 이미지의 차이에 따라 상이한 가격을 책정하는 것이다. 평범한 유리병에 담긴 향수(소박한 브랜드명, 대중적 광고물), 유명 디자이너가 제작한 크리스탈 병의 향수(우아한 브랜드명, 고급스런 광고물) 등으로 이미지를 차별화시키고 여기에 상이한 가격을 책정하는 것이다.

(4) **유통경로 기준**: 유통형태별로 다른 가격을 책정하는 것이다. 동일 제품도 고급백화점, 대형마트, 편의점 등에 따라 가격이 다르다.

(5) **위치 기준**: 장소별로 상이한 가격을 책정하는 것이다. 연극, 뮤지컬, 클래식 공연의 경우 좌석 위치마다 다른 가격이 책정된다(예: R석, A석, B석 등). 물론 무대가 잘 보이는 위치의 좌석 가격이 비싸다. 그렇지만 모든 관객들에게 제공하는 서비스 원가는 동일하다. 이와 같이 서비스 원가 차이에 비례하지 않고 위치 기준으로 차별적 가격을 책정한다.

- 관광지에는 자동판매기(음료)가 곳곳에 설치되어 있다. 일반적으로 자동판매기 소유주는 각기 다르기에 어느 정도 가격결정권이 있다. 어떠한 위치에 있는 경우, 동일 음료에 대한 높은 가격의 책정에도 불구하고 그것이 잘 팔릴 것인가? 일반적으로 소비자의 사용편리성(거리, 시간, 노력) 정도에 따라 동일 제품도 가치는 달리 인식된다.

(6) 시간 기준: 계절별, 일별, 시간별로 다른 가격을 책정하는 경우이다. 예를 들어, 심야 시간대의 전화요금 할인, 영화관의 조조할인, 패밀리 레스토랑의 해피타임 할인 등이 이에 해당한다.

- 김포에서 제주행 항공권을 급하게 구매하려던 김 과장은 발권데스크에서는 전혀 할인되지 않기에, 혹시나 하는 마음으로 근처 커피숍에서 노트북을 켜고 탑승하려던 비행기 항공권을 인터넷으로 알아보니 70% 할인 특가로 판매중이었다. 이와 같이 같은 날짜, 시간의 동일 항공권 가격은 천차만별이다. 그래서 같은 비행기를 타고 가는 승객 모두는 다른 가격으로 비행기표를 구매한다는 우스갯소리도 있을 정도이다. 항공권 가격이 책정되는 과정은 다양하고 복잡하다. 항공사는 보유하고 있는 시스템, 스케줄, 인건비 등을 활용해서 '그 순간 최대 수익'을 올리기 위한 다양한 전략을 펼친다. 때문에 같은 날짜와 시간임에도 불구하고 상이한 가격들이 나타난다. 물론 인터넷에서 항공권을 판매할 경우 인적서비스와 사무실이 필요하지 않아 인건비와 유지비용 등이 절감되기에 일반적으로 싼 가격에 구매가 가능하긴 하지만 이러한 원가 차이와 가격 차이는 무관한 경우가 대부분이다.

서비스의 경우에는 시간(예: 놀이공원의 야간 할인, 비오는 날 할인), 서비스의 수준(예: 종업원의 대면 서비스 vs 셀프서비스), 서비스 제공방법(예: 인터넷 뱅킹 vs 은행영업점 창구거래의 수수료 차이) 등에 따라 다양한 가격차별화가 시행되고 있다.

가격차별화를 실행하는데 필요한 조건은 다음과 같다.
① 시장이 세분화되며 세분시장별로 수요 강도는 다르다.
② 저가격으로 제공되는 세분시장으로부터 제품 구매하여 고가격으로 형성된 세분시장에 재판매하는 것을 막을 수 있어야 한다(참조: 20장의 그레이 마켓(gray market)). 예를 들어, 게임기(닌텐도 Wii, Play Station 등)는 나라별 가격 차이가 꽤 있는 편이다. 그렇기에 나라별로 게임기 호환이 되지 않도록 하였다. 즉 한국에서 구입한 본체엔 일본 또는 미국에서 판매되는 게임팩의 사용을 막는 장치를 걸어놓았다.
③ 기업이 차별적 고가격으로 제공하는 세분시장에 경쟁사들이 이보다 낮은 가격으로 판매하지 않아야 한다.
④ 시장을 세분화하고, 세분시장별 차별가격을 시행함으로써 얻는 이익이 세분화 노력으로 추가발생하는 비용보다 커야 한다.
⑤ 세분시장별로 차이 나는 가격으로 인해 고객 불만이나 좋지 않은 감정을 유발하지 않아야 한다.
⑥ 가격차별은 불법이 아니어야 한다.

3. 심리적 가격

가격의 심리적 측면을 고려하여 가격 책정하는 것을 심리적 가격결정(psychological pricing)이라고 한다. 소비자는 때때로 제품의 경제적, 실질적 가치보다 가격이 주는 심리적 효과에 영향을 받는 경우가 있다.

제품을 판단할 충분한 정보를 가지고 있지 않거나 제품 지식이 부족할 경우, 가격은 제품을 평가하는 데 있어서 중요한 단서가 된다. 이와 같이 가격은 제품의 경제적, 실용적 가치를 표현하는 것 이외에도 여러 심리적 시그널을 구매자에게 전달한다. 즉 가격은 단순히 물질적 덩어리의 객관적 값어치만을 의미하지 않는다.

- 휴블라인(Heublein) 회사는 미국에서 선도적으로 보드카 브랜드인 '스미르노프(Smirnoff)'를 생산/판매하고 있었다. 그러던 중 스미르노프는 경쟁회사 브랜드인 '볼프슈미트(Wolfschmidt)'의 도전을 받게 되었다. 강력한 도전자인 볼프슈미트는 스미르노프보다 1달러 낮게 제품가격을 책정하면서도, 스미르노프와 품질에서 대등하다고 광고하였다. 기존 점유율을 지키기 위해 휴블라인은 스미르노프의 가격을 1달러 인하하거나 혹은 기존가격을 그대로 유지하면서 광고, 판촉비용을 늘리는 대안을 우선적으로 생각하였다. 그러나 두 가지 전략대안 모두 이익을 감소시키거나 경쟁우위 확보에 크게 도움되지 않을 것이란 결론을 내렸다. 이에 따라 휴블라인은 제삼의 대안으로 스미르노프의 가격을 오히려 1달러 인상하는 방안을 선택하였다. 이와 동시에 휴블라인은 볼프슈미트의 가격급에서 대응하는 렐스카(Relska)라는 신규브랜드를 도입했다. 또한 여기에 더해 볼프슈미트의 가격보다 더 저렴한 포포브(Popov)라는 신규브랜드도 출시했다. 이러한 전략의 선택결과, 기존의 스미르노프를 고급브랜드로, 볼프슈미트를 보통 수준의 브랜드로 포지션시킴으로써 휴블라인의 전체 수익성을 크게 증가시켰다. 흥미로운 사실은 휴블라인이 도입한 세 가지 브랜드는 맛과 생산원가에서 거의 동일하다는 것이다. 제품가격을 품질판단의 단서로 현명하게 활용함으로써 휴블라인은 거의 동일한 제품들을 품질수준에서 서로 다른 세 개의 제품들로 각각 포지션시키는데 성공한 것이다.

－ 참고: P. Kotler

1) 가격－품질 추론 또는 연상 심리(price-quality inferences)

대부분의 소비자는 가격을 품질의 지표로 생각한다. 즉 가격이 높으면 품질도 높을 것으로 짐작한다. 반면에 가격이 저렴하면 품질도 볼품없을 것으로 간주한다. 강력한 브랜드 이미지를 활용하여 높은 가격을 책정하는 것은 향수, 화장품, 명품백, 고급 자동차와 같이 자아의식적 제품에 특히 효과적이다. 물론 높은 가격이 높은 품질을 보장하는 것은 아니다.

- 저자는 아메리카노 커피를 즐겨 마시기에 카페에 가기 어려운 때는 일회용 원두커피(맥심의 'KANU')를 즐겨 마셨다. '카누' 10개들이의 가격은 3,000원~4,000원 사이로 기존의 인스턴트 커

피에 비해 2배 정도 비싸다. 그러던 중 2012년 12월 TV '소비자고발' 프로그램을 통해 '카누'의 볶은 커피 함량이 5%에 불과하다는 것을 알게 되었다. 블라인드 테스트 결과도 '카누'와 인스턴트 커피 맛을 분간하지 못하는 것으로 나왔다. 그동안 비싸니까 좋은 제품이라고 생각했었고, '세상에서 가장 작은 카페, 맥심 카누'라는 고급스런 광고물 영향도 받았기에 카페에서 사먹는 것 못지않은 훌륭한 커피라고 생각하고 맛있게 먹었는데, 그러한 정보를 접한 다음부터는 '카누'를 마실 때 기존의 인스턴트 블랙 커피와 다르지 않구나라는 생각이 새삼 들었다.

정보와 경험이 부족한 경우, 품질에 대한 추측은 가격을 통해 하는 경우가 많다. 그러나 품질에 대한 정확하고 객관적 정보를 소비자가 얻을 수 있다면, 가격의 심리적 영향력은 그만큼 적어질 것이다. 그렇지만 대다수 소비자는 제품품질에 대한 정보가 부족하기에 기업은 이를 전략적으로 활용한다. 즉 가격을 통해 소비자들이 느끼는 가치를 높게 인지하도록 조작한다.

- "가격을 너무 낮게 책정하면 품질과 관련해 오해를 불러일으킨다. 어떤 물건은 값을 올렸을 때 더 많이 팔린다."

  — 존 폴리, 펠로톤(헬스케어 기기 업체) 공동설립자 겸 CEO

2) 준거가격(reference prices)

소비자는 특정 제품의 가격에 대한 적절성을 판단할 때, 보통 머릿속의 어떤 준거가격을 가지고 이를 비교한다. 예를 들어 iPad(아이폰, 게토레이)를 구매하려는 소비자는 Galaxy Tab(갤럭시 스마트폰, 포카리스웨트)의 가격을 준거가격으로 한다. 준거가격은 현재 시장의 경쟁제품 가격, 과거의 자사 및 경쟁제품 가격(또는 과거 판촉행사 때의 할인가격), 구매 여건(예: 판매점포의 명성도) 등과 연관되어 형성된다.

- 다음 중 어디에서 파는 우동 한 그릇의 가격이 좀 더 저렴할 것인가? 강남 압구정동의 번화가에 소재한 고품격 식당, 경기도 용인에 소재한 E-Mart 매장내 식당. 만약 두 곳 식당의 우동가격이 모두 10,000원이라고 하면 가격저항감이 상대적으로 덜 생기는 식당은 어느 곳인가?

- Costco는 양질의 제품을 저렴한 가격으로 판매하는 대형점포이다. 점포를 방문한 소비자들은 그 안에 있는 제품들 모두는 다른 점포에 비해 저렴할 것으로 생각하며 구매한다. 그러나 때로 Costco에서 판매하는 제품 중에는 다른 곳보다 비싼 경우도 있다. 그러나 Costco 점포의 모든 제품들은 저렴할 것이란 구매맥락이 형성되고 있기에 소비자들은 그러한 틀에 맞춰 구매한다. 반면에 고급스런 점포 또는 백화점에서 판매하는 물건은 고가격일 것이란 준거 틀을 가지고 있기에 소비자들은 고가격에 대한 가격저항이 상대적으로 덜하다. 이러한 구매 맥락에 따라 준거가격은 형성되기에 판매자는 자사 제품의 가격결정에 있어서 구매 맥락을 파악하고 이러한 준거가격을

이용하기도 한다.

- 병원에서 비싼 치료비를 아무 불만없이 지불하고 나온 사람도 몇 천원 주차비가 비싸다고 주차관리원에게 항의한다. 치료비는 자신이 판단을 내릴만큼 충분한 정보를 가지고 있지 않기에 준거가격에 대한 확신이 없지만, 주차료에 대해서는 준거가격 정보를 비교적 많이 가지고 있기 때문이다.

준거가격의 영향력을 알기에 판매자는 제품가격을 책정할 때, 소비자들 마음속 준거가격에 대해 영향력을 행사하거나, 또는 소비자 마음속 준거가격을 이용하려고 한다.

고가격에 대한 소비자 저항을 의식한 기업은 자사 제품을 다른 고급제품과 함께 진열(또는 명품매대에 같이 진열)함으로써, 주변의 고급제품을 이용해 소비자 준거가격을 조작한다. 즉 자사 제품의 높은 가격은 적절하다는 인식을 심어준다.

- 요새는 많이 보이지 않지만 예전에 지하철, 버스 등에서 물건 파는 잡상인들이 많았다. 그런데 그들이 상투적으로 하는 말 중에 "이 물건은 원래 롯데백화점에서 팔았던 물건이었다"라는 것이 있다. 이것 역시 준거가격의 조작과 연관된다. 한편 재래 시장에서 "서울의 롯데백화점에서는 이 물건이 ***원이나 됩니다"라고 말하는 것도 준거가격의 조작과 연관된다.

- 1990년대 초반, 태국 방콕의 가전매장에서 갑자기 삼성전자 제품이 잘 팔리기 시작했다. 얼마 전까지만 해도 사람들이 외면했던 삼성제품이 잘 팔리게 된 이유는 삼성 주재원이 매장 매니저에게 손을 써서 진열위치를 바꾸었기 때문이다. 즉 'Samsung'을 같은 S로 시작하고 발음도 비슷한 일본산 Sony, Sharp, Sanyo 옆에 진열시켰는데 이로 인해 태국 소비자들이 브랜드 철자가 비슷하지만 값이 훨씬 싼 삼성 제품을 일본 제품으로 착각하여 구매하였기 때문이다.

3) 가격의 끝자리(price endings)

판매업자는 가격의 끝자리가 홀수로 끝나야 한다고 믿는데, 이는 홀수로 끝나는 가격은 할인이나 협상의 느낌을 주기 때문이다. 반면에 저가 이미지 대신 고가 이미지를 가지길 원한다면 홀수 가격은 피할 것이다.

- 유통업계의 속설: 한국과 일본 소비자들은 가격에 9, 8, 6, 5, 3 같은 숫자가 들어간 걸 좋아하고, 7, 4, 1 처럼 각이 진 숫자는 시각적으로 부담스러워 한다. 그래서 이마트는 8, 6, 5, 3 순서로 물건값 끝자리의 우선순위도 정해두었다.

— 참조: 조선일보, 2003년 8월 19일

4. 촉진적 가격(promotional pricing)

기업은 단기적 판매증대를 위해 정가 이하 또는 원가 이하로 가격을 일시적 인하하기도 한다. 촉진적 가격이란 제품의 판매를 촉진(促進)하기 위한 가격을 의미한다.

- "Buy One Get One Free" 즉 하나를 사면 하나를 덤으로 주는 1+1 행사도 촉진적 가격이다. 이러한 행사상품의 대다수는 유통기간이 짧은 삼각김밥, 도시락, 우유 등에 많이 적용되고 저녁의 파장 시간대에 많이 활용된다. 반면에 면도날, 생리대처럼 소비자들이 주기적으로 꼭 사야만 하는 품목, 또는 오래 보관할 수 있는 상품은 1+1 행사 대상에서 거의 빠진다.

촉진적 가격의 유형은 다음과 같다.

(1) 손실유도품(loss leader): 고객을 일단 점포로 유치하기 위하여, 잘 알려진 브랜드 또는 인기 있는 제품 가격을 인하하는 것이다. 점포에 일단 발을 들인 고객에게 그것 이외의 정상가 제품에 대한 판매효과도 거둠으로써 점포 이익의 극대화를 꾀한다.

- 백화점의 경우, 김장철에 배추를 싸게 판매함으로써 주부들을 대거 매장으로 끌어 모은다. 그런 다음 이러한 배춧값 절약에 만족한 주부들이 '방심'하고 값비싼 외투, 비싼 화장품을 구매할 수 있다. 이러한 '방심'은 생활 현장에서 자주 발견된다. 예: 도서관에 일찍 와서 어렵게 자리 잡은 다음, 편히 잠을 자거나, 나가서 잡담 등.

(2) 특별행사 가격(special event pricing): 계절 또는 시즌에 특정 제품에 한해 행사가격을 책정함으로써 판매를 촉진하는 것이다. 예: 발렌타인 데이 때는 초콜릿, 봄엔 딸기, 여름엔 수박에 특별행사 가격이 많이 활용된다([사진 16-4] 참조).

사진 16-4 '사보텐'의 8월 기간 한정의 촉진 메뉴(2015년 8월)

(3) **현금반환(cash rebates)**: 특정 제품의 구매자에게 현금반환을 제공함으로써 판매를 촉진하는 것이다. 원래 가격을 수정하지 않아도 된다는 장점이 있다.

(4) **저리(低利)금융**: 고객을 유인하기 위해서 짧은 기간 동안 무이자, 장기저리 이자로 금융서비스를 제공하는 것으로 아파트 분양에서 많이 활용된다.

- **수입자동차의 꼼수**: 폭스바겐 매장을 찾은 구매자는 귀를 의심했다. SUV(스포츠 유틸리티 자동차) '티구안 2.0 TDI 블루모션'이 250만원 넘게 할인 판매된다는 말을 듣고 이곳을 찾았다. 매장 직원은 그에게 "270만원을 깎아 드리겠다"고 했다. 단, 조건이 있었다. 이 회사의 전속 금융사인 폭스바겐 파이낸셜 서비스의 할부 상품을 이용해야 한다는 것. 차값의 20%를 선수금으로 내고 나머지 80%는 3년 할부로 갚는 방식이며, 금리는 11%짜리 상품이었다. 3년간 내야 할 이자만 510만원이었다. 이와 같이 수입차 업체들은 차값 할인이라는 당근을 제시하고, 수입차 전속 금융회사들은 고금리 상품으로 고수익(高收益)을 올리고 있다.

  – 참조: 조선일보, 2014년 11월 6일

(5) **보증 및 서비스 계약**: 무료로 보증을 제공하거나 서비스 제공 계약을 추가제공함으로써 판매를 촉진한다. 한편 위에 언급되지 않은 여러 창의적 촉진적 가격전략은 다수 존재한다.

- **독일의 국영철도회사 도이치반(Deutsche Bahn, DB)의 철도카드(Bahncard, 반카드)**: 고객이 이 카드를 300달러(2등칸) 또는 600달러(1등칸)에 사면 1년간 언제 어느 기차를 타건 50% 할인을 받는다. 승객들은 카드를 산 다음에는 km당 가격이 정상가격의 절반이라는 사실에만 주목한다. 이 가격은 자동차의 연료비보다도 싸므로 많은 사람들이 자동차 대신 기차를 이용하게 됐다. 즉 승객들은 마치 50% 할인을 받았을 때처럼 행동했다. 그러나 그들은 이미 카드를 사기 위해 돈을 지불했기 때문에 실제 할인율은 약 30% 정도였다. 철도카드는 독일인들의 호응을 크게 얻어 현재까지 약 500만명이 카드를 발급받았다. 철도카드의 인센티브 구조가 흔히 사용되는 보너스 프로그램(항공사의 마일리지 프로그램 등)과는 상당히 다르다는 사실에 주목해야 한다. 철도카드를 사용할 때는 미리 돈을 지불해야 하기 때문에 고객들은 기차를 자주 이용해 자신이 투자한 돈을 되찾으려 한다. 철도카드는 이렇게 가격을 내리는 동시에 고객들의 이용을 촉진하는 매우 현명한 방법이다.

  – 참조: 유필화, "현대차에 경의!", 조선일보, 2012년 2월 5일

소비자 입장에서는 '10원 가치가 있는 꼭 필요한 물건을 20원이나 주고 구입하는 것'은 어리석다. 그렇지만 '20원 가치가 있더라도 꼭 필요하지 않은 물건을 10원 주고 구입하는 것'은 더욱 어리석다. 그러나 이와 반대로 기업 입장에서는 꼭 필요한 물건의 경우에는 좀 더 비싼 값으로 팔고, 꼭 필요하지 않아 구입하려 하지 않는 물건은 싸게라도 파는 것이 영

리한 마케팅이다. 즉 소비자의 어리석은 행동은 기업 입장에서는 영리한 마케팅의 결과이다.

창의적 가격전략을 위해 기업은 많은 노력을 기울이고 있다. 따라서 독자들은 교과서 밖의 다양한 사례를 유심히 살펴보기를 추천한다. 창의적 가격전략을 통해 기업은 더 많은 매출 성과를 거두고, 고객에게도 좋은 이미지를 심어줄 수 있기에, 기업은 이에 대한 더욱 많은 노력을 기울이고 있다.

5. 지역별 가격결정(geographical pricing)

지역별 가격결정이란 위치에 큰 차이가 있는 소비자들에 대한 가격 책정을 다룬다. 기업은 여러 지역에 흩어져 있는 소비자들에 대한 제품 가격을 어떻게 할 것인가를 결정해야 한다.

거리상 가격 부담의 정도에 따라, 생산시점 인도가격(공장인도가격, 소비자가 처한 위치에 따라 각기 다른 가격을 부담), 균일운송 가격(위치와 무관하게 균일 가격을 부담), 구역 가격(Zone Pricing, 구역간 차이는 있지만 동일구역내에서는 동일 운송비를 부담), 기점 가격(Basing-Point Pricing, 몇 개의 주요기점을 기준으로 거기서부터의 운송비 부담), 운송비 흡수가격(운송비 일부 또는 전부를 부담하지 않음) 등의 방법이 있다. 물론 이러한 전통적 구분은 최근의 교통 및 운송 기술의 발달로 변화하고 있다. 단순 거리의 차이뿐 아니라, 도로망, 교통 및 운송수단(예: 드론), 접근편리성 등을 종합적으로 고려하여 지역별 가격을 결정해야 한다.

국제 마케팅의 경우, 위치별 대금의 지급방법이 관리적 이슈가 되기도 한다. 이 문제는 구매자가 구입대금을 지급할 만큼의 충분한 화폐를 갖고 있지 않을 때 특히 중요하다. 구매자가 대금지급 대신에 다른 품목을 제공하는 대부분의 경우에는 대응무역(countertrade)이 조성된다. 대응무역의 형태로는 다음을 들 수 있다.

① 바터(barter) 무역: 물물로 직접 교환하는 것으로, 여기에는 화폐나 제3자 개입은 없다. 우리나라가 필리핀으로부터 바나나를 들여올 때 그 대금으로 사과를 주는 것이다.
② 보상거래: 판매업자는 현금으로 지급금액의 일부를 받고 나머지는 제품으로 받는다.
③ 환매협정: 판매업자는 다른 나라에 공장, 설비, 기술을 판매하고, 공급한 설비로 생산한 제품을 지불대금의 일부로 받기로 협의한다.
④ 대응구매: 판매업자는 현금으로 전액을 받지만, 정해진 특정 기간내 그 나라에서 그에 상당한 금액을 소비하기로 합의한다.

Ⅳ 경쟁 관점의 가격 관리: 가격변경과 그에 따른 제반 반응

기존 가격을 변경하면 시장은 움직이게 된다. 특히 가격변경은 경쟁사와 밀접한 상호관련성을 가지고 있다. 자사가 먼저 가격변경(인상 또는 인하)을 시도하는 경우도 있지만, 경쟁사가 가격변경을 집행한 후에 자사가 반응하는 경우도 있다([그림 16-8] 참조).

1. 자사의 선제적 가격변경(인하 또는 인상)

자사가 먼저 가격변경을 하는 경우를 살펴보겠다. 가격변경은 가격인하, 또는 가격인상이다.

1) 가격인하

수요공급의 법칙에 따라 가격을 인하하면 보통은 판매량이 증대한다. 기업이 가격인하를 하는 요인으로는 과잉설비로 인한 과다생산량의 처분, 경쟁으로 인해 지속적으로 시장점유율이 하락하는 경우의 대응, 저원가를 통한 시장지배의 욕심, 기술적으로 낮은 원가의 실현 가능, 규모의 경제효과 기대 등이 있다.

가격인하에 대해 예상되는 고객 반응은 다음과 같다. 제품이 신형모델로 곧 대체될 것이다, 제품에 결함이 있어 잘 팔리지 않고 있다, 기업이 재정적 어려움에 처해있어 제품을 구

그림 16-8 | 경쟁 관점의 가격변경과 시장 반응

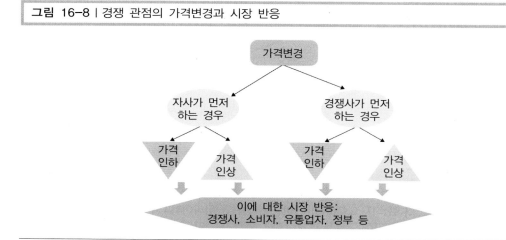

입하면 앞으로 부품공급을 원활히 받지 못할 수 있다, 가격이 곧 또 인하될 것이니까 기다리는 것이 좋다, 품질이 저하되었다 등.

이와 같이 고객들은 가격변경의 배후 동기에 대해 종종 의혹을 가지기에 기업의 의도와 다른 방식으로 가격인하를 해석하기도 한다. 그럴 경우 의도한 바와 같은 판매량 증가는 없고 오히려 매출이 감소하기도 한다.

한편 가격변경을 계획하는 기업은 고객 반응뿐 아니라 경쟁자 반응도 검토해야 한다. 경쟁자의 수가 적을 때, 제품이 동질적일 때, 소비자가 가격정보에 밝을 때에는 경쟁자들이 빠르게 반응할 가능성이 높다.

이상 살펴본 바와 같이 가격인하가 의도한 바와 다른 시장반응을 불러올 가능성도 적지 않다. 소비자, 경쟁사가 기업의 가격인하를 다르게 해석할 여지가 있기 때문이다. 따라서 가격인하를 시행한다면 이러한 위험성을 충분히 사전에 고려하여야 한다. 적절한 시점과 상황(예: 고가제품의 구매를 꺼리는 경기불황기)에서 가격인하를 실시하고 이에 대한 설득력 있는 마케팅 커뮤니케이션을 한다면 효과를 충분히 거둘 수 있다.

- 과점 상황에서 기업간 암묵적 가격담합이 있는 경우, 가격의 인상 요인이 생기면 빠르게 이를 반영하여 가격인상을 하지만, 반대로 가격인하 요인이 발생하면 이를 모두 같이 느리게 반영한다(예: 우리나라의 주유소 가격).

2) 가격인상

가격을 인상하면 판매량은 줄어들지만 단위당 수익은 오를 수 있다. 가격인상을 하는 계기는 여러 가지가 있다. 첫째, 인플레이션, 환율, 재료값 인상 등에 의한 원가 상승이다. 원가가 상승하면 이익이 감소되기에 기업들은 가격인상을 하게 된다. 둘째, 초과수요의 존재이다(예: 연말연시 레스토랑의 가격인상, 관광시즌의 숙박업소 가격인상 등).

가격인상 요인이 있음에도 불구하고 가격을 인상하지 않고, 원가상승 압박과 초과수요에 대처하는 현실적 방도들은 여러 가지가 있다.

(1) 제품의 양을 줄인다. 또는 서비스의 질을 떨어뜨린다.

- 초콜릿, 과자 등은 가격은 그대로인데 내용량을 은근슬쩍 줄이는 방법을 통해 실제적으로 가격인상과 같은 효과를 거둔다. 운송 비용을 절감하기에 가전제품 또는 가구 등의 배송 시간이 오래 걸린다(서비스 품질의 저하). 슈퍼마켓의 계산대를 줄여 대기시간이 길어진다(슈퍼마켓은 계산대 축소로 인한 비용감소 효과를 거둠).

(2) 값이 싼 대체원료나 성분을 사용한다.

- 1970년대 우리나라 다방에서는 담배꽁초를 사용하여 커피 맛을 낸, 일명 꽁피가 나타난 적이 있었다. 또는 유명 강사 대신에 저렴한 강사를 사용하는 학원 등.

(3) 제품의 기능을 줄이거나 제거한다. 그리고 부수적 서비스를 줄인다.

(4) 기존 제품의 가격은 인상하지 않지만, 대신에 가격이 비싼 신제품을 도입한다. 그런 다음 기존제품의 품질을 조금씩 저하시킴으로써 사람들이 비싼 신제품을 사도록 유도한다. 그런데 비싼 신제품은 기존의 원래 제품에 비해 뛰어나거나 성분이 좋아진 것이 결코 아니다. 과거 우리나라의 담뱃값 인상은 이러한 방식을 통해 가격을 실질적으로 인상하였다.

(5) 값싼 포장재료를 사용하거나 큰 포장단위로 판매한다.

(6) 제품의 품종 수를 줄인다.

가격인상은 보통 판매를 축소시키지만, 경우에 따라서 고객들은 다음과 같이 해석해서 판매가 늘어나기도 한다. 제품의 인기가 매우 높아 지금 당장 사두지 않으면 곧 구매하지 못할 수 있다, 제품은 특별히 가치가 높은 제품이다, 제품의 가격이 언제 또 상승할지도 모른다. 한편 아래 사례에서 볼 수 있듯이 비싸면 더 사려는 심리를 이용하여 가격을 인상하는 경우도 있다.

- 샤넬은 2010년 7월부터 주요 핸드백 제품 가격을 인상한다. 최근 2년 사이 세 번째 가격인상이다. 원유로 환율 하락으로 인하 요인이 발생했지만 가격을 내리지 않고 오히려 올리는 전략을 펴고 있는데, 이른바 '베블렌 효과(Veblen effect)'를 겨냥한 것이란 분석이다. 베블렌 효과란 가격이 오르는 데도 과시욕이나 허영심 등으로 인해 수요가 줄어들지 않는 현상을 말한다. 샤넬은 환율 상승 요인이 발생할 때는 가격을 인상하지만, 반대로 환율이 하락해도 가격을 내린 적은 없다. 실제로 유로화에 대한 원화 환율이 지난해 2,000원에서 최근 1,400원대까지 하락했지만 가격은 반대로 오르고 있다. 롯데와 신세계, 갤러리아 등 샤넬 매장이 있는 백화점에는 인상전 제품을 사려는 소비자들이 몰려들면서 때 아닌 특수까지 누리고 있다.

  – 참조: 머니투데이, 2010년 7월 1일

때로 소비자들은 원가상승으로 인한 가격인상 요인이 있음에도 불구하고 공급자가 가격을 인상하지 않고 있으면, 이를 고맙게 생각하기 보다는 평소 얼마나 많은 이윤을 취하였기에 이를 올리지 않는가 하고 의심하게 된다. 그래서 이러한 의혹을 방지하기 위해 일부러 가격을 인상하는 경우도 있다.

고객들은 자주 구입하거나, 많이 구입하는 제품에 대해서는 가격인상을 민감하게 의식한다. 반면에 자주 구입하지 않는 저가 품목은 상대적으로 가격이 높아져도 별로 신경 쓰지 않는다.

- 우리나라 식생활에 큰 비중을 차지하는 장류(간장, 고추장, 된장 등)는 고가품목은 아니지만, 주부들이 자주 구매하고, 또 식탁에 빠질 수 없기에 수요탄력성이 낮은 편이다. 2013년초 대기업 제품을 중심으로 장류의 가격인상은 주부들이 민감하게 의식은 하였지만, 그렇다고 구매를 줄일 수는 없었기에 소비자 가격불만은 높아졌다.

- 국민 대표 간식인 치킨 가격이 사실상 2만원(마리당) 시대가 열렸다. 2017년 5월 업계에 따르면 BBQ는 10개 치킨품목의 가격을 최대 12.5% 인상하였다. 이번 가격인상으로 상당수의 BBQ 치킨 가격이 1만9,000원대로 오른 것이다. BBQ 관계자는 "소비자 부담을 고려해 2009년 이후 8년 동안 가격인상을 자제해왔으나 최근 인건비와 임차료, 배달앱 수수료 부담이 가중되면서 경영난에 처한 가맹점주들의 의견을 반영해 일부 품목의 가격을 인상했다"고 설명했다. 이번에 가격을 인상한 BBQ가 치킨업계 1위인 만큼 교촌치킨과 BHC 등 다른 치킨업체들도 조만간 가격인상에 나설 것으로 보인다. 이들 기업도 주요 품목 가격을 1만원대 후반이나 2만원대 초반까지 올릴 가능성이 있다.

― 참조: 파이낸셜 뉴스, 2017년 5월 5일

일반적으로 가격인상에 대해 좋게 생각하는 고객은 거의 없다. 따라서 기업은 가격인상을 왜 할 수밖에 없는가에 대해 설득력 있게 설명할 필요가 있다. 자사의 가격인상은 경쟁사에게는 시장점유율을 높일 수 있는 좋은 기회가 된다. 하지만 경쟁사들은 보통 가격인상의 원인, 상황, 지속성 등을 종합적으로 고려하여, 자사와 같이 따라서 올릴지, 그냥 그대로 있을지, 아니면 오히려 내릴지를 결정한다.

2. 경쟁사의 선제적 가격변경(인상 또는 인하)에 대한 자사의 대응

경쟁사가 먼저 가격변경을 하였을 때, 자사는 효과적이면서도 신속하게 이에 대응하여야 한다.

우선 경쟁사는 왜 가격을 변경하였는지에 대한 이해가 필요하다. 임시방편적이 아니라 실체적으로 기술, 제조, 물류 역량을 갖춘 후에 가격을 인하하였다면 이것은 매우 위협적이다. 이와 더불어 경쟁사의 가격변경 정책이 일시적인가, 영구적인가에 대해서도 파악하여야 한다.

또한 경쟁사의 가격변경에 대응하지 않을 경우, 자사의 시장점유율, 이익률은 어떻게 될 것인지에 대해서도 추정해야 한다. 그리고 자사의 대응조치에 따라 최초의 가격변경 기업,

여타의 다른 기업들은 어떤 반응을 보일지에 대해서도 예상하고 이를 대비해야 한다.

경쟁사의 가격인하에 대응할 수 있는 방안으로는 현재의 가격유지, 가격유지 및 제품가치의 증대, 가격인하, 가격인상과 품질향상, 저가 공격용 브랜드의 신규 출시 등이 있다. 이러한 방법 중에서 최선을 선택하기 위해서는 다음 요소들을 종합적으로 고려하여야 한다. ① 시장에서의 기업 위상, ② 제품 동질성 여부, ③ 시장 특성, ④ 제품수명주기, ⑤ 고객의 가격민감성, ⑥ 기업의 내적 여건, ⑦ 경쟁사의 의도 등.

경쟁사의 공격이 있은 다음, 자사가 취할 수 있는 대안을 충분히 탐색하고 이의 비교 평가를 하는 등의 여유가 없는 급박한 상황도 존재한다. 이럴 경우, 더 좋은 대안보다는 신속한 대응이 보다 효과적이다. 따라서 기업은 경쟁사의 가격변경 가능성과 시기 및 강도를 항상 염두에 두고 그러한 공격에 대한 적절한 대비책을 미리 마련해 둘 필요가 있다(예: 시나리오 분석 등).

여기서는 어떤 제품의 기본 가격이 다양한 상황별, 그리고 상황 변화에 따라 어떻게 조정, 변경할 것인지에 대해 다루고 있다. 구체적으로 기업내 다른 제품들과의 관계 속에서의 가격결정, 제품의 신규성에 따른 가격결정, 고객 및 상황의 변화 등에 따라 기본 가격이 어떻게 조정되고 변경되는지에 대해 살펴보고 있다. 또한 경쟁적 관점에서 가격인상(/인하)의 시도와 그에 따른 제반 반응에 대해서도 살펴보고 있다.

첫째, 제품믹스의 가격결정에서는 기업내 다른 제품들과의 관계를 고려한 제품 가격의 결정에 대해 다루고 있다.

둘째, 제품의 혁신성과 가격전략에서는 제품의 신규성 정도를 고려한 가격결정을 다루고 있다. 여기서는 혁신제품(innovative product)인가 아니면 모방제품(imitative product)인가에 따라 신제품 가격전략을 나누어 살펴보고 있다.

셋째, 가격의 조정에서는 기본 가격이 고객들의 상이한 특성, 시장상황의 변화를 고려하여 어떻게 조정(price-adjustment)되는지를 살펴보고 있다. 가격할인과 공제, 차별적 가격, 심리적 가격, 촉진적 가격, 지리적 가격 등이 여기에 해당한다.

넷째, 기존 가격을 변경시키면 시장은 움직이게 된다. 가격변경은 경쟁사와 밀접한 연관성을 가진다. 여기서는 경쟁 관점에서 가격변경의 시도와 그에 따른 제반 반응을 살펴보고 있다.

제17장 유통경로의 선택과 관리

시장 제공물(market offerings)의 기본 사양인 제품과 가격이 결정되었으면 이제 이것을 어떻게 소비자에게 전달할지를 결정해야 한다. 유통이란 제품/서비스가 생산자로부터 소비자 및 최종사용자에게 옮겨가는 과정(즉 전달, delivery)에 대한 것을 의미한다.

대부분의 기업들은 생산 제품을 직접 소비자들과 접촉하여 팔지 않는다. 예를 들어, 농심 직원이 '신라면'을 들고 가가호호 방문하여 판매하지도 않고, '신라면' 한 봉지를 사려고 소비자가 공장을 직접 찾지도 않는다. 생산업체와 최종소비자 사이에는 다양한 이름으로 여러 기능을 수행하는 중간상(intermediary)이 있다. 이러한 중간상은 생산자로부터 상품을 구입하여 소비자에게 팔기도 하며(예: 도매상, 소매상), 상품의 구입은 하지 않지만 살 사람과 팔 사람을 연결시키는 역할을 수행하기도 한다(예: 중개상). 또한 수송, 창고, 금융 등은 직접 상품의 매매에 관여하지 않지만 역시 상품의 유통에 도움을 주는 유통경로의 구성원들이다.

제품과 가격을 먼저 갖춘 다음 이에 적합한 유통을 개발하거나 선택하는 경우도 있지만, 때에 따라서는 유통을 먼저 결정하고 이러한 유통의 성격에 부합되는 제품과 가격을 결정하기도 한다.

유통경로를 본격적으로 설명하기에 앞서 유통의 이해에 도움되는 몇 가지 내용을 소개하면 다음과 같다.

(1) 제품, 기업이 시장에서 인정받고 있다면 유통경로도 우호적이 된다. 이 경우 유통의 개발 및 관리는 더욱 용이해진다.

- 하루가 다르게 커지고 있는 막걸리 시장이 2000년대 들어 급성장한 와인시장과 비슷한 양상을 보이고 있다. 업계에서는 막걸리가 절대 판매량에서는 와인에 밀리지만, 최근 유통시장 흐름을 보면 대박을 터뜨렸던 와인을 재현할 가능성이 있다고 분석한다. 가장 눈에 띄는 것은 백화점에서 다루는 막걸리에 대한 대접이 달라지기 시작했다는 점이다. 현대백화점 압구정본점은 백화점으로는 처음으로 식품 매장에 소규모 막걸리 전문 코너를 마련했다. 설 명절 선물세트에 막걸리세트가 처음 포함됐다는 것도 변화이다.

  − 참조: 조선일보, 2010년 1월 7일

(2) 유통망의 적극 지원은 매출 신장에 기여한다.

제품도 우수하고 가격도 저렴하지만 이를 판매해줄 유통경로를 확보하지 못하면(예를 들어 전국의 이마트, 롯데마트에서 코카콜라의 판매를 하지 않는다면?), 기업 매출은 상당한 타격을 받게 된다. 반면에 제품경쟁력은 다소 떨어져도 유통경로의 양호한 지원을 받는 제품은 구매 확률이 높아진다.

- 광고를 보고 'a-제품'에 대한 구매욕구가 유발되더라도 'a-제품'을 판매하는 매장을 쉽게 찾을 수 없거나, 설혹 어디 있는지 확인되더라도 매장 입지가 좋지 않거나, 또는 매장을 방문하더라도 중간상의 판매 서비스가 미흡하다면, 유통에서 우위를 가진 'b-제품'이 선택될 가능성은 얼마든지 있다.

이와 같이 유통경로는 마케팅 성과에 상당한 영향을 미친다. 따라서 제품 자체의 경쟁력 확보도 중요하지만, 자사와 거래하는 '중간상의 경쟁력'도 중요하다.

- 2014년 여름에 개봉한 '명량'은 1,586개의 스크린에서 상영됐고, 최대 상영 횟수는 7,960회였다. 2014년 한국영화로는 최대의 스크린 점유였다. 참고로 영화진흥위원회 집계에 따르면, 2014년 8월 국내 스크린 수는 모두 2,584개다. 영화의 흥행성과 '유통의 장악력'으로 인해 영화는 개봉 12일 만에 관객수 1,000만을 돌파했다.

(3) 기발한 제품 아이디어를 가지고 이를 우여곡절 끝에 제품화에 성공하였다고 하자. 그러면 이제부터 당면하는 가장 큰 문제는 '이렇게 좋은 제품을 어떻게 사람들에게 팔 것인가' 이다. 누가 이것을 사줄지, 어디에 사는 사람들이 사줄지, 그 사람들이 언제 사러올지 등에 대한 시장 지식이 필요하다. 설혹 이러한 지식을 가지고 있다 하더라도 실제로 소비자들과 접촉해서 물건을 팔아주는 역할을 하는 사람, 조직 등이 절대적으로 필요하다. 아무리 좋은 제품이 있어도 소비자에게 접근하거나 전달하지 못한다면 결국 개발된 제품은 무의미하게 된다(이 경우 어떤 기업에게 자신의 아이디어, 판권, 또는 특허권을 헐 값에 양도하기도 한다).

- 유명 코미디언이던 서영춘의 코믹 멘트에 다음과 같은 것이 있었다: "인천 앞바다가 사이다라 하더라도 곱뿌(컵)가 없으면 못 마셔요~." 그렇다! 제품이 아무리 좋더라도 유통을 확보하지 못하면 제품을 팔 방도가 없다. 이런 점에서 보면, 백화점, 대형슈퍼마켓, 홈쇼핑채널, 배달전문업체 등의 유통망이 왜 그렇게도 시장에서 강력한 힘을 발휘하는지를 짐작할 것이다. 유통이 없으면 아무 것도 안된다. 미국 드라마 'Breaking Bad'(2008년)를 보면 유통의 중요성을 실감하게 될 것이다.

- 제품을 개발하고 이를 제조하는 것은 물론 어렵다. 그렇지만 제품을 시장에서 판다는 것은 이와 비교할 수 없을 정도로 어렵다. 예를 들어, 소설, 시, 논문, 교재 등을 쓰는 것은 어느 정도의 실력이 있다면 가능하다. 그렇지만 이를 출판해서 시장에 유통시켜줄 출판사를 만나기는 무척 어렵다. '해리포터'의 작가인 Joanne K. Rowling 역시 '해리포터' 1편의 출판사를 만나기까지 적지 않은 어려움을 겪었다.

(4) 유통경로에서 결정된 내용은 다른 마케팅 믹스에도 영향을 미친다. 백화점의 명품관에 입점하는 제품의 사양, 포장, 브랜드, 가격 수준, 촉진 방법 등은 대중 양판점을 통해 판매하는 경우와 다르게 결정되어야 한다.

(5) 유통은 보통 다른 조직체와의 장기적 약속의 성격을 가진다. 이러한 속성상 한번 정해지면 이를 변경하는 데 적지 않은 시간과 어려움이 따른다(예: 대리점 계약기간의 장기성/법적 효력, 상권의 보호 등). 따라서 마케터는 현재의 시장환경뿐 아니라 미래 환경도 염두에 두고 유통경로를 신축성 있게 설계하는 것이 바람직하다.

(6) 소비자의 선호성향과 구매행태는 유통의 기능과 구조에 영향을 미친다. 또한 소비자가 자주 찾는 유통경로는 흥하고 그렇지 않은 유통경로는 시장에서 사라진다. 따라서 소비자의 선호성향과 구매행태의 추세를 파악하고 이에 영향을 미치는 선행변수(예: 코로나19, 재난재해, 경제상황, 고령화 등)의 변동에 대해서도 이해하고 있어야 한다.

여기서는 우선 유통경로의 개념과 기능에 대해 살펴보겠다. 그런 다음, 마케팅 경로의 설계를 어떻게 할지에 대해 소개하고, 이어서 경로설계에 따라 구축된 마케팅 경로를 어떻게 관리할 지에 대해 차례대로 살펴보겠다.

I 유통경로의 의미

유통경로(distribution channel)는 제품, 서비스가 생산자로부터 소비자 및 최종사용자에게 옮겨가는 과정에 참여하는 모든 개인 및 조직을 의미한다. 유통과정에 참여하는 개인 및 조직으로는 생산자, 도매상, 소매상, 소비자, 산업용품의 사용자 등이 포함된다. 여기서 유념할 사항은 소비자도 유통의 중요한 부분이란 점이다.

- 유형제품뿐 아니라, 무형성의 속성을 가지는 서비스도 유통경로를 가진다. 예를 들어 금융 서비스는 현금인출기, 지점, 출장소와 같은 유통경로를 가진다. 스마트폰 서비스는 대리점, AS센터 등의 유통을 통해 서비스를 제공한다. 호텔, 비행기, 미용실, 사진관 등은 웨딩플래너를 통해 서비스를 판매한다.

기업은 자사를 둘러싸고 있는 다른 경제주체들과의 유기적 상호작용을 필요로 한다. 기업은 사업 네트워크(business network)라고 불리는 다양한 형태의 기업간 연계를 형성하는데, 이중 유통경로는 기업의 마케팅 활동(특히 가치의 전달)을 원활히 하는데 있어서 중요하다.

1. 중간상의 필요성

생산자는 중간상을 필요로 한다. 즉 대부분의 제조업체들은 그들이 생산하는 상품을 중간상을 통해 최종소비자에게 공급한다. 이는 중간상의 존재가 마케팅 시스템을 효율적으로 운영하는데 도움이 되기 때문이다. 만약 중간상이 하는 기능을 생산자가 직접 하는 것이 더 효율적이라면, 중간상 없이 자신이 직접 그 역할을 할 것이다.

중간상의 필요성에 대해 설명하면 다음과 같다.

1) 유통업자의 존재로 인해 접촉 효율이 개선된다.

삼겹살구이를 준비하는 세 명의 주부가 있고, 상추, 삼겹살, 쌈장을 생산하는 세 명의 농부가 있다고 하자. 세 가지 식재료를 사기 위해 주부들은 각기 3번씩의 거래 접촉을 하기에 총 9번 접촉이 발생한다. 만약 농부와 주부 사이에 식자재 가게가 등장하면, 상추, 삼겹살, 쌈장을 각기 생산하는 농부는 이 가게에 팔면 되고, 세 명의 주부 역시 이 가게만 오면 다 살 수 있기에 접촉 횟수는 6번으로 줄게 된다. 식자재 종류가 많아지고, 주부의 수가 많아진다면, 식자재 가게로 인한 접촉 횟수의 감소는 기하급수적이다.

이와 같이 중간상의 존재로 인해 거래 횟수는 획기적으로 줄고 그럼으로 인해 거래 비용(예: 구매와 판매를 위한 교통비, 고객접대의 수고, 주문, 포장, 대금지불 등)도 줄기에, 전체적으로 효율적인 시장 경제 체제가 만들어진다.

2) 중간상은 구색을 맞춰준다.

생산자는 보통 적은 종류의 상품을 대량으로 생산하지만(예: 상추 5,000포대, 돼지 10,000마리 등), 소비자는 다양한 종류의 상품을 소량으로 사기를 원한다(예: 상추 두 다발, 돼지고기 반근 등). 생산자와 직접 거래를 한다면 돼지고기는 한 마리 단위, 상추는 한 포대 단위로 사야될 수도 있는데, 이렇다면 소비자들은 매우 불편할 것이다. 생산자의 상품 구색(assortment)과 소비자가 원하는 상품 구색 사이에는 이렇게 괴리가 있다.

중간상(예: 쌀가게, 생선가게)은 다양한 생산자들로부터 여러 종류의 상품을 구입하여, 이를 분류해서(sorting out), 모아놓고(accumulation), 상품을 적당한 크기로 나누기도 하며(allocation), 고객이 사기 편하도록 구색을 갖춤으로써(assorting), 소비자와 생산자 사이의 괴리를 없애는데 기여한다.

3) 생산자와 소비자 사이에 있는 다양한 불일치(시간, 장소, 형태 등)를 유통경로가 해결해준다.

시간상의 불일치란 생산시점과 소비시점의 불일치를 의미한다. 유통경로는 고객이 원하는 시점에 필요한 상품을 구매할 수 있도록 편의를 제공한다. 장소상의 불일치란 생산 장소와 소비 장소의 불일치를 가리킨다. 유통경로는 고객이 원하는 장소에서 제품이나 서비스를 구입할 수 있도록 해준다. 형태상의 불일치란 생산되는 형태와 소비되는 형태의 불일치를 말한다. 유통경로는 대량으로 생산된 상품을 소량으로 나누거나 또는 손질하여(예: 수박 반토막, 간고등어, 돼지껍데기) 구매자들이 자신의 용도에 맞게 구입할 수 있도록 해준다.

4) 유통업자의 전문지식과 경험을 활용할 수 있다.

중간상은 소비자와 시장에 대한 정보가 많고, 또한 이들에게 다가가는 과업을 능숙하게 한다. 그래서 중간상은 전문지식과 경험을 바탕으로 상품이 생산자로부터 소비자의 손에 들어가기까지의 흐름을 효율적으로 수행한다. 이러한 중간상의 존재로 인해 거래과정은 원활해지고 거래비용도 줄어들기에 전체 시스템의 비용은 절감될 수 있다.

5) 제조업체의 자원 부족이다. 생산자는 최종 고객에게 유통을 직접적으로 할 자원이 절대적으로 부족한 경우가 많다. 이러한 경우에는 역량 있는 중간상을 활용하는 것이 합리적이다.

어떤 사회적 제도 또는 기구의 필요성 또는 유용성은, 역으로 '그것이 없다면 어떨까'하는 상상을 해보면 쉽게 이해된다. 예를 들어 수만 가지 약품을 판매하는 약국이 없다면, 또는 다양한 제품을 판매하는 슈퍼마켓이 없다면 우리 생활이 얼마나 불편해질까를 상상해보면 된다. 물론 기업은 마케팅 활동을 수행하는 과정에서 중간상을 없앨 수 있다. 그러나 중간상이 하던 유통의 기능은 여전히 남아있다. 이러한 일은 생산자나 소비자 중 누군가는 담당해야 한다.

- 집안일을 도맡아 하던 주부가 장기간 출타하더라도 빨래, 청소, 설거지, 요리 등의 일은 여전히 남아있고 이를 누군가는 대신해야 한다. 이러한 일들이 주부와 같이 없어지는 것이 아닌 것과 같은 이치이다.

유통경로를 관리할 때는 유통경로의 역할을 이해하여야 한다. 또한 역할별로 어떠한 주체가 보다 효율적으로 수행하는지에 대해서도 파악하고 있어야 한다.

2. 유통경로의 기능

유통경로 구성원들은 상품을 생산자들로부터 소비자들에게 옮기는 과정에서 여러 기능을 수행한다. 생산자, 도매상, 소매상, 소비자간의 수직적 흐름 관계를 중심으로 설명하면 다음과 같다([그림 17-1] 참조).

그림 17-1 | 유통경로의 기능

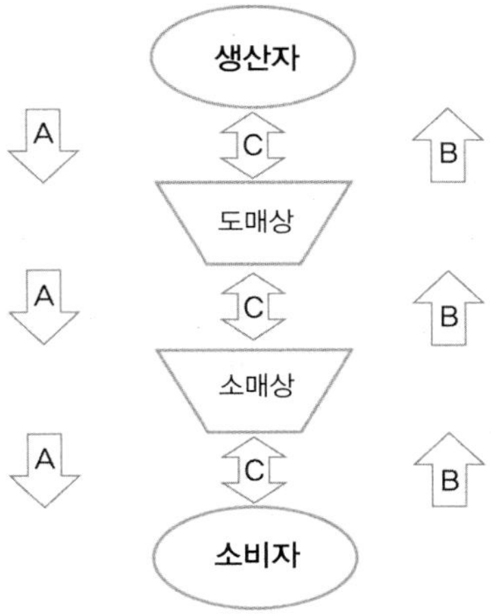

1) 생산자로부터 소비자로 흐르는 방향(A)의 기능으로는 물적유통(제품을 실제로 운반하고 보관), 소유권(제품의 소유권이 한 기관에서 다른 기관으로 넘어가는 것), 촉진(상품에 관한 정보를 설득력 있게 전달하는 촉진) 등이 있다.

2) 소비자로부터 생산자의 방향(B)으로는 주문(상품의 주문), 지불(상품대금의 지불) 등의 기능이 있다.

3) 생산자와 소비자간의 양방향 흐름(C)으로는 협상(가격을 비롯한 제반 거래조건에 대한 논의), 금융(거래활성화를 위한 금융 편리성 제공), 위험부담(마케팅 경로상에서의 여러 유형의 위험분산) 등의 기능이 있다.

3. 유통경로의 유형

생산자와 소비자 사이의 중간상 개입 수준에 따라, 즉 '생산자-[?]-소비자'로 표현할 경우[?]의 성격에 따라 유통경로는 여러 유형으로 분류된다([그림 17-2] 참조).

그림 17-2 | 유통경로의 유형

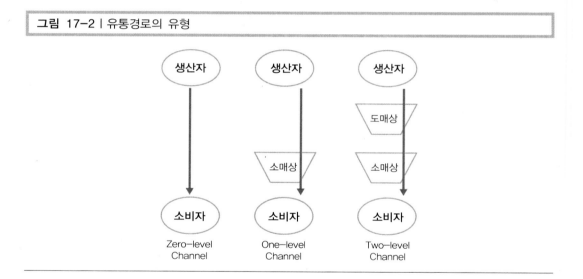

생산자와 소비자 사이에 아무 것도 없는 Zero-level channel(예: 생명보험, 전자상거래, 직구), 소매상이 개입하는 One-level channel(예: 의류, 자동차, 휘발유, 가전제품), 도매상과 소매상이 개입하는 Two-level channel(예: 농수산물, 자동차부품, 의약품) 등으로 분류할 수 있다. 이외에도 도매상, 소매상 사이에 장내중매인(Jobber)이 존재하는 Three-level channel 등 다양한 형태가 있다.

한편 산업재의 경우에는 생산자가 직접 고객에게 판매하는 형태(Zero-level channel)가 많은 편이다(참조: 21장). 특히 제품이 기술적으로 복잡하고, 고객 사용 및 유지의 기술지원을 받아야 하고, 고객의 수가 많지 않고, 규모가 큰 고객회사들이 지리적으로 집중되어 있을 때는 이러한 유형이 많다.

기업에 따라서는 동일 상품을 두 가지 이상의 경로를 통해 유통하는, 즉 복수경로(multi-channel marketing system)를 사용하는 경우도 있다. 동일 고객층에 상이한 경로를 둘 수도 있고, 세분고객별로 별도의 경로를 둘 수도 있다.

- 생활용품의 경우에는 슈퍼마켓 등의 소매상을 통해 유통되기도 하지만, 조직구매자에게 직접 납품되기도 한다. 제약회사의 경우, 약국(소매상)을 통해 유통(One-level channel)하기도 하고, 병원, 군대 등에 직접 납품(Zero-level channel)하기도 한다.

고객 및 제품의 특성상 유통구조가 이원화될 필요가 있는데, 이로 인해 판매경로가 확장되기도 하고, 단일경로보다는 위험이 분산된다는 장점도 있다. 그러나 이에 따른 문제점(예: 가격통제의 어려움, 유통경로간의 갈등, 직거래에 따른 판매비 부담 등)도 있으므로 이에 대한 종합적인 관리가 요구된다.

Ⅱ 유통경로의 설계

이제부터는 마케팅 경로를 어떤 과정을 거쳐 설계하고 구축하는지에 대해 다뤄보겠다. 기업은 우선 고객이 유통으로부터 원하는 서비스의 종류와 수준을 분석하고, 이를 토대로 경로관리의 목표를 설정한 다음, 이러한 목표를 달성하는데 취할 수 있는 여러 경로 대안들을 파악하고 이에 대한 평가를 한다. 아울러 중간상의 숫자를 결정한다([그림 17-3] 참조).

그림 17-3 | 유통경로의 설계 흐름

유통경로를 설계하는 것은 건물의 설계와 유사하다. 올바로 설계된 건물은 나중에 이의 관리가 용이한 것처럼, 유통경로의 설계는 향후 이의 구축 및 관리에도 영향을 미친다.

1. 고객이 유통경로에서 얻기를 원하는 서비스 수준의 파악

주거하는 사람들의 욕구가 건물 설계에 반영되듯, 소비자의 욕구는 유통경로의 설계에 반영되어야 한다. 이를 위해서는 우선 고객들이 원하는 수준에 대한 이해가 선행되어야 한다.

- 미국의 전자 제품 체인점인 베스트 바이(Best Buy)는 소비자 조사와 판매 데이터를 결합분석한 결과를 바탕으로 점포 형태를 조정한 결과 7%의 매출 증대 효과가 있었다고 한다. 부유한 남성 전문직이 많은 지역에서는 고급 홈 씨어터 장비를 보강하고, 극성스러운 엄마들이 많은 지역에서는 점포의 인테리어를 여성 및 아동 취향에 맞도록 바꾸고 아동용 전자 제품을 더 많이 구비했다고 한다.

고객이 마케팅 경로의 구성원들(중간상)로부터 기대하는 서비스의 종류는 다양하다. 그리고 이들 서비스에 대해 요구 수준 역시 다르다. 다음은 이러한 서비스의 종류이다.

(1) 기다리는 시간: 고객이 상품을 주문하기까지, 그리고 상품을 받기까지 기다려야 하는 시간을 의미한다. 또는 매장에 도착해서 주문하기까지 걸리는 시간 및 주문한 상품을 받는데(또는 요구한 서비스를 제공 받는데) 걸리는 시간을 의미한다.

(2) 제품의 다양성: 마케팅 경로가 갖추고 있는 제품 구색의 다양성을 의미한다.

(3) 점포의 숫자와 분포: 물건을 구매할 수 있는 점포의 수와 분산도(퍼져 있는 정도)를 의미한다. 숫자가 크고 분포가 넓으면 고객은 그만큼 편하게 구매할 것이다.

(4) 구매할 수 있는 최소 단위: 구매의 최소단위를 의미한다(예: Costco에서 소주는 박스단위로만 판매한다. 반면에 편의점에서는 한 병씩 살 수 있고, 포장마차에서는 반병도 살 수 있다).

(5) 매장내 점원의 서비스: 점원이 고객에게 제공하는 서비스의 양적/질적 내용을 의미한다.

이러한 서비스 종류에 대해 고객들이 원하는 수준은 각기 다를 것이다. 어떤 고객은 매우 높은 수준의 서비스를 원하지만 어떤 고객은 그렇지 않을 수도 있다. 예를 들어, 대기시간은 짧고, 제품구색은 다양하고, 점포 숫자는 많고 지역적으로 골고루 분포되고, 구매단위가 작고, 매장내 점원의 서비스는 높은 것을 원한다면, 이는 매우 높은 수준의 서비스를 원하는 고객이다. 그러나 많고 높은 수준의 서비스를 제공한다는 것은 경로 구성원들의 부담비용을 상승시키기에 결국 소비자 가격의 상승과 연관된다.

- 대기시간을 짧게 하기 위해서는 주문 받거나 응대하는 창구 또는 직원을 늘려야 한다, 제품구색을 다양하게 갖추기 위해서는 유지 관리비용이 많이 든다, 점포 숫자를 많이 하고 지역적으로 골고루 분산하기 위해선 점포개설을 많이 해야 한다, 구매단위를 작게 하기 위해서는 재고, 포장 비용 등이 추가된다, 매장내 서비스 수준을 높이기 위해서는 양질의 직원을 채용해야 하고 이들에게 적절한 교육과 인센티브를 제공해야 한다.

한편 제품을 구매할 때 자신이 지불하는 가격에 걸맞은 유통 서비스를 받지 못했다고 인지하면, 구매에 크게 실망하고 미래의 반복구매를 주저할 것이다. 이와 같이 중간상은 경쟁력 있는 제품을 확보하는 것도 중요하지만 이와 동시에 그에 부합하는 서비스를 갖출 필요가 있다.

- 소비자 조사에 따르면 소비자들이 특정 소매점을 찾는 주된 이유는 그들이 제공하는 상품 때문이었으나 놀랍게도 그 소매점을 포기하는 가장 큰 이유는 상품이 아니라 소매점 서비스 때문이었다.

마케팅 관리자는 유통경로를 설계하기 전에 표적시장 고객이 원하는 서비스의 종류와 수준을 분석하여야 한다. 일부 소비자들은 서비스의 수준 하락이 가격인하를 의미한다면 낮은 서비스도 받아들일 용의가 있다(예: 붐비고 불편하지만 대형할인점을 찾는 이유, 오래 기다리지만 대중음식점을 찾는 이유, 맞춤화된 서비스를 못 받아도 자동판매기 음식을 먹는 이유). 반면에 가격이 올라가더라도 중간상으로부터 높은 수준의 서비스를 원하는 고객집단도 분명 존재한다(예: 소수 고객에게만 최고급 서비스를 제공하는 레스토랑, 미용실, 명품매장 등). 어쨌거나 중요한 점은 유통경로는 자신의 표적고객의 욕구수준을 먼저 파악하고 그런 다음에 유통경로를 설계해야 한다는 점이다.

- 일본은 자동판매기 천국이다. 도회지는 물론 사람 왕래가 뜸한 시골에도 자판기는 흔하다. 전국 자판기 보급 대수는 2008년말 526만대로, 땅덩어리가 일본의 25배가 넘는 미국에 이어 세계 2위이다. 2008년말 자판기 총매출은 5조7,478억엔으로 일반 편의점 매출 규모의 70%에 해당하는 거대 산업이다. 자판기 매출이 많다보니 자판기를 설치하기에 적당한 빈 공간을 찾아서 업체에 알려주면 3만엔 가량의 보수를 받는 짭짤한 부업까지 생겨나고 있다. 자판기의 주력 상품은 캔커피, 녹차 등 음료가 과반수를 차지하지만 최근 몇 년 새 "이런 것도 자판기에서 파나"할 정도로 판매 물품이 다양해지고 있다. 자판기 천국의 배경에는 옥외설치에도 피해가 적은 좋은 치안 상태, 기계에 대한 저항감이 적은 국민성, 다양한 맛을 추구하는 음식문화(미국에 견줘 거래품목 2배 이상) 등이 있다. 앞으로는 생체인증 기능으로 개인을 식별하는 결제시스템을 도입해, 돈 없이

도 물건을 구입할 수 있는 자판기도 등장할 것이라고 한다.

- 참조: 한겨레, 2009년 12월 4일

2. 경로관리 목표의 확립

표적고객들이 원하는 서비스의 종류와 수준에 대해 파악한 다음에는 이제 그들에게 어느 정도의 서비스를 제공할 것인지에 대한 목표를 확립해야 한다. 이러한 경로관리의 목표는 기업 관점에서 일방적으로 세워서도 안되고, 또한 막연하게 세워도 안된다. 고객, 제품, 기업, 시장의 특성을 기초로 표적고객의 서비스 욕구에 대해 어떤 종류의 욕구를 어느 정도로 충족시킬지에 대한 목표를 확립한다. 즉 목표에는 제품/서비스의 특성, 기업이 추구하는 방향, 기업 역량, 시장 상황 등이 종합적으로 반영되어야 한다(때로 이들 특성은 기업이 설정하려는 경로 목표에의 제한점으로 작용한다).

(1) **취급하는 상품의 특성**: 부패하기 쉬운 제품은 직접 소비자에게 신속히 전달될 수 있도록 하고, 부피가 크거나 무거운 상품은 운송거리가 짧아야 하고, 특수 주문품 및 고가품은 제조회사 판매원이 직접 판매를 담당할 필요가 있다.

(2) **중간상의 특성**: 직영점은 초기 투자비가 많이 들기에 빠른 시간에 시장 확장이 힘들다는 단점이 있지만, 경영통제에는 장점이 있다.

(3) **경쟁기업의 유통경로**: 선매품은 경쟁기업의 유통경로를 고려해야 한다. 즉 경쟁제품들이 취급되는 점포, 또는 근처에 경로를 위치하는 것이 유리하다. 선매품은 특성상 비교 검토하고 구매하는 제품이기에 소비자는 그러한 제품들이 많은 지역으로 쇼핑을 간다(예: 종로의 금은방과 시계방, 서대문의 가구골목, 서초터미널 근처의 혼수품 등). 한편 경쟁사들이 이용하는 유통과는 전혀 다른 차별화를 통해 성공한 경우도 있다(예: 매장판매가 아닌 통신판매를 획기적으로 시도한 Dell 컴퓨터, 슈퍼마켓에서 처음으로 화장품을 판매한 식물나라, 렌탈방식을 과감히 채용한 웅진 코웨이의 정수기 등).

(4) **기업의 특성**: 기업 규모와 자금 여력은 유통을 통해 추구하는 목표에 영향을 미친다(예: 자금력이 풍부하기에 모든 점포를 직영점으로 운영하는 Starbucks). 또한 기업의 상위 마케팅 전략도 유통경로의 선택과 서비스 수준의 목표에 영향을 미친다(예: 30분 배달의 도미노 피자 전략은 이에 걸맞은 유통설계를 한다).

(5) **환경의 특성**: 불경기에는 경제적 유통이 중요하기에 경로는 되도록 짧게, 불필요한 서비스는 제거하는 식으로 낮은 서비스 수준을 목표로 설정한다.

- 미쓰비시 종합연구소의 조사에 의하면, 2011년의 3-11 대지진으로 인해 언제 재해가 발생할지 모른다는 불안감으로 인해 집 근처에서 쇼핑하는 주부들이 늘었다고 한다. 원래 주부들은 대형마트를 이용하기 때문에 편의점의 주고객이 아니었지만, 지진 이후 집에서 멀리 떨어진 대형마트 대신에 집 근처 편의점에서 그때그때 반찬거리를 사는 주부들이 늘었다고 한다. 그 결과 편의점 업계는 2011년 사상 최대의 실적을 냈다고 한다.

한편 고객이 원하는 서비스 수준이 세분시장별로 상이함에 따라 여러 경로목표를 추구하는 경우도 있다. 어쨌거나 경로관리의 목표는 '기업이 어떤 세분시장에 어떤 수준의 서비스를 어떤 경로 대안을 통해 제공하겠다'는 내용이 담긴다.

- "우리가 지금 어디에 있고, 앞으로 어디로 가려고 하는지를 알고 있다면, 무엇을 어떻게 해야 할 것인지를 보다 잘 판단할 수 있을 것이다."

— Abraham Lincoln

3. 선택 가능한 경로 대안의 파악 및 평가

전술한 바와 같이 기업은 제품, 중간상, 경쟁사, 내부여건, 환경 등의 제반 특성을 고려하여 경로 목표를 설정한다. 이제 이러한 목표 달성에 도움되는 가능한 유통 대안들을 파악하여야 한다. 그리고 그렇게 파악된 선택대안들은 평가 기준들에 의해 비교되는데, 다음의 세 가지 평가 기준은 대표적이다.

1) 경제적 기준(economic criteria)

유통경로 대안들을 경제적 기준(수익과 비용)으로 평가하는 것이다. 예를 들어, 판매량에 따라 유통 비용(고정비 및 변동비)은 달라진다. 기업에 소속된 판매원을 사용하는 경우, 고정비는 높지만 변동비는 적은 편이다. 이에 비해 대리점은 초기 고정비는 적지만 변동비(수수료)는 높은 편이다. 따라서 매출액 크기를 예상하고, 그러한 매출액에 대응되는 총비용(=고정비+변동비)의 양상을 추산해서 가장 경제적 대안을 선택한다.

2) 통제력 기준(control criteria)

유통경로 구성원을 '기업이 원하는 방향으로 어느 정도 통제할 수 있는가'에 대한 평가 기준이다. 대리점은 그 자체가 독립된 사업체이기에 여러 다른 기업의 제품들을 취급한다. 따라서 마진을 많이 주는 회사 제품을 팔려고 노력한다. 이에 비해 직영점, 전속 대리점은 이런 점에서 볼 때, 독립적인 대리점에 비해 좀 더 통제가 용이하다.

- 현대기아차는 자사 대리점과 딜러를 상대로 경쟁업체 차량을 판매하는 직원을 적발하기 위한 내부감사를 진행 중이다. 자동차 판매원들은 자신이 소속된 회사 차량이 아니라 경쟁업체 브랜드의 차량을 파는 경우가 종종 있다. 업계에서는 이를 두고 '교차 판매'라고 한다. 예를 들어 현대자동차 대리점 소속 판매원이지만 BMW, 메르세데스벤츠 등 수입차나 GM, 르노삼성, 쌍용자동차 등 경쟁 브랜드를 파는 경우다. 보통 고객들은 차량을 살 때 가격대나 배기량이 비슷한 여러 브랜드 자동차를 놓고 고민한다. 현대차 판매원 중에는 고객이 현대차에서 다른 회사 브랜드 차로 마음을 바꾸면, 자신이 아는 다른 회사의 대리점에 소개해주는 거래알선을 통해 경쟁사 대리점 수익의 일부를 받는다. 특히 현대차 판매직원이 값비싼 수입차를 소개해 판매할 경우, 현대차를 판매하는 것보다 더 많은 개인적 수익을 얻기도 한다. 이 때문에 판매사들 사이에서는 교차판매를 위한 은밀한 커뮤니티도 형성돼 있다고 한다(참조: 조선일보, 2015년 6월 5일). 이러한 상황에서 현대기아차는 이러한 불량 직원을 솎아내거나 금지하는 것만이 최선의 해결책인가? 아니면 다른 해결책은 없는가?

통제가 용이한 유통경로의 특성은 다음과 같다: 자사의 제품판매에 주력, 자사제품의 기술적 세부사항을 숙지, 자사제품의 문제해결에 적극적, 자사가 제공하는 판촉물 활용에 협조적 등.

3) 적응성 기준(adaptive criteria)

유통경로는 일단 구축하면 짧은 시간내 바꾸기 쉽지 않다. 따라서 마케팅 관리자는 경로를 설계할 때 유통의 여건 변화에 어느 정도 신축성 있게 변화시킬 수 있는지에 대해 평가할 필요가 있다.

- 우리나라 소비자들 믿고 장사를 시작해서는 안 된다는 농담 섞인 말이 있다. 어떤 제품에 대한 열기가 불길처럼 치솟다가 어느 순간 갑자기 확 식어버리는 경우가 적지 않기 때문이다. 나무망치로 부셔 먹는 눈덩이 모양의 과자(슈니발렌), 벌집 아이스크림, 허니버터칩, 꼬꼬면 등을 생각해보면 이러한 말이 실감될 것이다. 사람들이 구름처럼 모이기에 이를 믿고 장사를 시작했다가는 끝물만 보고 망할 수 있다. 이러한 변덕스런 점은 유통을 구축할 때도 고려해야 한다. 현재의 장미빛 상황만보고 미래를 낙관해서 유통설계를 해서는 안된다. 미래는 어떻게 변화할지 모른다. 따라서 신축성 있게 미래의 변화된 상황에 적응할 수 있는 여지를 두어야 한다.

경제적으로 양호하고, 통제가 용이하고, 적응성에 신축성이 있다면, 여러 경로대안들 중에 좀 더 양호한 대안으로 평가될 것이다.

4. 중간상의 숫자

경로대안에 대한 비교평가를 통해 어떤 경로를 선택할 것인지에 대한 결정이 이루어졌다면, 이제는 유통의 각 단계별로 활동할 중간상의 숫자에 대해 결정하여야 한다. 중간상의 숫자에 대해서는 다음의 세 가지 형태가 있다.

1) 집약적 유통(intensive distribution)

집약적 유통이란 최대한 많은 점포에서 자사 상품을 팔게 하는 정책이다. 주로 청량음료, 볼펜, 스낵, 담배 등의 편의품(convenience goods) 제조업체는 이러한 방식을 선택한다. 집약적 유통을 사용하면 자사 상품이 가능한 많은 사람들에게 노출되고, 소비자들의 구매편의를 도모할 수 있다. 또한 소비자들은 편의품을 살 때 어떤 특정 상표를 사려고 여러 가게를 돌아다니는 수고를 굳이 하지 않기에 이러한 방식이 적절하다.

집약적 유통의 특징은 다음과 같다. 첫째, 동일 상표가 여러 점포에서 팔린다고 해서 상표 이미지가 영향을 받지 않는다. 코카콜라는 허름한 동네가게부터 고급 레스토랑에서도 팔리는데, 동네가게에서 팔린다고 해서 이미지가 나빠지지는 않는다. 둘째, 판매촉진은 거의 다 제조회사가 담당한다.

2) 전속 유통(exclusive distribution)

자사 상품을 취급하는 점포의 수를 제한하는 방식이다. 각 지역마다 자사 상품을 팔 수 있는 권리를 특정 점포에만 부여하고 이들을 통해서만 상품을 유통시키는 방식이다. 전문품(고가의 자동차, 가구, 의상, 핸드백 등)이 이러한 방식을 주로 사용한다. 이 방식은 상표 이미지가 올라가고 중간상 마진도 높아지며, 또한 제조회사와 중간상간 긴밀한 관계형성이 가능하다는 장점이 있다. 그러나 소수의 점포에만 의존하기에 위험부담이 크고 점포의 수가 적어 물건을 사고 싶어도 못사는 불편함이 발생한다는 단점도 있다.

브랜드의 유통 커버리지가 특정 매장으로만 제한되는 전속 유통의 경우에는 대중매체를 통한 커뮤니케이션 보다는 특정 고객층을 표적으로 하는 다이렉트 마케팅, 인적판매가 적절한 편이다.

3) 선별적 유통(selective distribution)

집약적 유통과 전속 유통의 중간 성격이 선별적 유통이다. 제조회사는 어떤 지역에서 이미지, 입지, 자본, 경영능력 등에서 일정수준을 넘는 중간상들을 골라 이들에게만 자사의 상품을 취급할 수 있게 하는 방식이다.

기업은 집약적 유통에서와 같이 많은 점포에 대해 신경을 쓸 필요가 없고, 집약적 유통에 비해 중간상들과의 긴밀한 관계 형성이 가능하기에 중간상이 자사 상품을 성의 있게 팔아줄 것으로 기대할 수 있다. 또한 집약적 유통보다는 보다 적은 유통비용으로 점포들을 통제할 수 있다. 한편 전속 유통보다는 더 많은 소비자들에게 자사 상품을 노출시킬 수 있다는 장점도 있다. 소비자들이 여러 점포를 돌아다니며 비교하여 구매하는 선매품의 경우에 이러한 방식을 많이 채택한다.

Ⅲ 유통경로의 관리

유통경로 설계가 결정되어 이에 따라 경로가 구축되었다면, 이제부터 그렇게 구축된 경로를 관리하는 것이 중요하다. 최선의 방식으로 설계되고 건축된 건물이라도 관리가 부실하면 오래 유지되지 못하듯이 좋은 설계의 유통경로도 제대로 관리되지 못하면 원래 의도된 기능을 수행하지 못한다.

마케팅 경로의 관리 사항들로는 여러 가지 있지만 여기서는 경로구성원간의 갈등을 중심으로 소개하겠다.

- 기업이 생산한 제품/서비스를 사용자 또는 최종소비자에게 이전시키는 과정인 유통경로에 대한 연구는 관점에 따라 다양하다. 유통경로에 대한 연구는 크게 경제학적 접근(economic approach)과 행동과학적 접근(behavioral approach)으로 대별할 수 있다. 우선 경제학적 접근방법은 유통경로를 경제적 현상이라는 시각에서 바라보는 것으로 미시경제이론, 산업조직론 등에 기반하여 비용 절감, 경로설계, 기능 차별화 등 능률지향적(efficiency oriented) 연구를 주로 하고 있다. 이에 반해 행동과학적 접근방법은 유통경로를 구성 주체간 사회 시스템적 상호작용을 갖는 실체로 바라보는 것으로 사회심리학, 조직이론 등에 기반하여 권력, 갈등, 역할, 상호의존성 등 사회지향적(socially oriented) 연구를 주로 하고 있다. 1980년대 들어와서 이들 두 가지 접근법은 미시적일뿐 아니라 종합적인 이론적 모형을 제공하지 못한다는 비판이 제기되면서 정치경제학적 접근방법(political economic approach)이 새로 등장하기도 하였다. 정치경제적 접근방법은 사회시스템을 집단행동과 그 성과에 영향을 주는 경제적 요인과 사회정치적 요인들이 상호작용하는 구성체로 보고 권력의 상호작용, 권력 소유자의 목표, 생산적인 경제 시스템을 강조한다.

유통경로는 이러한 시스템을 구성하는 구성원들간의 사회적 상호작용이 있기에, 이들간에 갈등이 발생할 소지가 많다. 따라서 이의 적절한 대처 여부는 전체 유통시스템의 성과에 중요한 영향을 미친다.

1. 경로구성원들 사이의 갈등

유통경로는 경제적 시스템일 뿐 아니라 사회적 시스템이기도 하다. 유통경로 구성원들은 각자 자신의 역할이 있고, 또한 다른 구성원들의 역할 담당에 대한 기대도 한다. 예를 들어, 소매상은 제조회사가 적당한 양의 제품/서비스를 제때 공급해주기를 기대한다. 반면에 제조회사는 소매상들이 자사 제품을 팔기 위해 어느 정도 노력하기를 기대한다. 만약 어느 한쪽이 자신의 역할을 제대로 못하면 그로 인해 다른 구성원들은 피해를 본다.

이런 의미에서 경로의 구성원들은 서로 의존하고 있다. 그런데 경로구성원들이 서로 의존하는 정도가 크면 클수록 구성원들 사이에 갈등이 생길 가능성은 높아진다.

- 과거 대가족 제도에서 시어머니와 며느리간 갈등이 큰 이유는 접촉/의존이 많기에, 즉 부딪힐 거리가 많기에 그러하다. 군대에서도 일병과 이병 사이의 갈등이 대령과 일병 사이의 갈등보다 더 많을 수밖에 없다.

경로 갈등(channel conflict)이란 경로 구성원들간 목표, 기대, 정책 등에서의 차이를 의미한다. 다시 말해 어떤 경로 구성원이 자신의 목표달성에 있어 다른 구성원이 방해된다고 여길 때 나타나는 상황으로, 즉 자신의 역할 수행의 제약으로 인해 야기된 하나의 욕구불만 상태이다. 이러한 갈등의 크기는 목표, 영역, 상황인식에 대한 구성원간 불일치의 수준에 영향을 받는다.

기업은 중간상을 선정하고 이들과의 긴밀한 협조를 통해 유통경로의 효율성을 높이길 원한다. 그러나 중간상 역시 나름대로의 독자적 사업목표를 가지는 독립된 사업체이기에, 이해관계가 언제나 제조회사와 일치하지 않을 수 있다. 이질적 집단간의 협력이 절실한 기업 세계에서 갈등은 언제라도 발생할 수 있는 현상이다. 따라서 갈등은 경영학에서 매우 중요시되는 과제이다.

유통경로간 갈등의 유형은 크게 수평적, 수직적 갈등으로 나눌 수 있다([그림 17-4] 참조).

(1) **수평적 갈등**: 동일 단계, 즉 소매상 vs 소매상(예: 백화점 vs 슈퍼마켓 vs 재래시장, 대형할인점 vs 편의점), 또는 도매상 vs 도매상 구성원들간의 갈등을 의미한다. 소매업자 간의 가격할인/바겐세일 방식과 시기에 대한 갈등, 판매 영역간의 다툼 등이 해당한다.

그림 17-4 | 수평적 갈등(A)과 수직적 갈등(B)

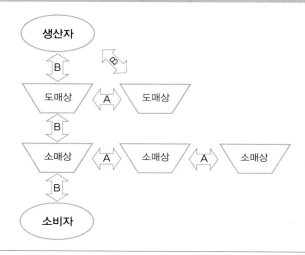

• 소주 한 병을 2,000원에 팔고 있는 동네 슈퍼 옆에 대형할인점이 새로 입점하여 1,200원에 판매를 한다면, 동네 슈퍼의 소주 매출은 급감할 수밖에 없다.

• 동일 브랜드의 스포츠화 대리점이라도, 업주의 매장위치에 따라 본사의 세일정책에 대한 입장은 다르다. 즉 세일하지 않아도 잘 팔리는 지역의 대리점은 세일을 반기지 않지만, 세일을 해야만 겨우 팔리는 지역의 대리점은 보다 잦은 그리고 보다 강도 높은 세일을 원한다.

(2) 수직적 갈등: 서로 다른 단계의 구성원들간 갈등을 의미한다(예: 제조회사 vs 도매상, 도매상 vs 소매상). 제조업체의 재고품 떠넘기기, 제조업체의 일관성 없는 할인 정책, 제조업체의 납기일 미준수, 기존 대리점 상권에 새로운 대리점의 허가 등이 이에 해당한다.

2. 갈등의 해소 방안

유통경로는 각기 자신의 이익을 추구하는 개별 조직체들로 구성되기에 경로구성원들 사이에는 수평적 혹은 수직적 갈등이 생길 가능성이 언제든 있다. 따라서 이러한 갈등에 대한 해결이 주요 현안 과제이다. 물론 갈등은 관리만 잘 한다면 오히려 긍정적 작용을 한다. 전체 시스템의 성과가 극대화되려면 원활한 소통과 협조가 필요하다. 그러나 소통에는 반드시 불협화음이 따르게 마련이다. 중요한 것은 이러한 불협화음을 건강하게 관리하는 것이다.

즉 갈등이 순기능적으로 작용되게끔 관리하는 것이 중요하다.

갈등의 해소방안으로 흔히 제시되는 것은 경로 주도자(channel captain)를 통한 방법이다. 경로 주도자란 마케팅 경로에서 주도적 역할을 하는 경로구성원을 의미한다. 보통 경로구성원들 중에서 가장 큰 힘을 가진 구성원이 경로 주도자가 된다. 경로 주도자가 지도력(힘)을 발휘하면 마케팅 경로에서 갈등이 발생할 확률은 줄어든다. 설혹 갈등이 발생하더라도 이를 신속히 해결할 수 있다.

경로 주도자의 역할을 제대로 하기 위해서는 힘이 필요하다. 다시 말해 경로 주도자가 유통경로 구성원들의 활동을 조정하려면 다른 구성원들의 의사결정과 행동에 영향을 줄 수 있는 힘이 있어야 한다. 이러한 힘에 대해 좀 더 살펴보면 다음과 같다.

1) 힘의 의미

일반적으로 힘이란 개인 또는 집단이 다른 사람의 행동에 영향을 미치거나 또는 통제하는 능력으로 정의된다. 유통경로의 관계에서 힘이란 다른 경로 구성원의 행동을 변화시킬 수 있는 능력, 또는 다른 구성원에게 무엇을 하도록 하는(또는 하지 않도록 할 수 있는) 능력을 의미한다.

- 심리학에서 힘(power)의 개념은 Lewin(1951)에 의해 시작되었다고 볼 수 있다. 그는 힘을 '다른 사람에게 어떤 것을 하도록 강요할 수 있는 가능성(the possibility of inducing forces of a certain magnitude on another person)'이라고 정의하였다.

어떤 구성원(A)이 다른 구성원(B)으로 하여금, 그(B)가 스스로는 하지 않았을 일(C)을 하게끔 할 수 있는 만큼, A는 B에 대해 힘이 있다고 말한다([그림 17-5] 참조).

그림 17-5 | 힘에 대한 개념도

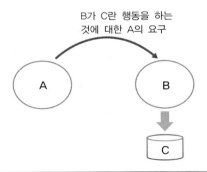

B가 C란 행동을 하는 것에 대한 A의 요구

- 밤 늦게 들어온 형(A)이 동생(B)에게 라면을 끓여 오라고(C) 했을 때, 동생(B)이 이를 한다면 형은 동생에게 힘이 있다고 할 수 있다. 또한 자동차 회사(A)가 대리점(B)에게 잘 팔리지 않는 차종을 가장 좋은 위치에 전시(C)하게 지시했을 때, 대리점이 이를 따른다면 회사는 대리점에 대해 힘이 있다고 할 수 있다.

B가 이렇게 행동하는 이유는 B가 A에게 무엇인가를 의존하기 때문이다. B를 A에게 의존하게끔 만드는 것이 바로 힘인데 이러한 힘은 힘의 원천으로부터 유래된다. 힘이 발생하는 원천 또는 기반에 대해 설명하면 다음과 같다.

2) 힘의 원천(또는 힘의 기반)

A의 B에 대한 힘은 A가 힘을 행사하면 B가 알 수 있는 A의 힘의 기반에 기초한다. 이러한 힘의 기반으로는 보상적 힘의 기반(reward power bases), 강제적 힘의 기반(coercive power bases), 합법적 힘의 기반(legitimate power bases), 준거적 힘의 기반(referent power bases), 전문지식 힘의 기반(expert power bases), 정보력 힘의 기반(information power bases) 등의 여섯 종류가 있다([그림 17-6] 참조). 힘은 이러한 기반에서 유래하고 또한 이의 크기에 비례한다.

그림 17-6 | 힘의 원천

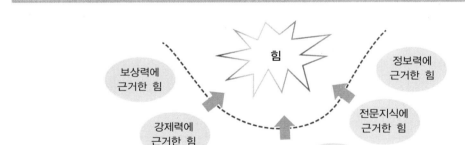

---

(1) 보상적 힘의 기반

A가 B에게 물질적, 경제적, 심리적 도움을 줄 수 있을 때 형성되는 힘의 원천이다. 이러한 원천이 형성되고 작동하기 위해서는 A는 보상 능력(금전, 지위 상승 권한 등)이 있어야 하

고, B는 A에게 협조하면 그러한 보상을 받을 수 있다는 것을 지각해야 한다. 유통경로에서 널리 행해지는 보상적 힘으로 수량할인, 현금할인, 인기 제품의 우선적 배정 등과 같은 중간상 대상의 판매촉진이 있다.

- [질문] "고함 한번 지르지 않고 부락민들을 휘어잡을 수 있는 위대한 영도력의 비결이 뭐이요?"
  [답변] "뭐를 마니 멕여야지 뭐."

  — 영화 '웰컴투 동막골'

(2) 강제적 힘의 기반

A의 영향력 행사에 B가 따르지 않으면, B가 A로부터 처벌이나 기타 부정적 제재를 받을 것이라는 지각 때문에 A의 요구에 응하게 되는 힘의 원천이다. 처벌이나 부정적 제재의 범주에는 혜택이나 보상의 철회부터 실제적 불이익을 가하는 등의 모든 행동이 포함된다.

- 영화 '눈먼자들의 도시'(Blindness, 2008년)는 인류가 갑자기 눈이 멀면서 벌어지는 현상을 묘사하고 있다. 의사, 전문가, 부자 등 기존의 사회적 지위와 권위는 한번에 무너져 내린다. 거기서는 본능적이고 원초적인 힘, 즉 강제적 힘만 적나라하게 발휘될 뿐이다.

(3) 합법적 힘의 기반

A가 B에 대해 영향력 행사하는 정당한 권리를 가졌다거나 또는 당연히 그렇게 해야 한다고 느끼는 B의 내면화된 가치에서 파생되는 힘의 원천이다. 이는 지위/규범/법령 등의 바탕으로부터 나오는 힘으로, 이를 위반하면 법 및 규정에 호소하여 상대편(B)에게 시정을 요구할 수 있다. 프랜차이즈 계약에 따라 프랜차이즈 가맹점이 프랜차이즈 본부에 지불하는 로열티, 프랜차이즈 본부가 가맹점에 제공하는 제조 공정, 광고, 판촉행사 등은 여기에 바탕을 두고 있다.

(4) 준거적 힘의 기반

A(또는 A무리)와 동일시되거나 또는 연상되는 것이 유용한지에 대한 B의 지각에 기반한다. 즉 B가 A(또는 A무리)와 하나되거나 동일시됨을 원하기 때문에 A가 B에 대해 갖는 힘을 의미한다. A가 여러 면에서 매력이나 장점을 갖고 있으면, B는 A(또는 A부류 구성원)와 같이 되고 싶어한다. 또한 이미 A와 B가 교환관계로 연결되어 있다면 그러한 관계를 B는 지속적으로 유지하려 하기에 A의 영향력이 행사된다.

- 세계적인 전쟁사학자 존 키건(John Keegan)은 그의 저서 '세계전쟁사'를 통해 국익에 가장 충실해야 할 군인들마저 부족주의, 즉 트라이벌리즘(tribalism)에 빠져있다며 그 심각성을 지적한 바 있다. 그에 따르면 영국 군대에서는 자신의 부대의 가치를 훼손하는 말은 절대로 입 밖에 낼 수 없으며, 그들의 행동의 동기는 계급장이나 돈이 아니라 오직 부대 내에서의 평판과 신임이라고 언급하였다.

- 학연으로 맺어진 준거집단에 근거를 두고 있는 사람은 자기 주변의 친구들이 학교 점퍼를 구매하는 행위에 영향을 받아 자신도 학교 점퍼를 원하고 그것을 구매할 가능성이 높아지게 된다.

(5) 전문지식 힘의 기반

A가 특정 분야의 고도의 전문적 지식 기술을 갖는지에 대한 B의 지각으로부터 비롯된다. A가 특별한 전문지식이나 경험을 지녔다고 B가 지각할 때 갖게 되는 힘의 원천이다(예: 의사와 환자, 변호사와 의뢰인).

- '아는 것이 힘이다'라는 말처럼 전문지식, 그리고 다음 항에서 제시하는 정보력은 힘이 된다.

이러한 힘은 다른 힘의 원천과는 달리 지속성에서 어려움이 있을 수 있다. 만약 전문지식이나 노하우가 상대방에게 주어지면 전문성이 상대방으로 이전되기에 다음 번에는 이러한 힘의 행사가 어렵다.

- "리더가 되려면 일단 많이 알아야 한다. 산에 올라가는 등반대 대장이 산을 모른다면, 대원들을 끌고 갈 수 없다. 대장의 자신감과 통찰력은 산에 대한 경험과 지식이 뒷받침되어야 가능하다. 산을 제대로 알지 못하면서 의욕만 가지고 덤비는 사람을 산은 가만히 두지 않는다."

　　　　　　　　　　　　　　　　　　　　　　　　　　　　　　　　　　　　　　　－ 엄홍길(전문 산악인)

(6) 정보력 힘의 기반

A가 정보의 신속한 제공이나 높은 분석능력을 갖는지에 대한 B의 지각과 관련된다. 기존에 얻을 수 없거나 알 수 없던 정보(예: 소비자 선호, 구매행태, 시장상황, 경쟁사 등에 대한 정보) 또는 일의 결과를 A로부터 제공받는다고 인식하는 경우에 생기는 힘의 원천이다. 정보력 힘은 앞서 언급된 전문지식 힘의 기반과 유사하게, 일단 정보가 공개되거나 많은 사람들에게 알려지면, 더 이상의 영향력 행사를 하기 어렵기에 다른 힘의 원천에 비해 일시적인 성격을 가진다.

- 대치동에선 정보 많은 엄마가 권력자: "○○○도 몰라요?" 학부형을 주눅 들게 만들었던 대치동

엄마들 특유의 어법이다. 내가 모르는 무언가를 다른 엄마들은 이미 알고 있을 거라는 불안감, 내 불찰이 자녀의 명문대 입학을 가로막을지도 모른다는 공포. "○○○도 몰라요?"라고 묻고 난 뒤 자신의 정보력을 과시하는 대치동 엄마들의 행동 이면에는 이런 심리가 깔려 있다고 한다.

— 참조: 시사저널, 2013년 12월 17일

힘의 기반의 유형에 따라 힘의 발휘에 따른 효과 및 결과는 달라진다. 즉 합법성 또는 강제력에 근거한 힘의 효과는 즉각적으로 나타나는 경우가 많지만, 그러한 힘이 발휘된 이후에는 상호의존적 관계가 깨질 수 있다. 반면에 보상, 전문지식, 정보력에 근거한 힘의 경우에는 힘이 발휘될수록 상호 관계가 더욱 공고해지기도 한다.

- "Persuasion is better than Force."

— Aesop

- "Force is all-conquering, but its victories are short-lived."

— Abraham Lincoln

경로관리자는 다양한 원천으로부터 나오는 힘의 획득을 위해 노력해야 할 뿐 아니라, 이러한 힘의 원천을 상황에 맞게 사용함으로써 유통경로에서 발생하는 갈등을 현명하게 해소해야 한다.

- '그리스인 조르바'의 작가인 카잔차키스(Nikos Kazantzakis)의 묘비명은 다음과 같다: "더 이상 아무것도 두려워하지 않는다/더 이상 아무것도 원하지 않는다/나는 자유다." 아마도 두려운 것도 없고 바라는 것도 없는 사람이나 조직에게 유효하게 발휘할 수 있는 힘이란 아무것도 없을 것이다. 카잔차키스의 묘비명을 유통관리 관점에서 해석한다면 경로갈등이 생기더라도 경로주도자는 힘으로 갈등 해소가 어려울 것이다. 예를 들어, 더 이상 아무것도 원하지 않기에 경로주도자의 물질/경제에 기반한 보상적 힘, 유용한 전문지식이나 정보에 기반한 힘의 발휘는 무의미하다. 한편 아무것도 두려워하지 않으니 합법적, 강제적, 준거적 힘 역시 발휘되기 어렵다.

- 사람들을 따르게 하려면 힘(power)을 가져야 한다. 그러한 힘의 원천은 여럿이 있지만, 특히 다음의 세가지 원천이 중요하다: 부(富, wealth), 공포(fear), 사랑(love).

— 참조: 드라마 '왕좌의 게임'(시즌 1)

힘은 시간 흐름에 따라 크기 및 구성 내용의 변화가 있다. 경로 주도자가 힘이 융성할 때는 다양한 힘의 원천을 모두 높은 수준에서 골고루 가지고 있다. 그리고 이들 원천은 상호보완 역할을 하기에 더욱 공고한 힘을 가질 것이다. 그러나 시간이 지나면 마지막까지 남은 한두 가지의 미력한 힘의 원천에만 의존한다.

- 회사의 창업자, 또는 상사가 힘이 많을 때는 전문지식, 정보력, 보상적, 강제적, 합법적 등에 고루 근거한 힘을 갖지만, 나이가 들어 노쇠해지면 남게 되는 것은 아마도 합법성에 근거한 힘뿐일 것이다.

3) 힘 이외의 갈등 해소방안

경로주도자의 힘에 의한 해결방안 이외에도 갈등의 해소방안은 여러 가지가 있다.
① 인적교류 및 의사소통의 활성화를 위한 협의체 구성 또는 친목 모임의 구성
② 상호 공통의 목표 설정, 또는 공동의 적
③ 전산주문 및 재고관리시스템의 설치 등을 통한 커뮤니케이션 증진, 공정하고 투명한 절차의 공개(이런 점에서 보면 IT기술은 갈등해소의 도구로 사용될 잠재력이 크다)
④ 중재에 의한 분쟁해결

3. 수직적 마케팅시스템

경로구성원 간의 갈등은 구성원들이 시스템 전체보다는 자신의 개별이익만을 극대화하려는 데 문제의 심각성이 있다. '개별 vs 전체의 문제'를 다른 각도에서 해결하고자 하는 것이 수직적 마케팅시스템(vertical marketing system, VMS)이다.

수직적 마케팅시스템이란 유통경로 구성원(제조업자, 도매상, 소매상, 소비자) 각각이 별개로 작동되던 전통적 유통관리 시스템이 아니라, 구성원 전체를 시장의 필요와 욕구를 만족시키기 위한 하나의 유기적 전체시스템(organic total system)으로 조성하여 운영하는 것을 의미한다. 이러한 유기적 통합시스템에서 구성원들(제조회사, 도매상, 소매상)의 행동은 시스템 전체의 이익을 위해 조화롭게 함께 작동하는 방향으로 조정된다.

수직적 마케팅 시스템은 이의 통제력 수단(방식)에 따라 회사적, 관리적, 계약적 통제시스템으로 나눈다.
(1) 회사형 수직적 마케팅시스템(corporate VMS): 어느 한 구성원이 경로상의 다른 구성원들을 소유함으로써 이들의 활동을 조정한다. 이는 기업적 계열화로 자본 참가를 통한 가장 강력한 계열화의 형태이다.
(2) 관리형 수직적 마케팅시스템(administered VMS): 소유는 하지 않더라도 어느 한 구성

원이 힘과 크기를 배경으로 다른 독립된 구성원들에게 유의미한 영향을 미침으로써 시스템 전체의 이익을 위해 조정하는 것이다. 예를 들어 유명상표의 제조업자가 그들 제품을 취급하는 유통업자들의 마케팅 활동 전반에 걸쳐 강력한 통제를 행사하는 것이다.

(3) 계약형 수직적 마케팅시스템(contractual VMS): (고만고만한 힘을 비등하게 가진) 구성원들끼리 각자의 책임과 의무를 명시하는 계약을 맺고, 이 계약에 따라 서로의 행동을 전체 시스템의 이익을 극대화하는 방향으로 조정하는 것이다. 이와 같이 상호 계약에 의해 계열화가 이루어지는 것으로는 계약의 구속력이 약한 임의적 계열화, 구속력이 강한 프랜차이즈 시스템(Franchise System) 등이 있다.

- 우리나라 공정거래위원회 고시(1997-19)에서는 "가맹본사(franchisor)가 다수의 가맹점(franchisee)에게 자기의 상표, 상호, 휘장(영업표시) 등을 사용하여 자기와 동일한 이미지로 상품판매, 용역제공 등 일정한 영업활동을 하도록 하는 것을 의미하며, 또한 그에 따른 각종 영업의 지원 및 통제를 하며, 가맹계약자는 가맹본사로부터 부여받은 권리 및 영업상 지원의 대가로 일정한 경제적 이익을 지급하는 계속적인 거래 관계"라고 프랜차이즈를 정의하고 있다. 상호, 브랜드, 노하우 등을 제공하는 자를 가맹본사(franchisor)라 하고, 가맹본사로부터 권리를 부여받은 자를 가맹점주(franchisee)라 한다.

프랜차이즈 시스템에서의 가맹본사는 가맹점주와의 계약을 통해 일정 지역 내에서의 독점적 영업권을 부여하는 동시에 상품이나 광고, 인테리어, 서비스, 교육, 경영지도, 판촉지원 등 경영전반에 관한 노하우를 제공한다. 반면에 가맹점주는 본사의 명성과 부여받은 권리를 이용하여 독자적으로 사업을 영위하는 대신에 가맹비, 로열티 등의 형태로 일정한 비용을 지불한다.

- 가맹본사의 중요한 관리 비밀중 하나는 '대리점을 죽이지도 않고, 살리지도 않아야 한다'는 것이다. 대리점이 너무 잘돼 돈을 많이 벌면 그들은 여유 돈으로 다른 일을 벌이는 경우가 많은데, 그로 인해 망하는 경우가 적지 않다. 그럴 경우, 본업인 대리점까지도 악영향을 미치고 이는 본사에도 해를 끼치게 된다. 이를 방지하기 위해서 본사는 돈을 많이 버는 점포를 어떻게든 대리점 영업 관련 투자(예: 점포 디자인 개선, 점포 규모의 확장 등)로 유도하려 한다.

  − 실무자의 언급.

다양한 프랜차이즈의 형태가 등장하고 있다. 예를 들어, 복수의 프랜차이즈 본사와 복수의 가맹점을 운영하는 1인 가맹점주, 한 개의 프랜차이즈 본사와 이에 연관된 복수의 가맹점을 운영하는 1인 가맹점주 등이 이에 해당하는데, 이를 멀티샵 운영자라고 한다.

유통이란 제품, 서비스가 생산자로부터 소비자 및 최종사용자에게 옮겨가는 과정(즉 전달, delivery)에 대한 것을 의미한다. 유통경로 구성원들은 상품을 생산자들로부터 소비자들에게 옮기는 과정에서 여러 기능(예: 물적유통, 소유권, 촉진, 주문, 지불, 협상, 금융, 위험부담 등)을 수행한다.

유통경로의 설계는 흔히 다음의 흐름을 따른다. 우선 고객이 유통으로부터 원하는 서비스의 종류와 수준을 분석하고, 이를 토대로 경로관리의 목표를 설정한 다음, 이러한 목표를 달성하는데 취할 수 있는 여러 경로 대안들을 파악하고 이에 대한 평가를 한다. 아울러 중간상의 숫자를 결정한다.

유통경로가 구축되었다면 이제부터는 그렇게 구축된 경로를 관리하는 것이 중요하다. 마케팅 경로의 관리 사항들로는 여러 가지가 있지만 여기서는 경로구성원간의 갈등을 중심으로 소개하고 있다. 구체적으로 갈등, 힘, 수직적 마케팅시스템 등을 살펴보고 있다.

🔊 주요 용어에 대한 정리

기회주의(opportunism): 기만을 가지고 자신의 이익을 추구하려는 인간 성향으로 정의된다. 정보의 조작 및 왜곡, 자기 의도의 허위 표시, 계약을 위반한 행동의 은폐나 허위보고, 더 나은 이익 기회가 있을 때 체결된 약속 또는 계약의 미이행 등이 기회주의적 행동의 예라고 할 수 있다.

제18장 마케팅 커뮤니케이션의 관리

경쟁력 있는 제품을 개발하거나 또는 이를 확보한 기업은 이제 이런 좋은 제품이 시장에 제공된다는 사실을 소비자에 알려야 한다. 더 나아가 이 제품이 기존의 경쟁 제품에 비해 어떤 점에서 낫다는 것을 설득력 있게 알려야 한다. 이러한 과업은 시장에 대한 커뮤니케이션(marketing communication)을 통해 이뤄진다.

무언가 새로운 것이 시장에 도입될 때만 마케팅 커뮤니케이션이 필요한 것은 아니다. 사실상 기업의 모든 활동에는 커뮤니케이션이 필요하다(예: 첨단 생산시설의 도입, 세계적 유명 디자이너의 영입, 신입 및 경력 직원의 선발, 신규 대리점주의 물색, 사회적 책임 활동의 홍보, 제품 하자 및 경영자의 불미스러운 행동에 대한 사과 등). 또한 경쟁회사의 공격적 마케팅(예: 판매촉진, 가격할인, 유통망 확장, 신기술 및 신제품 개발 등)에 방어적 대응을 하는 경우에도 필요하다. 이와 같이 기업은 여러 장면에서 시장과 커뮤니케이션을 해야 하고 그것도 아주 잘해야 한다.

- 사람은 태어나면서부터 죽을 때까지 매순간 세상과 커뮤니케이션 한다. 갓 태어난 아기는 배고플 때 울고, 기분 좋으면 미소를 짓는 등의 커뮤니케이션을 한다. 사람들은 자신이 원하는 바를 표현하거나, 다른 사람들과의 교감을 위해서 커뮤니케이션 한다. 기업도 마찬가지이다. 시장에 등장하는 순간부터 커뮤니케이션을 시작하고 시장에서 완전히 사라지고 난 다음에도 커뮤니케이션을 한다.

마케팅의 실질적·실체적 내용이 좋더라도 이를 지원하고 촉진하는 커뮤니케이션이 부족하다면 시장이 활성화되는 데는 한계가 있다. "경쟁력 있는 제품을 개발하고, 그것에 적절한 값을 매기고, 표적 고객들이 쉽게 접근할 수 있도록 유통을 구축하는 노력"은 물론 중요하다. 그렇지만 그것만으로는 미흡하다. "자사의 시장제공물이 경쟁사의 것에 비해 무언가 더 많은 혜택(benefit)을 제공한다는 사실을 사람들에게 알리고, 이를 설득"해야 한다. 이러한 커뮤니케이션 노력이 부족하면 기업의 시장제공물의 존재 및 가치에 대해 소비자는 인식하지 못하기에 결국 그 제품을 선택하지 않는다. 사실 세상에는 품질 좋고 값도 좋은 제품들이 우리 주변에 손만 뻗으면 편히 닿을 수 있는 곳에 있지만, 그러한 사실을 모르기에 이를 선택하지 못하는 경우가 많다(예: 숨은 맛집, 숨은 명소, 잘 알려지지 않은 명작 등). 기업은 선제적, 적극적 그리고 창의적으로 시장과 의사소통을 해야 한다. '가만히 있어도 누군가 언젠가는 알아주겠지'라는 안이한 자세로는 절대로 시장에서 성공하지 못한다.

무언가를 상대방에게 알리고 설득하는 노력이 커뮤니케이션이다. 이를 제대로 하기 위해서 기업은 마케팅 커뮤니케이션의 과정을 이해하고 이를 적극 관리하여야 한다. 여기서는 우선 커뮤니케이션의 과정에 대해 살펴보겠다. 그런 다음 통합적 마케팅 커뮤니케이션에 대해 살펴보고, 마지막으로 마케팅 커뮤니케이션의 총예산의 책정 및 촉진수단별 배분에 대해 살펴보겠다.

I 커뮤니케이션의 개념 및 과정에 대한 모델

마케팅 커뮤니케이션 역시 본질적으로 커뮤니케이션이라는 점에는 변함 없다. 그래서 커뮤니케이션 본질에 대한 이해가 중요하다. 여기서는 커뮤니케이션의 개념 및 모델을 살펴보겠다.

커뮤니케이션(communication)은 상징, 기호, 메시지를 통한 사회적 교류, 정보의 전달이나 교환을 의미한다. 즉 커뮤니케이션은 발신자와 수신자 사이에 있어서 정보를 전달하거나, 생각을 교환하거나, 의미를 공유하는 것이다. 사람들은 커뮤니케이션을 통해 정보, 아이디어, 감정, 느낌, 의견 등을 교환 또는 공유함으로써 어떠한 공감대(공통 영역)을 구축하게 된다. 정보전달 및 의미 공유가 제대로 이뤄지고 공감이 많이 이뤄질수록 커뮤니케이션은 소기의 성과를 거두게 된다([그림 18-1] 참조).

커뮤니케이션의 과정을 설명하는 '커뮤니케이션 과정 모델(Communication Process Model)'은 보통 9개 요소로 이루어진다([그림 18-2] 참조). 이들 요소들 중 어떤 하나라도 잘못되면, 커뮤니케이션은 소기의 성과를 거두지 못하거나 또는 왜곡될 가능성 크다.

그림 18-1 | 커뮤니케이션을 통한 발신자와 수신자간 공감영역의 변화

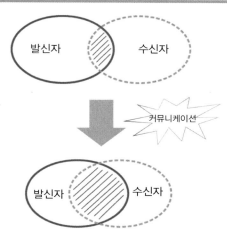

성공적 커뮤니케이션일수록 공감 영역(빗금 부분)은 더 커진다.

그림 18-2 | 커뮤니케이션 과정 모델

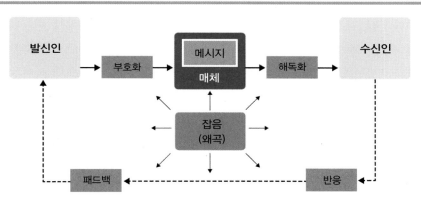

9개의 구성 요소: 발신자, 부호화, 메시지, 매체, 해독화, 수신자, 반응, 피드백, 그리고 잡음

커뮤니케이션 과정 모델의 구성 요소들을 차례대로 설명하면 다음과 같다.

1. 발신자

커뮤니케이션 과정에 등장하는 중요한 당사자는 발신자와 수신자이다. 발신자(정보원, sender, source)는 커뮤니케이션의 주체이다. 자신이 전달하고 싶은 무언가를 수신자에게 보

냄으로써 커뮤니케이션 과정을 시작하거나 또는 주도하는 사람(집단, 조직, 기업)이 발신자다. 광고에서는 광고주(기업), 판매원, 광고모델(spokesperson) 등이 광고메시지를 보내는 주체(정보원천)가 된다.

동일한 제품정보라 하더라도 '누가 말하는가'에 따라 소비자(수신자)의 메시지 반응은 달라진다. 발신자가 누구인지 알게 되면 수신자는 '메시지 내용 이외의 어떤 정보'를 추가적으로 가지게 된다. 그런데 이러한 정보 역시 영향을 미친다. 이러한 속성이 있기에 발신자를 누구로 할지, 어떤 모습으로 보이게 할지에 대해 커뮤니케이션 담당자는 많은 정성을 기울인다.

- 동일한 주장도 누구의 입을 통해 발설되는가에 따라 상이한 전파력과 영향력을 가진다(예: 코로나19에 대한 전망-일반인 vs 감염병 전문가). 메시지는 메신저가 누구인가에 따라 파급력이 다르기 때문이다.

2. 수신자

수신자(receiver)는 발신자의 메시지를 (인간의 감각기관을 통해~) 감지해서 이를 해독하는 표적 청중이다. 발신자는 메시지의 상대방인 표적청중(수신자)을 이해하고 이들의 특성에 적합한 마케팅 커뮤니케이션을 구사하여야 한다. 즉 의미 공유, 공감 등을 많이 일으키려면 수신자를 이해하고 그들의 반응을 예측해야 한다. 이러한 이해를 기반으로 하여 수신자의 욕구에 들어 맞는 표현 아이디어를 전달해야 한다.

- "성공의 유일한 비결은 다른 사람의 생각을 이해하고, 자신의 입장과 상대방의 입장에서 동시에 사물을 바라볼 줄 아는 능력이다."

  - 자동차 왕 Henry Ford

3. 메시지

메시지(message)는 발신자가 수신인에게 보내는 내용, 또는 전달하고 싶은 정보, 감정, 의견 등을 뜻한다. 예를 들어, 길이 얼어붙어서 미끄럽다, 배고프다, 피곤하다, 위험하다, 기분 좋다 등이 이러한 메시지이다. 이러한 메시지는 부호화 과정을 통해 기호 등으로 표현된다.

발신자가 의도하는 메시지 내용을 수신자는 이해하여야 한다. 만약 그렇지 못하면 커뮤니케이션은 오해를 불러 일으킬 수 있다. 명료한, 이해하기 쉬운, 강력한 메시지를 만들기 위해 광고 제작자의 과학성 및 창의성이 요구된다.

- 설득은 권력의 핵심이다. 메시지는 그러한 설득의 핵심이다.

– 플라톤의 'Dialogues'

4. 부호화

부호화(encoding)란 발신자가 자신의 메시지를 상징적 형태로 전환시키는 과정을 의미한다. 발신자가 의도하는 바를 효과적으로 전달하려면 그 내용을 상대편인 수신자가 쉽게 이해할 수 있는 문자(단어), 소리, 기호, 그림, 손짓, 이모티콘(^^, ㅠㅠ, ㅋㅋ), 픽토그램, 색깔 등으로 엮어야 한다. 이와 같이 부호화는 메시지를 상징적 형태로 표현 또는 제작하는 것이다([그림 18-3] 참조).

그림 18-3 | 픽토그램(pictogram): 비상구, 화장실, 주차장

---

5. 매체

메시지는 커뮤니케이션 경로(communication channel) 또는 매체(媒體, media)를 통해서 전달된다. 발신자가 수신자에게 메시지를 전달하는 데 사용하는 수단을 매체라고 한다. 매체는 메시지의 전달 수단으로, 즉 메시지를 담는 그릇의 역할을 한다. 음식 담긴 그릇이 음식의 맛에 영향을 미치는 것처럼 매체 역시 메시지에 그러한 영향을 미친다.

매체 결정에는 다음과 같은 내용이 포함된다: '메시지를 나르는 도구로는 어떤 것들이 있고, 그러한 도구별 특성은 어떠한지,' '표적소비자에게 도달하는데 가장 효과적인 매체는 무엇이고, 그것의 집행 스케줄은 어떻게 하는 것이 효율적인지' 등.

6. 해독화

부호화(encoding)는 발신자가 하는 것이라면 이에 비해 해독화(decoding)는 수신자가 하는 것이다. 해독화란 수신자가 발신자의 부호화된 메시지를 해석하는 것이다. 수신자는 발신자로부터 받은 기호 형태(예: 언어, 문자, 표정, 손짓, 상징 등)로 된 메시지를 자기 나름대로 의미를 부여하고 해석한다. 이러한 해독 과정은 수신자의 경험 영역(field of experience), 즉 경험, 지각, 태도, 문화 등으로부터 영향을 받는다.

- 15세는 15세의 눈으로, 60세는 60세의 눈으로 세상을 해석한다.

- SOS의 모르스 부호(Morse code)는 "● ● ●　－　－　－　● ● ●"이다. 이러한 기호의 의미를 알고 있어야 이를 해석할 수 있다.

의사소통이 원활히 이뤄지려면 발신자의 부호화 과정과 수신자의 해독 과정이 일치되어야 한다. 발신자, 수신자간 공통된 경험 영역(동질적 문화, 비슷한 연령대, 동일 언어, 유사 경험 등)이 많을수록 상대방에 대한 이해가 잘되기에 의사소통은 원활하며 군더더기가 필요 없다([그림 18-4] 참조).

그림 18-4 | 커뮤니케이션의 개념과 과정 모델을 합성한 개념도

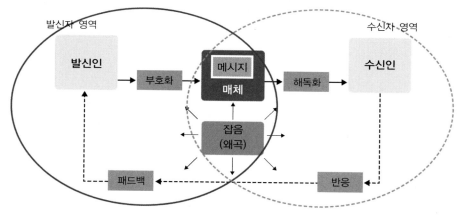

발신자(실선) 및 수신자(점선) 영역의 구분,
참고로 이 영역의 공유가 크게 될수록 성공적 커뮤니케이션이 된다.

국제 광고가 어려운 이유 중 하나는 나라마다 문화가 다르고 역사적 경험이 다르다는 점이다. 이로 인해 광고주가 의도한 부호화 과정을 문화권마다 다르게 해독할 수 있다. 이러한 현상은 서로 다른 문화권에서만 발생하는 것은 아니다. 세대간, 지역간, 종교간, 남녀간에도 부호화 및 해독화 과정은 차이가 날 수 있고 이로 인해 착각과 오해는 발생할 수 있다.

7. 반응

수신인은 메시지를 받아서 이를 해독한 다음 이에 따른 어떤 반응(response, 예: 주의, 이해, 기억, 태도, 행동 등)을 형성하거나 표출한다. 정보처리 이론에 의하면 반응은 인지 또는 지식(cognition), 태도(attitude), 구매의도(intention to buy) 등으로 크게 구별된다.

- SBS의 '꼬리에 꼬리를 무는 그날 이야기'는 이야기꾼과 게스트 조합의 3개팀으로 진행된다. 이야기꾼에 따라 게스트의 반응도 달라지지만 한편으로 게스트 반응의 정도에 따라 이야기꾼의 몰입도도 달라지는 것을 볼 수 있다.

8. 피드백

수신자는 반응의 일부(또는 전부)를 발신인에게 피드백(feedback)해서 보낸다. 피드백은 메시지의 분명한 전달과 이에 대한 수신자의 이해 정도를 확인하는 방법이다. 즉 발신자는 피드백을 통해 수신자의 반응을 알게 된다. 발신자가 자신의 메시지의 진의(眞意)가 왜곡되었다고 판단하여 이에 즉각 대응하였다면 그것은 상대방(수신자)의 피드백이 있었기 때문이다.

반응은 수신자가 메시지를 접수하고 이해한 다음에 이로 인해 발현되는 느낌, 감정, 행동 등의 결과치이다. 그런데 반응은 수신자 측면에서 일어나는 일이기에 발신자가 이를 속속들이 알기는 어렵다. 좋은 의사소통이 되려면, 듣는 상대방(수신인)이 자신의 얘기에 귀 기울이고 있는지, 자신이 의도한 내용을 얼만큼 제대로 이해하는지를 수시로 확인할 필요가 있다. 수신자로부터의 피드백이 원활하면 발신자는 커뮤니케이션의 효과를 파악하고 이를 토대로 수정할 부분을 제때 고칠 수 있다. 이를 위해 발신자는 수신자의 반응 파악에 도움이 되는 피드백을 정확하면서도 신속하게 얻어야 한다.

9. 잡음

잡음(noise, 왜곡, 소음)은 커뮤니케이션의 방해 요소를 의미한다. 잡음의 유형으로는 외적잡음(예: TV광고를 보는 중 누군가 말을 시키거나 또는 집밖에서 큰 소리가 나서 이를 듣지 못함), 내적잡음(예: 수신자가 피곤하거나 졸려서 광고물을 제대로 보지 않음, 또는 다른 생각에 잠시 정신 팔려서 광고를 잘못 이해함), 경쟁적 잡음(예: 경쟁광고의 방해 메시지로 인해 자사 광고 메시지를 왜곡 해석, 또는 경쟁사의 유사광고로 인해 경쟁사와 구분하지 못함) 등이 있다.

커뮤니케이션이 일어나는 과정은 이러한 의사전달을 방해하거나 왜곡하는 갖가지 잡음들 속에서 수행된다. 그렇기에 수신인은 발신인이 보낸 메시지를 받지 못할 수도 있고 또는 그것과 다른 메시지로 오해할 수도 있다. 또한 잡음은 발신자를 향한 피드백을 방해하거나 왜곡되게 만들 수도 있다.

커뮤니케이션 과정 모델은 커뮤니케이션이 일어나는 흐름을 보여주지만 동시에 효과적 커뮤니케이션의 설계를 위해 고려할 주요 요소들(9개)도 보여준다. 9개의 커뮤니케이션 요소들 모두가 제대로 관리되면 커뮤니케이션은 제대로 작동된다. 그렇지만 어느 하나라도 잘못 된다면 의사소통은 소기의 성과를 거두지 못하거나 또는 왜곡될 가능성이 크다.

기업(발신인)이 커뮤니케이션을 하기로 결정하였다면, 우선 어떤 고객들(수신인)을 대상으로 하는지, 이러한 커뮤니케이션을 통해 그들로부터 얻기 원하는 반응은 무엇인지를 결정해야 한다. 그리고 고객들이 수신하는 메시지를 어떻게 해독하는지를 고려하여 그들에게 이해하기 쉬운 언어 및 기호로 메시지를 엮어야 한다. 또한 메시지는 이에 적절한 매체를 통해 목표로 하는 고객들에게 전달되어야 한다. 마지막으로 기업은 고객들이 자사의 메시지에 대해 어떤 반응을 하는지 알기 위해 원활한 피드백 경로를 개발해야 한다.

Ⅱ 통합적 마케팅 커뮤니케이션(IMC)의 이해

소비자에게 메시지를 전달하는데 사용되는 마케팅 커뮤니케이션의 수단 및 경로는 실로 다양해졌다. 또한 IT기술의 발달로 인해 이러한 변화는 더욱 가속화되고 있다. 커뮤니케이션 수단이 한두 가지(예: 신문, TV 등)로 단순했던 과거에는 여기만 집중 관리하면 되었다. 하지만 오늘날 다양하고 복잡한 매체를 통해 의사소통을 하려면 이에 걸맞은 관리가 요구된다. 만약 소비자에게 전달되는 내용들간 불협화음이 있다면 결국 전체적으로 커뮤니케이션 효과는 떨어지게 된다.

여러 수단과 경로를 조화롭게 통합 운영하는 것을 '통합적 마케팅 커뮤니케이션(Integrated Marketing Communication, IMC)'이라 한다. 어떤 주제를 중심으로 일관성 있게 통합 관리하는 마케팅 커뮤니케이션은 그렇지 않은 경우(중구난방식 커뮤니케이션) 보다 훨씬 효과적이다.

제품이나 브랜드에 대한 사람들의 생각, 감정은 그 대상과 연관된 다양한 커뮤니케이션 경로를 통해 전달된 것들이 버무려져서 형성된다. 99개 통로를 잘 관리해도 1가지가 삐끗하면 그동안 들인 커뮤니케이션 노력이 수포로 돌아간다.

1. IMC의 개념과 의미

IMC는 말 그대로 '마케팅 커뮤니케이션의 통합적 관리'를 의미한다. 광고, PR(Public Relations), 인적판매, 판매촉진, 이벤트, 직접마케팅, 구매시점광고 등 커뮤니케이션 수단들의 각기 다른 역할을 비교 검토하고, 명료성과 일관성을 높여 최대한의 커뮤니케이션을 제공하는 노력을 의미한다. IMC는 '다양한 커뮤니케이션 수단들의 통합을 통해 얻는 부가적 가치의 중요성'에 대한 자각으로부터 비롯되었다.

좁은 의미의 IMC는 마케팅 커뮤니케이션 수단들의 통합을 의미한다([그림 18-5] 참조). 이에 비해 넓은 의미의 IMC는 기업이 수행하는 모든 활동(예: 제품 및 서비스, 브랜드, 포장, 서비스, 가격, 유통경로, 판매원, 점포 외관, AS직원 등)은 시장과 어떤 방식으로든 커뮤니케이션을 한다는 것을 인식하고 이들 모두를 통합하는 것을 의미한다([그림 18-6] 참조).

그림 18-5 | 좁은 의미의 IMC

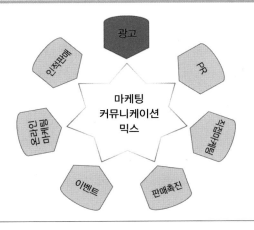

그림 18-6 | 넓은 의미의 IMC

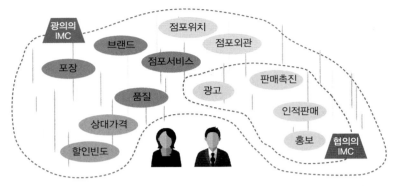

시장의 소비자들은 마치 비를 맞듯이 기업의 다양한 부분들로부터
메시지를 받는다(Total Marketing Communication의 관점).

IMC는 고객(잠재고객)을 표적으로 여러 형태의 설득 커뮤니케이션 프로그램을 통합적으로 개발하고 실행하는 과정이다. 다양한 커뮤니케이션 수단을 통합적으로 관리함으로써, 고객과의 모든 접점을 이용하고 커뮤니케이션 수단들간 시너지 효과를 달성하며 이를 통해 고객과 브랜드간의 관계를 효과적으로 구축하는 것이다.

2. IMC의 등장배경

IMC는 1989년~1991년경부터 쓰이기 시작한 용어이다. 광고, 판매촉진, 직접마케팅, PR, 홍보 등을 통합하는 것으로 이를 통해 일관성 있고 보완성 있는(consistent and complementary) 커뮤니케이션이 가능하다고 보고 있다. 이는 개별적이거나 분리된 활동으로는 소비자와 충분한 커뮤니케이션을 하지 못한다는 인식으로부터 출발하였다. 그 결과 활용가능한 모든 수단을 동원하고 이를 통합적으로 운영하여 소비자에게 보다 효율적이면서도 효과적으로 메시지를 전달함을 강조한다.

IMC가 등장하게 된 배경을 몇가지 언급하면 다음과 같다.
1) 광고 이외의 다양한 커뮤니케이션 수단들의 활용도가 늘어남에 따라 고객과의 접촉 방법은 전방위적으로 되었다. 과거처럼 대중광고에만 의존해서는 경쟁사에게 뒤처진다. 그런데 광고 이외 수단들의 효과를 제대로 거두려면 통합적 관리가 필요하다.
2) 과거에 비해 소매업자의 파워가 커지면서 중간상을 대상으로 하는 판촉활동이 늘어

났다. 이러한 다양한 판촉활동 역시 통합적 관리가 요구된다.

3) IT의 발달로 인해 뉴미디어의 등장으로 인해 매체가 다양해졌다. 예전에 불가능했던 마케팅 커뮤니케이션(예: 쌍방향, 실시간, 동영상, 모바일, 가상현실 등)이 가능하게 되었다. 그 결과 세밀하게 세분된 시장을 대상으로 하는 매체 활용이 늘었다. 매체가 다양해짐에 따라 이들간의 통합 필요성이 증대되었다.

4) 기술의 발달, 소비자 욕구의 분화로 인해 고객시장은 더욱 세분화되었다. 이러한 세밀한 세분시장에 대응하기 위해서는 매체 기술의 세분화도 요구된다. 기존의 몇몇 대형 세분시장만을 대상으로 하는 한두 가지 매체방식으로는 부족하다. 그 결과 다양한 세분시장을 대상으로 하는 다각적 매체의 활용이 늘어났다.

과거에는 커뮤니케이션에서 고려할 요소들은 그리 많지 않았다. 한두 가지 대표적 커뮤니케이션 도구(예: 광고), 매체(예: 신문, TV), 중요시 되는 소수의 소비 집단만을 집중 관리하면 되었다. 그렇지만 이제는 관리할 대상의 숫자도 많아지고 내용도 복잡해졌다. 다양하고 이질적인 활동들이 많아짐에 따라 통합(integrated~)의 중요성이 부각되었다. 이와 더불어 마케팅 커뮤니케이션 도구들을 비교하여 각 커뮤니케이션 도구에 적합한 전략적 역할을 전체적 관점에서 정립하는 통합적 관점도 요구되었다.

- 일반적으로 기업은 광고를 통해 짧은 시간에 많은 사람들에게 메시지를 노출시킨다. 이와 동시에 PR 및 홍보를 통해 이러한 광고 메시지에 힘을 실어준다. 이러한 저변 작업이 어느 정도된 상태에서 인적판매원을 통해 유통매장 및 판로를 확보한다. 그런 다음 판매촉진을 통해 소비자의 구매에 불을 붙인다. 이와 같이 커뮤니케이션 도구는 각기 장단점이 있으므로 이를 상호보완적으로 사용한다.

- 커뮤니케이션에서만 통합이 중요한 것은 아니다. 디자인 차원의 통합도 중요시된다. 자동차 업계에서는 '패밀리룩'을 통한 디자인 통합이 강조되고 있다. 패밀리룩은 같은 브랜드의 여러 모델에 비슷한 디자인 요소를 넣는 것으로, 브랜드 디자인에 통일성을 주면서도 차량 외관을 돋보이게 한다. 특히 패밀리룩은 최근 전기차 시대가 오면서 더 주목받고 있다. 예: 현대차의 '심리스 호라이즌 램프(끊김 없이 연결되는 수평형 램프),' 메르세데스 벤츠의 '블랙 패널 라디에이터 그릴(라디에이터 그릴 자리에 카메라, 라이다 등 첨단 센서를 넣고 그 위에 유선형 검은 패널을 씌움).'

3. IMC에서 사용되는 주요한 커뮤니케이션의 도구들

마케팅 커뮤니케이션의 목적은 여러 가지 있지만 크게 보면 "정보를 제공하고, 호의적인 태도를 갖도록 설득하여, 구매(행동)로 이끌어 내는 것"이다. 이러한 목적의 달성을 위해 사용되는 커뮤니케이션 도구는 여러 가지가 있다.

대표적 촉진믹스인 광고, 판매촉진, PR 및 홍보, 인적판매에 대해 간략히 소개하면 다음과 같다.

1) 광고(advertising)는 자신의 이름을 밝힌 광고주가 (사람들간의 대화가 아닌 방식의~) 정보전달 매체를 돈을 지불하고 구입하여 제품, 서비스, 생각, 사람, 조직 등을 소비자에게 소개하거나 판매를 촉진하는 활동이다.

2) 판매촉진(sales promotion)은 제품 및 서비스의 판매를 늘리기 위하여 짧은 기간 동안 중간상이나 최종소비자들을 상대로 벌이는 (광고, 인적판매, 홍보 이외의~) 마케팅 커뮤니케이션 활동을 의미한다.

3) PR(Public Relations)은 기업 활동에 직간접 영향을 미치는 일반 대중과의 우호적 관계를 조성하기 위한 활동이다. 기업의 사회적 책임, 위기관리 등이 PR의 영역이다. 한편 기업이 대중들에게 알리기를 원하는 정보를 언론을 통해 뉴스, 기사의 형태로 전달하는 것 역시 PR의 일환인데 이를 '홍보'라고 한다. 홍보(publicity)는 사람 이외의 매체(신문, 잡지, 라디오, TV 등)를 통해, 제품/서비스/기업 활동 등을 뉴스의 형태로 다루게 함으로써 이에 대한 수요를 자극하거나 태도를 변화시키는 것이다. 광고처럼 비용을 지불하지는 않는다.

4) 인적판매(personal selling)는 판매원(salesperson)이 직접 고객과 대면하여 대화를 통해 자사 제품 및 서비스를 구입하도록 권유하는 커뮤니케이션 활동을 의미한다.

이외에도 직접마케팅, 온라인 커뮤니케이션, 구매시점광고, 이벤트, 스포츠마케팅, 간접광고(제품삽입 마케팅, Product Placement, PPL), 노이즈 마케팅(noise marketing), 체험 마케팅(Experiential Marketing) 등 다양한 도구들이 있다. 오늘날 기업들은 이들 방법들을 입체적이면서도 통합적으로 사용함으로써 커뮤니케이션 효과를 극대화 한다.

다양한 커뮤니케이션 도구의 활용 방법을 이해하는 것도 중요하지만 결국 추구하는 궁극적 목표는 소비자에게 무언가를 알리고 설득하는 것이다. 기업 관점으로만 접근해서는 안 된다. 중요한 것은 소비자이다. 소비자 관점에서 다양한 커뮤니케이션을 어떻게 받아들이는 지에 대한 메커니즘을 이해하는 것이 중요하다(예: 고객중심의 접점, 정보처리, 태도변화 등).

- "내가 감동하고 말고는 중요한 게 아니죠, 감동은 시청자만 하면 돼요. 드라마는 그런 거예요!"
  ― 드라마 '온에어'의 대사

Ⅲ 마케팅 커뮤니케이션의 예산 책정, 이의 촉진수단별 배분

마케팅 커뮤니케이션의 예산 책정은 제반 커뮤니케이션 활동에 소요되는 금액의 규모를 추산하는 것이다. 여기서는 예산의 의미를 먼저 살펴본 다음, 실무에서 많이 쓰는 예산 결정 방법을 소개하겠다. 그런 다음 IMC예산의 촉진수단별 배분에 대해 소개하겠다.

1. 마케팅 커뮤니케이션 예산의 의미

마케팅 커뮤니케이션(광고)의 예산 결정은 중요한 의사결정 중 하나이다. 어느 정도 금액 규모로 할 것인지, 그 판단기준은 무엇인지, 예산 집행 및 배분은 시간/지역/상황/도구에 따라 어떻게 다르게 할지 등이 예산에서 결정할 주요 내용이다.

적정 규모의 예산을 산출하는 것은 중요하다. 이를 위해 우선 커뮤니케이션 목표(예: 매출 또는 커뮤니케이션 목표)의 달성에 소요되는 금액을 산정한다. 목표를 달성하지 못할 정도로 과소 예산을 책정해서도 안되지만 필요 이상으로 과다 예산을 책정해서도 안된다. 목표 달성에 적절한 금액으로 결정해야 하지만 현실적으로 이를 정확히 추정하기란 쉽지 않다.

- 예산을 넉넉히 마련하고 이를 마음껏 집행한다면 목표 달성은 어렵지 않을 것이다. 그러나 전쟁에서의 최선은 우리 군대의 최소 희생으로 승리를 거두는 것이다. 마케팅 커뮤니케이션도 마찬가지이다. 최소 예산으로 원하는 소기의 성과를 거둬야 한다. 예산을 과도하게 사용하면 목표(예: 인지도, 태도, 매출 등)는 달성하겠지만 기업의 재정 상태는 악화된다.

1) 판매반응 함수

광고예산의 추산을 위한 기초 자료는 광고비와 매출의 관계를 보여주는 판매반응 함수(sales response function)이다(본 항에서는 설명의 편의를 위해 광고를 중심으로 설명하겠다).

광고예산은 광고량을 결정하고 이는 다시 매출액에 영향을 미친다([그림 18-7] 참조). 광고 활동량에 따라 변화되는 매출 양상, 즉 판매반응함수를 정확히 알고 있다면 아마도 모자람도 과함도 없는 적정 광고 예산을 결정할 수 있다(예: 최적 식사량은 비만이나 영양부족을 발생시키지 않는 적정량이다).

그림 18-7 | 광고예산, 광고량, 매출간의 관련성

광고비 지출과 매출의 관계(함수관계)를 현실에서 정확히 파악하기는 어렵다. 그 이유는 매출 변화는 광고비 이외의 여러 변수들로부터도 영향을 받기 때문이다(예: 광고집행의 질적 수준, 경쟁사의 광고 노력, 소비자 태도, 기타 마케팅 변수와 시장 상황).

2) 전형적인 판매반응 함수의 모양

판매반응 함수의 형태를 알고 있다면 이러한 함수곡선의 모양에 맞춰서 적정 광고예산을 추산한다. 즉 함수관계(광고비 지출이 미래의 매출에 어떠한 영향을 미치는지)를 통해 적정 광고비를 도출하는 것이다. 물론 현실적으로 매출에 영향을 미치는 변수는 광고 이외에도 무수히 많기에 광고만의 순수한 판매반응 함수의 파악은 쉽지 않다.

판매반응 함수의 일반적 형태로는 오목증가형과 S형이 있다([그림 18-8] 참조).

그림 18-8 | 오목증가형, S형의 판매반응 함수

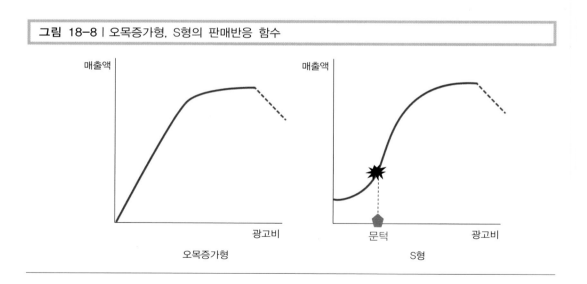

(1) 오목증가형의 판매반응 함수

광고비 지출이 증가할수록 매출은 증가하지만 그 증가율은 점차 체감한다(수확체감의 법칙). 이와 같이 광고비 지출이 많아짐에 따라 매출은 늘어나지만 그 늘어나는 비율이 체감하는 속성이 오목증가형의 판매반응 함수이다.

오목증가형의 의미는 다음과 같다. 첫째, 광고비로 인한 매출 증대효과는 초기에는 (곡선의 기울기가 가파른 편이기에) 양호한 편이다. 따라서 초기 광고비는 유용한 매출 효과를 거둔다. 둘째, 일정 수준을 넘어가면 그 효과는 점차 체감하므로 이를 고려하여 예산을 설정한다.

(2) S형의 판매반응 함수

S형의 판매반응곡선은 광고비 지출이 적을 때는 매출에 대한 영향이 거의 미미하다. 그러다 광고비 지출이 증가해서 일정 수준의 문턱(threshold)을 넘게 되면 그때부터 매출이 급속히 증가하기 시작한다. 그러나 이것도 어떤 수준에 다다르면 오목증가형과 마찬가지로 그때부터 다시 매출증가에 대해 광고는 거의 영향을 미치지 않는다.

S형의 판매반응 곡선이 시사하는 바는 다음과 같다. 첫째, 너무 낮게 책정된 광고예산은 매출에 거의 영향을 미치지 못한다. 즉 낮은 광고비는 무의미한 지출이 된다. 둘째, 광고효과를 보기 위해서는 일정 수준의 문턱을 넘겨야 한다. 셋째, 오목증가형과 마찬가지로 광고예산이 일정 수준을 넘어가면 그 이상의 광고비 지출은 매출증가에 미치는 효과가 그리 크지 않다.

오목증가형, S형 함수의 공통점은 '광고효과의 감퇴(advertising wear-out)'이다. 이는 일정 수준 이상의 광고비 지출은 그 효과가 점차 적어지고, 경우에 따라서는 순매출효과가 오히려 감소(위의 [그림 18-8]의 점선 부분)한다는 것을 의미한다.

- 때로 소비자는 동일 제품, 또는 동일 메시지에 지나치게 노출될 경우 그에 대한 부정적 시각을 가진다. 예: 재난을 입은 사람들을 위해 기부해야 한다는 목사의 설교를 듣던 마크 트웨인은 처음에 5달러 지폐를 만지작거렸다. 설교가 열정적으로 진행되자 10달러 지폐로 옮겨갔다. 그러나 이러한 설교가 계속 과도하게 진행되자 지폐를 꺼내려던 마음을 거두었다고 한다.

2. 마케팅 커뮤니케이션의 예산 책정에 사용되는 방법

여기서는 현실적으로 많이 사용되는 예산 결정방법에 대해 살펴보겠다.

1) 지불능력 기준법(가용예산 활용법, affordable method)

금전적 제약이 있는 기업은 필수 지출 분야에 우선적으로 자금을 할당한다. 마케팅 커뮤니케이션 예산은 그런 다음에도 여유자금이 생기는 경우에 한해 그 한도 내에서 집행한다. 만약 커뮤니케이션 효과를 보게 된다면 추가적 지출이 이루어지기도 한다.

이 방식은 커뮤니케이션 목표와 무관하게 주머니 사정에 따라 예산이 정해진다는 문제점이 있다. 또한 매년 집행할 예산이 불확실하기에 장기적 커뮤니케이션 계획을 수립하기 어렵다는 문제점도 있다.

2) 매출액 비율법(percentage of sales method)

가장 많이 쓰이는 방법 중의 하나이다. 현재(혹은 미래) 매출액의 일정(고정) 비율을 예산으로 책정하는 것이다. 이 방법이 많이 사용되는 이유는 매출 크기에 따라 예산이 일정 비율로 결정되기에 기업의 자금운용이 용이하고 실무적으로 사용이 간단하기 때문이다. 또한 경쟁자들도 모두 이 방법을 쓴다면 상호간 불필요한 촉진 경쟁을 하지 않는다는 신호가 되기에 산업내 경쟁이 완화되기도 한다.

그러나 이 방법의 근본적 문제는 마케팅 커뮤니케이션과 판매의 인과관계를 거꾸로 본다는 논리적 결함이다. 즉 커뮤니케이션 수준(독립변수)이 판매량(종속변수)에 영향을 미치는 것이 바른 관계인데, 이 방법에서는 판매량이 오히려 커뮤니케이션의 크기를 결정한다.

이에 따른 문제는 다음과 같다. 첫째, 매출이 적을 수밖에 없는 신제품, 매출실적이 좋지 못해서 재포지셔닝을 해야하는 제품의 경우에는 예산이 과소 책정된다. 둘째, 매출규모가 큰 상품이나 성숙기 이후의 상품의 경우에는 예산이 필요 이상으로 과다 책정된다. 이상과 같이 커뮤니케이션 활동이 정작 필요할 때(예: 매출감소하는 브랜드, 매출이 아직 미미한 도입기의 신제품) 예산은 적게 책정되고, 반대로 이제는 비용을 줄여도 되는 경우(예: 추가 광고비가 불필요한 유명 브랜드, 높은 충성고객을 이미 확보하고 있는 성숙기 또는 쇠퇴기 브랜드)에는 과다 예산이 책정된다.

여기에 더해 매출액에 따라 매년 촉진예산이 변동하기 때문에 촉진에 대한 장기계획을 수립하기 어렵다는 문제점도 있다. 그리고 매출액의 몇 퍼센트를 촉진예산으로 하는 것이 적절한지에 대한 객관적 기준도 없다.

이와 같이 매출액 비율법은 외적 상황, 내적 여건에 따른 신축성 있는 예산의 조정을 하지 않는다면 여러 문제점을 발생시킬 소지가 크다.

3) 경쟁사 기준법(competitive parity method)

산업내의 주요 경쟁사의 예산을 기준으로 자사의 예산을 정하는 방법이다. 경쟁사 기준법이 선호되는 이유는 사용이 간편할 뿐 아니라 경쟁사와 비슷한 수준에서 촉진비를 책정하면 지나친 촉진 경쟁을 피할 수 있기에 시장안정을 가져온다는 장점이 있다.

이 방법의 전제는 경쟁사들이 합리적으로 예산을 정할 것이라는 생각이다. 그러나 다른 회사들이 올바로 예산을 책정하고 있다는 보장은 없다. 설혹 경쟁사의 예산이 합리적이라 해도 경쟁사의 예산 수준이 자사에도 적합한 것인가는 또 다른 의문이다. 이는 기업마다 처한 내적 및 외적 상황이 다르기 때문이다. 따라서 경쟁사의 예산은 자사 예산을 정하는데 있어서 참고는 할 수 있지만 이것만을 기준으로 해서는 안된다.

4) 목표 과업법(objective and task method)

이 방법은 우선 마케팅 커뮤니케이션의 목표(objective)를 분명하게 먼저 설정하고, 그러한 목표 달성에 필요한 과업들(tasks)을 결정한 다음, 이러한 개별 과업별 수행에 소요되는 비용들을 추산하여 이들을 합한 것을 예산으로 책정하는 것이다.

- 목표시장 고객들로부터 10%의 브랜드 인지도 달성이 목표라고 하자. 그러면 이의 달성에 연관되는 여러 과업들(예: TV, 라디오, 지역신문에 각각 광고)이 결정된다. 이러한 개별 과업별 소요비용(예: TV광고 3억원, 라디오 광고 5천만원, 지역신문광고 1억원)을 추정하고 이를 합산하여 총 4.5억원의 광고예산을 추산하는 것이다.

목표과업법은 달성하려는 목표와 그 목표의 달성에 소요되는 비용의 관계를 체계적으로 생각하게 해준다는 장점이 있다.

목표과업법은 논리적이지만 현실적으로 이를 객관적으로 추산하기 어렵다. 예를 들어 특정 매체에 삽입되는 광고가 전체의 목표 달성에 어느 정도 도움이 되는지 정확한 관계를 파악하는 것이 현실적으로 쉽지 않다.

대다수 기업들이 주관적, 직관적, 주먹구구식 방법을 아직도 많이 사용하고 있지만 점차적으로 객관적이고 과학적 예산책정 방법(예: 목표과업법)을 채택하는 방향으로 바뀌고 있다.

3. 마케팅 커뮤니케이션 예산의 촉진수단별 배분

IMC전체의 예산 규모를 합리적으로 결정하는 것은 중요하다. 한편 이러한 전체 예산에 대한 결정이 끝났다면 이제 이를 커뮤니케이션 수단별로 어떻게 배분할지의 결정이 중요하다. 이러한 배분에서 고려할 주요 요소로는 제품의 종류, 마케팅 전략의 방향, 제품수명주기, 촉진수단별 특성, 매체 성격, 소비자의 구매결정 단계 등이 있다. 이중 몇 가지만 아래에서 설명하겠다.

1) 제품의 종류

소비재, 산업재에 따라 주요 커뮤니케이션 수단의 상대적 중요성은 다르다. 일반적으로 소비재는 '광고-판매촉진-인적판매-홍보'의 순서로 중요하지만 산업재는 '인적판매-판매촉진-광고-홍보'의 순서로 중요시된다. 이러한 중요성은 촉진수단별 예산 할당의 크기에 영향을 미친다.

(1) 산업재

일반적으로 제품이 복잡하고, 값이 비싸고, 구매위험부담이 크고, 규모가 큰 소수의 고객을 중심으로 한다는 특성이 있다. 이러한 특성이 있기에 인적판매가 효과적 커뮤니케이션 수단이고 따라서 이에 가장 많은 예산을 할당한다.

산업재 시장에서도 물론 광고는 중요한 역할을 한다. 예를 들어 산업재 광고는 제품의 존재를 널리 알리고, 기업 이미지를 호의적으로 만들며, 제품 설명을 미리 해주는 등 인적판매를 지원하고 보완해주는 기능을 한다.

- 예: 'Intel inside'(인텔칩을 부속으로 사용했다는 완제품 PC의 광고 문구), 고어텍스를 소재로 사용했다고 명시하는 등산의류 광고 등.

(2) 소비재

광고가 가장 중요한 커뮤니케이션 수단이기에 여기에 가장 많은 예산이 할당된다. 반면에 인적판매의 중요성은 높지 않다. 그래도 소비재에서 인적판매를 과소평가해서는 안된다. 중간상과의 관계는 이들과 직접 대면하는 판매원을 통해 이뤄지기에 우수한 판매원의 선발과 관리는 소홀히 할 수 없는 과업이다.

2) 마케팅 전략의 방향

밀기전략(push strategy), 끌기전략(pull strategy)과 같이 상반되는 전략이 있다. 이중 어떤 것을 추구하는가에 따라 촉진믹스의 비중은 달라진다. 밀기전략은 중간상에게 판매동기를 부여함으로써 이들의 힘을 통해 제품 판매를 촉진하는 전략이다. 반면에 끌기전략은 최종 소비자의 구매욕구를 우선 직접적으로 자극함으로써 소비자를 움직인다. 다음에는 소비자가 중간상에게 자신이 원하는 제품을 보다 많이 취급하기를 요청한다([그림 18-9] 참조).

그림 18-9 | 밀기전략의 개념도

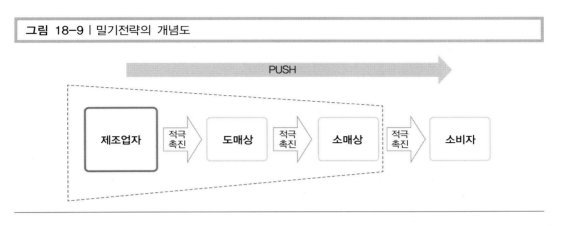

그림 18-10 | 끌기전략의 개념도

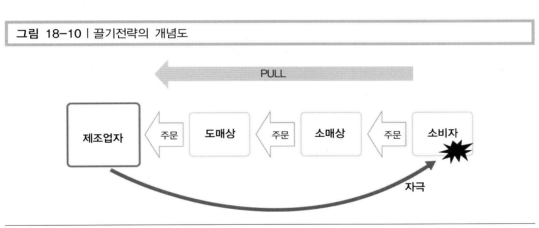

- 밀기전략은 제조업체가 도매상에게, 도매상은 다음 단계의 소매상에게 단계적으로 영향을 미친다. 그리고 소매상은 최종 소비자에게 구매동기를 부여함으로써 제품 판매를 촉진하는 전략이다. 반면에 끌기전략은 제조업체가 무엇보다 우선 최종 소비자의 구매욕구를 직접적으로 자극함으로써 최종소비자를 먼저 움직인다. 그러면 최종소비자는 소매상을 그리고 다시 소매상은 수직상향의 윗단에 있는 도매상을 움직이는 것이다. 결국 소비자를 먼저 흔듦으로써 중간상들이 자사 제품을 더 많이 취급하게끔 하는 전략이다.

밀기전략에서는 인적판매, 중간상 판매촉진의 비중이 크다. 반면에 끌기전략에서는 광고, 최종 소비자에 대한 판매촉진의 비중이 크다.

3) 제품수명주기 단계

촉진믹스는 제품수명주기(product life cycle)를 거치면서 구성 비중을 다르게 할 필요가 있다. 그 이유는 수명주기 단계별로 요구되는 마케팅 커뮤니케이션의 역할이 다르기 때문이다.

(1) **도입기**: 가능하면 짧은 시간 동안 많은 사람들에게 제품의 존재를 알리고 시험구매를 유도하는 것이 중요하다. 그렇기에 광고, 홍보, 판매촉진(시용과 주로 연관된 촉진)의 비중이 크다.

(2) **성장기**: 광고의 비중은 여전히 크다(예: 경쟁사를 의식한 광고). 그러나 판매촉진, 홍보의 역할은 상대적으로 작아진다. 한편 중간상을 대상으로 하는 인적판매의 비중은 점차적으로 커진다.

(3) **성숙기**: 인적판매와 광고가 중요시되는 시기이다. 특히 광고는 제품 존재의 상기를 통한 지속적 구매를 유도하는 것이 중요하다.

(4) **쇠퇴기**: 인적판매의 비중은 작아지기에 상대적으로 광고의 비중이 커진다. 경우에 따라 판매촉진이 다시 강화되기도 한다.

📚 18장의 요약

　커뮤니케이션은 발신자와 수신자 사이에 있어서 정보를 전달하거나, 생각을 교환하거나, 의미를 공유하는 것이다. 기업은 경영의 여러 장면에서 시장과 커뮤니케이션을 해야 하고 그것도 아주 잘해야 한다. 다시 말해 실질적 실체적 내용이 좋더라도 이를 지원하고 촉진하는 커뮤니케이션이 부족하다면 시장이 활성화되는 데는 한계가 있다. "자사의 시장제공물이 경쟁사의 것에 비해 무언가 더 많은 혜택(benefit)을 제공한다는 사실을 사람들에게 알리고, 이를 설득"해야 한다.

　여기서는 우선 커뮤니케이션의 과정에 대해 살펴보고 있다. 그런 다음 통합적 마케팅 커뮤니케이션에 대한 전반적 소개를 하면서 이의 중요성을 강조하고 있다. 그런 다음 마케팅 커뮤니케이션의 총예산 책정, 이의 촉진수단별 배분에 대해 설명하고 있다.

🔊 주요 용어에 대한 정리

문화마케팅: 기업이나 제품 등에 대해 대중들에게 긍정적 인상을 심어주기 위해 미술, 음악, 영화 같은 문화와 기업활동을 결합한 마케팅 기법을 의미한다. 한국HP는 예술의 전당에서 열리는 '로버트 카파 사진전'을 협찬하였는데, 보도사진 분야의 전설로 통하는 로버트 카파의 작품 중 일부를 자사의 프린터로 인쇄해 전시회에 내걸기도 하였다. 주변에서 쉽게 접할 수 있는 문화공간에 소비자가 인식하지 못하는 사이에 기업이나 제품의 고급 이미지를 심어주는 노력은 문화 마케팅의 일환으로 그 활용분야는 더욱 확장될 것으로 예상된다.

제 **5** 부

마케팅의 응용과 확장

M·A·R·K·E·T·I·N·G

1부~4부에서는 마케팅의 개념 및 관리 과정에 대해 다루었다. 5부에서는 이러한 마케팅 관리과정의 일반 내용이 시장 상황과 제품 맥락에 따라 어떻게 변형, 응용, 확장되는지를 다루겠다.

무엇을 대상으로 마케팅 하는가(유형제품, 서비스, 산업재, 스포츠, 문화 등), 어디에서 마케팅 하는가(국내시장, 해외시장), 누구를 고객으로 하여 마케팅 하는가(개인, 조직), 어떠한 IT기술 기반으로 마케팅 하는가(offline, online)에 따라 마케팅 관리는 조금씩 달라진다. 서비스마케팅, 국제 마케팅, B2B마케팅, 인터넷(/모바일/SNS)마케팅, 스포츠마케팅, 문화(/예술/공간)마케팅, 환경마케팅 등의 분야는 이러한 특성을 기반으로 하여 생성되었다. 이들 분야에 적합한 마케팅을 하려면 일반적 마케팅과의 차이점을 분명 이해할 필요가 있다. 그러나 한편 '마케팅'이란 용어 앞에 어떠한 명칭이 부가되더라도 마케팅의 기본 뿌리는 변함이 없다. 그렇기에 이미 알고 있는 일반적이고 범용적 마케팅 지식은 앞으로 소개될 내용의 이해에 도움이 될 것이다.

제19장 서비스 마케팅

유형제품을 제조, 판매하는 기업이 기존의 제조 영역에서 벗어나 서비스 영역으로 사업 확장하는 경우가 종종 있다. 예를 들어 자동차 제조기업이 자동차 정비사업, 자동차 금융업, 중고자동차 매매업, 광고대행사 등으로 사업영역을 확장하기도 한다. 물론 역으로 서비스업에 종사하던 기업이 서비스와 연관된 유형제품의 제조로 사업확장하는 경우도 있다(예: 항공사에서 기내 서비스로 제공하던 땅콩, 과자 등을 직접 제조하는 경우). 이와 같이 기존과 다른 성격의 사업을 시작하는 경우, 새로운 사업에 대한 정보와 지식을 갖춰야 한다. 서비스 마케팅 (services marketing)이란 서비스를 대상으로 마케팅 하는데 관련된 내용을 다룬다.

- "소매업에서의 가격은 하루 만에 똑같아지고, 상품 품목은 3일 만에 모방된다. 그러나 차이를 좁히기 힘들고 따라할 수 없는 것이 바로 서비스다."

  — 얀 칼슨(Jan Carlson, 'Moment of Truth')

경영관리의 중심이 생산에서 마케팅으로, 그리고 다시 서비스로 급격히 변화하면서 서비스가 중요시 되고 있다. 특히 차별화의 수단으로 서비스가 강조되면서 서비스 연구(예: 서비스 품질)가 증가하였다.

- 제품수명주기의 성숙기를 맞이한 제품들 수준은 대개 비슷하기에(도입기와 성장기를 거쳐서 살아남았으므로 시장에서 검증 받은 제품들만이 남아 있다), 물리적 속성에 따른 차이를 고객은 구분하기 어렵다. 따라서 제조 기업에서는 경쟁사(유사한 제품 수준)와의 차별적 우위 확보를 위해 서비스를 강화하는 쪽으로 눈을 돌리게 된다.

마케팅은 원래 유형제품(physical products)을 중심으로 발전하였다. 그러다 경제에서 서비스의 비중이 커짐에 따라 서비스 마케팅의 중요성이 대두되었다. 미국의 경우 MBA 출신의 70% 이상이 굴뚝산업이 아닌 서비스 산업에 취업한다. 이러한 사정은 우리도 마찬가지이다. 이제 서비스를 어떻게 마케팅할 것인가의 문제는 거의 모든 기업에 있어서 중요 관심사가 되고 있다.

- "21세기는 제품을 직접 만들어 파는 것보다 아이디어와 솔루션이 주요 상품으로 등장하는 무한시장으로 변화될 것이다. 향후에는 진정한 솔루션 지향형 기업만이 장기적으로 지속 가능한 경쟁우위를 확보할 수 있을 것이다."

  – Jack Welch(GE 회장)

- 우리는 서비스 사회(service society, service economy)에 살고 있다. 서비스 산업은 산업 고도화와 더불어 급격히 성장하였다. 그 결과 제조업에서 서비스업으로 노동력의 대이동과 서비스 경제로의 산업구조 전환이 가속화되고 있다. 우리나라의 경우 15년간(1990년~2005년) 제조업은 67만개(연 4만개)의 일자리가 감소한 반면, 서비스 산업은 640만개(연 42만개)의 일자리가 증가하였다. 미국의 경우 1900년대 초까지만 해도 서비스 분야의 종사원 비율은 30% 정도였지만 1950년경에는 50%까지 증가하였고 2000년초에는 거의 80%에 육박하는 인원이 서비스 산업에 종사하였다.

본 장에서는 우선 서비스의 개념과 특성, 즉 유형제품과 어떠한 면에서 차이가 있는지를 살펴보겠다. 그런 다음 서비스의 유형, 서비스의 마케팅 관리, 주요 연구 분야 등에 대해 살펴보겠다.

Ⅰ 서비스의 개념과 특성

서비스는 경제학 관점에서 보면 제품과 구분되는 용역(用役)을 의미하며, 생산(제조)과는 연관되지 않은 노동 및 비물질적 재화를 의미한다. 한편 경영학적으로는 판매목적으로 제공되거나, 또는 상품판매와 연계하여 제공되는 모든 활동/혜택/만족, 또는 시장에서 판매되는 무형의 상품, 또는 인간의 인간에 대한 봉사를 의미한다.

즉 서비스는 고객과 기업과의 상호작용을 통해 고객 문제를 해결해주는 일련의 활동(용역)으로 정의된다. 서비스는 순수하게 서비스만을 제공하는 산업뿐 아니라, 제조 산업에서 제품과 함께 부수적으로 제공하는 서비스 활동(또는 서비스업의 서비스 제공을 위해 이와 연관된 유형제품을 끼워서 제공하는 활동)까지도 포괄된다([그림 19-1] 참조).

그림 19-1 | 기업이 고객에게 제공하는 서비스

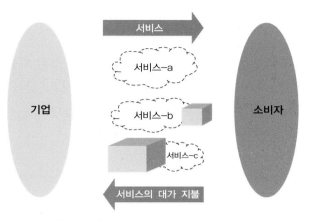

a: 순수 서비스, b: 서비스 판매를 위해 이와 함께 제공되는 유형제품,
c: 유형제품 판매를 위해 이와 함께 제공되는 서비스 (참조: Ⅱ. 서비스의 분류)

- Service라는 단어의 어원은 하인(Servant)이다. 오늘날 비즈니스를 하는 사람들은 모두가 스스로를 그렇게 생각해야 한다. 따라서 항상 겸손하고, 신중하며 주인(고객)의 니즈를 예측할 수 있어야 한다. 당신은 하인으로서 주인(고객)의 신임을 얻어내야만 한다. 그렇지 않으면, 당신이 그들을 소유한다는 것은 영원히 불가능할 것이다.

  — Bob Davis(Lycos 창업 회장)

서비스의 특성을 살펴보면, 서비스는 거래 당사자가 다른 당사자에게 소유권의 변동 없이 제공해줄 수 있는 무형의 행위 또는 활동이다. 예를 들어, 볼펜이란 유형제품을 구입하면 소유권의 변동이 생긴다. 그렇지만 가수의 라이브 콘서트에서 입장권을 구입해서 노래를 듣는 경우 소유권의 변동이 발생하지 않는다.

서비스는 대체로 저장하거나 운반할 수 없다. 서비스의 사용자는 서비스의 대가를 지불하고 서비스가 제공하는 어떤 효용이나 혜택(benefit)을 얻을 뿐이지, 그 서비스를 소유하게 되는 것은 아니다. 그래서 서비스 제공업체는 자사 서비스를 구입함에 따라 소비자들이 얻게 될 혜택을 구체적이면서도 설득력 있게 강조함으로써 구매가 일어나게 한다.

- 피카소 전람회에 관람료를 내고 우리는 미술관람으로 인한 즐거움과 감동을 얻는다. 피카소 작품을 들고 나올 수 있는 것은 아니다. 영어회화 학원에서의 수강, 테니스 코치의 강습, 의사의 진료, 비행기 탑승, 고장난 시계의 수리, 영화 관람 등은 모두 서비스에 해당한다.

- 행복에 대한 연구 중에는 돈을 어떻게 쓰는 것이 더 행복감을 느끼는가에 대한 것이 있다. 연구 결과, 경험을 구매하는 것이 물질을 구입하는 것보다 훨씬 더 행복하다고 한다.

서비스는 유형제품과 비교해 볼 때 여러 차이점이 있지만 특히 다음 네 가지 특성, '구체적 형태가 없기에 볼 수 없고, 생산과 소비가 동시에 행해지고, 질이 고르지 않고, 저장할 수 없다'는 특성을 이해하여야 한다([그림 19-2] 참조). 서비스 기업은 이러한 특성을 반영하는 마케팅 관리방안을 개발해야 한다.

그림 19-2 | 서비스의 특성

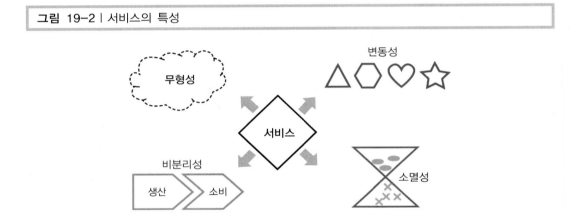

1. 무형성(intangibility, 비가시성)

신발, 과자, 컴퓨터, 자동차 등은 구매하기 전에 그 물건을 경험하거나 만져볼 수 있다. 그러나 대부분의 서비스는 그것의 구입 전에는 사용 결과를 미리 알기 어렵다(무형성). 이러한 무형성으로부터 오는 불확실성은 서비스의 구매를 망설이게 하는 요인이다.

소비자들은 구매 실패를 하지 않기 위해 여러 대안들 중 가장 좋은 대안(자신의 문제를 가장 잘 해결해 주면서 동시에 실패 가능성은 낮음)을 찾기 위한 노력을 기울인다. 문제는 서비스의 무형성으로 인해 경험해 볼 수 없기에 사전에 어떤 것이 더 좋을지 알기 어렵다는 것이다. 그래서 서비스 제공자는 서비스 품질이 좋다는 증거를 제시할 때 가능한 무형성의 유형성(tangibilize the intangible) 노력을 기울인다.

결국 서비스 품질에 대한 증거를 유형화 하는 것은 고객들이 믿고 서비스를 구입하도록 하기 위함이다. 실체적 단서의 제공, 이미지/명성의 관리, 긍정적 구전의 확산 등은 이와 연관된 노력으로 결국 서비스 기업의 브랜드 자산(brand equity)의 강화로 귀결된다.

- 낯선 도시나 지역으로 여행갈 때 흔히 하는 것 중 하나는 '맛집 찾기'이다. 이는 정보 탐색 비용은 낮추고, 의사결정의 실패 확률을 낮추기 위함이다. 또한 수술을 받는 경우 어느 병원의 어떤 의사가 잘 하는지를 미리 알아 본다. 믿을 만한 누군가로부터 혹은 인터넷에서의 평가가 매우 호의적이라면 고려 상표군 또는 선택 상표군에 포함될 것이다. 많은 사람들이 알고 있고(높은 브랜드 인지도), 평가가 긍정적(호의적 이미지)이면, 브랜드 자산은 강력하다(브랜드 자산 = 인지도 + 이미지). 소비자는 구매 위험을 낮추기 위해 브랜드에 의거한다. 강력한 브랜드 자산은 (관여도에 따른 차이는 있지만~) 서비스의 무형성으로 인한 불확실성을 낮춰주는 중요한 단서가 된다. 따라서 서비스 기업은 강력한 브랜드 자산의 구축을 통해 서비스 무형성으로 인해 발생하는 소비자 불안감(실패에 대한 두려움)을 낮춰주고자 한다.

서비스 실체의 단서 제공 방식은 다음과 같다.

(1) 서비스의 결과를 눈에 보이는 형태로 만들어 보여준다(예: 성형외과 의사는 환자에게 수술후 모습을 그림으로 그려주거나 컴퓨터로 보여준다, 미용실은 머리 손질후의 머리 모양을 합성사진을 통해 미리 보여준다). 또는 서비스를 받게 됨에 따라 결과적으로 얻는 구체적 혜택을 설명한다. 즉 서비스 사용에 따른 결과물의 표출적 부분을 강조하는 것이다. 예를 들어, 보험회사는 연금보험에 가입함으로써 은퇴 후의 편안한 여생을 보내는 장면을 시각화한다.

(2) 서비스 제공 장소, 제공하는 사람, 서비스에 사용되는 장비, 커뮤니케이션 재료나 내용(팜플렛, 사진, 포스터) 등을 통해 서비스의 가치를 은연중에 고객들에게 전달한다(예: 레스토랑, 병원, 호텔, 로펌 등이 고급스럽고 화려하게 꾸미는 이유).

- 눈에 보이는 요소를 통해 고객들에게 서비스 품질이 좋다는 인상을 심어줄 수 있다. 오래전 포항의 구룡포를 갔었는데 포구에는 대게를 파는 식당이 여러 집이 몰려 있었다. 초행이기에 어느 식당을 갈지 망설였는데, 결국 간판에 "△△신문 추천식당, 20년 전통"이라고 쓰여 있고, 관록 있는 가게처럼 시설이 보인 식당을 선택한 적이 있었다. 물론 다른 식당을 가보지 않았기에 내가 선택한 식당이 더 좋은지 나쁜지에 대한 평가를 할 수는 없지만 어쨌거나 그 식당은 손님, 특히 초행손님을 끌어들이는데 성공한 것이다.

2. 비분리성(inseparability, 동시성, 비유통성)

서비스는 보통 생산과 소비가 동시에 행해진다.

- 음악회에서 연주라는 서비스는 생산되면서 동시에 청중들에게 소비된다. 병원에서의 수술이란 서비스는 의사와 환자가 같은 공간과 시간에서 생산과 소비가 동시에 발생한다. 관광상품은 일련의 유통과정을 통해 소비자에게 전달되는 것이 아니라 소비자가 직접 생산지(관광지)를 찾아 소비하기 때문에 생산과 소비의 비분리적 특성을 가진다.

비분리성은 서비스를 생산하는 사람과 이를 소비하는 사람이 동일 장소, 시간에 함께 존재한다는 것을 의미한다. 물론 기술 발달로 최근에는 화상을 통해 원격 진료도 하고, 비대면 강의, 콘서트도 진행된다.

일반적으로 서비스 제공자와 서비스 소비자는 직접 접촉하기에 서비스마케팅에서는 서비스 제공자가 고객을 어떻게 대하느냐 하는 것이 중요하다. 이는 서비스 자체의 내용뿐 아니라 접촉 과정의 성격에 따라 서비스 품질에 대한 고객 인식이 달라지기 때문이다.

의사, 미용사, 변호사, 은행원 등이 고객을 무례하게 대한다면, 이를 찾는 고객의 숫자는 급격히 감소할 것이다. 따라서 서비스 제공 직원의 선발 및 교육, 고객 관리 등은 중요한 관리 사항이다.

동일 장소와 시간에 생산과 소비가 동시 발생하기에, 고객은 서비스가 제공되는 프로세스(process) 상에 함께 존재하므로 자기 자신에게 보다 적합한 서비스가 행해지도록 서비스의 생산 방식과 품질을 제어할 수 있다. 예컨대, 미용실에서 미용사에게 수시로 자신이 원하는 헤어스타일의 내용을 의사소통할 수 있다. 그 결과, 서비스 제공자는 (유형제품 제조업자와 달리~) 고객별 맞춤화된 차별적 서비스의 제공이 가능하다.

- Services are individualized and customized to the individual customer through interaction between service provider and customer.

3. 변동성(variability, heterogeneity, 이질성, 비표준성)

서비스 품질은 누가/언제/어디서/어떻게/누구에게 서비스를 제공하는가에 따라 차이가 많이 난다. 그래서 품질이 동질적이지 않기에 변동성이 있다. 동일 병원에 소속된 외과의사들도 의사마다 실력차이가 있다. 또한 같은 의사일지라도 그의 감정/육체 상태에 따라 매번 수술의 품질은 달라지기도 한다.

- 수술 집도의(또는 요리사, 강사, 운전기사)가 어떤 상태인가, 즉 충분한 수면을 취하고 안정적 컨디션인가 또는 새벽까지 술을 마셔서 몸의 컨디션이 엉망인가 등에 따라 서비스 품질은 차이가 날 것이다.

고객들은 이와 같이 서비스 품질이 고르지 않다는 것을 알기에 서비스를 구입하기 전에 누구한테 가야 할지 다른 사람들에게 물어보는 경우가 많다. 이러한 이질성으로 인한 불안감은 때로는 브랜드 전환 등과 같은 부정적 결과를 초래하기도 한다.

이러한 이질성의 문제점에 대처하기 위해, 호텔, 항공사, 법률회사, 레스토랑 같은 서비스 업체들은 서비스 품질을 일정 수준으로 유지하기 위해 구성원을 신중하게 뽑고, 그들을 훈련하는데 많은 돈을 투자한다. 또한 프랜차이즈 업체(예: 맥도날드)에서는 표준화된 서비스 제공을 유지하도록 매뉴얼을 개발하고 종업원 교육을 시킨다. 직원의 유니폼은 통일된 시각적 정보를 고객에게 제공함으로써 동질적 서비스를 받을 것이라는 기대감을 형성시킴으로써 이질성에 대한 불안감을 줄여주기도 한다.

- 세계 어디를 가나 볼 수 있는 맥도날드, 스타벅스, KFC. 마음 편하게 이들을 선택하는 것은 어디를 가나 동질적 서비스를 받을 수 있다는 신뢰감이 형성되어 있기 때문이다.

4. 소멸성(perishability, 비저장성, 비이전성)

서비스는 유형제품(예: 참치통조림)처럼 저장할 수 없기에 어떤 순간을 놓치면 가치를 잃게 된다. 또한 저장해서 대량으로 제공하는 데에도 한계가 있기에 고객 대기를 유발한다.

- 오늘 팔지 못한 코카콜라 캔은 내일 또는 다음 주에 팔아도 된다. 10년전에 제조한 망치를 오늘 판매해도 제품 사용에 문제는 없다.
- 유형제품은 대량으로 한꺼번에 제공할 수 있기에 대기시간을 짧게 할 수 있다. 예를 들어 뷔페에서는 다양한 음식을 대량으로 테이블 위에 놓아둘 수 있다. 반면에 병원의 종합 검진 서비스를 이런 방식으로 대량 제공하기란 쉽지 않다. 그래서 병원에는 항상 기다리는 사람들이 많다.

첫째, 서비스는 어떤 특정시간에 소비되지 않으면 그것의 가치를 잃게 된다(예를 들어 음악회의 빈 좌석을 공연이 끝난 후에 다른 손님에게 팔 수는 없다). 또한 서비스는 재고로 저장할 수 없다. 따라서 수요 변동이 심하다면 서비스 업체는 어려움을 겪는다. 즉 서비스 업체가 제공할 수 있는 서비스 능력은 제한되기에 만약 이를 초과한 수요가 있다면 초과분에 대한 판매 기회를 잃게 된다. 반대로 서비스 제공 능력에 못 미치는 과소 수요여도 다음 날을 위해 미리 만들어 놓고 이를 재고로 남길 수도 없다(예: 환자가 없어서 파리 날리는 의사가 자신의 진료를 저장해둘 수는 없다).

- 참고로 서비스 재고라는 용어도 사용하는데, 이것은 서비스 능력의 여유분을 의미한다. 예를 들어, 어떤 식당의 주차 서비스에서 서비스 재고란 의미는 주차 공간의 남은 여유분을 의미한다. 주차 공간이 클수록 여유분이 많기에 서비스 재고는 크다. 그러나 오늘 사용하지 못한 주차공간의 여유분(서비스 재고)은 참치 통조림의 재고처럼 내일 사용하지 못한다.

둘째, 서비스는 고객을 기다리게 한다. 서버(server)의 수보다 고객의 수가 더 많다면 대기열이 늘어서게 된다. 대기열이 길수록 고객은 불만족을 느낀다. 예를 들어 영화관에 가서 티켓팅(ticketing)을 하려할 때 매표소 종업원의 수는 3명인데 티켓팅 하려는 고객의 수가 10명이라면 7명은 자신의 차례가 올 때까지 기다리게 된다. 이때 대기 과정이 지루하던가, 불공정하게 느껴지던가 혹은 불편하게 느껴지는 등의 부정적 경험을 한다면 이는 불만족으로 이어질 수 있다. 따라서 서비스 기업에게 있어서 수요 예측을 통한 대기열 관리는 중요하다.

서비스의 수요와 공급의 일치 또는 조화를 꾀하는 것은 서비스 업체에게 중요하다. 이를 위한 수요 및 공급에 대한 조치는 다음과 같다.

1) 서비스 수요의 조정

수요를 조정하는 방법은 여러 가지가 있다.

첫째, 차별적 가격제시를 통해 붐비는 시간의 수요를 한가한 시간의 수요로 전환시킨다(예: 영화관의 조조 할인, 레스토랑 해피타임의 특별할인 등).

둘째, 비성수기 때의 수요를 늘리는 마케팅 프로그램을 통해 비인기 시간대의 수요를 생성한다(예: 비가 오면 한산해지는 놀이공원을 위한 이벤트, 맥도날드 햄버거의 아침식사 메뉴, 휴가철을 피해가는 고객을 위한 촉진 프로그램, 백화점 세일기간 이외 때의 고객사은행사 등).

셋째, 기다리는 고객의 불만족을 해소하고 이들을 잡아두기 위한 보조 서비스를 개발한다(예: 레스토랑 대기 장소에 설치된 칵테일 라운지, 오락기 설치 등).

넷째, 예약제도를 도입한다(예: 놀이공원의 패스트패스(FASTPASS)는 장시간 줄을 서지 않고도 미리 정해진 시간에 와서 기다리기만 하면, 그냥 무작정 줄을 설 때보다 짧은 시간안에 놀이기구를 이용할 수 있는 시스템이다. 특히 인기 있는 놀이기구에 패스트패스를 많이 사용하고 있다).

- 성수기와 비수기 때 호텔, 항공료가 달리 적용되거나, 패밀리 레스토랑의 식사값이 평일 점심과 저녁, 또는 평일과 주말의 가격이 다른 것을 흔히 보게 된다. 한편 미용실에서 기다리는 고객을 위한 잡지와 음료 제공, 패밀리 레스토랑의 편안한 대기 공간의 마련 및 간단한 음료 및 다과 제공 등은 바로 수요(고객)와 공급(서버)을 일치시키거나 또는 불만 없는 대기열의 관리를 위한 서비스 기업의 노력이다.

- 공항에 가면 수속을 위해 긴 줄로 늘어선 여행객을 볼 수 있다. 그런데 어떠한 여행객들은 줄도 서지 않고 카운터에 바로 가서 입장하기도 한다. 일등석, 비즈니스석의 여행객들은 이코노미석과 달리 줄도 서지 않고 발권을 하고, 비행 탑승도 제일 먼저 한다. 이들은 비싼 돈을 지불하고 서비스를 구매하였기에 더 좋은 서비스를 받는 것이다.

2) 서비스 공급의 조정

고객들이 붐빌 때 임시 직원의 고용, 셀프서비스의 장려 및 조성(예: 식당의 식권자판기(키오스크), 사전 결제 시스템 또는 앱, 서비스의 일부를 고객이 담당 등), 다른 업체들과 서비스 시설/서비스 인력에 대한 공동 이용 등을 들 수 있다.

Ⅱ 서비스의 분류

서비스에는 여러 종류가 있다.

- 결혼중매 서비스(예: 듀오), Uber, Grab, Airbnb, 배달서비스, 세탁 대행 등.

서비스 특성에 맞는 마케팅 관리를 위해 서비스를 특성별로 분류할 필요가 있다. 물론 이를 분류하는 기준은 매우 다양하다. 아래에 그 중 몇 가지를 소개하겠다.

1. 서비스와 유형제품의 4가지 분류

기업이 고객에게 제공하는 제품과 서비스의 혼합 방식에 따라 4가지로 분류할 수 있다.
1) 순수한 서비스(pure service): 완전한 무형의 서비스를 의미한다. 예를 들어, 카운셀링, 점 집 등이 있다.
2) 서비스 위주인데 여기에 일부 유형제품 수반(primarily service and partly a good): 서비스를 제공하는 것이 목적인데 이를 위해 필요한 유형제품을 일부 제공하는 것을 의미한다. 예를 들어, 영어 학원에서 이에 필요한 기자재, 교재 제공, 비행기 운송 서비스에서 기내식의 제공 등을 들 수 있다.
3) 유형제품 위주인데 여기에 일부 서비스 수반(primarily a good and partly service): 유형제품의 판매가 목적인데 이를 위해 필요한 서비스를 일부 제공하는 것을 의미한다. 예를 들어, 의료기구의 판매를 위해 교육, 유지보수, 설치 등의 서비스를 지원하는

것, 전투기 판매를 위해 파일럿 훈련 서비스를 제공하는 것, 노트북PC 판매를 위해 소프트웨어 서비스를 제공하는 것 등이 있다.

4) 순수한 유형제품(pure good): 완전히 유형제품을 제공하는 것이다. 사탕, 초콜릿, 건전지, 커피믹스 등과 같이 서비스가 요구되지 않는 제품이다.

2. 사람 또는 설비에의 의존 정도에 따른 분류

서비스는 설비 또는 사람의 힘을 빌어 제공된다.

1) 설비에 의존하는 서비스

여기에 속한 서비스는 자동화(예: 자동판매기, 코인세탁기, 코인세차기), 비숙련노동자(예: 세탁소, 이삿짐센터, 영화관), 숙련노동자(예: 비행기조종사, 프로그래머, 자동차 정비업소) 등으로 구분된다.

2) 사람에 의존하는 서비스

이러한 서비스는 비숙련노동(예: 경비, 청소), 숙련노동(예: 보일러 및 전기 제품 수리, 요리사), 전문가(예: 의사, 변호사, 경영컨설턴트) 등으로 분류된다.

설비에 의존하는 서비스 기업이 경쟁력을 갖추기 위해서는 좋은 설비를 확보하는 것이 중요하다. 반면에 사람에 의존하는 서비스 기업은 능력 있는 인적자원을 갖추는 것이 경쟁력의 원천이다.

3. 서비스의 수혜 대상에 따른 분류

서비스의 대상이 사람인 경우(예: 미용, 승객수송, 교육, 수술 등)와 사물인 경우(예: 자동차, 청소, 화물수송, 세탁, 조경 등)로 나눌 수 있다.

사람이 서비스의 대상인 경우에는 서비스 제공자의 대인 접촉 능력이 중요하다. 따라서 사물을 대상으로 하는 것에 비해 업무 스트레스가 높은 편이다.

• 사람을 직접 대하는 병원 의사에 비해, 동물을 대하는 수의사들의 스트레스가 적을 것으로 짐작된다.

4. 서비스를 제공받는 방식에 따른 분류

고객이 서비스 업체로 가는 경우(예: 병원, 미용실, 학교, 자동차 정비소, 법원 등), 서비스 업체가 고객에게 오는 경우(예: 배달, 정원사, 청소부), 둘 다 서로 움직이지 않고 서비스를 받는 경우(예: 방송, 비행기 및 호텔예약, 비대면 교육)로 나눌 수 있다.

고객이 서비스 업체에 가는 경우는 서비스 업체의 입지가 중요하다. 물론 이러한 서비스 제공 방식은 기술과 교통이 발달함에 따라 변화하고 있다(예: 인터넷 교육, 인터넷 뱅킹, 원격 진료 등).

서비스를 이상과 같이 여러 가지로 분류하는 이유는 이러한 과정을 통해 서비스의 내용을 좀 더 이해할 수 있고, 각 유형에 적합한 마케팅 관리방안을 개발할 수 있기 때문이다.

Ⅲ 서비스 기업의 마케팅 관리

오늘날 서비스 업체간 경쟁은 치열하다(예: 여행사의 여행객 유치, 병원의 환자 유치, 대학의 신입생 유치 등). 또한 일반 제조 업체의 경우에도 차별적 경쟁우위의 원천으로 서비스가 중요시 되고 있다. 따라서 대다수 기업들은 서비스 마케팅에 관심을 기울이게 되었다.

서비스도 유형제품의 경우와 마찬가지로 마케팅 관리과정을 거친다. 시장에 대한 상황분석을 통해 SWOT(기회/위협, 강점/약점)을 정리하고, 표적마케팅 전략을 수립(STP)하고, 이러한 결정에 따라 마케팅 믹스를 유기적으로 수행한다.

- 2015년 일본 도쿄 신주쿠의 한 호텔에서는 하룻밤 내내 맘껏 울 수 있는 '울음방' 객실이 등장해 화제라고 한다. 여기에는 눈물 없이 볼 수 없는 영화 12편이 구비돼 있다고 한다. 울고 싶을 때 편하게 맘껏 울기 힘든 주거환경이 적지 않기에 이러한 서비스가 등장한 것으로 보인다.

물론 서비스 상품의 마케팅은 여러 면에서 유형제품과 다르다. 우선 서비스의 특성, 즉 무형성, 비분리성, 변동성, 소멸성 등이 마케팅 프로그램에 반영되어야 한다. 그 결과 서비스 마케팅 믹스는 7Ps를 대상으로 한다. 즉 서비스에서 중요시되는 사람(People, employee, and customer), 프로세스(Process), 물리적 증거(Physical evidence)가 기존의 마케팅 믹스(4Ps=제품+가격+유통+촉진)에 추가된 것이다.

2장에서 언급한 바와 같이 마케팅 믹스는 마케팅 관리자가 표적 고객들로부터 원하는 반응을 얻기 위해 사용하는 통제 가능한 마케팅 변수의 집합을 의미한다. 교환 과정의 활성화에 있어서 서비스의 특성상 사람, 프로세스, 물리적 증거가 마케터의 중요 수단이 된다는 자각에서 이러한 세 변수가 마케팅 믹스에 포함되었다.

이러한 서비스 상품을 대상으로 한 마케팅 믹스, 즉 확장된 마케팅 믹스(7Ps)를 설명하면 다음과 같다.

1. 제품(Product)

서비스의 특성(무형성, 비분리성, 변동성, 소멸성) 때문에 서비스를 구입하려는 사람은 과거 자신의 경험, 다른 사람에게 전해들은 말, 서비스 업체의 명성이나 브랜드, 그리고 광고 등에 근거하여 구매결정을 하는 경우가 많다. 이 중에서 특히 브랜드는 중요한 판단 기준이 된다. 이는 소비자들은 잘 알려진 서비스업체의 브랜드를 높은 품질의 서비스와 연계하는 경향이 있기 때문이다.

- 2008년 캐나다 오타와에서 열린 국제학술대회에 참여했을 당시, 숙소에서 간결하면서도 설득력 있는 광고를 본 적이 있다. 광고 내용은 어떤 젊은 주부가 슈퍼마켓에서 식품을 고르는 과정을 보여주는 것이었다. '토마토를 살 때 우리는 탱탱한지 만져보고, 수박은 통통 두드려 소리를 듣고, 찻잎은 냄새를 맡아본다. 그러나 비닐랩에 싸여 있는 닭고기를 살 때 우리는~~?' 광고 메시지는 결국 우리는 브랜드를 보고 고르지 않느냐는 것이었다. 닭고기는 물론 유형제품이지만, 서비스 상품에 시사하는 바가 적지 않았다.

서비스는 유형제품과 달리 탐색재가 아니라, 경험재 또는 신용재(credence product)의 성격이 강하다. 그렇기에 서비스에서의 브랜드 관리는 중요하다.

2. 마케팅 커뮤니케이션(Promotion)

서비스의 특성상(무형성), 불확실성으로 인해 구매가 주저된다. 따라서 서비스 기업들은 이러한 우려의 완화를 위해, 서비스의 결과를 눈에 보이는 형태로 만들어 보여주거나, 또는 자사 서비스를 구매한 고객들이 얻게 될 혜택의 내용(결과물)을 설득력 있게 제시한다.

- 예: 사진관에 진열된 잘 찍힌 사진들, 성형외과의 Before & After 사진 등.

또한 서비스의 무형적 혜택을 소비자가 쉽게 이해되도록 어떤 구체적 물체(또는 사람, 동물 등)를 통해 상징화하기도 한다(예: 보험회사의 (무엇이든 막아주는) 우산, 세진 컴퓨터의 (충성스러운) 진돗개, 통신회사 017의 (전국 어디든 배달하는) 중국음식 배달원 등).

한편 서비스는 생산과 소비가 동시에 행해지기에(비분리성), 생산자와 고객이 직접 접촉하는 경우가 많다. 서비스 제공자는 서비스의 생산자이지만, 동시에 고객 관점에서는 제공자 역시 서비스의 일부로 받아들인다. 따라서 서비스 제공자가 고객을 어떤 태도와 자세로 대하는가는 고객의 서비스 평가에 많은 영향을 미친다.

3. 유통(Place)

대다수의 경우 서비스는 생산자로부터 직접 소비자에게 전달된다(비분리성). 예를 들어 의사가 환자를 수술할 때 중간상(도매상 및 소매상)이 개입하지 않는다. 그러나 서비스 생산자와 소비자가 직접 접촉을 하지 않아도 되는 서비스는 유통과정에 중간상이 개입하며, 서비스 유통의 중요한 역할을 담당한다. 증권회사, 여행사, 웨딩플래너, 스마트폰 대리점 등이 그러한 중간상들이다.

한편 서비스의 유통에서 고려할 점은 서비스 업체의 위치(입지)이다. 은행, 호텔, 백화점, 병원, 로펌 등은 고객들이 쉽고 빠르게 찾아올 수 있는 위치에 자리 잡으려고 애쓴다(예: 법원 가까운 곳에 변호사 사무실이 많다, 교통사고가 빈번한 곳에 정형외과가 많다, 아파트 단지에는 소아과와 이비인후과가 많다, 반면에 성형외과는 도심 번화가에 위치하고 있다).

- 매장 크기의 역설: 식당의 경우 장사가 잘되어 규모를 확장하면, 오히려 매출이 떨어지는 경우가 간혹 있다. 손님이 많아 줄이 길면 사람들은 불편해 하지만 음식 품질에 대한 확신, 그리고 오붓한 식사 분위기를 느낀다. 그러나 식당이 커지면 대량 조리에 따른 품질의 의구심, 크지만 따뜻한 온기가 없는 분위기 등으로 인해 거리감을 느끼게 된다. 따라서 수용가능한 좌석 보다 조금 더 많은 수준의 고객이 오는 정도로 규모를 유지하는 것, 그리고 전통적 느낌과 분위기를 그대로 유지하는 것도 때로는 바람직한 전략이다.

4. 가격(Price)

서비스 구입에 지불되는 금액을 가격이라고 한다. 서비스 가격은 요금, 입장료, 집세, 이자, 벌금, 등록금 등의 다양한 용어들로 불려진다.

서비스 마케팅에서의 가격은 다음과 같은 중요한 역할을 한다.

(1) 고객들은 서비스 제공자를 고를 때, 유형제품에 비해 품질판단의 척도로 가격에 좀 더 의존하는 경향이 있다. 고객들은 서비스 품질은 가격에 비례할 것으로 짐작한다(참조: 16장의 price-quality inferences). 유형제품의 경우에는 제품 품질의 평가에 도움 되는 정보가 가격 이외에도 많지만, 서비스의 경우에는 가격 이외의 정보가 그리 많지 않은 경우가 대부분이기 때문이다.

(2) 서비스는 유형제품보다 가격차별화가 쉽기에, 가격차별화를 통한 수익 실현의 기회가 많다. 예전에 변호사, 의사는 방문 고객의 옷차림, 행동거지, 차량 등을 통해 지불능력을 판단하고 가격을 매겼다고 한다.

한편 통신회사, 영화관, 호텔, 여행사 등은 동일 서비스임에도 불구하고 소비자의 구입시기, 나이, 직업, 국적 등에 따라 가격차이를 둔다.

서비스 마케터는 유형제품과 마찬가지로 서비스의 원가, 경쟁사 가격, 고객 수요 등을 종합적으로 고려하여 가격을 책정해야 한다. 물론 여기에 더해 서비스만의 특성을 가격에 반영하여 신축성 있게 가격을 조정해야 한다.

5. 사람(People)

서비스의 특성, 특히 비분리성, 변동성으로 인해, 서비스 전달과정에서 서비스 제공자(사람)의 역할은 매우 중요시된다.

- 여러 식당들 중에서 특정 식당을 즐겨 찾는 이유는 음식이 맛있어서 또는 가격이 저렴해서이기도 하지만 종업원들이 친절해서 가는 경우도 있다. 한편 어렵고 복잡한 수술의 경우에는 불친절하더라도 실력 있는 의사를 찾는다. 하지만 간단한 감기, 몸살, 배탈 등은 동네의 친절한 의사를 더 선호한다.

서비스 전달과정에서 소비자의 지각/태도/행동에 영향을 미치는 사람으로는 서비스 제공자뿐 아니라, 소비자 자신, 서비스 환경내의 다른 고객들도 포함된다. 따라서 서비스 마케팅을 잘하려면 사람들 모두, 즉 서비스 사용자(외부 고객)와 서비스 제공자(내부 고객)에 대한 관리를 잘하여야 한다. 즉 사람 관리를 하여야 한다([그림 19-3] 참조).

- 맥도날드의 경영철학 중에는 회사에 만족하고 있는 종업원들만이 우리 고객들을 만족시킬 수 있다는 것이 있다. 맥도날드는 회사 경영에 있어서 가장 중요한 고객은 바로 내부 직원이라고 여기고, 직원들을 만족시키고 교육시키는데 소홀하지 않는다. 종업원들의 교육과 능력 개발을 강조하

는 맥도날드는 '맥도날드 햄버거 대학'서 매년 수천 명의 종업원들을 매장 경영, 관리 과정 등의 교육에 참여시키고 있다.

> **그림 19-3 |** 당사자간 교환에는 제품, 돈만 거래되는 것은 아니다. 마음(느낌, 감정)도 있다.

6. 서비스 프로세스(Process)

서비스 프로세스란 서비스가 전달되는 절차, 메커니즘 또는 활동의 흐름을 의미한다. 프로세스는 전통적 마케팅 믹스 못지않게 소비자 태도 및 행동에 영향을 미친다.

- 예전에 살던 동네 주민센터는 시설도 현대식이고 근무하는 직원들도 대부분 친절한 편이다. 그런데 창구 직원들의 업무는 분화되어 있다. 즉 한 사람이 다양한 민원을 다루는 통합민원을 하지 않기에 이른 아침 시간에 가도 붐비는 창구에는 사람들이 마냥 기다리고 해당 담당직원도 정신없이 일을 한다. 하지만 바로 옆 창구의 직원들은 여유롭게 커피 마시는 광경이 흔히 목격된다. 여기서 알 수 있듯이 서비스 프로세스는 서비스 이용 고객뿐 아니라 서비스 제공자(내부구성원)의 만족에도 적지 않은 영향을 미치는 마케팅 요소이다.

- 일본 동경의 롯폰기 힐스에 있는 'Te'는 Quick Pasta로 유명한데, 주문하면 2분만에 음식이 나온다. 이는 독자 개발한 특수 냉동 파스타를 사용하고 서비스 프로세스를 혁신했기 때문인데, 마치 바로 조리한 것과 같은 맛이 난다.

최종적으로 제공받는 결과품질(outcome quality)도 중요하지만, 그러한 과정에서 서비스 고객이 겪는 과정품질(process quality)도 이에 못지않게 소비자 만족에 영향을 미친다.

- 성형수술의 결과 예쁜 얼굴로 변모되는 것은 물론 중요하다. 그렇지만, 수술과정 및 치유과정이 통증 없고 편안한 것도 중요하다. 식당에서의 음식 맛도 중요하지만, 어떠한 환경 속에서 주문을 하고 음식을 먹는가 하는 점도 고객 만족도에 많은 영향을 미친다.

- 어떤 일에 대한 보상을 받을 때, 상금, 상장, 트로피 등의 크기, 디자인도 중요하지만, 그것을 어떠한 과정을 통해 수상하는가도 중요하다. 예를 들어, 허름한 창고에서 시상식 하는 것과 격식을 갖춘 장소에서 시상식을 하는 것은 동일한 상을 받더라도 수상자에게 주는 감동의 크기는 다를 것이다.

서비스 청사진(service blueprint)은 핵심 서비스 프로세스의 특성이 잘 드러나도록 객관적으로 설명해 놓은 것이다. 이것은 종업원, 고객, 기업측이 서비스 전달과정에서 해야 하는 역할 및 관련된 단계와 절차를 묘사해 놓은 것이다. 서비스 청사진은 관련된 구성원 모두가 공유해야 한다. 그래야 종업원은 자신의 업무를 전체적 서비스 구도에서 파악할 수 있다. 또한 부서 상호간 의존성 및 부서간 경계 영역을 명확히 알 수 있다. 아울러 서비스 구성 요소, 연결 고리망을 파악함으로써 이의 합리적 개선에도 도움이 된다.

7. 서비스의 물리적 환경(Physical evidence)

서비스의 물리적 환경(servicescape)이란 서비스가 전달되고, 기업과 고객간 상호작용이 이루어지는 환경을 의미한다. 여기에는 서비스를 제공하는 시설의 외형, 간판, 안내표지판, 주차장, 인근 주변의 환경, 내부장식 및 표지판, 색상 및 재질, 가구, 시설물, 공기의 질/온도 등이 포괄적으로 포함된다. 또한 종업원 유니폼, 메모지, 입장 티켓, 영수증도 포함된다. 한편 서비스 환경은 고객과 서비스 제공자가 단독으로 만나는 것이 아니라 그 안에는 다른 고객들도 동시에 존재한다. 따라서 다른 고객들은 서비스의 물리적 환경에 해당한다.

- IT를 기반으로 한 서비스의 경우에는 가상적 물리환경(virtual servicescape)이 중요시된다. 웹페이지 및 가상 서비스 투어, 메타버스 등에 내포된 물리적 환경은 고객의 서비스 평가에 영향을 미친다.

사람은 환경으로부터 영향을 받는다. 소비자 구매 역시 서비스의 물리적 환경에 의해 영향을 받는다. 서비스의 물리적 환경은 무형성을 해결하고, 기업 이미지를 고양하는데 도움되고, 또한 직원 행동에 잠재적 영향을 미치는 등의 여러 역할을 한다. 따라서 서비스의 물리적 환경은 마케팅 믹스의 주요 요소로 관리된다.

- 연구자에 따라 다르지만, 물리적 환경은 공간적 배치와 기능성(장비, 사무기기의 배열, 천장 높이 등), 표지판/상징물과 조형물, 그리고 주변 요소(조명, 음악, 색상, 냄새, 전망 등) 등으로 분류되기도 한다.

- 지저분한 장소에서 사람들은 마구 쓰레기를 버리지만, 깨끗한 장소에서는 이를 삼간다. 백화점 세일매장에서의 고객 행동과 명품관에서의 고객 행동은 차이가 있다.

- '깨진 유리창 이론(Broken Windows Theory)'은 건물의 깨진 유리를 방치하면 나머지 창문도 쉽게 망가진다는 내용이다. 예를 들어, 치안이 허술한 골목에 두 대의 자동차를 내버려두는데 한 대는 보닛만 열어 놓은 채로, 나머지 한 대는 창문을 조금 깬 상태로 두는 것이다. 그러면 1주일 후의 두 자동차의 상태는 판이하게 다르다는 것이다. 즉 보닛만 열어둔 자동차는 별 이상이 없으나, 깨진 유리창의 차는 10분 만에 배터리가 없어지고 타이어도 사라지며 낙서와 투기, 파괴행위가 나타나 결국 고철더미로 전락한다는 것이다. 마찬가지로 작은 실수나 왜곡된 이미지를 방치하면 이로 인해 기업이 무너질 수도 있다는 것이다.

매장 분위기는 중요한 서비스의 물리적 환경으로서 소비자의 구매행동에 영향을 미친다.

- 식당에서 모차르트나 베토벤 등의 클래식 음악을 틀어주는 것이 매상을 올리는 데 도움되는 것으로 나타났다. 2003년 영국 레스터 대학의 3주간 실험결과, 클래식 음악이 배경음악으로 깔렸을 때 손님들은 식사비용으로 1인당 평균 24파운드(약 4만6,000원) 이상을 썼으나, 대중음악이 흐르는 경우는 1인당 22파운드(약 4만2,000원) 미만을 지출했다고 한다. 클래식 음악이 흐를 때 손님들은 특히 값비싼 디저트나 와인 등을 먹는 경우가 많았다. 이에 대해 연구팀은, 클래식 음악이 손님들 자신을 좀더 부유하다고 느끼게 만들어 돈을 더 많이 쓰게 만드는 것이라고 설명했다.

- 슈퍼마켓의 와인코너에서 프랑스, 독일 배경음악을 각각 사용하였을 때 와인 판매율이 다르게 나타났다. 독일 음악이 배경음악일때 독일 와인이 프랑스 와인 보다 더 많이 팔렸고 프랑스 음악이 나올 때는 독일 와인보다 프랑스 와인이 더 많이 팔렸다고 한다.

대접받는 기분을 고객에게 들게 하고 동시에 구두 닦는 사람의 작업도
용이하게 해준다. 또한 눈에 잘 띄기에 광고효과도 있다.

사진 19-1 캐나다 토론토 공항의 구두 닦는 서비스 시설

이상으로 서비스 상품의 마케팅 관리 과정에 대해 살펴보았다. 서비스 상품의 마케팅을 성공적으로 하려면 마케팅 관리 과정을 구성하는 요소들 모두에 대해 성공적 관리를 하여야 한다. 동시에 고객 관점에서의 총체적 경험을 모두 중요시 해야 한다. 어떤 한 부분도 소홀히 해서는 안된다.

- 철도회사의 상품은 철도사업자가 고객에게 제공하는 모든 서비스다. 승차한 역에서 하차하는 역까지 이동하는 동안 제공되는 모든 운송 서비스가 다 상품이다. 열차 속도, 운행 열차의 수, 열차의 분위기와 디자인이 주는 차량의 쾌적함, 역 설비의 안정성, 표를 파는 직원의 친절, 차내 승무원의 행동 등 모든 것이 상품이다.

  ― 가라이케 고지(唐池恒二, 일본 철도회사 JR 규슈의 사장)

경쟁력 있는 제품을 제공하지만, 그에 부합하는 서비스를 갖추지 못해 고객 불만을 초래하고 더 나아가 고객을 잃는 경우도 많다. 소비자 조사에 따르면 소비자들이 특정 소매점을 찾는 주된 이유는 그들이 제공하는 상품 때문이었으나 놀랍게도 그 소매점을 포기하는 가장 큰 이유는 상품 자체가 아니라 소매점의 서비스 때문이었다(Hughes, 1991). 제품과 서비스, 양쪽 모두에 대한 균형 있는 관리, 철저한 관리가 새삼 요구된다.

Ⅳ 서비스 마케팅의 주요 분야

여기서는 서비스 마케팅에서 중요시 되는 몇 가지 주제(서비스 품질, 서비스 실패 및 복구, 제조업의 서비스화 등)에 대해 살펴보겠다.

- 그 밖의 주요 이슈들로는 고객 공동생산(customer coproduction), 고객에의 권한 위임(customer empowerment), 셀프서비스 기술(SSTs, self-service technologies) 등 다양하게 있다.

1. 서비스 품질(service quality)

- 경쟁 사회에서 기업이 생존하고 성장하려면 서비스 마인드가 중요하다. 최고경영자뿐 아니라 구성원 모두가 고객에 대한 서비스 마인드로 무장되고 있어야 한다. 그리고 일시적이 아니라 지속적으로 몸에 배어야 한다. 한비자에 '구맹주산(拘猛酒酸)'이라는 말이 나온다. 이 말은 "개가 사나우면 술이 시어진다(부패한다)"는 뜻으로 맛이 좋은 술집일지라도 사나운 개가 술독을 지키면 손님이 줄어든다는 의미이다. 제품, 가격 등의 경쟁력도 중요하지만 고객과 직접 접하는 종업원의 접객 자세 역시 중요하다.

1) 서비스 품질의 측정(SERVQUAL)

서비스 품질은 서비스 마케팅의 중요 주제이다. 이는 서비스 품질이 기업 생존뿐 아니라 장기적 경쟁력의 기반이기 때문이다. 그런데 서비스 품질을 관리하려면 우선 기업이 제공하는 서비스 품질을 정확히 측정하여야 한다.

서비스 품질의 측정은 보이지 않는 무형을 대상으로 하기에 유형제품의 경우보다 훨씬 까다롭다. 서비스 품질의 측정도구로 가장 많이 사용되는 것은 Parasuraman, Zeithaml and Berry(1985,1988)가 개발한 SERVQUAL이다. 초기에는 서비스 품질의 구성요인을 10개 차원(97개 항목)으로 하였으나, 그 후 5개 차원(22개 항목)으로 축약하였다. 새롭게 조정된 5개 차원(유형성, 신뢰성, 확신성, 공감성, 응대성)은 다음과 같다([그림 19-4] 참조).

그림 19-4 | 서비스 품질의 5가지 차원

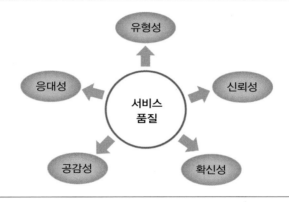

---

(1) 유형성(tangibles, 유형설비)

물리적 시설, 커뮤니케이션 자재, 장비 등의 유형적 요소를 의미한다. 이는 서비스와 연관된 물리적 환경이다([사진 19-2] 참조).

- 병원의 건물, 대기실, 직원 유니폼, 주차장, 화장실 등은 유형성에 해당한다. 음식점의 화장실이 매우 지저분하면 우리는 주방도 청결하지 않을 것으로 느낀다.

사진 19-2 루이뷔통의 매장 입구(인천국제공항)

(2) 신뢰성(reliability)

약속된 서비스를 믿을 수 있게 정확히 제공하는 것이다.

- 해외 여행상품의 경우, 실제 현지에 가서도 약속된 서비스를 제공하는가의 여부가 이에 해당한다. 병원의 경우, 오전 9시부터 밤 10시까지 진료를 한다고 하였으면 이러한 시간을 지키는가도 이에 해당한다.

(3) 확신성(assurance)

고객이 원하는 것에 대한 수행 능력을 직원이 충분히 갖추고 있는가에 대한 것이다. 직원의 지식, 기술, 경험 등을 확신할 수 있는가이다.

- 전화 상담 서비스의 경우, 상담사가 고객의 문의 마다 "문의하신 점에 대해서는 다른 직원께 확인하고 말씀 드리겠습니다. 잠시만 기다려주십시오"라는 말을 번번이 되풀이 한다면, 상담사에 대한 확신성은 점점 떨어진다. 병원의 경우, 의사의 진료 및 수술 능력, 간호사의 의료 지식 등이 이에 해당한다.

(4) 공감성(empathy)

고객에 대한 배려와 관심의 정도를 의미한다. 여기에는 보살핌, 고객에게 향한 개별적 관심, 감정배려 등이 포함된다. 공감(共感)이란 타인의 생각, 감정, 의견, 욕구 등을 자신도 동일하게 느끼는 것이다. 타인의 눈을 통하여 타인의 세계를 보는 것이며, 타인의 감정적 경험을 지각하는 대리적 정서적 반응이다.

- 공감이란 상대방의 관점에서 상대방의 정서, 경험, 상황 등을 자기 자신의 것처럼 이해하는 능력(감수성, sensibility)을 의미한다. 즉 상대방의 입장에 자신을 두고서 생각하는 과정이다. 물론 공

감은 자신의 정체감을 유지하면서 타인의 마음 속에 도달하려는 의식적 노력의 과정이다. 물론 자신의 마음을 이해하는 것처럼 타인을 이해하기란 무척이나 어렵다. 인간은 본능적으로 자기 시각과 관점에 갇혀 있기 때문이다. 이러한 원초적 성향을 극복하기 위해서는 상당한 노력, 지식, 훈련이 필요하다.

- 물속의 돌은 햇볕에 쪼이는 돌의 고통을 모른다(Haiti의 속담), 상대방을 이해하기 위해서는 그 사람의 신을 신고 1마일을 걸어보아야 한다(One must walk a mile in another man's shoes to understand him.)

- 인디언 속담으로부터 유래

공감 능력은 상대에 대한 이해와 배려를 증진시킨다. 또한 갈등상황에서도 상대방에 대한 공격과 비난보다는 사회적 상황에 적절한 반응(이해와 배려 같은 타인지향적 행동)을 하게 만듦으로써 상호작용이 촉진된다. 공감성이 높을수록 고객 상황에 적합한 서비스를 제공할 가능성이 높다([그림 19-5] 참조).

그림 19-5 | 공감을 표현하는 그림

"I know exactly how you feel."

- 고객불만 상담 서비스의 경우, 고객의 불편함에 대해 진정으로 같이 마음을 써준다면 이에 대한 공감성은 높게 평가된다. 병원의 경우, 환자 및 환자 가족의 아픔을 이해하고 공감하는 능력, 따뜻한 배려 등이 이에 해당한다.

- 공감이란 뜻의 영어 단어로는 empathy, compathy 등이 있다. compathy는 어원상 '함께'(com)와 '슬픔, 연민, 고통'(pathos)이 결합한 단어이다.

- "Empathy: We will truly understand their needs better than any other company."

- The Apple Marketing Philosophy

(5) 응답성(responsiveness, 요구대응성)

고객을 기꺼이 도와주고 즉각적 서비스를 제공하는 것을 의미한다. 얼마나 신속하게 고객의 요청에 반응하는가에 관한 것이다.

- 병원의 경우, 환자 또는 환자가족이 요구하는 사항에 대한 신속한 응대가 이에 해당한다. 한편 전화 상담 서비스의 경우, 상담사와의 통화까지 앞으로 예상 대기시간을 투명하게 알려주는 시스템을 갖춘 기업은 마냥 기다리게 하는 기업에 비해 높게 평가 받을 수 있다.

SERVQUAL은 서비스 품질에 대한 소비자의 인식을 측정하는 분석틀로서 유용하다. 이러한 측정을 통해 구체적으로 어떠한 부분을 소비자들이 중시하는지를 알 수 있고, 또한 현재의 서비스가 어떠한 부분에 미흡한지를 파악하는데 도움이 된다.

- 초기 연구에서는 서비스 품질은 기대와 성과를 모두 측정하였지만, 그 후에는 성과에 대한 고객 관점의 주관적 평가를 중심으로 이뤄지고 있다. 한편 서비스 맥락(예: 인터넷, 홈쇼핑, 병원, 호텔, 소매상 등)에 따라 각기 서비스의 특수성을 반영하는 서비스 품질 측정도구들이 개발되기도 하였다.

2) 기술적 품질, 기능적 품질

소비자는 적어도 다음의 두 가지 범주에서 서비스를 평가하는데 이는 서비스 품질의 주요 구성 요소이다.

(1) 기술적 품질(technical quality)

고객이 서비스로부터 실질적으로 얻는 결과물, 즉 서비스 제공자로부터 받은 성과물을 의미한다. 이를 성과 품질(outcome quality)이라고도 한다.

(2) 기능적 품질(functional quality)

고객이 거래를 통하여 서비스를 얻는 방법 및 절차에 관한 것이다. 즉 고객이 서비스 제공자로부터 서비스를 받는 과정에서 느끼는 품질을 의미하는데 이를 과정 품질(process quality)이라고도 한다.

과정 품질은 고객이 서비스를 어떻게 받고, 대가를 지불하고, 경험하고, 사용하는가에 대한 내용으로 이는 서비스의 전달 과정 및 스타일을 포괄하는 개념이다(예: 제품수리를 의뢰하고 이를 받기까지 걸리는 시간, 이러한 약속을 정확하게 지키는 정도, 제품수리 내력 또는 고장원인 등에 대한 설명의 친절도 등).

- 강원도 동해시에서는 개썰매를 이용하여 도시락 배달을 하는 가게가 있다. 여기서 도시락의 맛과 영양은 기술적 품질에 해당하지만, 이러한 특이한 배달방법을 통해 사람들에게 즐거움을 주는 것

은 기능적 품질에 해당한다.

- 예약하기가 불편하고 대기시간 및 진료체계가 효율적이지 않지만, 수술의 결과는 좋은 병원은 기능적 품질은 떨어지지만 기술적 품질은 높다고 볼 수 있다. 이 빠진 그릇을 사용하고 종업원은 퉁명스럽지만 음식의 맛은 기가 막힌 중국 음식점 역시 이와 마찬가지이다.

- 2012년 4월 24일, 중국 다롄 공항은 아침부터 짙은 안개로 인해 비행기가 연달아 연착됐고, 때문에 약 5,000여 명의 승객들이 공항에서 오랫동안 비행기 이륙을 기다려야만 했다. 결국 승객들 불만을 감당하기 힘들었던 다롄 공항은 기막힌 방법을 생각해 냈다. 바로 '위문 공연'을 펼치는 것이었다. 공항 측은 급작스럽게 대학생 4명을 섭외해 '치어리더 공연'을 펼쳤다. 파란색 복장을 입고 춤을 추기 시작하는 미모의 여대생들 공연에 승객들은 관심을 드러냈고 비행기 연착은 까맣게 잊게 됐다. 이에 몇몇 승객들은 언론과의 인터뷰에서 "다롄 공항 측의 지혜로움에 감탄했다", "정말 세심하다! 비행기 연착에도 즐거웠다" 등 긍정적 반응을 보였다.

– 참조: 동아닷컴, 2012년 4월 26일

고객 성향, 서비스 특성, 상황 등에 따라 기능적 품질이 우선시되는 경우도 있지만, 기술적 품질이 우선시되는 경우도 있다. 예를 들어, 실력은 없지만 마음이 따뜻한 의사를 원하기도 하지만, 경우에 따라서는 마음이 차갑더라도 실력이 뛰어난 의사를 원하기도 한다. 병의 경중에 따라, 또는 상황에 따라 다를 것이다.

2. 서비스 실패, 서비스 복구

서비스를 제공 받을 때 손해 보거나 불만족 경험하는 경우가 종종 있다. 이는 고객의 기대나 '인내영역(zone of tolerance)'의 범위를 벗어난 서비스를 제공받을 때 발생한다. 이와 연관된 주제가 서비스 실패, 서비스 복구이다.

(1) 서비스 실패(service failure)

서비스 제공의 결과물 또는 제공 과정이 소비자 기대에 못 미칠 때 발생한다. 여기서 알 수 있듯이 서비스 실패는 서비스가 제공되는 진행 방식에 연관되는 과정 실패(process failure), 그리고 고객들이 실제 서비스로부터 받은 최종 결과물과 연관되는 결과 실패(outcome failure)로 나눌 수 있다.

① 과정 실패: 서비스를 전달하는 과정에서 발생하는 문제를 의미한다. 서비스제공자에 의해 수행된 서비스 핵심과정에서의 오류나 특정 부분에서의 실수로 야기된 서비스 실패를 의미한다(예: 불친절한 식당 종업원, 오랜 시간을 기다리게 하는 병원의 진찰실, 무례한 택배기사).

② 결과 실패: 기업에 요구되는 가장 기본적, 핵심적 서비스가 실현(또는 완수)되지 못한

실패이다(예: 맛이 형편 없는 음식, 잘못된 의료 수술, 파손된 상품의 택배 등).

- 고객은 과정 실패를 경험하는 경우에는 사회적 손실감을 좀 더 느끼지만, 결과 실패를 겪는 경우에는 경제적 손실감을 좀더 경험한다.

서비스 실패는 고객의 심리 반응에 영향을 미치고, 이는 결국 고객이탈, 부정적 구전 등과 같은 행동 반응을 유발하기에 기업의 마케팅 성과에도 영향을 미친다.

- 서비스 실패는 외부 고객에게만 발생하는 것은 아니다. 기업의 다양한 기능부서들이 협력하여 수행하는 신제품 개발의 경우, 협력부서들간에도 서비스 실패는 경험한다. 이럴 경우, 팀워크는 손상 받고 그 결과 프로젝트 성과는 떨어지게 된다.

(2) 서비스 복구(service recovery)

서비스 실패가 발생할 때의 기업 대응은 두 가지로 나뉜다. 하나는 서비스 실패에 대한 성의 없는 대응이다. 이 경우 실망 고객은 다른 경쟁기업으로 이탈한다. 다른 하나는 고객에게 적절히 대응하여 오히려 고객 로열티를 강화하는 잠재력을 갖게 만드는 것이다. 즉 성공적인 서비스 복구는 불만 고객을 오히려 만족 고객으로 전환시키는 결정적 역할을 한다. 이럴 경우, 고객유지, 고객만족, 서비스 조직에 대한 애호도, 그리고 호의적 구전에 중요한 기여를 한다. 서비스 제공자가 실패를 성공적으로 복구시키면 고객은 보다 큰 만족과 신뢰를 느끼고 더욱 그 관계에 몰입하게 된다.

서비스 복구 과정을 통해 서비스 실패의 부정적 경험은 완화될 수 있다. 서비스 복구는 제공된 제품/서비스가 고객 기대에 부응하지 못했기에 불만족한 고객을 만족 상태로 되돌리는 일련의 과정이며, 손해를 회복하고 완화시키기 위한 기업의 모든 행동을 의미한다.

기업의 서비스/제품은 항상 성공적일 수만은 없다. 그래서 서비스 실패를 사전에 예방하는 것이 중요하다. 또한 실패 발생시 이를 어떻게 회복시킬 것인가에 대한 방안의 마련도 중요하다.

체계적으로 갖춰진 서비스 복구 시스템은 실망을 극복하고 관계를 개선하는 기회가 되지만, 비효율적 서비스 복구 시스템은 만족, 신뢰, 그리고 몰입을 심하게 훼손시켜 고객으로 하여금 전환행동을 하게 한다.

- 서비스 실패를 유형별로 분류하고 이에 부합하는 대응 반응을 구체적으로 마련해둘 필요가 있다([사진 19-3] 참조). 예를 들어, 이마트에선 계산 착오가 발생한 경우, 5천원 쿠폰을 지불한다.

2018년 7월 아시아나 항공사는 기내식 대란을 겪었다. 탑승객에게 기내식을 제공하지 못하는 대신 한 사람당 $30의 바우처를 제공하였다.

사진 19-3 비행기에서 제공된 바우처

3. 제조업의 서비스화(product servitization)

가치의 단편 조각만을 제공하기보다는 고객 문제(복합적 요구)를 총체적으로 해결해 주는 방향으로 기업은 활동 영역을 확대시키는 경향이 있다. 특히 제조업 중심의 기업들은 자사 제품과 연관되는 서비스로의 사업영역 확장을 두드러지게 하고 있다.

- 예: 자동차 제조업이 이와 연관된 서비스 업종, 즉 자동차수리센터, 중고차 거래서비스, 자동차금융 서비스 등으로 영역을 확장하는 것, 영어 교재를 출판하던 회사가 이를 활용한 학원사업, 인터넷강의 사업, 캐릭터 사업 등으로 확장하는 것, 의료기기 제조회사가 의료기기와 연관된 병원을 설립하는 것.

제조업의 서비스화란 고객욕구의 포괄적 만족, 경쟁우위 확보, 그리고 기업성과의 향상을 목적으로 제조기업이 서비스지향성을 받아들이거나, 또는(/동시에) 양질의 서비스 사업을 개발하는 전략적 변화의 과정이다([그림 19-6] 참조). 최근 제조 기업들은 자신을 제조기업이

그림 19-6 | 제조업의 서비스화(A기업 → A′ 기업)

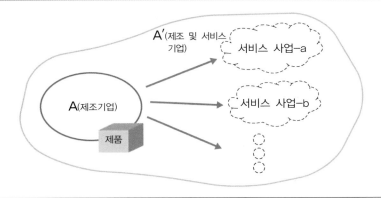

아닌 서비스 중심의 기업으로 인식전환을 하고 있다.

- GE의 경우 자사를 '제조도 하는 서비스기업'(A service company that also manufactures)이라고 표현하고 있다. Nike의 경우, 제품개발 R&D, 마케팅, 유통, 서비스 등으로 기업 역량을 집중하고 제조기능 자체는 아웃소싱으로 대체하고 있다. 이러한 움직임은 우리나라 제조기업에도 점차 가시화되고 있다. 제조 상품에서 얻는 수익보다는 이와 연계되어 발생하는 서비스 시장이 훨씬 방대하고 수익도 높다는 사실은 제조업의 서비스화 움직임에 대한 계기가 되었다.

제조업 서비스화의 실행을 위해서는 제품/서비스 기획에서부터 생산 및 마케팅까지를 포함한 전체 프로세스를 서비스 지향성을 중심으로 한 통합적 사고가 요구된다. 동시에 기업 관점과 고객 관점, 시간 차원과 공간 차원에서의 입체적 서비스 도출 및 이를 사업화하는 전략적 마인드가 요구된다. 요약하면 소비자 문제에 대한 토털 솔루션을 제공하려면 제조업과 서비스의 융합, 즉 서비타이제이션(servitization, 제조업의 서비스화)이 필수적이다.

- 아이팟, 아이폰의 성공은 제조 하드웨어만의 경쟁력 때문만은 아니었다. 아이튠스, 앱스토어라는 서비스와의 결합을 통해 음악, 게임 등 소비자가 원하는 토털 솔루션을 제공했기 때문이다.

📚 19장의 요약

　서비스 마케팅(services marketing)이란 서비스를 대상으로 마케팅 하는데 관한 내용을 다룬다.

　본 장에서는 우선 서비스의 특성, 즉 유형제품과 어떠한 면에서 차이가 있는지를 살펴보겠다. 그런 다음 서비스의 유형, 서비스의 마케팅 관리, 서비스 마케팅의 주요 분야 등에 대해 살펴보겠다.

　첫째, 서비스는 유형제품과 비교해볼 때 여러 차이점이 있지만 특히 다음 네 가지 특성, '구체적 형태가 없기에 볼 수 없고, 생산과 소비가 동시에 행해지고, 질이 고르지 않고, 저장할 수 없다'를 이해하여야 한다.

　둘째, 서비스는 기업이 고객에게 제공하는 제품과 서비스의 혼합 방식, 사람 또는 설비에의 의존 정도, 서비스의 수혜 대상, 서비스를 제공받는 방식 등에 따라 다양하게 분류할 수 있다. 서비스를 여러 가지 기준을 통해 분류하는 이유는 이러한 과정을 통해 서비스의 내용을 좀 더 이해할 수 있고, 각 유형에 적합한 마케팅 관리방안을 개발할 수 있기 때문이다.

　셋째, 서비스도 유형제품의 경우와 마찬가지로 마케팅 관리과정을 거친다. 시장에 대한 상황분석을 통해 SWOT(기회/위협, 강점/약점)을 정리하고, 표적마케팅 전략을 수립(STP)하고, 이러한 결정에 따라 마케팅 믹스를 유기적으로 수행한다. 다만 서비스의 특성을 반영하여 서비스 마케팅 믹스는 7Ps를 대상으로 한다. 즉 서비스에서 중요시되는 사람(People, employee, and customer), 프로세스(Process), 물리적 증거(Physical evidence)가 기존의 마케팅 믹스(4Ps= 제품＋가격＋유통＋촉진)에 추가된 것이 7Ps다.

　넷째, 서비스 마케팅에 있어서 중요시 되는 주제들은 여럿 있지만, 여기서는 서비스 품질, 서비스 실패 및 복구, 제조업의 서비스화 등을 중심으로 소개하고 있다.

제 20 장 │ 국제 마케팅

M·A·R·K·E·T·I·N·G

기업은 창업 초기에 주로 국내 시장을 대상으로 활동한다. 그러다 안정적으로 자리를 잡고 제품 경쟁력이 증대하고 재무 자원이 풍부해지면 점차 세계 시장으로 눈을 돌리게 된다. 활동 무대를 해외 시장으로 넓히려는 기업에게는 국내 마케팅(domestic marketing)뿐 아니라 국제 마케팅(international/global marketing)에 대한 정보와 지식이 절대적으로 필요하다.

- 활동 반경의 시공간 확장: 기업이 성장하고 발전할수록 경쟁 대상은 공간 및 시간 차원으로 확장한다. 예를 들어 어떤 지역에서 탄생한 기업은 우선 그 지역에서 살아남기 위한 경쟁을 펼친다. 여기서 살아남은 기업은 점차 활동범위를 넓혀서 국가 전체의 우수 기업들과 경쟁한다. 국내시장에서 경쟁력을 인정받은 기업은 점차 세계 시장에서 여러 국가의 대표 기업들과 우위를 다투게 된다. 그리고 이제는 미래의 신세대 혁신 기업과 시대를 대표하여 다투게 된다. 이와 같이 경쟁 대상의 확장(또는 축소)은 기업 성장과 궤적을 같이 한다.

활동 반경이 국내 시장에 국한된 기업은 해외 시장에서도 활약하는 기업에 비해 성장 속도가 뒤쳐진다. 더구나 우리나라와 같이 시장 규모가 협소하고 경제의 해외의존도가 높은 나라에서는 해외시장과의 연계가 더욱 중요하다.

- 오토바이 제조업체의 경우, 국내시장만을 염두에 둔다면 매출 규모는 상당한 제약이 있을 것이다. 특히 우리와 같이 대중교통과 자동차가 발달한 나라에서 오토바이 사용은 한계가 있다. 이에 비해 도로가 덜 발달되고 대중교통 체계가 미비한 지역(예: 베트남, 라오스 등)에서 오토바이는 거의 생활필수품이기에 이에 대한 수요가 크다. 따라서 이들 시장에 대한 공략, 즉 국제시장으로의 진출은 필수적이다.

- 일본의 중소 자동차 회사는 2018년경 물에 뜨는 소형 전기 자동차('FOMM')의 개발에 성공하였다. 동일본 대지진(2011년)이 제품개발의 동기가 되었다. 한편 이 발명품의 초기 해외시장으로는 일본처럼 홍수가 잦은 태국을 선정하였다.

해외시장에서 쌓은 명성은 역으로 국내시장의 소비자 태도에 적지 않은 영향을 미치므로 해외시장에 대한 선제적 공략이 중요한 전략이 되기도 한다.

- 2012년 '강남스타일'의 세계적 성공에 따라 가수 싸이의 국내 입지는 달라졌다. 수많은 광고 및 행사에 출연하였고 몸 값도 치솟았다. BTS, BLACKPINK 역시 마찬가지이다.
- "우리는 우리나라 것의 가치를 널리 선전하지 못하고, 외국사람이 우리나라 것의 가치를 높이 평가할 때, 비로소 재인식하는 버릇이 자고로 있다."

  – 김구용의 [丘庸日記], 솔 출판사(2001)

국제교류의 증대, 무역장벽의 축소, 운송 및 통신기술의 발달, 기업규모의 확대, 협소한 국내시장의 탈피, 해외시장에서 한국 호감도 등의 여건 역시 해외시장과의 교류를 촉진하고 있다.

결론적으로 여건이 마련된다면, 국내로의 한정된 시장과 협소한 안목을 벗어나 국제 마케팅으로 관심과 지식의 폭을 넓힐 필요가 있다. 대다수 기업들은 해외 시장의 기회를 알고 있지만 실제 해외시장으로 진출하는 경우는 그리 많지 않다. 생소한 언어, 낯선 문화는 물론이거니와 국내와 전혀 다른 경제/사회/문화/지리적 여건을 극복하기 쉽지 않다(예: 교통 여건, 인터넷 및 모바일 수준, 행정 규제, 세제, 날씨, 지형 등).

해외 시장이라 해서 지레 위축될 필요는 없다. 여러 면에서 국제 마케팅은 국내 마케팅과 크게 다르지 않다. 마케팅의 기본 원리는 여전히 국제 마케팅에도 유효하다. 국내 마케팅과 국제 마케팅 사이의 가장 큰 차이는 '시장(market)' 자체가 다르다는 점이다. 국내 마케팅과 국제 마케팅의 차이는 이로부터 그 모든 게 비롯된다. 그래서 자국에서의 성공 방식을 그대로 답습하면 예상치 못한 문제가 발생하기도 한다([그림 20-1] 참조). 이를 탈피하려면 자기중심적 사고방식을 벗어나 진출 국가의 경제, 문화, 소비자 행태 및 관습에 대한 이해가 철저히 선행되어야 한다.

- 우리나라에 진출했던 월마트, 까르푸는 현지화를 고려하지 않은 채 자신들만의 기존 전략을 고수하였는데, 결국 월마트는 이마트에, 까르푸는 홈플러스에 각각 매각되는 쓴맛을 보았다.

그림 20-1 | 시장에 적합한 마케팅의 중요성

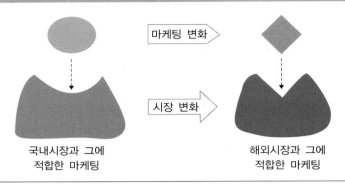

- 어떤 나라를 이해하기 위해서는 다방면의 노력이 요구된다. 우선 그 나라의 언어를 알아야 한다. 언어에는 그들 고유의 생각, 태도, 행동 등이 반영되기 때문이다. 예를 들어, 심성을 반영하는 그 나라만의 고유 단어들이 있다(예: '根回し(ねまわし)'란 어떤 일을 하기에 앞서 사전준비를 해두 거나 또는 어느 정도 말을 맞춰놓는 일). 언어를 알면 그들의 마음을 훨씬 잘 이해하게 된다. 한 편 기후, 지형, 지리적 여건, 역사 등에 대한 이해도 중요하다. 효율적이면서도 효과적인 방법 중 하나는 그 나라 사람들과 직접 교류하거나 친분을 맺는 것이다. 이것이 현실적으로 쉽지 않다면, 드라마, 영화, 노래 등을 통해 간접적으로 이해를 넓히는 것도 하나의 방법이다.

    국내시장의 성공적인 전략과 전술은 시장 여건이 다른 해외에서 수정되거나 새롭게 개 발될 필요가 있다. 기존 마케팅의 변형, 응용, 창조 등이 국제 마케팅의 주된 과제이다. 본 장에서는 국제 마케팅의 관리에서 고려할 내용을 소개한다. 구체적으로 국제 마케팅의 환경, 해외진출 여부의 판단, 진출할 나라(표적시장)의 선택, 해외 진출방법들의 비교, 국제 마케팅 프로그램 등에 대해 살펴보겠다([그림 20-2] 참조).

그림 20-2 | 국제 마케팅의 주요 결정 사항

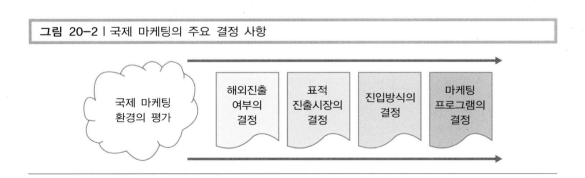

I 국제 마케팅에서 당면하는 상이한 시장 환경

다른 나라로 진출할 것인가의 결정에 앞서, 우선 그 나라에서 부딪힐 제반 마케팅 환경을 알고 있어야 한다. 이는 나라마다 경제, 정치, 법률, 행정규제, 사회, 문화, 인구통계 등이 다르고, 소비자, 경쟁사, 유통망, 공급상 등의 구조와 업무 관행이 다르기 때문이다.

- 자기가 소고기 스테이크를 먹지 않는다고 해서 앞에 있는 저 황소가 나를 공격하지 않을 것이라 생각해서는 안된다.

- "명 나라의 수군이 출병했다는 소식을 들었을 때, 나는 그저 무덤덤했다. 나는 명 수군의 배의 구조와 기능을 알지 못했고 노의 각도를 알지 못했다. 산동 반도 연안의 배가 조선반도 남해안의 굴곡진 연안에서 작전에 합당한 것인지를 알 수 없었고~."

  — 김훈(2001), 칼의 노래, 174쪽

- "나는 아르헨티나에서 태어났지만 콜롬비아에서 자랐다. 남미에선 전통적으로 사업을 할 때 거래 상대방과 식사를 같이 하는 것이 중요하다. 나도 점심을 먹으며 계약을 성사시키는 일이 많았다."

  — 미국 부동산개발업체 The Related Group 의 Jorge Perez 회장

1. 국제 마케팅의 거시적 환경 차원

해외 시장의 특성에 영향을 미치는 거시 환경 요소들에 대해 차례대로 살펴보겠다.

1) 경제 환경

경제 환경에서 고려할 요소로는 인구 규모, 산업 구조, 소득 분포 등이 있다.

(1) 인구 규모는 수요 기반이 되기에 인구 수가 클수록 매력적 시장으로 평가된다. 인구 수만을 기준으로 본다면 중국, 인도, 미국, 인도네시아, 브라질 등의 순서로 중요하다. 물론 수요는 인구 규모뿐 아니라 구매력, 구매 의지가 뒷받침되어야 한다. 하지만 생필품, 저가 상품(예: 콜라, 껌, 라면)의 경우에는 인구 자체만으로도 수요 크기를 가늠할 수 있다.

(2) 어떤 형태의 산업 구조(예: 자급자족형, 원료수출형, 개발도상형, 산업경제형)를 가지는가 하는 점은 그 나라의 필요 상품을 파악하는데 도움이 된다. 이런 점에서 보면, 자국의 산업 구조와 유사한 나라에 먼저 진출하는 것이 용이하고 안전하다. 자신과 유사한 나라부터 시작해서 점차적으로 영역을 확장해 나가는 축차적 접근(rollouts)은 이에 해당한다.

(3) 소득의 수준 및 분포 형태는 국민들이 상품을 어떻게 인식하고 있으며 또한 어떤 상품을 주로 구매하는가에 영향을 끼친다. 예를 들어, 소득이 낮은 나라에서 자전거나 오토바이는 출퇴근 수단으로 인식되지만 소득이 높은 나라에서는 스포츠 레저 용품으로 인식된다. 그래서 자전거나 오토바이 수출 기업은 각국의 특성에 맞게 제품, 마케팅 커뮤니케이션을 조정할 필요가 있다. 한편 나라 전체의 경제력은 약하지만 소수의 상류층이 경제권을 독점하는 나라에서는 고급 승용차, 명품 의류 등과 같은 사치품이 의외로 잘 팔린다.

- 미국의 경우, 가구당 차 3대를 보유한 경우가 많다. 포드자동차는 3대 차량을 보유한 가구가 1999년 27%에 달했고 2003년에는 거의 30%에 이를 것으로 추산했다. 한 가구 차 3대 경향을 주도하는 계층은 소비성향이 강한 베이비 붐 세대들이다. 이들은 데이트 차량 이외에도 작업도구를 사러 갈 때 필요한 픽업트럭이나 휴가용 스포츠 유틸리티 차량(SUV), 축구하는 자녀를 데리고 다니는 미니밴, 연료를 적게 소모하는 출퇴근용 차량 등이 별도로 필요하다고 생각한다. 차 3대를 수용하기 위해 차고를 늘리는 집도 증가하고 있다. 주택건설업체연합회에 따르면 신축 주택 가운데 3대분의 차고를 갖춘 집이 거의 20%에 달해 10년 전의 두배로 늘어났다.

  − 참조: 뉴스위크 2003년 12월 1일

(4) 인구 규모, 산업구조, 소득 수준 이외에도 어떤 나라의 경제환경을 평가할 때 고려할 요소로는 그 나라에서 마케팅 활동을 하는데 필요한 하부시스템, 즉 교통 및 운송, 통신(인터넷망, 스마트폰 보급률 등), 금융, 유통 등이 있다.

2) 정치 및 법률 환경

정치 및 법률 환경으로는 정치적 안정성, 노사문제, 국민과 정부의 외국기업에 대한 태도, 자민족 중심주의, 조세 제도, 외환/수입/가격에 대한 규제, 행정기관의 효율적 운영상태 등이 있다. 예를 들어, 정치적 안전성은 해외진입 방식(예: 간접수출, 라이선스, 합작 및 직접투자)의 결정에 영향을 미친다.

- 이탈리아는 첫 번째 소유하는 집의 세금은 없지만, 그 다음 소유지부터는 재산세가 부과된다. 따라서 상속받은 시골 농가를 방치하기보다 차라리 헐값에 판매하는 것이 세금을 피할 수 있기에 정부는 소유주를 설득하여 지방소도시의 많은 버려진 집을 넘겨받고 있는 실정이다.

- 2021년 2월 1일 미얀마 연방공화국에서 발생한 쿠데타에 대한 항의는 2022년 말에도 아직 진행 중이다. 군부의 국민 폭압이 지속적으로 이어지자 미얀마 군인들마저 탈영해 오히려 반군에 합류해 군부 저항 활동을 펼치고 있다. 이러한 혼란 상황에서 미얀마에 진출한 국내 기업들도 일부 철수하거나 또는 사업을 축소하고 있는 실정이다.

3) 문화 환경

나라마다 고유 문화(가치관, 관습)와 그에 따른 생활방식이 있다. 이는 자연(날씨, 지형, 지리적 위치, 재해 등) 및 사회(제도, 관습, 종교, 역사 등) 환경과 무관하지 않다. 문화의 다양성을 몇 가지 소개하면 다음과 같다.

- 수식(手食)을 하는 아랍권 사람들은 부정을 탄 왼손을 써서는 안되며 오른손만으로 식사를 한다. 끌어안고 볼 대기를 할 때는 반드시 오른쪽 볼을 먼저 댄다. 또한 물건 주고받을 때도 오른손이 도맡는다.

- 라오스에서는 몸에서 머리가 가장 중요한 부분이고 발바닥이 가장 하찮은 부분으로 생각한다. 그렇기에 아이가 귀엽다고 머리를 쓰다듬어서는 안된다. 또한 사람에게 발바닥을 내미는 것은 가장 천한 동작으로 여긴다. 또한 남녀가 손을 잡고 걷거나 공공장소에서 포옹하는 것도 무례한 행동으로 여긴다.

- 말레이시아에서는 사물 혹은 장소를 가리킬 때 검지손가락을 이용하기도 하지만 이는 정중한 표현이 아니기에 되도록 엄지손가락을 사용하는 것이 바람직하다. 특히 사람을 가리킬 때 검지손가락을 사용하는 것은 무례한 행동으로 간주된다.

- 힌두교가 종교인 인도의 경우, 결혼하지 않은 여자들은 샤크티 여신의 표시로 이마 한가운데 붉은 점을 그리는데, 이는 '전 아직 결혼하지 않았어요. 저와 결혼하고 싶다면 노력해 보세요'란 의미이다. 반면에 머리카락이 돋아나는 부분을 붉게 표시한 것은 기혼자임을 표시한다.

- 러시아 사람들은 악수하고서 자기 이름을 말하는 풍습이 있다. 이러한 순서에 어긋나게, 즉 이름을 먼저 말하고 악수를 청하는 것은 실례라고 한다. 러시아에서는 공연장에서 휘파람을 불면 안된다. 이는 불만족의 표현이기 때문이다.

- 헝가리에서는 건배할 때 맥주잔을 절대로 부딪히지 않는다. 그 연유는 19세기경 오스트리아 사람들이 맥주잔을 부딪히며 헝가리 순교자들의 사형을 축하했는데 이로부터 이를 금기시하였기 때문이다.

해외 시장에서 기업은 자기 나라 기준에서 생각하는 버릇을 버리고 그 나라의 문화와 사업관행을 이해하고 존중하여야 한다 이를 위해 '자기준거기준(Self-Reference Criterion, SRC)'을 탈피해야 한다. '자기준거기준'이란 자기가 익숙한 문화의 가치관 및 의식구조에 기초해서 다른 문화를 평가하려는 경향을 의미한다. 각 나라는 다른 나라에서 찾을 수 없는 독특한 관습, 전통이 있는데 이것은 다른 문화권의 이방인이 보기에 비합리적으로 보일지 모르지만 그 나라 사람들에게는 합리적이고 또한 자연스러운 것이다.

문화적 상대주의를 인정하고 고유한 생활 방식, 가치관, 행동 방식 등에 세심한 주의를 기울여야 한다. 이런 점에서 볼 때 초기의 해외진출은 국내와 크게 다르지 않은 지역을 먼저 공략하는 것도 바람직하다.

- 이슬람권 국가의 구급차, 병원 등에는 십자가 대신 초승달 표지가 있다. 십자군 전쟁으로 고통 받았기에 구호, 생명의 의미를 십자가는 상징하기 어렵다.

- 여론 조사원이 영국인, 일본인, 미국인, 독일인, 한국인에게 차례대로 물었다. "당신 나라는 어떤 정신을 강조하나요?"
  영국인: 신사도. 일본인: 친절. 미국인: 개척 정신. 독일인: 근면.
  그때 한국인이 외쳤다.
  "아 좀 빨리빨리 묻고 대답 좀 빨리빨리 합시다, 거."

문화는 마케팅에 영향을 미친다는 점을 인식해야 한다. 해외 시장의 문화 환경을 이해하고 이를 마케팅에 반영하는데 고려할 점은 다음과 같다. 첫째, 그 나라의 문화와 역사, 소비자의 행태 및 관습에 대한 이해가 필요하다. 그리고 이들과 마케팅과의 연관성을 이해하여야 한다.

- 중국 비즈니스의 성공 요건 중 하나는 체면을 중시하는 중국 사회에 적응하기 위해 반드시 알아두어야 할 '중국식 에티켓'을 지키는 것이다. 악수할 때부터 식사 자리, 협상 테이블, 선물 교환, 커뮤니케이션에 이르기까지 중국식 습관을 알아야 한다. 예를 들어 식사 중에는 반드시 음식에 대한 칭찬을 잊지말아야 하고, 선물 포장은 즉석에서 뜯지 말아야 한다. 중국인들이 좋아하는 숫자는 6, 8, 9이고, 선호하는 색은 황금색과 붉은색이다. 물론 제품에 따라 선호하는 색이 바뀌기도 한다.

  — 참조: 조선일보, 2001년 11월 6일

- 나라마다 선호하는 색과 기피하는 색이 다르다. 이러한 점은 제품, 브랜드, 포장, 광고물에 반영되어야 한다. 붉은 색은 중국에서는 많이 쓰이지만 아프리카에서는 잘 받아들여지지 않는다. 선호하는 꽃도 나라마다 다른데, 러시아는 특히 꽃봉오리가 크고 원색의 화려한 색상을 선호한다.

- 미국에서의 수동변속 자동차의 시정점유율은 1960년 28.6%에서 1995년 11.8%로 떨어졌다. 이처럼 미국에서의 수동변속 자동차는 감소하는데, 이에 비해 유럽과 라틴 아메리카에서는 계속 전성기를 구가하였다. 유럽과 라틴 아메리카에서는 자동변속기를 달면 남성답지 못한 것으로 여겨지기 때문이다.

  — 참조: 리더스다이제스트, 1997년 2월호

- 골프가 잘 안될 때 미국사람들은 분석을 하고, 일본사람들은 연습을 하고, 한국사람들은 골프채를 바꾼다고 한다. 아마도 골프채가 골프 인구 대비해서 가장 많이 팔리는 나라는 우리나라일 것이다.

- 맥도날드는 힌두교가 절대 다수를 차지하는 인도(80%가 힌두교)에서 소의 성분이 들어간 기름을 썼다가 낭패를 보았다. 인도의 12억 인구 중 80%는 힌두교(쇠고기 금기), 13%는 이슬람교도(돼지고기 금기)이다. 그래서 인도에서 가장 잘 팔리는 메뉴는 쇠고기 대신 감자를 넣은 '맥알루 티키버거'이고, 채식주의자를 위한 '맥베기'도 팔고 있다. 대표 메뉴인 빅맥은 없고 대신 닭고기를 넣은 '마하라자 맥'이 있다.

  — 참조: 국민일보, "인도 맥도날드 햄버거엔 고기가 없다?" 2012년 9월 5일

둘째, 다른 나라에 대한 전반적 이해는 중요하다. 그러나 여기서 한발 더 나아가 그 나라 안에서도 지역별로 세분화되는 경제, 법률, 문화 환경의 차이에 대해서도 이해하여야 한다. 우리나라도 지역별(예: 도시/농촌, 영호남, 섬 등)로 경제, 문화 등의 차이가 있고 소비자 성향이 다른 것과 마찬가지이다.

셋째, 다양한 문화를 접할수록 자기 자신의 문화뿐 아니라 상대방 문화를 좀 더 이해하게 된다. 자신의 문화는 다른 문화의 차별성과 독특성을 인식하게 해주는 거울이 되고, 반대로 다른 지역의 문화는 자기 문화의 속살을 새삼 발견하게 해주는 거울이 된다. 이와 같이 문화를 이해하는 비결 중 하나는 여러 다양한 바깥 세계와 대면하는 것이다. 물론 어떤 한 나라에 오래 거주했다고 해서 그 나라의 문화를 저절로 알게 되는 것은 아니다.

결국 사람은 자기가 아는 만큼 사물을 이해하게 된다. 편협성을 극복하려면 대상에 대한 폭 넓은 지식, 다양한 경험, 안목, 애정과 관심, 포용력 등이 요구된다.

2. 국제 마케팅의 미시적 환경 차원

해외 시장에서 부딪히는 마케팅의 미시적 환경들, 즉 소비자, 경쟁사, 중간상, 공급상, 산업시스템 등은 국내 시장에서 경험하던 바와는 사뭇 다를 수 있다. 따라서 해외에 진출하기에 앞서 이들에 주체에 대한 내용을 국내시장 못지 않게 충분히 숙지하여야 한다(참조: 7장).

3. 해외 시장에 대한 다양한 자료의 확보, 그리고 신축적인 태도의 중요성

해외 시장은 국내 시장과는 다르다. 따라서 해외 시장으로 진출하기 전에 가능한 많은 자료와 정보를 확보하여야 한다. 또한 고정관념과 경직된 자세를 버리고 신축적이고 융통성 있게 대처하여야 한다. 이와 관련된 내용 몇 가지를 요약하면 다음과 같다.

(1) 해외 시장 진출을 처음 시도하는 경우에는 가능하다면 거시 및 미시적 환경의 특성이 국내와 유사한 나라에 먼저 진출하는 것이 바람직하다. 물론 해외시장이 아무리 유사하더라도 결국 외국 시장이기에 차이는 존재한다. 미세한 차이가 엄청난 실패로 귀결되기도 하므로 방심해서는 안된다.

(2) 국내시장에서 통하였던 경쟁우위가 해외시장에도 통할 것이라고 섣부르게 판단해서는 안된다. 더 나아가 어떤 특정 지역에서 쌓인 경험들이 다른 지역에도 그대로 적용될 것이라는 선입견을 버려야 한다.

- 스타벅스, 커피빈은 대구에선 맥을 못 추고 있다. 국내 토종 프랜차이즈들은 저렴한 가격, 가맹점 시스템을 활용한 점포의 빠른 확산, 한국인 입맛을 누구보다 잘 알고 있다는 점을 앞세워 다국적 브랜드의 아성을 무너뜨리고 있다. '다빈치, 슬립레스인시애틀, 커피명가, 핸즈커피, 안에스프레소' 이들은 모두 대구에서 처음 생겨나 인기를 끌고 있는 토종 커피 브랜드들이다. 5개 업체의 대구 지역 점포 수를 합하면 모두 120여개로 대구의 커피전문점 중 70% 이상을 차지한다. 다국적 브랜드인 스타벅스와 커피빈은 대구에 각각 8개, 1개 매장을 운영하고 있을 뿐이다. 토종 커피 브랜드들의 인기 비결은 '저렴한 가격과 좋은 품질'이다. 손님들이 주로 많이 찾는 카페라테, 아메리카노 등의 가격이 해외 브랜드들보다 30% 정도 싸지만 커피 맛은 별 차이가 없다. 다빈치는 볶은 원두의 유통기한을 10일로 제한하고 있고, 커피명가는 원조 바리스타인 사장이 직접 30여 개국을 돌며 구매한 우량 원두를 사용해 커피를 만든다.

— 참조: 동아일보, 2008년 7월 10일

이와 반대로 해외 시장에 맞춰 현지화를 하거나 또는 해외 고객의 입 맛에 맞게 제품 및 서비스의 변형을 하는 것만이 올바른 국제화의 길은 아니다. 때로는 '가장 한국적인 것이 가장 세계적인 것'이 되는 경우도 있다.

- "전통주의 세계화는 지역화와 맞물려 있다. 서울 막걸리는 서울 막걸리대로, 부산 막걸리도 그 나름대로 개성과 지역색이 살아있어야 고객이 즐겨 찾는다. 또한 막걸리와 원래 지역 토속음식을 연계한 식단 개발도 효과적인 홍보수단이다."

— 미기타 게이지(右田圭司), 일본 술서비스 연구회 이사장(동아일보, 2010년 3월 18일)

(3) 시장 환경에 따른 신축성(융통성)과 신속한 대처가 필요하다. 10개의 해외 시장을 대상으로 활동한다면 10개 이상의 서로 다른 마케팅 문제에 봉착하게 된다. 그리고 이러한 문제에 대한 해결책 역시 다르다. 시행착오를 통해 문제해결 능력을 키우는 것도 좋지만 해외 시장에 대한 사례연구를 통해 시행착오를 줄이는 것도 좋은 방법이다.

Ⅱ 해외진출 여부의 판단

기업의 국제화(internationalization) 전략은 중요한 기업 성장 전략 중의 하나이다. 그렇다고 모든 기업이 해외로 진출해야만 하는 것은 아니다. 그렇지만 다음 여건들이 조성된다면 해외진출을 신중히 고려해볼 필요가 있다.

(1) 해외의 시장 기회가 매력적으로 형성될 때(현재의 시장규모 및 미래의 성장가능성 차원 모두에서 판단).
(2) 원료, 노동력, 자금을 자국에서보다 해외에서 더 싸게 확보할 수 있을 때.
(3) 경쟁사가 해외에 먼저 진출해 기반을 잡게 되면, 그 기업과의 경쟁이 힘들어질 것으로 예상될 때.
(4) 외국정부가 해외자본을 끌어들이기 위하여 관세, 법인세, 이익의 송금 등 여러 면에서 외국기업에게 특혜를 제공할 때.
(5) 자국 통화가 급격히 평가절상되어 자국상품의 수출가격이 높아짐에 따라 현지에서의 가격 경쟁력을 잃을 우려가 있을 때.

- 전술한 여러 조건들은 다른 관점으로도 바라볼 수 있다. 예를 들어 우리나라 기업들이 중국에 대한 직접투자 동기는 중국의 저렴한 노동력 및 생산부품을 활용함으로써 제조원가의 절감을 추구하는 생산지향 동기(upstream motives), 또는 중국의 내수시장에 침투하여 매출증대 가능성을 제고하는 시장지향 동기(downstream motives) 등으로 구분된다. 한편 미국시장에 투자하는 외국 기업들의 투자동기는 미국시장의 매력(예: 미국 내수시장의 규모나 성장성) 때문에 투자하려는 흡인요인(pull factors), 자국 환경의 악화(예: 고율의 세금이나 높은 임금)를 회피하기 위해 투자하려는 압박요인(push factors) 등으로 구분된다. 참고로 생산지향 동기는 압박요인, 시장지향 동기는 흡인요인과 밀접하게 연관된다.

국내시장과 해외시장에 대한 전반적 이해와 예측, 그리고 해외진출에 따른 득실을 종합적으로 고려하여 기업은 해외진출 여부를 신중하게 결정해야 한다.

일단 해외 진출에 대한 결정이 내려졌으면 이제는 국제 마케팅 활동의 기본 지침 및 전략을 정해야 한다. 예를 들어, 기업 총매출액의 어느 정도를 해외 시장에서 거둘 것인지, 몇 개의 나라에 진출할 것인지, 어떤 특성을 가진 나라에 진출할 것인지 등을 결정하여야 한다.

Ⅲ 진출 지역(국가)의 결정

진출 지역을 결정하는 것은 마케팅 관리 과정의 표적시장 선정과 유사하다(참조: 9장). 진출 지역의 결정은 개략적으로 다음 순서로 진행한다.

1) 우선 진출을 고려하는 나라 또는 지역들에 대한 목록을 마련한다.

- 현재 전세계에는 200여개 가까운 나라들이 있다(UN 회원국은 193개국).

- 동남아시아에는 베트남, 라오스, 캄보디아, 태국, 미얀마, 말레이시아, 싱가포르, 인도네시아, 필리핀, 브루나이, 동티모르 등 총 11개국으로 구성되어 있다.

2) 제반 평가기준에 의해 이러한 대안들을 비교평가한다. 평가에 사용되는 기준에는 여러 가지가 있지만 대표적인 것들은 다음과 같다.

① 시장의 매력도: 시장 규모, 미래 성장성, 마케팅 하부시스템의 양호성 등.

② 경쟁우위: 해외 시장에서 경쟁하게 될 경쟁사들과 비교되는 자사의 경쟁우위 항목과 그것의 지속성 등.

③ 시장의 위험도 및 불확실성: 진출할 나라에서 부딪히게 될 위험요소의 구체적 예측과 이에 대한 대비책 마련의 실현 가능성 등. 한편 진출하려는 나라에서 한국 기업이 당면하는 문제는 다른 나라 기업(예: 미국, 일본, 중국, 독일 등)이 당면하는 문제와 다를 수 있다. 이러한 특수성에 대한 이해도 선행되어야 한다(예: 민족감정, 역사, 사건 및 사고 등).

- 바람직한 시장은 자사의 경쟁우위가 뚜렷하게 작용할 수 있고, 시장의 매력도는 높지만 위험 및 불확실성은 낮은 시장이다. 그러나 이러한 모든 요소를 갖춘 시장을 찾기는 어렵고, 또한 어떤 기준을 충족하면 다른 기준에 미흡한 상충관계(tradeoff)를 보이는 경우가 대부분이다. 기업 체질과 장기적 수익을 고려하여 최적의 표적시장을 선택하여야 한다. 아울러 가능하다면 해외시장에서의 성공가능성 및 매출 잠재력에 대한 구체적인 예측을 하여야 한다.

3) 진출 지역을 결정한다. 여기서는 진출 지역들에 대한 우선 순위뿐 아니라, 각 지역별로 요구되는 중점 조사내용까지도 결정한다.

Ⅳ 해외시장에의 진입 방식

표적시장 즉 어느 나라(또는 그 나라의 어떤 지역)로 진출할 것인지가 결정되면 이제는 국제 마케팅의 다음 단계로 그곳에 어떤 방식으로 진입할 것인지를 선택한다. 진입방식의 유형에 따라 해외사업에 대한 통제수준은 다르다. 이러한 통제수준의 차이는 해외시장 성과 및 경영 내용에 적지 않은 영향을 미친다.

진입 방식은 간접수출, 직접수출, 라이선싱, 합작투자, 단독투자 등으로 나눌 수 있다. 간접수출에서부터 직접투자 방식으로 갈수록 기업의 관여도는 높아지고 동시에 위험부담도 높아진다. 그러나 통제력 및 잠재이익은 커지게 된다([그림 20-3] 참조).

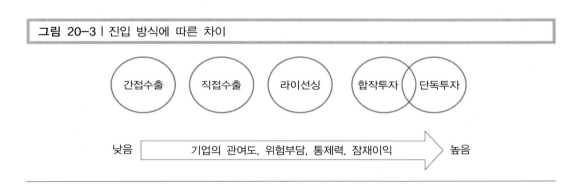

그림 20-3 | 진입 방식에 따른 차이

간접수출 · 직접수출 · 라이선싱 · 합작투자 · 단독투자

낮음 ← 기업의 관여도, 위험부담, 통제력, 잠재이익 → 높음

이들 방식을 간략히 설명하면 다음과 같다. ① **간접수출**: A나라의 a기업이 자기나라에서 제품을 만들고, B나라로의 수출은 다른 기업의 힘을 빌어서 하는 것이다. ② **직접수출**: A나라의 a기업이 자기나라에서 제품을 만들고, B나라로의 수출은 직접 a기업이 하는 것이다. ③ **라이선싱**: A나라의 a기업이 제품을 만들어 B나라로 그 물건을 수출하는 것이 아니다. B나라에 있는 b기업에게 같은 물건을 만들어 판매하는 것을 허락하고 그대신 a기업은 b기업으로부터 로열티를 받는 것이다. ④ **합작투자**: A나라의 a기업이 B나라로 진출할 때 그 나라의 b기업과 합작하여 제조 및 마케팅 활동을 함께 하는 것이다. ⑤ **단독투자**: A나라의 a기업이 B나라에서 그 나라 기업과의 협력없이 a기업 단독으로 제조 및 마케팅 활동을 하는 것이다.

- 대부분 기업들은 위험 회피적 성향을 가지기에 간접수출부터 시작한다. 그리고 점진적으로 단계를 밟으면서 해외시장 학습을 통해 위험을 체계적으로 줄이면서 직접투자 방식으로 진행한다. 그

러나 최근에는 이러한 흐름과는 다른 방식도 등장하고 있다. 예를 들어 태생적 벤처기업(infant multinationals, international new venture(INV), born global venture(BGV))은 기업 설립시부터 다양한 나라의 자원을 이용하며 제품/서비스의 판매를 여러 국가에서 실현한다. 즉 기업이 생성될 때부터 원료, 인적자원, 자금 조달 등의 자원을 자기 나라에서 구하는게 아니라 국제적으로 경쟁력 있게 확보한다. 이는 국내시장으로부터 점진적으로 다국적 시장으로 진화하는 것과 달리, 초기부터 적극적인 국제화 전략을 시도하는 것이다. 국제 경험이 풍부한 경영자가 설립한 벤처기업이 여기에 해당한다. 국제 경험이 풍부한 경영자는 다양한 나라의 자원과 자신의 능력을 결합하여 해외 시장의 수요에 처음부터 적극 대응한다.

1. 간접수출(indirect exporting)

기업이 자국내의 무역상(예: 국내의 종합무역상사, 국내 진출한 외국계 무역회사/수입상/대형소매체인)을 통해서 해외에 자사상품을 수출하는 방법이다. 간접수출의 장점은 기업이 직접 수출부서를 만들고 해외에 세일즈맨을 파견하는 등의 번거로움을 피할 수 있다. 또 수출에 관련된 모든 일을 국제경험이 풍부한 중간상 또는 바이어가 알아서 처리하기에 회사의 위험 부담은 최소화된다. 그러나 이 방법에만 고착된다면 기업이 해외에서 얻을 수 있는 이익이 극히 한정되며 국제시장 경험을 축적할 수 있는 기회를 스스로 포기하는 결과가 된다.

2. 직접수출(direct exporting)

기업이 중간상을 통하지 않고 직접 수출하는 방법이다. 이 경우 수출에 관련된 업무를 직접 해야 하기에 간접수출의 경우보다 투자는 많아지고 동시에 위험도 커진다. 그러나 무역상을 거치지 않기에 이익은 간접수출보다 더 커지고 해외시장에 대한 학습효과도 얻게 된다.

OEM(original equipment manufacturer, 주문자상표부착방식)과 ODM(Original Development Manufacturing, 제조자 개발 생산)은 수출 활동(간접 또는 직접)과 연관된다. OEM은 외국기업이 지정한 상품제작을 주문 받아서 이를 수동적으로 공급하는 것이다. 반면에 ODM은 재량권을 가지고 만든 제품이다. 물론 여기에도 판매자(즉, 외국기업)의 브랜드를 부착하는 것은 OEM과 같지만, ODM 기업은 기술, 설계 및 제품개발 능력을 갖추고 있기에 이의 재량권을 가지고 제품을 만들어 유통망을 갖춘 회사에 이를 제공한다는 점에서 다르다. 즉 ODM 제조업자는 자기 기술을 가지고 제조를 먼저 하고 주도적으로 이에 적합한 판매자를 찾는 점에서 차이가 있다. 어쨌거나 OEM, ODM 모두는 제조에만 신경을 쓰고 유통 및 판매에는 신경 쓰지 않아도 된다는 편안함이 있지만, 반면에 마진율이 낮고, 주문하는 회사에 지나치게 의존하고, 아무리 많이 팔고 좋은 제품을 만들어도 자사 브랜드의 이미지를 축적하지 못하는 단점이 있다. 따라서 수익성이 높은 기업으로 발전하려면 언젠가는 자기 브랜드를 부착하여 마케팅(유통)을 직접해야 한다.

- 판매회사에서 제품을 생산하는 방식에는 크게 세 가지가 있다. 첫째, 직접생산(자신의 제품을 자신의 기술과 소재로 자신의 공장에서 생산), 둘째 OEM생산(자신의 제품을 자신의 기술과 소재를 기준으로 한다. 다만 이를 다른 회사의 공장에서 생산), 셋째, ODM생산(자신의 제품을 다른 회사의 기술로 다른 회사의 공장에서 생산)

PC제조사인 Acer의 창업자 Stan Shih가 제시한 스마일 커브는 상품개발에서부터 제조, 마케팅, 애프터 서비스 등으로 시간적 순서대로 이어지는 가치 사슬에서 나타나는 단계별 부가가치 곡선이다. [그림 20-4]에서 볼 수 있듯이, 각 단계에서 창출되는 부가가치의 정도를 선으로 이어보면 양쪽 끝에 위치한 R&D, 마케팅(브랜드 구축, 유통) 및 서비스가 올라가 있고, 반면에 가운데 위치한 제조 부분이 가장 아래 방향으로 내려가 마치 스마일 모양이 된다는 것이다. 따라서 높은 수익성 또는 부가가치를 거두는 주체는 주로 R&D, 마케팅을 담당하고 있다. 이러한 점은 장기적으로 수익성을 크게 얻고 또한 시장을 선도하고 지배하려면, 기획력, 창의력, R&D, 기술, 마케팅, 서비스 등의 주요 역량을 키울 필요가 있다는 점을 시사한다.

그림 20-4 | 스마일 커브(Smiling Curve)

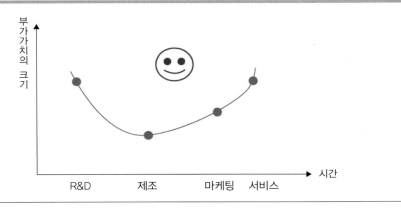

- N사는 제주 삼다수 공급을 장기독점 하면서 폭리를 취하고 있는 것으로 드러났다. N사는 지난 1998년부터 제주도와 독점 판매계약을 맺고 제주도를 제외한 전 지역에 삼다수를 공급하는 유통

망이다. 2012년 10월, CBS노컷뉴스가 입수한 자료에 따르면, 제주개발공사는 삼다수를 취수 병입해 500ml 짜리는 병당 200원, 2리터는 병당 460원에 농심에 공급하고 있다. 그런데 제주도를 제외한 지역에서 판매되는 삼다수의 소비자가격은 공급가 대비 최고 3.37배나 비싸게 판매되고 있다. 그렇다면 N사에서는 고율 마진을 남기는 만큼 삼다수의 부가가치창출에 어느 정도의 역할을 하고 있는가? 결론적으로 아무것도 없다. 국내 삼다수의 원 판매제조원인 제주개발공사가 삼다수 완제품을 생산해 배편으로 육지까지 운송해주면 N사가 이를 넘겨받아 소매점에 배달하는 것이 역할의 전부이다. N사는 지난 1998년부터 무려 13년 동안 별다른 품도 들이지 않고 매년 엄청난 수익을 올리고 있다.

3. 라이선싱(licensing)

라이선싱이란 외국의 다른 회사(licensee)에게 자신(licensor)이 소유한 생산기술, 특허, 등록상표, 디자인 등을 쓸 수 있는 권리를 부여하고 그 대가로 사용료(royalty)를 받는 것을 말한다. 라이선스를 주는 회사(licensor)는 위험과 비용의 부담 없이 외국에 진출할 수 있지만, 라이선스 기간이 끝난 후에 외국 회사가 자사의 경쟁사로 등장할 가능성이 있다. 또한 외국 회사를 통제하기가 쉽지 않다. 만일 제품의 제조능력이 부족하거나 브랜드 이미지에 해를 끼치는 행동을 한다면 라이센서의 입지는 타격을 받는다.

라이선스를 받는 회사(licensee)는 적은 재정적 부담으로 앞선 생산기술을 익히거나 외국의 유명상표를 쓸 수 있다. 그러나 라이선스 기간이 끝나면 더 이상 그 상표를 쓸 수 없기에 그동안 상표를 위해 투입한 모든 마케팅 투자의 열매는 라이센서가 고스란히 가진다. 한편 상표도입 회사는 라이선스 기간이 끝날 때마다 사용료(royalty)를 더 높게 지불하는 조건으로 계약을 갱신하는 경우가 많고 또한 이러한 기간이 오래될수록 라이센서 의존도는 커진다.

라이선싱과 유사하지만 이와 다른 해외진출 방법으로 경영계약(management contract), 계약생산(contract manufacturing)이 있다. 경영계약은 회사가 일정 대가를 받고 외국의 호텔/병원/공항과 같은 조직체를 관리해주는 것이다. 즉 유형제품이 아닌 경영이라는 서비스를 수출하는 것을 의미한다. 한편 계약생산은 기업이 외국 제조업체와 계약을 맺고 생산을 맡기는 것이다. 계약생산은 큰 위험 없이 현지에서 신속하게 생산할 수 있다는 장점이 있는 반면, 상품의 제조과정을 통제하기 어렵다는 단점도 있다.

- 생쥐깡 사건(2008년 새우깡에서 생쥐 머리가 발견된 사건): 식약청은 '노래방 새우깡'을 제조한 농심 부산공장에 대한 현장 조사를 실시했다. 그 결과 농심 부산공장은 밀폐식 시설로 제조관리 상태가 양호해 공정 중에 이물 혼입 가능성이 없는 것으로 조사됐다. 그래서 농심 중국 현지공장

에서 제조한(계약생산) 새우깡의 주원료인 반제품 제조 또는 포장과정에서 이물질이 혼입된 것으로 추정하고 있다.

– 참조: 뉴시스, 2008년 3월 18일

4. 해외 직접투자

해외 직접투자(FDI, Foreign Direct Investment)는 단독투자, 합작투자로 구분할 수 있다. 합작투자는 다시 지분비율을 기준으로 다수 지분투자, 동등 지분투자, 소수 지분투자로 세분된다.

한편 해외 직접투자에는 몇 가지 유형이 있는데, 신설은 자사가 해외에 회사를 새로이 설립(또는 공동 설립)하는 것이고, 합병/인수(merger and acquisition: M&A)는 기존의 현지회사를 합병하거나 매입하는 것을 의미한다.

1) 합작투자(joint venture)

합작투자는 2개 이상의 기업, 개인 또는 정부기관이 특정 기업체의 운영에 공동 참여하는 국제경영 방식으로 참여자들이 공동 소유권을 가진다는 특성이 있다. 합작투자는 어떤 회사가 다른 나라의 투자가와 공동으로 투자하여 그 나라에 새롭게 현지법인을 세우는 경우도 있고, 기존 현지 법인의 지분 일부를 취득하는 경우도 있다. 서울하인즈(Heinz + 서울식품공업), 유한 + 킴벌리, 신도 + 리코, 삼성 + 테스코 등은 합작투자의 사례이다.

단독투자와 비교해볼 때, 합작투자는 자회사 통제보다는 현지 파트너의 힘이 필요할 때 주로 사용한다. 국가에 따라서는 단독투자를 허용하지 않는 경우도 더러 있는데, 이 경우에 합작투자 이외의 대안은 없다. 합작투자의 효과를 성공적으로 거두려면 현지 파트너를 잘 선정하고, 파트너와의 관계를 잘 관리하여야 한다. 현지 파트너의 통제는 일반적으로 쉽지 않기에 합작투자에 대한 판단은 신중을 기해야 한다.

- 중국으로 진출하는 한국 업체들은 '여러 개의 중국'을 알아야 한다. 중국 전체의 1인당 소득은 1만1천달러지만 상하이는 3만5천달러, 베이징은 3만2천달러이다(2021년). 중국은 소득도 천차만별이고 각 지역마다 기후도 다르기 때문에 상품군도 달라야 한다. 이러한 학습에는 시간이 걸리기에 중국 현지 회사와 합작 회사를 설립하여 기업 운영 방식 및 소비자 특성을 습득하는 것도 하나의 방법이다.

2) 단독투자

단독투자란 다른 나라의 시장을 겨냥하여 단독으로 생산과 마케팅 활동을 목적으로 하는 현지법인을 세우는 것이다. 단독투자는 기업이 의결주권의 95% 이상을 자사가 소유하는 형태로 이를 완전소유 자회사라고 한다.

단독투자 방식에 의한 해외진출은 제품이나 기술에 대한 강력한 통제가 가능하고, 자사의 경영방침을 재량껏 운영할 수 있으며, 기술이나 노하우의 누출을 방지할 수 있다는 이점이 있다. 그러나 단독투자는 가장 위험이 큰 방법이다. 현지에서 발생하는 모든 손해와 불이익은 회사 혼자서 감수해야 한다.

이상 살펴본 간접수출, 직접수출, 라이선싱, 합작투자, 단독투자 이외의 방식으로는 전략적 제휴, 컨소시움 등을 들 수 있다.

5. 진입 방식과 국제 마케팅 조직과의 관계

국제 마케팅의 경우에는 국내에서만 활동할 때와는 상이한 조직체계가 요구된다. 이러한 국제 마케팅 조직의 형태와 내용은 국제 활동의 범주 및 심화 정도에 따라 달라진다. 즉 국제 마케팅 조직이 진화하는 과정은 국제 마케팅 활동의 발달과 궤적을 같이한다([그림 20-5] 참조).

그림 20-5 | 국제 마케팅 조직의 발달

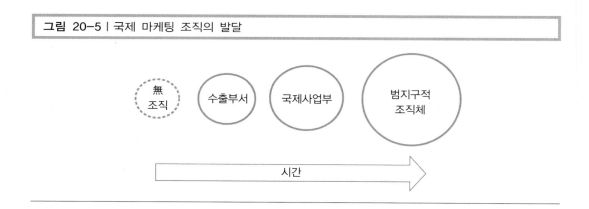

기업은 외국에 자사상품을 처음으로 수출하면서 국제 마케팅을 경험한다. 초기에는 새로운 조직에 대한 필요성을 별로 느끼지 못한다. 그러다 점차 수출물량이 증가하면 수출업무만을 전담하는 수출부서(export department)를 두게 된다. 더 나아가 기업의 해외활동 범위가 넓어져서 합작투자 또는 직접투자를 하는 단계에 이르면 수출부서만으로는 기업의 모든 국제 마케팅 활동을 감당하기 버겁게 되기에 모든 해외관련업무를 총괄하는 국제사업부(international division)를 설치하게 된다. 한편 이러한 단계를 넘어서 좀 더 국제화가 진전되어 사업활동이 전세계적으로 넓어지면 기업은 범지구적 조직체(global organization)가 된다. 이 경우엔 국가간 경계에 대한 관념은 희박해진다. 여기서의 조직 구성원은 세계적 감각으로 일을 하며 구성원의 국적 역시 다양해진다(예: 삼성전자, 현대자동차 등).

- 펄뮤터(H. V. Perlmutter)는 기업을 기업경영자의 태도나 의사결정과정에 따라 EPRG 즉, 본국시장중심(Ethnocentric) 기업, 해외시장중심(Polycentric) 기업, 지역시장중심(Region-centric) 기업, 세계시장중심(Geocentric) 기업으로 분류했다. 기업이 본국시장중심(E)이나 해외시장중심(P) 단계에서는 국적을 가지지만, 지역시장중심(R)이나 세계시장중심(G) 단계가 되면 국적의 개념이 사라진다고 하였다.

국내의 여러 기업들은 최고 기술과 막대한 자본을 가지고도 글로벌 시장 진출에 실패하는 경우가 종종 있다. 이러한 실패 요인중 하나는 글로벌 리더십의 결여와 적절한 국제 조직의 미비라고 할 수 있다. 글로벌 리더십은 문화와 언어가 다양한 사람들을 하나로 모아 원하는 목적을 달성하는 역량과 태도다. 각 지역 로컬시장에 대한 명확한 이해와 글로벌 리더십으로 무장한 인재가 없다면 월드클래스 컴퍼니가 되겠다는 비전은 요원하다. 결국 조직을 설계하고 운영하는 사람들의 글로벌 마인드가 중요한데 이것은 단기간에 얻을 수 있는 것은 아니다. 개인 노력뿐 아니라 조직적 국가적 뒷받침도 필요하다.

- 라오스 사람들은 재물 및 출세 욕심이 그리 많지 않다. 그래서 초과 업무와 야근을 시키는데 흔히 사용되는 인센티브(예: 금전적 보상, 승진 등)가 별로 효과를 발휘하지 못한다. 즉 우리가 상식적으로 알고 있는 조직 및 인적자원 관리 기법은 한계를 가진다. 그래서 라오스에서의 인적자원 관리는 한국 기업에게 도전이다. 이를 해결하기 위해서는 라오스 사람들의 동기부여, 민족성, 문화, 생활방식 등의 이해가 우선 되어야 한다.
  − 김종배 · 한인구, 2018

결국 글로벌 기업으로의 성공 여부는 기술과 제품 경쟁력도 중요하지만 뼛속까지 글로벌화 하겠다는 마음자세에 달려 있다.

Ⓥ 국제 마케팅 프로그램

1. 국제 마케팅 프로그램의 전반적 성격: 표준화인가, 아니면 현지화인가?

어느 나라에, 그리고 어떤 방식으로 들어갈 것인지에 대한 결정이 되었으면 이제 기업은 거기서 어떻게 마케팅 프로그램을 전개할 것인지에 대해 결정해야 한다. 이때의 주요 결정 중 하나는 마케팅 프로그램을 세계적으로 표준화(standardize)할 것인가, 아니면 각국의 사정에 맞게 현지화(customize, localize)할 것인가이다. 이에 대한 기본적 결정은 향후 구체적인 마케팅 믹스의 계획과 실천에 전반적 영향을 미치기에 무엇보다도 우선적으로 결정하여야 한다.

표준화된 마케팅은 생산, 유통, 촉진에서 규모 경제의 실현이 가능하다([사진 20-1] 참조). 따라서 비용 절감, 기획과 통제의 간소화, 국제적으로 일관된 브랜드 이미지의 구축, 마케팅 활동의 조정과 통제의 용이함 등의 장점이 있다.

일본 도쿄 하라주쿠(原宿)의 미샤 매장, 우리나라의 유니클로 매장

사진 20-1 표준화의 예

그러나 문화, 경제발전, 제품사용 패턴, 법적규제 등이 국가마다 다를 수 있기에 현지사정을 완전히 무시한 표준화 전략은 낭패를 볼 수도 있다. 제품/서비스의 특성에 따라 표준화 전략이 가능한 경우도 있지만, 그렇지 않은 경우도 적지 않다.

- 2016년 6월 삼계탕의 중국 수출이 시작됐지만 수출 물량은 두 달여 동안 25만 달러(약 2억8,000만원)에 그친 것으로 나타났다. 당초 정부와 업계에선 중국인이 고려인삼을 선호하고 드라마 등을 통해 잘 알려졌다며 삼계탕의 흥행을 자신했지만, 성과는 기대에 못 미쳤다. 우선 중국인의 입

맛과 식습관을 충분히 고려하지 않은 점이 문제였다. 800g 용량의 레토르트 한 팩당 인삼 함량이 6~10g인 국내용과 달리 중국 수출용은 3g에 불과해 삼계탕 맛을 제대로 내기 어렵다. 또한 큰 닭을 선호하는 중국 식문화에 맞추었어야 했다. 즉 중국은 XL 원하는데 XS 사이즈를 공급한 것도 문제로 지적되고 있다.

- 참조: 중앙일보, 2016년 8월 25일

현지화된 마케팅은 각국 사정에 따라 마케팅 믹스 요소들을 변형 또는 조절하기에 상대적으로 비용이 많이 들어가지만, 현지에서 성공할 가능성은 더 크다(예: 싸이월드의 사이버머니인 '도토리'는 중국에선 '팥'을 의미하는 '홍두(紅豆)'로 바뀌었다. '홍두'는 중국에서 은유적으로 사랑을 뜻하기도 한다).

스타벅스의 로고는 전세계적으로 녹색, 영어로 통일되지만
때로는 입점 건물의 성격에 따라 다른 경우도 있다. 우리나라 인사동의
스타벅스, 중국 상해 주가각(朱家角)의 스타벅스(2015년, 회색바탕에 흰글씨)

사진 20-2 부분 현지화의 예

- 코트라 항저우 무역관에 따르면 오리온은 2012년 중국에서만 1조13억원의 매출액을 올렸다. 1등 공신은 역시 초코파이였다. 이러한 성과를 거둔 바탕에는 현지에 녹아든 마케팅 전략과 감성 광고 등이 있었다고 코트라는 분석했다. 중국 수출용 초코파이는 당시 파란색이었던 국내 포장과 달리 현지인들이 선호하는 '붉은색'을 사용했다. 국내에선 정(情)으로 통했던 부제 또한 '어질 인(仁)'으로 변경했다. 중국에서 '情'이 남녀간 애정을 뜻하기 때문에, 현지에서 중히 여기는 '仁'으로 대체하였다. 광고 또한 국내와 마찬가지로 감성적 요소를 부각시켰다. 복잡한 설명이나 강렬한 이미지 없이, 소비자들에게 친근감을 주는 구성으로 다가갔다. 2013년 4월 쓰촨성(四川省) 지진 당시에는 재해지역에 초코파이 50만개를 지원하는 등 사회공헌 활동도 전개했다.

- 참조: 조선일보 2013년 8월 1일

알 리스와 잭 트라우트가 '마케팅 불변의 법칙'(1993)에서 지적하였듯이 마케팅은 인식의 싸움이다. 일본의 자동차 제조업자들은 일본에서 파는 것과 동일한 품질과 디자인의 자동차를 미국에서도 팔고 있다. 만약 마케팅이 유형제품간 싸움이라면 두 나라에서의 일본 자동차 판매 순위는 유사하게 나와야 할 것이다. 그런데 미국에서 혼다가 1등을 하는 것과는 달리 일본에서 혼다 판매량은 도요타와 닛산에 이어 3위를 차지하고 있다. 이러한 현상은 제품은 동일하지만, 미국과 일본의 소비자 기억 속에 있는 브랜드 인식이 다르기 때문이다(일본에선 '혼다'하면 오토바이 제조회사로 먼저 인식되지만, 미국에서는 자동차 회사로 먼저 인식된다). 1990년대 초반 우리나라 유아복 용품 시장에서 '압소바'는 고급품질의 상표로 인식되었다. 그러나 실제 프랑스에서는 그러한 고급 상표는 아니었다고 한다. 터키에서는 현대 자동차의 엘란트라를 소유하는 것은 성공의 상징이라고 한다. 이렇게 나라마다 동일제품, 동일브랜드에 대해서도 상이한 인식을 가지는 경우는 적지 않다. 시장마다 이렇게 다르다면 표준화 보다는 현지 시장의 상황에 적합하게 현지화 마케팅을 하는 것이 보다 좋은 마케팅 성과를 거둘 수 있다.

- 채식을 선호하고 육식을 기피하는 인도에 우리나라 가전회사는 고기를 주로 집어 넣는 냉동실은 작게 하고 야채를 보관하는 냉장실을 크게 한 냉장고를 도입하여 큰 성공을 거뒀다. 또한 다양한 종류의 빵 문화를 가진 터키의 소비자를 위해 여러 종류의 빵을 조리할 수 있는 전자레인지를 터키에 도입한 가전회사도 큰 성공을 거뒀다. 아세안은 같은 경제권으로 흔히 생각하지만 각 나라의 소비 취향은 제각각이다. 예를 들어 인도네시아에서는 다목적차량(MPV)이 잘 팔리는 반면 말레이시아는 승용차가, 태국에선 픽업트럭의 인기가 높다. 태국에선 스타일 좋은 분홍색 휴대전화, 중국에서는 금색 휴대전화, 그리고 인도네시아에선 문자 보내기 편한 휴대전화가 잘 나간다고 한다.

기업은 제품 특성, 소비자 구매 행태, 경쟁사 전략, 여타의 시장상황 등을 종합적으로 검토하여 표준화와 현지화의 비율을 적절히 혼합하여 사용할 필요가 있다. 흑백논리가 아니라 신축성 있고 융통성 있게 표준화와 현지화를 결정하고, 또한 상황이 변화하면 이의 변경도 꾀할 필요가 있다.

2. 국제 마케팅 믹스에 대한 결정

1) 제품 및 마케팅 커뮤니케이션

국제 마케팅 믹스에서 제품과 마케팅 커뮤니케이션은 종종 함께 고려된다. W. J. Keegan에 의하면 제품과 마케팅 커뮤니케이션의 변경 여부에 따라 5가지 전략이 가능하다([그림 20-6] 참조).

그림 20-6 | 제품 및 마케팅 커뮤니케이션의 변경 여부에 따른 5가지 유형의 전략

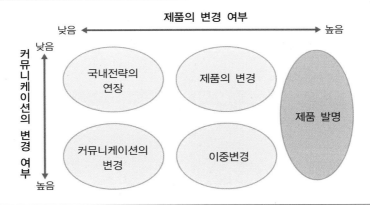

(1) 국내 전략의 연장

제품과 마케팅 커뮤니케이션의 양자 모두를 변경하지 않고 국내시장에서 하던 방식 그 대로 해외에서도 하는 전략이다. 즉 표준화 전략이다. 일관된 이미지를 유지할 수 있고 또한 비용이 적게 든다는 장점이 있다.

- 1999년 7월 미국에서 첫 방영된 '스폰지밥'이 올해로 10주년을 맞았다. 의류, 문구 등 각종 캐릭터 상품이 개발되면서 10년간 10조원이 넘는 매출을 올렸다. 다음은 총괄 매니저인 마크 테일러와의 인터뷰 내용이다.
  [질문] 세계적인 캐릭터로 키우겠다는 기획이 있었나.
  [답변] 그런 의도는 없었다. 스폰지밥은 매우 간단한 아이디어로 시작됐고 스토리텔링(이야기 구성)도 단순 명쾌하다. 그런 점 때문에 어떤 나라나 문화에서든 통한 것 같다. 애니메이션이 인기를 끌면서 각종 캐릭터 산업도 자연스럽게 따라왔고 그러다보니 세계적인 캐릭터로 성장하게 됐다.
  [질문] 미국에서 탄생한 캐릭터인데 문화를 초월해 사랑을 받았다.
  [답변] 스폰지밥이 한국에서 태어났다고 해도 결과는 다르지 않았을 거다. 핵심은 이야기와 캐릭터다. 사랑과 우정 등 보편적인 감성을 이야기하는 캐릭터는 어떤 문화에서든 사랑받을 수 있다.
  － 참조: 중앙일보, 2009년 7월 28일

(2) 제품의 변경

제품의 기본 용도는 세계적으로 비슷하지만 각국의 취향, 사정에 맞게 제품을 조금씩 바꿔야할 필요가 있을 때 통용되는 전략이다(예: Exxon은 각국의 기후에 맞게 휘발유 성분을 조금씩 바꾼다).

- "적어도 음식에서만큼은 각 지역의 고유한 맛을 살려야 한다"는 맥도날드의 잭 그린버그(Jack M. Greenberg) 회장의 생각은 나라별 입맛을 최대한 존중하여 맥도날드의 세계적 성공의 원동력이 되었다. 우리나라에서는 1997년 11월 불고기버거, 2001년 11월에 김치버거를 출시하였다(참고로 독일에서는 맥주를 포함한 세트메뉴가 있고, 프랑스에서는 맥바게트, 그리고 미국에서는 햄버거 2개가 들어있는 세트메뉴도 있다).

사진 20-3 중국에서 McCafe는 커피와 케이크뿐 아니라 추석때는 월병도 판매한다.

- 오리온 초코파이는 해외진출시 철저히 제품을 현지화하였다. 초콜릿을 좋아하는 러시아에서는 초코파이를 더 달게 만들고, 날씨가 습한 베트남에서는 초콜릿이 녹지 않도록 단단하게 만들었다. 미쉐린 타이어는 각국의 기후에 맞게 자사가 생산하는 타이어의 성분과 디자인을 조금씩 바꾼다. P&G는 종이 기저귀의 크기를 미국 그대로 일본에 수출하였지만 미국과 일본 아이의 덩치가 다르다는 사실을 깨닫고 일본 아이를 기준으로한 제품을 따로 생산하여 수출하였다.

(3) 마케팅 커뮤니케이션의 변경

동일 제품이라도 충족시키는 소비자 욕구는 나라마다 다르거나, 또는 사용 용도에 있어서 차이가 있을 때 이러한 전략을 사용한다. 예를 들어, 자전거는 선진국에서 스포츠 레저용으로 사용되지만 개발도상국에서는 주요 교통수단으로 사용된다.

- 2000년을 전후한 시점에 현대자동차의 엘란트라(아반테)는 터키에서는 성공한 직장인이 몰 수 있는 차로 인식되는데 비해 미국에서는 저렴한 자동차로 인식되고 있다. 이와 같이 제품개념 또는 제품에 대한 가치평가가 나라마다 다른 경우에는 광고내용의 소구점도 달라져야 한다. 따라서 마케팅 커뮤니케이션의 변경이 요구된다. 예를 들어, 엘란트라의 경우 미국에서는 저렴한 가격, 고장 없는 차를 강조하는 광고물, 터키에서는 세련된 디자인, 성공한 사람이 소유하는 차를 강조하는 광고물을 만들 수 있다.

한편 제품 개념 및 용도는 그대로이지만 나라마다 커뮤니케이션 방식을 다르게 해야만 하는 경우에도 마케팅 커뮤니케이션의 변경이 요구된다(예: 아랍권의 엄격한 회교 윤리).

이와 대비되어, 전세계적으로 표준화된 커뮤니케이션 활동이 어느 정도 가능한 경우는 주로 다음과 같다. ① 제품광고가 주로 시각적 표현에 의존하거나 이미지 중심의 광고, ② 나라별로 제품사용에 대한 문화적 영향을 거의 받지 않는 첨단기술의 제품(예: 애플의 아이폰 광고), ③ 소비자의 기본 욕구에 근거하는 제품 등.

여러 나라로 진입하는 경우, 기존에 사용하던 브랜드를 계속 사용해도 언어적 또는 문화적 문제는 없는지를 우선 확인해야 한다.

- 잘못된 번역의 예: 오래전 서울 구로역(九老驛)은 영어로 'Nine Olds Station'으로 표시하였다. 80년대에는 독립문을 'Dog Rib Mun'이라고 쓴 적도 있다('개(dog) 갈비(rib)'로 번역될 수 있음).

(4) 이중변경

제품과 마케팅 커뮤니케이션 모두를 현지 사정에 맞게 변경하는 전략으로 대표적인 현지화 전략이다. 즉 제품도 현지의 소비자들에게 맞게 변형을 시키고, 마케팅 커뮤니케이션도 현지인의 구매행태를 고려하여 변경하는 것이다(예: 맥도날드 불고기버거에 대한 한국적 정취를 반영한 광고물 개발).

(5) 제품발명(product invention)

현지시장에 맞게 조금 변경을 하는 것이 아니라, 아예 새로운 제품을 개발하는 전략이다. 맥도날드가 우리나라 사람들의 입맛에 맞게 아예 새로운 개념의 햄버거(예: 빵 대신 밥이나 떡을 사용하고, 상추대신에 김치, 마요네즈 대신에 된장을 사용한 버거)를 개발한다면 이에 해당한다. 이러한 제품개발에는 적지 않은 시간과 비용이 투자되고, 새로운 제품 개념에 맞는 마케팅 커뮤니케이션 역시 새롭게 개발해야 한다.

- 국제 마케팅 커뮤니케이션과 관련하여 한 가지 언급할 점은 해외시장에서의 상품 매출은 국가 이미지에 의해 알게 모르게 영향을 받는다는 점이다. 우리나라의 정치, 경제, 스포츠(축구, 여자골프, 피겨 스케이팅), 한류(예: BTS, 기생충, 오징어게임 등) 등을 통해 우리 이미지는 예전에 비해 많이 개선되었고, 그러한 이미지는 우리 상품의 해외 소비자 수용도에 긍정적 영향을 미치고 있다. 물론 역으로 개별 브랜드들의 활약으로 인해 국가 이미지가 높아지기도 한다. 예를 들어, 세계적인 우리 상표들(예: 삼성전자, 현대자동차 등), 세계적인 사람들(예: 반기문 유엔 사무총장, 김연아, 조성민, 박항서 등)로 인해 국가이미지 역시 비례해서 높아졌다. 따라서 기업, 개인, 그리고 국가 차원의 노력이 동시에 요구된다. 국가이미지는 장기간에 걸쳐 누적되므로 이에 대한 원대한 계획과 꾸준한 노력이 요구된다. 그냥 운에만 맡겨서는 안 된다.

2) 가격

해외시장에서 판매하는 제품 가격은 국내시장과는 다른 요소들(예: 환율, 관세, 현지의 경제상황, 소득수준, 경쟁상황 등)을 반영하기에 동일 제품의 국내 가격과 상이하다(예: 삼성 갤럭시, 현대자동차 소나타의 가격은 국내와 해외시장간 가격차이가 크다).

- 그레이 마켓(gray market): 국가간 가격차이가 크다면 이를 악용하는 사람들이 등장하기 마련이다. 즉 A-국가(20만원), B-국가(12만원)이라고 한다면 B-국가에서 저렴하게 물건을 다량 구입해서 A-국가에 파는 것이다. 이때 A-국가에서 20만원보다 저렴하게 판매한다면, A-국가에서는 정식판매점이 아니라 이러한 그레이 마켓(gray market)에서 거래가 일어날 것이다. 이러한 점을 방지하기 위한 방법으로는 어떠한 것들이 있을까?

여러 나라에 현지법인을 두고 있는 기업의 경우, 현지 자회사에 제품을 넘길 때 가격을 얼마로 할 것인가 하는, 즉 이전가격(transfer price)의 결정을 하여야 한다. 여기서 중요한 점은 각국의 법인세율을 고려하여 기업 전체의 이익을 극대화하는 방향으로 이전가격을 결정해야 한다는 점이다. 예를 들어 일본, 필리핀에 현지법인을 가진 회사의 경우, 각국의 판매가격은 유사한데(두 나라 모두 대당 100만원), 일본, 필리핀의 법인세율이 각각 70%, 10%라고 하자. 그렇다면 필리핀에서는 높은 소득을 올려도 세금으로 내는 돈이 그리 크지 않지만 (10%), 일본에서는 매우 크다(70%). 세금을 줄이려면 소득을 낮춰야 한다. 따라서 필리핀에는 이전가격을 낮게 해서(대당 20만원) 소득을 높이 올리지만 일본에는 높은 이전가격을 책정(대당 80만원)함으로써 소득을 낮게 가져간다.

3) 유통

국제 마케팅의 유통경로는 상품이 자국의 제조회사로부터 진출한 나라의 최종 고객에 이르기까지의 전달과정에 개입하는 모든 조직체를 의미한다. 유통경로의 형태, 도소매상의 규모, 유통 하부시스템(교통, 창고, 보관시설 등)의 체계는 나라마다 다르기에 국내시장에서의 유통과는 다른 접근을 해야할 경우가 많다. 또한 현지 소비자들이 선호하는 유통형태, 매장 분위기도 다른 경우가 많다. 따라서 기업은 현지에 가장 적합한 유통경로를 구축하고 이를 현지 사정에 적합하게 관리할 필요가 있다.

사진 20-4 중국 상해의 이마트 매장(2016년)

사진 20-5 베트남 다낭, 라오스 비엔티엔의 시장 풍경

● 인도 최대의 토종(土種) 소매유통기업인 '판타룬 리테일'은 매장을 좀 더 시끄럽고 지저분하게 꾸민다. 이는 인도인의 소비 특성을 반영하기 위해서다. 유럽과 미국인들은 넓고 쾌적하고 잘 정돈된 쇼핑 장소를 선호하지만 인도 서민들은 재래시장 분위기를 더 좋아한다. 행상들이 삼베자루에 담아 파는 야채를 사는 데 익숙한 이들은 작고 비좁은 가게에서 오히려 편안함을 느낀다. 밀과 콩은 어지럽게 널려 있어야 하고, 양파도 지저분하고 반점이 있어야 농장에서 갓 따온 신선한 거라고 믿는다. 매장 바닥도 재래시장이나 기차역 바닥같이 회색의 화강암 타일로 깔아 친근감을 높였다.

– 참조: 월스트리트저널(WSJ), 2007년 8월 8일

국제 마케팅 활동을 하는 초기에는 해외 유통망의 구축이 어렵기에 많은 부분을 다른 조직에 일임하거나 협조를 받는다. 물론 이익을 조금 덜 볼 수 있지만 빠른 시간내 해외에 효율적으로 진출한다는 장점이 있다. 초기의 성공 여부는 역량 있는 유통업체와의 협력여부에 크게 좌우된다. 그러나 해외진출 물량이 많아지고 해외시장에 대한 이해가 깊어지면 점차 기업은 해외 유통경로를 직접 관리하려 한다(예: 현대/기아 자동차는 북미 전역에 퍼져있는 전속 딜러에게 직접 자동차를 넘긴다).

📚 20장의 요약

시장의 활동무대를 해외로 넓히는 기업에겐 기존의 국내 마케팅(domestic marketing)뿐 아니라 국제 마케팅(international/global marketing)에 대한 지식과 경험이 필요하다. 여기서는 국제 마케팅의 관리에 필요한 내용들을 다루고 있다.

우선 국제 마케팅의 환경을 살펴봐야 한다. 그리고 이러한 시장환경에 대한 분석을 기초로 하여 해외진출 여부를 판단하고 진출할 나라를 선택한다. 표적시장 즉 어느 나라 또는 그 나라의 어떤 지역으로 진출할 것인지를 결정하면, 이제는 국제 마케팅의 거기에 어떠한 방식으로 진입할 것인지, 즉 해외 진출 방법에 대해 선택한다. 진입방식에 따라 해외사업에 대한 통제수준은 다르다. 진입방식으로는 간접수출, 직접수출, 라이선싱, 합작투자, 직접투자 등이 있다. 간접수출에서부터 직접투자 방식으로 갈수록 기업의 관여도는 높아지고 동시에 위험부담도 높아진다. 그러나 통제력 및 잠재이익은 커진다.

어느 나라에 어떤 방식으로 들어갈 것인지에 대한 결정이 되었으면, 이제 기업은 그 나라에서 어떻게 마케팅을 전개할 것인지에 대해 결정한다. 이때의 주요 결정 중 하나는 마케팅 믹스를 세계적으로 표준화(standardize)할 것인가, 아니면 각국의 사정에 맞게 현지화(customize, localize)할 것인가이다. 한편 시장 환경은 다르기에 마케팅 믹스에 대한 내용도 국내시장의 경우와는 다른 문제들에 봉착하는 경우가 많다.

🔊 주요 용어에 대한 정리

가치사슬(Value Chain): 가치 사슬이란 기업이 제품/서비스를 생산하고 유통하면서 부가가치가 생성되는 일련의 과정을 의미하는 용어이다. 참고로 글로벌 가치사슬(Global Value Chain)이란 하나의 국가에 국한되지 않고 가치사슬 활동이 여러 나라에 걸쳐 일어나는 경우를 의미한다.

아웃소싱(Outsourcing): 아웃소싱(외부자원의 활용, 즉 외부에서 필요 자원을 구매)은 인소싱(insourcing, 기업내부 자원의 활용, 기업내부에서의 자원화)에 대비되는 개념으로, 기업의 핵심 업무 이외의 보조적 주변업무를 외부의 전문업체가 대행하게 함으로써 비용을 삭감하고 생산성을 향상시키는 방법이다. 이것은 하청을 통해 비용을 줄인다는 의미가 강하며, 또한 외부의 전문 지식을 효율성 있게 활용함으로써 자기가 주목적으로 하는 업무에 경영

능력 및 자원을 보다 집중하게 하는 경영기법이다. 초기의 아웃소싱은 단순 업무나 비핵심인력을 외부에서 충당하여 비용절감 시키는 것이 주된 목적이었다. 즉 아웃소싱 비용과 인소싱 비용의 크기를 비교하여 비효율적 부분을 아웃소싱함으로써 고정비, 운영비의 부담을 경감하고 위험을 분산시킨다. 한편 비용절감 이외에도 기술이 주요 목적이 되기도 한다. 신기술을 도입하는데 인력채용 및 훈련기간이 장기간 소요되고 투자 측면에서도 많은 비용과 위험이 수반된다면 아웃소싱을 통해 고급인력과 기술을 단기간에 도입하면서도 비용을 절감할 수 있다.

문화적 민감성(Cultural Sensitivity): 문화적 차이에 대한 이해를 바탕으로 그 차이를 전략에 반영하려는 노력의 정도로서, 해당 국가의 상관습과 업무수행방식을 파악하고 이에 적응하려는 정도, 시장에서의 상거래 관행에 대해 잘 알고 있는 정도, 해당국가의 의사결정과 경영기술을 잘 알고 있는 정도, 문화적 차이에 맞는 경영전략을 세우려고 노력하는 정도 등을 들 수 있다.

할랄(halal): 이슬람 교도인 무슬림이 먹고 쓸 수 있는 제품을 총칭한다. 아랍어로 '허용된 것'이라는 뜻이다. 이와 대비하여 술, 마약류처럼 정신을 흐리게 하는 것, 돼지, 개, 고양이 등의 동물, 자연사했거나 잔인하게 도살된 짐승의 고기 등과 같이 무슬림에게 금지된 음식을 '하람(haram)'이라 한다. 할랄 제품의 대부분은 식품이 차지하고 있으며, 할랄 식품은 전 세계 식품시장의 16%를 차지하고 있다. 할랄 제품으로 인증받기 위해서는 관련 기관을 통해 철저한 조사를 받아 할랄 인증을 받는다.

제21장 조직구매자 행동과 B2B 마케팅

조직구매자(organizational buyer)란 자신의 사업 활동(예: 제조, 유통 등)에 필요하기에 제품 및 서비스를 구입하는 조직체이다. 이에 비해 최종 사용자(또는 최종 소비자)는 자기 자신의 욕구를 충족하기 위해 시장에서 제품 및 서비스를 구입하는 개인 또는 조직체이다.

(1) 기업: 대표적인 조직구매자로, 즉 산업구매자(industrial buyer)이다. 기업은 제품/서비스를 생산하기 위해 재료, 부품, 설비 및 서비스를 구입한다. 예를 들어, 자동차 제조업체는 타이어, 유리, 철판, 반도체 등을 구입한다. 항공사는 항공 서비스의 제공을 위해 비행기, 좌석, 휘발유, 음식, 보안서비스 등을 구입한다.

(2) 중간상: 누군가에게 다시 판매할 목적으로 제품/서비스를 구입하는 개인 또는 조직체인 재판매업자(reseller, 예: 도매상, 소매상)도 조직구매자에 해당한다.

(3) 정부 및 공공기관: 공익을 위한 여러 업무의 수행을 위한 물품 조달을 위해 예산을 집행한다. 따라서 이들 역시 조직구매자이다.

- 어떤 하나의 산업에서 일어나는 생산, 유통, 판매 활동은 이와 연관된 일을 수행하는 다른 산업들과 밀접한 관계를 맺고 있다. 다른 산업들과의 연결관계가 많을수록 그 산업이 다른 산업에 미치는 영향은 크다. 따라서 국가 경제적 차원에서 이러한 특성의 산업은 매우 중요시 된다(참조: 레온티에프(W. W. Leontief)의 산업연관표).

조직구매자의 행동은 일반 소비자와 차이가 있다. 근본적 차이는 조직구매자는 조직의 목적달성을 위한 구매를 하지만, 일반 소비자는 대체로 자기 자신의 욕구 충족을 위해 시장에서 제품/서비스를 구입한다. 본 장에서는 기업, 즉 산업구매자에게 초점을 맞춰 조직구매 행동을 살펴보겠다.

한편 B2B(Business-to-Business) 마케팅은 조직간의 마케팅을 의미한다. 마케팅 대상이 기업이나 기관일 경우(즉, 조직구매자)에는 일반 소비자 대상의 마케팅과는 적지 않은 차이를 가진다. 기업 및 조직고객을 대상으로 하는 B2B 마케팅은 시장 경쟁이 글로벌 경쟁 환경으로 바뀌고 B2B시장의 거대 규모와 중요성을 고려해볼 때 많은 관심이 고조되고 있다.

Ⅰ 조직구매의 주요 특징

B2B 마케팅(산업 마케팅)과 소비자 마케팅의 가장 큰 차이점은 개인이 아닌 조직구매자를 고객으로 삼는다는 점이다. 자동차 제조업체에 타이어를 판매하는 타이어 제조업체, 화장품을 유통업체를 통해 판매하는 화장품회사, 의료기구를 병원에 판매하는 의료기기 회사, 공공주택 공사를 정부로부터 수주하려는 건설회사 등은 B2B 마케팅의 주체, 즉 마케터가 된다([그림 21-1] 참조).

그림 21-1 Ⅰ B2B 마케팅(산업 마케팅)의 양 당사자

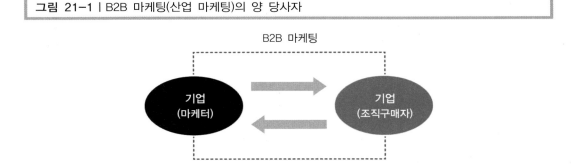

B2B 마케팅의 대상인 조직구매자의 몇가지 특성을 소개하면 다음과 같다.

1. 집단(集團)에 의한 구매결정

조직구매결정에는 소비자 구매결정보다 더 많은 사람들이 관여한다. 따라서 마케팅 초점

은 단일 구매자가 아니라 구매센터이다.

B2B 마케팅의 대표적 특징 중 하나는 구매센터이다. 구매센터(buying center)란 구매조직의 의사결정 단위이다. 조직구매결정에 참여하는 모든 개인과 집단으로 공동 목표를 가지며 의사결정에서 발생하는 위험을 공유하는 사람들로 구성된다. 구매센터는 직책이 아니라 역할을 의미한다.

구매센터에는 구매결정과정에서 다음의 7가지 역할 중 하나 또는 그 이상의 역할을 하는 조직 구성원들이 포함된다([그림 21-2] 참조).

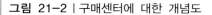

그림 21-2 | 구매센터에 대한 개념도

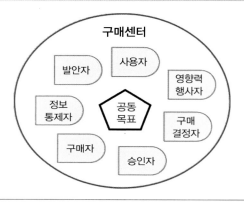

설명의 편의를 위해 대학교 실습실 PC의 구매를 예로 들겠다.

(1) **발안자**(initiators): 어떤 제품/서비스의 구매를 요청하는 사람이다(예: PC를 사용하는 수업을 담당하는 교수 또는 강사, 또는 수강생). 사용자가 발안자인 경우가 많지만 꼭 그렇지 않은 경우도 있다.

(2) **사용자**(users): 제품/서비스를 실제로 사용하는 조직 구성원이다(예: PC를 직접 사용하는 수강생 또는 교수).

(3) **영향력 행사자**(influencers): 구매 의사결정에 영향력을 미치는 사람으로 해당 제품에 대한 식견이 있는 경우가 많다(예: 컴퓨터 공학과의 교수).

(4) **구매결정자**(deciders): 제품 명세에 대한 조건, 공급업자에 대한 결정 권한을 가진 구성원이다(예: 단과대학 학장).

(5) **승인자**(approvers): 구매자들이 제안한 내용을 허가하는 구성원이다(예: 대학 본부의 기

획처장).

(6) **구매자**(buyers): 공식적 권한을 가지고 공급업자를 선정하고 상세 구매 조건을 제안하는 사람이다(예: 구매행정 팀장).

(7) **정보통제자**(gatekeepers): 구매센터의 구성원들에게 판매업자, 제품 등의 정보 도달 여부에 대한 통제 권한을 가진 구성원이다(예: 학교의 구매대리인, 비서실, 접수처(reception desk) 등).

조직체에 제품을 판매하려는 산업판매자(industrial marketers)는 대상 업체의 구매센터 구성원이 어떻게 구성되고, 구성원들 각각은 어떤 의사결정 항목(예: 가격, 성능, 브랜드, 거래조건 등)에 어느 정도 영향력을 행사하는지, 그리고 어떠한 평가기준을 각기 사용하는지 등에 대해 이해하고 있어야 한다. 결국 이러한 역할 및 평가기준에 대한 정보를 바탕으로, 구매센터 구성원들과 접촉할 때 강조할 판매 메시지는 달리해야 한다(예: 영향력 행사자에게는 브랜드의 성능 또는 명성을 강조, 구매자에게는 좋은 거래조건을 강조).

2. 파생수요(derived demand)

소비재와 달리 대부분 B2B 제품의 수요는 구매고객(조직구매자)의 직접 수요라기보다는 그들의 고객(최종 소비자)으로부터 발생하는 파생수요(derived demand)이다. 즉 산업재 수요는 이를 사용한 최종 소비재 수요로부터 파생된다. 예를 들어, 자동차 제조사의 타이어 수요는 최종 소비자의 자동차 수요로부터 파생되는 것이다. 소비재 수요가 없다면, 산업재 수요는 발생하지 않는다.

- 자동차 제조회사가 소비자의 수요 증가를 예상하여 생산량을 늘리기로 하였다고 하면, 자동차 제조회사는 차량 제조에 필요한 차체용 강판, 엔진, 네비게이션, 타이어, 유리 등의 생산재를 공급기업에 발주한다. 그 결과 공급기업들의 생산은 유발된다. 이와 함께 생산재의 거래, 물적 이동에 필요한 상업/금융/운송 등의 생산활동도 활발해진다. 또한 자동차 및 공급부품의 생산에 소요되는 전력, 가스 등의 에너지 산업의 생산도 유발된다. 한편 이러한 생산재 공급기업 역시 원료 및 소재가 필요하기에(예: 타이어 생산을 위해서는 고무, 철근 등의 기초 소재가 필요) 이에 대한 공급기업에게도 연쇄적 영향을 미친다. 이와 같이 자동차의 수요 증대에 따른 생산량 증산은 하나의 산업에서 다른 산업들로 연쇄적으로 영향을 미친다.

  — 참조: 井出眞弘(2010), 산업연관분석 입문

산업재 마케터는 조직구매자뿐 아니라, 조직구매자가 목표로 하는 최종 소비자의 구매

양상과 그에 따른 소비재의 수요 동향을 예의 주시하여야 한다. 이를 위해 최종소비자의 구매에 영향을 미치는 환경요인들의 추이도 살펴야 한다.

- 신용카드사에 공카드(신용카드 원판)를 공급하는 제조업체들이 금융당국의 신규 카드 발급 억제 정책 때문에 타격을 받았다. 금융당국이 2011년 7월 카드사에 "연간 카드 신규 발급 건수를 전체 카드 발급 건수의 3% 이내로 제한하라"고 지시한 이후, 카드사들이 공카드 발주량을 대폭 줄였기 때문이다. 그 결과 카드사 7~8곳에 공카드를 납품하는 A업체의 경우 7월 이후 공카드 주문량이 40%가량 격감했다. 공카드 제조업체들은 수년 전부터 카드사간 카드 발급 경쟁이 치열해지자, 공카드 수요가 크게 늘어날 것으로 믿고 돈을 버는 족족 설비투자에 쏟아부었다. 카드사에서도 더 고급스러운 디자인과 재질, 통신 및 교통결제 기능 등 새로운 기능이 추가된 카드를 요구해 설비투자를 늘릴 수밖에 없었다고 한다. 하지만 이러한 과도한 설비투자는 금융당국의 정책변화에 따라 큰 타격을 받고 있다.

  ― 참조: 조선일보, 2011년 10월 6일

- 소비재 수요에 비해 산업재 수요는 변동이 심하다(참조: 채찍효과(Bullwhip effect)).

B2B 마케팅에서 산업재 마케터는 최종 소비자만을 대상으로 하는 소비재 마케터에 비해 소비자와 시장을 바라보는 시야를 보다 폭넓게 가져야 한다.

- 산업재 광고는 일반적으로 최종 소비자를 대상으로 하는 광고는 하지 않는다. 그러나 때로 최종 소비자를 대상으로 산업재 광고를 하는 이유는 몇 가지 있다. 예를 들어, 최종소비자(PC구매자)가 산업재(예: 인텔 칩)에 대한 신뢰도 및 선호도가 형성되면 최종소비자는 그러한 산업재가 부품으로 들어간 완제품(예: 컴퓨터) 업체(조직구매자)를 선호한다. 그렇게 되면 완제품 업체(조직구매자)는 최종 소비자의 선호 성향을 고려하여 산업재에 대한 선택을 한다([그림 21-3] 참조).

- 타이어 업체 관계자에 따르면, 소비자들은 타이어 교체시 최초에 장착되어 출시된 타이어와 같은 브랜드의 것으로 교체하는 경향이 많다고 한다.

그림 21-3 | 최종 소비자를 대상으로 하는 산업재 광고

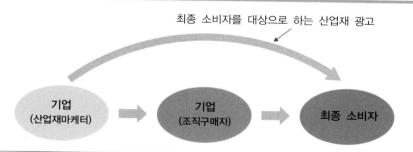

3. 직접(直接)구매(direct purchasing)

산업구매자는 흔히 중간상을 통하지 않고 생산자로부터 직접 물품을 구입한다. 특히 물품의 가격이 비싸거나 기술적으로 복잡하거나, 부피가 큰 품목일 때 더욱 그러하다.

4. 상호(相互)구매(reciprocal purchase)

산업구매자는 흔히 자사 제품을 사주는 회사로부터 물품을 구입한다. 예를 들어, 자동차 회사는 자사 자동차를 회사용 차량으로 단체 주문하는 타이어 회사의 타이어를 구입하는 것이다. 그러나 상호구매가 어느 한쪽의 일방적 강요에 의해 이루어진다면 이것은 규제대상이 된다.

- 광고대행권을 따기 위한 광고회사간 경쟁은 치열하다. 꽤 오래 전 △△우유의 광고대행권을 따기 위한 경쟁이 있었는데 결국 ○○대기업의 계열사 광고회사가 성공하였다. 성공 이유중의 하나는 ○○구내식당의 우유를 전부 △△우유로 교체하겠다는 것도 있었다고 한다.

5. 소수의 대규모 조직구매자(fewer, larger buyers)

산업재 마케터는 소비재 마케터보다 훨씬 소수의 구매자, 그렇지만 대량 구매의 구매자와 거래한다. B2B 시장에서는 일반적으로 소수의 고객사로 구성되기에 B2B 고객 하나하나가 모두 중요하다. 따라서 이들 고객별로 특화(customized)된 마케팅 활동을 전개하기도 한다.

한편 조직구매 단위는 크고 또 장기적 성격을 띠는 경우가 많기에 예산낭비의 가능성도 있다. 따라서 효율적으로 운영하면 매우 큰 금액을 절약할 수 있다. 그러나 조직구매자는 '자기 주머니 돈'이란 생각이 덜 들기에 개인 소비에 비해 절감 노력을 덜 기울이는 경향도 있다.

- 구매담당 대리가 1년 회사경비 100억 절약: 하나은행 강성호(35) 대리는 사무지원부에서 물품 구매 담당을 맡고 있다. 그가 물품 구매 업무를 맡게 된 2003년부터 하나은행엔 구매 혁명이 시작됐다. "집에서 전자제품 하나 살 때도 인터넷에서 모조리 가격비교를 해보고 사잖아요. 그런데 은행은 수백억원대 구매니 더 꼼꼼해야죠. 판매업자들이 권하는 모델을 그냥 사는 게 아니라, 황학동 가구 거리를 돌아다니며 일일이 가격을 비교했죠. 공장도 수십 번 들락거리고, 경쟁 입찰도 붙였어요." 가격을 낮추기 위해 맞춤식 물품을 주문하기도 했다. 의자를 살 때 비싼 스틸 재질의 다리 대신 PVC(폴리염화비닐)로 교체해 단가를 낮추는 식이다. 팩스 하나의 가격을 놓고 판매처

직원과 장장 25일간 협상을 벌이기도 했다. 강 대리는 "유통구조와 경쟁의 참원리를 파악하고, 약간 부지런하기만 하면 누구나 쉽게 기대 이상의 돈을 절약할 수 있다"고 말했다.

— 참조: 조선일보, 2005년 6월 2일

6. 구매처에 대한 충성(source loyalty)

산업재는 거래관계의 지속성이 있다. 산업재의 조직구매자는 거래해온 구매선을 쉽게 바꾸지 않는다. 이는 오랫동안 거래를 해오는 동안 형성된 거래실무자나 최고경영자들 사이의 친분관계에 기인하기도 하지만, 대부분의 경우는 양쪽에 다음과 같은 실리가 있기 때문이다.

1) 조직구매자의 관점에서는 공급회사에 익숙하니 주문 비용 등을 절약할 수 있고, 거래 조건도 유리하게 가져갈 수 있다. 특히 수급사정이 어려울 때 우선적으로 물품 공급 받을 수 있다. 반면에 익숙한 거래선을 바꾸면 새로운 거래처와의 거래에 익숙해지기까지 적지 않은 시간과 비용(예: 전환비용(switching cost))이 들어간다.
2) 산업재 판매회사의 경우에도 장기적이고 안정된 물품의 공급 거래선은 중요하기에 이에 대한 정성을 기울이는 편이다.

따라서 B2B 시장에서 판매자와 구매자의 관계는 밀접한 장기 관계로 형성되는 성향이 있다.

7. 시스템 구매와 시스템 판매(systems buying and selling)

대규모 산업 프로젝트의 경우(예: 공장, 발전소, 공항, 항만, 고속전철 등), 발주 기관은 그들의 문제를 단편적이 아니라 종합적으로 해결해줄 수 있는 시스템을 원하기에 이러한 시스템 자체를 경쟁력 있게 제공하는 공급업체를 선호한다.

이에 따라 산업재 마케터는 조직구매자의 걱정을 한번에 덜어줄 수 있는 시스템 판매(system selling)에 주력하고 있다. 이를 위해 고객이 원하는 바, 또는 고객이 당면한 문제를 보다 폭 넓은 관점에서 바라보는 안목이 필요하다.

- 인도네시아의 사탕수수 가공 공장의 입찰을 따낸 기업의 성공 비결은 다음과 같다. 공장을 저렴하게 잘 짓는 것만 제시하지 않았다. 공장에서 제조된 제품의 수송, 창고, 수출 동선까지 고려한 도로를 제시하고 동시에 공장 근로자의 숙소에 대한 문제 해결도 종합적으로 제시하였다.

● 종합적 문제해결의 중요성은 소비재에서도 발견된다. 예를 들어, 소비자는 어떤 PC, 정수기, 자동차를 선호하는가? PC를 구입하는 것만 생각하지 않고 그것의 사용상 문제, 업그레이드 문제, 폐기 처리 문제까지의 고민을 모두 해결해 주는 PC를 선호한다. 단순히 현재 구입가격이 싼 PC만을 선호하지는 않는다.

8. 기타

1) 물건의 소유 보다는 리스(lease)를 통해 빌려 쓴다. 리스를 하면 투자 금액을 절약할 수 있고, 최신 제품으로의 교체도 수월하고, 보수 유지 서비스를 받을 수 있고, 또한 세금 혜택을 받을 수 있다. 한편 산업재 마케터의 입장에서도 자본 여력이 없는 고객에게도 제품을 저렴하게 제공할 수 있다는 장점이 있다.

2) 조직구매자는 보통 지리적으로 몰려있다. 소비재(예: 코카콜라)의 소비자는 전국에 걸쳐 넓게 분포되어 있는데 비해 조직구매자는 특정 지역을 중심으로 몰려 있는 경향이 있다 (예: 산업공단에 위치한 여러 제조기업).

3) 조직구매자의 수요는 비탄력적이다. 소비재 소비자는 가격변화에 따라 탄력적으로 수요를 변화시킨다. 그렇지만 조직구매자는 이미 설치된 설비, 생산방식, 원재료 등을 빠른 시간내에 쉽게 교체할 수 없기에 구매는 비탄력적이 된다.

기업 고객(조직구매자)을 대상으로 하는 B2B 마케팅은 이렇게 다른 속성들이 존재한다. 따라서 개별 소비자의 심리에 바탕을 두고 전개하는 전통적인 B2C 마케팅과는 여러 측면에서 차별적 접근이 요구된다.

Ⅱ 구매 상황의 유형

조직구매자가 처하는 구매 상황은 일정하지 않다. 어떤 때는 필요한 제품 사양을 자세히 규정하고, 제품 정보를 가능한 많이 수집하고, 여러 대안들을 철저히 비교검토 하여야 한다. 그러나 어떤 때는 이러한 노력을 거의 들이지 않고 늘상 하던 대로 물품을 사기도 한다.

이와 같이 구매 상황에 따라 구매의사결정과정은 달라진다. 문제 해결의 복잡성, 구매조건의 새로움, 의사결정에 관여하는 사람의 수, 시간 제한 등에 따라 구매 상황은 영향을 받는다. 여러 방식으로 구매 상황을 나눌 수 있지만, 여기서는 제품 지식의 보유 정도, 정보수집 노력의 정도를 중심으로 구분하겠다([그림 21-4] 참조).

그림 21-4 | 조직구매자의 구매 상황

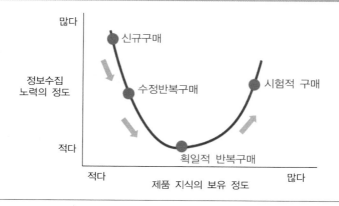

1. 신규구매(new task)

조직구매자가 주요 품목을 처음 구입하는 경우에 당면하는 상황이다. 이때는 제품에 대한 지식이 적기 때문에 정보수집 노력을 많이 기울이고 수집 정보에 대한 분석도 철저히 한다. 물품구매 비용, 구매 위험이 클수록 의사결정에 들어가는 노력은 더욱 많아진다.

2. 수정반복구매(modified rebuy)

신규구매가 완료되고 이러한 거래가 어느 정도 반복되면 품목에 대한 어느 정도 지식을 갖게 된다. 시일이 지나면 초기에 간과하였던 납품 요건, 가격, 제품 명세 등의 내용 변경이 필요할 때가 생긴다. 수정반복구매는 이러한 구매 상황을 의미한다. 이때의 정보수집 및 처리 활동의 양은 신규구매보다 적은 편이다. 이때 더 나은 조건의 다른 공급선을 물색하기도 한다.

3. 획일적 반복구매(straight rebuy)

구매부서가 일상적 기준에 따라 반복구매를 거듭하는 상황이다. 구매자는 같은 제품을 오랫동안 써왔고 또한 제품에 만족하기에 거의 습관적으로 구입한다. 이러한 구매상황에서는 제품을 사기 위해 들이는 노력이 아주 적다. 이때도 역시 더 나은 조건의 다른 공급선을 물색하기도 한다.

4. 시험적 구매(exploratory purchase)

제품 지식이 많아지면 조직구매자는 시험적 구매를 하기도 한다. 이는 그간의 구매결정을 재검토하거나 개선할 여지를 느낄 때 그렇게 한다. 주로 신제품이 시장에 등장하거나, 경쟁제품과의 비교 필요성을 인식할 때 이러한 구매 상황을 맞는다. 시험적 구매 상황은 기술변화가 빨리 일어나는 기술집약적 산업재 시장에서 비교적 많이 발생한다. 시험적 구매가 자주 발생하면 구매자의 상표충성도(brand loyalty)를 유지하고 싶은 산업재 마케터에게는 부담이 된다.

다양한 구매 상황은 산업재 마케터에게 다음과 같은 시사점을 제시한다.

첫째, 산업재 마케터는 조직구매자의 구매 상황이 신규구매로부터 획일적 반복구매로 신속하게 정착되도록 노력한다. 조직구매자가 신규 구매에서 선택한 제품이 자사 문제를 잘 해결한다고 생각하면 비교적 빠른 시간내 획일적 반복구매로 접어들 것이다. 이럴 경우 산업재 마케터는 비교적 안정적인 거래선을 확보하게 된다.

둘째, 산업재 마케터는 조직구매자가 시험적 구매를 하지 않도록 노력한다. 시험적 구매를 하면, 시험 결과에 따라 조직구매자는 새로운 제품 또는 경쟁 브랜드로 전환할 수 있다. 따라서 산업재 마케터는 조직구매자에게 자사 제품에 대한 신뢰감을 끊임없이 불어넣어서 다른 대안을 시험적으로 검토하지 않도록 하는 방어 노력을 기울여야 한다.

- '셰익스피어 인 러브'의 제작자는 원래 주연 여배우로 줄리아 로버츠를 생각하였다고 한다. 그런데 그녀가 그 배역을 거부하였기에 결국 기네스 펠트로가 이 역을 맡았고 그녀는 결국 그 해의 아카데미 여우주연상을 수상하였다. 스포츠에 있어서도 주전 선수의 결장으로 인해 대타로 나섰던 후보 선수가 그 자리를 완전히 꿰찬 경우는 적지 않다.

Ⅲ 조직구매 모델(1): 조직구매에 대한 영향요인들

조직구매(organizational buying)는 조직체가 제품/서비스를 구입하기 위해 여러 상표와 공급자를 탐색, 비교평가, 선택하는 의사결정 과정이다. 구매센터(buying center)를 중심으로 구매 결정이 이뤄지는데 이러한 구매의사결정과정에는 여러 요인들이 영향을 미친다. 환경요인, 조직간 요인, 조직내부 요인, 개인적 요인 등으로 나누어 설명하면 다음과 같다.

1. 환경 요인(environmental factors)

환경 요인에는 기술, 경제, 정치, 행정규제 등이 포함된다. 경제적 요인은 조직구매에 중요한 영향을 미치는데, 예를 들어 기계, 설비 등에 대한 투자는 향후의 경제 전망으로부터 밀접한 영향을 받는다.

산업재 마케터는 환경요인들의 현황 및 추세를 검토하고, 이들 변화가 조직구매자에게 어떤 성격의 영향을 어느 정도 미칠 것인가에 대해 예측하고 이에 기반한 방안을 미리 마련해 둔다.

2. 조직간의 요인(inter-organizational factors)

조직간 요인은 조직구매자의 구매결정에 영향을 미친다. 여기서 조직간은 산업재 공급기업과 조직구매자의 관계, 또는 조직구매자와 다른 조직구매자의 관계 등이 있다.

1) 조직구매자는 공급자와의 특수 관계(예: 인적 관계, 업무적 관계, 다른 사업부의 관련성 등)로 인해 구매하는 경우가 종종 있다. 또한 B2B에서는 전술한 바와 같은 상호구매, 구매선에 대한 충성(source loyalty) 등이 형성되기에 이로 인한 영향도 받는다. 이와 같이 조직간의 제반 관계는 산업재 구매에 영향을 미친다.

2) 조직구매자는 다른 조직구매자들로부터 영향을 받는다. 특히 새로운 산업재(new industrial product)가 시장에 등장하면 이의 확산과정(diffusion process)에서 조직간 영향을 미친다. 소비재와 마찬가지로 새로운 산업재의 경우에도, 도입 초기에는 위험과 불확실성으로 인해 조직구매자들은 그것의 채택을 주저한다. 특히 산업재의 구매 금액은 크고 한번 구입하면 장기간 종속된다는 성격이 있기에 구매에 신중을 기할 수밖에 없다. 이때 업계를 선도하는 기업들(참조: opinion leader)이 그러한 신제품을 과감히 채택한다면 시장 확산은 비교적 빠르게 일어난다. 따라서 혁신 신제품을 도입하려는 산업재 마케터는 초기에 산업에서 가장 강력한 시장선도자의 공략에 집중적 노력을 기울일 필요가 있다.

- 제일기획은 우리나라의 선도적 광고대행사로 오랜 기간 입지를 다져왔다. 제일기획이 도입하는 컴퓨터 시스템, 분석 소프트웨어, 사무실 집기 등은 여타 광고대행사의 구매결정에 적지 않은 영향을 미쳤다.

- 혁신적 LED 전구를 개발한 우리나라의 어떤 기업은 이를 빠르게 확산시키기 위해, 제일 먼저 공략한 것이 미국 메이저리그 야구장의 전광판이었다. 이를 성공시키는데 적지 않은 시간과 노력이

소요되었다. 그렇지만 이러한 성공으로 인해 국내 시장을 비롯해 그 밖의 해외시장을 순탄하게 개척할 수 있었다.

3. 조직내부의 요인(intra-organizational factors)

구매하는 조직체는 조직 내부의 목표, 전략, 인적구조, 리더십, 원가구조, 문화 등을 갖고 있다. 이러한 조직의 내적 여건들은 조직체의 구매결정에 영향을 미치므로 산업재 마케터는 고객업체 내부의 제반 사정에 대한 이해가 선행되어야 한다.

예를 들어, 구매조직이 현재 어떤 기술 및 제조공정을 보유하고 있는가는 중요하다. 제조 공정의 특성, 주문 시스템의 전산화, 설비 노후화, 제품 특성 등에 따라 공급업자로부터 구매하는 물품의 구입 빈도와 양은 달라진다(예: 주문 시스템이 정비된 조직은 필요에 따라 적시의 소량구매를 선호한다. 그러나 그러한 능력이 구비되지 않았다면 대량구매, 안전재고를 선호한다).

한편 구매결정과정에 참여하는 개인 및 부서들은 조직 내에서 각기 다른 지위와 권한을 갖고 있다. 따라서 이들간의 역학관계, 갈등, 커뮤니케이션 등에 대한 이해도 필요하다. 부서간 갈등이 크고, 커뮤니케이션이 부족하다면, 구매결정과정은 지연되고 자주 번복되는 경우가 발생한다.

4. 개인적 요인(individual factors)

구매센터에 참여하는 개인의 가치관, 동기, 개성, 태도 등의 심리적 요인은 그의 의사결정에 영향을 미친다. 이러한 심리적 요인 이외에도 나이, 교육, 출신배경, 소속 부서, 직급, 개성 등도 개인의 행동에 영향을 미친다. 산업체 마케터는 구매센터에서 특히 영향력을 발휘하는 구성원에 대해서는 충분한 사전 조사를 통해 이들 성향에 적합한 접근을 취해야 한다.

- 우리나라 외교 협상팀의 문제점으로는 사안별 전문가가 부족하다는 점이다. 그 이유는 수시로 협상팀에 투입되는 인력이 바뀐다는데 있다. 이에 비해 미국, 일본은 특정 사안에 대한 전문가가 확실한데, 그 이유는 아주 오랜 기간 동안 그러한 협상팀에 소속되어 있기에 그 분야의 대단한 프로가 될 수 있기 때문이다. 그들은 협상에 들어오기 전에 상대국 협상팀에 들어오는 개인들에 대한 세밀한 조사를 하고 협상에 임한다.

Ⅳ 조직구매 모델(2): 구매결정과정

조직구매자의 구매 과정은 여러 단계로 구성되는데, 여기서는 8단계로 구성된 산업재 구매과정을 중심으로 설명하겠다. 이들 단계는 산업재 구매과정의 주요 흐름을 나타낸다. [표 21-1]에서 알 수 있듯이, 신규구매 상황에서는 이러한 단계 모두를 거치지만, 다른 구매상황에서는 몇 가지 단계를 건너뛰거나 또는 아주 약하게 고려한다.

- 학과를 대표하여 졸업여행을 도와줄 여행사를 선정한다고 가정하고, 구매 결정과정을 살펴보기를 권한다, 또는 학과 교지를 만드는 출판사, 축제를 운영하는 기획사를 선정한다고 생각해도 된다.

표 21-1 | 구매상황별 주요 구매단계(Buygrid Framework, 참조: Robinson, Faris and Wind, 1967)

구매단계 \ 구매상황	신규구매	수정 반복구매	획일적 반복구매
문제(또는 욕구) 인식	◎	△	×
욕구의 구체화	◎	△	×
제품규격의 명세	◎	◎	◎
공급업자의 탐색	○	◎	×(◎)
계획서의 요구	○	△	×(◎)
공급업자의 평가및 선정	○	△	×
주문	○	△	×
실적 평가	○	○	○

◎: 매우 중요한 활동, ○: 활동의 수행, △: 어쩌면 활동, ×: 활동 않음(주문선 변동 없을 경우)

1. 문제(또는 욕구)의 인식(problem(need) recognition)

산업재의 구매 과정은 조직내의 누군가가 물품이나 서비스를 구입함으로써 해결할 수 있는 문제의 인식으로부터 시작된다. 이러한 인식은 내부 또는 외부의 자극 또는 계기에 의해 발생한다.

1) 내부적 문제 인식의 유발 사례는 다음과 같다. 기존 IT시스템으로는 정보처리 속도와 용량이 부족하다, 제조기계의 고장이 빈번하다, 원자재 및 부품의 결함이 있다, 새로운 사업

을 위해서는 신규 장비가 필요하다 등.

2) 외부적인 예로는 조직구매자가 더 나은 산업재 정보를 접하는 경우, 경쟁 산업재 마케터가 더 나은 품질, 가격 조건을 제시하는 경우 등이 있다.

조직구매자의 문제 인식이 주로 언제, 누구에 의해 발생하는지를 알 수 있다면, 이는 기회를 포착하는데 유용할 것이다.

2. 욕구의 구체화(need definition)

문제가 인식되면, 구매자는 필요시 되는 품목의 일반적 특성(예: 신뢰도, 내구성, 성능, 가격 등), 개략적 수량 등을 파악해야 한다. 이러한 전반적 욕구에 대한 기술(general need description)은 필요로 하는 제품규격 명세의 바탕이 된다.

3. 제품규격의 명세(solution(product) specification)

구매 필요성이 인정되면 회사는 구매할 품목의 기술적 명세(technical specifications)를 자세히 규정한다. 이 단계에서는 기술적 측면(연구개발, 생산, 디자인 공학)을 잘 아는 사람들의 영향력이 크게 작용한다.

제품 명세서를 만들어 놓으면 수준에 미달하는 상품을 가려내기 쉬워진다. 또한 이러한 물품 공급 업체에게 보다 명확하게 자신의 요구를 전달할 수 있다.

한편 이 단계에서 수행하는 제품가치분석(product value analysis)이란 제품을 구성하는 부품들을 자세히 분석하여 이들의 표준화, 재설계, 다른 생산기법(또는 재료 사용)을 통해 보다 싸게 제작될 수 있는지를 확인함으로써 원가절감 및 품질향상의 가능성을 찾는 기법이다.

4. 공급업자의 탐색(supplier search(identification))

어떤 스펙의 품목을 구매하겠다는 계획이 세워졌으면, 이제 그러한 품목을 공급할 업체를 물색한다. 이러한 탐색의 원천에는 그동안의 거래명부, 산업단체의 연감, 다른 기업의 추천, 광고물, 박람회, 인터넷 검색 등을 들 수 있다. 업체에 대한 포괄적 조사를 통해 자격을 갖춘 업체들 명단을 작성한다.

소비재의 경우 구매자의 고려상표군에 일단 들어가는 것이 중요한 것처럼, 산업체 마케터는 이러한 유망 공급업체 명단(pool)에 제외돼서는 안 된다. 평소 평판 관리를 하고, 잠재고객과의 접촉에 정성을 기울이고, 신문, 잡지 등에 광고 및 홍보 노력을 꾸준히 하여야 한다.

5. 제안서 요청(proposal solicitation)

조직구매자는 이렇게 추려진 명단들 가운데 특히 유망해 보이는 공급업자를 소수 추출하여 이들에게 제안서 제출을 요청한다. 제출된 제안서와 구두 프레젠테이션은 업체 선정에 영향을 미치므로 산업재 마케터는 이의 준비에 정성을 기울인다.

- RFP(Request for Proposal): 제안요청서를 의미하는데, 이는 발주 기업 또는 기관이 일정 자격을 갖춘 후보 업체들에게 요구하는 과업명세서이다. 즉 제안 요청서는 발주자가 원하는 프로젝트의 요구사항을 체계적이면서도 구체적으로 정리한 문서이다. 후보업체들은 이를 기본으로 하여 제안서를 준비한다. 제안요청서(RFP)에 요구되는 항목을 중심으로 후보업체들은 제안을 하기에 RFP의 올바른 제시는 발주 업체가 원하는 최적 기업을 선별하고 또한 원하는 프로젝트 성과를 얻는 데 중요하므로 이에 대한 충분한 사전검토가 필요하다.

6. 공급업자의 평가 및 선정(proposal evaluation and vendor(supplier) selection)

제안서와 프레젠테이션을 가지고 이제 조직구매자는 체계적 방법을 통해 후보 공급업체를 평가한다. 물론 이러한 평가체계는 미리 준비하고 있어야 하고, 누가 이러한 평가에 참여할지에 대해서도 결정해 두어야 한다.

평가 기준은 해당 물품 및 시장 상황에 적합하게 구성한다. 일반적인 항목으로는 공급업자의 제반 속성(예: 품질, 가격, 신뢰성, 기술능력, 생산시설, 명성, 사후서비스, 과거 유사실적, 자금사정 등)이 있다. 이러한 속성과 이의 상대적 중요성을 종합적으로 평가한다([표 21-2] 참조).

그림 21-2 | 사내 PC 납품(A-업체)에 대한 평가표(참조: 5장의 보상모형)

속성/평가척도	중요도	미흡(1)	보통(2)	좋음(3)	매우 좋음(4)
가격	0.2				V
평판	0.2		V		
품질	0.4		V		
서비스	0.4			V	
총점		$0.2(4)+0.2(2)+0.4(2)+0.4(3)=3.2$			

경쟁에 참여한 공급업자들(A,B,C,D 업체)의 평점이 정해지면, 조직구매자는 몇 개 업체와 거래할 것인지를 결정한다. 최근의 흐름은 공급업자의 수를 점차 줄이는 추세이다. 극단적으로 가장 좋은 하나의 업체에 전적으로 공급을 의존(single sourcing)하는 경우도 있다. 그렇지만 그에 따른 위험도 있기에 공급선을 다변화하는 기업도 여전히 적지 않다.

- 단일 공급원(single sourcing) vs 다수 공급원(multiple sourcing)의 장단점으로는 어떠한 것이 있을까? 그리고 어떠한 경우에 어떤 대안을 사용하는 것이 적절한가?

- '물 빠짐' 발생 현상 의혹으로 논란이 됐던 새 경찰관 근무복이 일선 경찰관을 대상으로 실시한 선호도 품평 조사에서도 가장 낮은 점수를 받았음에 선정된 것으로 드러났다. 새 근무복을 선호한 경찰관은 전체 조사 응답 경찰관 중 10% 가량에 불과했고, 90% 가량이 다른 디자인을 선호했던 사실이 새롭게 확인돼, 경찰의 근무복 지정과 관련해 의문이 식지 않고 있다. 일선 경찰들 사이에선 "이럴 거면 왜 품평회를 실시했는지 의문"이라며 불만을 토로하고 있다. 특히 최종 선정된 근무복의 경우 청록색 상의를 염색한 업체가 전 대통령의 형이 사장으로 있던 △△ 계열사라는 점에서 의혹은 커지고 있다. 이에 대해 경찰청 측은 "다른 대안들에 대한 선호도가 높았던 것은 사실이지만, 비용 절감 차원 등을 고려해 현재의 새 경찰복 대안을 선정했다"고 해명하였다. 현재 하복 근무복 교체는 완료된 상태로 비용은 약 110억 원이 소요된 것으로 확인됐다.

  － 참조: 경향신문, 2016년 6월 22일

7. 주문(order routine specification(selection))

이제 선정된 공급업자에게 주문서를 작성하여 보낸다. 주문서에는 제품명세, 수량, 납품일자, 반품 조건, 보증 등에 관한 조건이 명시된다.

유지, 수선, 운영 품목(MRO, maintenance, repair and operating items)의 경우에는 일괄계약(blanket contract)을 하는 경우가 많다. 이는 해당 품목을 구매자가 필요할 때마다 일정 기간 동안 동일 조건으로 공급자가 수시 납품하도록 하는 방법이다. 물론 주문비용, 재고비용 등을 감소한다는 장점도 있지만, 특정 공급업자에 대한 의존도가 높아지고 시장이 유리하게 변해도 이의 변경이 쉽지 않다는 단점이 있다.

8. 실적의 평가(performance review)

마지막으로 조직구매자는 납품을 한 공급업체의 실적을 평가한다. 평가에 따라 공급업자에 대한 적절한 조치(예: 계속 거래, 거래내용의 수정, 거래 단절)를 취하게 된다. 지속적 거래관계의 유지를 위해 산업재 마케터는 조직구매자가 특히 어떠한 면에 중점을 두고 평가하는지를 파악하고 이들 요소에 대해 보다 집중 관리할 필요가 있다. 또한 어떤 항목에 문제가 있는지를 평소 수시로 체크한다.

한편 이러한 실적 평가는 객관적 항목(예: 납품기간의 준수, 불량률, 반송회수 등)을 기준으로 하지만, 사람과 기업간 질적 관계에 대한 내용도 포함된다. 따라서 감성적인 부분도 신경을 써야 한다.

- "고객이 10번 실수하고 내가 1번 실수 했을 때, 고객의 실수는 0이고, 내 실수는 1이다."

  — Fred C. Poppe

- "적을 만들기 원한다면 내가 그들보다 잘났다는 사실을 증명하면 된다. 그러나 친구를 얻고 싶다면 그가 나보다 뛰어나다고 느끼게 해주어라."

  — 라 로슈푸코(La Rochefoucauld, 프랑스 작가)

조직구매자는 물품 및 서비스를 구입할 때 이와 같이 여러 단계를 거친다. 또한 단계별로 각기 다른 사람, 또는 기능 부서들이 관여한다. 따라서 산업재 마케터는 조직구매자가 현재 어떠한 구매결정 단계에 있는지, 그리고 그러한 단계에서 어떤 사람들의 영향력이 주도적인지에 대한 이해가 필요하다. 이러한 정보는 언제, 누구에게 접근할지, 그리고 어떠한 판매 메시지(sales message)로 설득할지를 결정하는데 도움이 된다.

- 조직구매자의 입장에 있던 사람이 산업재 공급기업으로 재취업하거나, 또는 역으로 산업재 마케터 역할을 하던 사람이 조직구매 기업으로 이직한다면, 이들은 상대방 입장을 보다 잘 알고 있다는 장점이 있다.

Ⅴ B2B 마케팅의 연구 동향

마케팅 연구의 대부분은 개인 및 최종소비자를 대상으로 하는 소비재 마케팅, 즉 B2C (Business-to-Consumer) 마케팅이다. 반면에 기업고객을 대상으로 하는 B2B(Business-to-Business) 마케팅은 상대적으로 적은 편이다.

B2B 마케팅 연구는 기업과 기업간의 상호작용(inter-firm interaction)에 분석의 초점을 두고 있다. 이에 대한 이론적 배경으로 다음을 들 수 있다. 사회학의 그룹 이론, 복잡조직 이론(complex organization theory), 자원의존 이론(resource-dependence theory), 환경의 불확실

Ⅰ 전략에 대한 전반적 고찰

1. 전략의 개념

경영 분야에 전략이란 개념을 도입한 사람은 A. D. Jr. Chandler('Strategy and Structure,' 1962)이다. 그는 "경영 전략이란 기업의 기본적인 장기 목표 및 목적을 결정하고 이들의 목표를 달성하기 위해서 필요한 활동과 여러 자원을 배분하는 것"이라고 정의하였다. 또한 "조직은 전략에 따른다"는 명제를 제시하였다. 그 후 H. I. Ansoff('Corporate Strategy,' 1965)는 보다 실천적 입장에서 경영전략론을 전개하였다. 그는 기업의 의사결정을 전략적 결정, 관리적 결정, 업무적 결정의 세 유형으로 구분하고, "전략적 결정은 조직과 환경과의 관계를 수립하는 결정이며 핵심을 이루는 것은 어떤 제품과 시장을 선택해야 할 것인가에 대한 결정이다. 전략적 결정은 비반복적이고 고도의 불확실성을 포함하기에 '부분적 무지'의 상황에서 이루어지는 의사결정"이라고 하였다. 이후 학자에 따라 전략은 다양하게 정의되지만, 여기서는 전략(戰略, strategy)을 계획(plan), 특히 '문제를 해결하려는 (큰 범주의) 계획'으로 정의하겠다. 좀 더 풀어서 표현하면, 전략이란 '기업의 외부환경 및 내부여건에 대한 일반 통찰(big picture)을 바탕으로 결정한 기업 전반적 운영에 대한 목적, 그리고 이를 위한 행동방침에 대한 기본적 틀'이다. 즉 전략이란 기업 외부 및 내부의 제반 여건을 고려하여 설정한 기업의 성취 목표(what is to be achieved, objectives), 그리고 이의 성취 방안(how this is to be achieved, a course of action)에 대한 전반적 계획이다. 경영 전략은 이와 같이 변화하는 환경에 대해 조직이 성공적으로 적응하고 대응하기 위한 장기적 기본 구상이다.

전략의 개념을 이해하는 것은 그리 어렵지 않다. 그렇지만 실제 현장에서 기업이 처한 여건 및 상황에 적합한 전략을 구상하기는 쉽지 않다. 개념적 일반론은 상황 특수론에 맞게 신축성 있게 변화되어야 한다. 그러나 이러한 유연성은 누구나 쉽게 되는 것은 아니다. 이러한 전략의 속성에 대해 Moltke(1858~1888년 프러시아와 독일군대의 참모총장, 비스마르크 시대의 훌륭한 전략가)는 '전략은 응용된 상식일 뿐, 가르칠 수 없는 것', '원래의 지침적 아이디어가 끊임없이 변화하는 환경에 따라서 진화하는 것'이라고 언급하였다.

- "여러분은 적 앞에 펼쳐진 길이 세 갈래라는 것을 알게 될 것이다. 적은 그런데 그 중에서 '네 번째 길'을 택하게 될 것이다."

  — H. K. B. Moltke

- 3000년 전 손자(孫子)도 '내가 적을 어떻게 정복하였는지 그 전술은 누구나 쉽게 이해할 수 있지만 위대한 승리를 가능케 한 이면(裏面)의 대전략은 아무도 파악할 수 없다'고 전략의 요체를 지적한바 있다. 이와 같이 전략에 대한 교과서적 이론은 음악학도들이 학교에서 기초적으로 배우는 대위법, 화성법 등과 같이 정말이지 기초적 이론에 불과하다. 기초 이론을 이해하였다고 바로 훌륭한 명곡을 작곡하게 되는 것은 아니다. 차이콥스키(Tchaikovsky)의 '백조의 호수', 베토벤의 '운명 교향곡' 등은 물론 이러한 기초 이론이 토대가 되지만, 기초 이론과 이러한 대작(大作)사이에는 엄청난 괴리가 존재한다. 이러한 괴리는 번뜩이는 아이디어, 수많은 경험, 방대한 지식, 참을성과 끈기, 주변의 지혜와 도움 등을 통해 조금씩 좁혀질 뿐이다. 누구나 알 수 있는 교과서적 전략을 초월하는 독창적 전략을 기획하려면 무언가 달라야 한다.

한편 전략(strategy)과 전술(tactics)간에는 개념적 차이가 있다. 예를 들어 전략적 마케팅 계획(strategic marketing plan)은 시장 기회에 대한 분석을 토대로 표적시장의 선정과 시장제공물의 가치를 결정하는 것이다. 이에 비해 전술적 마케팅 계획(tactical marketing plan)은 이미 정해진 전략 하에서 그에 맞게끔 제품 특성, 포장, 가격, 판매경로, 광고, 판매원 등에 대한 하위 활동의 내용을 구체화하는 것이다.

- 서울에서 부산에 가는 것을 '목표'로 설정하였다면 이러한 목표 달성을 위한 '전략적 결정 대안'으로는 비행기, 기차, 자동차, 버스, 도보 등이 있을 수 있다. 만약 자동차로 전략적 결정을 하였다면, 이에 따른 전술적 결정으로는 어느 휴게소에서 쉴 것인지, 몇 번 쉴 것인지, 휴게소에서 먹을 음식은 무엇인지, 주유소는 어디를 이용할지, 한번에 얼만큼 금액의 주유를 할 것인지 등의 소소한 결정을 할 수 있다.

- 전략, 전술은 군사 용어에서 도출되었기에 이의 이해를 돕기 위해 군대에서의 개념을 살펴보면 다음과 같다. 우선 '전술 수준의 지휘'란 "병사들이 적군의 공격에 노출될 수 있는 살육 현장에 과감히 뛰어들도록 격려하는 능력, 이어지는 전투에서 그들의 사기와 결속력을 유지하는 능력이 중요하다. 지휘관은 용맹함을 보여주어야 하지만 자신의 죽음이 부대 전체의 임무에 치명적 영향을 미칠 수 있음을 명심해야 한다." 다음은 '작전 수준의 지휘.' "이 수준에서는 전술 수준의 경우보다 훨씬 광범위한 지역을 감당하기 때문에 더욱 폭넓은 지휘와 의사소통 기술이 필요하다. 동시에 광범위한 전선에서 수집한 정보를 수용하고 해석하고 조화시켜야 한다." 한편 '전략 수준의 지휘'에는 군사적 요소 외에 정치적 요인들도 중요하게 작용한다. 2차 세계대전 당시 루스벨트, 처칠, 스탈린, 히틀러는 작전 수준의 군사지휘관은 아니었지만 분명 최고의 전략 수준 군사지휘관이었다. "전략 수준에서의 핵심능력은 실현 가능한 목표를 설정하고 거기에 필요한 지원을 확보한 후 다양한 전선을 대상으로 자원을 배분하는 능력이다. 그것은 복잡하고 어려운 과제이다."

  ― 참조: 제레미 블랙, 역사를 바꾼 위대한 장군들, 21세기북스

2. 전략의 위계

규모가 큰 기업들은 보통 다음과 같은 조직 수준들(organizational levels)로 구성된다. ① 기업 수준(corporate level), ② 사업부 수준(division level), ③ 사업단위 수준(business unit level), ④ 제품 수준(product level).

- '△△자동차'가 맨 상위의 기업 수준이라면, 그 아래의 승용차, 버스, 화물차 등은 사업부 수준이다. 그리고 승용차 사업부문 아래에는 고급대형차, 중형차, 소형차, 경차 등의 사업단위 수준들이 있고, 이 중 중형차 사업단위에는 그랜저, 쏘나타 등과 같은 개별 제품들이 있다.

① 기업 수준에서는 기업 전체가 나아갈 방향 및 방법에 전략적 계획을 설계한다. 또한 기업이 가지는 여러 사업부들에 대한 우선 순위를 장기적 관점에서 계획한다. 그런 다음, ② 사업부 수준에서는 사업부 전체의 방향을 설정하고 사업부에 속한 여러 사업단위를 종합적으로 평가하고 이에 기초하여 자금할당 계획을 수립한다. 그 다음의 ③ 사업단위 수준에서는 수익창출 및 경쟁력 확보를 위한 사업단위 전반의 전략계획을 수립한다. 마지막으로 사업단위내 ④ 개별제품(또는 브랜드) 수준에서는 제품이 운영되는 표적시장에서의 목표 달성을 위한 마케팅 계획을 수립하고 이의 관리를 집행한다.

- 보통 기업, 사업부, 사업단위, 개별 제품의 순서로 계획은 결정된다. 즉 기업 단위에서 기업 전반의 전략이 설정되면, 이러한 결정에 따라 어느 정도 갈 길이 정해진 사업부는 자신의 사업부 전반에 대한 전략을 구체화하며 자신의 사업부에 속한 사업단위에 대한 내용(신규 진입, 성장, 유지, 회수, 퇴출 등의 투자)을 결정한다. 그런 다음 이러한 사업부 전략은 다시 계속해서 하위 단위인 사업단위, 제품(브랜드)에 연속적인 영향을 미치며 이들 각각은 자신의 단위에 대한 구체적 계획을 차례대로 결정한다.

이와 같이 상위 수준은 하위 수준에 대한 전반적 지침을 내린다. 그러면 하위 수준은 이러한 제약하에서 자신의 계획을 좀 더 구체적으로 세우게 된다. 마치 커다란 우산 아래에 중간 우산들이 여러 개 있고, 다시 그 중간 우산들 아래 작은 우산들이 여럿 있는 형태라고 생각하면 된다([그림 22-2] 참조).

이러한 의사결정의 계층성이 있기에 제일 상층부 수준의 결정은 기업의 운명을 좌우하게 된다.

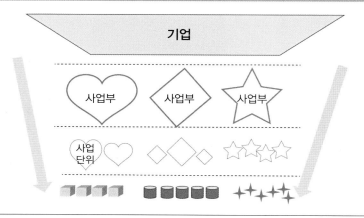

그림 22-2 | 조직 위계에 대한 개념도(기업, 사업부, 사업단위, 제품 및 브랜드)

- 1992년 1월 핀란드 수도 헬싱키 노키아 본사에서 열린 그룹 이사회는 중대한 결정을 내렸다. 노키아 그룹의 작은 계열사에 불과했던 '노키아 모바일폰'의 올릴라(Jorma Ollila) 사장을 그룹 CEO로 전격 발탁한 것이다. 경험은 없지만 패기로 가득한 그를 총수로 선택해 모험을 걸어야 할 만큼 노키아는 최악의 상황을 맞고 있었다. 당시 노키아는 종이, 목재에서 케이블, TV, 심지어 고무장화까지 생산할 만큼 문어발 경영을 하던 전형적 재벌그룹이었다. 하지만 80년대 말부터 급속한 경영악화에 직면했고, 90년대 초에는 도산위기에 빠졌다. 당시 핀란드의 국가경제 역시 악화 일로를 겪고 있었다. 구(舊) 소련과의 교역에 주로 의존하던 핀란드 경제는 당시 소련 붕괴에다 자산거품까지 터지면서 경제 전반이 위기로 치달았다. 이런 상황에서 CEO로 취임한 올릴라는 "노키아를 먹여 살릴 원동력은 무엇인가"를 놓고 반 년 이상 이사회 논의를 계속했다. 그리고 두 가지 결론을 내렸다. "첫째, 소련은 역사의 종말처리장으로 버려졌다. 소련에 주로 수출하는 제지, 고무, 케이블 등 불필요한 사업은 모조리 매각한다. 둘째, 휴대전화가 소수의 사무용품에서 다수의 생활용품으로 변하는 시대가 온다. 여기에 집중한다." 그의 위대함은 디지털 휴대폰 시대가 도래할 것이라는 시대흐름을 정확히 읽어내고 결정한 것이다. 그리고 이에 못지 않은 실행력도 놀라웠다. 구체적으로 통신분야에 투자할 자금 마련을 위해 종이펄프, 고무장화, 컴퓨터, 가전 부문을 다 팔아 치웠다. 그 결과 4만4,000명이던 그룹 직원 수가 1994년 초에는 2만6,000명으로 격감했다. 이러한 노력 결과 1992년 적자더미에 빠져 외국에 팔려나갈 위기에 처했던 핀란드 대표기업 노키아를 불사조처럼 회생시키고, 세계 1위 무선통신 기업으로 키워냈으며, 제지(製紙) 등 굴뚝산업에만 의존해 살아가던 유럽의 변방 핀란드를 정보통신 허브(거점)로 바꿔놓았다.

－ 참조: 조선일보, 2007년 1월 16일

Ⅱ 기업 수준(또는 사업부 수준)에서의 전략적 계획

여기서는 기업 차원의 전략을 살펴보겠다. 한편 대기업에는 여러 사업부가 포함되는데, 사업부는 보통 '기업내 기업(company within a company)'처럼 독자적으로 운영된다. 따라서 기업 차원의 전략적 계획과 유사 성격이 있기에 이를 함께 다루고자 한다.

기업 수준(또는 사업부 수준)에서는 기업 전체의 사명과 비전, 전략적 사업 단위의 확립, 전략적 사업 단위들에 대한 포트폴리오 등의 의사결정을 한다.

1. 기업의 사명과 비전

1) 사명

기업의 전략을 수립하기 위해서는 우선 기업 사명(使命, mission)을 결정해야 한다. 사명은 무엇을 추구하는 기업인지에 대한 기본적 내용이다.

기업(/조직)은 왜 존재하고(mission: why we're here) 어떤 가치를 추구하고(value: what we believe in), 어떤 미래상을 지향하는지(vision: what we want to be)를 먼저 설정해야 한다. 그런 다음에는 이제 이러한 꿈, 희망, 이념에 대한 내용을 현실적으로 달성하기 위해 어떻게 할 것인지(strategy: how we'll get there)를 생각해볼 수 있다. 물론 처음부터 이러한 거창한 생각을 체계적으로 수립한 다음에 기업을 창업하는 것은 아니다. 그렇지만 창업자는 알게 모르게 이러한 생각을 마음 속에 품고 있어야 한다.

다음 질문들은 사명을 결정하는 데 도움이 된다. "우리 기업은 무엇을 하는 기업인가, 우리 기업은 어떤 사업을 지향하는가, 어떤 사업을 해야 마땅한가, 누가 우리의 고객인가, 고객에 대해 제공하는 가치는 무엇인가 등." 사명이 분명하지 않다면 이러한 질문을 통해 사명을 명확히 정립할 필요가 있다.

- "나는 60년에 걸쳐 사업하면서 경영이념의 소중함을 절실히 느끼곤 했다. 사업을 경영하는 데에 기술, 판매, 자본, 인재 등은 모두 중요한 요소다. 하지만 무엇보다 가장 근본이 되는 요소는 바로 경영 이념이라고 생각한다. 즉 '우리 회사는 무엇을 위해 존재하는가, '경영의 목적은 무엇인가, 어떻게 경영을 해야 하는가?'라는 물음에 대해 확고한 신념이 있어야 한다. 이와 같은 경영 이념이 경영의 근본에 바로 서 있어야만 다른 경영 요소가 진정한 가치를 발휘할 수 있기 때문이다."

  ― 마쓰시타 고노스케(松下幸之助, Panasonic 의 창업자), '위기를 기회로,' 청림출판

- 경영자는 회사의 존재 이유, 즉 사명(使命)을 생각해야 한다. 리더는 자기만 승리로 이끄는 게 아니라 목표를 공유하고 팀 구성원에게 성취감, 자기실현 등을 제대로 맛보게 해줘야 한다. '경영에 필요한 힘' 네 가지를 꼽으라면 ① 변혁하는 힘(혁신가), ② 버는 힘(장사꾼), ③ 팀을 만드는 힘(리더), ④ 이상을 추구하는 힘(사명감)을 들 수 있다.

— 야나이 다다시(柳井正, 유니클로 회장)

사명은 기업이 충족시키고자 하는 시장 욕구를 중심으로 하는게 바람직하다. 기업이 생산하는 물질적 제품을 중심으로 하는 것은 시야를 제약한다. 성공적 경영을 하는 기업은 자신의 사명을 시장으로부터 부여 받는다고 생각한다(참조: 2장 붕어빵 장사의 사명은 "붕어빵 제조"라고 하기보다는 "저렴한 가격으로 영양과 먹는 즐거움을 대학생에게 제공"으로 하는 것이 더 낫다).

- 예: 애플("사람들에게 힘이 되는 인간적인 도구들을 제공해 일하고, 배우고, 소통하는 방식을 바꾸는 것"), 테슬라("인류를 환경오염과 자원고갈의 위기에서 구하겠다").
- 사업은 고객을 만족시키는 과정으로 보아야지 단순히 제품 생산과정으로 보아서는 안 된다. 사업을 고객욕구의 충족과정으로 볼 때 시장이 보이고 또한 성장기회가 보이게 된다. 그러나 제품이란 물체를 중심으로만 보면 제품이란 시야에 매몰되고 만다.

2) 비전

사명이 정립되면, 이제 이와 연관된 비전(vision)을 상상력을 동원하여 설정한다. 비전은 기업의 향후 5년 또는 10~20년 후에 지향하는 모습을 보여준다.

- "비전은 보이지 않는 것을 보는 기술이다(Vision is the art of seeing things invisible)."

— Jonathan Swift ('걸리버 여행기'의 작가)

사명과 비전에 대한 몇 가지 예시를 하면 다음과 같다.

(1) TNT Express

네덜란드에 본사를 둔 다국적기업으로 전세계 220여개국의 네트워크를 바탕으로 특송(Express) 및 물류분야에서 서비스를 제공하고 있는 기업

① 사명: 지속가능한 방법으로 비즈니스와 시장, 그리고 사람과 사람을 연결한다.

② 비전: (이러한 사명의 완수를 통해) 가장 존경 받는 Delivery 회사가 되는 것이다.

(2) 도서출판 한언

① 사명: 우리는 새로운 지식을 창출, 전파하여 전 인류가 이를 공유케 함으로써 인류문화의 발전과 행복에 이바지한다. 우리는 끊임없이 학습하는 조직으로서 자신과 조직의 발전을 위해 쉼 없이 노력하며, 궁극적으로는 세계적 컨텐츠 그룹을 지향한다. 우리는 정신적, 물질적으로 최고 수준의 복지를 실현하기 위해 노력하며, 명실공히 초일류 사원들의 집합체로서 부끄럼 없이 행동한다.

② 비전: 우리는 컨텐츠 기업의 선도적 성공모델이 된다.

(3) 신한금융그룹의 가치경영 체계

① 사명: 금융의 힘으로 세상을 이롭게 한다(따뜻한 금융)

② 비전: World Class Financial Group

(4) 공무원 연금공단

① 사명: 연금사업의 안정적 운영과 기금의 효율적 운용을 통해 공무원 및 그 가족의 생활안정과 복리향상에 기여

② 비전: 공무원의 행복하고 보람된 삶을 실현하는 최고의 연금서비스 기관

이와 같이 기업의 사명과 비전은 조직의 정체성은 무엇이고, 지향하는 바는 어디인지를 보여주는 큰 그림(Big Picture) 역할을 한다. 이를 통해 대외적으로는 시장을 향해 기업의 정체성을 알려주고, 대내적으로는 개별 구성원의 힘을 한군데로 뭉쳐주는 역할을 한다.

2. 전략적 사업 단위의 결정

기업의 사명과 비전이 결정되면 이제 사업부를 구성하는 전략적 사업 단위(SBU, Strategic Business Unit)를 결정한다. 전략적 사업 단위는 기업내의 하나 혹은 여러 개의 사업부(company division)가 될 수도 있고, 혹은 사업부내의 제품계열(product line), 또는 더 작게 하나의 제품, 상표(brand)가 될 수도 있다.

전략적 사업 단위란 다음 요건을 갖춘 사업 단위를 의미한다.

① 기업의 다른 사업들과 분리하여, 즉 독립적으로 계획하고 운영될 수 있는 단위 사업체(또는 밀접히 연관된 사업체들의 집합)이다.

② 사업 단위의 전략적 계획 및 시장 성과를 책임지는, 그리고 이를 위해 필요한 인적, 재정적 자원을 동원하는 경영자가 있다.

③ 사업 단위에 해당하는 경쟁기업들이 존재한다.

전략적 사업 단위는 형식, 규모, 조직 서열 등으로 규정하기 보다는 사업 성격 및 시장을 고려하여 규정하는 것이 적절하다.

3. 사업 포트폴리오의 분석: 사업 단위에 대한 자원의 배분(할당)

기업 규모가 커지면 하나 이상의 사업부를 가지게 된다(기업 규모에 따라 사업부 대신에 사업단위 또는 제품이 되기도 한다). 이럴 때 중요한 의사결정 중 하나는 '기업의 한정된 자원(資源)을 어떻게 여러 사업부에 배분(配分)할 것인가'이다.

사업 포트폴리오(business portfolio) 분석은 전체적 관점에서 여러 사업부를 종합적으로 조망하고 이를 통해 사업간 균형, 우선순위를 파악하여 이에 대한 자원 배분에 도움을 주는 기법이다. 즉 포트폴리오 분석 모델은 경영자의 분석 및 전략 능력을 향상시킨다. 특히 자료에 근거한 보다 객관적이고 합리적인 기준에 따른 투자결정을 내리는데 도움이 된다.

- 포트폴리오(portfolio)는 기업이 보유한 여러 가지 것들(예: 사업부, 사업단위, 제품, 브랜드 등)에 대한 종합적 판단을 하는데 도움이 된다. 즉 기업이 가지고 있는 여러 사업들의 성격을 한꺼번에 보여줌으로써 운영하는 사업들의 시간적 흐름에 대한 평가에 도움이 되고, 전체 수익의 극대화를 지향하는데 도움이 된다. 또한 보유 사업들 성격의 균형성을 유지하는데 뿐 아니라 어떤 새로운 사업의 추가 여부 판단에도 도움이 된다.

사업 포트폴리오 분석모델로는 BCG의 성장-점유율 매트릭스, GE/McKinsey 매트릭스 등이 있다.

1) BCG의 성장-점유율 매트릭스(Growth-Share Matrix)

BCG 방법은 여러 사업 단위(또는 제품들)를 종합적으로 고려하여 자원 할당을 체계적으로 하는데 도움이 된다. 즉 개별 사업단위별로 독립적인 분석이 아니라, 여러 사업단위를 한꺼번에 분석하기에 어떤 사업 단위에 대한 결정이 다른 사업단위들과 무관하게 결정되는 것을 방지해준다.

그림 22-3 | 성장-점유율 매트릭스(Growth-Share Matrix)

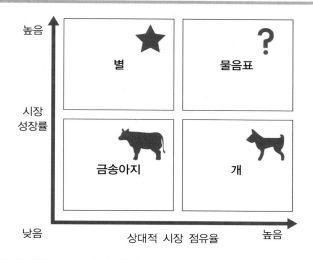

BCG 방법은 기업의 전략적 사업 단위들은 시장성장률(annual rate of market growth), 상대적 시장점유율(relative market share)을 기준으로 분류한다. 이러한 분류를 통해 네 가지 유형이 도출된다([그림 22-3] 참조).

(1) **물음표(높은 성장률이지만 현재 낮은 점유율의 사업)**: 대부분의 사업단위들은 물음표에서부터 출발한다. 이러한 사업 단위는 빠른 성장세의 시장 기회에 대응하기 위해 공장, 설비 및 인력을 추가해야 하고, 또한 선도 기업을 따라잡기 위해 많은 자금이 필요하다.

(2) **별(높은 성장세 시장에서의 시장 선도자)**: 수익성은 있지만, 빠른 성장세의 시장에 대응하고, 또한 경쟁자 추격을 뿌리치기 위해 적지 않은 자금이 여전히 투자되어야 한다.

(3) **금송아지(낮은 성장률에서의 시장 선도자)**: 많은 자금을 산출하는 사업단위이다. 시장 선도자이기에 규모의 경제, 높은 이익률을 확보하고 있다. 보통 여기서 나오는 자금은 다른 영역에 위치한 사업단위를 위해 사용된다.

(4) **개(낮은 성장률 시장에서의 경쟁 열세)**: 장기적으로는 철수할 것인가 또는 축소할 것인지에 대한 결정이 필요하다.

BCG 도표는 성장성과 점유율이 기업의 현금흐름과 관련성이 크다고 가정한다. 시장 성장률이 높으면 시설 및 운전 자본에 대한 투자가 많이 요구된다(현금 유출). 반면에 시장 점유율이 높다면 수익성이 크기에 현금이 많이 들어온다(현금 유입). BCG 도표는 하나의 사업부가 시간 흐름에 따라 바람직스럽게 이동하는 방향을 제시하고(예: 물음표 → 별 → 금송아지) 또한 올바른 자금의 이동방향을 제시한다는 점에서 유용성이 있다.

그러나 이 방법에는 여러 문제점이 내포되고 있다.

첫째, 시장점유율과 수익성은 반드시 정비례하지 않는다.

둘째, 시장성장률만이 시장기회를 좌우하는 것은 아니다.

셋째, 시장에 대한 정의를 다르게 하면 BCG 도표에서 사업 단위의 위치는 달라질 수 있다.

넷째, BCG 도표는 기계적인 대안만을 제시한다.

이러한 한계점 및 기업의 특수 여건을 고려하여 이 방법을 사용한다면, 기업의 전반적 상태를 평가하고 자금을 사업부별로 적절히 배분하는데 있어서 유용한 도움이 될 수 있다.

2) GE/McKinsey 매트릭스

BCG 도표의 약점을 보완하기 위해 GE/McKinsey는 전략사업-계획 격자(strategic business-planning grid)를 제시하였다.

여기서는 사업 단위를 두 개의 차원, 즉 ① 시장 매력도(industry attractiveness), ② 시장에서의 경쟁 우위(competitive advantage)에서 평가한다.

- ① 시장 매력도는 시장의 장래성을 포괄적으로 표현하는데, 여기에는 시장규모, 시장성장률, 이익률, 경쟁의 정도, 경험곡선, 규모의 경제, 계절성, 경기변동에 민감한 정도 등이 반영된다. 한편 ② 시장에서의 경쟁 우위는 기업의 수익성을 포괄적으로 표현하는데, 여기에는 상대적 시장점유율, 가격경쟁력, 제품의 질, 고객에 대한 지식, 판매효율, 지리적 이점 등이 고려된다.

- GE 매트릭스는 9개의 칸으로 나뉘고, 이는 다시 3개 영역으로 구분된다. 왼쪽 위의 3칸은 기업이 투자 및 성장을 해야 하는 강한 전략적 사업단위(SBU)를 표시한다. 중간의 대각선 3칸은 전반적으로 매력성이 중간 정도인 SBU를 나타내기에 기업은 선택 및 이익성을 추구해야 한다. 오른쪽 아래의 3칸은 전반적으로 매력성이 낮은 SBU로 회수 및 철수를 신중히 고려해야 한다.

이 방법 역시 여러 문제점이 내포된다. 평가자의 주관적 판단에 의존한다는 점, 여러 요인의 합성 비중에 따라 사업 단위의 매트릭스 상의 위치가 달라진다는 점 등. 따라서 SBU의 위치를 결정하는 요인들의 질적 의미를 고려하지 않고, 단지 도표상 위치만 보고서 기계적인 투자 결정을 내리는 것은 위험하다.

Ⅲ 사업 단위 차원(또는 제품 및 브랜드 차원)에서의 계획

앞에서는 상위 수준인 기업, 사업부(전략적 사업단위들이 묶인 거대 사업부)에서의 전략적 계획을 다루었다. 이제부터 하위 수준에서의 전략적 결정에 대해 살펴보겠다. 특히 개별 사업 단위(또는 제품 및 브랜드 단위)에서 어떻게 전략적 계획(Business Unit Strategic Planning)을 하는지에 대해 살펴보겠다.

개별 사업 단위에서 수행되는 전략적 계획은 '사업 단위의 사명, 외부와 내부의 현황 분석(SWOT 분석), 목표 수립, 전략 형성, 실행프로그램, 실행, 피드백과 통제'의 순서로 진행된다.

1. 사업 단위의 사명(business mission)

사업 단위는 기업 전체의 사명과 연계되면서도 동시에 사업단위 나름의 고유 사명을 가지고 있다. 이러한 사명은 해당 사업 단위가 무엇을 하는지(또는 해야 하는지, 해서는 안되는지)에 대한 분명한 지침을 설정해준다.

- 조직 계층(기업, 사업부, 사업 단위, 제품, 브랜드)에 관계없이, 사명, 상황 분석, 목표 등을 각 계층별로 계획한다. 공통 내용이 들어 있는 것은 사실이지만 동일 내용의 반복은 아니다. 즉 계층별 입장에 맞게 조금씩 차이가 있다. 예를 들어, 자동차 기업 전체 수준에서의 사명, 특정 사업 단위 (중형차)의 사명 간에 차이가 있다.

2. 환경 분석을 통한 SWOT 분석

환경이란 사업 단위의 마케팅 활동에 영향을 미치는 내외부 요인들의 집합을 의미한다. 여기에는 거시 환경, 미시(과업) 환경이 있다(참조: 7장). 사업 단위가 향후 무엇을 할지, 그리고 어떠한 방향으로 나아갈지를 설정하려면, 우선 자신이 처한 외부와 내부 환경(external and internal marketing environment)에 대한 이해가 선행되어야 한다.

- 환경 요소들은 기업의 힘으로는 통제가 쉽지 않지만 사업 단위의 성장, 전략, 조직 등에 영향 미친다. 환경변화에 적절히 대응하고 성공 가능성을 높이기 위해서는 이러한 환경 분석과 예측이 필수적이다.

외부 환경은 직간접, 장단기적으로 기업에 다양한 기회와 위협을 제공한다(Opportunity and Threat, OT). 한편 내적 여건(예: 제조, 자본, 관리 역량, 인적자원, 마케팅, 고객기반 등)은 기업의 강점과 약점(Strengths and Weaknesses, SW)의 토대가 된다. 물론 강점과 약점은 경쟁사와 대비되는 상대적 개념이고, 상황에 따라 바뀔 수 있다는 점에 유념할 필요가 있다([그림 22-4] 참조).

그림 22-4 | SWOT 분석

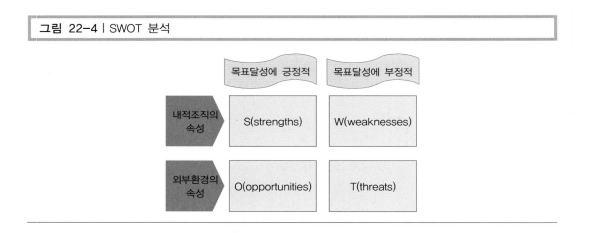

- "성과는 약점 보완보다는 강점을 강화하는 데서 산출된다."

  — Peter Drucker

- "모차르트나 프로이트처럼 한 분야에서 탁월한 성취를 이룬 비범한 인물들은 남과 다른 점을 알아차리고 그 점을 활용한다. 그들은 자신의 취약 분야는 무시하고, 대신에 '내가 추구하려는 영역에서 경쟁력을 갖기 위해 나의 장점을 어떻게 활용해야 할 것인가' 라는 질문을 스스로 제기하고 효과적인 답을 찾아 대응한다."

  — Howard Gardner, '비범성의 발견'에서

- 배움에 능한 자는 남의 장점을 빌려서 자기의 단점을 메운다(善學者, 假人之長以補其短).

  — 여씨춘추(呂氏春秋)

- 핵심성공요인(KSF, Key Success Factors): 일반적으로 기업의 전략과정에서 일컫는 핵심성공요인이란, 특정 산업(상황)과 관련된, 그래서 산업(상황)에서의 경쟁 성과와 연관되는 경쟁적 기술 또는 차별적 자산을 의미한다. 대부분의 성공적인 기업들은 이러한 성공결정요인들에 대해 경쟁사보다 충분한 강점을 보유하고 있는 경우가 많은 것으로 밝혀졌다.

3. 목표 설정(goal formulation)

- "우리 중 약 95%의 사람은 자신의 인생 목표를 글로 기록한 적이 없다. 그러나 글로 기록한 적이 있는 5%의 사람들 중 95%가 자신의 목표를 성취했다."

  — John C. Maxwell

- 앨리스는 갈림길에서 나무 위에 앉아 있는 체셔 고양이를 발견하자 고양이에게 '어느 길로 가야할까?'라고 물었다. 그러자 고양이는 '어디로 갈건데?'라고 되물었다. '모르겠어'라고 앨리스가 답하자 고양이는 '그렇다면 어느 길로 가든 상관없어'라고 대답했다.

  — '이상한 나라의 앨리스'

- "The great thing in this world is not so much where you stand, as in what direction you are moving."

  — Oliver Wendell Holmes

상황 분석을 토대로 사업 단위의 목표를 설정한다. 분명한 목표는 지금 이 순간 무엇을 해야 할지에 대한 대답을 주고 향후의 진행에서도 방황하지 않게 해준다.

목표 설정에서 고려할 몇 가지를 언급하면 다음과 같다.

(1) 추구하는 여러 목표들간의 우선 순위를 미리 결정해두어야 한다.

우선순위에 대한 합의가 없다면 구성원들은 업무추진을 하다가 무엇을 먼저 할지 또는 중요시할지에 대해 혼란에 빠지거나 갈등을 겪을 수 있다. 우선순위는 모든 활동에 포괄적 영향을 미치므로 올바른 판단과 가치관을 가지고 초기부터 확실히 결정해 두어야 한다.

- Volvo 자동차가 가장 중요시하는 목표는 안전(safety)이다. 안전이 최우선적 목표이기에 그것보다 우선순위가 아래인 디자인, 원가, 기능 등은 안전을 위해 포기되거나 늦춰진다.

- 사슴을 쫓는 사람은 토끼를 돌아보지 않는다(逐鹿者不顧兔).

  — 淮南子 說林訓

(2) 목표는 가능하면 양적으로 표현한다.

'불량품을 조금 더 줄이자'라는 목표보다는 '1,000개 생산물 중 불량품은 2개 이하로 한다'는 목표가 바람직하다. 양적 목표는 활동 계획의 구체적 수립에 도움 되고 결국 집행에도 도움된다.

(3) 목표는 현실적이어야 한다.

너무 이상적 목표는 현실적 달성이 어렵기에 구성원들이 지레 포기한다. 이런 비현실적 목표는 아무도 신경쓰지 않는다. 물론 때로는 최고경영층의 무모한 목표와 고집이 뜻밖의 좋은 성과를 가져오기도 한다.

- 우리에게 가장 위험한 것은 목표를 높게 정하고 이루지 못하는 것이 아니라, 목표를 너무 낮게 잡고 그것에 안주하는 것이다.

  — 미켈란젤로

(4) 목표는 명확하고 간결하여야 한다.

목표 고객은 누구인지, 시장에서 일으키고자 하는 반응은 무엇인지 등에 대해 명확히 결정되어야 한다. 목표가 명확하고 간결할수록 마케팅 활동에 대한 애매모호함이 사라지고 참여자들간 의사소통도 원활하게 된다.

(5) 계층간 목표들 사이에는 일관성이 있어야 한다.

기업 전체의 차원에서 고객만족을 목표로 하였으면 사업단위 차원에서도 고객만족에 연계되는 성격의 목표를 설정하여야 한다. 만약 실행부서에서 원가 및 경비절감(그로 인한 서비스 인력의 감축)을 목표로 설정한다면 상위목표인 고객만족과 불일치된 성과가 산출된다.

(6) 목표 설정도 중요하지만 이를 체계적이면서도 꾸준히 실천하는 것이 중요하다.

- 만다라트(Mandalart)는 이에 도움이 된다. 이는 일본의 디자이너 이와이즈미 히로아키(今泉浩晃)가 반복되는 원과 네모로 이루어진 불화의 종류인 만다라에서 아이디어를 얻은 것이다. Mandalart는 manda(본질, 깨달음) + la(소유, 성취) + art가 결합된 용어로 목적을 달성하는 기술을 뜻한다. 이 계획표는 가장 큰 목표와 이를 이루기 위한 세부 목표로 유기적으로 구성된다. 우선 가로, 세로 9칸씩(총 81칸)의 사각형 중 가장 가운데 칸에 궁극적 목표를 기입한다. 그런 다음 그 목표를 둘러싼 8칸에는 이러한 목표 달성과 밀접하게 연관되는 하위목표를 기입한다. 다시 이러한 8개의 하위목표는 각 주변의 9칸의 중심목표가 되고 그 둘레에는 이를 실현하기 위한 실천방안을 기입한다. 이렇게 계획을 순차적으로 세우다 보면, 목표 달성을 위해 어떤 것을 구체적으로 해야 하는지 세부적이면서도 체계적으로 파악할 수 있다. 또한 한 장의 표에 목표와 구체적 행동들간의 관계를 도식적으로 보여준다는 장점도 있다.

(7) 목표를 설정하였으면 이것의 달성 여부를 밀접하게 판단하는 지표를 마련해 두어야 한다.

- '정년퇴직 후의 행복한 삶'을 목표로 설정하였다면, 이와 연관된 지표로 건강, 친구, 재산, 가족 등을 마련할 수 있다.

- 인텔 최고경영자였던 앤디 그로브는 1980년대 초반 위기에 빠진 회사를 OKR(Objectives and Key Results)로 살려냈다. 마이크로프로세서에 집중해 압도적 1등을 달성하겠다는 목표를 세우고는 마케팅, 세일즈, 기술 등 팀별 목표와 세부성과 달성지표를 수립하고 점검하는 시스템을 구축한 덕분이었다. 이 시절 인텔에서 근무했던 존 도어(추후 벤처투자 기업가가 됨)는 OKR 시스템을 구글, 유튜브, 어도비 등 실리콘밸리 기업들에 전파했다. 존 도어가 1999년 만난 구글은 뛰어난 기술에 열정은 가득했지만, 경영은 모르는 스타트업이었다. 도어는 인텔 근무시절 배운 운영방식 OKR을 전수했다. 7만명이 일하며 시가총액이 7,000억달러에 이르는 '슈퍼기업' 구글의 성장 비화(祕話)이다. OKR의 작동원리는 간단하다. 목표(objective)는 가장 중요한 것이 무엇인지 정의 내리고, 핵심결과(key result)는 목표가 달성됐는지 판단하기 위한 지표이다. 도어는 "목표를 제대로 달성하기 위해서는 측정지표를 잘 만들어야 한다"고 강조하였다. "핵심결과는 목표를 조준하는 가늠자다. 올바른 목표를 선택했다면 핵심결과는 3~5개로 충분하다. 다만 각각의 핵심결과는 그 자체로 벅찬 도전과제여야 한다. 너무 쉬운 과제라면 아무도 최선을 다하지 않을 것이다."라고도 하였다.

– 참조: 한국경제, 2019년 3월 29일

4. 전략 형성(strategic formulation)

전략은 목표에 도달하는 지침, 방법을 의미한다.

- 전략의 유형은 여러 가지가 있다. Michael Porter는 본원적 전략으로 전반적인 원가 선도력(overall cost leadership), 차별화(differentiation), 집중(focus)을 제시하였다. 이러한 구분은 설득력이 있기에 보편적으로 많이 사용되고 있다. 예를 들어, 카페는 자신만의 전략을 가지고 경쟁에 임하고 있다. 전반적인 원가선도력(예: 이디야), 차별화(예: 신선한 원두, 로스팅 기술로 승부를 거는 카페, 꽃집과 병행하는 카페 등), 집중(예: 에스프레소 전문점).

시장에서 제품이 성공하여 마케팅 목표를 달성하려면 대략 다음 세 가지 경우 중 하나에 해당하여야 한다. 첫째, 제품의 성능이 탁월하다(Product/Service Leadership: 'Best Product/Service'). 둘째, 제품 가격이 월등하게 저렴하다(Operational Excellence: 'Best Total Cost'). 셋째, 소비자 구미에 맞는 제품이다(Customer Intimacy: 'Best Total Solution').

전략이 수립되면, 이러한 커다란 테두리 안에서 개별 제품(브랜드)에 대한 구체적인 마케팅 믹스 계획이 수립된다. 한편 추구하는 전략과 조직 구조 및 문화는 밀접히 연관된다. 상호간에 적합성이 높을수록 좋은 경영성과를 거둔다.

- 기아(해태) 타이거즈 야구팀은 선후배 서열이 엄격하기로 유명했다. 반면에 삼성 라이온즈는 연공서열 보다는 실력이 우선시 되는 약간은 개인주의적이로 자유분방한 문화라고 한다. 어떠한 팀 문화가 더 좋은 성과를 산출할 것인가? 이러한 각각의 문화가 좀 더 적합한 경기 상황은 언제인가?

5. 실행 프로그램(program formulation and implementation)

전략이 수립되었다면 이제 이를 구체적으로 실행에 옮길 수 있는 실행 계획(일정 계획)을 구체적으로 수립해야 한다. 예를 들어 사업단위가 적극적 판촉을 통해 매출을 올리고자 한다면, 마케팅 커뮤니케이션 예산을 늘리고 이의 전담 조직을 꾸리고 여기에 가장 능력 있는 사람들을 배치하고 재량권을 부여한다.

아무리 좋은 아이디어와 의도, 목표를 가지고 있더라도 그것의 실천이 없다면, 애초부터 그런 기발한 생각이 없던 조직과 마찬가지이다. 그런 의미에서 창의력이란 남들이 생각 못했던 기발한 것의 생각 능력이 아니라, 누구나 생각해봄직 했던 것을 남들보다 더 빠르게 실천하는 것이기도 하다. 실천 습관을 내재화, 즉 몸에 배게 하는 것이 중요하다. 실천하는 기업과 실천하지 않고 미적거리는 기업간에는 현격한 결과 차이가 생긴다. '고양이 목에 방울을 건다'는 생각이 중요한 것이 아니다. '실제로 고양이 목에 방울을 거는 행위'가 성패를 좌우한다.

- "즉시 한다. 반드시 한다. 될 때까지 한다."

  — 일본전산 이야기(김성호 지음)

- "세상에서 가장 먼 여행은 가슴에서 발까지."

  — 신영복

- "Depend not on fortune, but on conduct."

  — Pulilius Syrus

- "쏘지 않은 슛은 100% 불발."

  — Wayne Douglas Gretzky(아이스하키 선수)

- "지금 적극적으로 실행되는 괜찮은 계획이 다음 주의 완벽한 계획보다 낫다."

  — George S. Patten(제2차 세계대전 당시의 미국 육군 장군)

- "100번 때리면 무너지는 벽이 있다고 치자. 그렇지만 모두들 몇 번 때리면 무너질지 모르니까 90번까지 두드리고 포기한다."

― 마쓰오카 슈조(松岡修造, 일본의 테니스 선수)

- ERRC(Eliminate-Reduce-Reinforce-Create): 고객가치를 분석하고 여기에 적합한 활동(제거-축소-강화-창조)을 통하여 기업구조 또는 시장구조 자체를 재건축 또는 조정하는 것을 의미한다.

6. 피드백과 통제(feedback and control)

사업 단위의 활동이 제대로 실행되는지를 확인하기 위해서는 성과에 대한 피드백이 있어야 한다. 또한 이에 따른 적절한 통제가 있어야 한다. 한편 내외적 상황은 지속적으로 변화하므로 이러한 변화 추세를 파악하고 이를 실행에 반영하여야 한다. 피드백과 통제 시스템의 구비와 이의 작동이 제대로 이뤄져야 한다.

- 나는 힘이 센 강자도 아니고, 그렇다고 두뇌가 뛰어난 천재도 아닙니다. 날마다 새롭게 변했을 뿐입니다. 그것이 나의 성공 비결입니다. 'Change(변화)'의 g를 c로 바꿔보십시오. 'Chance(기회)'가 되지 않습니까? 변화 속에 반드시 기회가 숨어있습니다.

― Bill Gates(마이크로소프트 회장)

여기서는 전략에 대한 내용을 개괄적으로 살펴보고, 그런 다음 기업(또는 사업부) 수준에서의 전략적 계획, 그리고 사업단위 수준에서의 계획에 대해 살펴보고 있다.

우선 전략(戰略, strategy)이란 '기업의 외부환경 및 내부여건에 대한 일반 통찰(big picture)을 바탕으로 결정한 기업 전반적 운영에 대한 목적, 그리고 이를 위한 행동방침에 대한 기본적 틀'이다. 즉 기업 외부 및 내부의 제반 여건을 고려하여 설정한 기업의 성취 목표(what is to be achieved, objectives), 그리고 이의 성취 방안(how this is to be achieved, a course of action)에 대한 전반적 계획이다.

기업 수준(또는 사업부 수준)에서는 기업 전체의 사명과 비전, 전략적 사업 단위의 확립, 전략적 사업 단위들에 대한 포트폴리오 등의 의사결정을 한다. 이 중 사업 포트폴리오(business portfolio) 분석은 전체적 관점에서 여러 사업부를 종합적으로 조망하고 이를 통해 사업간 균형, 우선순위를 파악하여 이에 대한 자원 배분에 도움을 주는 기법이다. 여기서는 사업 포트폴리오 분석의 대표적 모델인 BCG의 성장-점유율 매트릭스, GE/McKinsey 매트릭스를 소개하고 있다.

개별 사업 단위(또는 제품 및 브랜드 차원)에서 수행되는 전략적 계획은 '사업 단위의 사명, 외부와 내부의 현황 분석(SWOT 분석), 목표 수립, 전략 형성, 실행 프로그램, 실행, 피드백과 통제'의 순서로 진행된다.

제23장 마케팅 전반에 대한 고찰

여기서는 그동안 소개된 마케팅 지식을 총괄적으로 정리하고자 한다. 지금까지 여러 분은 마케팅에 대한 여러 내용을 배웠다. 아마도 무수한 지식들이 머릿속에 있을 것이다. 그러나 아무리 많은 지식이 쌓여 있더라도 정작 필요할 때 쉽게 회상해 사용되지 못한다면 아무 소용이 없다. 음식 재료만 여기저기 잔뜩 쟁여 두고 정작 필요할 때 찾지 못해 결국 썩혀 버리고 마는 우둔한 요리사와 다를 바 없다.

습득한 지식을 적재적소에 사용하려면 체계적으로 정리하고 보관해야 한다. 배운 내용을 그저 단순하게 나열식으로 정리해서는 안 된다. 지식의 뼈대를 확실히 정립하고, 핵심 명제를 우선적으로 기억하고, 그런 다음 이런 뼈대와 명제를 기반으로 하여 세부 지식을 분류 정리해 두어야 한다.

본 장의 내용은 다음과 같다. 마케팅에서 중요시 되는 핵심 사항, 과학적 접근의 중요성, 최신 동향, 마케팅을 대하는 자세 등.

Ⅰ 마케팅의 핵심 사항

마케팅 관리에 있어서 중요한 내용은 여러 가지가 있다. 이들 핵심 사항은 제품, 가격, 유통, 촉진, 서비스, 국제 마케팅 등의 영역 구분 없이, 그 모든 영역을 꿰뚫으며 공통적 중요하다. 이를 몇 가지 추리면 다음과 같다.

1. 고객에 대한 철저한 이해

고객을 이해하는 것은 마케팅에서 최우선적으로 해야 하는 과업이다. 또한 시장을 선도하려면 고객과 호흡하되 고객보다 '한 발' 앞서 나가야 한다.

1) 최우선적 과업

이 책에는 다양한 마케팅 관리 내용이 등장하는데 이들 공통점은 첫 단계가 모두 '고객의 이해'다. 고객을 지향할 때 최선의 시장 성과를 거둘 수 있기 때문이다. 향후 어떠한 업무를 하던 간에 무조건 시장과 고객분석을 우선적으로 하기를 권한다. 마케팅 대상이 되는 고객을 이해한 연후에야 어떠한 마케팅 과업도 제대로 할 수 있기 때문이다.

● "마케팅은 소비자를 만족시키는 과정이다."

― T. Levitt

2) 고객과의 짧은 거리

고객을 이해하려면 고객 입장이 되어봐야 한다. 역지사지(易地思之)할 수 있어야 한다. 이를 위해서는 시장에서 멀어지면 안 된다. 물리적 거리뿐 아니라 심리적 거리도 항상 근거리를 유지해야 한다.

● 길거리 포장마차, 또는 시장에서 튀김, 떡볶이, 오뎅을 직접 만들어 장사하는 사람은 고객들 반응을 바로 확인할 수 있기에 이를 제조에 즉각 반영한다. 그러나 만약 크게 성공하여 프랜차이즈 사업, 또는 밀키트 사업을 하면 예전처럼 직접 사람들과 접하는 경우가 줄어든다. 물론 그가 고용한 종업원은 고객 반응을 직접 느낄 것이다. 그러나 종업원은 종업원일 뿐이다. 사장이 아니기에 필사적으로 사업을 잘해보겠다는 주인의식이 희박하다. 또한 자기 의견을 경영에 반영하고 싶어도 절차가 복잡하기에 지레 포기하기도 하며, 자기에게 돌아올 이득도 많지 않기에 굳이 그러한 수고를 들이지 않을 것이다. 따라서 소비자 욕구에 민감하게 반응하던 기업인도 점차 기업 규모가 커짐에 따라 시장 욕구를 반영하는 속도가 둔해진다. 이를 방지하려면 의사결정 권한이 있는 사람일수록 직접 고객을 자주 접하면서 즉 시장과 밀접한 거리를 유지해야 한다.

고객 이해가 사업적, 영업적 목적을 위한 방편이어서는 안된다. 진실된 마음으로 고객에게 다가서야 한다. 한두 번 거래에 그치는 경우에는 기업 입장이 우선시 되어도 소비자 지갑을 열수 있다. 그러나 여러 번 거래하는 경우라면, 고객은 기업이 진정 자기를 위하는지 아니면 겉만 그럴 듯한지를 간파한다.

3) '한 발' 정도만 앞서 나감

시장을 선도하려면 고객을 이해하고 이들과 같이 호흡을 하되, 고객보다 '한 발' 정도만 앞서 나가면서 이끌어가야 한다. 너무 앞서 나가면서 고객은 그저 따라오라고 명령할 수는 없다. 고객과 괴리된 기업은 실패를 맞보게 된다. 시대를 앞선 천재는 언제나 불행하였다.

- 마차를 타던 시대에 '좀 더 개선된 탈 것'에 대한 아이디어를 소비자로부터 구한다면, 좀 더 빠른 말, 잘 구르는 바퀴, 가벼운 차체 등에 대한 생각만 나올 것이다. 엔진으로 가는 자동차, 오토바이를 생각하기란 불가능하다. 비전을 가진 경영자, 기술적 안목이 있는 경영자만이 시대를 선도한다. 이러한 혁신을 시장에 정착하려면 기존 방식에 익숙해져 있고 변화를 꺼리는 고객의 경직된 마음을 파괴하는 설득력이 필요하다.

2. 자기 자신에 대한 냉철한 자각(자체평가)

고객, 경쟁사에 대한 이해는 마케팅에서 중요시 되는 과업이다. 그러나 이에 못지 않게 중요한 과업은 마케팅을 행하는 주체인 기업(조직) 자신에 대한 이해이다. 이 책에선 고객, 경쟁사의 중요성에 대해 누차 강조하였다(참조: 4~6장). 그러나 정작 마케팅을 행하는 주체인 기업의 내부 평가 및 분석에 대해서는 많은 것을 소개하지 못했다.

- 기업 자신을 이해하기 위해서는 여러 측면을 알고 있어야 한다. 전략, 조직형태 및 구조, 조직구성원, 문화, 리더십, 역사, 사업부 포트폴리오, 조직내부의 의사소통, 원가, 브랜드 등.

직접 몸 담고 있기에 자기 기업에 대해 누구보다 잘 알고 있다고 생각할 것이다. 물론 이것이 틀린 얘기는 아니다. 그러나 어떤 문제에 봉착했을 때, 또는 새로운 활동(예: 신제품 개발, 신시장 개척, 전략적 제휴 등)을 하려 할 때, 그동안 몰랐던 내적 여건과 역량이 드러남을 여러 번 경험하게 될 것이다. 실전 상황에서는 생각과 다른 여러 모습이 나타나게 된다. 명확하게 파악할 수 있는 기업의 모습뿐 아니라, 내면의 보이지 않는 체질, 역량, 문화에 대해서도 잘 파악하고 있어야 한다. 그래야 어떠한 상황에 당면해도 흔들림이 없을 것이다. 또한 무엇이 문제이고 부족한 점이 어떤 것인지를 알고 있기에 평소에 이를 대비할 수도 있다.

3. 엇물림에 대한 통합적 시각

마케팅의 모든 요소들은 서로 엇물려 있다. 행위 주체간 상호 영향을 미치고, 환경 요소는 서로 연쇄 작용을 일으킨다. 이와 같이 만물은 엇물림 관계에 있으므로 마케팅 문제를 해결하려면 유기적 통합 시각이 요구된다.

- 화환 안보내기 안받기 운동이 착실히 성과를 거두자 꽃집과 꽃 재배 농민들이 울상이 되었다. 또한 명절 선물 안보내기를 정부가 강력히 독려하자 과일 재고가 넘쳐 농민이 피해를 보았다. 한편 슬롯머신이 된서리를 맞아 많은 업소들이 문을 닫자 경마장에 사람이 몰렸다. 이와 같이 한쪽을 개선하면 다른 한쪽이 더 나빠지는 사회 현상이 자주 발생한다. 이는 정책대상이 되는 인간세상, 사회현상이 정말 복잡하고 무수한 연결고리로 서로 얽혀있기에 그러하다. 따라서 복잡성과 연관성을 미처 생각 못한 정책이라면 아무리 좋은 동기에서 나온 것이라도 시행착오를 피하기 어렵다. 만약 노련하고 통찰력 있는 관료라면 화환 안보내기 운동을 입안할 때 벌써 그의 기안서에는 농민 대책 몇 줄이 언급됐을 것이다. 국가경영에는 세상사의 복잡한 연결고리를 파악하는 종합사고, 복합사고가 필요하다.

– 참조: 중앙일보, 1993년 7월 8일

- 경영학은 산업혁명 이후 기업이 발전하면서 생산, 판매, 인사, 조직, 재무 등 분야별로 필요해진 부분해법들이 모여서 오늘에 이르렀다. 그러나 요즘처럼 불확실성이 높아지고 풀어야 할 문제의 규모와 복잡성이 증대하면 부분 해법만 가진 경영자는 자기 한계에 봉착한다. 오늘의 경영자는 해결하려는 문제와 관련된 영역 전체를 조망할 수 있는 넓은 지적 시야를 필요로 한다. 자기 정리가 불안정하거나 문제에 대한 인식 범위가 협소하고 사고능력이 미숙한 경영자는 의사결정을 그르치기 쉬울 뿐만 아니라 리더십 발휘에도 차질을 빚게 된다.

– 윤석철(2001), '경영학의 진리체계'의 서문

4. 흐름의 전체 과정에 대한 이해

마케팅 관리는 하나의 흐름을 관리하는 것이다. 성공적인 과정이 되려면 모든 단계에 대한 관리가 적절히 이뤄져야 한다. 흐름이 일련의 과정(serial process)으로 이뤄졌다면, 어떤 한 단계의 결함으로 인해 다른 모든 단계의 노력을 수포로 만들 수도 있다.

- 신선하고 건강한 채소를 위해 농부는 씨앗부터 토양, 수분, 비료 등을 모두 관리하여 재배한다. 이렇게 수확된 채소를 유통업자는 청결하게 포장하고 운반하고 또 저장한다. 슈퍼마켓에 깨끗하게 진열된 채소를 구매한 주부는 집에 와서 깨끗이 정수된 물로 세척하여 살균소독된 그릇에 올려 놓는다. 그런데 밖에서 더러운 흙장난을 하다 들어온 아이가 손을 씻지 않고 채소를 먹는다면 그간의 모든 노력은 수포로 돌아간다.

물의 흐름과 같기에 모든 단계가 좋아야 전체 성과가 좋다. 여기에 더해 유념할 사항 몇 가지를 추가하면 다음과 같다.

(1) 흐름에 포함되는 단계는 모두 중요하다. 그러나 이중에서 특히 맨 처음 단계가 가장 중요하다. 흐름은 시간적 순서에 따라 이뤄지기에 앞선 단계의 처리가 잘못 되면 후속 단계에서 아무리 노력해도 성과는 한계가 있다.

- 군자는 시작을 신중하게 한다. 한 치 차이가 있어도 나중에는 천리만큼 큰 차이가 나기 때문이다 (君子愼始, 差若毫厘, 繆之千里).

— 大戴禮記

윗물이 맑지 않으면 아랫물이 맑기 어렵다. 새로운 사업을 시작할 때, 신제품 개발을 할 때, 새로운 광고캠페인을 할 때, 신입 직원을 채용할 때 등. 처음에 무척 많은 시간과 공을 들여야 한다. 나중에 한가할 때 이를 만회하거나 잘못된 것을 바로 잡으면 되겠지 하는 안이한 생각은 위험하다. 처음에 바로 잡지 못한 문제는 그 문제뿐 아니라 그로 인해 추가적으로 발생하는 다른 문제들이 또 얽히게 되어 나중으로 갈수록 문제해결은 더욱 어렵게 되기도 한다. 물론 시간이 지난 후에 만회가 가능한 경우도 있고 나중에 잘못을 고치는 것이 효과적인 경우가 없는 것은 아니다. 그러나 일반적으로 초기 단계가 일을 바로 잡는데 가장 쉽고 효과적이다.

(2) 과정에 포함된 모든 단계를 훌륭하게 수행하는 것도 중요하지만, 이를 신속하게 수행하는 것도 이에 못지 않게 중요하다. 대다수 기업들은 급변하는 기술, 소비자, 경쟁의 여건하에서 운영된다.

- 특히 기업의 생존과 성장에 직결되는 신제품 개발 활동은 더욱 그러하다. 개발 초기에 유망하던 신제품 아이디어도 개발과정의 비효율성으로 인해 개발 과정이 지체되어 시장 도입이 지연된다면, 경쟁사에 의한 시장선점, 경쟁사 모방제품과의 시간격차 감소, 고객 욕구의 또 다른 변화, 신기술 출현 등으로 인해 원래 의도하던 성과를 거두지 못하게 된다.

다른 요인들에 대한 충분한 관리가 되었다면 속도(speed)는 기업의 주요 경쟁 자산이 된다. 시간 기반의 경쟁우위는 점차 중요성이 증대되는데 이는 기존의 전형적 경쟁우위 즉 저원가, 차별화, 집중 등의 실행이 쉽지 않은 데서도 비롯된다. 정보 공유, 기술 평준화로 인해 기존의 저원가, 차별화의 격차는 점차 줄어들고 있다. 시간 우위는 새로운 경쟁우위 원천이다. 경쟁사를 능가하는 효율적 과정을 구축하고 이의 관리에 대한 투자는 지속적 경쟁우위를 가져올 수 있다. 또한 기존의 전형적 경쟁우위 전략도 빠른 시간우위와 결합된다면 더 큰 상승효과를 낼 수 있다.

5. 감지체계와 반응체계의 구비

시장은 수시로 변화하는 생물(生物)이다. 시장 변화를 민감하게 감지하고 이에 적절한 대처를 해야 한다. 또한 어떠한 성격의 환경이라도 자신에게 유리한 방향으로 활용할 수 있어야 한다.

- 기업은 밀접한 영향을 미치는 미시 환경뿐 아니라 이들 요소에 전반적 영향을 미치는 거시 환경에 대해서도 예의 주시해야 한다. 환경은 끊임없이 변하므로 변화된 환경에 적합한 새로운 전략을 모색해야 한다. 과거 환경에 적합하던 과거의 성공전략은 변화된 현재 환경에서는 더 이상 적절하지 않을 수도 있다.

- 사진은 '빛의 예술'이다. 똑같은 장소, 피사체라도 언제 어떤 빛을 받느냐에 따라 느낌은 완전히 달라지기에 빛의 미묘한 차이를 잡아내야 좋은 사진이 나올 수 있다. 따라서 사진작가는 가장 훌륭한 사진이 나오는 빛의 타이밍을 잡아내는 능력이 요구된다.

사진 작가가 빛의 변화에 따른 미묘한 차이를 감지하듯이, 마케팅 관리자는 시장의 미묘한 움직임을 감지하고 이에 대처해야 최선의 성과를 거둔다. 이러한 능력은 결국 감지체계와 반응체계와 연관된다.

- 생물학자 윅스켈(J. U. Uexkuell)에 의하면 세상에 존재하는 생물의 종류만큼 많은 생존 양식이 존재한다. 즉 삶의 형태는 생물의 종류만큼 무한히 많은 상이점을 띠고 있다. 그러나 이러한 상이점에도 불구하고 그 속에 하나의 공통적이고 보편적 삶의 원리가 발견된다는 것이 윅스켈의 이론이다. 그에 의하면, 삶을 유지하는 유기체는 일반적으로 환경 변화를 식별하는 감지체계(merknetz)와 이 변화에 반응하는 반응체계(wirknetz)를 소유하고 있다. 이러한 감지체계와 반응체계는 어떠한 경우라도 서로 밀접하게 얽혀 있으며, 이 두 체계의 협동과 평형이 없으면 유기체는 살아갈 수 없다.

  — 참조: 윤석철(1991), '프린시피아 매네지멘타,' 경문사, 36-42쪽

누구나 시장과 제품을 볼 수 있다. 그러나 그 밑바닥에 흐르는 흐름의 방향과 세기, 흐름을 움직이는 힘의 원천을 '보는 눈'을 가지기는 어렵다. 시장 성과에 영향을 미치는 환경 변화를 알아차리는 안목을 가진 기업가는 드물다. 그러나 이러한 감지능력이 뛰어난 기업은 기회와 위협에 대해 한 발 빠른 대처를 통해 다른 기업 보다 유리한 위치에서 설 수 있다. 또한 반응능력이 민첩한 기업은 상황 변화를 경쟁사와 동시에 감지하더라도 이에 대한 발빠른 대처를 하기에 경쟁사보다 더 나은 성과를 거두게 된다.

- 사람들간의 빈부격차는 누가 빼앗거나 그냥 주어서 나타나는 결과는 아니다. 시장을 이해하는 사람, 그리고 그것의 변화 흐름을 빠르게 인지하는 사람은 늘 풍족하지만, 이를 제대로 파악하지 못하는 사람은 늘 궁핍하다. 2차 대전 때 포로수용소에서 모두가 똑 같은 조건, 즉 빈손으로 생활을 시작하지만, 두어 달 지나면 이들간에도 자연스럽게 빈부격차가 발생했다고 한다.

  — 박병원 한국경총 회장과의 간담회(2017년 4월 27일)

6. 전체를 크고 길게 보는 안목

마케터는 시간, 공간, 사람을 아우르는 큰 그림을 보는 안목이 있어야 한다. 그런데 현대의 경영자들은 너무나 작은 분야의 문제에만 급급하기에 전체 모양을 보는데 신경 쓸 겨를이 없다는 지적이 있다. 큰 그림을 보지 못하고 특정 부분에 한정된 지엽적 노력은 오히려 전체 성과를 나쁘게 하기도 한다.

- 마다가스카르 섬에는 실제로 독사, 살쾡이, 곰, 그리고 늑대들이 없다. 그렇지만 이 섬에 2~3종의 맹수는 있어야 할 것으로 학자들은 보고 있다. 천적들이 각 종들의 숫자가 지나치게 증가하는 것을 막아줌으로써 각종 식물이 계속 생존할 수 있게 해야 하기 때문이다. 여우원숭이의 지나친 증가와 그로 인한 폐해로부터 '포사'는 이 섬이 상호 자연적 균형을 이룰 수 있게 하는 데 도움이 된다.

  — 존 플라이슈만 외 지음(2004), '과학이 몰랐던 과학,' 최성범 외 옮김, 들린아침

- 공동의 적(敵)이 사라지면 그전의 공생(共生)관계가 무너지며, 이는 더 나쁜 결과를 초래하기도 한다. 아프리카 사바나에서 아카시아 나무와 개미는 서로에게 도움을 주는 공생(共生) 관계를 유지하고 있다. 아카시아는 개미에게 수액을 먹이로 주고 속이 빈 가시에 살 수 있게 해준다. 대신 개미는 아카시아 나무를 먹는 코끼리와 기린에게 들러붙어 쫓아 버린다. 그렇다면 코끼리나 기린이 사라지면 둘 다 더 행복해질까. 2008년 1월 10일 '사이언스'지에 발표된 논문에 따르면 공동의 적이 사라지자 각자 제 욕심만 차리게 되고, 결국 둘 다 파멸의 길로 접어드는 것으로 나타났다. 이 연구는 생태계의 먹이사슬이 제대로 살아 있어야 먹는 동물도 먹히는 식물도 다 잘살 수 있는 것을 시사하고 있다.

하늘 위에서 육지를 보면 한눈에 모든 것이 들어온다. 이를 헬리콥터 뷰(Helicopter View)라고 한다. 불확실하고 혼란한 시기일수록 작고 사소한 일에 일희일비하지 않아야 한다. 미래 시점으로부터 현재를 바라보고, 전체적 공간에서 부분 공간을 바라보는 커다란 눈이 필요하다.

- [위나라 조조 가문 최후의 우두머리 조상(曹爽)의 한탄] "단 하루만에 우리 조씨 군신이 사대에 걸쳐 세운 강산을 빼앗는구나!"

[이에 대한 사마중달(司馬仲達)의 답변] "내가 검은 단 한번 휘둘렀지만 그 검은 십수 년간에 걸쳐 갈아온 것이다."

– 드라마 [삼국지]의 대사

단기적 성과 위주의 경영도 중요하지만, 이에 못지 않게 장기적 관점으로 경영을 이끄는 것도 중요하다. 장기 시각을 갖는다는 것은 먼 미래에 대한 통찰력과 확실한 장기 목표(꿈)를 갖는 것, 그리고 장기 이익을 위해서 당장의 큰 손해를 감수할 수 있는 용기와 이를 꾸준히 실천해 나가는 끈기를 포괄하는 개념이다.

- 연구결과, 우리 사회에서 가장 성공적인 사람은 장기적 시각을 가진 사람들이었다. 성공한 사람들은 10년, 20년 후의 미래를 줄 곳 생각해 왔으며 이러한 긴 시간적 수평선 위에서 필요한 의사결정을 해온 사람들이다.

– Edward Banfield(하버드대학)

Ⅱ 과학적 지식 및 경험 자산 축적의 중요성

2장에 나왔던 복학생A(붕어빵 장사)는 이 책의 지식을 통해 좀 더 나은 성과를 거두게 되었을까? 아마도 처음보다는 보다 나은 의사결정을 하게 되었을 것으로 짐작한다. 물론 실제 시장에서의 성공 확신은 장담하기 어렵다. 시장에서의 성공과 실패는 사람의 노력만 가지고 좌우되는 것은 아니다. 성과에는 무수히 많은 변수들이 영향을 미친다. 특히 통제가 쉽지 않은 여러 시장 외적 변수들이 작용하기에 결과 예측은 더욱 어렵다.

그럼에도 불구하고 마케팅에 대한 과학적 지식의 축적 노력은 중요하다. 이는 마케팅 지식이 성공 확률을 조금이나마 높이는데 기여하기 때문이다. 물론 (마케팅 지식이 없어도~) 단순히 운이 좋아서(예: 경쟁사들이 모두 열등하거나 또는 경기가 좋아서 등) 성공을 거둘 수 있다. 그러나 항상 이렇게 행운이 따르기는 어렵다. 또한 행운에 의한 단기적 성공은 실력과 지식의 뒷받침이 되지 않으면 장기적 성공으로 이어지기 어렵다.

- 창업자가 사라지면 망하는 기업과 몇 대에 걸쳐 지속 발전하는 기업간의 차이는 무엇일까? 한 두 게임 컨디션이 좋을 때만 잘하는 운동선수와 여러 경기에서 꾸준히 잘하는 운동선수의 차이는 무엇일까? 과학적 지식의 축적과 공유, 실체적 능력의 함양, 탄탄한 조직, 역사와 문화, 지원 시스템 등이 이러한 차이를 가져오지 않을까 한다.

- 기술자이자 엔지니어였던 브롬리는 우연히 스켈레톤을 접하게 되었고 이것이 어떻게 최고의 스피드를 낼 수 있는가에 대한 연구를 하다가 이러한 과학적 실험자료와 지식을 토대로 하여 자신이 직접 정상급 선수가 될 수 있었다.

― 참조: 조선일보, 2006년 1월 26일

어떤 상황에서 무슨 현상이 나타나는지, 무슨 노력을 어느 정도 들이면 어떤 결과가 나타나는지 등에 대한 객관적 지식이 필요하다. 마케팅 현상은 수많은 요인의 복잡한 상호작용(interaction effect)에 의해 나타나기 때문에, 제반 관계(인과, 매개, 조절 등)에 대한 지식을 지속적으로 축적하는 것이 필요하다. 마케팅에 대한 과학적 지식이 중요하다는 데에는 더 이상 논박의 여지는 없는 것으로 보인다. 이를 어떻게 규명하고 축적할 것인가에 대한 점이 중요하다. 이와 관련된 몇 가지 점을 언급하면 다음과 같다.

1. 시간 차원의 노력

마케팅에 대한 참신한 지식과 경험을 끊임없이 탐색하고 축적해야 한다. 다른 분야와 달리 마케팅 지식과 지혜는 변화속도가 빠르다. 그만큼 치열한 시장에서 생존하기 위해 참신한 마케팅 방법을 활발히 궁리해내기 때문이 아닐까 생각된다.

누구나 알고 있는 활자화된 지식, 공유 지식은 이미 죽은 지식이라고 봐도 좋다. 시시각각 우리 주변 또는 세계 곳곳에서 일어나는 참신한 마케팅 사례를 탐색하고 이를 정리하고 응용할 필요가 있다. 어떤 원천에서 새로운 정보가 많이 나오는지, 어떤 원천의 정보가 양질인지를 파악하고, 이들 아이디어 원천을 집중 관리할 필요가 있다.

- 국가대표 육상 선수나 피아니스트 혹은 배우도 좋다. 그들에게 연습을 쉬어도 되겠다고 느낀 적이 한순간이라도 있는지 물어보라. 아마 자기 분야에서 인정받는 사람일수록 이렇게 말할 것이다. "갈수록 연습할게 더 많아져요."

― Eric Butterworth(목사)

알면 알수록 더 많은 것이 부족하다는 것을 깨닫게 된다. 이는 많이 알수록 더 많은 것이 보이게 되기 때문이다. 많이 아는 기업일수록 더 많은 것을 알려고 노력하고, 적게 아는 기업일수록 더 게으르게 된다. 그리고 이러한 지식 격차는 시간이 갈수록 더 벌어진다.

- 내일이란 게으른 사람이 해야 할 일이 가장 많은 날을 가리킨다.

- 노르웨이 속담

2. 공간 차원의 노력

주변의 모든 사물과 사건/사고로부터 마케팅에 대한 지식과 경험을 습득하는 안목이 필요하다. 지식을 추출하는 안목만 갖추고 있다면 주변의 모든 것들로부터 무언가 배울 수 있다. 사업 역량이 뛰어난 사람은 백화점에서 물건을 사면서, 또는 길거리 돌아다니는 사람들을 보면서도 좋은 정보와 아이디어를 얻는다. 물론 마케팅 지식은 자신과 동종 업종으로부터만 배울 수 있는 것은 아니다. 전혀 다른 업종의 아이디어도 자기 업종에 맞게 변형시킬 수 있는 가능성은 얼마든지 있다.

- "백살 노인을 만나더라도 가르쳐줄 것이 있으면 가르칠 것이요. 여덟살 소년을 만나더라도 배울 것이 있으면 배울 것이다."

- 조주 선사(당나라 시대 선승)

질문하는 능력이 요구된다. 답이 아닌, 질문을 통해 배우는 것이 진짜 배움이다. 질문은 생각하는 힘을 키워주기 때문이다.

- Most management books provide 'answers'. Great fiction raises 'great questions'. That's why I read fiction for instruction.

- Tom Peters, '미래를 경영하라'에서

3. 창의 역량의 함양

지식을 단순 축적하여 다량으로 쌓는 게 중요한 것은 아니다. 이보다는 가진 재료에 상상력의 무한 조합을 적용시켜 사고 영역을 확장시키는 것이 중요하다.

책을 통해 전달하는 지식은 흔히 제한된 지면을 통하기에 그 양은 한정될 수밖에 없다. 잘해야 기본적 내용 소개에 불과할 것이다. 그렇기에 이들 기본 지식 재료를 가지고 자신이 처한 상황에 맞게 생각하는 능력이 중요하다. 같은 선생님에게 같은 교재를 가지고 같은 장소에서 지식을 배운 두 사람 인생이 다른 것은 이러한 동일 재료를 얼마나 창의적으로 활용하는가의 역량 차이에서 비롯된다.

- "두 사람이 사자 길들이기에 관한 같은 책을 읽고 똑 같은 옷을 입고 사자의 우리로 들어가 사자에게 명령을 하기 위해 동일 몸짓과 언어를 사용한다고 하자. 그러나 결과는 같지가 않을 것이다. 한 명은 사자로 하여금 굴렁쇠 사이를 뛰어넘게 할 수 있겠지만 다른 한 명은 사자 우리 속에서 희생되는 소름끼치는 대실수로 끝장날지도 모를 일이다."

— 친닝 추(1995), '후안흑심', 고려원, 17쪽

피아노 건반은 88개일 뿐이다. 그러나 88개 건반이 만들어내는 피아노 곡은 무한대이다. 피아노 연주자에 따르면, 적어도 200살까지 살아야 자신의 생애 전에 만들어진 피아노곡을 대략 한 번씩이라도 연습할 정도로 피아노곡이 많다고 한다. 마케팅에서 사용할 수 있는 도구의 개수는 얼마나 될까? 물론 피아노 건반 수 보다 많을 것이다. 따라서 이러한 도구를 응용하는 방식은 무궁무진할 것이고 이를 어떻게 응용하는가에 따라 시장 성과는 달라질 것이다.

- 장기(將棋)의 말은 여러 종류가 있다. 반면에 바둑은 흑, 백의 두 가지뿐이다. 그렇지만 바둑의 기보(碁譜)는 그 어떤 하나도 동일한 게 없을 정도로 무한하다고 한다. 바둑을 누가 처음에 만들었는지는 모르지만, 단순함 속에 엄청난 복잡성과 예측불허의 재미를 집어 넣은 것 같다.

- "결론을 이끌어낼 수 있는 마음의 준비가 된 사람, 가장 끈질기게 그 주제에 대해 매달릴 수 있는 사람에게만 행운이 의미를 지닌다."

— Salvador Dalí(초현실주의 화가)

- "코페르니쿠스나 다윈과 같은 사람의 참된 공적은 진실된 이론을 발견한데 있는 것이 아니라 결실이 풍부한 새로운 관점을 발견한 점에 있다."

— Ludwig Wittgenstein(철학자)

4. 지식의 공유 및 승계, 그리고 폐기

지식이 오랜 기간 빛을 발휘하기 위해서는 조직에서 공유되고 또한 승계되어야 한다. 동시에 새로운 지식을 받아들이기 위해 낡은 지식은 정리되고 폐기되어야 한다.

- 평양 최고의 냉면집으로 알려진 옥류관 냉면 맛이 예전보다 못해졌다는 얘기가 나오고 있다. 옥류관에서 냉면 육수를 담당하던 요리사가 2015년 11월 초 90세의 노환으로 사망했는데, 그 요리사가 육수 만드는 비법을 제대로 전수해 주지 않아 냉면 맛이 못해졌다는 얘기가 나오고 있다. 옥류관 냉면이 맛있기에 2~3시간씩 줄을 서서 기다리다 먹었는데 요리사의 사망 이후에는 냉면 맛이 달라지면서 손님이 줄었다. 냉면 맛이 떨어지고 손님이 줄자 옥류관을 책임진 초급 당비서와 지배인이 문책을 당한 것으로 알려졌다.

LG경제연구원은 2005년 5월 12일 '기업 쇠퇴의 6가지 징후' 보고서를 통해 쇠퇴하는 기업들의 공통적인 사전 징후들을 소개했다. 그 중의 하나는 "현재의 성공에 안주한다"는 것이었다. 오늘은 어제의 연속이며 내일은 오늘의 연속이라고 생각해선 안된다. 기업을 둘러싼 모든 환경은 시시각각 변화하고, 조직 구성원도 어제의 그들이 아니다. 따라서 '어제의 성공 법칙'을 버려야 하고, '어제의 지식'을 버려야 한다.

- "GM과 시어스, IBM등은 세계 최고의 기업들이다. 이들은 결정적인 실수를 범한 적도 없고 경영자가 무능하지도 않았다. 진정한 실수가 있었다면 과거에 성공했던 공식과 패턴을 조금 오랫동안 고집했다는 것뿐이다."

― Lewis Emmett Platt(HP CEO)

- "낡은 견해를 버려야, 새로운 생각이 찾아온다."(濯去舊見, 以來新意)

― 朱熹

기존의 낡은 지식을 버릴 줄 아는 언러닝(unlearning)이 필요하다. 경험에서 배우되 그 경험에 매몰되어선 안된다. 물론 무엇이 낡고 무엇이 계속적으로 적용가능한지를 판단하기란 그리 쉽지 않다. 신지식과 열정을 가진 신규 인원의 충원, 기존의 낡은 지식을 가진 구성원 퇴출, 다른 조직에 일정 새로운 부분을 아웃소싱, 계속적으로 새로운 것의 교육 등의 언러닝 실천 방안이 제시되지만 그 무엇 하나도 쉽게 실천하기는 어렵다. 그만큼 낡은 지식을 정리하고 새로운 지식을 받아들이는 것은 조직 차원에서 쉽지 않다.

Ⅲ 새로운 동향

다른 분야와 마찬가지로 마케팅의 발전 속도는 매우 빠르다. 이 책에서 지금 소개하는 내용은 불과 몇 달 지나면 낡고 진부한 내용이 될 것이다. 그래서 상세한 내용을 소개하기보다는 이에 대한 개괄적 내용을 언급하는 수준에서 멈추고자 한다.

1) 혁신 기술의 등장

4차 산업혁명의 시대에 우리는 살고 있다. ABC(AI, Big Data, Cloud), 5G, 사물인터넷(IoT), Hyper-connected, 로봇, 무인자동차, 드론, O2O, Fin-Tech, 메타버스(VR, AR을 포함), 3D Printing, Sensor, 나노, 바이오기술 등의 핵심기술을 중심으로 제품, 유통이 바뀌고 있으며 또한 소비자들도 바뀌고 있다. 4차 산업혁명의 특징은 과거 인류가 경험했던 어느 산업혁명에 비해 더욱 광범위한 분야에 걸쳐 눈부시게 빠른 속도로 진전될 것이라는 점이다.

- 이전의 산업혁명과 이를 주도한 핵심기술은 다음과 같다. 1차 산업혁명(1784년): 증기기관, 기계, 2차 산업혁명(1870년): 전기, 대량생산, 분업화, 3차 산업혁명: IT, 자동생산.

혁신 기술과 관련하여 유념할 사항 몇 가지를 언급하면 다음과 같다.

(1) 새로운 소비 집단의 출현

- 디지털 신세대: 지금의 초중학생 이하의 어린 세대, 그리고 앞으로 태어날 아이들은 디지털 기기와의 상호작용, 가상공간에서의 만남에 보다 익숙하고 자연스러울 것이다. 이러한 세대들이 MZ 세대의 뒤를 이어 우리 사회의 주요 구성원으로 활약하는 시기가 도래하면 혁신 기술의 사용은 더욱 일상화될 것이다.

(2) 혁신 기술의 파급효과에 대한 예측(참조: 7장)

일반적으로 어떤 기술의 직접적 일차적 효과 예측은 비교적 용이하다. 그러나 그 기술로 비롯되는 간접, 이차 및 삼차의 파급 효과의 예측은 쉽지 않다(예: 피임 기술의 발달, 코로나19 치료제의 개발, 자율주행차 등장). 파급효과에 대한 상상력을 많이 발휘할수록 시장기회를 남들보다 먼저 선점할 것이다.

- 게임, 컴퓨터, 스마트폰 등을 많이 하면, 단기적으로는 안구건조증 환자가 많아지지만, 중장기적으로는 척추 측만, 디스크, 그리고 치매 등의 증세가 많이 나타난다. 따라서 이와 연관된 의료 및 제약산업의 매출이 증가될 것이다.

(3) 창의적 융합 능력

창의성은 흔히 '어떤 아이디어, 개념, 물건을 처음으로 만들어 내거나, 또는 그들 관계의 발견 또는 재구성하는 행위로 주어진 상황에서 적절하고, 새롭고, 효과적이어야 한다'로 정의된다. 여기서 알 수 있듯이 어떤 것의 처음 개발뿐 아니라 기존의 것들을 새롭게 조합하는 것도 포함된다. 따라서 새로운 것만 찾으려 하지 말고 기존 것들을 새롭게 보고 또한 이들을 결합, 융합하는 역량도 중요하다(예: CES(Consumer Electronics Show) 2023에 선보인 수많은 제품들).

- 창조력 있는 사람들의 특징 중 하나는 표면적으로는 전혀 연관이 없어 보이기 때문에 일반인들은 간과하는 여러 영역을 교묘히 연관시킬 수 있는 능력이 있다.

2) 사람의 본질에 대한 이해

기술이 급격히 발달하더라도 이를 사용하는 사람은 여전히 사람이다. 사람의 본질은 예전에도 그랬고 앞으로도 그대로일 것이다. 따라서 어떠한 새로운 시장 동향도 사람에 대한 이해를 바탕으로 전개해야 한다.

- 이기심, 행복 추구, 쾌락 지향, 건강한 삶, 사랑, 가족 등에 대한 보편적 욕구는 변함이 없을 것이다. 어떠한 기술, 제품, 유통 방식도 이러한 사람의 본질을 기반으로 해야 한다.

(1) 비합리성, 비이성적 측면의 고려

- 일본에서는 만 엔 권 지폐 모양의 기름종이가 출시된 바 있다. 기름종이는 지갑모양의 케이스에 담겨있기까지 하다. 소비자는 마치 재벌이 된 마냥 만 엔 권 지폐를 휴지처럼 맘껏 쓸 수 있는 즐거움을 만끽하게 된다. 그 결과 이 제품은 폭발적 인기를 누렸다. 한편 타이완에서는 돈으로 목욕을 하는 '돈 목욕탕'이 문을 열었다. 이는 돈을 물 쓰듯 쓰고 싶은 사람들의 마음을 반영한 것으로 여기서 사용하는 돈은 얇은 지폐 모양으로 만든 비누인데, 사람들은 욕조에서 '돈 거품' 목욕을 하며 즐거운 시간을 보낸다.

(2) 한국인, 한국적 토양을 고려한 첨단 기술의 개발 및 운용

첨단 기술 및 장비는 이를 운영, 사용하는 사람, 사회와 맞물린다. 제대로 작동하게 하려면 사람과 문화에 대한 이해가 중요하다. 한국 문화와 한국인의 기질을 고려하고 한국의 소비 생활, 사회적 여건 등을 고려하고 반영하여야 한다.

Ⅳ 마케팅을 대하는 자세

1. 마케팅의 이해와 활용 수준

마케팅의 대가인 필립 코틀러(P. Kotler)는 마케팅에 관해 다음과 같이 언급하였다(참조: 필립 코틀러 교수와의 인터뷰, 조선일보, 2007년 8월 11일).

- [질문] 훌륭한 마케팅 감각이란 결국 어떤 건가요?
  [Kotler] "마케팅에 대한 이해도를 기준으로 나는 CEO들을 네 종류로 분류합니다. 최악의 부류는 마케팅이 광고와 홍보책자를 만드는 부서라고 생각하는 사람들이죠. 이 부류는 마케팅을 회사 성장의 원동력으로 보지 못하는 부류죠. 이보다 그나마 조금 더 나은 사람은 마케팅을 네 조각으로 보는 부류죠. 이들은 제품개발(product development), 가격책정(pricing), 판매장소(place),

판촉(promotion)으로 마케팅을 정의합니다. 이보다 좀 더 나은 경영자들은 마케팅을 통해 가장 좋은 시장 기회를 포착합니다. 그들은 마케팅을 통해 그들의 브랜드 가치가 높아진다는 사실을 이해하고 있어요. 4P도 이해하면서 그들이 타깃으로 하는 소비자들도 이해하는 사람들이죠.”

[질문] 그렇다면 가장 훌륭한 부류는?

[Kotler] “넷째 그룹은 ‘희귀종’들이에요. 마케팅이 기업 성장 동력이라 믿는 경영자들이죠. P&G사의 래플리(A.G. Lafley)는 마케팅이 기업을 미래로 이끌 수 있는 원동력이라고 믿었습니다. GE의 이멜트는 환경문제를 푸는 데서 새로운 시장 기회를 발견했어요. 리처드 브랜슨과 더불어 스티브 잡스도 여기에 속합니다.”

마케팅을 이해하는 수준, 그리고 그것을 활용하는 수준에는 여러 차원이 있음을 시사한다. 여러 분이 마케팅에 대해 현재 가지는 수준은 어느 정도인가?

2. 파격(破格)의 중요성

마지막으로 독자들께 강조하고 싶은 사항은 바로 파격이다. 마케팅 책의 내용에 구애 받지 말기를 권한다. 아무리 명성 있는 학자가 주장한 마케팅 이론일지라도 거기에 얽매이지 말기를 바란다.

- 마케팅 관리 과정은 흔히 시장 기회의 분석, STP, 마케팅 믹스의 순서로 제시된다. 그렇지만 반드시 이러한 순서대로 해야만 하는 것은 아니다. 그리고 꼭 이러한 순서를 지켜야만 좋은 성과를 거두는 것도 아니다.

- 기업 차원, 사업부 차원, 개별사업 단위의 전략 과정, 경쟁우위 확보방안, 마케팅 관리 과정 등의 내용을 살펴보면 여러 부분이 중복됨을 알 수 있다(예: 사명, 환경분석, SWOT, 핵심역량 등). 언제 무엇을 해야만 한다란 정해진 규칙은 없다. 서로 다른 영역 및 수준에서 정리된 내용을 혼용해도 크게 문제는 없다. 경영전략, 경쟁우위, 마케팅관리 등의 모든 지식들은 서로 도움이 되기에 이들을 포괄적으로 이해하고 이를 자유자재로 활용하면 된다.

현실에서 일어나는 경영 및 마케팅 현상은 변화무쌍하다. 학자, 실무자들이 제시한 내용을 참조하는 것은 물론 도움이 된다. 그렇지만 중요한 것은 기존 지식을 익히되 동시에 거기에 너무 얽매이면 안 된다는 점이다. 사실 이론 또는 법칙을 만든 사람은 오히려 자신이 만든 이론에 구애 받지 않고 자유롭다. 이상하게도 이를 만들지 않은 사람들이 오히려 신주단지 모시듯 고수하는 모습을 우리는 종종 볼 수 있다. 종교, 이념, 사상, 이론 등에서 이러한 현상은 자주 목격된다.

어떠한 지식일지라도 이를 받아들이기에 앞서 과연 지금 나의 상황에도 여전히 유효한지에 대해 현명하고 융통성 있게 판단할 필요가 있다. 특히 사람을 다루는 사회과학에서 만고불변의 법칙(universal law)은 없다.

- "마케팅은 기본적으로 하루가 다르게 분화하고, 성장하는 학문이다. 1960년대에 통용됐던 마케팅 이론은 오늘날 적용하기 어렵다."

  － 필립 코틀러

변화하는 상황, 변모하는 주체에 따라 기존 지식들은 얼마든지 수정될 여지가 생긴다. 지식을 습득하는 것도 중요하지만 상황에 따라 기존 지식을 융통성 있게 적용하고 때로는 새로운 지식을 만든다는 '열린 마음'이 중요하다. 그러기 위해서는 '파격'의 자세를 가질 필요가 있다.

공부를 다 한 다음에는 이제 공부했던 모든 내용을 툭툭 털고 잊어야만 된다. 모든 것을 교과서대로 하는 것은 재미가 없다. 사실 교과서대로 하는 것은 누구나 열심히 하면 어느 정도는 할 수 있다. 교과서 내용을 뛰어 넘는 파격이 가능할 때 비로소 새로운 세계가 열린다.

- "외웠느냐? 그러면 따라할 수 있다. 잊었느냐? 그러면 창조할 수 있다!"

  － 아인슈타인

- Great achievers are often great troublemakers. Don't they have to be, at least some of the time? (위대한 성취자는 흔히 대단한 말썽꾼이다. 적어도 가끔은 그런 사람들이 있어야 하지 않을까?)

  － Annie Leibowitz

- "한 남자의 주장보다 한 어린이가 내뱉는 예상치 못한 질문으로부터 우리는 더 많은 것을 배울 수 있다."

  － John Locke(영국의 철학자)

3. 마케팅 입문의 다음 단계는?

이제 여러분들은 마케팅의 세계에 첫발을 성공적으로 내디뎠다. 기업을 성공적으로 경영하는 데뿐 아니라 개인의 일상적 삶을 슬기롭게 영위하는데 마케팅 지식은 도움이 된다. 아무쪼록 마케팅 지식과 지혜를 마음껏 활용하여 여러분의 삶에 실질적 도움을 받기를 바란다.

마케팅 지식을 지속적으로 습득해 나가기를 바란다. 지식은 책과 도서관에서만 있는 것이 아니다. 바로 여러분 주변에 널리 존재한다. 그러한 지식을 습득하기 위해서는 지식을 알아볼 줄 아는 안목이 필요할 뿐이다. 물론 이러한 안목이 짧은 시간에 쉽게 생기는 것은 아니다. 여러 서적을 보면서 다양한 관점을 익히고, 신문, 잡지, TV, 영화 등에 나오는 마케팅 사례들을 통해 현실 감각을 간접적으로 터득하는 것은 이러한 안목을 키우는데 도움이 될 것이다. 여건이 허락된다면 현장에서의 직접 경험을 통해 얻기 힘든 귀한 지혜와 경험을 얻게 될지도 모른다. 어떤 방식이던 간에 다양한 노력을 통해 마케팅 안목과 역량을 키우기를 바란다.

마케팅에 첫발을 내디딘 독자들이 여기까지 긴 여정을 걸어온 것에 대해 큰 박수를 보낸다. 여러 분의 삶에 이 책이 자그마한 도움이 되기를 바랄 뿐이다.

🐷 ⧗ 🔒 집필 후기

마케팅 수업을 처음 들은 건 대학교 3학년 때였다. 당시 느낌은 "책이 왜 이리 두껍지?" 였다. 그런데 시간이 흘러 막상 자신의 책을 쓰다 보니 책이 두꺼워지는 이유를 알겠다. 저자 입장에서는 가능한 많은 내용을 전달하고 싶고 또한 문장의 완성에 적지 않은 시간과 정성이 들어갔기에 한번 써둔 것을 버리기 어렵기 때문이다. 물론 이를 배우는 입장에서는 두꺼운 책을 전혀 원하지 않는 점은 예나 지금이나 마찬가지일 것이다. [2판]은 [초판, 2016년]에 비해 훨씬 가벼워졌다. [머리말]에서 언급한 바와 같이 새로운 내용과 그림은 추가되었지만 마케팅의 기본과 핵심을 이해하는데 불필요한 부분은 과감히 제거하였기 때문이다. 책을 집필하는 입장에서는 마음이 아팠지만 독자 입장에서 책을 재정리한 결과이다.

이 책은 지난 세월 켜켜이 쌓아 놓은 마케팅 지식, 자료, 경험, 잡념들을 토대로 집필하였다. 책을 쓰는 것은 저자에게 유익하고 즐거운 체험이었다. 그동안 잘 알고 있다고 생각했던 내용 중 일부는 피상적 이해에 머물렀다는 것도 글을 쓰면서 실감하였다. 역시 "가르친다는 것은 한 번 더 공부하는 것이다(Qui docet discit)"란 Seneca(로마의 철학자)의 말이 틀린 게 아니었다.

일상 속에서, 예를 들면 시장에서 물건을 사거나 TV에서 광고를 보거나 카페에서 점원으로부터 서비스 받을 때, 더 나아가 마케팅과는 연관 없어 보이는 순간들(친구들과의 대화, 영화/드라마/운동의 관람, 사회적 이슈 등)에서 마케팅 내용이 떠오르거나 또는 자신만의 마케팅적 상상력을 펼치게 된다면 여러 분은 이미 마케팅 전문가이다. 이 책이 그렇게 되는데 자그마한 도움이 된다면 그것으로 만족한다.

- "저는 누구에게 무언가를 가르칠 수 없습니다. 저는 그들이 생각하게 만들 뿐입니다."

  − 소크라테스

끝으로 [초판]에 이어 [2판]의 완성도를 높이는데 많은 힘을 보태준 권진우 박사(천안과학산업진흥원), 강혜란 사장, 김남희 박사에게 고마움을 전하고, 아울러 넉넉한 마음으로 많은 도움을 주신 한인구 교수님(KAIST 경영대학), 박영근 교수님(국립창원대학교)에게 깊은 감사를 표하고 싶다.

찾아보기

기타

저자약력

김종배 교수는 성신여자대학교 경영학부에 재직 중이다. 신제품 개발, 마케팅 전략, 광고 관리, 시장 조사 등에 관심을 가지고 있다. 연구성과는 [국내학술지: 경영학연구, KBR(Korea Business Review), 마케팅연구, Asia Marketing Journal, 마케팅관리연구, 광고학연구, 관광학연구, 서비스마케팅저널, 신용카드리뷰 등], [해외학술지: European Journal of Innovation Management, R&D Management, Technology Analysis and Strategic Management, International Journal of Technology Marketing, International Journal of Revenue Management, Creativity and Innovation Management, International Journal of Engineering Management and Economics, International Journal of Innovation Management, International Journal of Technology Intelligence and Planning, International Journal of Innovation and Technology Management 등]에 게재되었다.

수상 실적은 다음과 같다: [논문상: European Journal of Innovation Management(2003년), 한국서비스경영학회(2007년), 한국경영학회(2018년)], [심사위원상: 한국마케팅관리학회(2005년)], [강의상: 한국마케팅관리학회(2014년)], [학술대회발표상: 서비스마케팅학회(2014년)].

저서로는 「생활 속에서 발견하는 마케팅」(2004), 「마케팅노트」(2009, 5판), 「마케팅 노변담화」(2011), 「2030 젊은이에게 전하고픈 삶의 법칙」(2018, '커피-음악-경영법칙'(세종우수학술도서)의 개정판), 「처음 배우는 통계학」(2020), 「광고론」(2022, 2판), 「신제품 개발 관리」(2022)가 있고, 편역서로는 「고객을 행복하게 하는 50가지 법칙」(1992), 「마케팅에서의 리스렐」(1997) 등이 있다. 미국 Stanford 대학의 SEIT(Strategy and Entrepreneurship in the IT industry) Program을 수료하였다(KSVF-5기, 2003). 학술지 편집위원으로는 [국내]-한국서비스경영학회, 한국광고학회, 대한경영학회, 서비스마케팅학회, 한국윤리경영학회; [해외]-European Journal of Innovation Management, International Journal of Technology Marketing, International Journal of Mobile Learning and Organization, International Journal of Revenue Management, International Journal of Mobile and Blended Learning 등에서 활동하였다. 서비스마케팅학회(2012년), 한국마케팅관리학회(2018년), 한국신용카드학회(2019~21년)의 학회장을 역임하였다.

[제2판]
마케팅

2016년 3월 6일 초판 발행
2023년 2월 25일 제2판 1쇄 발행

저 자 김 종 배

발행인 배 효 선

발행처 도서출판 法 文 社

주 소 10881 경기도 파주시 회동길 37-29
등 록 1957년 12월 12일/제2-76호(윤)
전 화 (031)955-6500~6 FAX (031)955-6525
E-mail (영업) bms@bobmunsa.co.kr
(편집) edit66@bobmunsa.co.kr
홈페이지 http://www.bobmunsa.co.kr

조 판 광 진 사

정가 34,000원   ISBN 978-89-18-91387-2

불법복사는 지적재산을 훔치는 범죄행위입니다.
이 책의 무단전재 또는 복제행위는 저작권법 제136조 제1항에 의거, 5년
이하의 징역 또는 5,000만원 이하의 벌금에 처하게 됩니다.

※ 저자와 협의하여 인지를 생략합니다.